記憶

北大考古口述史（一）

北京大学考古文博学院 编

赵辉 主编

北京大学出版社
PEKING UNIVERSITY PRESS

图书在版编目（CIP）数据

记忆：北大考古口述史. 1/北京大学考古文博学院编. —北京：北京大学出版社，2012.4

ISBN 978-7-301-20517-4

I. ①记… II. ①北… III. ①考古工作－概况－中国 IV. ① K87

中国版本图书馆 CIP 数据核字（2012）第 066998 号

书　　　名：	记忆——北大考古口述史（一）
著作责任者：	北京大学考古文博学院 编　赵辉 主编
出　品　人：	高秀芹
责 任 编 辑：	梁　勇
标 准 书 号：	ISBN 978-7-301-20517-4/K・0853
出 版 发 行：	北京大学出版社
地　　　址：	北京市海淀区成府路 205 号　100871
网　　　址：	http://www.pup.cn
电 子 邮 箱：	pw@pup.pku.edu.cn
电　　　话：	邮购部 62752015　发行部 62750672　编辑部 62750883　出版部 62754962
印　刷　者：	北京楠萍印刷有限公司
经　销　者：	新华书店
	787 毫米×1092 毫米　16 开本　30.5 印张　649 千字
	2012 年 4 月第 1 版　2012 年 4 月第 1 次印刷
定　　　价：	98.00 元

未经许可，不得以任何方式复制或抄袭本书之部分或全部内容。
版权所有，侵权必究。举报电话：010-62752024　电子信箱：fd@pup.pku.edu.cn

序

　　90年前，北京大学成立了中国第一个考古学研究机构——北京大学国学门考古学研究室。60年前，北京大学在全国高校中设置了第一个考古教学机构——北京大学历史系考古专业。90年学术研究，60年教书育人，走过的道路远非一帆风顺，而是跌宕起伏，曲折蜿蜒。几代学人艰苦卓绝、奋斗不息，将北大考古发展壮大成为学科领域覆盖比较完整、教研队伍力量雄厚、在一些重要领域保持前沿水平的考古文博学院。与此同时，北大为中国考古学发展也做出了巨大贡献，以致有海外学者这样评价：中国考古学在北大！

　　如果将瑞典学者安特生1921年在河南渑池仰韶村的发掘作为中国考古学的开端的话，北大考古的历史几乎和中国考古学的历史一样长，在一定意义上可以看作是中国考古学历程的缩影。北大考古开创之始，就以建设中国考古学体系为使命。今天，它仍然是北大人为之奋斗的目标。所以，我们回顾这段历史，并非要陶醉于已经获得的成就与光环，而是要温故知新，汲取历史中的经验教训，以求北大考古乃至中国考古学更为灿烂的明天。于是，回顾和总结北大考古学科发展的历史，就成为北京大学考古文博学院一项必须的工作。

　　北大考古的历史是北大所有师生共同书写的，是所有关心支持北大考古的各界人士共同书写的。这段历史的每位参与者都为之做出了自己的贡献，同时把自己人生的喜怒哀乐与之紧紧联系起来。这是一部活生生的、丰富多彩的历史，也是有着各种各样评价的历史，但绝不是一部生硬呆板、晦涩枯燥的官修史。

　　因此，在2011年，我们制定了一份北大考古口述史编写计划。对北大历年的考古师生进行大规模、不设题目、不限时间的访谈，请他们把自己记忆中的北大考古描述出来，把他们人生与北大考古千丝万缕的关系梳理出来，把他们对北大考古的评价与期望贡献出来。我们想，这将是研究北大考古历史的最为生动和直接的宝贵资料。

　　最初我们计划的采访对象有一百多位，有早年在北大学习工作过，已然是耄耋之年的老先生，有当今活跃在学术前沿的著名专家学者，还有毕业虽晚，却业绩卓著的青年才俊。采访从2011年暑期开始。虽然我们预期这个计划能够得到顺利实施，但它受到关注和欢迎的程度之高，却使我们大感意外。尤其那些老先生们，格外重视这次采访活动，大多早早做了准备，采访过程中，将自己走进北大以来的考古人生娓娓道来，毫无保留，说到高兴之处，眉飞色舞；动情之处，热泪满襟；激昂之处，击掌拍案；话题所至，一泻千里而不能收束。常常一次访谈时间不够，再三追加，有的先生竟忘却劳累，先后约谈数次，仍似未尽兴。一些突然因故不能接受访谈的先生，则笔录下所欲畅言的内容，寄给了学院。拜读这些饱含感情的信件，谁能不受感动？在与他们共喜共悲之中，会让人突然领悟到：这才是北大考古真正的历史！

正因为如此，原有的计划数次扩大，时间不断延长。在不到一年的时间里，采访者们奔波于全国各地，触角所及，直到海外，累计采访了二百多位师生校友和友人，录音整理出的文字资料两千余万字。尽管如此，这项工作仍未完成，今后还将持续下去。值此"北大考古90年、考古专业60年"院庆之际，我们首先采纳了49级至52级17位先生的访谈笔录，分别请他们审阅定稿后，汇成《记忆——北大考古口述史》的第一辑编辑出版。其余稿件的编辑出版，也在计划之中。

在此，谨向为北大考古做出贡献的全体校友致以最崇高的敬意！向为这次"口述史"计划付出辛勤劳动的所有工作人员表示衷心感谢！

赵 辉

2012年3月25日

目 录
Contents

序　1

王去非　1

吕遵谔　15

黄展岳　43

吴荣曾　65

杨建芳　95

郑振香　129

赵芝荃　163

李家瀚　207

高　明　229

高东陆　261

徐元邦　269

黄景略　311

叶小燕　347

耿引曾　379

张忠培　405

王克林　419

王世民　435

附　录　475

记忆 —— 王去非

2012年1月6日王去非先生接受采访

简 介

　　王去非，字重光，男，汉族，1931年生。1946年就读于燕大附小及海淀镇培元小学。1946到1949年就读于北京灯市口育英中学（今二十五中）。1949年考入北京大学博物馆专修科，1951年毕业分配至敦煌文物研究所为实习研究员，做供养人题记摘录、校勘、石窟损毁调查及文物室展陈工作。1953年参加第二届考古工作人员训练班的学习，1954年、1955年担任第三、四届训练班的辅导员。1954到1956年在文物局文物处工作，随时到外地参加田野发掘和石窟调查，并曾参与《敦煌壁画》东欧展览的筹备及赴展工作。1957到1977年在文物出版社工作，先后为《文物》月刊编辑部和图书编辑部的负责人。工作期间将《文物参考资料》改为《文物》，增加了学术性、资料性，并做到每期有一个重点内容。另编《龙泉青瓷》《丝绸之路——汉唐织物》等图书。1978年转入国家文物局古文献研究室（后改称为文化部古文献研究室），被评为副研究员、研究员。1984年后曾任古文献研究室副主任。

　　多年来结合不同时期的工作，做些个人的学术研究，内容不出南北朝隋唐文物、考古范畴，有关文字以本名或笔名（重光）在专业刊物或纪念文集中发表。

采访者：咱们这个采访大致就是按照年代的顺序，咱们先聊聊您小时候的情况吧。

王去非：好。

采访者：我们知道您的家乡就是在北京。

王去非：对。

采访者：您介绍一下上小学和中学时候的情况。

王去非：那从头说太长了。

采访者：那时候正是解放前。

王去非：解放前我上了几个小学，原来我的家在城里，我父亲是燕京大学的研究生，毕业以后就留校了，所以我们就搬到海淀，就是现在的北大，我和北大的缘分太大了。搬到那儿去，我就上了燕大的附小，算是插班，三年级开始上，一直上到五年级，太平洋战争爆发了，就是珍珠港事件，那是1941年的冬天。

那时候燕京大学还是由美国人司徒雷登当校长，他就住在临湖轩，常到未名湖散步。太平洋战争爆发后，日本人把燕大占领了，抓捕了不少抗日的进步师生，我亲眼所见的就有语言学家陆志韦先生。这时燕大附小也被查封，全体同学排着队接受日伪军搜查，从此离开燕园。我们的小学大概就在现在文史楼前面不远的地方。院中有两颗很大的白果树，1950年我参加考古训练班时，那两棵树和一排主要教室还在，现在就不清楚了。

采访者：上北大之前您在哪儿学习呢？

王去非：对小学生，日本人也要甄别，要重考一次再分配。我在海淀镇培元小学上完六年级，中学上的是育英中学，那不是现在的育英中学，是现在的二十五中，也是一个教会学校，跟美国也有点关系。校址在灯市口，上了六年。

采访者：六年之后您就准备报考北大了。

王去非：对，因为我特别喜欢文学，有几位老师还很不错，我有时候下了课，送老师回家，我记得有位老师姓博，住在北新桥，我就从灯市口跟他走一路，他给我讲很多的诗词。我觉得那段经历让我的古汉语的基础打得还不错。育英中学的同学跟我同年级的有白化文，知道吗？

采访者：知道。

王去非：我们同级不同班，还有杨泓也是育英中学的。

采访者：他也是育英中学的，他是1953年去的北大。

王去非：我1949年毕业，正好赶上咱们解放军进城，是冬天1月份，我那时候上了一个学期，寒假开学就解放了。我在中学的时候语文特别好，大家补习，同学们临考都找我。我物理、化学都不行，数学还可以。当时大家都觉得我一定是考中文系了，不是北大，就是清华，那时候清华也有中文系。

可刚一解放大家都想搞点实用的，像工科、医科，连理科都差一点，这是一时的大潮和风气。所以我也就很不自量力，没有去考文科。那个时候跟现在自主招生一样，不像前几年的统考，是各学校招各学校的。可是有那么多的学校，考试日期就容易重，你考这个学校，本来也想再考那个学校，因为考期有重叠，就只能选一个。所以最后我北大都没选，就考的东北一些理工院校。结果当然一个学校也没考上，因为物理化学不行。

后来北大第二次招生，因为博物馆专修科可能是后来酝酿决定要开设的专业，所以它是第二次招生。我没学校上了，就去考了，就考进去了。

采访者：当时第一届的专修科的时候，您班有多少个同学，您还记得吗？

王去非：具体的数我记的不清楚，不到二十个，十几个人。可是后来陆续的有些人中途就走了，不知道怎么回事。

采访者：最后剩的同学就不多了。

王去非：最后剩下十几个同学。可是现在让我全说出名字来，我也说不出来了。我们那时候的学校教室和办公的地方就在北大红楼，就是现在五四大街，一层的东边那一排，横着向东一排就是我们的教室和图书室。我们还有一个博物馆，在东厂胡同，就是现在考古所旁边的那条胡同。

采访者：当时它的陈列情况怎么样？

王去非：陈列的有瓷器，丝织品，铜器，大概还有一些其他的少数民族的东西。

采访者：当时这些展览都是咱们同学自己策划做的吗？

王去非：不是，我们到那儿的时候就已经有了，后来改陈的时候我们也偶尔参加，当时故宫博物院的院长马衡都来参观过，因为他跟北大关系也是很密切的。那时北大有一个文科研究所，当时讲文科研究所有三巨头，有罗常培先生，魏建功先生，还有一个就是向达先生。向达先生肯定就管历史和考古方面的，这个研究室里头（是不是叫研究室我已记不清），就有阎文儒先生、宿白先生和刘慧达。刘慧达跟我的岁数差不多，梳个小辫。他们办公在翠花胡同，跟博物馆挨着，也在那一带。

采访者：当时您上博物馆专修科是设有历史博物馆、美术博物馆和科学博物馆三组。

王去非：现在都那么说，可是我现在记不起来了，我的印象就是一部分是学文的，包括美术呀，历史呀。还有一部分是学自然科学的，学自然科学跟我们一起活动的时间就比较少，除非必修的一些课，比如说博物馆概论，裴文中先生讲新石器时代、旧石器时代考古，课程的名字我忘了，大家都来听。

有一些课像沈从文先生讲工艺美术，启功先生讲书画，那些人就不来了。他们去理学院听课了，理学院在现在的沙滩后街，人民教育出版社所在的地方。还有一个北大的西斋也在那儿，我们就住在那儿，现在还保存着。

采访者：当时您的宿舍是几个人？

王去非：我记得上下铺不是六个，就是八个。冷啊，有一个取暖的小炉子，自己生火。

采访者：同宿舍的同学也记不起来了。

王去非：记不全了，就是有一个叫许维枢，现在搞鸟的。还有一个赵迅，在北京文研所。大概记得这几个吧，有的人提前走了，甄溯南当时没跟我们住一个屋，他住我们对面一个小屋，前段时间还给学校上过课，他在自然博物馆。

采访者：一般是几个人一个屋？

王去非：大概是六个还是八个人。

采访者：在班里或者是在寝室里同学之间互相交流多吗？

王去非：聊天，交流的不是很多。为什么呢？我这班就是我年纪最小，我是直接从高中三年级考上的。可其他人像岳凤霞，她是师大附中最好的学生，可能因为生病，耽误了两年。还有的人，像孙松年，他在北大农学院已经毕业了，解放前有很多的学生都是这样的，他不愿意离开学校，上完这个系上那个系，就不出学校，岁数很大还在学校里。孙松年就是这样的，他上完农学院，又到我们这儿来了，由于年龄的差异，接触就不很多。

采访者：这个名单上没他。

王去非：对了，没有他。

采访者：我加上，可能当时写错了。

王去非：对，他后来在历博，像孔祥星这些肯定都知道的。他好几年前就故去了。岳凤霞是女生，人很好，我们接触较多，后来嫁给庄敏（曾任文物局副局长），在我心中她是一个值得尊重的老大姐。真正聊得多的是比我晚一班的同学，我们的关系就很好，如现在大家熟知的俞伟超、刘观民。

采访者：俞伟超，黄展岳。

王去非：黄展岳还不是，他那时候不是博物馆专修科的。俞伟超，刘观民，我跟他们两个人最好，还有他们小时候的照片。后来因为我身体不好，主要是"文革"以后，联系就不多了。那时候比我们晚一班的有谁呢？俞伟超，刘观民，李仰松，郑振香，还有一个陈慧（分配到河北文物系统），就这五个人。其他的都不是专修科的，专修科二班的那些人后来哪儿去了我就不知道了。

采访者：当初学校也没有什么大型的会演或者是文艺演出，给同学们内部交流的机会。

王去非：没有，就是抗美援朝。就是大伙儿下去宣传，动员大家。

采访者：除此之外印象中就没有其他的逢年过节的演出？

王去非：演出我一下子不太记得了，那个时候都有食堂选伙委的事，现在你们大概没有了，从学生中选伙食委员，各系演说竞选，邹衡当选过。

采访者：吕遵谔先生说也当过。

王去非：他当过我不记得了，邹衡还站在凳子上，大家说就选他了。

采访者：当时的伙食怎么样啊？

王去非：伙食那个时候隔一段时间打次牙祭，就是吃些肉，平常大概就很少了，老是白水熬茄子之类，吃起来没有胃口。

采访者：当时博物馆专修科都开有什么课？

王去非：自然科学部分像名教授孙云铸先生讲地质方面的，还有就是讲一些生物，植物、动物方面的。我们学文的有时候也去听，我们文史这部分有的课和历史系一起上，规定必修。主要是向达先生的近代考古发现史，他讲几大发现，包括甲骨，汉简，敦煌，等等。然后是张政烺先生的古器物学。他还另讲甲骨文。还有就是史学文选，余逊先生主讲，他是余嘉锡先生的公子，他除了讲一些名篇，主要还评论一下：怎么样做史学，范文澜怎么样谁怎么样，他有个评论，还挺有意思的。还有沈从文先生，沈先生讲工艺美术史，但名字不叫这个，叫近代工艺美术，主要就讲玉器，漆器，丝织品，瓷器等。启功先生讲书画，从远古一直讲到现在，也叫近代书画，可能与刚解放的大环境有关。韩寿萱先生是我们的主任，兼任历史博物馆的馆长，他讲博物馆概论。还有阴法鲁先生，研究音乐史和舞蹈史，他讲古代美术文选。

采访者：我们查资料看到说，1950年的时候49级的博物馆专修科的学生在阴法鲁先生带领下去旅顺实习。您能说说当时的情况吗？

王去非：对，对，有这个。那是1950年的暑假，到旅顺去实习。阴法鲁先生带着，旅顺博物馆的馆长是一个苏联人，好像也不大管事。咱们中国的工作人员不多，那个时候苏联红军还占着旅顺，还没抗美援朝呢。我们就由阴先生指导，将馆藏文物登记造册，有一些东西也没怎么陈列，也没什么人参观，就把说明签写一写，有的摆的都不对了，给它重新摆好。还有一个屋子里有日本大谷光瑞在新疆吐鲁番发掘的木乃伊，我不记得有多少了，当时一个人不敢去，两个人，三个人一块儿去看，很觉惊奇。那个时候的实习很多，使我们大开眼界，实习能看到很多东西，有的时候老师带着去参观，去博物馆的仓库，一个一个东西拿出来讲。其他还有北大的工学院的老师教我们翻模子做模型，他带着我们到东郊的一个做陶器的窑，看他怎么做。用脚蹬轮，很简单，用手拉坯，屋外搁着烧成的陶盆，柴堆，照了一些相。裴文中先生就带着我们去周口店，他也给我们照了相。

1950年还有一个从猿到人展览，那是1950年的寒假，是在琉璃厂甸庙会期间，当时厂甸庙会文化氛围很浓。游人多，挺热闹的。展览在师大附中，现在还有那个地方，在路东，我们从布置到讲解全包，裴文中先生指挥安排，日常工作他就不管了，反正有事再找他，我们这些学生中午就买几个包子吃，整天给人讲解。这时历史系的赵其昌也来了，可能是通过裴文中先生来的，他跟我是同一级的，从此我们就熟了，他是历史系的，后来到了考古专业，是第一班。展览中常有人跟我们吵架，他们可能是信基督教、天主教的。现在一般都知道从猿到人，那个时候好像很多人就不知道，还听得津津有味的，觉得收获不小，从那儿以后，我们对这一段的知识也记得更牢了。

采访者：您能讲一下北大博物馆吗？您对它了解吗？

王去非：博物馆我不是太了解。

采访者：那时候有多少人在那边工作，工作人员的情况。

王去非：它等于说跟我们合到一起了，专修科和博物馆合在一起了，有一些工作人员。

2012年1月6号采访人员与王去非合影,中为王去非,左为王彦玉,右为韩博雅。

有一位就是赵思训先生,你们见没见过?

采访者: 没有见过。

王去非: 他是早年历史系毕业的,在这儿他有时候还给我们上课,讲照相什么的。还有一个叫徐立信,他是一个技工,我们称他为徐先生。有时候也跟我们讲怎么拓拓片。他讲完教我们拓,我们拓立体的就不行了,他就演示一下该怎么拓。毕业后我们到下面发掘,有很多的铜镜、砖、瓦当等,我就都拓了一些。还有一个唐小姐,我们那时候都叫小姐。

采访者: 唐振芳。

王去非: 对,我都叫不上名字了,还有一个女的叫什么?

采访者: 张润英。

王去非: 对,她们就是管图书文物资料,有时候还做卡片。

采访者: 馆长是谁呀?

王去非: 还是韩先生,大概这是博物馆的情况。

采访者: 在博物馆里面办过一些什么展览呢?

王去非: 就是刚才说的陈列,是固定的,有时候还展些服装什么的。

采访者: 这儿写了一个白族彝族民族文物展。

王去非: 对,我记得就是少数民族的东西。那个时候很方便,我跟俞伟超、刘观民经常去陈列室看瓷器，还互相考问，这是什么釉啊，什么时代啊，因为它底下有说明，我们先捂着，不让看，挺有意思的，有时还能到库房看看。

采访者：1951年到高碑店实习。

王去非：1951年天还冷，就组织一个高碑店的发掘。裴文中先生带队，他当时是博物馆处的处长。参加者有历史博物馆的傅振伦先生，还有一个叫杨什么，我一下子忘了。

采访者：莫宗江？

王去非：莫宗江是清华大学梁思成先生的学生，他画图最好了。我们班开有画图课，教画图的就是他，我前面忘记说了。参加发掘的还有文科研究所的宿先生，阎先生我不记得了，有刘慧达，她去了，她画图，我们就帮着她量。还有就是莫先生，大概就是这几个人。另外史树青，他不算工作人员，他去参观，每回都去。我们早上起来就乘一辆大敞篷车，所有的人包括老师都装在上面，就开过去了，晚上再开回来，到那儿就找了一个有炕的地方，大家都坐在炕上。中午吃点罐头。休息不了多长时间，继续干活，条件较艰苦。发掘的是东汉墓，出的东西不多，有陶楼之类的，也是残的，修起来以后我没见过，其他情况已记不清了。

采访者：这个工作是从几月份开始的呢？

王去非：穿着棉袄去的，不过也不会太冻，太冻土还挖不出来，反正天还冷。

采访者：这是您第一次发掘。

王去非：对，第一次发掘。

采访者：什么感受？

王去非：因为我们那时候学的是博物馆，接触博物馆方面的人多，考古方面比如夏先生后来才认识，接触的还不是很多。所以还没有太多的考古方面的概念，当时知道发掘是这样的，也很感兴趣，没想到发掘过程很吸引人，有猜想，有期待。这也是解放前夕北京第一次考古发掘，值得记上一笔。那时候想挖一挖好东西，结果那个东西都不是好东西，那时候的认识，当然它很有价值了。第一次发掘就感觉不怎么好，北京也是第一次考古发掘，所以当时总觉得要发掘一个比较完整的、像样的东西，那时候还不太懂，说实话。从此就觉得考古还是很值得搞的一个工作。

采访者：您提到大学这几年，沈从文先生对您的影响特别大，您能详细说说吗？

王去非：他对他从事的工作，对每类每件文物都非常的热爱，拿起一件东西就爱不释手，说这个好得不得了。他的感情完全投入进去了，潜移默化，不断熏陶，影响这批学生对古代文物、工艺品也都着了迷。他为人非常的慷慨，我后来毕业要去敦煌，他一下子把有关的书都给我了。我现在还保存着，那上面有沈先生的签名，还有他的批注，是挺有价值的。你们要看，我可以给你们看。我知道在哪儿放着，我给你们拿。

他也非常爱护学生。那时候他家就在沙滩，跟朱光潜先生住一个院，学生随便什么时候去他家他都热情欢迎，跟我们聊天，谈心得体会。他对中国古代各类工艺品特别地熟，饱含着挚爱的深情，而且他不追逐名利，待后辈非常的亲和。

解放前他是红的不得了大作家,每次看到自己的学生,脸上却笑得非常灿烂,像个天真的孩子一样。他搜集的一些材料就给我们了,对学生很无私。他有一些书还是有用的,他自己搁那儿随便查查,就送给我了,他也把自己的书送给刘观民,也有批注。沈先生讲课有的时候挺细,告诉你这件东西是怎么回事,怎么个图案,什么时候的,怎么判别它。还兴致勃勃地带我们去参观南城一个制玉作坊,看制玉的全过程,沈先生真的是很用心培养学生的,其实他那个时候很受窘,他自杀过。知道吧?

采访者:不知道。

王去非:他自杀过,他是因为跟胡也频、丁玲她们都是好朋友,国民党方面把他看成有点红色的,可是后来他写的东西,也不完全是这些,解放后郭沫若狠批他,丁玲也狠批他,所以他后来受不了了。刚解放我还有半年在中学,大约就在这段时间他就割腕了,给我们讲课时身上仍留有疤痕。

顺便说个事,1951年常书鸿在午门办了个敦煌展览。我们那时候正听向达先生讲的近代中国考古发现史,讲到敦煌,我们就提出来能不能请向先生带同学参观一下,向先生答应了,定好哪天在午门下面集合。结果历史系的同学没什么人去,只有我们博物馆专修科的几个人,向先生开始仔细讲敦煌壁画不同时代的风格特点。向先生讲课我们都坐第一排,他讲课声音小,听的不清楚。有的时候下课大家还得对对笔记。

采访者:他好像是少数民族。

王去非:对,少数民族,湖南的,土家族,他和沈先生都是湘西人。正讲着忽然看见沈先生带着一大帮群众,在那儿做义务讲解员。两位先生碰上了,互相打了个招呼,还相视而笑。据说沈先生在历史博物馆也写藏品卡片,他字写得好,章草,特漂亮。沈先生是特踏实,特别好的一个人。

采访者:1951年的时候,您就从博物馆专修科毕业了。

王去非:对。

采访者:然后就分配工作了。

王去非:对。

采访者:当时把您分配到了文物局。

王去非:是这样的,就是因为向先生讲敦煌说到玉门关、阳关和莫高窟,很让人向往,又看过这个展览,我就想去。是我自己要求的,通过一些先生的介绍认识了常书鸿先生,就把我分配到敦煌文物研究所了。

采访者:那是您第一次出北京。

王去非:对,毕业第一份工作。先到的文物局,然后再待分配。那个时候郑振铎是文物局的局长,副局长是王冶秋。常书鸿就跟郑振铎提出来,希望由中央直接管敦煌,文物局只有这么一个在外的直属单位,在北京之外的单位,因为这个关系我就凭着一腔热情去了敦煌文物研究所。

采访者:当时跟您一起分配的有同班同学吗?

王去非：没有。到敦煌的就我一个人。

采访者：您当时还属于文物局的系统？

王去非：当然是属于文物局的系统，我就是敦煌文物研究所的人了，就分配到那儿了。实际上因为相距遥远，文物局只能在业务上对敦煌大概管管，其实很多事还得和地方上同步。

采访者：从1951年去到1953年回来。

王去非：1953年就是考古训练班了。

采访者：您在敦煌待了两年。

王去非：对，待了两年。

采访者：常书鸿先生会指导一下吗？

王去非：除了搞题记以外，常书鸿先生还让我做一些其他工作。还让我管文物馆，里面藏有早期的一些藏经洞的佛经，也有一些别处的。还有就是从洞窟里流散出去的一些文物，有的也存放在文物馆，现在大概是在博物馆，还有就是照相。我就管这个，管陈列，管写说明，管博物馆，管图书馆。

采访者：那挺忙的。

王去非：也挺忙的，我觉得这段的收获也不错。因为图书馆接触的东西很多，留出空来就读书。上学的时候我们跟图书馆专科的关系特好，他那个主任就很有名，可惜我没有主要去听他的课，我主要是听中文系的课。

采访者：喜欢文学。

王去非：对，可惜没听他的课。

采访者：中文系您听过谁的课？

王去非：有时候俞平伯讲课我们也去旁听，还有游国恩讲的中国文学史。俞平伯讲汉乐府的时候，"鱼戏莲叶东，鱼戏莲叶西，鱼戏莲叶南，鱼戏莲叶北"，他说妙，真妙，妙不可言，妙不可言。他深有体会，让你琢磨。还有就是游国恩，他给我们讲的中国文学史，从头一直讲到尾。要按我们的水平，就觉得他讲的比俞先生精彩，俞先生就让你欣赏，妙不可言，妙不可言。沈先生比较随和，他就能写出这么清新的文字来，真是好。我觉得我应该学他，但是学不了，他的本事我学不了，就学他怎么做人。

采访者：其他的先生呢？比如说启功。

王去非：启功他讲的博，有时候讲点小故事，提醒你注意，引起你听课的兴趣。因为他不是咱们学校里面的人，沈先生还能算，因为他刚离开，住的还是北大的宿舍。启先生是辅仁大学的老师，陈垣是辅仁大学的校长，后来1952年院系调整，师大和辅仁大学就合并了，可是校长还是陈先生，他的声望在这儿。启先生那时候是辅仁大学的老师，韩先生，就我们的主任请他来给我们教课。他老夹着一个包，里面都是画册，给我们看古代的山水花鸟画，还有一些法书。他讲得很风趣，有一些话我现在也记不住了。

采访者：他主要是讲理论还是什么？

1951年49级和50级博专学生在国立北京大学图书馆前合影。

王去非：讲历史。一段一段地讲，现在我还记得他讲什么元四家，黄王倪吴，清四王吴恽，还讲一些风趣的故事。如他说黄庭坚的字长，苏轼的字扁，黄庭坚就嘲笑苏东坡，说他写字的风格是石头压蛤蟆，苏东坡就说，谁像你呀是树枝挂长虫。原话的古文我现在已记不住了，他就是讲得风趣，让你长久不忘。

采访者：韩寿萱呢？他是哪一个大学毕业的？

王去非：他是不是北大毕业的我就不知道了。在解放前北大就想搞博物馆，他跟胡适的关系挺好，胡适挺信任他的。后来他就到美国考察博物馆，在那儿学的。他在美国游学，所以他讲课的时候也说点美国的博物馆。

采访者：就介绍一下。

王去非：对。我从中学就偏门，所以有些课我都没怎么听。现在有点后悔，包括傅振伦先生讲档案学，他讲课就在讲台上来回走，就低头，他也不看你，我对档案学也不太感兴趣，就没怎么听。后来傅先生和我住一个楼，我老去看他，他说的一些掌故我就听进去了。

那个时候吴荣曾跟我一起听课，他是历史系的，他应该跟我一班，可后来不知道怎么回事，他又跟俞伟超一个班。一转成考古专业以后他矮了一班，这个我就不知道怎么回事了，他应该跟赵其昌他们一班的。也许是我记错了。

采访者：49级还有吕遵谔，赵其昌。

王去非：对，还有金学山，还有王菊芳。不知道他怎么回事，我印象里他是跟我一个班的，他跟我一起听史学文选的。

采访者：有同学采访过他了，到时候我问问他。

王去非：问问他是不是，反正我跟他一起听史学文选的。是不是我听史学文选是二年级了，我记得是一年级，我印象中跟我是一个班的。

采访者：那就是说这些课还是偏重于书画、器物，对考古还是不太讲？

王去非：不太讲。

采访者：就除了裴文中先生。

王去非：对，他连新石器时代都讲，他讲的时候安志敏先生和宿先生也都来听，而且讨论。裴文中先生有一个好处，就是带我们去参观，还讨论。那时候很幼稚的，不懂还乱说一气，说得安先生脸都红了，直摇头。

采访者：那个时候宿先生和安先生都是在读文科研究所的研究生。

王去非：是，安先生是不是我不知道。

采访者：可能也是，他是裴文中先生的学生。

王去非：反正那个时候宿先生在文科研究所，而且那个时候我接触宿先生最早。为什么呢？我们在那儿住，没课的时候下午散步，他从翠花胡同出来，往东华门那儿走，就常碰到。碰见了就一起散步，聊天，宿先生在专业学习上给过我很多指导。

采访者：后来秦汉考古、商周考古这些都不讲吗？

王去非：当时呀？当时就是请一些外边的人讲一个专门课。

采访者：就跟讲座似的。

王去非：对，专题讲座，讲讲就完了。

采访者：没有专门的老师？

王去非：没有。因为主要是讲博物馆，特别是我们是侧重美术方面。

采访者：您算是美术博物馆系统的。

王去非：对。俞伟超和刘观民都是，他们俩也侧重古代美术方面。那个时候我的印象里面没有这么严格。好像一个是文方面的，一个是自然方面的。

采访者：这个书上还写过三个方面。

王去非：写是三个方面，我的印象好像没么严格，就两个方面。

采访者：向先生呢？向达先生他上课是什么样子的？

王去非：他的课算是历史系开的课，张政烺先生也是。我们是必修，指定必修。好像向先生也是博物馆专修科的一个发起人，反正开会得请他。

采访者：他是博物馆的委员会的委员。

王去非：对，我估计他可能设这个课的时候，就是两边设的。包括张先生讲古器物学，也可能是两边设的，所以也是我们的必修。他另讲的甲骨文一课，我记得是去旁听的。

采访者：就是张政烺先生的。

王去非：对。我从中学就看《说文解字》的段注，对文字学特感兴趣。可惜后来没搞，所以我就去听古文字学方面的课了，向达先生那个时候主要就是讲四方面，开始是史前史一带而过,因为裴文中先生讲过了。接着就是甲骨文,殷墟的发掘。然后就是居延汉简,然后就是敦煌,然后就是内阁大库档案。讲这么几个,内阁大库档案我觉得好像都没怎么讲。

采访者:主要是三大发现。

王去非:他预备这么讲,可是没讲完大概,这学期就完了,下学期就不开了。当时也没有讲义,就是记笔记,我的笔记还有。

采访者:还有其他的,您记得其他的课吗?

王去非:其他的课我想不起来了,反正还有照相、画图等,画图是莫宗江先生教。

采访者:他画图好吗?

王去非:他画的好,画建筑图。宿先生的《白沙宋墓》有些图好像就是他画的。写生什么的宿先生会画,真正有要求的建筑图,斗拱呀,平、剖面呀,我印象中好像是请莫先生画的。

(此为对王去非先生采访的部分内容)

采访时间:2012年1月6日下午、1月8日下午
采访地点:北京王去非先生寓所
采访者:王彦玉、韩博雅
采访大纲撰写:王彦玉、韩博雅
整理者:王彦玉

记忆
——
吕遵谔

1998年吕遵谔先生在法国国家自然历史博物馆

简 介

吕遵谔，男，1928年2月28日出生于山东省福山县。北京大学教授，博士生导师。1953年毕业于北京大学历史系。毕业后在历史系考古专业（1983年扩建为考古系）任教，主要从事旧石器时代考古和古人类学的教学和研究。讲授的课程主要有：旧石器时代考古学、古人类学、人体骨骼鉴定、第四纪哺乳动物、欧洲旧石器等。1984年晋升为教授。1978年开始招收旧石器时代考古研究生，先后指导了二十余名硕士研究生和5名博士研究生。1999年退休。曾任北京大学考古系副系主任，北京大学学术委员会委员，中国考古学会理事等。

吕遵谔教授十分重视旧石器时代考古学的基础理论研究，在我国率先运用实验考古学的方法，指导研究生系统地进行了石器的打制技术和使用微痕的研究，为旧石器制作技术和分类的研究打下了坚实的基础；在他的领导下发现了沂源直立人、南京直立人、金牛山古智人和涞水人等重要的古人类化石，为古人类化石的发现和研究做出了重大的贡献。

发表的主要论著有：《内蒙赤峰红山后考古调查报告》，《四川资阳鲤鱼桥旧石器地点发掘报告》（合作），《金牛山猿人的发现和意义》，《山东沂源猿人化石》（合作），《鸽子洞的人类化石》，《金牛山人髋骨的研究》，《海城小孤山仙人洞鱼镖头的复制和使用研究》，《金牛山遗址1993、1994年发掘的收获和时代的探讨》，《南京直立人的原始性状和发现的意义》（合作），《南京人化石研究》。主编了《中国考古学研究的世纪回顾·旧石器时代考古卷》。

采访者：您家乡是在哪儿？

吕遵谔：我的老家是在山东，山东省烟台市福山县东刘公村。我小学是在家乡读的，那个时候的学生也很顽皮，学校是用寺庙改装的，当时还有老佛爷。上小学的时候，我们闹了一次风潮，把大殿上的老佛爷都推倒了，就改成教室了。小学毕业以后我没有工作，也没地方去，就在本村的小学，也就是我的母校里当了一年教员。那个时候日本人占领了我们的家乡，要读日本的书，上面发的书上有日文，我们就阳奉阴违，听说日本人要来检查的时候，就把日文的课本拿出来了，平常的时候根本就不学。那时福山县的县长叫陈昱，他是一个秘书，我们叫他陈秘书。他拉出一部分队伍来打日本鬼子，所以我们不但不念日本书，而且还念抗战课本。

在小学一直待了一年多。福山县有一个中学是日本人办的，我们没去。福山县古现镇有一个叫山王家的村子，陈秘书拉着队伍在那儿成立了一个中学，叫福山县中，我们村好多人就到那儿去了。但不到一年，福山县中就让日本人给打垮，我们就跑回来了。福山县中从山王家村垮了以后，又跑到莱阳县万第村，在那儿又成立了一个中学，我们有不少人又跑那儿去了。在那儿待了一年，到第二年过春节的时候，八路军出钱把我们送回老家。我老家那边是拉锯地带，白天日本人来，晚上八路军来。到1945年日本人投降以后，不少学生就跑到北京来了。我老家在北京有份生意，我就跑到北京来了。

采访者：您家里是做什么生意的？

吕遵谔：我家在北京是开染坊，解放以前就关了。

采访者：那您在北京住在哪儿呢？

吕遵谔：我就住在前门外。

采访者：您家里人都在这边住吗？

吕遵谔：对。初中一年级是在老家念的，到北京我就上初二了，在西城区新皮库胡同弘达中学，就是现在教育部的旁边，在那儿从初二一直念到高三毕业。高中念完了就想考大学。当时弘达中学有一个叫刘竞夫的老先生，他是师范大学毕业的，在那儿教语文。我和他关系挺好，我问他哪一个大学好，他说北大老，师大穷，清华、燕京可通融，就是说清华燕京还是可以的。那时候师大是公费，归国家管，师大穷，你还是念北大，北大的牌子好。所以我就考了北大，同时也考了师大。

采访者：报了两个。

吕遵谔：对，报了两个，两个都录取了。我是1949年秋天考上北大的。刚解放还允许念两个大学，你只要有时间就可以。我以北大为主，师大就给生活费，在师大我念了不到一年，来回跑，有时候课程时间重复，后来就不去师大了。

解放初期，考古事业也被提上日程，因为国家的建设刚开始，所以地方上的工作很多，当时负责文物工作的部门叫社会文化事业管理局，相当于今天的国家文物局。局长就是裴文中。他原来是在科学院工作，刚解放的时候，他是名人，就当了社会文化事业管理局的局长，还当二处的处长。二处就是博物馆处，搞了一个从猿到人的展览。那会儿我们是北大的学生，就找我们当讲解员。当时还没有成立考古专业，我们属于历史系。在此期间，学校动员一些学生南下参军，成立了南下工作团，我们同学中就有很多参军的。有些人的名字现在还都记得，但是不是还在世就不知道了，年纪都大了。

采访者：您当时为什么要报历史系呢？

吕遵谔：因为我对历史感兴趣。我们那会儿经常到老师家，常跟老师聊天，说实话，这种方法对你学习有好处的。好多东西在课堂上老师没法给你讲，但是聊天就什么都可以讲，那时候学生跟老师关系很好。我学历史就是因为周口店。

采访者：当时周口店已经发掘了？

吕遵谔：当时周口店没有发掘，但是它很出名，中学的课本上就有。念中学的时候我就知道有周口店，我还没有念大学的时候，就跟一位同学骑着自行车到周口店去了。

采访者：这么远就去了。

吕遵谔：当时不知道啊，反正一百多里地，也无所谓，年轻啊。骑上车一走就知道了，好远，路也不好走，不像现在都是柏油路，是土路，颠得厉害，去了一天。

采访者：是不是去的时候得拿着地图？

吕遵谔：知道周口店在什么地方，路不好走，想看看周口店的情况怎么样，去了一天，这是没念大学之前。念了大学以后，第一个老师叫张政烺，他原来也是北大的，以后在科学院。他给我们上历史课，他重点讲的是周口店北京人。这位老先生很有感情，讲到周口店，还眼泪汪汪的，说被日本人破坏了，中国人为什么不能干，从发现一直到研究都是外国人搞的，中国人就是裴文中，他讲得慷慨激昂。听了张政烺先生的讲课，我就更认识到周口店的重要性。我记得当时分专业的时候，我们班就五个人选的考古。

采访者：1951年设的考古组吗？是1951年选的吗？

吕遵谔：1952年成立的考古专业，设在历史系下面，历史系有世界史专业，中国史专业，我们原来是中国史专业的，现在分出来了，就是考古专业（曾经一度叫做考古专门化），历史系就三个专业了。当时学生可以随便选专业，自愿选择。我们班选择考古专业的就五个人，我，还有赵其昌，后来当了首都博物馆的馆长，已经去世了；还有一个王菊芳，从宁夏来的，是个女生，水利部保送过来的，分配在历史博物馆，现在还在；第四个就是金学山，上海人，他分配在考古所；还有一个叫王琦，湖南人，毕业以后就分在近代史所，后来就没消息了。

采访者：金学山先生也没信了？

吕遵谔：也没信了。我在北大，从进校一直到现在。赵其昌在首都博物馆当馆长，北京市考古队的队长。负责发掘过定陵。

采访者：您刚到北大的时候是住在红楼吗？

吕遵谔：不，我住在三院。就是北大往南走，在南河沿，我们都住在那儿。一个大屋子，摆了18张床，一个人一张床。当时每天上课一般都是步行，没有自行车，就我有一辆自行车，人家说我的自行车除了铃不响以外，哪儿都响。不过就这样的自行车使用率很高，这个用那个用的。

采访者：您对博物馆专修科的情况了解吗？

吕遵谔：博物馆专修科是我来到北大以后，专门开设的，以后就合并到考古专业了。

采访者：也是1949年开始招生的吗？

吕遵谔：是1949年招生的。

采访者：您平时跟那些同学接触得多吗？像已经故去的俞伟超？

吕遵谔：他是第二届的，就转到我们这边来，当时博物馆专修科没了，就合并到我们这儿来了。

采访者：第一届您知道吗？

吕遵谔：第一届我不知道。

采访者：当时跟他们接触的不是太多？

吕遵谔：不是太多。

采访者：王去非呢？

吕遵谔：他是第一届的吗？

采访者：对，他是第一届的。甄溯南也是第一届。

吕遵谔：他是在自然博物馆，都退休了。

采访者：您刚才说的从猿到人的展览，是跟博物馆专修科的同学一起去的吗？

吕遵谔：那是裴文中搞的一个展览，从猿到人，劳动创造人，当时说明员就是我们五个，也没都去，我去过，赵吉昌去过，金学山去过，负责说明。

采访者：为什么要办这个展览呢？

吕遵谔：这是社会文化事业管理局办的，不是北大办的。他们办展览得有说明员，我们正好就参加这个活动。我们也参加了考古训练班，考古训练班你知道吧？

采访者：知道。

吕遵谔：考古训练班是从国内各个博物馆招的人，办了四届就停办了。当时全国搞文物工作的确实没有几个人。建国不久，国家建设启动了，各个地方发现东西，就跟社会文化管理局要人：我们这儿发现了东西，你们来人看一看。这一批还没打发走，那个省就又有新发现了，当时局里领导就很头疼，没办法，派不去人。所以就有人出主意，说干脆办个训练班吧。由北大、社会文化管理局、考古所三方面来办。地址就设在北大，因为北大有教室，上课也方便。课程是他们成立一个研究组，设计一些训练班的课程，请人来教。

那会儿北大还在城里，不在这边，由裴文中当组长，当时北大参加的有向达、宿白，考古所就是梁思永和夏鼐，社管局的就是裴文中，请的人还有故宫等有关单位的，还有大学的一些老师。这个训练班开始的时候说要办五次，结果办了四次就停了。因为人已经够用了，就没有继续办下去。我们五个人都参加了训练班，去当辅导员。当辅导员也参加学习，学员分了五个组，就由我们五个辅导员来辅导，由辅导员往上面汇报你这个组讨论和学习的情况，有什么问题就要汇报。我认识的这些学生都是从训练班开始的，到现在好多人都故去了。这个训练班影响很大，后来地方上负责的很多都是训练班的学员。

采访者：训练班的学员都住在北大？

吕遵谔：住在北大。

采访者：就利用暑假。

吕遵谔：对，利用暑假，学生放假了，宿舍可以腾出来。

采访者：我们出去采访的时候，有人说您去接过站，我忘了谁说的了，他说对您印象很深。

吕遵谔：我接过好几次站，训练班我还接站，新生来的时候也去接站。

采访者：您当时还是学生，第一届考古训练班的时候您还正在上大学。

吕遵谔：不上大学了。

采访者：1952年您就毕业了？

吕遵谔：我是1953年毕业的，实际上是1952年毕业的，因为从毕业一直到分配工作停了快半年，其实毕业是早的，等着分配工作的时间比较长。

采访者：您还记得这些训练班都有哪些老师讲过课吗？

吕遵谔：训练班上课的老师有的都去世了，是以考古所为主的，像苏秉琦讲秦汉，郭宝钧讲商周考古，安志敏讲新石器，佟柱臣讲东北考古，还有外面请的一些老师，讲书法的好像是国家文化事业管理局的。咱们这儿训练班上过课的有宿白，宿白是代表北大的，还有向达。

采访者：向先生上什么课呢？

吕遵谔：上中西交通史，他只讲了一部分。还有一个阎文儒，故去了，讲美术考古、石窟寺。我最后上的课，我讲的是旧石器时代考古。原来叫史前考古，有旧石器和新石器，旧石器是裴文中讲的，新石器是安志敏讲的，我到第三年就代了裴老的课，讲旧石器。

采访者：您在训练班上过课？

吕遵谔：上过课，还编过讲义。参加训练班的时候我们还有一个实习。实习分了两组，一组在郑州，一组在洛阳。我是分配在洛阳的一组。

采访者：洛阳是挖墓？

吕遵谔：对，挖墓。

采访者：训练班的学员也分成组，您是辅导的哪一个组呢？当时是按什么分组的？

吕遵谔：我辅导的，有一些我还记得，有一些我不记得了。

采访者：您还记得哪些人吗？

吕遵谔：有一个女的叫水良箴。

采访者：看到了，是辽宁省博物馆的。分组是按照地区来分的吗？

吕遵谔：对。

采访者：您辅导的是哪一个地区？

吕遵谔：我辅导的就是这个组，当时12个人，就是东北地区的。这里面还有王去非，他不是辅导员，他是参加学习的。

采访者：他是学员。

吕遵谔：嗯。

采访者：俞伟超先生和郑振香先生也参加了？

吕遵谔：也参加了。

采访者：他们也是辅导员？

吕遵谔：也是辅导员。我是从第一届到第三届，他们是后面的。哪一届我就记不清楚了。

采访者：您能讲讲在洛阳挖墓的事儿吗？

吕遵谔：我们到那儿也不是很熟，也是第一次挖。我当时是辅导员，年纪轻，比有的学员还年轻，用的是当地的工人，其中好多是盗墓贼，开始的时候不知道，以后知道了就把他们辞退了。我记得很清楚，我们挖了一个大墓，很大。覆斗形，它不是斜的，也不是直的，口小底大，天热的时候在下面晒不着。挖这样的墓是很危险的，担心墓塌了，压着人，所以我们特别注意，挖这个墓时打二层台都打到下面去了，就怕出问题。

当时发掘的时候用的工人都是挖过墓的，应该还算是"专家"。对我们根本就瞧不起。有几个是盗墓的头也混进来了，他们整天在墓口蹲着看我们挖，而且还说东道西，最后要指挥工人了，挖出东西他们就说要看，工人听他的呀，他们熟呀。这样的人都被我们开除了。洛阳这个地方，铁路南北土色不一样，我们挖的是铁路南，铁路北就不知道了。他们就拿个土来考我们，问这是什么土，我们以后慢慢就知道了南面是什么土，北面是什么土，什么时代，什么样的构造。

发掘快结束了，但没有见到一个完整的墓，都是被盗过的。最后有一个工人告诉我们有一个唐墓，因为不许他们挖，我们就去了。就挖了这么一个完整的唐墓。挖的墓都被破坏了，但是主要学的是发掘技术，不是找东西，有东西更好，所以学习的目的还是达到了。

郑州挖了一个墓，里面全是甲骨，为了甲骨差点送了命。墓塌了，土都埋到腰了，为了救人，大家先挖，最后就用手扒，把工人给扒出来了。那边土不结实，容易出问题。

训练班是学习一个半月，实习一个半月，一共三个月。

采访者：一共三个月。

吕遵谔：对。从学生的学习情况来看效果还可以，学员学到了考古的基本知识和技能，以后就靠自己去提高了。

采访者：发掘的时候有老师指导吗？比如说夏鼐先生。

吕遵谔：有几个指导的，很忙啊，一会儿这个叫，一会儿那个叫，是够忙活的。考古所的钟少林、马得志都参加了。他们没有参加考古训练班课程学习，只参加了发掘。

采访者：史前博物馆是燕京大学的吗？

吕遵谔：对，这个博物馆是裴文中先生一手操办起来的，因为裴文中先生是教过学的，在中法大学上过课。他知道上课教学生光讲不行，要看东西。裴先生这个人很有意思，有时候跟你聊天，一点架子也没有，有时候就发火了。他喜欢考人，谁跟他聊天，聊着聊着就从兜里掏出一个东西来了，一个石器或者一个土块，问你这是什么，你没有准备就让你答。答不对，就告诉你一次，第二次还告诉你，第三次就不告诉你。第三次你就别问了，我们都知道，问一次两次可以，第三次不知道也别问了，一问老先生就发火了。

他知道给学生上课要看东西，所以他就通过当时的燕京大学历史系的主任齐思和，成立了一个博物馆，地点就在镜春园。从镜春园进去，往左一拐有个小石桥，过了小石桥往北不远有一个大门，里面有一个院子，东面有三间房子，西面没有，北面是三破五，就是三间大房子改成五间小的房间，三破五是北方建筑常见的一种形式。

当时陈列的东西也并不是很多，大概有几种，一种就是裴老到西北调查带回来的一些东西，经过整理就放在博物馆，有齐家文化的一些东西，但都不太完整。再一种就是他经手的周口店的一些东西，还有北京人和其他一些人化石的头骨模型。另外就是裴老在法国学习的时候自己搜集和购买的一些石器，这些石器很珍贵，从旧石器时代早期一直到晚期，包括各个时期的典型石器，还有一些旧石器时代晚期的艺术品模型。大概在1954年以后，这批东西就送给北大了。现在这些标本还在逸夫贰楼的旧石器教学标本室陈列着。北京人头骨模型，是第一批做的模型，模型还是最原始的好，以后做的模型会变形，不那么准确，对研究来说就不是很好。咱们这儿有北京人的头骨模型，北京人的一些躯体模型，还有十五地点的石制品、山顶洞人的头骨模型和装饰品模型。

原来想成立一个裴文中先生纪念室，把裴先生生前用的水壶、地质锤这些东西都搜集过来，放在这儿展览。还有裴老很喜欢钓鱼，他写了一本钓鱼的书。很遗憾，裴文中先生纪念室一直没成立起来。

史前博物馆有三个人负责过，第一个也是裴老的学生，叫成恩元，他在那儿也不算馆长，就是一个负责人。以后他调到四川大学去了，我到四川去裴老还让去看看他。四川大学也有一个博物馆，他就在那里工作。"文化大革命"的时候他遭到迫害。我去的时候，裴老让我去见见他们主任，把他的历史情况跟主任讲讲。我见到他们的主任，主任说他们对这个情况有的了解，有的也不了解，所以裴老就写了一份材料给四川大学。大概两个多月以后就没有事了，他就等于解放了。

第二个是安志敏，他是裴老的第二个学生。现在博物馆还有当时安志敏登记的器物本呢。后来安志敏离开燕京大学到考古所去了，我就接手这个博物馆，我大概在那儿待了有一年多。因为我是助教，就住在均斋，上面是食堂，下面是宿舍。因为那个地方离史前博物馆很近，再过去就是镜春园，所以我晚上都在那儿干活。那边有湖，有水，晚上我

1955年在周口店。右起：贾兰坡，裴文中，吕遵谔。

就去逮螃蟹，点个灯放上去就不管了，去干我的活，到时候逮回来两三个螃蟹煮了吃。

采访者：那个时候还有螃蟹吗？

吕遵谔：未名湖里有，现在没有了。大概待了一年多，史前博物馆就搬了，搬到现在的生物楼，那时候还没盖楼，有一排小平房，当时就给咱们了。还是原来的展览，我就负责陈列室的接待和环境卫生。后来又搬到文史楼。

采访者：那些东西现在是在赛克勒博物馆还是逸夫贰楼？有一些标本现在是在哪儿？

吕遵谔：都分开了，有的是从西北搞来的，就交给搞新石器时代的人了，他们来管。山顶洞的，还有欧洲的旧石器都在逸夫贰楼旧石器教学标本室。

采访者：就是裴老在法国购买和收集的那些石器也在逸夫贰楼？

吕遵谔：对。这些标本是裴老送给北大的。记得那是在50年代，他是史前组的组长。有一次开会，会议中间休息，裴老说有一点事跟你们谈，你们同意不同意，我们也不知道什么事。当时苏秉琦是主任，宿白也在那儿，开会讨论教学大纲，裴老说这批东西很重要，放我这儿也没有用，你们上课还需要，我就捐给北大了，不是说捐，就送给北大了。

另外他还有一些图书也送给我们了。那些书是我去拿的，拿的时候还捆着，还有大日本皇军宪兵队盖的章，都没动，最后都拿回来了，两大箱子的书，因为日本人来的时候，裴老让日本人抓了去，这些书都被查封了。另外还有一大箱子标本，也拿回来了。那时候有一个叫张剑奇的，是我中学的同学，他调到北大来了，我们两个人借个三轮车就骑着拉回来了。拉的时候贾兰坡愣了，说你们怎么拉？我们说裴老让我们拉的。他说等几天吧，我们说想赶紧把事办完了，贾老最后就说，你看这样好不好，我对这个也有感情，有一个手斧上面有个孔,这个孔不是人工的,是自然的,说把这件留下来好不好。我也不好意思说不行,就给了他一件,不是给他个人,是给科学院了。所以裴老这些东西就一件手斧留在了科学院,其他的在我们这儿,这就是史前博物馆的来龙去脉。

采访者:那批石器主要是外国的石器标本吗?

吕遵谔:都是欧洲的,法国为主。它的编号都是以法国的地名编号,这批东西是很宝贵的。

采访者:您在考古组的时候上过跟考古学有关的课吗?

吕遵谔:到了考古组的时候,那会儿还不是很正规,上考古发掘,是夏鼐给开的课,另外就是中国古代史,是张政烺讲的。还有战国秦汉,是余逊讲的,这个老先生很有意思,他会英文,讲着讲着想不起来了,一拍脑袋,一会儿又知道了就接着讲。下面就是邓广铭讲隋唐,再下面就是郑天挺,他当时是历史系的主任,再后来就是商鸿逵了,讲明清,这是中国史的一套课程。世界史从世界上古史、中古史到世界近代史,现代史我们没讲。当时的老师比较出名的就是齐思和,杨人楩,邵循正,胡钟达。胡钟达那个时候很年轻,这是最早的一批。那时候都是很出名的教授,当时北大很了不起,旁听的比我们选课的人还多。考古的课程除了夏鼐开的考古发掘以外,有旧石器,新石器,旧石器是裴老讲,新石器是安志敏讲,1956年是我讲。下面就是商周考古,郭宝钧讲。再就是秦汉,苏秉琦讲。再到下面就是隋唐,宿白讲。还有一门课程叫石窟寺艺术,阎文儒讲,绘图课是刘慧达讲。

采访者:学过政治课吗?

吕遵谔:学过,那会儿政治课还是很重要的呀。

采访者:像辩证唯物主义。

吕遵谔:也上辩证唯物主义,我们都学过,要不然就不能毕业的。

采访者:摄影学过吗?

吕遵谔:学过摄影,中学我就喜欢照相。后来咱们教研室成立了一个摄影组,赵思训他们管。

采访者:您是摄影爱好者。

吕遵谔:对,我是摄影爱好者。前些年我家里有个暗室,我自己把相片放大,我家里的照片都是我自己做的。

采访者:我去采访一些校友的时候,人家也说您当时还教过这个课。

吕遵谔:对,我教过。

采访者:那是因为没有专门的老师吗?

吕遵谔:那会儿懂原理的不多,有赵思训先生。

采访者:测量是谁教的还记得吗?

吕遵谔:当然上过,考古所的马得志。

采访者:1952年北大刚从红楼搬过来之后,您住在哪儿?

吕遵谔：我们住在十斋，在一个教学楼后面的北面，现在都拆了，我们考古的都住在十斋。在那儿住着一直到分配工作。

采访者：您说过您住在均斋，是分配工作之后的事儿？

吕遵谔：对，那个时候学生还没毕业，等着毕业，住在十斋。分配工作以后就住在均斋，就是最东边的二食堂，现在没有了。后来有家属的分房了，先住在朗润园，后来住在燕南园，现在搬到中关园，大致是这个样子的。

采访者：那个时候北大有这么多的建筑吗？

吕遵谔：没有。我说说我知道北大的建筑和北大的范围。现在从老院那儿，东面就是这一点，中间有一些胡同，现在都拆了。这边不是有墙吗？在墙上加了一个木桥，可以在上面走人，我们学生都从那儿过来的，从那边就到了南门了。那个位置大概就在现在东门。还有一个冰窖，在澡堂和原来的校医院中间，那个冰窖还是很出名的，是清代的。再往南去就没有了。像现在的理发馆都是以后搞的了，一些食堂也是以后搞的。38楼是我们来了以后去劳动的时候盖的，我还参加劳动了。36楼，37楼也都是后来盖的，以前都是空地，慢慢以后就盖起来了。往北去就是未名湖了，未名湖的后面就是镜春园，这都是老的了。

这条马路再往北去，有一个后湖，这边有一个楼，也是我来了以后盖的。我当时住在镜春园东面的朗润园。我住的是朗润园的大门，挺宽敞的，我家门口有一个石狮子。北面那几个公寓那时候都没有，都是空的，一直到后面，那都是老的了。那时候学生靠木头桥来回走。

采访者：您在十斋的时候跟谁住一个屋？

吕遵谔：那是一个大房间，我们整个历史系都住在一起。十二斋大概住的是女生，以后就拆了。

采访者：那个时候食堂是在哪儿？

吕遵谔：在城里的时候有四个食堂，有一个是东方红，还有三个食堂。这些食堂没人管，学生自己管，成立伙食团，我还当过一年的团长。管理食堂还得竞选，大家都要敲锣打鼓竞选去，历史系管了两年，搞得不错，都是学生管，没有教师员工。还有一个食堂临时没有地方，就在学校靠东门的墙上划出一个地方来，拉上一个栏杆，叫回民食堂。回民食堂每天都有豆浆，都是白喝的。

采访者：做饭得请人吧？

吕遵谔：做饭得请人，请一些大师傅。管理食堂的是学生，吃什么，买菜什么的都是学生做主，我还去买过菜。那个时候没有饭票，这个食堂就是你系里办的，按照年级分桌子吃，一桌子的人都是固定的。吃什么？哪像现在是馒头，那时候吃不上馒头，就是窝头。那时候吃肉叫打牙祭。我们办一次食堂可以打三次牙祭，少了说不过去，多了也没有钱。那会儿还是很有意思的，也学了些如何与菜贩子讨价还价。

采访者：您参加土改是上学的时候去的？

吕遵谔：对。

采访者：哪一年？

吕遵谔：我们土改好像是 1951 年，念书的时候，还没工作呢。在江西，当时的土改是按照军队的编制，我们是土改 12 团，历史系都在土改 12 团。团长是郑天挺，可是他是挂名的，具体做事情的是我们。我那会儿是土改 12 工作团的会计，我经手的钱可多了，当时教授的工资还有生活费都到我这来领。

采访者：你们土改的时候究竟做什么？

吕遵谔：参加土改工作团，扎根，团练，就是干这些事，但是很重要。要扎这样的根子，就是苦主，贫下中农。我第一次扎根子时，睡在草棚子里面，雇农也睡在那儿了，我就跟着他睡了三天，根就扎牢了。

采访者：他给您提供一些情况，是吗？

吕遵谔：对。我们一去，他们就知道土改工作队来了，但都关着门，从门缝里看你干什么，你如果上地主家去，你扎根就不好扎了。他们并不了解我们，所以还得考验考验。我们也要先了解情况，了解比较可靠的贫下中农，才能扎根，根要扎正，扎不正再改就吃亏了。

采访者：扎得正是什么意思？

吕遵谔：上面都告诉我们了，去的时候一举一动都要注意，要是和地主说了几句话（你不知道他是地主，但是老百姓知道），你以后的工作就很难了。那就发动不起来群众了。政策执行对了就好了。我在江西省泰和县土改，算是半老区，不算老区，所以斗争比较复杂，到老区就比较好办了。

采访者：你们团有多少人？都是历史系的？老师和学生都下去吗？

吕遵谔：是的，都是历史系的。老师和学生混合编，都住在老乡家里面。当时的教授，像齐思和、商鸿逵这些老的教授都去了。土改了一年，最后都回来了。

采访者：回来之后就上课？

吕遵谔：对。

采访者：什么时候从红楼搬过来的？是土改之后吗？

吕遵谔：土改之后，回来以后就搬了，就从红楼那儿搬过来了。

采访者：考古专业成立的事儿，您还了解多少？

吕遵谔：裴文中先生早就想在大学里面能有一个搞考古的地方，所以他就一直提这个问题，夏鼐先生也同意，向达是北大的，也同意。所以就开始酝酿，在历史系成立一个考古专业，由裴先生去联系。他曾给我写信，说你们要耐心等待，都没什么大问题，不过还没确定，我再做工作，你们等信吧。后来他就告诉我，行了，上面都同意了。很快就通知系里，在历史系成立一个考古专业。1952 年成立考古专业后开始招生。当时老师都是外面请的，主任是考古所的苏秉琦，副主任是宿白。

采访者：那刚成立的时候，考古专业本身有多少老师呢？

吕遵谔：本身没有几个呀，最老的是宿白，他是副主任，剩下的副教授就是阎文儒，他是东北大学来的，到北大来当教授不行，就降了一级，成了副教授。再就是老人了，像照相室的赵思训，再就是一个绘图员叫刘慧达。

采访者：向达先生还算历史系的？

吕遵谔：对，他还在历史系，也管考古专业的事。还有一个徐立信，帮着赵思训干活的，就这么几个。剩下的老师都是外面请的，像郭宝钧等。以后慢慢地咱们自己培养的人才起来了。

采访者：您当时为什么选择旧石器呢？

吕遵谔：选旧石器是一个偶然，当时我们考古组有五个人，聊天的时候就考虑以后重点是搞什么。大家都愿意搞夏商周，因为商周时间短，那时候的材料不多，资料也比较集中，就在安阳，好搞。别的好像也可以考虑，但旧石器是最不好搞的。我也就是赌气，我说你们不搞我搞，就这么一句话就定下来了，就搞旧石器了。

当时旧石器的材料也不是很多，就三处遗址，一个是周口店，一个是河套，还有山顶洞，就这么点资料，要搞也好搞，从资料来说并不难，但是问题是要搞旧石器，除了文科的基本知识以外，还需要有理科的知识，要学地质学，尤其第四纪地质和第四纪哺乳动物学。另外还需要懂得人类学的知识，如果发现人的化石，你不认识扔了，那就等于犯罪。你要学历史没有必要学这些知识，可是你搞旧石器那是必修课，非学不可。我选了旧石器以后，就跟裴文中先生学习，我是裴先生的第三个学生。第一个是成恩元，第二个是安志敏，第三个就是我。

当时我刚留校，是个助教，还当了考古专业的秘书。有什么事都找我，我这个秘书是特殊的，我可以代表主任参加会议去。

采访者：这么厉害。

吕遵谔：因为苏秉琦他不是每天都来，就是一三五来，宿白也是这样的，他也不是每天都来的。结果一通知就通知秘书，他们都不在，就说那你去吧。那会儿系主任是翦伯赞，系里的会议都到翦伯赞家去开。以后秘书就轮流做，变成了一个制度。大概就邹衡没当过秘书，李仰松、高明等都轮到了，后来李伯谦也干过。我大概前后干了三届秘书。

采访者：严文明先生干过吗？

吕遵谔：干过呀，就是为人民服务吧，多办点事儿。

采访者：您能讲一下在古脊椎所学习的事儿吗？

吕遵谔：这个学习是系里安排的，那时候没人带，就找裴老，跟裴老说好，我搞旧石器，以后就讲旧石器课也搞研究。让我拜师，没有磕头，就鞠躬，拜了裴文中老师。那时候叫古脊椎动物研究室，以后改成古脊椎动物与古人类研究所。那时古脊椎动物研究室在地安门的二道桥，在一个小院子里面，平房。我在裴老办公室后面的一个小屋。学习是怎么学习呢？说老实话，我们那时候学习和现在完全不一样，现在都是老师上课，完了以后考试，我们那时候不这样，考试是经常考试，裴老有一个特点，就是他想起什么问题就问你，你也没法准备，有时野外调查，老先生看见一个化石，捡起来问这是什么，你说是牙，他就问什么动物的牙，是左边的还是右边的，上边的还是下边的，都要具体地讲。你只要能答出来，他就不停地问你，你要不知道了，他就告诉你。在野外考察时，他看到一个特殊的地质现象或化石，就停下来了，叫年轻人过来看，并问这能说明什么问题？是什么时候的？当时的气候怎么样？叫什么名字？你马上就得答。答错了没关系，他就告诉你，这些东西是怎么形成的，叫什么名字，应该怎么看时代。再碰到这样的问题，他又问你，第三次再答不上来你就挨批吧。所以我们也知道，问这位先生的问题只能问两次，第三次绝不能问，要问就找别人去问。

我记得有一次，我到内蒙去捡了一颗牙齿，那个牙很大，不认识，回来就理直气壮地问裴老，他说我也不知道，你自己去里面的三个书柜里找去吧。我找了半天，看一本书里的图有点像这颗牙，就问是不是这本书，他说那就拿去看吧。我看后就到标本室去找标本查对。找了一天没找到，他问我找到了没有？我说没找着。他说那个门后你找到了吗？我没有注意到门后有一个柜子，下面摆着动物化石，我就去找，最后找出来了，问他是不是这个呀？他说嗯，就是它。我说这是什么牙呀？他说自己看去，最后知道是骆驼牙，骆驼的臼齿。裴先生这才开始跟我讲骆驼牙是怎么发生发展的，这是哪一颗牙，叫什么名字，牙齿有几个牙尖。那时每周都有报告，都是请专家讲，像搞地质的袁复礼，搞人类学的吴汝康，搞旧石器的贾兰坡等都给我们上过课，周明镇讲的是动物。上的课程包括地质学、人类学、动物学等，还是比较系统的学习。

采访者：您当时外语是怎么学的？

吕遵谔：考大学要考外语，我外语及格了，进校以后就免修英语了。那会儿学俄语还是刚开始，所以我就学了俄语，俄语也是速成，学得快忘得也快。

采访者：后来旧石器用外语吗？

吕遵谔：主要是看书呀，为了记单词，我专门做了一个本子，用打字机打下来的，主要是一些名词，如旧石器的一些专用名字。我还做卡片，收集资料，包括简单的内容，器物图，哪儿出版的等。现在基本不用卡片了，电脑上一弄就全出来了，但是那个时候管用。

采访者：丁村发掘是第一次组织的旧石器时代发掘吗？

吕遵谔：这是第一次由中国人组织的，中国人参加的发掘，报告也是中国人写的，丁村的意义就在这儿。另外还给山西培养了一批人，山西参加发掘的人不少，我们从北京出发时人并不是很多，就七八个。到地方上去的人就多了，有文化厅的，文化局的，还有博物馆的同志都参加了。

采访者：为什么会选在丁村呢？

吕遵谔：这也是很偶然的。1953年我和裴老、贾老去河南渑池仰韶村调查。调查完了回来的时候经过太原，准备给文化局汇报我们工作情况，汇报完就回北京。汇报的时候，文化局的同志说，周明镇拿走一批旧石器，我们回去就能见到了。

当时山西文化厅有一个留用的老干部，叫王择义。他对旧石器感兴趣，就跑去捡。

但他不懂，捡回来的，有的是，有的不是。他从丁村那边带回来二十多件，他觉得这个石头跟一般的石头不一样，就说这是旧石器。我们去仰韶调查的时候，周明镇也去了，他先回北京。他是科学院的，也是中央的，也是专家。地方的同志就让王择义把捡回来的旧石器拿出来请周先生看看。周先生是搞动物的，他看了看说，我不是搞旧石器的，但是我看着很像。过一个多星期裴老他们就回来了，你问他去，他是专搞旧石器的。王择义又把东西捡回来放到床底下去了。我们去山西的时候他不在，他开始等我们，结果我们耽误了，最后他急了，就跑到北京去了。

他到北京后就找到周明镇，周明镇说我们就快回来了，就让他先放下东西。他住在山西在北京的办事处，就留了一个地址和电话回去了，我们没见着，错开了。我们回来以后就发现在裴老桌上放了一些石器，裴老就问是哪儿的。服务员说是我们不在的时候，从山西拿来的。裴老感兴趣呀，马上把我，还有一些年轻人召来了，贾老也来了。然后让我们把认为是石器的放这儿，不是石器的放那儿，裴老看，我们也看，王择义拿的还都是石器，没有一件假的。这是1953年的秋天，我们从仰韶回来的时候。裴老就问是谁送的，周明镇说是山西的老头，叫王择义。于是裴老就打电话给他们办事处的人，问老先生在不在，办事处的人说已经回太原了。裴老说赶快通知他，他送来的都是石器，没有假的，让他画个图，把地层图也画出来。人家打电话告诉太原了，大概过了两天王择义就过来了。裴老很热情，他问王择义在哪儿发现的，带图来没有。王择义就讲了一下情况，当时空军修机场要沙子，对沙子的要求比较严格，要比较细的，颗粒也要一样大。丁村就有这个堆积，正好丁村离铁路近，就在铁路边上装车，装沙子的时候要把石头弄出来，他看着这些石头像旧石器，就去那儿捡。

1954年的春天，就计划发掘，这是第一次中国人自己发现的旧石器地点，1954年9月发掘的，当时我在古脊椎所，我也是发掘队成员，队长是裴老，副队长是贾老，我们大概有五六个人。山西方面也很重视，派了十几个人来参加工作。

当时分点工作，我分的是99地点，王建分的是100地点，邱中郎分的是98地点，就这三个点出东西出的多。在汾河边上的100点还发现了人牙，另外还在一个地点发现一个完整的犀牛骨架。当时发现三颗人牙倒动静不大，只能放在玻璃瓶里看，不能拿出来。发掘出犀牛就出名了，因为就在铁路边上，来往的人很多，发现了好东西，好多人来看，人都蹲了一片。

丁村发掘培养了我们这一批人，分辨地层，鉴定石器，人化石等知识在丁村学得很多，也很具体。另外也培养了山西的同志，王建也出了名了，后来成了山西的旧石器专家，他人很好，现在已经去世了。

采访者：您参加丁村发掘报告的编写了吗？

吕遵谔：没有，我参加工作了，石器的整理是我和王建做的。丁村发掘后他就到科学院进修来了，我们两个人就在一个屋，负责石器的编号，查对，登记等。但是我没有参加编写。参加编写的是贾兰坡，裴文中，吴汝康，周明镇。

采访者：都是老先生了。

吕遵谔：对，都是专家。这里面有一个争论，关于石器的争论。在丁村调查时，有一天我们在丁村的南边，约二十里左右的地方，发现路旁有几件石器，和丁村的石器原料一样，也是黑色的。有一些很像手斧，就都捡回来了。没有地层关系，是在水沟里边捡的。当时就有争论，贾老说是石器，而且是手斧，裴老说是石器，但不是手斧，而且时代比较晚。

他们两个人争，争了半天没有结果。后来裴老说你们年轻人过来，我们年轻人不多，有四五个人，就过来了。各说各的，我这个人不怕得罪人，我就说说这是晚期的，不能叫手斧，因为裴老在法国买的一批东西给了北大，都是手斧，我看的很多，比较熟悉，我就根据这个，觉得这些石器不是手斧。最后这个报告里面要写这些石器，裴老说不写，因为它们没有地层关系，是野外调查采集的，贾老说这很重要，是中国的第一件手斧，非写不可。

就这样又争论起来了，两个老先生你不让我，我不让你。最后所长杨钟健说谁研究石器，就按照他的意见来写，但是一定要写上别人的不同意见。贾老研究石器，他就写了是手斧，但没有说别人的意见。一直到前几年，山西到咱们这儿学习的研究生朱晓东，毕业后写了一篇关于手斧的文章，他说他们发掘过这样原料的石器，而且发现很多，没有地层关系，不是手斧。

采访者：您在山西还去别的地方调查了吗？

吕遵谔：还去过仰韶，我们跟周明镇一起先到山西，调查的时候在童山镇，裴老来了，周明镇就回去了，我们就调查仰韶，完了以后就回北京了。

采访者：我看院里有一些照片，上面还有一些其他的遗址，还拍了明清的一些建筑。

吕遵谔：明清的有，那会儿宿白说要多拍一些建筑的照片，他是搞建筑的，所以就拍了一些。

采访者：还去过其他的旧石器的遗址了吗？

吕遵谔：那会儿旧石器就丁村，别的没有，以后才发现的多了，旧石器工作在山西就发展起来了。

采访者：您是不是还调查过一座金墓？

吕遵谔：对。那就早了。

采访者：也是在 1954 年？

吕遵谔：大概在 1954 年以前。丁村发掘以前。

采访者：也是去调查？

吕遵谔：不是去调查，人家发现了，就让我们去看看，就派我去了。

采访者：北大考古专业设立之时旧石器时代考古是裴先生讲的吗？

吕遵谔：对。

采访者：您是他的助教？

吕遵谔：对。

采访者：助教当时主要做哪些工作呢？

吕遵谔：助教主要是和老师一起研究课该怎么讲，讲什么内容，准备老师讲课的提纲，并发给同学。另外就是跟同学座谈，搜集对讲课的意见，并反馈给老师。考试的时候与老师一起研究出什么题，组织考试和阅卷，然后将试卷给裴老师。他看完，再签字，基本没什么改动的。最后向同学公布考试成绩。另外，对考试的一些问题需要解答的，我负责搜集意见，反映给老师。

采访者：1953年您还带过50级的学生去大同云冈实习，您还记得这件事吗？

吕遵谔：记得。那时候教古建课的是宿白，石窟寺是阎文儒，他们两个都去了，但我是打前站，先去联系吃、住。宿白讲到古建，我就弄一个长的杆子，讲到哪儿我就指到哪儿。因为那时候我对古建还比较感兴趣，除了搞旧石器以外，古建我也钻研一下，他们实习就找我。以后时间长了，就找别人了。

我也听过一次很有意思的讲道，石窟寺是石窟寺，至于里面的佛经什么我就不懂了。但是阎文儒他懂，他专门和老和尚住在一起。老和尚也认识他，他经常去，就聊起佛学。反正都是一些专门的名词，有的时候聊着聊着两个人就争论起来了。因为我感兴趣，就去听他们聊天。

采访者：和和尚争起来了？

吕遵谔：对，就跟老和尚争起来了，都是讲佛学的东西。

采访者：讲佛经还是讲故事？

吕遵谔：佛经的故事，有的故事内容不一样，两个人就争起来了。

采访者：去那里看什么？

吕遵谔：整个石窟。

采访者：大同的几个寺都看了吗？

吕遵谔：对，有的石窟没有大门，学生也可以进去参观，一般人不让进去。因为去的人多，一些壁画容易坏，所以不让进去。

采访者：老师都有谁去？

吕遵谔：老师就是宿白、阎文儒，有的时候刘慧达也去。

采访者：学生呢？

吕遵谔：学生就是那一个年级都去。

采访者：您跟他们实习去过几次大同？

吕遵谔：跟他们实习我去过两次。

采访者：第一次是带哪一班呀？

吕遵谔：我不记得了。

采访者：是俞伟超他们那班？

吕遵谔：不是，俞伟超是晚一班的。

采访者：有资料写了，52级同学去云冈的时候，还做过一个石器的调查。

吕遵谔：对，石器调查。就在云冈石窟附近，后来我把这个地点告诉科学院，他们去做的工作，不是专门做调查。

采访者：您昨天讲的那件过黄河的事儿是什么时候的？

吕遵谔：那是在发现大荔人的头骨以后，我想去大荔看一下。那时候我都是一个人跑调查，没有助手。当时正在发掘匼河，我就先去山西匼河，参加了几天发掘。因为过了黄河，就到陕西大荔了，我就想一个人去看看。有一天，正好碰到一条船从上游下来，到渡口这儿停了。这条船是从山西过河到陕西打草的，在那边把草晒两三天干了再运回来，所以船挺大，满是草，我们就等着把草卸下来，这样就可以乘船回去了。由于下雨发大水，来了一个大浪，船一摆一摆的，我刚上去，船就裂开了。好多人掉到河里去了，我也掉河里了，但离岸大概只有十米远，当时看到一个妇女，还带着篮子，戴着红头巾，还有个小孩，有的人就拽住骡子尾巴，骡子会浮水。我会游泳就往岸边游，这时来了一个大浪把自己刮得没重心，沉下去了，呛了一口水，顺着河漂走了，过了一个拐弯，水变了方向，河也变浅了，岸边有树，就使劲往岸边游过去，抱住树没被冲走，后来就上岸了，把身上的泥洗掉，就躺那儿了。进村里就听到有人家哭，死人了。

采访者：那时候调查就您自己一个人？

吕遵谔：就我一个人，没有别人了。

采访者：那船是运草的？

吕遵谔：嗯，船是到大荔那边打草的，完了在那边晒，晒个两三天干了，就再运回来。结果就出事了，船不跑了。搞考古工作有时还是会遇到一些危险，我在洛阳和郑州挖墓时遇到塌方，有一个人被埋，大伙儿就用手扒，往外拽，将人救出来。

采访者：训练班的时候？

吕遵谔：对，也遇到过这样的情况。挖的时候也知道这个土不好，应该多打几层二层台，结果看着快结束了，这时候发现东西，赶紧下去取，刚下去就被埋在里面了，不过也给救出来了。所以挖墓和调查首先是安全，有的时候野外调查还会碰到野兽。

采访者：还有野兽？

吕遵谔：有熊，有狼，还有蛇，尤其是蛇。看见蛇都不能打，如果打了出问题怎么办。我经历过两次，有一次我看到有这么粗的蛇。

采访者：蟒蛇。

吕遵谔：蛇头都直起来了，特别白，很危险的。

采访者：1956年您带着53级的学生去内蒙古调查，裴文中先生也去了吗？

吕遵谔：对，他去了。裴老好玩，好交友。我们去的时候，他说我跟你们去，我不管事，什么也不管。大家都同意，他跟内蒙古的汪宇平联系，内蒙古地方的人也要参加。当时我们的学生有严文明、白瑢基，朝鲜族的白瑢基。

采访者：有杨式挺、李炎贤、纪仲庆、戴尔俭、徐秉铎。

吕遵谔：对。裴老领队，测量员是王树林，考古所借来的，以后就一直在北大。那时候交通还很困难，去的时候有车没有油，最后通过裴老政协委员的关系，帮忙联系才把这问题解决了。学生和内蒙古的人,带着很多东西,车就只能带四、五个人,还有几个人坐不了,就另外雇了一辆大马车,但大马车不到最后的地点,只到中途一个地方,后来我们的车回来再接了一次。我记得很清楚,徐秉铎、李炎贤、严文明坐的大马车。我、裴老,还有纪仲庆几个人坐的车。

因为路不好走,清早就出发。大马车先走。一辆车单独走不行,得结伴,上坡上不去,另一辆车的人下来一起拉上去,再回来拉这辆车。大家也体验了这种辛苦,有时候正好赶上下雨,大家就用油布挡雨。晚上我们住在大车店里,睡不了觉,臭虫特别多,学生把臭虫排成队,一个一个地向灯火处赶,然后烧掉,一宿没睡。第二天才到林西,我们就在那里调查。裴老就说他不去,要去钓鱼,得有一个学生陪着他去。裴老很会钓鱼,但是机遇不好,这一次可厉害了,雇着大马车,来回二十里去钓鱼。他还带了猎枪,打野鸭子。因为是星期天,他又去钓鱼,干脆就放假休息。我就带大家打野鸭子,结果枪打了不少,一只野鸭子没打着。裴老钓鱼倒是丰收了,一钓一条,还都是大的,鱼太多了,因为当地人不吃鱼。给他赶马车的人着急了,问什么时候能钓完,结果自己把赶车的鞭子弄下来,找根铁丝弯成钩,也一钓一条。

采访者:鱼太多了。

吕遵谔:对。晚上就可以吃鱼了,让厨房做鱼。还有一次,之前当地人就说少吃点,晚上有好吃的。晚上吃什么呢?烤全羊,谁都没吃过,我也没吃过。大师傅是慈禧太后皇宫里面的厨师,就跟我们见见面,跟裴老聊聊。先上的菜不是烤全羊,有的同学饿了就先吃饱了,等到烤全羊上来的时候,吃不下去了。最后炊事员还来给我们见礼、叩拜,完全按照宫里面的规矩来。

那段日子过得很有意思,也很苦,有时候坐不了车,就得步行,那个时候都穿球鞋,鞋里面都是沙子,而且那个地方太阳一晒就很热。那阵子也没有钱,都只是公家拿钱买几双鞋。学生也遭罪,天一热还不能穿厚,不穿厚也不行,太阳晒,每个人身上都爆皮,我也是,一揭就一大片。

学生也很有意思。有一次在沙窝子里发现一条蛇,学生都怕蛇,看见就跑。李炎贤就过去了,他是广东人,他吃蛇,所以不怕。过去就把蛇系在腰上,最后把蛇宰了。他剥蛇皮很有办法,我是第一次才知道,把头弄掉,用打谷场上的石磙子从尾巴上开始一推,石磙子一转,整个蛇皮就剥下来了。然后就煮着吃了,别人都不敢吃。

采访者:在这里发掘了吗?

吕遵谔:发掘了。还有图,还发表了文章,就是北大沟的调查。另外在林西工作的文章也发表了。

采访者:这都是您写的吗?

吕遵谔:我写的,是第一次写考古的文章。最早的一篇文章,我记得很清楚,就是讲长城,张政烺辅导的。

采访者:这是大学的时候。

吕遵谔：对，第二年写了关于金墓的文章，以后写的文章就是关于石器时代考古的了。

采访者：当时有人指导您写这个文章吗？

吕遵谔：写金墓的时候没人指导，我就自己写的，找人看了看。后面两篇文章，一个是赤峰红山后，一个是林西，是苏秉琦给改的，经过改文章才知道写文章不容易，他为什么给你改，为什么这么改，这都是学问。不知道我就问苏秉琦，他脾气很好，就告诉我，有些内容前面提到了，后面就可以不要。这两篇文章对我的影响很大，尽管我写的文章不是很多，但我以后就注意了。苏秉琦就说写文章要自圆其说，要让别人相信起码得自己搞清楚，不要随便说。

采访者：主要都是新石器的比较多。

吕遵谔：当时来说就无所谓了，新石器、旧石器都有，都是一起实习，不管发现什么，都是第一次，也是第一次从灰坑、地层里面弄陶器出来，就是体验考古的第一课吧。

采访者：您在内蒙古的时候住在哪儿呢？发掘的时候，有一个专门的地方还是住在当地人的家里面？

吕遵谔：我们住在旅馆，住的时间很短，几天又走了。

采访者：您刚才提到的汪宇平先生他也是训练班的吗？

吕遵谔：对，他年纪比较大，原来是从东北调过来的，之前在《东北日报》当记者，他的文章写的还不错。我们第二次去内蒙古就是他接待的。开始他也不懂旧石器，我和贾老、裴老去内蒙古的时候，他就带我们到捡到石器的地方去，一看都不是。以后他就跟着我们学，原来他不会画图，之后图画的挺好。我们怎么做，他就跟着学。"文化大革命"的时候他买了一辆自行车，自己骑这辆自行车几乎跑遍内蒙古找旧石器。他跑的地方很多，发现了很多地方，大窑遗址就是他发现的。

采访者：1956年的调查为什么要去内蒙古呢？

吕遵谔：这是裴老选的。因为赤峰红山后是日本人做的工作，裴老不相信都是新石器的东西，里面应该还有年代晚的，就想正规地去挖一下，所以就选择内蒙古了。他对林西感兴趣，对锅撑子山感兴趣，有一些地方他没去过，对林西的一些典故他很熟。

采访者：还挖了很多石棺葬。

吕遵谔：对，还不少，有的很完整，有的都空了，日本人都挖过。还挖过石冢，里边也有骨头，这是内蒙古第一次发现，别的倒没有什么。再有就是战国、秦汉时候的陶片。

采访者：您写这篇文章还提出了红山文化。

吕遵谔：对。当时我就提了，红山不只是新石器的，后期也有红山文化。我们去北大沟里的一个吊死鬼沟，在那儿挖的墓地。

采访者：您什么时候开始在考古专业讲课？

吕遵谔：1956年。

采访者：那个时候是讲旧石器吗？

吕遵谔：对，旧石器。

采访者：是跟安志敏先生一起上的？

吕遵谔：他讲新石器，我上完了他上。

采访者：那时候裴老就不在这儿讲了？

吕遵谔：对，不讲了。他是北大兼职教授。

采访者：那您当时是怎么讲的，当时中国发现的旧石器地点多吗？

吕遵谔：当时地点并不多，多数还有问题，有一个地点是甘肃庆阳，是外国人发现的，东西大概就在原来的天津北疆博物院，桑志华他们做的工作，我还去看过。那会儿也没发掘，就是外国人合作写的文章。后来在四川也发现一点石器，也是外国人搞的，但地层靠不住。再就是周口店，有三个时代的地点，是一个很重要的遗址。还有河套萨拉乌苏地点，我也去过。当时就只有这么几个旧石器地点。

采访者：当时有讲义吗？怎么讲的这个课？

吕遵谔：有讲义，主要是查别人写的文章，或者是裴老、贾老写的文章，还有其他书上的文章，也都是有定论的东西，把这些资料集中起来，写成讲义，1972年出的，有的内容也没要，最后就要编一整套考古学教材，旧石器、新石器一直到商周、秦汉。

采访者：那时候材料少，上课除了您刚才说的这几个地点还讲什么呢？

吕遵谔：讲石器。

采访者：有标本吗？

吕遵谔：有标本。

采访者：讲石器怎么制作的？

吕遵谔：嗯。

采访者：您刚开始上课的时候，旧石器标本室有人骨和动物骨骼的标本吗？

吕遵谔：有。动物骨骼很少，在内蒙古调查的时候裴老请客买了一只羊，吃了之后把骨头带回来做成标本。石器就是林西调查的时候采集的。

采访者：还有裴老给的一些。

吕遵谔：对。

采访者：吃剩的羊骨头怎么做成标本呢？

吕遵谔：宰杀和吃的时候我们就嘱咐别把骨头弄坏了，更不能扔了，把它做成一个骨架。

采访者：人骨标本呢？当时有吗？

吕遵谔：人骨也没有，是我自己做的。

采访者：您还记得第一次做是什么时候吗？

吕遵谔：大概是1954年或1955年，1956年又做了一个。我到兰州大学去上课，就给他们做了一个，但只做了一半就没时间了，让他们按照做好的一半做另外一半。

采访者：标本从哪儿来呢？

吕遵谔：标本从墓葬里挖，有的保存还挺好。有一年在太平庄那边有一片墓地，遇上搬迁，就有一个老头在那儿挖墓，挖完了就找一块木头钉着封起来，然后写上男人、女人。我就感兴趣了，就停下来看，后来就跟他很熟，我说我们教学需要标本，问他能不能捡一个好点的标本送给我们。他说可以，但要过几天才能拿走。几天后拿回来，处理之后就装起来。做成标本必须得串成一个完整骨架，还得能活动，咱们学校里面有工厂，就到那儿去免费要些螺钉，最后做出来了。

采访者：现在标本室的那个骨架是您当时做的吗？

吕遵谔：对，还做了一个，骨头太朽了。

采访者：听说您在理发的时候拿着一个人骨把人家吓着了。

吕遵谔：因为正在做标本，我就把骨头揣到兜里，然后去理发了，因为要躺着，人骨一下子就从兜里掉出来了。理发那个人就看我掉东西了，看清楚了立马就跑，坚决不给我理发。我就问怎么了，他说那是死人骨头，我看到后又装兜去了。后来有一个男的老师傅给我理，就让我把标本放在外面的窗台上。

采访者：后来有一些比较零散的标本，也是从各地方收来的吗？

吕遵谔：是，现在还有好多，有的太烂了。

采访者：比较零散。

吕遵谔：对，都是零散的。零散的骨头我们现在也用，因为要辨认骨头的部位、年龄和性别，上课还用那些。

采访者：去兰州大学讲课是怎么回事？

吕遵谔：那是1957年的事儿。兰州大学请我去讲旧石器和新石器，讲了两个多月，也就是一般的上课，没什么特别的。帮他们做了一个人体骨架标本，以后就没什么联系。

采访者：跟您一起去的还有哪些老师？

吕遵谔：没有别人，就我自己。我到了以后，才知道中文系有一个老师也去了。我在兰州大学的时候打算去一次敦煌，汽车票都买了，准备要去的时候家里来了电报，要回去参加反右。我比较老实，就把车票退了回北京了。

采访者：邹衡先生当时也是分配到兰州大学吗？

吕遵谔：对。他毕业以后就分配在兰州大学，大概一年多就调回来了。

采访者：您讲一下巨猿调查的事吧？

吕遵谔：1955年12月29日古脊椎动物研究所开会决定去调查巨猿。为什么要去调查巨猿呢？这里面有一个插曲。新中国成立前中国是半封建半殖民地的国家，基本没有搞旧石器、古人类和动物考古的人才，都是外国人来做，像周口店的工作就是请外国人一起搞的。有一位荷兰医生叫孔尼华，这个名字是杨钟健给起的，解放初期孔尼华在香港买了几颗牙齿，后来研究认为牙齿属于巨猿的，发现于中国南方，他也没说具体在哪儿。

新中国成立后，我们把外国人赶走了，恢复了咱们的主权。大约是在1955年前后，孔尼华写了一篇文章骂我们，意思就是别看现在他们把我们赶走了，但是他们不懂科学。他还说中国人把科学资料——化石当龙骨入药给吃了，很重要的资料就这样给破坏了。

他说中国人不懂科学,过两年还得把我们请回去。

杨钟健和裴文中就挺火的。到底这个巨猿出在哪儿,南方有那么多省,最后一研究,就说广西属喀斯特地形,洞穴特别多,就干脆先到广西去调查。所以,1955年冬天就计划,1956年去广西,当时就成立了一个队伍。我是第一次去广西。

广西去的哪些地方呢?有来宾、柳江、柳州、宜山、扶绥、崇左和大新等。同去的人在我工作日记上都有记录,包括古脊椎所的邱中郎、黄万波。黄万波刚从东北地质学院毕业分配来的,此外还有两个技工。那个时候广西刚解放,比较混乱,土匪很多。所以要进广西还得向公安部申请,只要那边批准,到广西省公安厅登记就可以去了。

1956年吕遵谔在广西调查巨猿化石。

我们分成两个组,每一组都有一个搞地质的,还有一个技工。一组由裴文中领队,副组长是邱中郎,他比我早一年去古脊椎所,还有黄万波和地方上的一些同志,他们主要到广西北边调查。我们这一组由贾兰坡领队、我是副队长,我们到南边。两个组一起到来宾,之后分手,他们去柳州、宜山,我们去扶绥、崇左和大新。我们两组通过电话联系,和邮局都说好了,每隔一天通一次电话,有时候也开会,那时候没有发现巨猿,我们也逐渐明白,北边发现巨猿化石的机会不大,南边更有可能,于是他们就把希望寄托在我们组上。

我们这个组一直在调查,也发现了一些动物化石,但没有巨猿。一直到快结束的时候,到了大新,靠越南比较近。那会儿土匪很多很混乱,广西公安厅派了武装部的人保护我们,他们扛着枪走在前面,我们戴着帽子,拿着地质锤,背一个照相机,带一个水壶,看着很像是犯人,不像是一般的老百姓,小孩子就跟着我们跑,还有人打我们。

采访者:还打呀。

吕遵谔:说我们是坏人,是抓来的坏人。最后我们说不行,让他们穿便衣,别穿军装了。他们很负责任,派了四、五个人,每次进洞他们先进洞、最后出来。一直到工作快结束的时候,都没有发现巨猿。在大新调查期间,我们拿着化石去访问老乡,他们说这个多得很,我们去看了,在窗台上摆的乱七八糟的,什么牙齿都有,全是化石,最后在这里面挑出一个巨猿的牙来。我就问他这是在哪儿挖的?他就说在旁边东北角的牛睡山的黑洞里挖的,我们就去这个地方,在那儿挖了三、四天都没有。一直到最后也没有发现巨猿化石。这以后又进行第二次、第三次的调查,最后在柳城的巨猿洞发现一个下颌骨,以后又发现一个下颌骨,发现的牙齿就很多了。我们在外面调查,在龙骨站收购的时候,那有一大堆骨头，就去挑拣，捡到了巨猿牙。现在大概巨猿的牙齿有一千多了。最后我们就发表了文章，这大概是1957年的事了，孔尼华就请求到中国来，要看看我们搞的巨猿是真的还是假的。他来的时候，杨钟健、裴文中、贾兰坡和地质学院的袁复礼参加了，他们都认识，几年没见，都问问好。之后就把化石拿给他看，他说是巨猿，还说很对不起中国，不应该那么写。回去他们写了一篇文章，说明这个问题，证明中国人自己也找到了巨猿。

采访者：您那时候还跟其他的老师一起开过一个考古学通论课吗？

吕遵谔：对。

采访者：那个课是怎么上的呢？

吕遵谔：那个课就是通论，讲的比较简单、通俗。但每一个时段都需要交代，我就讲了一次。另外还有一次是在张家口，办的考古训练班。

采访者：那是很晚的事儿了。

吕遵谔：对。

采访者：您那个时候还去中央民族学院讲过课。

吕遵谔：对，讲过课。

采访者：也是讲旧石器？

吕遵谔：对。另外到南大也上过课。

采访者：您上课的时候会讲地质、生物吗？还是让学生去地质系上课？

吕遵谔：不用，我就讲了。

采访者：在那一门课上都讲？

吕遵谔：讲化石，讲动物，全部都讲。

采访者：1954年考古专业为什么要改成专门化呢？

吕遵谔：专业和专门化还不完全一样。

采访者：有什么区别呢？

吕遵谔：考古专门化可以开一些专题课，专业就很难开了。不久之后专门化就取消，改成专业了。考古专门化，事实上就是考古专业。

采访者：而且学制还变成了五年。

吕遵谔：那是学制的问题，和专门化没关系，四年的学习时间不够，出去实习的时候有一些课开不了，所以就搞成专业，专业的范围比较大一些。最早叫考古教研室，以后就改成考古专业。历史系三个专业，分别是世界史、中国史和考古。

采访者：当时学苏联那种教学模式吗？学习苏联会有什么变化吗？

吕遵谔：当时考古的通史就学苏联的。不过咱们学的也不多，教材什么的也根据苏联的来改的，别的方面没学，是咱们自己的，商周、秦汉考古都没有学。

采访者：就世界史学的多。

吕遵谔：世界史专业学的多，我们这儿学的不多。

采访者：1957年邯郸实习是我们第一次自己去实习？

吕遵谔：对。

采访者：您了解这个情况吗？

吕遵谔：邯郸实习我也参加了。

采访者：当时为什么要选在邯郸呢？

吕遵谔：当时邯郸发现一些东西，他们做不了，让国家文物局出人去做工作，正好咱们需要实习，于是就去了。

采访者：您在那儿待了一个学期？

吕遵谔：我待了一个学期。

采访者：还有哪些老师去了呢？

吕遵谔：主要负责是邹衡，还有一些年轻的同志。

采访者：宿白先生去了吗？

吕遵谔：他就是去看一看，住的时间还不短。一般来说，主任到工地去都很不容易的。

采访者：您在那儿主要负责哪方面的工作呢？

吕遵谔：我就负责乱七八糟的，没有一个与发掘有关的，比如工具的管理、工人的安排等。

采访者：这么多人住在哪儿呢？

吕遵谔：老乡家里，还有文管所。

采访者：当时照相是谁去了？

吕遵谔：赵思训。

采访者：您不照了？

吕遵谔：我就不管了。

采访者：开始是您在管照相？

吕遵谔：他一直在管，老先生很负责任，仪器不能随便放，人跟着仪器走，咱们的相机都是他保管。他放大照片，有切片最后切成的条，他都收起来了。

采访者：1958年尹达来当时的考古专门化做报告，说建立马克思主义考古学体系，这个讲座您去听过吗？

吕遵谔：我没听过。我知道他说要搞马克思主义考古学体系，最后也没搞成。

采访者：没搞起来。

吕遵谔：对。实际上搞的都是空的，什么是马克思列宁主义的考古学，本身就搞不清楚，他来的时间也短。

采访者：那您讲一下1958年暑假带着学生去周口店实习的事儿吧，这个您参加了吗？

吕遵谔：带着两个班的同学去的。

采访者：您一直在那儿待着？

吕遵谔：我一直在那儿待着，从筹备一直到结束都在那儿。咱们需要实习，没有什么基建能容纳这么多人。我经常跑古脊椎所去，就知道他们要发掘周口店，但是他们没有

1958年吕遵谔在周口店遗址发掘期间上课。

工人,找不到。正好我们就安排实习。有几个老的技工带着发掘。贾老是队长,我是副队长,但那时候主要是听党支部的,老师说话还不那么硬。

  采访者:书记都是谁,您还记得吗?

  吕遵谔:马长舟。

  采访者:孙秉根当过吗?

  吕遵谔:当过。学生倒是挺吃苦的,收获也挺大,古脊椎所认为我们学生不错。杨钟健、裴文中经常去,有的时候是检查工作,还有郭沫若也去,大家发掘周口店的时候就去看看我们。大伙儿让他讲话,他也不在乎,坐在大屋子里面的桌子上就开始讲起来了,很通俗,讲的很好,勉励学生好好学习。还有一些中央的同志也去了,我们不认识,人家也不喝我们的水,都是警卫员带的水。

  在那里一共挖了两个月,学生里面还有三、五个越南留学生,所以到了越南国庆节我们还放假,庆祝越南的国庆节。一个星期有半天的时间进行军训,解放军来训练我们打枪,每个人都打三发子弹,有的打的还真好,有的不行,都打飞了。一旦有什么活,比如说拉羊粪,大伙儿都争着去,最后一看用不了这么多人,就留下来一些人。那个时候干活挺积极,也学会了一些技术,比如打眼、放炮。放多少炮心里要有数,要点几个炮、炸了几个都要记着。有哑炮没响,那怎么办?我们就让同学们去干活,休息的时候就去把瞎炮给处理了,引子得长一点。女同学也会点炮。这些工作学生都参加了,还学会了发掘、打石头。还是受到锻炼了，搞了近两个月。

采访者：那两个班的女同学多吗？

吕遵谔：那会儿没有现在多，但也不少。有几个是班里的文化人，好唱歌、跳舞。

采访者：朱非素还唱歌。

吕遵谔：嗯。

采访者：齐心也是他们班的？

吕遵谔：是。当时我和学生都住在一起，有时候也闹笑话。山上有酸枣什么的，学生就去摘，我说不能吃，要干活。他们就摘了一些装兜里，干活弯腰的时候就掉出来了，其他学生就说那儿有枣，就抢着吃。我和学生相处比较好，有时候同学得了病也都要照顾。有一次，放一个炮就崩得好远，把老乡家的房顶炸坏了，过两天就拎着小桶去给人家修房子。

采访者：当时为什么要去周口店发掘呢？

吕遵谔：按照咱们当时的计划就需要有实习，要实习就得有地方，而周口店正好要发掘，又没有人，正好我们用他们的地方，他们用我们的人，两个单位合作。

采访者：我听他们说是因为要给国庆十周年挖一个人头骨出来。

吕遵谔：没有。咱们没挖出来，第二年才挖出来一个下颌骨。当然了，没有我们工作，第二年也挖不出来，因为堆积很厚。

采访者：那个时候打眼放炮这种方式是不是因为"大跃进"，有点破坏遗址呀？

吕遵谔：不是，因为洞穴堆积胶结得很坚硬，需要放炮崩松，才好发掘。放炮这活也是一个技术。因为岩石有节理，打眼的时候要打到合适的地方，一下子就炸开了，选的不合适就炸不开或只能炸一点。这些都是工人师傅教授的，以后学生也知道了，打多深，怎么打眼，怎么装炮。更重要的就是点燃了导火线后怎样跑开，要不然就容易出事。

采访者：这两班同学谁干的比较好？

吕遵谔：这两班都不错。有时候我们派活都派得轻一点，但也是抬石头，也就是少装一点。那班学生现在有的在云南考古所，那年我去还都见着他们了，还跟他们一起吃饭，讲起这些事儿，他们也觉得很好玩儿，干活也干得挺好。

采访者：总搬石头不发掘吗？

吕遵谔：发掘呀，发掘完了石头都要搬走。

采访者：不总是打眼放炮吗？

吕遵谔：对呀，下面有土，就把石头去掉才能发掘。

采访者：炸的石头都是没有东西的？

吕遵谔：石头里面没有东西。炸完了把下面的土清理掉，然后再挖。

采访者：朱非素说您把贾兰坡夫人煮的鸡蛋给吃了，有这回事吗？

吕遵谔：没有，在周口店实习期间她们吃没吃过鸡蛋我都不知道。也有可能吃过，不过贾夫人对她们非常关心，经常给她们买点东西，经常给她们带吃的东西。

采访者：您放假的时候，表演过节目吗？

吕遵谔：没有，我不会唱也不会跳。朱非素那一班比较活跃。在学校大礼堂也演过，演八大员，有炊事员什么的，演的挺好的。

采访者：李伯谦先生是他们班的？

吕遵谔：对，李伯谦当时也参加实习。

采访者：他会唱吗？

吕遵谔：不会。

采访者：好的，今天的采访就到此结束，谢谢您。

（此为对吕遵谔先生采访的部分内容）

采访时间：2011年12月26日上午、27日上午、28日上午、29日上午、30日上午

采访地点：北京吕遵谔先生寓所

采访者：王彦玉、金连玉

采访大纲撰写：王彦玉

整理者：王彦玉、冉宏林

记忆 ——

黄展岳

1981年2月,黄展岳先生在东京中日古代文化交流研讨会上作"西安、洛阳汉唐陵墓的调查与发掘"专题发言

简　介

　　黄展岳，男，汉族，福建省南安县人。1950年考入北京大学史学系，1952年选读考古专业，1954年毕业后分配到中国科学院（1977年改为中国社会科学院）考古研究所工作。1956年考取中国科学院副博士研究生，攻读汉唐考古。曾多次参加或主持洛阳、黄河水库、西安、昆明、广州等地的田野考古工作。参加历次政治运动。1972年从河南"五七干校"调回，负责《考古学报》的复刊编辑工作。1985年评为研究员，后任《考古学报》副主编。曾受聘中国社会科学院研究生院考古系教授、厦门大学历史系兼职教授。学术成果有独著六部、合著三部，单篇论文、考古报告等二百多篇。多次荣获考古所、社科院、国家社科基金项目优秀成果奖。1992年起享受国务院颁发的政府特殊津贴。现为中国社科院荣誉学部委员。

　　主要论著：独著有《中国古代的人牲人殉》，《考古纪原：万物的来历》，《先秦两汉考古与文化》，《西汉礼制建筑遗址》，《古代人牲人殉通论》，《先秦两汉考古论丛》；合著有《长沙马王堆一号汉墓》上下册，《西汉南越王墓》上下册，《岭南西汉文物宝库：广州南越王墓》。

采访者：您是北京大学 50 级的学生，您最初是如何选择了考古专业呢？

黄展岳：我们是 1950 年进学校的，当时校址还在沙滩。大一、大二基本上照旧学制上课，很自由。1952 年院系调整，校址搬到燕园（原燕大处），即今北大。院系调整后，史学系改称历史系，系下增设考古专业，我自动选读。

采访者：您家以前是在哪一个县？

黄展岳：我是福建南安县的，属泉州管。沈睿文是漳州的，离得很近的，我们都说闽南话。

采访者：您对于历史的兴趣是怎样产生的？在进入考古专业之前对于考古有清晰的认识吗？为什么会读考古专业？

黄展岳：我出生在福建农村，没有读过多少书，不清楚什么叫历史。我为什么要念历史？因为我读小学、中学的时候就爱看章回小说，开始看《薛仁贵征东》《薛丁山征西》，接着看《封神榜》《东周列国志》《三国演义》《隋唐演义》《水浒传》《说岳全传》，直到《太平天国演义》《中华民国演义》，无所不看，自以为这些就是历史了。我读中学的时候，就开始写文章，发表在我们那个地方的报纸上，当时对文学特别爱好。学生自己组织文艺社，写文章，在一个报纸上开辟副刊版，两个星期出一版，由我负责，大多是写学生生活、民生疾苦、针砭时弊等杂文。

解放初期，陈伯达讲要"厚今薄古"，课程开始注重近现代史，到了 1952 年院系调整，翦伯赞当系主任，原系主任郑天挺被调走，史学系改为历史系，强调搞近现代史。我觉得近现代史没什么可学的。近现代的原始材料看不见，一切由中央说了算，读近现代史主要看报纸上领导人的讲话就差不多了。所以在 1952 年成立考古专业时，我就选读考古了。

采访者：您能谈谈您当年高考的情况吗？

黄展岳：那个时候去考试是很艰苦的，1950 年不像现在统一招生，全国很多学校单独招生，也有几个大学综合招生。福建的省会在福州，只有福州一个考场，我们都徒步走到福州去考。凡在福州招生的，我都报考。考试分甲（理工）、乙（文法）、丙（医农）三种，中学念的课程都考，区别是试题稍有不同。接连考了十多天。我最先接到福建医学院、福建协和大学的录取通知，到福州时，老同学告诉我已录取到北大了。当时高考录取是在《人民日报》上公布的，我一看，果然公布上有，我说行了我就到北大吧。当时年轻人都有那么一股劲，好胜，好高骛远，不在福建念，跑得越远越好。录取北方高校的考生，先到福建新民主主义青年团（共青团前身）处报到、体检，然后由新青团派人护送北上，走了七天，才到北京。

采访者：到了北大，您在生活、学习等方面适应吗？您有什么感受？

黄展岳：到北大没几天，我就很后悔，吃窝窝头、高粱米、咸菜、土豆，我吃不惯。入学不久就到冬天了，冷得要命，我什么都没有，什么东西都是申请的，连衣服都申请，被子、褥子（稻草床垫）都是申请的。当时吃饭不要钱，但吃得不好。住在沙滩北河沿，就是现在最高人民检察院那儿。

当时刚解放，一切维持旧的体制。汤用彤老先生是校务委员会主任，未派校长，如同维持会。汤用彤是汤一介的父亲，是个老好人，哲学系的，他很放松，学生很自由。1950、1951这两年是按照旧的办法，当然也有很多新的东西，如新民主主义、辩证唯物主义、联共（布）党史都讲，请了艾思奇这些人来上课。那个时候北大史学系系主任是郑天挺，挂他的名，可能没多少权力了。

在我们学习考古专业的后两年，跟中学生差不多，填鸭子一样，因为前两年没有上考古课，课程全部集中在后两年。实际上只三年级一年，三年级最紧张，什么东西都学，四年级就去田野实习了。

当时考古专业挑头讲课的是郑振铎，他是中科院考古所的所长，也是文学研究所的所长。郑振铎本人收集很多古董，写了很多文章，印了很多图谱。除了郑先生以外，唐兰、裴文中、徐邦达、夏鼐、郭宝钧等许多不是北大的老师来讲课，讲完之后就走了。今天请了谁来，明天请了谁来，我们事前不太清楚，总的印象是三年级成天听课。

采访者：当时是不是还有个博物馆专修科？

黄展岳：李仰松、郑振香他们是博物馆专修科的，院系调整的时候这个专修科被取消，让他们还没毕业就转进考古，转别的文科系也可以，让他们随便选。

采访者：当年您在北大的时候跟谁住一个宿舍？

黄展岳：大一、大二在沙滩红楼上课，住在三院，即北河沿，今最高人民检察院处。十多年前，我到民政部（当时民政部与检察院同在一个院）办事，还见到当年我住的宿舍。在三院睡单人床，密密麻麻排列，床与床之间一条小通道。每张床头前有一书架，让学生放书放杂物。冬天生大煤炉。是杂勤人员生还是学生轮流生，我记不起来了，我好像没有生过。1952年搬到燕园，住12号楼，双格床，好像还是生大煤炉。

采访者：您和谁住一个双格床？

黄展岳：比我高一年级的。

采访者：49级的。

黄展岳：那个人叫什么名字我忘记了。

采访者：他是学考古的吗？

黄展岳：他不是。我住在上头，当时不像现在，同一个专业都住在一起。

采访者：当时是打乱住的？

黄展岳：虽然成立了考古专业，平时都跟历史系在一起，打通的。

采访者：什么时候从红楼搬到燕园的？

黄展岳：1952 年。

采访者：搬家的情况您记得吗？

黄展岳：搬家不用学生搬，你把自己的东西弄好了，跟着走就行了，大卡车带走就完了。事先系里的人都给安排好了，哪些人住在什么地方，都给摆好。床位没固定，一个房子要住八个人，八个人的名单有了，八个人自己去选床位，四个双格床，你们自己安排，选一个室长。筒子楼听说是请清华的学生设计的，我们住 12 号楼，一座楼大约都是三层，每层都像火车硬卧车厢，隔成三间，每间四张双格床，八个人。每层设一间卫生间、漱洗室，洗脸、刷牙、洗澡、大小便，都在这个大房间里。

采访者：您读本科期间，老师都怎样讲课？

黄展岳：我们当时老师上课很简单，只拿一张 16 开的纸，纸上开列本学期要讲的题目。题目是刻在蜡板上油印的。一学期顶多上二十堂课，就列出二十个题目，一次讲一个题目。老师在台上讲，写板书，学生记录，学生座椅边上有高出的小平板，供记录用。老师讲完了就指定参考书，让你去图书馆查阅。参考书主要是二十四史和《资治通鉴》中的有关史料，还有范文澜、吕思勉等人的通史，这些书在大阅览室里都能找到。

采访者：当时大家看书都去图书馆么？学校的图书馆怎么样？

黄展岳：当时北大，特别是沙滩老北大，图书馆最好不过了，开架书多得不得了，其中很多是线装书。我们从农村来，哪里看到过那么多书，所以我整天就泡在图书馆里头，没人管，灯光也好，座位也很漂亮，一大早就开，直到晚上十点钟才熄灯。上课的时候，今天是在哪一个教室上课就跑到那一个教室去，上完课了就跑到图书馆看书。再看看下一堂课是在哪一个教室上课，接着上，上完了又跑到图书馆。除了校图书馆以外，系里还有小图书室，由学生轮流值班，谁想参加就报名参加，我也参加了，规定轮值时间，看书方便极了。

当时许多同学晚上出去教夜校，因为刚解放，要让工人赶紧提高文化，很多工厂、机关单位都办夜校。上课的工人有高小程度、初中程度、高中程度的都来上夜校。我普通话最糟糕，教得不多。吴荣曾教得最多，他当时在明德中学。还有一个高年级的，叫什么名字我忘了，到那个中学当班主任，教历史。他们安排上课时间表，哪天北大没课，他们就跑到外头去教书。我是南方人，说普通话不行，不敢去教中学，只教夜校，一到晚上七八点钟就跑去夜校。那时候也是计时算工资的，一个小时多少钱，一星期累计讲多少小时，一起发给。

当时学生都很勤奋，很忙，都在看书。大家好像都有志向，都想搞什么学问，似乎都有目标了。我刚开始没什么基础，只知道章回小说中的历史，其他我不太了解。心想，历史还有这么多东西呀！自我感觉应抓紧这个机会，赶紧念书。书多得是，你看就是了，我整天在图书馆看书、抄书。当时我准备搞太平天国，看的书不少，也做了笔记。每个星期天我还跑到北京图书馆，当时在文津街，有时还能借到善本书。当时很开放，给借，我就在那边抄。

解放不久，就搞"三反五反"、思想改造，把老师整得够呛。

采访者：都有哪些老师受了冲击？

黄展岳：史学系整郑天挺，中文系整朱光潜，还有一个法学的系主任，很有名的，也整得很厉害。我印象最深的是北大朱光潜有《给青年的十二封信》，大家都看过这本书。他是一个又矮又小的小老头，大概是江苏那边人，普通话说不好，自己念检查稿大家听不懂，得别人给他代念，他就坐在前头，可怜巴巴的。"三反五反"、思想改造，北大还出铅印的快讯小报，我至今还保存一份，成了"文物"了。

采访者：您在北大的时候，旧石器课是谁来讲的？

黄展岳：裴文中。

采访者：您还记得裴先生上课时候的样子吗？

黄展岳：裴先生上课是半聊天半讲课的，他恐怕也没做什么准备。他认为，考古要自己去实践。老师只泛泛谈谈，告诉学生怎么去看书，去看哪些书。他说"讲什么？我书上都写了，你自己看"，让我们自己去看。

采访者：他规定大家看什么书？

黄展岳：就看周口店、山顶洞人，看他和贾兰坡写的书。我不想学旧石器，不怎么爱听，好像也没有照他说的找书来看。

采访者：新石器课是谁讲的？

黄展岳：新石器是安志敏讲的。

采访者：安先生讲课是什么风格？

黄展岳：安志敏口才不太好，他前几年才过世。他很用功，材料收集很多，写文章比较勤。但你要让他整理出头头是道的一套去教学生，他这方面比较差。研究所的人跟在大学上课的教员有点不一样，在学校里面当老师，没有口才就很难，你要能讲得让学生觉得动听，感觉到这个老师讲得不错，娓娓道来，还有点风趣，这样学生就比较爱听。学问不要大，大了也没有用，你面对的是学生，学生是初学者，你的高深学问讲给他听，他接受不了。你只要讲些基础常识，有条理，能够引导他学习，这个就不错了。卡就卡在讲师要进入副教授，这个关得把严一点，其他的可以放松。

采访者：商周考古的课是谁讲的？

黄展岳：郭宝钧，也是考古所的。

采访者：新石器和商周考古的课程都是考古所的先生来讲的。

黄展岳：对，都是考古所的。郭宝钧的学生有邹衡。郭宝钧是一个旧式的学者，他原来是河南的，安阳殷墟发掘时，他是当地学校的督学，由于对发掘发生兴趣，他改行到殷墟参加发掘。他把发掘的青铜器对照古书写文章。郭宝钧去世后，邹衡把他的遗稿整理出版《中国青铜器时代》一书，从书中可以看到他的研究方法。

采访者：秦汉考古的课是谁讲的？

黄展岳：苏秉琦先生。

采访者：苏先生讲课的情况是怎样的？

黄展岳：苏先生讲课有点"玄"，我听不大懂，没有学到他的治学方法。

采访者：宿白先生讲课是什么风格？

黄展岳：宿白先生是讲古建的。石窟寺是阎文儒讲的。

采访者：当时宿先生讲隋唐考古了么？

黄展岳：宿白先生讲隋唐考古，好像没有讲完，因为一直搞运动，没时间讲课了。在讲课的老师中，宿先生是最年轻的，当时可能是讲师，我印象最深的是他带我们在北京到处看古建。

采访者：阎文儒先生呢？您对他有什么样的印象？

黄展岳：阎文儒先生留给我印象最深的是1953年清明前后，他带我们去云冈实习，住在老乡家里。当时云冈还很冷，结冰，阎先生和我们都住大炕，晚上就听阎先生讲佛，讲他与向达、夏鼐西北调查的情况。他和向达先生都自称"居士"，人很随和、厚道。他对老一辈学者非常敬重。他和宿白先生都是院系调整后到北大的。

采访者：您在北大的时候，考古绘图课是谁讲的？是刘慧达老师么？

黄展岳：考古绘图是在洛阳实习时听讲的。刘慧达在学校里好像也讲了一下，印象不深。印象较深是学照相，赵思训给我们一个相机，好几个人用一个，就在学校里照。我从来没有摸过相机，觉得很新鲜。可惜当时光瞎照，没学冲洗。

采访者：1952年8月，文化部社会文化事业管理局、中国科学院考古研究所、北京大学开始举办考古工作人员训练班，当时您是否参加了这个培训班？

黄展岳：考古工作人员训练班，1952年开始办，那是第一届。俞伟超他们就参加第一届，因为他们是博物馆专修科，本来打算让他们随着考古工作人员训练班的人一起实习，完了以后就让他们毕业，没想到成立了考古专业，又让他们到考古专业来了。邹衡就是去参加第一届考古工作人员训练班，回来就算毕业了。我们参加第二届，只参加实习，没有参加听课，这是1953年秋季的事，我们在洛阳烧沟挖战国墓，在郑州挖二里岗。1954年，我们毕业分配工作，我到考古所，那年参加第三届考古工作人员训练班，我是辅导员，辅导陕西的学员，石兴邦是搞新石器时代的，实习地点选在半坡。我辅导陕西学员。记得挖半坡后，还在那里挖唐墓。

1954年发掘西安半坡之后，我们就回考古所了。回来以后不久又再去洛阳。当时考古所的立足点是黄河流域，主要抓丰镐、汉唐两京。考古所在西安设立研究室，在洛阳设工作站。安阳殷墟的工作是继承中央研究院史语所的，所以在安阳也成立一个工作站。考古所的力量发展到南方比较晚，那是弄长江水库的时候了。最初，黄河水库1954年弄起来，随着1958年长江水库也开始，考古所成立一个长江队，新书记牛兆勋"挂帅"，他让所秘书陈淮管队上的行政事务（陈淮随后被调去长江水库办公室）。考古所投入大批的人在那边发掘，第一次把势力插到长江去。

当时由于地方上的考古力量比较弱小，大家都欢迎考古所去帮他们培养干部，帮他们发掘。考古所想怎么挖就怎么挖。划出发掘范围,如果发掘范围内有青苗,赔点青苗钱就行了,不需要谁批准。要在这儿挖,只要跟当地的人说好了,按当地今年小麦的市价,你说值20块钱,我赔你20块钱就行了,于是把庄稼毁掉开始挖。当时就是这样。

为了培养地方干部,文化部社会文化事业管理局、中国科学院考古研究所、北京大学举办了四届考古工作人员训练班。后来许多大学成立考古专业,培养大学生从事考古工作。地方考古力量逐渐壮大,考古所的"独尊"局面就被打破了。

采访者:您在黄河流域发掘的时候,是用探方发掘吗?

黄展岳:探方。

采访者:都是多大的探方?

黄展岳:那得看发掘的对象是什么时代的。新石器时代的,探方比较小,4乘4或5乘5,还得留一米的隔梁。汉唐的探方就非常大,挖汉唐城址,挖宫殿,不能开小探方,要开大探方,最后整个打开。比如说汉长安城,表土下面是不是还有唐朝、北朝、十六国的地层。根据我们的发掘,汉长安城废弃后,只有东北角一小部分被十六国利用,留有十六国的遗址,绝大部分在耕土层下就是汉代的遗存,汉代以后再没有人去动它。两千多年来汉城里住的老百姓长期从事农业活动,耕地、种地用不了多深,下面保存得好好的,谁也不去动,所以发掘出来的汉长安城材料都很好,最多是被后代的水沟破坏了,一个大宫殿被一条小水沟破坏没有关系,不受影响。我们挖的探方大多是10乘10的,甚至更大。

采访者:您刚才提到,1953年秋季的实习,您班是跟第二届考古工作人员训练班一起去了洛阳烧沟挖战国墓,在郑州挖二里岗。当时带队老师是谁?哪位老师具体指导您?

黄展岳:第二届考古训练班主任裴文中,副主任可能是夏鼐,我记不清了,田野实习时也是裴文中、夏鼐负责,夏先生讲发掘方法,我记得比较清楚,《夏鼐日记》有记载可证。

采访者:当时分组么?

黄展岳:训练班学习是分组的,因为讲课要讨论,田野实习时照课堂分组下去实习。北大考古专业学生参加田野实习,分别插入学员分组中,不另分组。我记得我分在许顺湛(河南省博物馆)为组长的这一组。当时共分多少组,我记不清了。

采访者:是不是用探方发掘?几个人一个探方?您跟谁一个方?

黄展岳:我们下去前,烧沟墓地已大面积钻探,把探出的墓葬画在图纸上,在地面上也画出白线长方框。实习时,二人同挖一墓,从发掘到绘图、取器物、写记录,都是二人合作商量。我挖掘烧沟战国墓是同广州黎金合作的,黎金是麦英豪的爱人,以后我们一直有联系。挖二里岗的详情,我记不清了,只记得天气很冷,我冻得要命。

采访者:实习中有没有发生什么令您印象深刻的事情?

黄展岳:实习时,我是考古专业学生代表,林寿晋有癫痫(羊痫风),有一天下坑摔落墓坑底,民工抬木板送他到医院,我陪同,事后知道他因谈恋爱受挫,故引发此病,裴文中让他赶紧回北京。

1953年9月随全国考古工作人员训练班部分学员到洛阳龙门石窟。左四为夏鼐，左六为黄展岳。

采访者：这次实习写了实习报告吗？

黄展岳：烧沟、二里岗实习，可能只写发掘记录，没有写正式报告。随后参加陕县调查实习，编写《洛阳烧沟汉墓》，都写有实习报告交北大。

采访者：您在1953年11月是不是参加了中国科学院考古研究所的河南省考古调查团？当时两个调查队分别去了陕县和灵宝县，您去的是陕县？

黄展岳：我去了，去的是陕县。

采访者：您当时是跟谁在一起调查？

黄展岳：反正有很多人，学生里面就我和李仰松。

采访者：就你们两个人？

黄展岳：俞伟超他们到哪里，我说不清楚了。吴荣曾去了灵宝。我记得最清楚的就是我和李仰松，跟考古所安志敏他们一起去。我们都是走路，不像现在坐汽车，那时候连自行车都没有，天一亮就跟安志敏他们出去了。考古所除了安志敏，还有钟少林和金学山，他们三个在前头走，我们两人跟在后面走。他们捡陶片，让我们放到麻包里，背着走，背回来以后要刷洗，用毛笔在陶片上写地点、编号，还要写记录。我们就是这么实习的。

采访者：在陕县调查什么内容呢？

黄展岳：新石器，安志敏是搞新石器的，安志敏带队。安志敏、钟少林、金学山他们三个人名义上是辅导，其实我们两个人给他们当劳动力。当然，我们从捡回来的陶片中，也部分知道什么陶片是仰韶的，什么陶片是龙山的。

采访者：当时调查的具体细节是怎样的？

黄展岳：看到断崖上有灰土，拿着铲子刮刮，就看见陶片了。看断崖是对的。地面上比较不好找，地面干干净净，庄稼地里也很难找，但在田地头堆了很多乱七八糟的砖头瓦块，那里头就有东西了。要在断崖上、地头上去找。

1954年春整理洛阳烧沟汉墓时合影。右起：蒋若是，俞伟超，刘观民，吴荣曾，黄展岳。

采访者：调查是何时结束的？之后您是不是又参加了室内整理？

黄展岳：陕县调查结束后，回洛阳，就参加烧沟汉墓整理编写，中间没有间断。整理报告时由洛阳文管会蒋若是负责。蒋若是是怎样向北大提要求的，我不清楚。我只知道北大把刘观民、俞伟超、吴荣曾和我四人留在洛阳，让我们帮蒋若是整理编写《洛阳烧沟汉墓》。洛阳冬天非常冷，只在房子里弄个火炉，条件非常糟糕，器物都是开架，摆在露天，都在外头。我跟刘观民负责写陶器，吴荣曾写铜镜、铜钱，俞伟超写铜器、铁器等小件，墓葬形制、年代、结论由蒋若是自己写。我们五个人，吃住在那儿一直到完稿。

采访者：1954年实习的时候您去的是哪里？是河南还是陕西？

黄展岳：在陕西。

采访者：具体是在西安、长安县还是宝鸡？

黄展岳：在西安。

采访者：是在西安白家口吗？

黄展岳：没到白家口，是在白鹿原。

采访者：当时俞伟超先生是不是也在白鹿原那儿？

黄展岳：对，他也在那边，我是挖唐墓的。

采访者：当时有多少同学在西安？

黄展岳：多少人我说不清楚，当时是跟地方上合作，都在一起的。我们是实习，其他一切我们都不管。

采访者：实习的学生就您和俞伟超先生吗？

黄展岳：可能不止，现在说不清楚了。

采访者：您挖的唐墓深么？

黄展岳：很深的，报告也都出来了，就是白鹿原那边的报告。

回来的时候，大家一起到翦伯赞家里去拜访，说我们实习完了。翦伯赞当时跟我们讲什么我忘了，大概是鼓励我们一番。以后我们就分配了，除留北大外，大部分分配到考古所，个别同学分配到山东和河北。我们念考古，说实在的，都是在田野的实际工作里锻炼出来的。单独看书，不接触实际，就像隔了一层，是不行的。读历史系的让他来写考古的文章，他写不出来。作为单独的一件文物他可以写，一整片他就写不了，因为他没有参加发掘，他不知道城址是什么样子，墓葬是什么样子，你让他怎么写。我们很注重实践，跟他们只看书不一样。

采访者：您上大学的时候，学校里有没有举办学术讲座或者是学术报告？

黄展岳：没有，都搞运动了，当时没什么讲座的。我们入学后，前两年在沙滩这边，当时经常批老师，学生要去参加，去听。学生要自己去看书，比较自如，也没有像现在这样要一起讨论。我印象中，到了三年级有课代表了，比如上中国史这堂课，总得选一个课代表。课代表不是班长，他负责跟老师联络，反映学生有什么要求，传达老师布置的任务。我当时是俄文课代表，当时学俄文的人很多，为什么让我当课代表我也说不清。我记的最清楚的是，俄文老师叫缪朗山，住在朗润园，用毛笔写俄文。上课讲他编写的讲义，没有书。一次课写一张纸，用毛笔写，让我拿回去，刻蜡版油印，每人发一张。缪朗山非常有意思，不管是冬天、夏天他都穿长褂。上课抽烟，每次抽烟还问同学要不要，一边抽一边讲课。

采访者：还有其他同学当过课代表吗？

黄展岳：应该有。我也不光当俄文课代表，还当过别的课代表，我们在烧沟实习挖战国墓的时候也当代表，他们有什么事情我给他们联系联系。

我们班的林寿晋你们知道吗？

采访者：听说过林先生。

黄展岳：他现在已经去世了。原是燕大的，参加过地下党。后来因谈恋爱受批评，退党了。从此背上包袱，在考古所也不太得志。"文革"后期，借护送母亲回香港的机会申请陪同去香港，找中文大学副校长郑德坤。郑德坤看了他带去的文章，又是学考古的，会发掘，中文大学正需要这样的人来讲课，就留他在中文大学讲课。很快，他晋升高级讲师，分到房子，买了大电视、小汽车。1984年我去中文大学讲南越王墓，他还请我到他家，给我炫耀一番，我也为他高兴，以后听说他经常携妻小到各国旅游。有一次去泰国，他在游乐园跟年轻人绕一种机械大圈，被摔下来，肋骨断了三根，不久就去世了。

采访者：您班的杨建芳先生为什么也去了香港呢？

黄展岳：杨建芳和俞伟超，原来都分到考古所工作，1956年回北大读副博士研究生。

以后杨建芳分到四川大学。"文革"后期，他申请出国，理由是继承其父在吉隆坡的财产。当时我国跟东南亚诸国大多未建交，即使建交也不能去定居，只能滞留在香港。他到香港，也是找郑德坤。郑德坤很帮忙，让他在中文大学的中国文化研究所工作，郑德坤是副校长兼所长。在香港，无法再研究新石器，杨建芳便改行研究玉器，还为收藏家鉴定玉器，写文章，兼在中文大学讲课，很快成名。陈启贤等收藏家拜他为师，成立了"杨建芳师生古玉研究会"。先后为大陆博物馆出版玉器图录多部，很受大陆学者欢迎。杨建芳还把多年的玉器论文汇为《中国古玉研究论文集》。杨建芳的论文集和陈启贤他们编的玉器图录都送我，我获益不少。

采访者：那他就和林寿晋先生在一起工作了。

黄展岳：林寿晋在中文大学，他在研究所，他们两个人的关系后来处理得不好。

采访者：刘观民先生呢？您对他有哪些印象？

黄展岳：1953年冬，考古实习，我们帮蒋若是整理编写《洛阳烧沟汉墓》，我和刘观民写陶器，我写鼎罐壶等大件，他写井灶仓等小件。1954年他分到考古所，初来一段时间，他随黄文弼去新疆考古，以后一直在内蒙古挖"大甸子"遗址，研究红山文化、夏家店下层文化。2000年他因病去世了。

采访者：您的老同学，考古所的郑振香先生是个什么样的人？

黄展岳：她一直在挖殷墟。她先留在北大，当几年研究生，又当助教。后来听说她不想在北大，就到考古所了。她主要是挖殷墟，几乎没动，妇好墓是他们挖的。

采访者：在学校的时候，班里有人谈恋爱吗？

黄展岳：有。当时没有限制，一般不让人知道，但也有公开的。

采访者：1954年毕业之后，您就分配到了中科院考古所，考古所给提供住宿么？

黄展岳：考古所旧职工有宿舍，分房子，新来的大学生住非固定的临时房。出差下田野，就把房子腾出来，把你的东西装在大木箱里交所里库房保管。办公室也是这样。田野回来，再让所里给你找房子、找办公室，都是流动的。存放在仓库里的东西，经常被勤杂工偷去。考古所常下田野，流动性大，回来后，几个队许多人挤在一个办公室，无法看书，大多是聊天。想看书，就到所图书室。图书室很不错。

采访者：刚到考古所，您工作的情况如何？1956年您考取中国科学院副博士研究生，师从夏鼐先生从事秦汉考古，他怎样指导您？

黄展岳：我到考古所报到，七天后就让我去洛阳，随郭宝钧挖汉河南县城，接着又随苏秉琦挖中州路东周墓，又接着黄河水库调查，连轴转，不停。到了1956年"向科学进军"，号召读书、考研究生，我想我常年在田野，没有时间多读书，这不是办法，所以就报考。1956年下半年考试，1957年年头才公布，我录取为夏鼐先生的研究生。刚开始，写学习计划交他看，他说就按你的计划自己去看就可以了。我提出念日文，他同意，请钱稻孙当老师，钱稻孙用毛笔写讲义提要，一星期来两次，夏先生有时也来听。钱稻孙讲日文很有一套，很可惜不久就整风鸣放，反右，无法再讲课，大约只上了二三个月。研究生从此有名无实。1957年年底，所里反右后期，我被派去云南协助云南文化局办文物考古培训班，1958年5月刚回京，就派去陕县挖七里铺龙山遗址，同年8月，集中到洛阳整风补课。新书记牛兆勋领导整风补课，那时我才第一次见到他。他新官上任要耍威风，事先找一两个帮手，由帮手提供信息，出点子，搞"政治思想排队"，瞄准几个人供批斗，我是被列入的一个，叫白专道路，个人主义考研究生，拔白旗，狠整。

采访者：您那个时候多少岁？

黄展岳：那个时候30岁了。

采访者：当时还瞄准了谁呢？

黄展岳：还有在安阳殷墟领队的周永珍，是陈梦家的学生，也整了个半死。

采访者：那个时候陈梦家先生被整了吗？

黄展岳：那是1957年的事。陈梦家少年得志，有点高傲，在燕大前，曾到外国搜集流散的商周青铜器，拍了很多照片，写考证文章，后来出版了。在考古所，他当《考古》的前身《考古通讯》的副主编，来稿取舍很严。他脾气不好，但不是右派，不是反党反革命的人。他对文字改革有点意见，对横排、对简体字有点意见。我估计他是说了一些狂话，说了一些不恭敬的话。他是新月派诗人，会写新诗，跟徐志摩这些人比较好。在外头很活跃，参加文艺界整风，提意见，据说他的右派是外面给他划的。考古所当时领导整风的是尹达，就按文艺界的定性给他划了右派。当时我们认为右派可能也是批判批判，过后就算了。哪知道会扣工资、降两级，原来他是三级研究员，现在变成五级，五级是副研究员跟研究员的交界。从此他的地位一落千丈。他当右派后，不能用本名发表文章。甘肃武威那批《仪礼》竹简，王杖十简，都是陈梦家整理的，后来出版了，署甘肃博物馆，书中连他的名字都没有。1961或1962年给他摘帽子，摘帽子以后他以为没事了，又写文章了，《考古》《考古学报》也照样给他发表了。"文革"来的时候，造反派说三反分子摘的帽子不算数，重新给他戴上，经过残酷折磨，诬蔑凌辱，把他弄死了。

采访者：魏树勋先生比您大还是比您小？

黄展岳：比我小，他是1956年毕业的。那个人不好说，他自视其高，北大毕业后分到考古所，是搞殷周的，在安阳。他自认很了不起，比别人高一等。他也跟我们一起下干校，搞专案，从干校回来已近"文革"末期了，非常奇怪，突然死了。后来我听说他是搞同性恋、鸡奸，被夜间巡逻的人抓住，送回考古所，他自感无脸见人，自杀了。我看这个人不值得同情，值得同情的是陈梦家。当时所里也有不少人自杀，"文革"那时候是很折腾人的，很多年轻人自杀。你们知道抓"五·一六"吗？

采访者：知道，"五·一六"反革命集团。

黄展岳："五·一六"反革命，王力、关锋、戚本禹，大家念得滚瓜烂熟；社会上是王、关、戚；学部是潘（梓年）、吴（传启）、林（聿时）、周（景芳）、洪（涛）、王（恩宇）、傅（崇兰）。"文革"初期，他们非常嚣张，跟着干坏事的人很多。王、关、戚被抓起来以后，学部开始整"五·一六"，接着下放河南息县办"五七"干校，继续整"五·一六"，不久学部干校移到明港兵营里，由军宣队领导，声势很大，也死人。因为这事和我无关，我看热闹，开大会批斗，我被派当记录。1972年初，我被调回北京，抓"五·一六"怎样收场，我说不清，可能是"一风吹"了！

采访者：您班有好几位先生都参加了黄河水库的发掘。您能讲讲当时的情况么？

黄展岳：好多人都参加了。俞伟超是调查三门峡栈道，林寿晋是挖上村岭虢国墓，我去渭南调查，碰到什么调查什么。我带着两个人，一个是广西的，一个是湖南的。回洛阳汇报、写调查简报交差。1958年5月，我从云南文物考古训练班回来，又被派去陕县七里铺挖龙山文化遗址。那时身不由己，所里让你去你不能不去，当时是这样的。

采访者：当时您的直接领导是谁？

黄展岳：夏鼐先生。夏先生是大统管，他坐镇洛阳，大家都给他汇报。

采访者：黄河水库的工作做完之后，您的下一项工作是什么？

黄展岳：黄河水库弄完以后，就是1958年洛阳整风，说我走白专道路，个人主义考副博士研究生，其实研究生也有名无实，太冤枉了。

采访者：也没写论文？

黄展岳：光扣工资，其他的什么享受也没有。我在纪念夏先生100周年的论文集里面就写了，除了扣工资保存以外，其他的一概没有。我去问所长、问书记，提出我研究生不当了，还算考古所的职工，给我恢复工资。书记说，"谁让你考研究生！"研究生成了犯罪了，白白被扣三年工资。扣完了也不宣布，不了了之，好像不存在有这回事。现在仍气愤难消，终生难忘，这里不再说了。

采访者：当时您成家了吗？

黄展岳：成家了。后来就让我去挖汉城南郊，一弄就好几年。

采访者：是在汉长安城？

黄展岳：对，从1958年10月开始，到1963年12月底为止，1964年1月就开始参加"四清"了。

采访者：刘庆柱老师、李毓芳老师他们两口子是什么时候去的汉长安城？

黄展岳：刘庆柱不是一毕业就到汉长安城的，他也有很多周折。他1968年毕业，当时正在"文革"，毕业生都下到农村，工农兵相结合，有的到部队，有的到农村，刘庆柱到什么地方我说不清楚。大约是1980年秋冬，我和徐苹芳去咸阳。他在咸阳博物馆，我们初次见面。我们去咸阳的目的是考察汉唐帝陵。他接待我们，说他调查过，写有汉陵、唐陵两篇长文，拿给我们看。回京后，我们向夏先生汇报，夏先生对他的工作给予肯定，后来听说他已调到考古所西安研究室，不久又听说挖汉长安城了。他每次回所，都找我谈汉城发掘情况，我存放在西安研究室的汉城南郊资料，他有时也主动帮我带回一些。他在西安研究室好多年，最后把户口迁入北京，人也住到北京了。

采访者：汉城的工作做完之后，就"四清"了。您"四清"去了哪里？

黄展岳：我记的很清楚，我从1964年1月开始"四清"，第一个"四清"地点是在通县马驹桥，随后又去辽宁金县大孤山、山西永济孙常公社，三个地方，整整搞了两年半的"四清"。

采访者：那时间就到"文革"了。

黄展岳：永济"四清"未了，"文革"已经开始了。村上大喇叭广播打倒阎王殿、横扫牛鬼蛇神什么的。我感到很奇怪，当时我在帮老乡割麦子，不知道牛鬼蛇神具体指什么人。再过几天，就宣布要我们回北京参加"四清"了。过去搞运动都是让群众写检讨，检查思想怎么跟不上，我以为这次也是这个样子。我们的领队牛兆勋知道内情，他家属在北京，就叫他千万别回来，回来就麻烦了。所以，他首先声明"我不回去，我收尾，你们回去"。但学部的造反派回应说："不行，你必须回来。"他知道自己要吃苦头了。我们一齐回到北京，刚到火车站，停下来，他一出车厢，就被所里的年青人押走了。我们拿着铺盖行李各自跑回家。

采访者："文革"的时候您受批判了吗？

黄展岳：那当然了。我跟夏先生读研究生，自然成了"黑帮"的根根须须，灰溜溜的，人家在造反，我在旁边看。人家说"你过来给我抄大字报"，我就得去，还能怎么办。我平时比较爱写毛笔字，让我抄大字报，让我在外头拿个大排笔刷大标语，我敢不去刷吗？

1971年5月下干校。到了1972年年初，有一天，军宣队的一个官员告诉我，"你准备调回北京"，我说"好呀"，他说"你有什么困难没有？"我说"什么困难都没有，现在走都行"。他说"尼克松正在北京，等尼克松走了你就回去"，我说"太好了"。尼克松走后一天，我就回北京了。

当时《考古》《文物》《考古学报》要复刊，说是为了反击美帝国主义对"文化大革命"的污蔑，是这样复刊的。还说"文化大革命"对考古工作最重视，举办一个"文化大革命期间出土文物展览"，太好笑了。

我回北京后，所里让我负责《考古学报》的编辑。1989年，我年底退休，被留用，并被正式任命为副主编。直到1994年年末，我忽然发现《考古学报》1995年第1期校样的页下注已改为文后注。室内同志说这是所长兼主编下令改的。我自感受排斥、要赶人，再待就没有意思了，当即向所长兼主编提出离开编辑室，退休回家。《考古学报》从1995年第1期改一贯页下注为文后注，到了2009年，考古所人事变迁，才恢复页下注。

采访者：您参加过马王堆汉墓资料的整理，您能谈谈当时整理的情况吗？

黄展岳：马王堆是1971年发掘的，那时候我在干校，具体情况我不知道。我是1972年年初回来的，尼克松一走我就回来了。回来没多久，也就是一两个月，听说马王堆要先出一个简报单行本，造声势，反对帝国主义的污蔑，简报小册子的书名叫《长沙马王堆一号汉墓》，说要先出小册子，再出正式发掘报告。我没到过马王堆，夏先生让我写简报小册子，我说"我怎么写？"他说考古所"白荣金参加发掘，有记录，你找他要，发掘的详细情况问他，根据他说的写。文物出版社有照片，让他们排图版"。那本小册子就是这样写的、出版的。

采访者：整理马王堆大报告的时候您参与了吗？

黄展岳：我参与了。我《在参加修订马王堆一号汉墓发掘报告的日子里》（见《中国文物报》2005年6月22日）一文中已作交代，你们可参看。现在只谈那篇文章中可能未提到的两件事。

当时湖南博物馆已成立革委会，主任叫崔志刚，极左，无知盲干。我们去时，询问竹简出土情形，才知道竹简出土时是一大捆的，周世荣整体取出，放在木箱里运回博物馆，准备以后整理时剥取、编号，按原捆扎的顺序编写，这是对的。但崔志刚不管这个，把竹简全部放入水里清洗。"文革"时，周世荣"站错队"，被下放农村改造，马王堆发掘时暂时调回。他看到竹简被洗，连意见都不敢提。我问他有没有办法补救，他说竹简出土时他绘有一张草图，他拿给我看，我看见草图上有几支竹简编号，还附简文。我们根据草图编号，按类别，大体上列出顺序，并把这情况告诉朱德熙、裘锡圭，请他们释文考释。唐兰先生知道后也来向我们要竹简照片，我们也给他一份。他很快就把释文考释交给我们。唐先生照"三礼"记载的出殡顺序写，不按我们的编排顺序。由于我们先与朱德熙、裘锡圭约定，而唐先生是自己写的，所以我在编写时，大多采用朱德熙、裘锡圭的释文考释。"文革"后，唐先生和朱德熙、裘锡圭的释文考释都在中华书局《文史》发表了。

还有一件是：我在"结语"一节中提到董仲舒"富者田连阡陌，贫者无立锥之地"一句话；王世民在"后记"中详细说明书中各部分是谁写的，全部书稿经夏鼐先生审阅。书稿送交文物出版社时，适值"批林批孔"，社长高某看到上面这些字，怕得要死，说署编写者名字是资产阶级个人主义、名利思想，"夏鼐审阅"，是资产阶级反动权威又翘尾巴了，下令通通删掉。还说，董仲舒是孔老二的徒子徒孙，他的话也要删掉。另写了一篇只有单位名称的不足400字的"后记"。

马王堆八开本大报告很快出版，因当时只印毛选马列，没有别的书可看，又有反击帝修反的任务，所以印数特别多，卖不完，压在出版社仓库里。仓库潮湿、漏雨，有的书泡水、变形，最后不得不廉价出售。

采访者：现在一本也买不到了。

黄展岳：参加修订编写，只得到一部书。廉价处理时，我买了好几部，原定价是45元，打一折还是两折，都送人了。

采访者：您去南越王墓工作是什么时候的事？您能讲讲当时的具体情况么？

黄展岳：1983年5、6月间，广州那边发现南越王墓了，开始他们不敢定那是什么墓，只知道是广东最大的墓。当时麦英豪是广州文管会的头，他跑到北京来报告这个大发现，他和广州市文化局长一起来的，先到文物局，又到考古所。他在考古所先跟我说"你来帮我发掘，光你一个人"，我说行。他还说"我们缺照相的和画图的，最好考古所派几个画图、照相的，你得提一提"，我说"我提好提，但我没有权力去调动，你还得跟考古所领导说"。麦英豪向夏先生请求，夏先生说我们考虑考虑。夏先生跟王仲殊（时任所长）商量后回答说："这是大墓，一个人去不行，既然要考古所出画图、照相的，干脆我们合作得了，由你当队长。"麦英豪把广州与考古所合作的事告诉国家文物局，国家文物局说就你们两个单位，少个省里单位，恐怕省里有意见，让省博物馆也来吧。老麦不好再说什么，只提出让省博物馆参加就请派杨式挺参加吧。文物局表示同意，三个单位联合发掘就定下来了。由老麦任队长，杨式挺和我任副队长。

当时我还负责《考古学报》编辑工作，所里派刘勋分担编务，我可以短期离开。南越王墓发掘期间，我一直坚守在工地。发掘后整理，我两地跑，从开始整理到1990年，我几乎每年都去广州协助整理编写。1990年在番禺修改定稿，随后老麦携书稿来文物出版社商定出版事项，按照出版社的要求，插图、图版由老麦亲自设计，让随同来京的年轻同志排版，同时送书稿到印刷厂排印。我参加全书文字校对，没有参加排图版。1991年10月，《西汉南越王墓》正式出版。

采访者：您后来是怎样开始研究百越和南方的？

黄展岳：因为挖南越王墓，人家经常问这问那，我不能除了南越王墓，其他一概不懂啊，而且经常要开会，他们还让我发言。

采访者：是麦英豪先生请您去开会？

黄展岳：不全是他，别的人也要开会，省博物馆、中山大学开会也请我参加。除了开与南越王墓有关的以外，还开别的，不懂不行。他们经常讨论广东的先秦是什么样子。广东先秦到底进入阶级社会没有？有没有形成国家？现在争论仍然很大。东周时期，广州有没有一个政府机构？是不是一个文明社会或文明国家？都有很多不同的看法。一般认为秦始皇平百越以后，百越才进入阶级社会，才跟上历史的步伐，在这以前，广东还是原始社会时期。我也持这个看法，但是我没有像他们讲得那么极端。区家发是最极端的，他一概否认，认为现在广东发现的所有战国时期的墓葬都是汉代的。人家征求我的意见，不发表意见不行，还有古铜鼓、西南夷、滇墓，我到这些地方，人家都要问，所以要赶紧研究。

采访者：您对汉代农业的研究是从什么时候开始的？

黄展岳：从1981年陈文华办《农业考古》，我开始写点农业考古方面的文章。陈文华酝酿办《农业考古》，受到考古界一些人的非议，出版初期，反对之声依然不断，说《农业考古》这书名有损于"正宗考古"的尊严，是杂牌。我不认为这样，表示支持。办刊一开始，我写了两篇文章支持，创刊四周年，我又写了《辛勤与欣慰》一文祝贺。他不折不挠，单独打拼，除暂时找人帮忙校对、打杂以外，都是他一个人干，是解放后典型的一人办一刊，至今已打拼三十一年，详情请看他最近写的《三十功名尘与土——〈农业考古〉创刊三十周年杂记》，《农业考古》2012年第1期。

采访者：听说夏鼐先生和苏秉琦先生有点小矛盾，是不是真的这样？

黄展岳：夏鼐、苏秉琦二位都是我的老师，我都敬重。二位的业绩、功过是非，我没有能力评论，要说"矛盾"，从《夏鼐日记》看，我看不出他对苏先生有什么不好的意见。私交还是可以的。苏先生生前在所里，地位不彰，寂寂无闻，从未出境（港台）、出国，无职无权,即使给他挂个什么职务,也是"空"的,但在所外,他受到一定的敬重,这是事实。夏先生生前,在所里掌权,在所内所外都受到敬重(不管是真敬重还是表面敬重),这也是事实。苏先生在所里寂寂无闻,这算不算受"压"?如果这算受压,那受压的人多着呢!中国这种体制,在"文革"前,像苏先生这样的人,不受"压"那才怪呢!他是党外人士,"资产阶级知识分子",没有紧跟"时代步伐",不会逢迎,被边缘化,这是正常现象。各部门各单位大致如此,差别是在"压"的程度强弱有所不同。夏先生过世前后,"改革开放"的帷幕正在徐徐拉开,"革新"思想活跃,但"守旧"思想依然强劲,所以就出现补选考古学会理事长的多次风波,双方较劲,矛盾表面化,为苏先生打抱不平的怨气加速升温,彰显苏先生学术成就的文章也接连问世,个别文章还把怨气有意无意地发泄到夏先生身上。过去"抑苏扬夏",现在似乎应该"抑夏扬苏"了。我以为这是一种"逆反心理"现象。冤假错案要平反,受"压"也应讨回公平公正,这是正当要求,无可厚非,但发生在考古学会的几场风波,都和夏苏二位无关,是健在的人把矛盾推给夏苏二位承受的。夏苏二位均已作古,不要再打扰,让他们无忧无虑,永远安息吧。

采访者:您曾经有很长一段时间都在研究古代的人牲人殉,您是怎样开始关注这个问题的?

黄展岳:这是偶然的,业余爱好。我在编辑部,看来稿,骨灰、棺灰这部分写得最差,大多一笔带过,或不提。报告的重点光盯着鼎豆壶,那是跑不掉的,什么人都会写。考古水平的高低在于人家没有觉察到的,你能写出来,这才算你本事大。鼎豆壶大家都能看见,不用你去挖,我也能挖也能写,这算什么本事!人家不懂的,你把它提出来,那是你的本事,骨灰、棺灰、丝绸漆木器痕迹,都被踩烂了、看不清楚了,你能发现出来,那是你的本事,说明你水平高。发掘报告往往这方面很差。所以我抱着"人弃我取"的态度,注意挑剔来稿中的这方面问题,同时,注意收集这方面的资料。解放初,郭沫若先生看见殷墟有殉人,就说这是奴隶社会。随后,墓中凡是发现殉人的,来稿便说"这是奴隶社会,殉人是奴隶"。我不相信这种绝对论断,想通过资料验证一下。刚开始写商代、写新石器时代,写着写着就写两周,接着到了秦汉及其以后,特别是写到宋元明清,靠考古资料就不行了,要看文献,看地方志。地方志多得不得了。考古所的地方志不少,但更多的是在科学院图书馆,有一层全部是全国的地方志,一个县一个县地排列,我天天跑到科学院图书馆去看。但我没有太多的时间,不可能都看,只能挑一些受程朱理学毒害较深的地方志作为典型。我写人牲人殉,意在说明中国的传统文化并不都是好的,不要狂热吹捧,要看到中国传统文化中有很多丑陋、肮脏的糟粕,期望引起国人的反思。

采访者:您曾经对汉代诸侯王墓进行过非常全面的整理和研究,汉代的诸侯王国跟中央是什么样的关系?在考古遗存上存在着什么样的差异?

黄展岳:西汉初,越早诸侯王国的独立性越大,到了文景、七国之乱以后它的势力就衰落了。早期的诸侯王是要就国的,到封地去。七国之乱被平定以后,诸侯王就衣食租税,很多人就养在长安,吃喝玩乐,钱粮多少多少送给他开销。最初是异姓诸侯王,不到

1954年在洛阳，整理烧沟汉墓资料的部分50级同学与在龙门工作的王去非合影。左一王去非，左二俞伟超，左三吴荣曾，左五刘观民，右一黄展岳。

几年就全部弄掉，刘邦过河拆桥，只留下一个吴芮，长沙国是最弱小的，他认为这个不碍事，他把吴芮留下来了。吴芮传了几代没接上，就废除了，改由刘发当长沙王，异姓就不能当王了。异姓大臣功劳再大，也只能当侯，侯是领工资的，侯以下还有十九级，通通是奴仆，是职工。诸侯王是皇室的人，是主人，中央得派得力的、可靠的大臣去辅佐，比如派贾谊到梁王那儿去。梁王墓你看到过没有？

采访者：翻过与永城芒砀山梁王墓地相关的三本报告。

黄展岳：梁王墓地的发掘资料四分五裂，没有统一部署，各挖各的。先是阎根齐写了很多简报、简讯，随后河南出一本《永城西汉梁国王陵与寝园》，最后是阎根齐以商丘地区的名义出一本《芒砀山西汉梁王墓地》。商丘博物馆的孙明，手里攥着僖山一号墓、二号墓的资料，也想出一本，我让他和阎根齐合作，当时阎根齐在文物出版社写报告，但孙明与阎根齐闹对立，不听，要考古所给他单独出，我说僖山墓材料不够出书，但可以在《考古学报》先发一个中型报告。他还是不听，跑回商丘了。后来，我和高崇文他们去商丘，才知道孙明已去广东，材料记录全带走了。现在只留下王良田，他也想走，我苦苦劝他，不知他现在还在不在？铜绿山也是这样，发掘的人一个个走了。

采访者：您在西安、洛阳进行过汉唐帝王陵墓的调查，这个是什么时候的事儿？是所里给安排的吗？

黄展岳：1981年要在日本开中日古代文化讨论会，王仲殊带队，要徐苹芳和我参加。因为会议要谈汉唐帝陵，汉唐帝陵我们考察很少，所以想借此机会去西安、咸阳、洛阳一带看看，我和徐苹芳一同去，在咸阳见到刘庆柱。调查回来后，赶紧写讲稿。1981年2

月在东京开会，考古所、历史所各有四人参加。我们的讲稿已在《考古》发表了，日本也出版会议论文集。

采访者：您曾专门研究过汉代帝陵与西汉的礼制建筑，这些研究均是汉代考古的核心问题，您是如何看待帝陵与礼制建筑所反映的汉代皇权与信仰世界呢？

黄展岳：汉代帝陵没有发掘，发掘等级最高的是诸侯王墓。都是地方上发现、发掘，考古所只参加了南越王墓的发掘。地方上发掘的诸侯王墓，我参观过一部分，也写了文章参加讨论，今后还要注意这个问题。至于挖汉城南郊西汉礼制建筑，那是1958年考古所洛阳整风之后让我去挖的。最主要的收获是考订王莽九庙和大土门的辟雍，我写的《西汉礼制建筑遗址》已出版，还写发掘追记，在《中国文物报》1998年11月连载。不久前，陕西考古所出版的《三秦60年重大考古亲历记》也收入这篇追记。

采访者：毕业之后，您回过北大么？

黄展岳：很少到北大，偶尔去讲课、开会，俞伟超在北大时，他让我去讲过几次课，都是临时性的，没有专门去讲课。我讲课是在厦门大学，那是八九十年代，我比较常去。

采访者：等于回老家一趟。

黄展岳：对。我常到那边去。北大这边去得不多，但是联系还是有的。我有两个老同学还在北大，一个是吴荣曾，一个是李仰松，有时候我们通通电话，北大一些情况我也能知道一点。北大的老师有时候跟我们开会，能碰在一起，比如宿先生、严文明、邹衡、李伯谦、高崇文、赵化成。我应邀参加过信立祥、文明等研究生的答辩评定，杨哲峰的博士生选题，还有一些书面的评议。总之，和北大老师见面并不难，但年龄越高，机会越来越少了。

采访者：您能给北大考古文博学院提些建议吗？

黄展岳：成立考古文博学院，我比较晚才知道。其实没有必要改名。还叫考古学系好，我现在还是这么认为，不能说解放后什么都弄错了。国民党时代学西方那一套，咱们没有接触过。解放后一边倒，学苏联，综合大学一个省一两个，北大是综合大学，清华是工科大学，北师大是师范大学，其他的都叫学院，我觉得也挺好。叫地质学院、政法学院、财经学院，很单纯，一听就明白。现在都弄在一起，校名明明叫工业大学，里面却有文科，我感觉非常别扭。清华吞并工艺美术学院，不伦不类。过去的学院，现在大多改称大学了，目的是多安置一些自己的人，名声大，好听，可多领工资。县改市、乡改镇也是这样，谁后台硬就改成，后台不硬就落选，其实是助长腐败。我对这些现象深不以为然。

采访者：黄先生，您一生在考古所做了这么多的考古工作和研究，各地的考古工作也做了许多，您觉得北大课堂上讲的东西对您后来的工作和研究有用处吗？

黄展岳：这个不好说。我们读考古是处于特殊的历史时期，到了三年级才开始读考古，四年级就实习了。三年级天天听课，今天这个来讲，明天那个来讲，没有头绪。爱听就听，不听就算了。有些先生原来不是教书的，临时找他来，他没有准备，当时条件又差，要准备也来不及，所以，在我的印象里，多数老师到教室跟同学瞎聊，谈他的经历、经验教训，鼓励大家好好学习就完了。上课没有实物，没有幻灯，没有图，光讲。比如徐邦达是鉴定古画名家，他上课没有带古画，光讲，你说学生能学到什么，顶多是让学生知道几个古代画家的名字。我不是说，他们讲不好，只能说条件很差，收效不大。老师谈笑风生，学生听了很高兴，其实没有学到真实的东西。我的考古入门，主要得益于跟第二届考古工作人员训练班去实习，跟蒋若是写《洛阳烧沟汉墓》，以及到考古所以后的考古实践。

采访者：您觉得学习考古的学生们在学校读书的时候，该怎样去学习比较好？

黄展岳：我想主要应该学考古学基础课，让学生了解各个时期的考古情况，了解现在已达到的研究水平，还有什么问题未解决或认识分歧，不要让大一学生就偏爱哪一段、不爱哪一段，要培养学生对每个时期的考古都有一般的认识。对出土或传世的器物，达到一般能说出那件器物大约属于什么时代的知识水平。考古学属于人文科学，是历史科学的重要组成部分，考古学研究的基础是田野调查发掘，研究对象是古人遗留下来的各种遗迹遗物，研究的终极目标是阐明历史发展规律，指导思想是马克思主义的历史唯物论。这些基础原则绝不能丢，要引导学生往这条路上走。为了让学生毕业后下田野，在课堂或实习期间，就应该让学生掌握一般的照相、绘图、测量技术。碳14、冶金学等自然科学知识也应该让学生懂一点。学历史考古，应强调与历史文献并重。中国古籍的大致情况，怎样去查去看，都应该让学生有一般的了解。当然，对外国考古也不能一概不学。中国考古学史、外国考古学史，不知道你们开不开？我们上课时是向达、夏鼐、张政烺分别讲的。现在有些专书出版，希望北大也应开这门课。

时下有所谓"考古学定位"的讨论，标新立异，奇谈怪论不少，企图偏离考古学属于人文科学、历史科学的大方向。有些人企图把考古弄成非人文非自然的产物，我对此深感忧虑。如果学生不知道，老师不必主动去讲，如果学生提问，要正面阐释，不要让学生瞎起哄。

我没有在大学正规讲课，上面说的不一定切合实际，仅供参考而已。

采访时间：2011年9月2日下午
采访地点：北京市黄展岳先生寓所
采访者：余雯晶、常怀颖
采访大纲撰写：余雯晶
整理者：余雯晶

记忆

——

吴荣曾

2011年9月7日吴荣曾先生接受采访

简 介

吴荣曾,男,1928年生,江苏苏州人。1950年考入北京大学史学系,1953年转入系内考古专业。毕业后在北京大学考古专业和历史系任教。后又在内蒙古大学、中国社会科学杂志社工作。1983年调回北大历史系。在北大历史系开设的课程有:先秦两汉史和魏晋史、先秦史籍举要、先秦官制史、中国古代钱币等。

1985年获教授职称,1990年开始为博导,并在中国先秦史学会和中国钱币学会中都被推选为副会长。1995年获北京市优秀教师的称号,又获系内"最受学生爱戴的老师"荣称。1997年获国家教学二等奖。1998年个人论文集获高校二等奖。

主要论著:《洛阳烧沟汉墓》(合著);1961年承担《中国史纲要》先秦史部分的写作;1981年后又承担《中国大百科全书》中国历史卷和文物考古卷的词条编写工作;著有《先秦两汉史研究》等;参与主编《尽心集——张政烺先生八十庆寿论文集》等;发表论文数十篇。

采访者：您是北京大学考古专业 50 级的学生，在进入大学之前，您是怎样对考古产生兴趣的？

吴荣曾：我这个人很特殊，我是考古专业的学生，但是我跟考古结缘要比 1950 年这个年代早得多。在抗战时期，我们全家都从南京跑到四川避难。那个时候大部分的文化人都从北京或者上海这一带跑到后方去了。

在重庆有一个人叫卫聚贤，他是山西人，是清华王国维的学生，他对考古很感兴趣，用现在的话来说，他的考古纯粹是土法考古，实际上不是考古，而是挖古。我小时候对古物比较喜欢，那个时候我十几岁，在重庆的南岸上中学，中学附近的那个地方有一个小土包，有一天有人在小土包挖土，挖出陶俑、铜镜什么的。后来挖的人就赶快把东西拿走了，那个时候没有文物法，大家都可以挖。后来我跟我的一个同学两个人去看，看了以后就发现那是一个东汉的砖墓，砖上还有字，有"富贵"。那是一九四几年的时候，我才十几岁，那个时候我就知道卫聚贤当时在重庆是一个有名的文化人，他和郭沫若两个人在重庆到处去找汉墓，郭沫若那时候也没什么事，他们俩就去找古墓发掘。

我在重庆的南岸读中学，当时卫聚贤就住在现在的朝天门，我每次上学都会经过朝天门，然后过长江到我们那个学校。我就拿了一块砖，跟我的同学两个人上卫聚贤的家里去。我们跟卫聚贤不认识，就毛遂自荐。我们就抱着砖，请他看看，那个砖上有"富贵"两个字。他一看，很高兴。

卫聚贤这个人挺好，他挺随和的，没有什么架子。他对汉墓很感兴趣，他说"好，到星期天的时候我去看看"。他带了两个工人，带着锄头。后来他去了以后，他当然比挖东西的那些老乡的工作要细致了，他一直就挖。那不是太窄一个砖室墓，他就把里面的土都差不多挖干净了。挖到底了，底下就是砖，旁边也是砌的砖。我当时觉得最明显的就是出了四川汉墓经常出的，砖地上铺了一层铜的摇钱树，可能还有一两个陶俑。东西不是太多，因为它被破坏好几次。卫聚贤就跟我们讲摇钱树，我那时候第一次听说，他就说当时是一种风俗，死人之后就做一个摇钱树，死人以后就有钱花了。所以这以后，我就对考古有兴趣了。

那个时候卫聚贤在重庆还办了一个杂志，叫《说文月刊》，这个杂志登文史的文章，也登考古的发掘记录，所以我很喜欢看这本杂志。当时卫聚贤他也很高兴，对考古有兴趣，他还送了我好多书。《说文月刊》专出文史的东西，他送给我一些。这样我对考古的兴趣就更大了。

采访者：您谈到了卫聚贤先生，您跟卫聚贤先生在之后还有过交流吗？

吴荣曾：有。抗战胜利以后，那时候我们家就住在南京，有一次卫聚贤从重庆出差到南京来，正好住在我同学家附近，因为我的同学认识他，他叫我去，我就见了他一面。那时候我们谈了两个问题，非常现实，因为那时候我是高中学生了。我跟他说我愿意学考古，我对考古、历史很感兴趣。那个时候正是解放战争打得厉害的时候，他说现在像你们这些年轻人有两个出路：一个出路是搞学问，那就是要穷一辈子；你说要不穷你干什么呢？你去经商，那行，那就可以生活得比较好。他就给我谈了这两个问题。那时我脑子里也没什么志向，总觉得当前我能混过，当前我能够日子过得好就行了，那时候生活是挺苦的，解放战争嘛，国民党打得穷得不得了。我跟卫聚贤以后就没联系了。

卫聚贤的儿子叫卫月望，我们很有缘分。卫聚贤到台湾去的时候，他在大陆的子女都没带去，卫月望跟他父亲一样喜欢搞钱币，所以他后来在内蒙古钱币学会、内蒙古人民银行里面做事。后来我也几次碰见他，我就跟他交流，我说我跟你父亲认识。他听了以后大吃一惊："啊，您怎么还认识我父亲？"我就告诉他，我说多少年以前我在重庆上中学的时候见过你父亲。所以我跟他们两代人都有接触，而且都是搞业务的。卫月望搞钱币，搞中国的纸币，是搞得不错的。后来过几年卫月望也去世了。

我从重庆回到南京以后，后来就上高中了，到了高中以后就要填志愿。我从小就在学校里面喜欢历史课，对中国古代史我最感兴趣了。当时也有一些偶然的原因，那时候可能有一两个教历史的教师很好、很会讲，就把我这样的人吸引住了，我就喜欢中国历史了。同时，我也喜欢考古的东西，我那时候经常在小摊上找古钱，那时候很便宜，我记得有的主要是五铢钱、开元通宝，还有宋钱，这种钱最多，我就买了一些。这样我就对考古的兴趣越来越浓。

到了北大以后，那个时候的北大实际上是受王国维的影响，就是所谓的二重证据法，一方面要用文献材料，一方面还要用地下材料。所以北大应该说它有很悠久的传统，这些事很多后来人都不知道。在那个时期开的课里面，就有两门课，虽不是考古，但跟古有关系。张政烺先生开一门叫古器物学的课，古器物学他讲的东西非常多，实际上把中国古代的这些古器物差不多都讲到了。我记得他主要就是讲青铜器，然后讲汉魏的铜器、虎符这一类的，一直讲到唐朝。唐朝有那种鱼符，铜的符做成鱼形。还有是讲中国古代的石刻、墓志铭、碑什么的。还有讲一些零碎的东西，像度量衡、铜佛像等。张政烺先生是1946年到的北大，他这个课程后来在历史系一直开，我是1950年入学，那时候他也在开，但是我是一年级的学生，还不能选这个课，所以这个课就没上。后来他的古文字课我是上了，他就讲甲骨文和金文。所以这样就是说，在历史系它有跟现在的学校不一样、跟当时其他的学校也不一样的地方，就是系里面很早就有古文字、古器物这些课了，觉得应该给学生教会认古文字和懂得古器物这两种本事。在历史系就形成了一个传统，多少年了一直这样。有很多的学生都选这个课。

张先生这个人，他口才并不太好，但是他的知识非常渊博，当时他在历史系是以他的渊博博得学生对他的看重。当时学生都觉得他这个课讲得好，因为学历史的人觉得学一点这些东西，可能将来出去工作以后会有用。例如像现在首师大的宁可，我好几年前碰

左为俞伟超，右为吴荣曾。

到他，他还跟我讲这个事，他说他那个时候就选过张先生的古文字，所以他对甲骨文的知识有点了解。还有北师大有一个张守常，他也是北大的一个老学生。他也讲过，他受张先生的影响很大，听过张先生讲古器物，他觉得以后这些东西对他都很有用。

所以这样，在北大历史系来说，它跟考古的接近是很自然的事情，不是说有人来提倡的。一部分的教师本身就对这些东西是很重视的，特别是对地下的实物材料。当时还有一个先生，就是余嘉锡的儿子余逊，余逊教我们秦汉史跟历史文选，他跟劳干是同学，所以那时候劳干搞居延汉简的时候他也参加了。后来大家都不知道余逊还写过汉简的文章和研究过汉简。在历史系对考古较重视，所以后来办考古专业，一点也不勉强，因为早有基础的。

我要讲我自己的经历了。我是1950年入学，1950年是一年级，像张先生的这些课都不能选。到了1951年的时候，当时一方面就是历史系的积极性高，要给学生开考古的课；另一方面的积极性就是考古所。因为当时的考古所在东四那儿，离红楼很近，几步路就到了，他们就很希望把考古放在大学的课堂上，将来可以培养一批人出来，这个看法我觉得非常有远见，非常正确。所以在1951年的时候，历史系就请了夏先生到北大的课堂上讲考古学通论，我们那个时候还没有上考古专业，就已经开始听考古学通论了。我记得夏先生是从英国留学回来的，曾在埃及工作过，所以对发掘是比较熟悉的。他不光是了解器物，像张先生讲的古器物的内容，他也是比较懂得的。所以我觉得中国当时的考古学是从英国搬来的。当时我听夏先生的课，觉得闻所未闻，他讲得很有意思，他讲了最基本的东西，如讲了地层，怎样根据地层来判断年代，讲了很多实例。所以他那个课讲得很好，我们很多学生都喜欢选他的课。

他当时不仅自己讲，为了要扩大他们的声势，就把所里面的不少人都叫来，跑到北大历史系的讲堂上来了。有一位老先生就是郭宝钧，因为他在解放前后挖掘过河南的辉县、浚县的一些西周墓和战国墓，所以他有这方面的实际经验。当时的学生听得更有意思了，他等于是讲故事一样地讲，讲怎么样去雇民工，怎么样去钻探，怎么样去发掘，讲得很有趣，所以我们就很喜欢听。这个就是当时北大的一个情况。从1951年开始，在历史系里面考古的势力就发展起来了。在1951、1952年的时候，当时历史系搞考古的教师很少，当年只有两人，一个是宿白先生，一个是阎文儒先生，他们两个人在当时也是年轻教师，大概都算讲师吧。我就要讲讲北大的背景了，他们两个起先不是历史系的教师，他们两位当时是北大文科研究所里面的教师或者工作人员。当时在北大有一个文科研究所，就在今天的东厂胡同，离红楼非常近，就在红楼的南面。我们那个时候做学生，我们去过。像现在考古放的那个凡将斋甲骨，当时就放在东厂胡同的文研所里面。它不仅有甲骨文，还有陶文，有字陶片很多，还有青铜器。当时在里面比较重要的人物有唐兰，还有阎先生、宿先生，他们就在文科研究所里面研究考古。

所以，后来考古专业是很自然的，大家都特别重视，而且还有考古所的推动。考古所的劲头很大，积极性很高，它希望在北大开辟一个战场，来宣扬考古的教学。

所以这样，当时就开始培养学生了。我是1950年入学的，那时候我们一年级还不够格。比我们高一班就是1949年入学的，这里面就有一个叫金学山；还有一个赵其昌，赵其昌他后来是挖定陵的，他是北京市的干部；还有吕遵谔。后来历史系就让这几个同学去学考古，就让他们去请教那些老先生，所以这样考古专业就开起张来了。还有一个重要的人物就是邹衡，邹衡比我们高两班。邹衡他也喜欢考古，那个时候就派他到考古所跟大家一起实习。这样，考古专业的胚胎就慢慢地形成起来了。考古专业的促成是1952年的秋天，1952年我们二年级上完了，要到三年级了，我们就到搬燕大的燕园来了，来了以后就开始办考古专业，那个时候在文史楼的二楼。

采访者：您班当时是有10个同学，他们的来源是怎样的？当时是不是还有一个博物馆专修科？

吴荣曾：当时北大在红楼的时候，除了文科的文史哲这些系以外，还有两个专修科，一个是博物馆专修科，还有图书馆专修科，后来就变成了北大的图专、图书馆系了。博物馆专修科本来在红楼的一楼，有几个房间，里面有书和一些标本，当时人不太多。当时的学生是谁呢？就是俞伟超、刘观民、郑振香、李仰松、陈慧。院系调整后干脆就把博专取消了，把博专的人并到历史系里。当时的教师很少，博专一个主要的教师就是韩寿萱，他是从美国回来的，是学博物馆的，后来就把他调到历史博物馆去了，一直当馆长。所以博专里面的人很少，没什么人。还有一个赵思训，赵思训是资格比较老的，后来就到历史系来了。

那个时候的博专有文物，而历史系古物一件也没有。博物馆有一个小房子，专门堆东西。我怎么对这些东西熟悉呢？因为那时正好搞"三反"运动，什么东西都要查。我们几个学生被派去查博物馆的老底，要把古物一件一件跟账去对，查了好几天。当时我跟俞伟超去查这些东西，我们去了解北大有哪些家底，除了博专外，文科研究所还有一摊，后来这些东西都变成了现在考古文博学院的财富了。就当时来讲因为有博专，开课也是有关古物、文字学的课，很自然地就把考古专业办起来了。

我学考古还有一个动机。1951、1952年院系调整以后，当时学苏联学得很厉害，连上课的作息制度都跟原来的不一样，都是苏式的。8点钟开始，一直上6节课，吃午饭不是12点，而是中午1点多钟，那是很怪的。那个时候要上很多课，有亚非史、工人运动史这一类的。说实在的，我那个时候不喜欢这类课程，我喜欢的是老古董，我喜欢的是秦汉、周秦汉唐的历史，当时正好有考古专业，我去学考古算了。我当时还没想到我一生要立志做考古工作者。那个时候我们就算第一班，就开始学了。我们一共是十个人，人不多，包括历史系的一些喜欢学考古的，就像我，还有黄展岳。还有一些博专原来的人，如俞伟超、刘观民、郑振香、李仰松、陈慧他们这几个人过来了，所以我们人很少，我们就是十个，这样第一班就办起来了。

采访者：在1952年的时候考古专业成立了，当时新开了哪些课程？

吴荣曾：新开的课程很多，最基本的都有，像石器时代的考古，旧石器考古，当时就找裴文中、贾兰坡先生他们来讲。新石器主要是靠考古所的安志敏，安志敏他一直搞新石器的，那个时候因为搞新石器的人才还没出来，所以安志敏算很少的新石器的专家了。除了这个以外就开殷周考古和青铜器课，也开甲骨文。我那个时候学甲骨文和金文就是跟张先生学的。那时候的秦汉考古都开不起来，因为没有专门精通的人。我记得当时是找了几个人开的，一个是王仲殊，因为他在辉县参加过发掘西汉墓，他这方面有一些经验。还有苏秉琦先生，他有斗鸡台的经验，这就是秦汉考古的情况。除了这个以外，还开古代绘画，请徐邦达来讲绘画，就从隋唐一直讲到宋元明清，讲历代中国的绘画。还请陈万里来讲瓷器。

采访者：当时的历史课是跟历史系一起上，还是有老师单独过来讲？

吴荣曾：这些历史课都得上，不单独讲，就跟历史系一起上。那时候课很少，就是中国古代的一些课程还保留着，联共党史之类的课都不上了。

采访者：当时使用的是讲义还是教材？

吴荣曾：没有教材，那时候很苦，都没有教材。

采访者：那是发讲义？还是上课时老师在黑板上写，同学们在底下记？

吴荣曾：对，就是老师在黑板上写，那时候没有讲义，发不出讲义来，因为不少人都是头一次讲课，他还写不出来讲义。

采访者：有没有老师想要编一些教材？

吴荣曾：那个时候因为人力很少，大家还没想过这个，就想在课堂上讲讲就算了，大家听听就行了。编教材那是好几年以后的事情了，我们毕业以后，俞伟超在考古当助教以后，他们就开始编教材了，刚开始没有。

采访者：您觉得哪些老师对您的影响很大？哪些老师令您印象深刻？

左为俞伟超，中为吴荣曾。

吴荣曾：就是夏鼐夏先生。我一直觉得他真是中国的考古学之父，他从英国学回来的一套东西，到中国来把它传开了。因为在这个以前，像我刚才讲的卫聚贤，他就是拿锄头去挖古，不是考古。真正的考古，是夏先生教我们的。怎么分地层，怎么做测量，还有辨土的颜色，区分生土、熟土这些，这都是考古最基本的，都是他教我们的。而且他还教我们怎么写报告，做研究。所以我对夏先生的印象非常深刻的，他本事最大，最了不起。还有一个我对他的印象最深刻的是什么呢？他在清华读的是中国近代史，他的老师是蒋廷黻，当时是民国最有名的外交家了。夏先生后来到英国去留学，英国留学考的课门里面没有近代史，只有考古，他没办法，为了到英国留学，就报了考古。他本来是没有考古的基础的，但是他的古代史有点根基，他从理论到实践，到怎么挖，甚至挖好以后怎么保护这个东西，怎样把它清洗、修补他都讲，因为他在英国和埃及这一套的程序都走过。我们那个时候别的教师讲不了，夏先生当时就是这样。夏先生他的本事就传开了，后来他的学生越来越多，田野考古就成立起来了。

另外夏先生还有一个特点，对中国古代的东西比较熟，而且还不仅是熟，我觉得他主要是思想上重视。例如他在史语所集刊上发表过关于甘肃汉简的文章，他对中国金石学这套东西非常重视。金石学跟我们考古学关系太密切了，应该说不懂金石学你就很难去搞中国的考古，因为中国的考古它都是跟这个结合起来的，不懂这个不行。不懂石刻，不懂甲骨文，不懂铜器铭文你怎么去搞考古？所以我觉得夏先生是最了不起的。

采访者：当时在学校里面有没有学术讲座或者学术报告？

吴荣曾：这个当时好像没有。因为它发展还是初期阶段，还没有。做学术报告那都是若干年以后了，前些年在燕园里面我还讲过古代钱币，以前我们读书的时候是没有的。

采访者：从1952年开始，文化部社会文化事业管理局、中国科学院考古研究所、北京大学联合举办考古工作人员训练班，第一届、第二届您都参加了么？

吴荣曾：都参加了。当时还没分考古专业，挺好的，就是自愿的，你愿意听你就去听。当时开这个班的主要目的，就是为了建立地方的文物发掘队。训练班就办两个月，时间不是太长，两个月就要把所有的课都讲完，有一些我们听过，像夏先生讲的考古的挖掘，有一些没听过的，所以我们学生有兴趣的都去听。当时的宗旨就是这样，它是讲考古的，北大有兴趣的学生都可以去听，自愿的。当时讲课的都是有名的人，都是考古学家。裴文中、贾兰坡，还有文物局长王冶秋。郭沫若郭老也经常参加。

另外北大的学生还有一个任务。因为各地来的学生很多，程度也不一样，需要一批辅导员，就选了考古的学生，像俞伟超、刘观民，他们当时都是当考古的辅导员。

还有一个照片，我现在找不着了。我有一张第一届考古训练班的合影，中间坐的是郭老，旁边坐的是王冶秋，还有陶梦和，下面就是郭宝钧、阎文儒，还可能有唐兰这几个人，找不着了，怎么也找不着这个合影。当时的一张照片是合照的，前面是郭沫若、陶梦和、郑振铎这些人，还有历史系的宿先生、阎先生他们，还有夏先生、安志敏，我现在找不着了。

采访者：第三届、第四届的考古工作人员训练班您参加了吗？

吴荣曾：第三届我参加了，像俞伟超、刘观民他们都是博物馆专修科的学生，我们跟着学员一起去听课。考古工作人员训练班每次都印一个小册子（参加人员名册）。它办了共四届，1952年是第一届。第四届我也参加了，后来因为这一年正好搞运动，就不让我参加了，调我去搞运动去了。当时这个班也在文史楼，就是现在一进门，楼下的那个教室，有几个教室是训练班。因为那个时候是放暑假，也没有学生，我们晚上就住在那里。

采访者：当时考古工作人员训练班里面哪些老师讲的课您特别感兴趣？

吴荣曾：感兴趣的，当时能讲的一个就是夏先生，还有裴文中裴先生。这两个人在考古训练班里面比较有名，大家对他们的印象也是比较深刻的。

采访者：系里的记录说1953年4月，您班到大同云冈进行教学实习，这次您去了么？

吴荣曾：去了，云冈我们去了好几次。因为我做学生的时候，要到云冈去实习，后来毕业以后我做了助教，我带着学生去，李仰松也一起去了，我带着52级的学生，有张忠培、叶小燕、郑笑梅等。我学考古以后就对照相很感兴趣，还有拓片这些东西。我用普通的120相机拍过云冈，还有大同城里面的上华严寺等建筑。当时50年代摄影的条件跟现在不能相比。

采访者：1953年您班去云冈的时候，是苏秉琦、阎文儒、宿白、刘慧达、吕遵谔等几位先生带你们一块儿去的，当时他们有没有讲些什么？哪位老师主讲？

吴荣曾：在云冈，主要是由阎文儒先生来主讲的，阎先生他是搞石窟寺艺术的，他就讲石窟寺的内容。宿先生带我们到大同城里面去参观古建，考古专业成立以后，上的课程里面还有古建的课程，古建就是宿先生讲的，讲唐宋元明清的古建。所以到大同城里面是最好的，因为大同城里面有善化寺，还有上华严寺、下华严寺，都是辽金建筑，建筑非常好，里面的雕塑也非常好。那时候宿先生就讲古建，我们就参加这个。我觉得那次的收获挺大的。我后来也不搞建筑，我对建筑还挺感兴趣，就是受宿先生的影响，我们那个时候课堂上就讲这个。古建这个东西不太好学，比铜器、陶器都难学，因为它要计算的，有数学的要求，有多少的角度，这很难学的，当时我就跟他学了一点。这个对我来讲影响也很大。我前两年也是受你们考古同学的影响，你们有同学写了一个报道，不知道在哪儿发的，他们去山西一个叫龙门寺的地方。我到晋东南长治那个地方参观，我有个学生在师院里面当领导的，他请我去讲学，他就问我有什么要求，我说我没别的，我说你们晋东南古建特别多，我想去看看。他就弄了一辆小车，跑了几天，就让我到处去转。我当时目标之一就是龙门寺，因为这个龙门寺以前没听说过，但是它里面包涵丰富，庙的一个山门好像是金代的，里面的一个正殿是北宋的，它的后头还有一个元代的，里边有一个偏殿好像也是金代的。它包括宋、金、元几代建筑都在一个地方了，真像一座古建博物馆。

采访者：考古专业本科生田野实习，您班上当时要求实习多少次？

吴荣曾：我们实习就是一年，我们最后一年就是田野实习。四年级秋天的时候我们就下去了。那个时候也是跟着考古工作人员训练班一起下去的。我们就坐着火车到洛阳去挖烧沟的战国墓和汉墓。当时王仲殊在主持烧沟的战国墓，挖了出鼎豆壶的小的单人墓好几十个。那个时候唯一挖的烧沟汉墓，就是我参加的，这是在洛阳。郑州的实习，大概一两个月。再晚一点，到了11月以后我们就又分了几队，大家就做田野调查了。那时候俞伟超和黄展岳就分到陕县那一队，我分在灵宝那一队，我就调查灵宝了。

我们在洛阳实习的时候到龙门去参观，都坐了大骡马车，当时没有汽车。当时的路跟现在的大不一样了，都是坐着骡车，就是所谓的大车。我还存有我们考古训练班跟当地的工人在一起的照片，还有洛阳几个塔的照片，在洛阳文管会门口的照片，洛阳龙门的照片。

采访者：实习的时候，您是先去的烧沟，后来又去了郑州二里岗，当时有哪些老师来指导实习呢？

吴荣曾：当时指导实习的老师很多，夏先生、裴先生都去了，下面的老师也多，主要是王仲殊、安志敏，他们是夏先生的左右手，夏先生很信任这两个大弟子，他们这两个人管的事情比较多。像阎先生和宿先生都不跟我们去，因为他们不是搞田野发掘的，田野发掘都交给考古所来负责。后来我们去调查也是这几位老师带着，王仲殊、安志敏、钟少林，还有王伯洪，王伯洪现在早就不在了，他们几个当时是考古所比较年轻的，带我们去实习，是他们的主要任务。

采访者：1953年11月，您去了灵宝县调查，那次调查的过程是怎样的？有什么重要的发现吗？

吴荣曾：我觉得我学考古不是太长时间，我最有收获的就是毕业这一年的实习了，我觉得我对考古的很多东西说不上比较深地了解，至少是比较表面的东西我差不多都掌握了一些，收获很大。在灵宝，这个调查有一个好处，它的内容非常全面，在灵宝那个地方，彩陶多极了，龙山文化也多，因为在河南嘛，每天我们都能捡到好多彩陶片回来。除了这个以外，汉唐的墓也挺多，我们那时候就发现好几个唐墓，好几个都被老乡们挖开了，石头都放到外面当台阶用，上面都刻着很好的花纹，还有很多人物花纹、仕女像等。

采访者：那一次有一个传闻，说是灵宝发现了刑徒砖，有这回事么？

吴荣曾：没有，我们没发现。这个是讹传，很早以前不敢说是在洛阳出的，就说是在灵宝出的，后来大家都误以为在灵宝出的，实际上灵宝根本没有，都在洛阳。这可能是古董商故意放出来的。

在灵宝、陕县调查结束以后，我们又开始发掘。那个时候我就跑到西安去发掘了。我到了西安，就在现在西安城的东北角一个叫白家口的地方。那个地方在挖砖窑、烧砖，一挖就把墓给挖出来了，所以我们就去挖掘墓。我到白家口待了大约两个月，挖了大概不到十个墓。我记得当时挖了一个西汉大的木椁墓，它因为在西安，木椁保存不了，看到的就是一个长方形的很大的一土坑墓。那里面出的最有名的东西就是一个铜镜，铜镜上面都是彩绘，是比较少见的。另外我在它旁边还挖了几个小墓，是西汉晚期的墓，出那种带黄釉的陶器，也出了很多钱币，大五铢、小五铢都有。这个做完了以后，回来就毕业了。

采访者：您提到您在西安的白家口发掘，当时是不是分了两拨学生，有一队在陕西，有一队在河南？

吴荣曾：对。

采访者：分队是学生自己选择的还是教师分的？

吴荣曾：是教师分的，他们选的人。我在西安的时候，就跟一个叫徐连成的同学，就我们两个人在西安挖，徐连成后来分到山东大学去了，前两年已经故去了。俞伟超好像是分到陕县，宝鸡可能还有一队，我现在都记不清了。在西安就我们两个人。

采访者：在实习阶段，您跟蒋若是先生一块儿工作了很长的时间，能不能请您讲讲蒋若是先生？

吴荣曾：在一起工作也不是太长时间，1953年，我们在灵宝调查了以后，到12月了，天冷了，我们不能再做野外工作了，就到室内。于是我们到洛阳的文物工作队，当时是在洛阳的一个很小的很破的教堂里面，我们就住在那儿。有我，有黄展岳，有俞伟超和刘观民，大概四个学生在那儿。指导的教师就是王仲殊，洛阳那边负责人就是蒋若是，我觉得他这个人在中国的考古学事业中应该说是功劳非常非常大的一个人，可是现在大家对他的了解很不够。还有就是我昨天还在想的，现在不是什么都发奖金吗？我想像蒋若是这样的人，今天应该发给他一大笔奖金才对，因为他对中国的秦汉考古，特别是汉的考古贡献太大了。因为秦汉考古以前大家都不知道、不懂，知道的也是皮毛。

那个时候很可怜，我记得我们上秦汉考古是宿先生给我们上的，宿先生他有一个专长，他日文挺好的，他就利用日本人的成果，主要就像日本人在朝鲜平壤附近挖了很多汉墓，那些汉墓很了不起的，都很大、很完整，后来都出了很厚一本报告，宿先生就叫我们去看这些报告。我们由此而懂一点西汉墓的大致情况。

后来宿先生也介绍给我们，日本人在张家口这一带，还有在邯郸他们做的赵国的城，有一个报告，他就介绍我们去看这些东西，我觉得收获挺大。因为那个时候，像现在的文物考古的内容，中国人还没做，主要是靠日本人做的，宿先生让我们从另一个角度，从日本人的工作来看汉墓整理的情况。

采访者：您还记得一些关于蒋若是先生的具体的事情么？

吴荣曾：我有具体的事情，我觉得这个人是非常的了不起，现在我觉得考古界都没有这样的人。我了解他的历史，他比我们大概大十岁左右，我是二十几岁，他也就三十几岁，他是河南大学历史系的毕业生，那个时候没有什么考古专业，他就靠他自学。他在洛阳文管会就负责考古这一摊，所以他就下工夫钻研，我觉得他这个人的专业精神非常值得我们学习。在这以前，我们讲的秦汉考古没有材料，讲来讲去，讲日本人的，把日本人的拿来看。日本人做的工作，说实在的比起我们现在做的工作要差好些，不如我们现在做得正规。就是蒋若是，他因为在洛阳烧沟，出了百十来座汉墓，而且他这批汉墓好在年代早晚都有，这个非常好，很完整。因为它年代可以衔接，所以蒋若是他就知道，哪一个是早的，哪一个是晚的，早的晚的分界在哪儿，他都比较精通。他经过自己的努力，自己动脑筋，这方面我觉得是非常了不起的。他做的工作是一个前无古人的工作，这个工作是非常难的。现在汉文化的东西多了，大家一般都知道怎么做了。那个时候前人没做过这个。

他那时候给我分工做钱币，我们都不是自己选择的。俞伟超好像是做小件，黄展岳好像是做陶器，分我做铜镜、钱币。而正好我也对这方面掌握，我也很喜欢这些东西，所以我那个时候就在洛阳文管会的房间里面，很简陋，一个木板搭一张床，旁边就是一个桌子，每天就在那儿。那个时候好，没什么政治运动，也不用学习，一天到晚吃了早饭就在那儿抠自己的那些东西，所以我抠了几个月，我就跟着蒋若是。

我现在一直还回想蒋若是，他很了不起，洛阳汉墓研究工作他是总集成。钱币他不研究，但是他也注意过钱币。那个时候，北京的旧书还很好买，他当时已经在北京买了不少旧书，民国时期研究古钱的那些书，他买了不少。他还买了一本罗振玉《古器物范图录》。我们后来搞五铢钱，从什么地方去打开缺口？这个缺口是什么？就是从范上研究。范上有纪年，所以你就知道这种五铢钱是在宣帝时期或者元帝时期，通过这个缺口把五铢钱的断代给断定下来。这个不是蒋先生的发明，中国以前已经有人注意了，在清朝的时候就有人用这些方法，用钱范的纪年跟钱去对，这个方法是非常科学的。我觉得蒋若是很了不起，他不是搞古钱的，但是他的方法非常科学，他就用这个来辅导我。我以前还不懂这套，他给我看了他当时在北京旧书店买的书。主要当时有一个《钱币》杂志，那是解放前出的一个钱币杂志，那上面有一篇非常重要的文章。有一个叫郑家相的，这个人是解放前古钱界的一个玩家，他就喜欢收集古钱，他对汉五铢钱是下了工夫，所以他在《钱币》杂志上发表连载，关于汉五铢他有七八个连载，各种五铢，他一种五铢写一篇。我们现在很多就是根据郑家相的成果，前人已经走了一段路了，你跟在后头就容易了。

蒋先生用的就是这个原理，他觉得郑先生这个成果很重要，我们就应该在他的足迹上面再往前走。我们后来再对照墓的早晚，比如说我当时挖了一个大墓叫632，这是一个大砖室墓，当时挖的时候，大家异口同声说坏了，我们挖了一个东汉墓了，后来一整理，我觉得不对，因为它出的五铢钱，我们那个时候对五铢钱已经有点初步认识了，觉得这个墓里面没有东汉五铢，那怎么是东汉墓呢？所以这样就把这个砖室墓的年代提早了。原来大家的看法是凡是砖室墓都是东汉墓，西汉只有土室墓跟木椁墓，从这时我们就打破了原来的框框。这个墓里面出的镜子、铜钱都是西汉的，它不可能是东汉的。蒋若是他这个人非常细心，而且是非常能下工夫去抠的人。当时我最佩服他，当时讲的器物的类型学，就是我们俗称的"排队"，他对所有的器物都仔细地"排队"，把陶器早的是怎么样的，壶底下有八棱圈足的是什么时代的，普通的圈足又是什么时代的，他都"排队"。他对墓形很注意，墓的形状，砖室墓的墙是怎么样的，顶是什么样的，特别是顶，早期砖室汉墓的顶是券顶、圆的，后来它变成了穹窿顶，这是蒋若是发现的。他就钻研，怎么样从券顶的变成了穹窿顶的。所以他做了很了不起的工作，汉墓这一套，从墓形到器物，他都给你"排队"排好了，而且他都是有真凭实据的，依据就是烧沟汉墓。现在已经过了几十年了，我们看他里面有没有排错？基本上没有，他都是对的。他这个是可以放之四海皆准的标准，他是中国汉墓研究的开创人。

采访者：对现在学秦汉考古的学生来说，《洛阳烧沟汉墓》是必读书。大家在墓葬分型定式和断代的时候，都拿这本书做参考，这本书是非常重要的。当时编这本报告的时候，有没有什么事情令您难忘？编纂的过程是怎样的？

吴荣曾：这里还有一个很了不起的地方，这是蒋若是一个人的力量，并不是有几个人帮他的忙。我们只不过是帮他分别去做了一些具体的工作，到最后的统，还是他自己统起来的，没有别人做。宿先生，他看的很多，他的眼界也很开阔，他也觉得蒋若是很了不起，他也发现烧沟汉墓或者说汉墓的体系是蒋若是建立起来的，陶器、墓形上，到现在为止还没有人能够推翻他，修正可能会有，我们现在越挖越多了，但是推翻的很少，它都站住了。而且他对后来人的影响很大，后来挖汉墓就容易了，跟烧沟汉墓一对照这就很容易了。

采访者：在《洛阳烧沟汉墓》写成之后，您基本上确立了拿五铢钱来断代的方法，后来很多考古报告和简报都沿用这一方法。您现在怎么看这一断代方法？

吴荣曾：这个是我们当时的"创作"，以前没有的。以前谁挖了汉墓没有去注意五铢钱的，就从我们那个时候开始，确立下用五铢断代。我当时还写过一篇小文章，在《考古通讯》上，就是《中国古代的钱币》。我已经就书体的不同给它列了一个表。当然什么事情都要有一个反复的过程，这个反复的过程在哪儿呢？就在后来河北中山王墓发现了之后，这下子又出问题了，有人根据中山王墓的很多五铢钱，把它们整理了，整理之后得出一个结论，说烧沟里头不对，有很多弄错了。这个以后，我后来又写过文章。当时中国钱币学会，还有河北省博物馆，他们保留了那一批材料，我们大家又去看，河北省也挺好的，就把那些出土的钱币材料翻箱倒柜又拿出来再看。后来对了一下，我们发现烧沟没错，问题在哪儿呢？就是烧沟汉墓它有一个年代的问题，年代最早的是汉武帝后期的，汉武帝早期的墓它没有，文景的更没有，所以汉武帝晚期到东汉末这个差不多连上了，但是前面缺了。可是中山王墓出的钱正好是汉武帝前期的，即所谓的郡国五铢，正好是早的，早的规律跟晚的规律不一样，后来就清楚了，它的书迹一看就分出来了，哪个是早的郡国五铢，哪个是晚的，哪个是上林三官五铢，那一分就分出来了。经过这个反复，后来就把这个问题又解决了，到现在不存在这个问题了。本来到那个时候有些人就怀疑了，说你这个烧沟有的不对。后来我们再三说服大家。当时孙机他就跟我提出问题，他说你这个不对，现在中山靖王墓把你的理论推翻掉了。我说不是，它那个分法不对，后来他们大家都服了。因为烧沟汉墓，我们根据的都是一些具体的墓葬的材料，基本上现在都没什么好改动的了，当然有一些可以做些补充。

采访者：我们现在判断秦汉墓葬绝对年代的时候，如果没有什么具体纪年材料，基本上都是拿钱币和铜镜这两类东西来看的，您觉得在用这两条线索判断绝对年代的时候需要注意什么问题呢？

吴荣曾：我最近应北京大葆台汉墓的要求，写过一篇文章。他们对大葆台汉墓断代，说是比较早，定的是汉元帝时期的，那就很早了。宣帝以后就是元帝，元帝以后是成帝。后来我也还是用镜子、钱币两大法宝去琢磨，认为不对。大葆台汉墓的钱币里面出了没有边的五铢，那种五铢出现的年代已经很晚了。这种五铢现在发现的比较多，特别是在江苏的那些汉墓里。最近还有一个长沙的长沙王墓，也出了这种没边的五铢，这种五铢是西汉末墓里才有的，早的没有。因为当时经济发生问题了，货币减重了，铸钱时就把边全不要了，它就比较轻了。我写文章就根据这个。还有一个就是根据镜子，大葆台汉墓里出了一个大镜子，它那个镜子在烧沟也有，背面是四螭纹。但是它所不同的地方在哪儿？现在我都琢磨不出它的原因，它在四螭的旁边出现一个老虎头，怪得很，这不知道是为什么。这个是大葆台跟长沙王墓里面都有的现象，这都是很晚的了，到西汉末了，快接近王莽了。所以我就是根据这个断代的，我说这都是晚的，它不可能早到元帝或者成帝时期，因为这两个器物的年代把它死死卡住了。

采访者：实习回来后您写毕业论文了吗？毕业论文写的是哪方面的内容？

吴荣曾：那个时候不像以后的要求那么严，那个时候基本上就没写。后来宿先生就说回来后要补一个，1954到1956年那两年之间我就在文史楼琢磨我的论文，就写了一个秦汉考古的，实际上就写的汉墓，也没写完，后来没交。我在考古待的时间很短，我是1954年毕业分配在考古专业里，到了1955年搞肃反，我们班上有一个同学叫王承诏，他被怀疑是胡风分子，他应该说是历史系最杰出的学生之一。历史系有两个学生很特殊，一个就是王承诏，还有一个是沈元，沈元后来是在北京市给枪毙的，王承诏后来就在三角地那个地方的五楼跳下来自杀的。我觉得这两个学生应该说是非常聪明、非常棒的学生，在历史系很少出这样的学生。他们死的时候才二十几岁，但他们已经写了很多的文章了。像王承诏临死的时候，他的一本小册子已经在上海印出来了。你们都不太了解，过去的左派太厉害了，当时的历史系竟然下令对出版社说，这个人政治上有问题，他的东西不能出，后来全部销毁了。前两天我们有一个校友陈绍棣，也是搞秦汉考古的，他问我这个事情，我就跟他说，这个书没有了，找不着了，都毁掉了，只有北京图书馆有一本。他前两天去了，他说果然是有，这个书别的地方一本都没有，北大都没有，北大全给销毁了。王承祚是中国古代史基础课第一段的中国史（一）的助教，他死了以后，系里头就没有助教了。后来翦老跟邓先生一商量，说让吴荣曾去，所以我就离开了考古，到了中国古代史。

我在考古专业就当了一年的助教，第二年我就到历史系了，我跟考古就没关系了。现在几十年，我自称是业余考古学家。我后来的工作跟考古、文博单位，甚至北大考古专业没有关系了，一直在历史系，但是我对考古还是很有兴趣的，我很关注。大家说的考古四大刊物我一直在仔细地看着。甚至一直到现在，我有时候还在写有关考古的文章。我后来对钱币兴趣很大。

采访者：您刚才提到您在考古专业做了一年的助教，您当时是给哪个课做的助教？

吴荣曾：我毕业以后就做助教了。我做助教就是跟苏秉琦，他是开秦汉考古的，我就是辅导这个课，而且1952级这一班我是当班主任，就是张忠培、叶小燕这一班，我就当班主任，所以我跟他们的关系很熟。

1955年还是1956年，当时学校里面留学生班有一批捷克学生要去洛阳、西安参观，就让考古派一个青年教师一起去带队，我就跟他们一起去了。去过龙门。在西安住在西安宾馆，当时西安就这一个宾馆。

做了一年以后，我就离开了，就到历史系了，从此以后再跟考古专业没关系了。所以我就做业余的，我就凭着兴趣，作为我的业余爱好，我还写文章，我还搞研究。所以我是比较特殊的。

采访者：苏公后来提出区系类型学说，在五六十年代的时候能不能看出他有这个思想的萌芽？

吴荣曾：那个时候没有。那个时候他的底子和老本是什么呢？就是斗鸡台。他解放前挖了斗鸡台，他对新石器跟秦汉考古的底子就是斗鸡台。

采访者：您班的同学，现在在考古界都是非常有成就的学者，您能回忆一下他们的情况么？

吴荣曾：那个时候我的同班同学里面，我以前讲过，有博物馆专修科的，这几个同学，他们一天到晚就研究博物馆。研究博物馆，光研究陈列这些东西没什么太多需要研究，他们还研究一些陈列的内容，所以像俞伟超、刘观民、郑振香，他们在博物馆倒是读了不少书。说实在的，中国的考古学还是近年来我们发展起来的。过去我们那个时候看考古的书，很多书都没有中文，只有日文的，只有日本人做过工作。所以像《支那古铜精华》那个大部的铜器都是日本人印的，还有像日本有名的梅原末治他写了好几本书，这都是日本人搞的，中国人没有搞，他有铜镜断代的书，中国人没有人研究，日本人走在前面了。俞伟超在博物馆专修科，因为他的条件比较好，当时有一个开架的阅览室，日文书全都放那儿，所以他看得比较多。我觉得他对这方面是很不错的，他的修养非常好，他懂的东西很多，我也很佩服。他懂瓷器，懂刺绣，懂剔红，这个同学是很了不起的。

还有郑振香，郑振香搞商周考古也是很有成就的。在女同学当中是很少见的，能够那么刻苦努力。

还有陈慧，连我们同学都不太了解，为什么？陈慧这个人他耳朵基本上听不见，我也不知道他上课怎么听课的，反正他勉强还能听懂的。

李仰松是搞新石器的。

还有一些学考古方面的同学，像杨建芳，我觉得他学新石器时代学得不错的。50年代，新石器时代考古在中国不像现在这样有很多搞得有成就的，那个时候没有，那个时候考古所的安志敏算是不错的，他对新石器时代有发言权。后来杨建芳在研究安徽新石器，研究龙山文化，他研究得不错。之后他到四川大学去了，后来他不愿意待了，所以就跑到香港去了。他后来也挺有意思的，他搞成玉器专家了，把新石器丢掉了，现在研究得也不错，在台湾很有名气。他研究是从金石学这个角度，当然他也是跨了考古来研究古代玉器。

还有就是黄展岳，黄展岳是非常努力的人，他一直对秦汉考古感兴趣，特别是资料方面他很注意收集，所以他搞得是很不错的。

还有一个林寿晋，这个林寿晋也是一个怪人，他本来也不是搞考古的，他是学魏晋历史的，他帮着翦老写过魏晋史史稿的一部分，但是他后来不知道什么原因也学了考古了。他也写过两本书，也去研究过三门峡虢国墓的武器，六十多岁就去世了。

采访者：刘观民先生跟您是同班同学，他学生时代是什么样的呢？

吴荣曾：刘观民是我们的同学，也是我的好朋友。他跟俞伟超是很要好的，我们都是很要好的朋友。为什么要好呢？就是有一点大家共同对业务的爱好，成为联系我们三个人的纽带。刘观民的研究也很细致，他成果较少，所以一般人就不太知道他。他对考古的兴趣是非常好的。

采访者：您对哪些同学的印象比较深？能不能具体讲讲他们的事情？

吴荣曾：那就是俞伟超。因为我跟俞伟超，我们两个很多观点是一致的，我们的兴趣也比较一致。他搞秦汉考古，我也是搞秦汉考古的，所以我们就很谈得到一起。那个时候，关于农村公社的问题，当时我们要学社会发展史，讲五种生产方式，争论就很多。有"五朵金花"的说法，指当时研究历史的五个大题目，里面就有一个古史分期的问题：古代到底是封建社会还是奴隶社会，还是什么。那个时候我们的主张就是早期奴隶社会，实际上它是一种农村公社制。我为什么比较倾向于这个观点呢，我是受我大师兄的影响，他也是张先生的学生，叫田昌五。这个人过去很有名的，他是历史所的，后来又到山东大学去兼课，再后来不久就去世了。他就是主张这个，我当时研究了半天还是摸不清楚，后来大师兄就告诉我，中国古代也不是奴隶社会，也不是封建社会，就是农村公社式的。我一听就恍然大悟，我觉得他讲得对。俞伟超也是倾向于这个观点，我跟他们两个的观点一致。当时主张战国封建论的最多，但是我跟俞伟超反对，我们就坚决不同意，我们说战国根本不是封建社会，战国时期那是很早的中国，欧洲封建社会是公元5世纪到7世纪，中国人哪有这么早就进入封建社会，我们是不同意的。所以我跟俞伟超这个观点比较的一致，都是魏晋封建论。当时人大有一个尚钺，他也是主张魏晋封建论，因为当时是这样子，人大一派的都是主张中国进入封建社会是魏晋时期，不是西周，也不是战国。我们跟他们的意见比较接近，但是我们的看法又是哪儿来的？就是我的老师张政烺，张先生是主张这种看法的。田昌五是张先生的弟子，他从张先生那儿得到这种启发，后来他也主张这个，所以他也影响了我，我也就主张这个。

采访者：毕业以后，您有一段时间是待在内蒙古的？

吴荣曾：对。我是从1958年以后在那儿，因为内蒙古跟北大要人，那时历史系没有办法，就放出一批教师上内蒙古去了，我就是那时去的。

采访者：您当时在那儿一共待了几年呢？

吴荣曾：待了十几年，我是1974年、1975年才回来的。

采访者：1958年正"大跃进"，紧接着又是三年困难时期，当时内蒙古那边的条件怎么样？会不会很苦？

吴荣曾：挺苦的，还好。内蒙古这个地方因为比较落后，但落后也有落后的好处，它比河南、山东那些地方好得多。为什么呢？因为在内蒙古"左"的政策贯彻得不如那些地方，那些地方因为文化高，干部的管理能力也强，所以把老百姓压得苦不堪言。内蒙古那个地方还比较好，还比较宽一点，所以有一些东西还能知道，不像那些地方。它那个地方也没有浮肿，那个时候浮肿很厉害的，因为大家没有东西吃，腿都是肿的，更厉害的就是饿死人，当时河南、四川饿死好多人，内蒙古没有。所以我觉得我那也是算碰上运气吧，到落后的地方也有落后的好处。

采访者：您写过一篇调查简报《内蒙古呼和浩特东郊塔布秃村汉城遗址调查》，这次调查是什么时候的事情？

吴荣曾：这个大概是1961、1962年。

采访者：当时为什么要去调查汉城？

吴荣曾：我到了内蒙古以后，因为我对考古的兴趣换几个地方也不会受影响，所以那个时候在内蒙古也没什么别的事，就知道呼和浩特附近有很多汉代的大坟。那个村子蒙语叫塔布秃罗亥，汉语的意思就是五个大堆子，你远远地看到五个大土堆，一看我们就懂了，这些就是汉墓的大封土，估计就是当时西汉那些戍边的将领死了以后的坟墓，所以我到那儿去作调查。我头一年去的时候是学生的家长提供的信息，说那个地方有一个汉城，那里面的瓦片多极了。后来我就带着学生去过一次，后来我就自己去。那个时候挺有意思的，我什么也没有，就骑了一个自行车。土堆子离内蒙古大学大概有二十里路，星期天我就骑着自行车，带着几个干馒头，别的东西没有，照相机就是普通的照相机，向学校借了一个皮尺，带了一支铅笔，带了一个本子，我就去了。

到那儿去调查，我就发现城分两圈，内城里面全是砖瓦片。内蒙古和内地不一样，像河南省它不可能地下有那么多的砖瓦片，假定说汉朝有这么多的砖瓦片，经过唐宋元明清老百姓早就把它都清理光了，内蒙古因为可能长时期也没人住，所以那里面还是乱七八糟的，全是砖瓦，你要找汉瓦、汉砖，那材料是很多的了，上面甚至还有带戳印的，我觉得这个挺好。因为当时什么工具也没有，我就步测了一下，外面的城圈有多少步，里面的城圈有多少步,后来我就在《考古》上发表了一篇调查简报。

采访者:您在内蒙古那段时间主要是做哪方面的工作?

吴荣曾:我那时候很有意思,那个时候内蒙古大学是个新学校,它是1957年才成立的,心气儿不小,因为它的教师大部分都是北大去的。我们的同学,比我低的同学被拉去了不少,学校领导有一个心气儿:北大要怎么办,我们内蒙古也要怎么办,北大有一个考古专业,行,那我们内蒙古也办一个考古专业。至于条件如何那是不管的。

那个时候哪有人呢?就有我,还有一个现在在历史博物馆的李作智,现在在中国科学院古脊椎动物与古人类研究所的林圣龙,还有一个贾洲杰。我们四个人就成立了一个考古专业,我就当主任了。那个时候我们也出去调查,内蒙古新石器的遗址多得很,材料很丰富,过去知道的人也很少,所以那个时候大家就调查了一些新石器时代的彩陶。

有一次大概是1962年,考古所的刘观民跟徐光冀两个人到内蒙古,他们在内蒙古是专门到伊克昭盟黄河南面去调查,所以当时我们跟考古所算是合作吧,李作智也参加了调查,到伊盟走了好几天。后来因为考古专业办不下去,考古学生将来也没法分,所以过了几年考古专业就取消了。但是我们那时候成立专业还是费了一点劲的,例如我从北京琉璃厂买了很多古物,那个时候还好买,什么甲骨、陶文、铜镜、瓷器在琉璃厂花钱都能买到,而且价钱不像现在那么贵,那个时候很便宜,所以我买了好几箱古物到那儿。干考古专业,要照相、画图、测量,所以也买了这些东西:照相机、测量工具,甚至包括修补用的工具。

实际上等于是混了几年,后来到困难时期,大概形势也不好,大家心气儿也不行了,就算了,不办专业了,就结束了。考古专业大概办了三四年。

采访者:您在内蒙古一直待到70年代中期,不办考古专业后,您主要做些什么工作呢?

吴荣曾:后来就闹腾起来了。我起先到内蒙古以后,在北大还有任务,就是为翦老写《中国史纲要》,我是先秦史的执笔人,所以我经常回来,到北大来住着帮他写这个。到了"文革"一开始,聂元梓那张大字报一贴出来,我觉得在北大待不住了,赶快把东西收拾收拾,就回内蒙古了。到了内蒙古也一样,也是"文革",也在瞎闹。

我后来在内蒙古,我觉得也有好处。内蒙古不像北大,北大历史系把所有的教师都下放江西去劳动了。在内蒙古,因为它落后,政令推行起来不如北京、内地,所以我们也不下去,挺好的,就在学校里待着,我那时候就当名副其实的逍遥派。后来因为"四人帮"又要恢复历史研究,在"文革"初期停掉的《历史研究》《考古》《文物》慢慢要恢复,先是恢复《考古》《文物》,后来就恢复《历史研究》,那时我就到《历史研究》来当编辑了,后来就回到北大了。

采访者:在1958年您去内蒙古之前,您在历史系带课么?

吴荣曾:那时候我还不能带课,我那时候是助教,那个时候讲课的是教授,张政烺老先生讲课,那时候张广达也是助教。

采访者:您从内蒙古回北大之后,在历史系开课么?

吴荣曾：我一回来那个时候是邓广铭先生主持系务，我刚回来的时候，他就叫我来兼课，所以每一个星期我就讲战国史这门课。

采访者：1983年的时候，历史系原考古专业从历史系抽离出来，建立了之后的考古系，您怎么看考古与历史系分开这件事？

吴荣曾：对这个事情我有看法，从我心里来讲我是不愿意把它分开的。我的理由是什么？我觉得考古的学生在历史这个环境当中成长起来，比单独地成长起来要好。后来有很多实际的事件来证明这一点。当然分开了也有分开的好处，经费和各方面都是独立的，它不是历史系的附庸了。但不好的是什么？就是脱离了历史，离开了历史系的业务，离开了历史系培养文科学生的方法，这个我觉得考古是比较吃亏的。最早的时候我发现，我们考古专业毕业的学生出去以后，一般的笔头都不错，写都写得挺好的，为什么？因为他在历史系受过历史的训练，另一方面也比较注重写作。最近几年我一直参加考古的博士生的论文答辩，有一次答辩的时候，孙华把一个学生的报告拿过来看，都是搞秦汉魏晋的，孙华说"你这个钱币这方面好像注意得不够"，因为钱币是断代很重要的一个依据了。你猜那个学生怎么回答的？他心安理得地说，这个属于边缘科学的问题。他就认为考古我就懂考古学就行了，钱币学的、古文字的那都属于边缘。我一直对这个事情印象很深，我就觉得现在这样学考古不行，懂的东西太少，那不行。因为考古这个学科很复杂，它跟历史还不太一样，它是文科、理科混合性质的，又要会点技术，会点照相、测量、绘图、修补之类的，得对自然科学懂一些。

有一点很重要的是什么呢？中国是古代的文化遗产资源非常丰富的一个国家，它跟很多外国不一样。最近两年美国人有一种说法，就说考古不要跟历史牵扯在一起，这个对中国也有一些影响。但是中国有一些人是反对的，因为具体的情况不一样，美国才多少年历史，中国几千年的历史，中国的文献材料浩如烟海，你不懂不行。不管是秦汉考古，还是唐宋元明清考古，你都得要懂很多历史、文献知识才行。除了这个以外，考古还有其他相关的，例如你对中国的书法应该多少有点懂，甚至对中国画也要懂一点。现在有一些晚的墓里面，元墓、辽墓、宋墓有时候墓里面出的壁画，还画的山水画、人物画，所以这些都要懂，就要求你的知识要丰富才行。钱币、印章、瓷器、铜器，你都要懂一点才行，否则你的考古就搞不好，你接触的东西是这么多的东西。当然更重要的是历史，经常我们要跟历史挂钩，要会读古书。

所以我就觉得分开以后有这个缺点，慢慢地就把原来多学科的考古专业变成了单独的考古了，我觉得这个对后来的成长，或者是对整个中国考古的发展会有一些影响的。

采访者：现在考古系单独出来后，对于我们这些学习考古的学生来说，应该怎样加强历史方面的学习？

吴荣曾：我觉得应该加强，刚才讲美国人说的那个，我们绝对不能受它的影响，我们必须得结合历史。不结合历史，实际上这个古是没法考的，不管是做遗址也好，做墓葬也好，都得懂它的历史背景，不懂是不行的，所以需要在文献方面下些工夫。我们的校友们年纪比较大了，我们现在在外面有不少人做出的成就是很好的，跟这个都有关系，因为文献的功底很好，所以他写的文章、报告水平也高，这个是很重要的，光学一个考古是不行的。我们那个时候，几个同学经常聊天，那个时候俞伟超还在，我们害怕、反对考古人变成挖古人。你就知道到地里面去挖，挖了之后把东西拿上来，这叫考古？这不叫考古。你必须要去分析地下挖出来的现象，例如遗址的现象，墓里面发现什么古代历史的现象，你要钻研那些东西。光把东西挖出来这不叫考古，叫挖古，那时候开玩笑说我们是反对挖古的。但现在这个趋势好像多少有点，就像我刚才举例讲的，那位博士生回答钱币是边缘科学，他把这些东西分得很清楚，好像我挖就行了，那些东西，钱币学就钱币学家去搞，古文字学就古文字学家去搞，这个不行。我们需要懂很多东西，我读考古专业就这个体会，因为我们的老师都是这样的。

那个时候考古最主要的两个老师就是阎文儒跟宿白，他们一直在北大的文科研究所，他们那个时候没有考古系，就受前人的影响，对古文字、古文献非常重视，像宿先生、阎先生对文献都很熟。所以整个来说，当时的考古受他们的影响，一直对文献、其他知识都很重视，形成了一个传统。

最近几年我觉得考古好像多少有点变味了，例如最近若干年考古答辩的论文我就发现，就是刚才讲的，其他的东西他都不去研究，好几篇论文给我的印象都是在研究墓形、形状，其实这个东西意义不是太大。为什么？因为墓形不能说明历史问题，历史上它是一个太平盛世，或者它是一个乱世，墓形反映不出来，老百姓的生活好不好、文化高低也反映不出来，都反映不出来的。有的时候墓形它有很大的随意性，有的墓主人喜欢在旁边多开几个小的耳室，这个无所谓的，它也没有制度的规定。所以我就觉得抠这个没什么意思，抠了半天对断代可能有点帮助，但其他帮助不是太大。像这类的，你不一定去钻研它了，最好去钻研其他更有意义的现象。

采访者：历史系的学生，他们有的时候做研究需要用到考古材料，考古系与历史系的分离，对于历史系的学生用考古材料有没有什么影响？

吴荣曾：这个没有影响的。

采访者：您在研究先秦史、秦汉史的时候，之前的这些考古的经历对您的研究有没有什么作用？

吴荣曾：这对我来说最重要了。因为清朝人提倡"金石证史"，就是用铜器铭文，用石刻和碑刻证明文献的史书的记载，金石证史是非常好的传统，也是我们中国人才有的，这个外国没有。我们搞历史的，像一些有名的清代学者，钱大昕等，他们都是走这个路子的，他们觉得金石很重要，很能说明问题。所以我从做学生的时候起，就坚持这样一个理念。

到现在为止，我还是希望把考古和文献拉紧，或者是跟文字拉紧。例如说我现在对古钱研究也是这样的，我拼命要把考古发掘的材料跟传统的古钱学研究结合起来。因为是这样的，这两个学问它是各自分头发展的，它们有时候有关系，有时候没关系。例如说有的搞钱币的人他就不太注意考古，比如说讲地层的问题，不懂考古的他对地层好像认为没什么关系，其实我们知道考古的地层有多重要，判断年代早晚就靠它。我这些年来一直就致力于把考古跟文献或者历史的研究拉拢，这个成了我的治学的一个大的方向，我这几年一直是这样。我发表的文章大部分都是利用考古材料，而且利用考古材料后能有很多的突破。

例如说我前几年写过一篇文章讲镇墓文，在我以前没有人注意过，名称也是我定出来的。现在大家都讲了，汉墓里面有带镇墓文的陶器，在这个以前没有的。我是上世纪80年代写的文章，我觉得我这个很有收获。为什么？我发现从镇墓文里面就可以看出汉朝的巫。巫在中国其他的民族中也一样，在古老的文化里面都有巫的文化。当然到了后来，进入阶级社会以后慢慢地就比较淡化了。我觉得在汉朝，从汉墓里面发现镇墓文，实际上干这些活的人都是汉朝的巫。这个里面也有很多特点，一个特点是崇拜黄颜色，这就是古代的黄老的那个黄，中国古人道家里面非常重视黄帝这个角色，所以他们也崇拜黄的颜色。我于是看出来，搞镇墓文的这些人实际上都是汉朝的一些巫。后来发展到了魏晋，这部分文化被道教吸取了，我就提出一个很重要的观点，我说中国的道教是从中国原始巫的迷信慢慢发展来的，当然还有其他的来源了，但主要是这个。所以这个在当时来说，很多人就觉得我这个提法是对的。我碰到台湾的邢义田，我跟他讨论我文章的问题，他说在台湾搞这些的人他们都知道你这个观点。

我这个成果来自于考古。因为搞历史的人他不注意这个东西，他们不大读考古报告，他哪知道陶罐上还写了这么多文字。我是比较注意的，因为我是搞考古的。我在洛阳的时候，蒋若是也在启发我，他在洛阳就发现了好几个在上面写字的陶罐，当然那个时候没什么研究，但后来我就一直注意这个很重要的材料，我一直研究了很多年，后来才写出了一篇文章。我就证明我通过考古的材料来推进历史研究的发展，这是很重要的。当然其他方面也有，如我研究钱币的时间也很长了，我多少年了一直到现在还在研究。

前几年北京市发起一个学术活动，要探讨一下大葆台汉墓。大葆台是北京最有名的一个木椁墓，这个木椁墓主人是汉朝的诸侯王。研究诸侯王有一个好处，研究起来方便，因为《汉书》里面都给他们排列了谱系，谁是谁的儿子，谁是谁的孙子都有，哪一年都有，这对我们搞考古的人来说很方便，可以根据《汉书》的记载知道他是什么时候的。光凭这个汉墓材料来断定那是很困难的，你不知道它是哪一年的。像最近江苏一带楚王墓发现得很多，楚王墓它有一个好处是什么？楚王在《汉书》上都有年代，他是哪一年做王的，哪一年死的都有。但是到了地底下，我们现在来给它对号入座很困难，因为你不知道到底是哪一个王合适。

北京大葆台就是这样子，《汉书》上广阳王几代的名字都有，但问题是到底是什么时代，早的话应该是哪些王，晚的又是哪些王，他们就不太研究这些东西，就根据《汉书》。而且搞考古的人还有一些传统的毛病：凡是我挖的东西就是最重要的；我挖的东西一定是时间上最早的。有这两种错误的指导思想。北京市就把大葆台汉墓列为属于汉宣帝或者汉元帝时代的广阳王的墓。后来我研究了半天，我觉得这个不对，它的器物不是这个时候的，器物要比他们提出的年代晚。按照《汉书》记载，广阳王最晚是到王莽的时候才取消了，它的年代可以晚到王莽前后。我就根据墓里面的东西：第一个是钱币，出现的是磨郭钱，就是没边的五铢钱，这个是晚的；第二，在镜子上，我发现它是四螭纹镜，本来早的就是四个蟠螭纹，晚的它很奇怪，现在我都弄不清楚，当然别人也没办法，晚的它旁边出现一些小的老虎头，这个不知道为什么，但都是在晚的墓里面才出这种镜子，早的没有。我就说钱币和镜子的年代绝对是晚的，跟王莽差不多，所以我觉得它的墓主是广阳王里面最晚的一代或者是倒数第二代。

还有前几年，关于甘肃雷台汉墓的问题，这个问题我也是从钱币的角度来研究的，我一检查发现不对，墓里钱币乱七八糟的，大的小的都有。五铢钱变成大小不等的，这是魏晋时期才有的现象，东汉没有，东汉是很严格的，币制很规整，它不会出现这个形象，它一定是到魏晋这个时候。所以这样我就说，雷台它不应该是一个汉墓，它实际上是一个晋墓。后来我碰到了甘肃的何双全，我跟他一谈，我们两个的意见完全一致。他就跟我说，河西的汉墓，像雷台那个墓规模那么大的，一定是晚的。他说道理很简单，但是非常有力，他说在东汉时期甘肃那个地方太远了，离开中原那么远，有钱人没有人到那个地方去。到了魏晋大乱的时候，中原这些人到处避难，就跟抗日战争时期一样，不少人就搬到西面去，也有搬到广东、南方的，因为中原待不住了，太危险了。他说这个都是比较晚的，早的不可能有。他后来还举例，说砖墓的墙上还有烛台，就是鼓出来一点可以放一个灯的那个，他说这都是晋墓的特点，汉墓没有。我后来就从钱币和镜子的角度，说明雷台不是汉墓，雷台应该是晋墓。当时孙机非常关心这个问题，因为他也是研究这个的，他对雷台汉墓早就怀疑，认为不能叫它汉墓，一定是比较晚的墓。后来他就支持我，他知道我写这个文章就鼓励我，他说你赶快把这个文章发出来。他在历史博物馆，所以他就让我送到历史博物馆的馆刊上，他们就发表了。当然现在在学术界也有一些人反对，说这个就是汉墓，不是晚的，他们应该是受传统思想的影响，但提不出什么证据。你说它是汉墓，出的器物没有哪一个是早的。而且到魏晋墓里面出的杂牌的钱币，这个是最大的一个标志，一定是晚的。东汉时期墓里面的钱比较整齐，不会出那些乱七八糟的钱。魏晋的经济很不稳定的，所以钱币才会这样的乱。

采访者：您在以往的研究中有没有遇到这种情况，就是考古发掘出来的东西跟文献记载不一致。遇到这种情况的时候您怎么处理的？

吴荣曾：那我还是相信实物。

采访者：您曾经对周代的农村组织结构有专门的研究，而且对农村社会和农民、农具都比较关注，您为何会关注这方面的问题？在这方面的研究是怎样开始的？

吴荣曾：我们那时跟你们现在不一样，那个时候一般还要学社会发展史，中国历史的所谓分期问题就出来了。西周到底是什么社会？是封建社会？还是奴隶制社会？还是其他的？当时官方的观点就认为西周是封建社会。但是后来官方说法也改变了，觉得西周太早了，说它是封建社会不对，所以就变成战国封建社会了。但是我们觉得战国封建也不对，如果那个时候就出现封建社会，中国的封建比欧洲早了七八百年了。欧洲很晚了，五世纪到七八世纪西欧才进入真正的封建社会，中国不可能比它早的。当然也可能早，那也要有条件，有生产力各方面的，但是中国又跟西欧差不多，怎么可能早，所以我们那个时候坚决反对战国封建论。

当时主要是我的老师张政烺先生说它不是封建社会，不仅西周不是，战国也不是。那封建社会一直到什么时候开始？就是所谓的魏晋封建论，我们认为是到魏晋那个时候中国才进入封建社会。这个说法，实际上在解放前的几十年前，社会史论战的时候已经有很多人提出来了，说中国人早先都是奴隶制社会，不是封建社会。但到了解放后又成了一个政治问题了，你要说这个不是封建社会而是奴隶社会，那很容易就给你学术上扣一个帽子了，说你这个是托派理论或者是其他的反马克思主义理论。但是，我的老师张先生还有认识的一些朋友，最重要的同盟军是中国人民大学，因为人民大学过去尚钺在主持中国史研究室的时候，尚钺本人就是一个魏晋封建论者，他本人是一个马列主义学者了，他马列主义的修养是不错的，他就坚决反对战国封建论。所以这个在北大，我的老师，我的同学像俞伟超也是主张这个的，我们都是主张魏晋封建论的，我们一直在努力做这方面的工作。

当时人大有一个叫郑昌淦，现在已经不在了。人大是这样的，它是清一色的，不仅尚钺主张魏晋封建论，他底下那些弟子们都是这样的，没有人说战国是封建的，都不同意郭老这个说法。当时我们就曾经联合过，郑昌淦知道我是这个观点，俞伟超是这个观点，还有我们当时的中文系的裘锡圭也是倾向于这个观点的，所以我们大家拉在一起，我们曾经有好几次在郑昌淦家里开会。当时有人民出版社的一个编辑，我们准备要出本书，就是讲中国社会的问题。到了后来这个事情没成功，但是总的来讲我们是坚定地觉得到魏晋才进入封建社会，因为我们有很多重要的材料。大家学过通史会知道，在魏晋时候除了奴隶以外还有客，客是比奴隶身份高的，但是他比自由民又身份低，这种人才是封建身份的人。这个我们认为是有充分证据的，所以我们是走这个路子。

但是到了改革开放以后，好像从上面一直到学界大家对这个问题都不太重视、不太注意了，兴趣也不在这里，不大谈了。最近这一两年的有关文章没有了，很少了。

采访者：在周代的农村组织结构研究中，您是怎么看待这种公社制度的？这一研究是否受到了恩格斯《家庭、私有制和国家的起源》的影响？

吴荣曾：对，我们那个时候熟读这个书啊，我那个书都翻烂了，我们下工夫下得可多了，就是在这个里面。还有就是摩尔根的《古代社会》，那也是跟古代的社会有关系的，所以我们也读这个书。

采访者：您曾经写过关于汉代壁画的文章，比如关于和林格尔壁画墓的一些文章，您觉得从历史学、考古学、美术史的角度对于汉画的研究，在方法上有什么差异？

吴荣曾：有差异。因为我们不是研究美术的，我们主要还是研究历史的。汉画当然它也代表着美术绘画的发展了，例如说中国的山水画，最早应该说在汉画里面已经看到它的萌芽了，山水画、人物画都有，但是还很不够，到了魏晋以后才有更大的发展，后来就变成了唐宋的山水画和人物画。

我跟很多人都常常讲，和林的壁画也是很有意思的，和林的壁画大概是在"文革"快要结束时，为当地老乡所发现，以后内蒙古文物队他们就派了几个人去，我就跟着一起去，还有内蒙古大学的一个副校长，我们就说大家去看看新鲜，就一起去了。去了之后我是存心要好好做研究的，我就带了一个小的照相机，还带着我的工具、放大镜什么的。他们去参观了以后，很快就坐车回呼和浩特了，我就在那个地方一直待了三四天。我跟内蒙古文物队叫张钰的，我们都是熟人，都是老朋友。当时跟现在不太一样，现在文物政策很严格，发掘出来的东西，一般外人不能去参与，不能去看，随便照相那更不行。后来我在《文物》上还发表这个文章了，当时文物出版社也好，内蒙古文物队也好，他们都没有什么意见，觉得你既然写出来了那你就发表吧。

这是我考古生涯中一篇比较带有田野色彩的调查文章，这个文章里面我发现了很多问题。例如说我就发现，这里反映出东汉庄园经济的问题，这个在文字上有记载，但实物没有，我就觉得从壁画到汉画像石都有。因为当时的社会经济就是发展到这个程度，一定就会反映在绘画里面，所以我觉得这个材料是非常好的，能说明当时的社会问题，像庄园、大土地所有制，西汉还没有，到东汉最发达，这是一个。其他还有一些问题我觉得挺有意思，有个挺有意思的问题是，汉画里面有很多人物画像，人物旁边都有榜题，说明这个人是谁，那个人是谁，有孔子的弟子，子游、子路等，它里面还有一个孔子，那个孔子引起了我很大的兴趣。他画的孔子，脸好像瘦瘦的，他的胡子是小胡子，就跟东汉人的一样。这里有个什么问题？现在画孔子都画成了大络腮胡子，那个不对，那个都是外国人，中国人压根就没有。有一次我在日本碰到台湾的杜正胜，我就跟他说这个孔子的画法绝对是错误的，为什么？那是受什么影响呢？那是受唐朝《历代帝王图》的影响。《历代帝王图》是在隋唐时期，那个时候中国文化就是一个胡化。胡化是什么？当时受胡人的影响很大，所以把人都画成跟胡人一样的，都是大络腮胡子，隋炀帝等人都是大胡子，唐朝人画孔子像也是这样。我说我们现在画不应该画大胡子，因为中国人当时不会有大胡子的，我们这个民族的体质、特点决定不会有的，这都是西域人、西方人有的，这都是受唐朝的影响。我觉得地下的汉代材料就是这样，能说明很多重要的历史问题。

采访者：您曾研究过西汉宫殿和官署的瓦当，您觉得瓦当研究的重要性是怎样的？从瓦当上能发现什么样的问题？

吴荣曾：瓦当跟历史有关系。地下的实物跟历史都有关系，但是有远近的区别。有的很远，关系就不是太大了，有的关系很密切。瓦当相对来说跟历史的关系还比较小，因为那些吉语如"长乐未央"、"千秋万岁"，这些东西它不大能说明什么历史问题。但是它也有极个别的是比较好的，能够说明历史问题，有一些砖瓦有时候更有重要的一面。

我最近要写一篇文章，就是从战国到西汉，在今天的西面，我还不知道在什么地方，有一个武都城，这个城是战国到西汉的城，在今天中国的什么地方？这个就考倒了不少研究历史地理的人，他们都不知道。为什么？这个道理很简单，中国的文献里我们知道这个县是战国时候的什么县，汉朝的什么县，因为它有沿革，例如说战国这个城到了西汉叫什么城，到了魏晋又叫什么城，史书上有前后的联系，我们一查就查出来了。今天的什么县，我们查一查县志就知道了。

但是内蒙古这个地方有一个特殊的情况是什么呢？它中间的历史有一个断层，而且这个断层的时间还很长。也就是说，它根本不属于中原管辖，用现在的话说它荒废了，它没有人住，也没有人去管它。就这样没有人去记载它了，所以大家就不知道了。汉朝的一个城到了魏晋的时候也没有了，那么到了明清是什么呢？大家更不知道，它没有衔接的资料了。我就是根据考古所去伊盟的调查，他们到了伊盟的时候，伊盟靠陕北是很近的，他们就越界了。他们因为路近，就在现在陕西的府谷县，就是黄河的西边，他们也去调查，就发现有一座汉城。他们捡到了什么东西呢？有很多的东西，瓦砾、瓦片、砖头很多，他们捡到一个半两钱的钱范残片，还有一个更重要的东西就是一个瓦片，一个残的板瓦，上面有"武都"两字。这个发现太重要了，因为这个大瓦片它一定是在这个地方的官府所用的，所以才写这个的。所以我就说这就找到了西汉的武都，就在今天的府谷县。

现在我们一看，一翻书，关于汉武都的位置，清朝学者和现在的学者有七八种说法，没有一个说对的。历史地图把武都定在哪儿呢？内蒙古伊克昭盟现在改名叫鄂尔多斯市，就在鄂尔多斯市的黄河南面，这离今天的陕西还挺远的。所以我觉得地下的材料太重要了，砖瓦对于研究地名非常重要。因为砖瓦你没法改的，历史学家或者史学家写的记载可以有不同的传闻之误，砖瓦写的字就埋在地下，这是不可能有假的，它也不会搬家。类似的还有很多，像四川出的那个资中城砖，上面也有字，那就说明那儿古代就是汉朝的资中。所以我觉得砖瓦是很有意思的，能够解决地理上的问题，这个太重要了。过去人费了多大的力，翻文献、翻书都找不到武都到底在什么地方，包括像历史地图它都说不清，各家说的地方完全不对。

采访者：您怎么看神话传说呢？很多神话传说经过很多人为的加工，我们怎样才能把它们里面有用的信息提取出来，然后用于解决问题呢？

吴荣曾：王国维说研究历史还要重视实物材料，实际上在解放前我们研究历史不光是文献，一方面最重要的是文献，一定要根据文献，第二要根据地下实物材料、金石材料，还有第三是什么呢？就是民族史。民族史古人当然没有，我们今天才有，从民国以来，很多学者就是用民族史来研究古代。因为民族不管古代也好现代也好，如果它的历史发展阶段差不多的话，它的很多历史现象都是一致的，所以你可以通过这个作为解决问题的一个线索。

例如说魏晋时期，当时的南方人认为，人类的祖先或者说中国人的祖先是盘古，那是一只狗。这个说明什么？说明它是狗图腾，这个一直到我们今天，南方的瑶族的祖先就是狗，所以他们在祭祀祖先的时候都是供一个狗王，狗王是他们的祖先。我们类推，这个情况很多了，特别重要的就像鸟图腾，这个在中国很多。特别是东北民族，从山东一直到东北辽宁这一带，古代大量的鸟图腾民族在里面。所以你一看他崇拜鸟，你就知道他大约是什么民族了。

我就随便举一个例子，《史记》的赵世家，就讲赵的祖先是一只大鸟，嘴巴尖尖的。通过这个我们就知道，赵按它的历史记载来说是嬴姓，赵跟秦是同族，而这个嬴姓的鸟图腾它是从东方搬去的，它原来不在那个地方，原来应该是在今山东这一带的，后来它因为别的原因搬过去了。秦的祖先和赵的祖先都是从东方搬去的，所以他们都是鸟的后代。我现在还在研究关于殷商起源的问题，我一直在琢磨，殷商的起源，过去按照王国维的说法，商就是商亳，那就是在河南、山东交界的地方，那是商的起源，但是我经过多少年的研究，一直认为商的老家不是在这个地方，它的老家应该是在今天的河北的北部或者东北，商在古代是一个东北民族。所以我就老喜欢说汤灭夏是中国历史上第一次一个北方民族入关的例子，因为它是一个东夷的民族，它进来就占据了中原，建立了商王国。商王国它的老祖宗是鸟，跟鸟图腾那些民族是一家的，跟周不是一回事。

采访者：您曾经给《中国大百科全书》历史卷、考古学卷、文物卷撰写过很多词条，当时的分工是怎样的？您负责撰写的是哪些方面的词条？

吴荣曾：一个是历史卷，我就写的有特长条。它分几种，一种是写很长的长条，一种是很小很短五百字的。我算了一下，我一共写了12万字，我写的相当多了，大百科全书历史卷、考古卷大概有一二百万字，可能我写的比较多。我写了两个特长条，是春秋、战国，一个长条是两万字。还有考古里面我也写了不少，考古、文物写关于清代一些重要的金石学家的小传就写了不少。

采访者：在古代铭刻、考古材料和文献记载的综合研究方面，您的造诣非常高，您认为古代铭刻、考古材料还有文献记载在综合研究中分别起着什么作用？

吴荣曾：这个就是我说的我们中国的传统，我们中国人的传统本事，所谓金石证史，用金石来证明历史，这是我们中国人很重要的一个古老的传统。金石证史实际上在王国维以前就有了。

采访者：您以前也做过一些关于封泥、印玺的研究，您能谈谈这方面的发现和研究方法吗？

吴荣曾：研究方法其实比较简单，因为传世的封泥不是太多，出土的也很少。用封泥研究什么？主要是研究官制，官制在政治制度中是非常重要的。印章也是这样，在汉墓里面，例如楚王墓里面也出了很多地方县一级的印章，就知道它属于哪些郡县里面的。

采访者：您从事的研究包括很多方面，您自己最看重、觉得最自豪的是哪方面的研究？

吴荣曾：最自豪的是我觉得，我的文章都是尽量把文献跟地下材料结合起来，而且能够得出一些比较重要的结论，因为这个能突破文献的记载。有时候文献记载是不足的，通过地下材料来把它拓宽或者是证明，这个很重要。

采访者：您在钱币研究上有非常高的成就，可以给我们这些学生传授一下您的研究方法和体会吗？

吴荣曾：其实我的研究方法也是根据中国的金石学家和古钱学家的路子，但是我把它再向前发展了一下，是这样一个办法。所以我希望现在研究古钱的人必须要注意前人的成就。现在我们研究学问就跟接力赛跑一样，你接了前面的棒，你就得交给下面的人，你得一棒一棒来，不能跳跃，跳跃是不可以的。我们现在研究也是这样的，我们现在要紧紧抓住民国时期的人、清朝人他们的研究成果，在他们的基础上再向前发展一步，这个就是我们今天能取得一些成就的重要原因。

采访者：经过这么多年的学习和研究工作，您一定对北大考古的各个方面有过反思。您觉得北大考古文博学院怎样发展会更好？您能给北大考古提些建议么？北大考古在发展的过程中应该注意哪些问题？

吴荣曾：考古这门学问，当然我参加田野考古的时间很短，我就在考古专业当了一年助教，我大部分的时间就是业余的。我自己凭着我的兴趣，看那些所谓的四大刊物，我有时候买不少的考古报告。这就是业余的，凭着我自己的一种兴趣来看。

我是觉得考古要求你要有多方面的知识，它跟学历史还不太一样，要用多方面的手段来达到你研究的目的。历史简单，光读书就行了，考古不行。历史毕业的学生到单位去工作，有书本就行了，考古不行，考古你得会很多的相关知识和相关技术，即使不是都会，至少你要懂。

例如当时的考古系有一个赵思训，他原来是历史系的学生，我知道他毕业论文写的是明朝的画家董其昌。但是他到了考古以后，我觉得这位先生在考古里面也是值得我们后人留念的一个人。他自己的钻研能力非常好，而且他的兴趣也很广泛，本来他跟照相没什么关系的，后来就让他在考古管照相、管暗室。当时文史楼是把一个厕所关了，变成考古的一个暗室。我也对这个很感兴趣，所以那个时候我就经常去。我知道赵思训的技术非常好，他在不断地发展，他本来只懂一般的照相，后来他真成了一个照相专家了。他懂照相机，冲洗的技术也懂。当时在 50 年代的时候，在外国彩色照片比较多了，中国压根没有，市场上没有彩色胶卷，也没有人会冲。但是他不知道从哪儿弄来的彩色胶卷，就开始照，照出来的效果跟现在大不一样，效果不好。他在暗室里面自己琢磨，自己冲洗，甚至照相机坏了他都能修理，我觉得他很了不起。

他照器物、照图表什么的，都有他的一些办法。他甚至还有很多发明。他有一个发明，我后来经常利用，就是什么呢？比如说这个书上的一个拓片，一个黑白的拓片，拓片你要把它复制你就要照相。但照相不太好照，一个是过去的照相机跟现在的数码不一样，它的焦距很短，它不可能照很小的东西，这是其一。其二，照出来的比例也不对，你还得调整。但他有一个最简便的办法，他就拿一张印相纸，把书上的拓片往印相纸上一扣，然后在灯光下感光，他不是把拓片的黑白完全印在底下那张相纸上，这个相纸你把它印出来以后，它跟原来的是相反的，把黑的变成白的，白的变成黑的。然后你再拿这个相纸再去印在相纸上，这样子就复原了。所以我以后经常用，他的方法太简单了，就拿书往相纸上一扣，一扣它就出来了，这个就很省事。否则的话照相很费事，你还要放大。我觉得它那个色彩也很好看,它就是黑白的,不像照相,照相有的时候出来的图有一个毛病,底子的颜色发深、发浅不一样。这个好,它就跟拓片一样。

还有一位,后来在考古也不太发挥作用了,叫徐立信,他原来年轻的时候是在琉璃厂里面当伙计,专长是拓碑。他专会拓墓志铭、石刻的。所以后来他在考古专业里开一个课,就是教学生拓碑、拓墓志铭,这也是一个很了不起的人,现在你要找还找不着。

还有一个老先生,叫容媛,她是有名的容庚的妹妹,一辈子就是单身。但是她的兴趣很好,因为受她哥哥的影响,她对金石学很感兴趣,所以她写了一本书《金石学书目》。她一直在考古就干这个,这个对我们考古也很有用,你要什么书找不到了,你就问她,她就知道有哪些版本。

还有一位先生叫孙贯文,他专研究碑刻,对碑刻非常熟,他就知道一个什么碑,有几种拓本,它有没有翻刻,他熟得不得了。他当时在50年代编过好几本北大藏的金石拓片的目录,这个是很有用的资料。有一次我从琉璃厂买了几张东汉的熹平石经的拓本,我回来还挺高兴的,这个也很少见,我就给他看。他看了之后就哈哈一笑,他说你这个全是翻刻的。他的水平是很高的,一看就看出来这个不是真的。

你看,当时考古专业有这几名有用的人才,有会照相的,有会专门拓片的,有石刻方面的,有熟悉考古书刊方面的和目录学这方面的,还有拓碑的,所以我觉得这些人对考古专业的建立起了很大的作用。

采访者:您对书画考古怎么看?您那个时候有徐邦达先生过来讲课,但是现在没有这方面的课程了,这个您怎么看?

吴荣曾:这个我是觉得很可惜了,中国的书画东西太多,材料多得很。我们不说汉画,就说卷轴画,就画在纸上或画在绢上的,从唐朝一直到宋元明清,这个在中国太多了。当然在我们考古来讲这是一个比较边缘的学科了。但是这个东西你最好要懂一点,为什么呢?我跟很多人讲过,学考古的往往将来工作就去地方的文物队或者是博物馆,那是非常有用的。经常老百姓有时候说,哪一个地方出土了什么东西,家里藏的东西他也拿来给你看,或者捐献给你,你要懂这个东西才行。

书画考古我们中国一直缺。虽然考古专业是设了这个课,但是这个后来一直发展得不是太好,因为这个东西它的难度太大了。当时在中国鉴定的一个是徐邦达,还有一个叫做张珩,这个人大概50年代末就去世了。这两个人应该说是鉴赏中国字画两个最好的好手、高手了。所以当时历史系开这个课,我觉得还是很有意义的,问题就是得不到发展,整个在文化界传的人很少很少。

还有相关的,跟考古也是带点关系的,也有点边缘,就是古建筑。像我们有条件是什么呢?宿白先生对这个很感兴趣,也很精通。我觉得这个也很好,因为中国的古建筑,特别是在山西,在北方这一带是很多的,所以需要人去研究它、保护它。可是这个方面我们也是缺门,没有什么人研究。宿先生当时就开这个课,虽然这门学问比较难,但是我觉得古建在考古中是很重要的,所以前两年我到山西长治,我还去看了一趟古建筑,我觉得这些古建筑还能非常好地保留到现在很不容易，但是现在保护得不太好，保管的问题很多，原因是人们不太重视这些东西。

采访者：我们现在开有必修课文物建筑导论。

吴荣曾：这个也好，有比没有好。宿先生那时候讲得很仔细，他自己画图。宿先生本事很大，他画建筑的图，当时所有的学生都没有办法跟宿先生去探讨的，唯一一个例外就是徐苹芳。徐苹芳他能够继承宿先生一点这方面的本事，他后来也不搞这个东西了。古建跟工科的关系太密切了，跟我们文科太远了，我们学不了。但是在考古学这方面，这又是很重要的一个内容，特别我到了山西长治转了几天，我感觉山西古建非常多，但是现在保存有不少问题。

就像我讲的龙门寺，你们很多同学都到那儿去调查了好几天。龙门寺是非常好的，那个庙不大，但是它有北宋的，有金的，有元的，就等于是一个小的建筑博物馆了，跑一个地方都可以看到，各种朝代的作品都摆在这儿了，那多好。但是它的管理很让人担忧。我上次去调查的时候，一看，很多工人都在那儿刷墙，找负责的人，竟然没有，就让工人在那儿搞。但是我回来以后，他们大概传到山西省上面去了，说是有人来看了，他以为我是奉北京文物部门之命来调查的，他们心虚啊，就跟我解释，他是从太原打来的长途电话，他是管那个文物的，这是他的失职。你说这么一个重要的古建，竟然让一批工人在那儿乱搞，竟然没有人负责，你怎么这么对待古建，所以他们很害怕，他害怕我到中央去告他的状。实际上我跟这个没关系，我就是爱好者，我去看一看而已。所以这就说明我们的保护很差，地方上不拿它当回事。

采访者：吴先生，我们特别希望您能给我们这些学考古的学生提一些要求和建议，您对我们有哪些期望？

吴荣曾：期望就是我刚才讲的，边缘科学这样的看法千万不能有，你老把考古看得好像就是挖，别的就不管了，这不行，跟你有关系的东西你应该都有所了解。当然你都专精是不可能的，一个人不可能什么都懂的，但是你得关心这个，或者是你要懂一点，或者你要关心一点，这个是必要的。所以我就讲，有一些基本的功夫你必须要掌握的，例如说现在画画，当然现在画画有专门画图的，有专门画陶器、画铜器的，但你自己也应该会一些。我就举宿白先生的例子，宿先生他在50年代初的时候就很注重素描，他甚至于跑到中央美术学院跟董希文学素描。我现在有时候看到宿先生的素描，如画的铜镜上面的人物，那画得非常好。我觉得对一般人都要像宿先生一样要求是不可能的。但是我觉得也应该要注意这个。因为很多人写报告，写研究，你还得自己画有些草图。

例如还有拓片，拓也很重要的，因为你经常碰到一些东西需要拓。现在一般都是单位专门有拓工来拓的，但是你自己也得会。有一些机会，你不拓的话有时候就错过这个机会，东西可能就找不到了。谁要是会拓的话，能把它保留下来，这个材料很重要。

还有照相，现在可能条件好了，我们那个时候条件很差，你下去以后自己不会照相，那很多机会都错过了，很多东西你看到了你不照，以后这个东西也没了，你也找不着了，所以必须要会照相。以前照相很难、很麻烦的。一直到前十年以前我都是买了一个理光的单镜头反光照相机,还买了一套接圈,把它那个镜头前面摘下来,把接圈放上去,它就是长焦距了,连邮票古钱什么都能照了,这就行了,否则小的东西你照不了的。所以像照相这些本领,你都应该会,你哪怕不是最熟悉的,你应该懂这个道理,这样的话你看报告,别人有的弄错了或者是弄不对的话,你懂得这个原理也是重要的。

还有最重要的就是,我一再说,中国是一个文化资源太丰富的国家,我们搞考古,文献方面一定要多懂一些,你应该要对有关的文献了解。你看秦汉考古,对《史记》《汉书》《后汉书》都要了解的,搞唐宋的你对后面的文献都要熟,这个很重要。你不读书是不行的,所以我们都是担心考古不要变成挖古了,只会去挖是不行的。

考古工作还要重视看陶片,特别是搞新石器时代考古的人,你不会辨别陶片是不行的,这也是个基本功。还有就是我讲的金石学的知识,这也是中国的传统,这个东西你一定得懂。比如说石刻,你发现了石刻的材料了,你到哪一本石刻书里面查,你发现了古钱,你到哪一本古钱书里面去查,铜器你到哪一本书里面查,你应该知道,有这方面的相关知识是很必要的。

采访者:先生,我们准备的问题就是这些,肯定有不全面或者不准确的地方,您看还有什么需要补充的?

吴荣曾:没有什么了,主要的就是我刚才一再讲的,我们对我们的传统学问不能丢。我觉得不光是我们考古的,说实在的例如说我们讲中国今天的突飞猛进的经济方面,我们一下子不得了,我们的外汇储备成世界第一了,这些得来也是不容易的,我觉得也跟传统有关系,因为中国人本来就是一个善于经商的民族,也善于工艺制作方面,所以我们有活字版发明,等等,这都不是偶然的,所以我们今天的发展跟这些都有关系。我们古代中国人就是脑子聪明,手又灵巧,所以能够创造这方面的财富。我们今天得来的成绩跟古代中国的成就都是息息相关、连在一起的,所以我们这些学考古的也是这样,你对中国古代的金石学、石刻、铜器这些古人的研究,你不能不懂,甚至古钱、字画你都应该懂一点。

我觉得现在能开建筑的课也不错,建筑也得懂一点,否则古画上画的房子你都不懂,不知道斗拱是哪一朝代的。建筑、石刻这些都应该懂一点的,这样考古才行。考古这门学科就要求你懂的比较杂才行,你单纯地光靠挖不行。我刚才讲的,现在有一些人,他就在研究墓形上下工夫,实际上这个用处不是太大了,墓形你能研究出什么,能够断代吗?或者研究出贫富吗?你都研究不出来,那种东西随意性很大的,它也没什么规律的。

采访时间:2011年8月24日下午,2011年9月7日上午
采访地点:北京吴荣曾先生寓所
采访者:余雯晶、李盈、金连玉
采访大纲撰写:余雯晶
整理者:余雯晶

记忆——

杨建芳

2012年1月11日杨建芳先生接受采访

简 介

杨建芳，男，教授。广东梅县人。1929年出生于泰国曼谷。出身华侨工商业主家庭。1938年回家乡读书。1948年毕业于广东省立梅州中学。1948.8—1949.6北京大学史系系肄业。1949.6—1950.7先后任职北京和广州公安部门。1950—1954年北京大学历史系考古专业本科毕业。1954.8—1956.10任职中国科学院考古研究所。1956.10—1961.3北京大学历史系考古专业研究生毕业。1961.3—1978.2任教四川大学历史系考古专业。1978.2定居香港。1978.5—1979.8任香港商务印书馆特约编辑（编写中国历史教科书）。1979.8—1996.8任香港中文大学中国文化研究所中国考古艺术研究中心研究员、署理研究中心主任，并在香港中文大学艺术系及澳门东亚大学文史系任教。1996年退休后在香港和台湾从事中国玉文化讲学，并任香港特区政府康乐文化署博物馆专家顾问。

考古田野工作：参加黄河水库陕县、灵宝调查，洛阳西周墓、二里岗遗址、长安普渡村西周墓、西安半坡遗址、华县泉护村遗址、湖北红花套遗址、江陵纪南城遗址等处发掘。

主要论著：《西安半坡》（合著），《华县泉护村》（合著），《安阳殷墟》，《中国古玉书目》，《中国出土古玉》（第一册），《玉器之美》，《中国古玉研究论文集》，《长江流域玉文化》，《古玉论文续集》（即将出版）等。

采访者：先生，您好像是归侨？

杨建芳：是。我是广东梅县人。广东、福建沿海有很多华侨，我们县差不多60%是华侨。我出生在泰国曼谷。

采访者：您是泰国的归侨。

杨建芳：对。我父亲到泰国是去打工的，因为在家乡生活没有出路。广东人多地少，很多人都往国外走，所以广东、福建的华侨特别多，这是历史的原因。我的伯叔父和我的父亲估计是民国初年时候去的，我没有详细问过他们。

后来我父亲在那里，一直到去世。我是在那里出生的，大概三岁的时候我曾回来过，到六岁又去了曼谷。我六岁开始在曼谷就读中国人的华文学校，包括幼稚园和小学。秋季读了半年的幼稚园，然后再读小学就变成春季入学了。

1938年上半年读小学四年级的时候，那时抗战爆发已经有一年了。华侨都很爱国，经常捐钱，捐物。那时泰国的军人政府排华，把所有中国人的学校全部封了，强迫中国人的小孩要到他们泰国人的学校去读书，就是不让读中国书。我父亲他们是很早去泰国的，他在家乡读过私塾，古文有一些底子。他觉得我们在那里出生，如果长期读泰国人的书，将来可能就变成"番仔"——本地人了。这种状况是他不愿意的，所以就把我和我哥哥送回国内念书。那时广州、汕头都沦陷了，交通不便，回去很困难。因此我还在香港住了一段时间。那时要通过一些三不管的地区，日本人不管，国民党不管，中共的游击队也不管，通过这个三不管的地区我们才回到家乡梅县。于是我和哥哥在那儿读小学和中学。

中学以后我怎么会考北大呢？这个事情说起来也有点传奇。我在中学的时候，对历史课很有兴趣。一个偶然的机会，我阅读了顾颉刚的《古史辨》第一册。其实当时也看不懂，但觉得古代的历史好像很神秘，很吸引人。刚好那时我们中学有一个校友，他是北大毕业的，他写了一本书，顾颉刚给他写了一篇序。这本书在我们县里也卖，是一本有关中国历史的书。我也买了一本来看，所以在我的心目中对北大有点印象。后来我又看了胡适的一些文章，我就觉得历史很有趣。不过现在看来，这些认识都是很肤浅的。1948年我就中学毕业了，毕业后我去上海去考大学。那一年我倒是很走运，一连考取了五间国立大学。

采访者：哪五间？

杨建芳：北大；当时的中央大学，就是现在的南京大学；还有当时的上海暨南大学；还有上海师范学院，现在华东师大的一个组成部分；还有一间我就记不清楚了，好像是复旦。

采访者：那是1948年是吗？

杨建芳：对，民国37年。那时北大录取我是历史系，中央大学也是考历史系，北大那个时候叫史学系。上海暨南大学和师范学院我是考英语系。当时录取的名单会先登报，然后再寄来通知。我就写信告诉我父亲我的考试情况。当时国内的形势是这样的，辽沈战役决战即将开始，林彪的队伍还没有进关。好像淮海战役也就要开始了，津浦铁路，就是从南京浦口到天津的铁路已不通。

采访者：那是1948年的几月份？

杨建芳：8月份。我写信告诉我父亲考取哪些学校，他要我读中央大学。因为中央大学在南京，南京当时还远离战争。我比较向往北大，没有听他的话，就参加了清华学生团。因为当时清华、北大、南开是一起招生的。清华大学有一批学生要北上，也是到北京，那时候是北平，所以我就跟他们一起坐海船，一直到天津塘沽港口，从那里再坐火车到北京。

1948年，那时我们住在国会街现在新华社的旧址。国会街是北洋政府开国会的地方，在宣武门那儿。我们住在那个地方读一年级。我现在还记得很清楚，当时张政烺先生给我们上中国古代史。

那时是冬天，他穿了一件皮袍，讲课的内容我还记得一点。那时我选的课程有古代史、哲学概论、政治学、大学英文、大学国文，还有一门化学，因为北大要求文科生也要学一门理科的课。后来没有多久，天津战役结束了，林彪的队伍马上就把北平包围了。

采访者：那已经到1月份了。

杨建芳：反正是冬天。那时候我比较积极，参加了学运。

采访者：您当时还参加地下党了？

杨建芳：没有。当时参加的是民主青年同盟，是地下党的外围组织，解放后转为共青团。不过说来话长，我在读中学时便帮地下党做过一些工作，所以也是一个不太安分的人。

采访者：您当时为什么不跟着三青团走，而是要跟共青团走？

杨建芳：我读高中一年级的时候，在学校外面租人家的房子住。跟我一起住的同学，他父亲赵一肩原来是十九路军的参谋长，是反蒋的。后来十九路军在福建搞福建事变失败以后，他父亲就到德国去了。后来回来了，在国民党那儿，职务还很高，当时是国民党国防部的一个厅长，是一个中将。他的儿子跟我住在一个房间里，他跟一些地下党有关系。广东梅县是农工民主党的一个重要据点，章伯钧的那个农工民主党有很多高干如黄琪翔，都是梅县人。他们抗战期间也回到家乡，所以这个姓赵的人就跟他们有来往。他们跟中共地下党也有来往。当年国民党的特务要抓邹韬奋，他就跑到我们县里，靠民主党派把他掩护起来。姓赵的同学经常带来一些香港出版的中共的刊物，如当时乔冠华在香港办的《华商报》，还有一些《群众》这一类出版物，有的是公开的，有的是不公开的。我们两个人在一个房间里，他也给我看，慢慢地我也就倾向于这边了，也跟着他帮地下党散传单。晚上人家的店门都关了，我们就跑去从门缝中塞入传单，这些事我都干过。后来，我还参加了中共梅县地下党的外围组织——梅县地下学联，在学校中开展地下学运活动。关于我这一段的经历，在我中学母校前年出版的一本书《北岗风云录》（记述中共梅县地下党斗争历史）中提到过，还附有我和当时战友们的照片。

在这种情况之下，没有跟着三青团就是因为这些事。后来联系我们的地下党学运负责人出事，被国民党抓去了。那个时候我已经到北大了，但是我们家乡还在通缉我，国民党要抓我。为了这件事，我父亲还从泰国写信来骂了我一通。

采访者：您父亲一直在泰国。

杨建芳：对，他一直在泰国，解放后他再也没有回来了。那个时候我已经在北大，也参加了地下党的一些外围活动。解放初，学校组织上要抽调一部分人去参加北京市的接收工作，我就被抽调出去了，到内二区，就是宣武区去搞接收工作。当时国民党一个区下面有很多保（基层政权单位），我们去是接收国民党政府的办事处和派出所。当时派的干部都是很强的。我们那个组长大概是一个营级干部。后来中央觉得基层政权单位重复，就把办事处（相当于现在的街道办事处）取消了，把办事处归入公安系统，所以我也就当了派出所的副所长，所长是老干部。当时陈希同跟我们在一起，他是北大中文系的学生，我们一起被抽调，一起分到内二区分局，我是副所长，他也是副所长。

采访者：您俩都有当片儿警的经历啊！

杨建芳：对，后来他被抽调去当北京市委书记刘仁的秘书，就这样一路当官上去的。我当派出所的副所长半年多时间。

采访者：当时您的学籍还保留着吗？

杨建芳：那个时候无所谓学籍了，学校也很乱。

采访者：您当时是学生的身份还是工作人员的身份？

杨建芳：工作人员的身份。

采访者：您就不是学生了？

杨建芳：对。

采访者：不念书了？

杨建芳：对，不念书了。后来解放战争的发展，速度之快，很多人都想象不到。那个时候已过了长江，中南区的湖南、湖北打下来了，往南要到广东去了。当时中央叫叶剑英南下主持广东的工作。那时候广东还没有解放，他要搞一个接收班子，就把军队和政府部门所有广东、广西籍的干部抽调出来。所以我在那个时候就被抽调到华南工作团，就是干部团。由叶剑英带着这个团下广东。我记得当时是先到江西的九江，再到南昌，再往南到广东的北部，最后进入广州。

采访者：那就回来路过老家了，到过梅县吗？

杨建芳：我没回过梅县。在这个时候我曾经一度要求改换我的工作，因为我对公安工作实在不感兴趣。组织上曾经把我编到新闻小组去，学习了一段时间。后来大概因为工作上的需要，又把我调回公安系统。解放军好像是洪学智的部队，打下广州大概是第二天或是第三天，我们干部团就进入广州，我被分配参加公安总局的接管工作。按照当时公安局的建制,局下面有处,处下面有科,科下边有股,所以我到那里去就让我负责审讯股。

采访者:审讯的?

杨建芳:对。当时不管什么犯人都归我们负责审讯。广州公安总局审讯股,除了我们南下干部,还有当地中山大学、岭南大学等校的学生参加我们的工作。中山大学学生就有四五位,还有其他大学的。另外还有一些留用人员。审讯股下边还有一个拘留所,由解放军的一个排长负责。我自己没有直接参加审讯,只负责审讯工作的审核、向科长汇报、兼顾拘留所工作及与法院打交道。审讯时有审讯员和提审员(负责警卫),他们审讯的记录由我来审核,看哪些有问题,或者哪些需要改进。这样搞了差不多一年。那个时候公安局有一个团总支,我还是团总支的组织委员。

采访者:您那个时候入党了吗?

杨建芳:没有。我如果要入党我早就入了。我在中学时,地下党学运负责人就曾向我提过入党的问题,但我没有接受。毕业时,他还动员我去参加闽粤赣边区的游击队。

采访者:去剿匪还是干吗?

杨建芳:跟国民党进行武装斗争。那里曾是一个比较大的老区,在福建西部,是邓子恢时候很早的根据地。红军主力北上以后,当地还留下一些红军在山区打游击。他们跟当时我们县的地下党有联系。地下党学运负责人就动员我入党。我坦白跟他讲,我说我绝对服从我做不到,铁的纪律我也不可能接受。我说我要经过自己的判断以后,我能接受的我就接受,我不能接受的我不会接受。用现在的话来讲,叫民主个人主义吧!我的思想就是这样的。我在当派出所副所长的时候,本来地下的民青同盟立即转正成为共青团员,那时区委宣传部长来找我,他征求我个人的意见。我说我转不转都无所谓,我参加革命不是为了我个人前途,我是为了一种理想。因此转正的仪式我便没有参加,等于自动放弃转正,因而我没有参加共青团的组织生活。

可是过了两个多月,区委宣传部长又找我,劝我说还是转去,后来就转去了。所以我这个人的思想就是这样的,你说我是自由主义,也可以这么说,你让我过很严格的生活,我不太合适。所以我在公安局对这个工作就不太喜欢,而且那个工作真的像小说写的一样,我也晚上亲自带人去抓特务,也干这些事情。

采访者:抓住过特务吗?

杨建芳:解放后广州市第一个枪毙的犯人那个案卷还是我往上报的,那个案子最后是叶剑英签字的。那个犯人不是特务,他是持枪在闹市公开抢劫的,当时广州很乱,不能不用重典。当然也抓到了真特务。当时为了尽快恢复社会秩序,稳定人心,不管你是特务也好,不是特务也好,只要妨碍治安那就抓。话说回来也是比较可笑的,我一直配有一把手枪,我在北京就是有枪的。可我从来没有打过,那简直是公安部门的笑话了,枪带了那么久还没有打过枪。

采访者:学过吗?

杨建芳：没有学过。上级可能以为我们会打吧，就直接发给我们了。枪在身上带了一年多，还没有打过。这是一个笑话。就是在这样的环境里，我在广州市公安总局白天办案子，晚上还是看我的历史类书籍。

采访者：那个时候一个月有多少工资呢？

杨建芳：没有工资。

采访者：没有工资？

杨建芳：是供给制。

采访者：你需要多少东西就发给你多少东西？

杨建芳：不是，按等级，高干、中级干部、一般干部，或者按科长、处长、局长的身份来发东西。股长是一般的低层干部。

采访者：一个月发多少东西？

杨建芳：也就是二三十块钱的东西。

采访者：吃住怎么样？

杨建芳：吃住不要钱，穿也不要钱，都是普通一般的。说一句笑话，那个时候我父亲还寄钱给我，因为广州有的商人和他有生意来往，他就通过商人给我寄钱，我还去拿过一次钱。所以我说我是自己带着钱去给公安局工作，这是大笑话了。

采访者：您弟兄几个？

杨建芳：兄弟三个。

采访者：您最小。

杨建芳：是。我大哥现在还在那边，我父亲有三个太太，我是大太太生的。

采访者：大太太三个孩子。

杨建芳：对，三个男孩子，四个女儿。

采访者：大太太有七个孩子。

杨建芳：对，还有二太太，三太太。三太太现在还在，现在大概85岁。

采访者：就是三太太还在。

杨建芳：对。她儿子到常州投资不少。他是一间上市公司的董事长，当然是大股东了。我在广州的时候，我父亲一直不同意我工作，他要我回去读书。为什么呢？这跟老人家的观念有点关系。对于他们这样的商人而言，有了钱还要有一些社会地位，都希望孩子能够读书，将来有所作为换取社会地位。土改时我家的成分是"华侨地主工商业家"，这很特殊。

采访者：三个成分。

杨建芳：对，后来"地主"帽子取消了，只剩下"华侨工商业家"的帽子。我家在我们县里头有五间店铺，但是我们没有人经营，都租给人家。后来全部被没收了，还被罚了不少，大概一百石大米的样子。

采访者：公私合营的时候还是土改的时候？

杨建芳：土改时被没收的。华侨在外面有了钱，就寄回家乡来盖房子、买店铺、买田地，但乡下家里却没有什么人，这种情况在侨乡很多。我父亲一直希望我们回泰国去帮手。我的哥哥他们后来回去了，我却一直没回去。我父亲希望我能够继续去读书，读大学。所以他每一次来信都要求我回去读书。我自己也很矛盾，白天审案子，晚上看历史的书，我的兴趣跟我的工作不能一致。

当时我们审讯股有四个中山大学的学生（参加工作的），有两位是学工的。那个时候组织上动员学理工的学生回去继续读书，因为国家要培养建设人才，他们两位便回去了。那时广州社会治安已经稳定多时，股里的工作量大为减少，处理的多是一般的偷盗诈骗案件，何况还有六、七个大学生在，工作有人承担，我就跟局里提出来想回去读书。但局里不同意。

采访者：这是 1949 年还是 1950 年？

杨建芳：1950 年。局里头不同意，开始是局里的办公室主任，也是副局长，一个姓孙的，他是北京人，后来升为广州市副市长。他参加过一二·九运动的。他跟我谈话，没有正面的说，就谈他自己当年参加一二·九，他是中学生，因为参加了一二·九，后来也就没有上大学了。他拿自己的例子来讲，意思是读不读大学无所谓。我没有接受他的意见，我还是坚持自己的要求。

后来第一副局长，就是原来的广州市公安局正局长（后来北京市公安总局的谭政文调来广州市公安局当局长，他就降为第一副局长），他倒是广东人，也是一个老干部，他找我谈话，也是劝我，不要回北大去。我还是没有接受他的意见，他很生气还拍桌子。不过，这个人（号称"延安的福尔摩斯"）后来下场非常惨，他被打成英国特务（他曾是马共骨干），弄到湖南劳改农场，死在那边。他的悲剧是因为牵扯到高层的斗争。后来平反，北京还出版一本他的传记。

我不接受局领导的意见。因为我想，你找不到我的把柄。我从中学开始就跟着共产党走，帮共产党做事情，我从来没有做过任何坏事情，这一点我是心中有数的。其次，我家里没有什么人，人都在外国，无非是田地、房屋、店铺，没收了无所谓，反正我从来也没有想过要回去。

采访者：当时您妈妈也在泰国？

杨建芳：她很早就去世了，她在泰国去世的。那时候我还是团总支的组织委员，局里就开了一个大会，批判我的思想。这有什么好批判的，无非是我想回去读书，就是这么一个要求嘛。但他们不是从这一方面来考虑，就说我的南下有目的，是别有企图，想保自己的家产。这个莫须有的指摘，令我莫明其妙。我从中学毕业后，一直没有回过我的家乡。我在四川也没有回去过。我来到香港以后，过了好几年才回到我们家乡去，为我母亲修坟。他们从阶级成分推论来批判我，我觉得当然非常搞笑。批判会完了以后，我们股里头有一个老太太，一个老干部，她是在延安待过的。她就跟我讲，你不要再坚持了，再坚持不好啊。意思是问题要闹大。我也不听她的，我还是坚持要回去。后来局里看到实在留不住了,就说你回去吧,我就回北京去了。

我没跟团组织打招呼就走了,团的组织关系我也无所谓。所以回到北大我就不是团员了。我觉得我过去从中学一直到参加工作,从个人来讲我是尽了自己一份力量,就算了。我就是这么看的,所以我也没有什么懊悔,没有什么包袱。反正一个年轻人在时代潮流的影响下,走上这条路,总的来说是对的,但是我没有一直坚持下去。这是我个人的性格。另外一个是兴趣,我还不愿意放弃我的兴趣,我还希望从这一方面继续做我自己的事业,就是这样的。

所以回北大后我不是团员。我回去以后,我们那个年级有一个女同学,她是党员,解放前她是西安的地下党员,后来考到北大的,她当然知道我的情况。她多次暗示我,还是回到团组织。我说我不再过问政治了。我如果要重新回到团组织,应该不是什么难事,我不是犯什么错误,我只是不接受那边的意见,我自己回去读书了,就是这么回事。何况我复学后连续三学年都当历史系会主席,得到全系同学的支持,只是第四年因快毕业和外出实习才不当。

采访者:但是您这样的话,您回到学校算是调干生吗?

杨建芳:那个时候所有的学生吃饭不要钱,是普通的学生。

采访者:您以后工作了,您的学籍给您保留的吗?

杨建芳:学校承认的,但是学校说我很多政治课没有上,要补课。例如社会发展史、新民主主义革命史,还有辩证唯物主义与历史唯物主义这些课都没有上。但不可能为我一个人补课,那个时候不是学分制,每一个班的课程都是整套的。

采访者:所以就给您降级了。

杨建芳:对,所以我回去低了两个年级。早两年毕业,晚两年毕业无所谓。

采访者:您当时是跟谁住在一间屋子里。

杨建芳:好几个同学一起住的。还有一个笑话,1952年以后院系调整,北大、清华合在一起,我们住在一个宿舍里。每个人有一个小桌子,有一个抽屉,抽屉是没有门的。我上铺那个人是清华过来的。我用钱很随便,平时对钱也没有留意,所以我的钱是随便放的。那个抽屉没有门,我钱就放在里头,晚上睡觉不可能装在身上睡。这个人很巧妙,他每一次不多拿,只拿一块两块。但是那个时候一块两块还是有点购买力,可以买到东西,因为一个月吃饭的伙食才十几块钱。因为他每次只拿一块两块,所以我也没发觉。

采访者:您钱多您不觉得。

杨建芳:我不觉得。

采访者:那时候您父亲一个月给您寄多少钱?

杨建芳:他寄钱我没有记过数。我还做过非常蠢的事情。我不是考上了北大嘛,我的哥哥那时候他在家乡,他在昆明读大学,后来回了家乡还没有去泰国。他给我寄了200块美金。当时我到上海去,也是带着美金去的,那个时候还没有用完,也不知道该怎样花,怎么办?我蠢到你没法想象,我竟然叫银行把它退回去,我说我身上有钱,暂时不需要。结果我爸爸又把我骂了一通。

采访者：200美金当时换多少人民币？

杨建芳：那时候不是人民币，还是金圆券，退回去已经不值钱了，所以他写信把我骂了一通："哪有那么蠢的！有钱都不会用！其实你可以拿钱买面粉，换银元！"我觉得身边的钱够用就行了，我要那么多钱有什么用，我就是这种人。我现在在香港仍是这样。我很少出去逛街。我要买东西才出去，否则就不出去。我对物质生活的要求是很一般的。现在想来，竟然也做过这么蠢的事，把钱退回去了。

采访者：拿您钱的人您怎么发现的呢？

杨建芳：我没有发现，后来这个人因为生活作风出了问题，在外面乱搞男女关系，被抓到了，他自己在拘留所那里坦白的。

采访者：这个时候已经搬到燕园了吗？

杨建芳：搬去了。就是这么一个情况，你就可以了解我这个人就是这样的，有钱不会用。还有更有趣的呢！我差一点来不成香港，这个后面再讲。我就是这么一个人，对很多事总是无所谓的。

采访者：您回北大之后怎么读的博物馆专修科的呢？

杨建芳：我回去读的是历史系。那个时候是有一个博物馆专修科，好像不属历史系。我不是博物馆专修科的，郑振香、俞伟超、陈慧、李仰松他们是的。

采访者：徐连成、林寿晋他们几个也都是历史系的？

杨建芳：对，历史系的，还有吴荣曾、黄展岳也是。我回去读历史系，为什么后来会选择考古专业？有两本书对我这种念头有促进作用。我读了斯文·赫定的《亚洲腹地旅行记》，是一个叫李述礼的人从德文翻译成中文的，他好像是西北大学还是北平研究院的人，那是较厚的一本书。他讲到新疆探险的经过。后来又看了向达先生翻译的斯坦因的《西域考古纪》。这两部书引起了我对考古的很大兴趣，严格讲那种兴趣是盲目的。还有一本是徐旭生先生的《徐旭生西游日记》，讲他陪斯文·赫定到新疆去的沿途见闻。当时主要就是看了这几本书，开始觉得考古有点神秘，对考古有点好奇。刚好院系调整，把清华、北大、还有中法大学文理科合并了，几所大学的历史系合在一起，把博物馆专修科也并过来，就成立了考古专业。我就这样转到考古专业。在这个之前，吕遵谔他们那一班叫专门化，考古专门化，大概有五、六个人，刚才你讲的那几个人。邹衡那时是研究生。那时苏先生任教研室主任，当时不叫系，叫考古专业教研室，苏先生跟宿先生两个人负责，后来因为俞伟超是党员，所以他也参加了教研室的工作。

采访者：就这么转进去的。

杨建芳：对。

采访者：您自己对这个多少有点兴趣。

杨建芳：说实话，真正对考古有兴趣还是我在北大当研究生的时候。

采访者：就是在华县之后。

杨建芳：对。为什么呢？不光是我一个人，我想恐怕很多学考古的人，百分之九十五开头对考古也没有什么认识。什么叫考古？现在的人比我们那个年代的人可能比较知道一点，因为电视、网络上讲考古这个发现那个发现。那个时候没有多少考古工作，也没有考古发现的报道。选择念考古的，多是出于好奇。

后来考古专业开的课程，说老实话，那个时候北大师资之强，恐怕很多国家都找不到。旧石器时代考古课程，裴文中先生讲外国的旧石器时代考古，中国旧石器时代考古是贾兰坡先生讲，他们两个都是亲手发掘北京人化石的，对不对？世界上哪里能找到那么好的人来教呢？商周是郭宝钧先生教，秦汉是苏秉琦苏先生教，魏晋南北朝是宿先生教，还有阎文儒先生教佛教考古。阎先生教石窟艺术的课程，带我们去龙门、云冈现场讲课。夏鼐先生当时是教考古学史跟考古学通论，实际上就是田野考古。安志敏先生讲新石器时代考古。所以，当时的师资之强，恐怕再难找到了。

话说回来，我们当时学也没有把老师教的东西全部学到，只是皮毛而已。那个时候考古专业的课很多，历史专业的课我们也都大部分要上。世界古代史当时是胡钟达先生讲，后来他去内蒙古大学，杨人楩先生来代他的课。世界中古史当时是雷海宗先生教，他后来到南开去了，也是很有名的老先生。近代史是邵循正先生教，也是一位有名的教授。所以历史系的课也上了不少。还有故宫的徐邦达，给我们讲了一年的中国绘画史，下面我会讲对我的帮助很大。俞伟超他们那个时候在博物馆专修科学过瓷器课，是陈万里教的。我们历史系转去的几个人就没有学瓷器课。我们还学了古代建筑。课程蛮多的，读起来很辛苦。当然我现在的个人体会，那时的教学方法是需要改进的，在以后谈我怎么样利用我的教学经验时候再谈。

我现在回想起过去的教学，老师都是很好的，但是在教学的方法上可能有一些问题。那个时候学得很苦，就是死记硬背，不会融会贯通。后来研究生阶段，我跟张忠培两个人在一起又到民族学院又学了两年的民族学，包括体质人类学。课程多，学得辛苦。我为什么讲这个问题？因为我觉得任何一门科学都应该讲规律，自然科学有规律，社会科学有规律，人文科学一样也是有规律的，没有规律就不能成为科学。问题是我们的老师一开始没有告诉我们这个规律。如果先告诉学生这个东西的来龙去脉，它的演变规律是怎样，让人家心里有底，然后用大量的出土资料来证明规律。学生因先已心中有数，容易理解讲授内容。更主要的是，规律很简约便于记忆。

不妨举一个例子。商代的青铜器，商代前期比如说以二里岗做代表，它的铜器的特点怎么样，后期殷墟的特点怎么样，西周的特点怎么样。现在我们一般大概也是这么一段一段地分别讲授吧？然而，商代到西周，西周到春秋战国，连贯起来的发展规律是怎么样，恐怕没有讲吧？我现在写文章喜欢全面系统，怎样起源，怎样发展，到最后怎样，它的规律是怎样。掌握规律是非常重要的，因为规律可以以简驭繁，用简单来控制复杂，不用死记。特别是在文物方面，你如掌握它的发展规律，判断真假，还非常有用。

但是我们的老师上课不是这样的。所以当时书读得很辛苦。我记得学吴汝康先生的体质人类学，从猿怎么变到人，体质上怎么发展，当时他也很认真讲。但是，我现在回想起来，如果先告诉学生，猿四个手脚碰到地上行走，脑量只能很小（脑量大，增大重量，脖子受不了），所以头骨较厚，眉脊骨比较突出，口腔空间比较小，下颌较窄。后来由于手的劳动，促进思维，脑量不断的增加。如果手仍着地行走，脖子就受不了，所以一定身体要直，头部的颅孔一定要在正中间，不可能偏，而原来是偏的。因为这么一个变化，头部脑量可以大量增加，头颅便向上和前后左右扩张，头薄骨了，口腔增大，有利舌头活动和发声，以致产生语言。如果先把这一系列身体各部分互相关联的变化规律告诉学生，学生的理解就容易多了，记忆也就容易。问题是当时并没有这样讲。只是讲北京猿人额部低平，眉脊骨突出，下颌前伸，牙齿粗壮，等等。这就难免学生要死记硬背。我不是批判老师，是我现在理解怎么样去教，让学生比较容易掌握。我认为考古也是有规律的，特别是文物的发展是有规律的。先把规律告诉学生，学生便容易理解和记忆。

开始学考古很辛苦，不管怎么样总还是学完了。毕业后就分到考古所去了。最先到陕西参加西安半坡发掘，跟石兴邦和金学山，我们三个人。西安半坡我是1954年去的，陕西其他一些地方也跑过。河南黄河水库是和安志敏先生跑过一趟。总之在河南、陕西两个省。1956年底，国务院提出"向科学进军"，要培养副博士研究生。当时考古所也招，北大也招。黄展岳、俞伟超和我都准备考研究生。考古所当然希望我们考本所的。

这时，苏先生跟我和俞伟超讲，如果我们回北大当研究生，凭我们过去的成绩可以不用考试。我估计，就算考本所，考古所一般也是会录取的。但不用考试不是更方便吗？我们当然想捡一个便宜。所以我跟俞伟超就回北大当研究生了。黄展岳留在考古所跟夏先生，所以他也是那一届的研究生。

张忠培是当年本科毕业的，他留下来当研究生，跟我们同班。我开始对考古真正有兴趣，是从当研究生这个时候开始的，因为我发现彩陶的演变是有规律的。现在有很多讲彩陶的书，有很厚的书，图录很多，我看不行。怎么不行呢？彩陶在中国的产生，跟它的分布、传播，这个首先要搞清楚，如果这个关系不清楚，你出了一本厚书没有用。你把这些关系都断了，看不出这些关系了。我从那个时候开始就发现彩陶是有规律的，它是在中原先出现，然后一个向东影响到大汶口的，一个是向西影响到马家窑的，然后东边又回过来影响到中原的，就是白彩，那是山东那边先有，中原是比较晚的。把这些关系搞清楚以后，纹饰怎么演变就清楚了。从起源演变到最后怎么样，只要把这个规律搞清楚了，你就很容易记了。可惜现在没有人这么讲，关键是没有搞通。发现问题，看出苗头，你就会有兴趣去进一步探索。我对考古真正有兴趣是从这个时候开始的。

北大毕业后，我被分到川大，张忠培就到吉林大学，俞伟超留在北大教研室。川大原来是准备成立考古专业的，但恰好那个时候是三年困难时期，这个项目就没有上马。那时川大的考古师资，除冯汉骥先生外，我一个、张勋燎、童恩正、马继贤和宋治民，还有林向他是研究生，就这几个人。那时川大只开了一门考古学通论，内容很简单。后来才有石器时代、商周、秦汉三个课程和考古调查发掘实习。

那时课务不多。川大博物馆藏有不少《中国古生物志·丁种》，是讲中国人类化石的书。我就从那里找到一些研究北京人的报告来看，是步达生和魏敦瑞的报告。以前我跟吴汝康先生学过人体的发展，多少有点底子，所以读起来还不感困难，而且得到不少启发。在川大也发表了一些文章。总的说来，在川大的生活是比较平淡的——课不多，读书的时间反而较多。后来不久"文革"爆发了，在这个之前还有一些小插曲。

我到川大后，学校搞了一次年轻教师的外语考试，包括外语系的年轻人一起考。我考的成绩还不错。那时川大历史系选了三个人做"骨干教师"，就是重点培养。我一个，还有杨宗绪，他是世界史的，还有于永志是中国近代史的，他是工农兵出身的。应该说，系上对我还是比较重视的。他们确定我做骨干教师，其实也没有什么帮助。我唯一的要求，就是多要一个书架，因为我的书没有地方摆。此外没有其他任何要求。

后来"四清"了。"四清"前，学校就提升了一批讲师，我也在里头，还刊在校报上。那时历史系就只提了我一个人为讲师。后来搞"四清"了，工作组认为历史系总支书记刘绍平走的是修正主义路线，系里以前的决策都被推翻了。我那个时候也是受批判的，是拔白旗的对象。全部一风吹，骨干教师不算了，讲师也不算了。这些我倒无所谓，我还是不断写作。那个时候《考古》《文物》，还有天津出版的《历史教学》，我都有文章发表，还有吴晗搞的"历史小丛书"，我还在其中写过一本《安阳殷墟》。我这个人笔头上还是比较勤奋的，就算受批判，仍然我行我素。

当时别的专业我不敢说，起码在考古专业来讲，我比其他青年教师学的还是多一点的。所以那个时候，我比较安心工作，我爱人也在川大校医院任职。后来我为什么会走呢？就是牵扯到一个棘手的问题。我有三个孩子，两个男的，一个女的。我的大孩子"文革"的时候，他才15岁，那个时候学校都不开学，中小学都不开学，川大也不上课。川大社区就动员他做知青。他是15岁，按理讲他可以不去，但是他看到他周围的人都去了，所以他就多次跟我们讲，他要下去。其实，我还是赞成的。城市的孩子到农村去干三五年是有好处的。为什么呢？城市的孩子不知稼穑之艰难，饭是从哪儿来的，米是从哪儿来的，他不知道，不通过劳动他不会知道的。所以我到现在仍认为，城市的孩子应该到农村的基层去搞个三五年，体会一下农民生活的艰苦，他才会珍惜他现在生活的可贵。所以，我说那你就去吧，孩子就下乡去了。他的知青点在川北剑阁的山区。

他下去之前我跟他讲，我没有任何后门，就看你自己的表现怎么样。我的孩子比我还高大，身体也很好，他下去很能劳动。在那个县里，有一个川大的知青点，川大的孩子大概有一二十个。他下去表现很好，被选拔为县里的劳动模范，就作为知青点的代表。因为表现好，他就在那儿申请入团。那个知青点的辅导员是生产大队的会计，他就在知青小组上说，杨某人他有海外关系，不赞成他入团。我孩子听了很生气，后来他回来跟我讲。我说我有什么办法呢，其实他是1955年在国内出生的，与我父亲并无任何关联。

采访者：就是您在科学院的期间出生的？

杨建芳：对，他从来没有见过我父亲，也从来没有跟我父亲通过信。只是我跟我父亲有通信而已。我父亲对政治不沾边，一直就是个商人。光是这个海外关系，就把一个青少年的前途断送了。这个给我的打击非常大，好像这是一个原罪。如果说我有海外关系，我倒承认，我不否认。说我儿子有海外关系这不像话嘛！他也没见过我父亲，有什么海外关系。拿这个海外关系来压他，不让他入团。其实入不入团我倒无所谓，但是这种做法我认为是非常不好的。将来我的孩子在任何场合，人们都可以拿这个罪名扣到他身上。你表现再积极有什么用？没有用啊！而我作为父亲，我还有两个孩子，他们将来的前途怎么办？那岂不是我的海外关系连累他们了？这是一个很冤枉的事情。你说我有海外关系要审查我，我都没有意见，这三个孩子他从来没有见过爷爷的，对我的父亲，他们也只是在照片上看过而已，这是什么海外关系？这个原罪可以让你永远背一个黑锅。我不能够因为我的这种海外关系，让我的孩子受连累，所以我就把我的这种情况告诉我大哥。我大哥在泰国，现在还在世。他说既然如此，那你们就出来吧。这样我便申请出国了。

其实我在川大倒是蛮安心工作的，因为我们夫妇都在川大，她在校医院的住院部，我在系上，也都还不错。川大毕竟是教学单位，工作也比较适合我，空闲的时候也很多，我可以做研究，可以写东西。但是我不能够因为我，而耽误孩子的前途。我不担忧我自己，但是我担忧我的孩子。如果孩子他自己不努力，这怪他；如果他努力、上进，而因为这个海外关系给他扣住了，那我觉得这是不公平的。出身不由人，重在表现嘛！这个大家都是知道的。这个话是这么讲，但是事实上不是如此。

我申请出国，我是有百分之百把握的，跟其他人还是不一样的。为什么？因为第一，我是从那里回来的；第二，我一大家人还在那边，我两个亲哥哥还在那边，我的后母还在那边，后母那一房的弟妹，有七八个也在那边。

采访者： 那个时候您父亲已经走了？

杨建芳： 已经去世了，我二妈也去世了，我的弟弟（二妈的儿子）他是在香港，所以我要求回去探亲，这个谁都没有理由阻止我的，是名正言顺的。所以我的申请很快就批准了，可是这里又出了问题。你可以看到我这个人天真到什么程度。刚才说寄钱的事情，本身就是一个笑话，把寄来的钱退回去不要。这时候又出了问题，出了什么问题呢？我的申请转到公安局去了，很快就批准了，通行证都给我们了。但是那时川大刚刚招工农兵学员，系上就跟我说，是不是等课上完了才走？其实，我完全可以拒绝的，因为我提出申请，系上批准了，学校批准了，公安局也批准了，那系上应该找人来代替我的课。但他们没有找人接。我跟系上的关系还是蛮好的，我想没有关系吧，早走两个月、晚走两个月，有什么关系呢？我说算了，我课上完了才走。但是通行证是在我们手上，当时我们胆子很小，怕这个通行证万一被人家偷了，他把照片换了那怎么办？那要出大事的！我就跟学校讲，是不是把通行证退回去？学校说可以，你退回去将来再重新换一个。后来又到公安局去，公安局说没有问题，就真的退回去了。

退回去后继续上课，大概过了一个多月，公安局突然来了一个电话，说你现在走不成了。我说为什么？他说现在泰国跟中国建交了，原来发的是通行证，现在要办签证，要先取得对方的入境签证，拿我们中国的护照才能出国。我说在这个规定之前，你们就给我发了通行证的。如果是在规定以后，你们这么做我当然没有意见。他说这是部里定的，他们也没有办法改变。

好吧，我就叫我的小舅子，他在北京的科学院工作，到公安部去问。公安部说现在新定了条例，从建交开始一定要拿护照，先要拿到对方的入境签证才能去。他们还说，"你姐夫为公忘私这个精神是很好的，但是现在上面这么规定的，有这么一个条例我们也不能不执行"。后来他又跑到外交部去，外交部也是这么说，"你姐夫为了工作耽误了，这种表现是很好的，但是外交部只管国家干部出国，私人出国外交部不管"。那就算了。

当时只好对系里说走不成了。但我就有两个顾虑。将来运动来了，这可能还是一个大问题，可能被加上一个罪名："这个人不爱国！他想投奔资本主义！"第二个，我的孩子失去了一次选择的机会。他们跟我到国外，有没有前途，我不敢保证，但我给了他们一个机会，他们能利用最好，他们不能利用我也没办法。但是现在连机会都没有了，我非常后悔。

周围很多人也觉得，某某人通行证都拿了，突然不让走，是不是有什么严重问题？他们不晓得个中情况。我就跟组织反映，领导说"只要组织上了解你就行了，其他人怎么想你不要管"。我说我是生活在群众当中的，群众的看法当然会影响我。

我只好写信告诉我大哥，他回信把我骂了一通："哪里有这么蠢的人，人家拿了通行证第二天就走了，你搞了两个多月还没有走！"当然，他还是帮我去泰国的移民局活动。移民局答应可以考虑，但是有一个问题要搞清楚。我是1938年离开泰国的，到1978年有几十年之久。大陆上的这个人，是不是你的兄弟？他们没有把握。会不会有人利用我这个关系冒名顶替到泰国去搞一些活动呢？他们也要考虑的，人家也不是糊涂蛋。你有什么办法证明这个人是你的弟弟？那个时候大陆没有身份证，只有派出所的户口。派出所是不可能对外的，那户口也不可能对外。我只能跟成都市公安局讲，是不是可以出一个空白护照，就说上面有我的名字、年龄、籍贯什么都有，就是不盖公章的一种护照，寄到中国驻泰国的大使馆，然后由大使馆约移民局的官员来看，是有这个人。公安局说"我们不能对外"，这个也是真的，公安局是不能对外的。

那还有什么办法呢？听天由命吧！后来过了大概两个多月，快到年底了，公安局突然打电话给我，说我还是可以走。因为在这个规定之前公安局就已经给了我通行证，不是以后才发出的。其实这个我知道，像我这种例子广州也是有的，广州就可以放行。后来我们就去拿了通行证，吸取了教训，赶快走吧！我就叫我的大儿子去帮我买火车票，就先到北京去探亲，然后再到广州去。

那时候刚好要过年了，车票只有当天晚上的，其他的都没有了。怎么办？我说就买当天晚上的吧，结果走得很匆忙，连同事都来不及打招呼。所以，川大的同事对我们悄悄地走，也感到奇怪，这是我当日离开川大的情况。

采访者：只带了点细软就走了？

杨建芳：那时国内外汇很缺，只允许每个人换20元人民币的外汇。我的大孩子没有走，他那个时候还在农村，后来因为他表现好，被推荐上大学。本来他是要到我们旁边那个工学院。

采访者：成都科技大学？

杨建芳：对，就是以前川大的工学院，以前是在川大旁边，后来从川大分出去，现在听说又合进来了。工学院的水利系本来是录取了我的孩子。我怎么知道？是我们系上一个搞人事的叫刘群辅，他跟我讲的。因为他在那边也有熟人，我孩子准备被录取到水利系。

采访者：那是哪一年？恢复高考了吗？

杨建芳：大概是1976或者1977年？

采访者：最后一届工农兵？

杨建芳：对，他就是做工农兵上来的。后来有人把他改了，改到川北的南充师院。

采访者：现在改名叫西华师范大学。

杨建芳：就在化学系了。工学院这个名额就给别人占了，这个我觉得无所谓，学习靠自己，你就到那里去，只要学得好那也无所谓。当时他还在下乡，还没上来。就是我们申请的时候他还没上来，我们不敢让他去申请，因为农村的系统，是属于省公安厅的，我们属于成都市公安局的。万一我们批了，他不批，不好办。你原来就已经有海外关系了，现在还要想申请出国，那还得了！所以我就没有让他申请，我就带着两个孩子走了。那个时候国内的外汇很缺，一个人只让换20块人民币的外汇，四个人就80块钱的人民币的外汇。那个时候港币又比较低，大概100块的港币，只能换多人民币40多块。

采访者：就只有200港币？

杨建芳：就给了我们这一点，其实我也无所谓。我到了广州，广州也有亲戚。我的弟弟在香港，他派他的太太到广州去接我们。我说如果他不派他太太来，恐怕我们坐的士的钱可能都成问题。当然这个都无所谓的，来到香港以后，我哥哥他也寄钱给我，生活就没有问题了。我就是这样到了香港。

采访者：说起来，先生您是后面转到考古的，您这样的同学，专业课什么时候上的？比如说旧石器时代考古是在大学第几年上的？

杨建芳：是第三年才开始的，考古系的专业课一般都是第三、第四年。

采访者：三年级才开始讲课？

杨建芳：对。因为第二年的暑假结束以后，进行院系调整，秋天开学才有考古专业。

采访者：您当时旧石器课谁讲的？

杨建芳：那时候有两个人讲，一个是裴文中先生，他讲外国旧石器考古，中国的是贾兰坡先生讲。

采访者：他们两个人讲课风格接近吗？

杨建芳：裴先生讲课有长处，也有不够的地方。他跟夏先生两个人讲课风格完全相反。他讲课比较简略，在黑板上写点提纲之类的东面，然后就那么口头讲。我们笔记下来的内容不多。这也许跟他社会活动比较多,备课时间不足有关。但他会叫你看几本书,弥补讲授的不足。我当时阅读过鸟居龙藏的《化石人类学》。

采访者:您还记得他给您开过什么参考书呢?

杨建芳:我记不清具体的书目了。反之,夏先生讲课非常的详细,尽管他的温州腔的普通话不太好懂,但他讲的很细致。他指定的参考书不多,我当时阅读过郑振铎译的《近百年古城古墓发掘史》和郭沫若译的《美术考古一世纪》。

采访者:贾先生讲课怎么样?

杨建芳:一般。贾兰坡先生实际经验比较多。举一个例子,测量一个人头骨的脑容量有多大,他就跟我讲了一个办法,将小米灌到里头去,再倒出来,这样就知道它的体积有多大。像这类的经验,以我们现在讲,是土办法。土办法也是经验。我觉得他讲的比较平实。我还买了他当时写的一本书叫《骨骼人类学纲要》,讲人骨头的。

采访者:新石器课谁讲的?

杨建芳:安志敏先生。

采访者:他怎么样上课?

杨建芳:也是一般,那时候资料不多。

采访者:因为您后来搞新石器,他这门课对您影响大吗?

杨建芳:没什么多大的影响。

采访者:为什么呢?

杨建芳:因为那个时候,中国新石器的材料很少。我们学的东西基本上还是安特生那个时候的东西。你想,我们是1952年开始讲新石器。1952年那个时候大陆没什么考古,是不是?这个也不能怪安先生,没新发现他拿什么东西讲?他也只能拿以前的东西来讲。所以我就觉得当时的资料不够,这个也不能怪老师。巧妇没有办法做出好饭,这都是有原因的。

我为什么选择新石器考古,因为当时在我们上课当中,我发现有几个问题,对我也不太合适。搞旧石器,要学地质学、古生物学,那个不是我的专长,对我比较难。搞商周涉及古文字,虽然我们也有古文字课,是张政烺先生教的。每一个时期都有我不擅长的东西。我为什么对新石器有兴趣呢?我开始就讲了,顾颉刚的《古史辨》引起我的兴趣,觉得古代史很神秘,越神秘的东西,我就越想去把它搞清楚。当时觉得新石器刚好就属于三皇五帝这个时期。因此,我就选择了新石器考古。来香港后,没有条件继续新石器考古研究,就只好转到玉器研究上去。

采访者:1951年春天的时候,是不是裴先生带您这个班到大同去做过一次调查?

杨建芳:没有,那个时候我们还没有去,那是叫雁北考察团,出了一本报告,是裴先生带他们去的。但那个时候我们还没有转到考古系。

采访者:带去的人都有谁呢?

杨建芳:我记得好像有傅振伦,其他的我就不知道了,他们后来出了一本报告,好像是雁北考察团什么报告之类的。

  采访者：为什么会说是50级的同学去的呢？

  杨建芳：不知道。

  采访者：记载的是有50级的同学参加。

  杨建芳：那个时候好像没有同学参加吧。主要是当时北京的历史博物馆，傅振伦是历史博物馆的，是他们去搞的。裴先生是文物局博物馆处的处长，也是他们的顶头上司。

  采访者：您三年级转进考古班之后，班长是谁？

  杨建芳：当时没有什么班长。

  采访者：十个人平时谁负责呢？

  杨建芳：那个时候好像没有，只有课代表，那时候没有班长。

  采访者：您班里走的同学也比较多了，他们都是怎样的先生呢？比如说刘观民先生？

  杨建芳：他是从博物馆专修科转过来的，他怎么进北大，我就不晓得。这个可能要问郑振香，因为他和郑振香都是原来博物馆专修科的。他在考古所领导内蒙队，工作很不错。夏家店下层文化的发现和识别是他的一项重要功绩。

  采访者：他岁数大吗？

  杨建芳：他可能比我小吧。

  采访者：他是哪里人？

  杨建芳：北京人。

  采访者：平时他好相处吗？

  杨建芳：他人挺好的。

  采访者：他是什么脾气性格呢？

  杨建芳：我觉得他是很容易相处的，那个时候同学之间好像关系还不错，大家好像也没有什么矛盾。那个时候大概只有郑振香一个人是党员吧。

  采访者：只有郑振香是党员？

  杨建芳：那个时候只有她一个人是党员。俞伟超后来才入党，他好像早先是团员。

  采访者：郑振香当时好相处吗？

  杨建芳：她很好相处。那个时候我们同学之间好像上完课大家很少在一起。除了开个班会什么的。同学之间好像没有什么矛盾，反正我不觉得在一起有闹矛盾的。她后来在殷墟工作很长时间，妇好墓的发掘和发掘报告的编写是她的一项重要功绩。

  采访者：你们10个同学一起出去玩儿过吗？

  杨建芳：没有。

  采访者：也没爬爬香山什么的？

  杨建芳：没有。出去玩得花钱，有一些学生可能经济上还是比较困难的，所以没有出去玩过。我的印象中好像没有。除了实习到大同，其他好像没有。

  采访者：您还记得王承祖么？

杨建芳：当然记得！王承祒这个人太狂妄，他自杀可能跟他的狂妄有点关系，他后来跳楼自杀的。王承祒这个人有点小聪明，他搞甲骨文还可以，但是聪明反被聪明误，为什么这么讲呢？他在抗战胜利前后，大概是中学时期，是跟国民党跑的，参加过国民党的一些活动。这个其实我们现在看，也没什么了不起。国民党那个时候还是一个国家执政党的名义，沦陷区的学生认识不清楚跟着跑，这个无所谓。对不对？所以，他大概在解放前是跟国民党跑的，究竟什么深度我不知道，但我知道他有这么一个情况。他这个人有一点不够老实，经常口头上马列主义，马克思怎么说，给人家一个错误的认识，以为他还是一个很进步的马列主义者。所以，那时候留他下来当助教。后来肃反，要清查他这段历史，可能他想不通，就跳楼了。当时北大的人可能知道的比我要清楚一些。他在学生的时候就是这样，开口闭口就是马列主义，把自己打扮的太高了，到最后被拆穿，原来不是那么回事，下不了台，这样的做法很愚蠢。事实上他也不是什么进步人士，进步也不表现在开口闭口马列主义，不表现在这个地方。

采访者：他是50级的还是49级的？

杨建芳：50级的。是历史班的。他原来在北师大历史系读过一年，降了一年到北大来，跟我同班。这个问题吴荣曾可能最清楚了。因为肃反的时候，吴荣曾是跟他住在一起的。

采访者：肃反的时候他们俩住在一起？

杨建芳：对，我想他应该最清楚。问题是有一些，但我个人看大概也不是什么了不起的问题。如果问题比较严重，早就把他抓起来了，还能留到以后？那不会的。但是问题要搞清楚，这是应该的。

采访者：徐连成这个人怎么样？

杨建芳：徐连成是南京人，大概家庭比较贫苦，可能是城市贫民这类的。读书倒还可以。他能考进北大，总还不至太差。那个时候他搞过一段时间的甲骨文，后来毕业他就被派到山大去了。具体怎么样我就不清楚了。有一年我带学生去山东参观出土玉器，到了济南我曾去找过他，请他一起吃饭。那时候他可能退休了，身体也不太好。他送了一本书给我，是清代马骕的《左传事纬》，经他校点的。其他的我不知道。估计他可能没有写过什么东西。

采访者：陈慧呢？

杨建芳：陈慧耳朵不太好，也不太讲话，看起来很拘谨孤独，可能跟他的家庭教养有关。你不跟他讲话，他不会主动跟你讲话的。他也不是娇生惯养，因为他后来家境不好了。学习方面好像差一点。

采访者：他的祖父是前清的邮传部尚书？

杨建芳：对。中国的第一张邮票就是他祖父发行的，所以他是世家子弟。

采访者：后来家道中落了？

杨建芳：他祖父叫陈璧，《清史稿》上有他的传。民国成立后靠出售家产维持生活，解放初还出卖房子给财经学院做宿舍，坐吃山空，当然破落了。

采访者：俞伟超呢？

杨建芳：我跟俞伟超相处时间很长，考古所也一起待了两三年。北大研究生的时候，我们同住一个房间四年。我对他应当说多少有点了解。俞伟超人很聪明，也用功。我们回去当研究生后，他好像也在考古教研室做些工作。因为当时教研室只他一个是党员。所以他在系上的工作也是不少的。后来我听说他跟宿白先生搞的不太好。具体情况，我不知道。关于教学方面的问题有不同意见是很正常的。俞伟超是党员，对党外人士而且又是自己老师的宿白先生，多尊重一点老师的意见还是应该的。他后来到历史博物馆去了。我觉得很可惜。

俞伟超很能干，那个时候他在湖北搞长江三峡考古，实际上是他在那里主持。这很不简单，调动很多省的人到长江三峡搞发掘，其中不少还是老手，在这方面我觉得他还是搞得不错的。另外关于楚文化的研究，他也起了促进的作用。他也写过几篇这方面的文章。他的专长是秦汉考古，出版有几本著作。从考古田野工作和考古研究的角度来看，我觉得他是很不错的。

采访者：吴荣曾先生呢？

杨建芳：他比较稳重。他的古文献底子不错，所以他后来转到历史系教古代史去了。田野工作，他好像不太有兴趣。他对钱币很有兴趣，研究钱币还不错，这个还是比较专。他学习是不错的，古代史的基础比较好。

采访者：他什么时候开始研究钱币的？

杨建芳：这个我不晓得，他可能以前就在这方面有点小的收藏吧，我估计可能有一点。因为以前的铜钱很便宜，他家里的情况也还可以。他和徐连成在南京是中学同学。

采访者：黄展岳呢？

杨建芳：黄展岳是福建人。他的情况有点类似我，他在当地工作过，好像教过书，我没有详细问过他。到后来进北大，他倒是比较稳重的，后来在考古所也是研究生，秦汉考古搞的不错，他出了几本书。他很用功，我看也是学术上有成就的。南越王墓他也去搞过，文献他也不错。

采访者：林寿晋呢？

杨建芳：林寿晋的情况很特殊。可能你也知道，他原来是地下党，解放后他是燕大的党总支书记，后来跟一个女同学谈恋爱，一个上海资本家的女儿。这事在群众中间大概反映不太好。学校的总支书记跟一个资产阶级的小姐谈恋爱，在当时会被认为立场不稳。所以北京市委就要调他到石景山钢厂去，他不愿意去，就提出来退党，你想这怎么可能？后来他被全校批判，最后被开除出党。

采访者：他被开除出党？

杨建芳：是的。用我们现在的眼光看，批评批评就算了，他不过是谈恋爱嘛！那个时候他帮翦伯赞先生编写《中国通史》，帮他编写魏晋南北朝这一段。

采访者：就是《中国史纲要》吗？

杨建芳：我不晓得，这本书后来出的。后来他就转到历史系的考古专业了。毕业时我们一起分到考古所。他妈妈是香港居民，是从大陆到香港的，曾到北京来看他，后来他以送他妈妈回香港的理由请假来到香港。通过郑德坤的帮忙进入中文大学历史系当讲师，就没有回去了。

林寿晋是蛮聪明的。他的最大的缺点是缺乏钻研精神，东搞一点，西搞一点，没有把哪一个方面，哪一个范围作为自己终生从事研究的事业。他写过几篇文章，东周青铜短剑什么的。后来搞了一个三门峡上村岭的发掘报告，不过这个报告太过简略，有很多材料只有照片，没有文字描述，不好利用。他到香港以后也基本上没做什么研究。他嘴巴也很能讲，但是有一个很大的毛病——爱出风头，这是他一个最大的弱点。他后来跟郑德坤先生搞得不好，就是这个问题。有两次郑先生对他很生气的。他太太是我爱人介绍认识的，所以我们的关系很好。一次他跟我讲，他想恢复他的党籍。

采访者：在香港？

杨建芳：对。我就跟他讲，我说你要考虑，你为什么在燕大被开除出党，是因为你不服从调配、调动被开除的。你现在在香港想入党，能不能入党我们先不管它，就说是你能入党，万一将来要调动你，你服不服从离开中文大学？你如果不服从，怎么办？你如果服从，你愿意吗？后来他大概打消了这个念头。这是他私下跟我讲的。

那个时候改革开放刚刚开始，大概1979、1980年那个时候，美国有一些华裔学者回大陆观光，受到中央高规格的接待。他见猎心喜，也想模仿搞一个活动拔高自己，就在中大串联五六个老师，一起回大陆去参观。这本来是一件好事情。但是他参观回来后跟郑先生讲，他要召开一个记者招待会。郑先生说你带人回去参观，是学术活动，访问考古所，访问一些什么学术单位，就是这么回事。你要召开记者招待会，未免好像是要扩大影响，在香港来说不太好。郑先生不同意他。他就私下通过他的学生，找了一些报馆的记者来开了一次招待会，后来刊登在报上。郑先生就此对他有意见，认为他不是安安分分搞教学和研究（他来香港后没有发表过有分量的文章）。

第二件事情，更令郑先生生气。郑先生成立了考古艺术研究中心，自兼主任，准备搞一次研讨会，邀请台湾、美国、大陆的学者一起来开会。郑先生不熟悉大陆学术界，他就叫林寿晋：你看邀请大陆哪几个人来参加？林寿晋在会上提出他以什么正式的名义去联络那些人？意思是说郑先生要给他一个正式头衔，他才好去联络。郑先生很生气，认为他在大陆考古界、文物界认识一些人，先私人联系，如蒙同意，研究中心便发出邀请函，请他们来开会，那是很简单的事情，为什么一定要给他一个官衔才能去联络，没有这个官衔他就不去联络呢？所以郑先生觉得他，用不好听的话说，就是伸手要官，就是想让郑先生的考古中心主任让给他，有了这个名义他才去邀请。这个人的缺点就在这个地方。当然，人要出头是正常的，学术也可以出头。你真的在学术上有成就，不是一样可以出头吗？所以后来郑先生退休了，中心主任就叫我当，没有叫他去当，就是由于这些原因。

采访者：您当时进考古的时候，您是自己选择的对吧？

杨建芳：那个时候是随便学生自己选择的。

采访者：学这个专业您父亲对这个事情同意吗？

杨建芳：他无所谓的。我学什么他们都不管的。因为家里头不是靠我来养家的。相反，我是伸手要钱的，我学什么他们无所谓的。

采访者：您读书的时候他们给您寄钱吗？

杨建芳：不仅读本科而且读研究生的时候，他还给我寄钱。我那个时候已经是调干生了，拿百分之七十的工资。

采访者：您那个时候读研究生一个月有多少钱？

杨建芳：那个时候我们刚刚到考古所，工资五十多块钱。百分之七十便是三十七八块。

采访者：那在当时很不少了。

杨建芳：也不算多，当时一般大学生是五十多块钱。话说回来，又是笑话。我刚进考古所工资是五十多块钱，后来提了一级，到六十多块钱，到川大又调整了一次，到77元，以后再没有调整了。在去香港的时候，在入境处，每个人都要填表的，里头有一项你是什么文化程度，我就填了一个大学。我估计那个入境处的人是个特工，他就通过这个来收集情报的。他说你在大陆干什么的？我说我是教书的。在哪儿教书？我说我在四川大学教书。他真的找出一幅成都的地图给我，很详细的，问我四川大学在哪里？他怕我是说假话。我说九眼桥，他就问七问八的。后来问我，你一个月拿多少工资？我想这个该怎么回答，我说有一百多块钱，其实当时我只拿77元。他说绝不可能，因为当时香港普通职员月薪有2000港元。怎么讲他都不相信，一百多块钱不可能，他说我说谎话，我说就是这样的，信不信由你。

其实，我在川大工资还不算低的，我爱人工资也不低，她是68，我是77。在当时来讲还算可以的，那个时候大学毕业生好像是只有50元左右。我家里还是给我寄钱的，读研究生，我父亲还给我寄钱。

采访者：您读书的时候，商周的课是郭宝钧先生讲的，他讲课什么特点。

杨建芳：我看也是一般。郭先生讲课是比较平稳，不好不坏吧。你想那个时候（1952年）没有什么发掘，讲的都是解放前安阳的那些东西，郑州二里岗还没有发掘。郭先生讲课内容比较一般，不足为奇。我们也不能够拿现在的眼光来要求他们，当时就是这个样子。

采访者：苏先生他本人在之前几乎所有的经历并不是做秦汉的，为什么让他讲秦汉考古？

杨建芳：这个我不晓得。一个可能是因为郭先生是搞商周的，苏先生如果自己来教商周，那么郭先生怎么安排呢？他除了讲商周，别的不行。所以只有苏先生来教秦汉，让郭先生发挥专长。

采访者：苏秉琦他老人家上课什么特点？

杨建芳：苏先生讲课是不错的。后来批判他，说器物排队，器形学讲得比较多，搞繁琐哲学。现在回过头来看，他很注重器物排队，分期，器物的分期，这些都是基本的东西，是考古工作和研究必须重视的。他的斗鸡台发掘报告曾经被批判，现在看起来批判错了。为什么说批判错了？夏先生曾经说过考古发掘本身就是破坏。当时我们不太理解，现在我们回想这句话是非常正确的。为什么说考古发掘本身就是破坏呢？您知道墓葬、遗址埋在地下，上面覆盖的情况很复杂，我们在地表上看不到下面，你往下面发掘的时候，经常地层变了，你还没有及时发觉。再往下挖，到挖到比较深一点，才发现，哎呀！挖过头了，是不是破坏呢？当然是破坏了。哪里发掘有那么准，刚刚这个文化层交界你就发现了，一点都不挖过头，不可能的。一个墓葬，范围是比较固定的，但是墓葬里头很多器物，或者是出现了一些现象，你当时不认识，就当它好像不重要，就放过去了，这也是一种破坏的。所以，我们不可能百分之百复原原来的现象，或多或少要破坏一点。哪怕埃及金字塔的石头，都会有一点这样的破坏现象。所以从这个意义上来讲，考古本身有很多的现象如果你不认识，就有可能把它放过去了。

就好像安阳发掘，当时不认识夯土，说是大水淹的，夯土就被挖掉了。你说是不是破坏呢？所以在我们的认识还没有百分之百的有把握的情况下，有一些现象放过去了，或者是把它破坏了，你还不知道呢。所以，夏所长这个话是有道理的，要我们时刻提高警惕以免造成损失。苏先生的斗鸡台报告，可以说相当详细。他是一个墓一个墓介绍的。当时认为它繁琐，我现在看它是对的。为什么对？解放后很流行这样一种报告，比如说挖了100座墓，不可能一个一个地写，就归纳一下，选几个作代表分别介绍，其他则阙如，结果有些值得注意的现象便漏掉了。后来发觉已悔之晚矣！

考古的现场完了就没有了，不可能再复原。所以在描述的时候，应尽量详细。后来的人用它会感觉方便。其实作为一种资料性的东西，繁琐是有好处的。你用不上，别人用得上；现在用不上，后来的人可以用得上。以我现在的眼光看来，斗鸡台作为原始记录还是可以的，应该有详细的记录，如果把它简单化，后来的人便很难利用它了。

采访者：您的魏晋课是谁讲的？

杨建芳：魏晋南北朝是宿先生讲。

采访者：他讲课怎么样？

杨建芳：宿先生讲课有一个特点，讲得很清楚。可是那个时候，魏晋南北朝也没有多少材料。我记得好像讲过封氏墓，资料也不很多。他后来还教过我们古建。一般来讲，那时的教材，拿我们现在的眼光来看，当然不足够，这是时代的局限，我们不应苛求前人。至于讲课，宿先生讲的是很清楚的，效果是不错的。

采访者：您刚才提到夏先生来讲过考古学通论和田野考古方法。

杨建芳：不是田野考古方法，是考古学史。

采访者：他讲课什么样？

杨建芳：他讲的普通话温州腔调很浓厚，开始不容易听懂。这是没有办法的。不过他讲课讲得很仔细，很详细，这一点是他的优点。说一句老实话，夏所长是一个全才，在考古界来说，是一个全才。田野非常杰出，我们解放后清理车马坑，是他第一个清理出来的，那个车轮的木头不是没有了吗？夏所长把它清理出来了，这个还是从夏所长开始的，后来人都是跟着他学的。

另外有件事给我的印象非常深。定陵的发掘，看起来容易，做起来难，为什么呢？现存在地表上，它有什么难的？但是你要知道，定陵我们是不可能打探沟的，那就破坏了。当时明朝政府是有记载，怎么样进去，怎么样出来，它的出入口是在什么地方，它是有记载的，但是明朝灭亡之后，这个资料没有了，现在要去找。发掘定陵，是吴晗提出来的，说是要北京添一个游览的地点。去发掘定陵的时候，北京市文物工作队的赵其昌他们就去搞这个发掘，找了好久找不到入口，后来找夏所长去。夏所长去了以后，他周围走了一遍，他观察到，有一个地方有一个裂缝有点问题。他就建议他们，因为外面是一层皮，灰土那个皮，就从裂缝这个地方把灰土皮刮掉一些，看看能不能找到入口。后来他们就讲，刮掉以后一看果然就是入口。这就说明夏所长田野工作的能力是非常非常了不起的。

夏所长在研究方面也非常突出，开了很多头——罗马金币、波斯银币那是他开始搞的。纺织也是他开始搞的，他利用汉代画像石复原汉代的纺织机器，纺织的纹路是怎么样，赵信、王亚蓉那是后来才跟着夏所长搞起来的，夏所长在纺织问题上是开头的。玉器本来郭先生解放前写过玉器的文章，夏所长本身不是搞玉器的，但是他有两篇玉器文章写得不错。第一个是讲商代的玉器。他首先提出来，要利用考古学的方法来研究玉器，不能够走过过去所谓金石的路子，去按照古书对照，这也是一个有开创性的思路。还有一个，他写了一篇文章，就发表在考古学报上，就是《关于考古学文化的定名问题》，这也是一个很重要的问题。我们现在有很多书追求精装、铜版纸，但是很多精装书都是垃圾。但夏先生就这一篇文章，就非常了不起，为什么呢？因为当时在考古学界，我发现的这个东西能不能算一种文化，我没有把握。所以有山东龙山文化、河南龙山文化、陕西龙山文化，还有湖北龙山文化，就是都有一点像，现在当然不这么叫了。所以在什么情况之下，该定为文化，在什么情况下，不应该定文化，这一篇文章，它的重要意义在这个地方。所以夏所长在这些方面，在很多领域都开了一个风气，开了一个头。中西文化交流他也写了一些文章，所以我觉得夏所长应该讲，是很了不起的，田野也得行，室内研究也得行，这种全才恐怕我们考古学界今后不太容易再出现了。

采访者：您的人类学通论是林耀华讲的吗？

杨建芳：对，那个时候他教原始社会史。不过，他讲的很简单。后来我跟张忠培到民族系去听课，是因为他请了一个苏联的专家，民族学的专家，叫切博克沙洛夫，他倒是一个莫斯科大学的教授，这个人还不错，知识也蛮渊博的，后来还跟吴汝康学了一年的体质人类学。

采访者：好像韩寿萱还给你们上过课，教博物馆通论。

杨建芳：没有，他是博物馆专修科的主任。院系调整后他没有过来，到历史博物馆当馆长去了。

采访者：1952年您去参加第一届考古人员训练班了吗？

杨建芳：是俞伟超，他之前是博物馆专修科的，所以他是第一届的辅导员，但是我是后来转进来的，所以只参加第二届、第三届还有第四届的辅导员。

采访者：您参加了三届辅导员？

杨建芳：对，至少有两次我是比较清楚的，第三次我就不肯定了。

采访者：第一届您当过学员没有？

杨建芳：我们不是学员，我们是辅导员。学员是从各个地方的考古队抽调来的，派来的。那个时候训练班的主任是裴先生，上课的都是北大的老师，后来他们干脆就到北大来上课了。好像牟永抗他们当时就在北大上课了，就上了几个月的课。我那个时候一个人在半坡。

采访者：那是第三届。

杨建芳：一个是在郑州，好像是在二里岗。

采访者：那是第二届吗？

杨建芳：反正有两次我是记得很清楚的，第一届我有没有去。我现在记得至少有两届。那个时候北大去的学生都是辅导员。

采访者：那是您第一次去实习吧？

杨建芳：不是。第一次实习我是在洛阳，我记得很清楚。那个时候辅导我们的是吴汝祚，我跟徐连成两个人是一个小组，跟吴汝祚一起发掘一座西周墓。那是我第一次参加田野发掘工作。

采访者：那是哪一年呀？

杨建芳：大概是三年级的时候吧。因为四年级我们就快毕业了，这个年份我记不清楚。我跟徐连成两个人是一个小组的。那个时候吴荣曾跟黄展岳、俞伟超他们三个人是发掘汉墓的，就是后来烧沟汉墓发掘报告，他们是参加编写的。他们那个时候是在洛阳搞汉墓，我跟徐连成是搞西周的墓葬。其他人我就不太清楚了，我记得的就是这些。

采访者：您对挖二里岗还有什么回忆吗？

杨建芳：在二里岗发掘的时候，安志敏好像是我们的辅导员，后来好像有一篇二里岗的发掘报告，在《考古学报》上发表。我跟徐连成好像还帮他整理了一些陶片什么的。

采访者：为什么一直是您和徐连成搭档呢？

杨建芳：这是很偶然的，反正当时是实习，分到哪里就到哪里，也没有选择。

采访者：当时大家一起去实习，你们几个男生谁的田野技术稍微好一点？

杨建芳：很难说。反正大家都是刚刚开始搞田野发掘，都比较生疏。

采访者：1951年的11月，有记载说50级的本科生跟着安志敏和钟少林在陕县和灵宝做了调查？

杨建芳：对，我去了，还有黄展岳。我们两个人。

1953年第二届考古工作人员训练班学员在旅途车上。右一为杨建芳。

采访者：就是您和黄展岳两个人。

杨建芳：对。

采访者：还有其他人去吗？

杨建芳：没有。当时俞伟超是在另外一个地方，他是调查三门峡的漕运遗迹。我记得当时他是在三门峡那边，所以他后来写了《三门峡漕运遗迹》那本书。我们那时候是在黄河水库调查队，安志敏带队，和钟少林一起，学生里就我跟黄展岳两个人。

采访者：都跑哪几个县？

杨建芳：主要就在陕县，好像还没有过河，过河是平陆，没有到平陆。因为那个时候交通很不方便，我们都靠走路。

采访者：可能明天有几张照片，您给帮忙认认。我们找到一些可能是陕县调查的照片，但是上面的人我们也不认识。

杨建芳：是不是坐在马车上？

采访者：对，还打着扑克。

杨建芳：好像没有打扑克，我记得有一张照片是坐在马车上，因为我们的行李是用马车来运的。在北方是雇马车，或者是牛拉的车。调查工作是靠走路的，我记得好像有一张照片是坐在车上照的。

采访者：当时都主要是调查哪些呢？

杨建芳：当时主要发现比较多仰韶遗址，另外大概也有点河南龙山的一些遗址吧。

后来写的一份简报，在《考古通讯》上，好像是用黄河水库考古队名义，具体的我也记不太清楚了。

  采访者：您跟黄展岳先生的主要任务是干吗？

  杨建芳：那个时候还是跟着实习。

  采访者：实习是干吗呀？给他们捡陶片还是？

  杨建芳：跟着他们跑，看看地形，通常遗址是分布在河流两边的台地上面，在台地上跑一跑，捡一些陶片，做些记录，或画些草图，很少照相，就是这一些。

  采访者：先生，在陕县和灵宝这样跑，去过仰韶村没有？

  杨建芳：没有去。因为当时是配合三门峡黄河水库，估计有一些地方大概要淹没的，才到那些地方去跑，故没有到仰韶村去。

  采访者：当时庙底沟遗址发现了吗？

  杨建芳：是那个时候发现的。史前的遗址一般来讲，地表上有很多陶片，这个陶片在我们考古来讲，那就是很重要的一种识别的手段，所以我们经常要开玩笑讲，考古都是眼睛往地下看。

  采访者：您在考古人员训练班当辅导员的时候，您还记得您负责的是哪一个小组呢？

  杨建芳：我记得有一次是陕西跟河北组的。陕西组有一个女的，后来调到故宫去了。河北的那个后来好像改行了，这两个我印象比较深一点。

  采访者：那个女的叫什么您还记得吗？

  杨建芳：陈贤芳，后来她调到故宫去了，她是陕西的。男的是叫游什么，我一下子想不起来叫什么了。后来有一次是带我们广东考古队的，好像那两个又改行了，不在文物部门了。后来我到广州去，问起麦英豪，他们好像都不在文物部门了。还有一次我记不清楚了，这两次我是记得比较清楚的。

  采访者：1954年的4月的时候，按照记载说是50级有五位本科生，和邹衡在洛阳调查，还发现了汉河南县城，您那次参加了吗？

  杨建芳：没有。1954年4月我们马上要毕业了。如果去了我应该有点印象。

  采访者：您1954年去土改了吗？

  杨建芳：没有。

  采访者：班上谁去了？

  杨建芳：土改很早了，不是到1954年才去的。

  采访者：就是说有一个土改12团，在江西泰和县土改，有您吗？

  杨建芳：没有。这个是这样的，王琦好像是在土改里头还犯了一个什么错误，你这么一提醒我就知道了，是。那个时候王琦应该是和吕遵谔同班的，后来分到南京档案馆去了。他们是去土改队了，我没有去。

  采访者：第三届训练班的时候是1955年了，您应该已经毕业了？

  杨建芳：对。当时那一年考古的训练就在半坡，所以我和石兴邦先生就在挖半坡，应

1961年于北大西门合影。左起：张忠培，俞伟超，杨建芳。

该说是训练班借半坡来搞实习。

采访者：您觉得考古所和北大合起来办考古专业，两家合作愉快吗？

杨建芳：我不觉得有什么问题。我也不好问这种事情。我觉得应该是比较融洽的。因为北大本身自己没有人，当时就只有宿先生跟阎文儒先生两个人。那你要搞一个专业，课程要配套，不利用外面的力量那怎么可能呢？当然，苏先生跟宿先生心中会不会有什么想法，这个我不太清楚。当时好像主要是苏先生负责的，他是教研室主任，宿先生是副主任。苏先生不是每天都在北大，大概一个星期来两三天。

采访者：50年代那次民族调查您去了吗？

杨建芳：去了。

采访者：您去了哪儿？

杨建芳：我跟张忠培一起到广东北部的连南民族自治县，搞了一个多月。

采访者：是调查瑶族吗？

杨建芳：对。跟民族学院的师生一起去。

采访者：您对那次调查还有什么回忆没有？

杨建芳：我也记不太清楚了，那个时候大概是拍过照片。后来回北大的时候，张忠培不是长沙人嘛，我们两个人在长沙停留了几天。我住在他家里。

采访者：他家的条件怎么样？

杨建芳：一般。我也不太了解他家的情况，反正他家有自己的房子。

采访者：他这个人好相处吗？

杨建芳：我觉得没有什么不好相处的。到现在我跟他的关系还不错。我跟俞伟超的关系也很好。张忠培我倒觉得他是这样的，搞新石器时代考古很投入，肯钻研，工作敢承担责任。应该讲他在考古研究方面还是成绩突出的。他后来在吉林大学工作也搞的不错。情况大概就是这样，其他的我也不太了解。

采访者：那次去连南调查，您印象里那个时候的瑶族是什么样子？

杨建芳：当然很落后了，那是一个山区，很不方便。我也不知道现在那里怎么样，那个时候那个地方是比较落后的。

采访者：去民族地区吃住习惯吗？

杨建芳：那时有一个苏联专家，夫妇俩跟我们一起去的，所以这个县里头就很重视安全。我们住宿都是集体住宿的，我们没有被安插到农民家里去，就等于说我们去实习的人，大家住在一个小区域内，好像住在一个乡政府什么的单位里面，没有直接在少数民族人家里头住。我记得我们那个时候去，好像还有一个国民党的小官僚的半洋式的那种房子，有点像洋房一样的，被用作乡政府。我们当时还没有跟农民住在一起，也可能考虑到民族关系吧，怕引起民族纠纷之类的麻烦。当时县里还派了县公安局长跟着来，做保卫工作。

采访者：瑶族有什么风俗吗？当时看到的。

杨建芳：一方面是到瑶民家里访问，做一些记录。具体怎么访问，都是听民族学院的人教，也看林耀华先生他们做一些示范。那个时候苏联专家在给瑶民做人体测量。我们去的时候很凑巧碰到两个节日，两次活动。一个是当地叫"放牛出栏"，牛本是关在栏里，把牛放出去叫放牛出栏。就是这一天所有家庭里的年轻妇女，包括结过婚的也好，没有结婚的也好，都可以自由在山上唱山歌找男朋友，就是一种谈恋爱吧。整个山上到处都是唱山歌。

采访者：结了婚的也可以参加，当天就可以随便找男朋友？

杨建芳：对。而且没有人管，就那一天是不限的。"放牛出栏"这名称不太好听。我想应该是群婚的残余现象吧，这是我们看得很清楚的。

采访者：当时如果说有瑶族的姑娘找你们，你们怎么办？

杨建芳：不会的，我们只远远地看他们，我们没有人参加的。刚才讲过，我们到下面去就怕犯违反民族政策的事儿，所以我们没有住在农民家里头。访问的时候，也是两三个人一个小组，一起去问。我们也没有参加他们的活动。

另外还有一次，刚好有一个老人死了，好像还是个巫师或头人，从他家里头送葬一直到埋葬地，整个过程我们都看了。人死了以后，不像我们那样放到棺材里头。他把人绑在一个椅子上，像坐在椅子上一样，连椅子一起抬。到处游行，完了就送去埋葬。这个也可说是一种风俗吧。

采访者：当时你们去那儿跟人家言语通吗？

杨建芳：有翻译，县里派了翻译过来。

采访者：你们照相人家同意吗？

杨建芳：那个时候照相你们要照就照，无所谓。他们没觉得照相会对他们有什么伤害之类的。他那里有一个头头,还是县里的统战对象,好像挂了一个县政协委员的头衔。所以他们也有一点汉人的那种意识,因为那个地方有汉人,做小生意的。

采访者:就有点汉化了。

杨建芳:对。

采访者:您觉得虽然只有这一次民族学调查,对您后来研究有用吗?

杨建芳:在当时来讲,我们倒不觉得对考古有什么多大的帮助。但是现在在我的研究当中,就觉得有用了。但不是这一次有用,而是少数民族里头有一些东西,对于研究玉器有用。譬如说我有一个学生,她跟一些外国人到贵州少数民族地区去参观,拍回来一些照片,我看到少数民族的耳朵上戴的那个装饰,就跟我们的玦非常像,所以写书的时候,我也利用了这个资料。就从玉器上来看,他们还保留了早期的一些耳饰的特点。其他我就看不出来了。

采访者:您当时毕业的时候写毕业论文了吗?本科。

杨建芳:那个时好像没有。本科实习大概写过一些东西,那个时候还没有要求我们交论文。

采访者:您是作为新中国培养的第一批科班学生,毕业的时候是怎么分配的?

杨建芳:由教育部统一分配,我就分在考古所。

采访者:当时是分了几个去了考古所,你们几个人去了。

杨建芳:我、俞伟超、刘观民、林寿晋等人。

采访者:黄展岳去了吗?

杨建芳:对,还有黄展岳。

采访者:那就是至少你们五个男的分到考古所了?

杨建芳:是的。徐连成是直接分到山大,古代史教研室。

采访者:陈慧呢?

杨建芳:到河北。

采访者:陈慧为什么被分到河北去了?

杨建芳:在石家庄。我们也不知道这个分配是怎么搞的。他是分配到河北,就相当于现在的河北文物研究所,但那个时候没有这个机构,那个时候机构都还不健全,叫文物单位,他是分到那里去了。

采访者:当时给您分到科学院考古所,您愿意去吗?

杨建芳:当然愿意去了。

采访者:为什么呢?

杨建芳:因为它跟我的专业是符合的,我本身学的就是考古,而且当时考古研究所也可以说是大陆的考古一个尖端机构了。

采访者:去了之后给您分到哪一个队了?或者是哪一个研究室?

杨建芳:由你自己选择参加哪一个组,他有新石器时代组、商周、秦汉,当时就三大段吧。魏晋及以下的好像都还没有，我就选择了新石器时代考古。这是凭自己选择的，这倒不是所里头派的。

采访者：为什么喜欢新石器呢？

杨建芳：刚才不是讲了，因为我读顾颉刚的《古史辨》，牵涉到三皇五帝了，我就开始对上古的历史觉得很神秘。所以这样的话，引起我对这个时期的兴趣。刚好新石器时代它是在这个阶段的，所以就选了新石器。

采访者：报到之后夏所长给你们训话了吗？

杨建芳：没有，夏所长很随和。去了就上班了。

采访者：也没有搞一个欢迎仪式。

杨建芳：没有。那个时候好像人也少，没有几个人，考古所的人很少。

采访者：当时他们的五虎上将都到齐了吗？

杨建芳：对。就是他们几个人，没有别的人。夏所长一个，秘书王明是搞哲学的，王仲殊，石兴邦，王伯洪，安志敏，还有张云鹏、陈公柔，就这几个人。张长寿是后来才去的，我们去的时候他还没有到考古所。

采访者：这几人什么特点呀，比如说石兴邦是什么特点？

杨建芳：他主要是搞田野，他田野工作很不错。人也很随和，很好相处。考古所我觉得安志敏比较难相处，石兴邦是比较随和，王仲殊我不熟，我没有跟他一起出去工作过。其他人我看一般好像也没什么，所里头就这么几个人，而且我们常年也在外面。

采访者：王伯洪的记载最少，他是什么样的人？

杨建芳：当时他是所里研究人员当中唯一的一个党员。当然尹达他是兼考古所所长的，但不经常来。我看他为人不错，正直公道，群众关系也好，不过业务上好像没有突出的表现。他原来好像是辅仁的，好像也是历史系的。解放前好像就在考古所。因为那个时候梁思永先生他们都在那里头。

采访者：他当时在所里是负责什么呢？

杨建芳：他当时是一个助理研究员了，好像他也没有什么多大的职务，后来跟张长寿他们在长安的张家坡一起发掘，后来钟少林也去了。

采访者：钟少林是从哪儿来的？

杨建芳：我去了他就在那儿。他好像在国民党军队干过，也不知道会不会记错。解放后他就参加工作，他怎么去的考古所我也不知道。他这个人脾气不太好，田野工作还可以。他好像是北京人，我听他讲话是北京人。但是他的文化程度好像不太高，从来没写过东西。他不是研究组的人，好像是属于技术组的，但是他又不在技术组工作，是跟研究组的人工作的。我们是属于研究组的。

采访者：陈公柔这个人怎么样？

杨建芳：他搞田野不太行，搞文献不错。反正我到考古所后，没看见他下去过。他可能早期下去过，后来就没有下去了。

采访者：您说安志敏难相处是为什么呢？

杨建芳：安先生用我们现在的话说，有点个人英雄主义吧，因为他是跟裴先生的嘛，而且他搞考古也还是比较早。所以从考古的角度来看，他应该是那种年纪不大，但是资历又比较老的。在为人处事方面，他好像不是那么太融洽，特别是跟地方上的关系不太好。比如说河南，对他就不太欢迎，所以安先生在这一点上来讲，是相处比较差一点的。所里头好像夏所长有时候都对他也有点看法，就是他有时在文章里批评人家有一些不是那么太客气吧，比如说四川的那个船棺葬报告。

采访者：冯先生的报告？

杨建芳：对，就是重庆巴县地方的那个船棺葬报告。报告是有缺点，而且缺点还不小。安先生就写文章，在《考古通讯》里说人家这本书根本不能用，这就太过头了。所以后来夏所长只好私人写一封信，给冯汉骥先生作解释。在这些方面，用我们现在话说叫逞能。有时候有点过头。为什么河南对他不欢迎呢？人家郑州二里岗的商代城墙，他一直不承认，说你们搞错了，不是商代的。后来安金槐他们把那个城做了一个解剖，从打破的关系上确定它就是商代的，他还不承认。像这些，我觉得他好像有一点居高临下，指责人家，态度上不太好，所以人家对他就不太欢迎。就我所知道的情况来看，他作为一个中央机构的研究人员，应该在作风上更好一点。你对下面的工作怀疑是可以的，你怀疑也要实事求是地怀疑。人家打破关系、陶片什么的都介绍出来了，我们没有理由不承认这个吧？现在是没有人怀疑它了。是不是？所以我就觉得这一点有点做过头了。

采访者：王仲殊这个人怎么样？

杨建芳：他是党员，但有点脱离群众。他是很聪明的，日文很好，英文也不错，但他搞的研究太窄了，他搞秦汉的。但是后来我看他写的文章，主要还是搞铜镜。他现在还在吧？

采访者：还在世。考古所当时有几个老先生，比如说黄文弼、陈梦家与您有过交往吗？

杨建芳：我接触过陈梦家。他的古文字跟铜器研究，还有古书的一些底子都还是不错的。但是在为人处事方面不是那么太亲和，有点高高在上吧。他在考古所主要是写了不少西周铜器断代的文章，他在青铜器方面应该说还是不错的。古文字还是可以的，他那一本《殷墟卜辞综述》现在看起来还是不错的。黄文弼不时见面，但未接触过。

采访者：您到所里之后见过梁思永吗？

杨建芳：有，见过他。

采访者：他这个人怎么样？

杨建芳：他那个时候生病了，因为他就住在考古所，我们也是住在考古所，所以有时候会见到他。我没有跟他谈过话。我倒觉得他田野工作，在安阳主持那几个大墓的发掘，不简单。安阳发掘田野工作主要是靠他。李济主要是在于开风气，做学术领导。安阳工作李济在那儿领队，就说作为开山祖，他的功劳也是有的。我读过他一些文章和一本讲殷墟的书。我觉得他的分型分式分析太琐碎了，也不说明问题。他不是根据打破叠压关系去分期的，所以那个靠不住。等于说玩排队，一、二、三、四怎么排，给人家划好了的，但实际情况哪有那么简单的。现在很少有人用他的说法。他的功劳主要是开山。

采访者：您在考古所之后的第一个工地是哪儿？

杨建芳：就在半坡。那个时候刚好是在训练班，要辅导他们学员。夏所长、裴先生、安志敏、石兴邦、王仲殊都去了。那个训练班完了以后，我和石兴邦就接这个摊子。那个算是我到考古所后的第一个发掘工地。之前在洛阳发掘西周墓，郑州发掘二里岗遗址，这些都是带有实习的性质。

采访者：是不是在半坡发掘初期，有人还有点质疑石兴邦的发掘方式？

杨建芳：我不知道有这回事。他是一直在那里，从头到尾他都在那里的。我大约是在半坡工作了一年多，后来我就回北大当研究生去了。

采访者：其他的遗址您就没挖过？

杨建芳：还参加过华县泉护村遗址、湖北红花套遗址、江陵纪南城遗址等的发掘。在陕西长安还挖过西周墓，后来在《考古学报》有一个发掘报告。

采访者：是普渡村那个吗？

杨建芳：对，就我跟石兴邦。

采访者：普渡村那个墓是什么时候挖的？

杨建芳：这个我也不记得了，这个可以查一下。

采访者：墓怎么发现的？

杨建芳：是农民发现的。开头是农民发现的，不过我们去基本上还没有破坏，所以还是按照正常的考古的操作发掘的。墓不是很大，一个土坑墓。

采访者：冬天还是夏天？

杨建芳：应该不会是冬天，因为冬天在西安一带地就冻了，我估计可能就是秋、夏的时候吧。

采访者：当时挖到那么多铜器兴奋吗？

杨建芳：说句老实话，那个时候，我们对铜器的认识也就是郭先生在课堂上教的那一点商周课程，它的内容相当于后来的考古学基础，有本书叫《考古学基础》。虽然郭先生是专门搞商周这一段的，但是刚解放的时候，基本上没有挖过大的铜器墓，武官村大墓是1950年发掘的。

采访者：1950年发掘的。

杨建芳：对的。以前的铜器大墓都是解放前挖的，郭先生主持武官大墓发表是在我们毕业后，所以在我们读这个专业的时候，老师讲课的内容现在看起来都是较浅的。因为解放前的材料大都没有公布！我对铜器的兴趣是因为我到了中大以后，我的课里面要讲铜器，我讲中国艺术史课，讲商周要讲铜器的。因为这个原因，我才又重新把铜器的资料再找回来看。这是后话。

采访者：挖半坡的时候，当时心里有聚落之类的这种概念没有？

杨建芳：没有。不过那个时候有一点很明确，那时发现了很多房屋、建筑，有一条壕沟，附近还有墓地。当时也认识它是一个村落，所以那个发掘报告的副标题是新石器时代村落遗址。当时也意识到它是一个小的聚落的一个发掘点。

（此为对杨建芳先生采访的部分内容）

采访时间：2012年1月11日至2012年1月13日
采访地点：深圳嘉宾路宝轩酒店
采访者：常怀颖、余雯晶
采访大纲撰写：常怀颖
整理者：常怀颖

记忆

——

郑振香

1985年11月25日郑振香先生在工作中

简　介

　　郑振香，女，研究员。1929年出生于河北东光县。1950年考入北京大学博物馆专修科，1952年院系调整后进入北大历史系考古专业，学习商周考古。1954年毕业，留校任考古专业助教。1955年改为研究生，师从尹达先生攻读商周考古，1955年毕业，分配到中国科学院（今社科院）考古研究所。曾任洛阳队队长，1962年到安阳队任副队长（队长尹达）、队长。自1962年至2002年长期在安阳殷墟从事田野发掘与研究工作。曾发掘大司空村、苗圃北地以及小屯村周围的殷代遗址。重要发现有妇好墓、武丁时代宫殿宗庙建筑群。

　　曾任考古所职称评定委员会委员，社科院历史、考古学职称评议委员会委员。硕士、博士研究生导师，中国考古学会理事。1992年起享受国务院政府特殊津贴。

　　主要论著：《殷墟妇好墓》（合著），《殷墟玉器》（合著），《殷墟青铜器》（合著），《安阳小屯》（合著），《安阳小屯建筑遗存》，《殷墟的发现与研究》（合著）等。

采访者： 郑先生，您是北大50级的同学，您当时为什么会选博物馆专修科学习呢？

郑振香： 那时候北大的门槛很高。原来我是天津河北省立师范毕业的。河北省立第一师范在天津，第二师范在保定。我是第一师范毕业的。曾经上师范主要是因为初中毕业以后，家庭条件说实在也不太好，那时候上中学都是自费，所以后来我就上了师范了。解放前国民党的时候，从老早以前就有一个传统，师范院校全部免费，管吃管住。我到那一看，有现成的房子可以住。另一个原因是，当时我有两个选择，一个是去考卫生学校，一个是去考师范。同学问我，"你以后想干什么，你想学护士，还是想当小学教员啊"？我想了想，我还是想当教师，所以我就去考了师范。就是因为读师范，所以英文的底子就不太好。因为在师范的时候英文一个星期只有两次课，到考大学的时候，觉得自己的实力不行。考北京大学的名额又少，自己觉得没有实力，所以就报了博物馆专修科。

另外一个因素是，我认识比我高一年级的同学，他叫甄溯南，后来跟着裴老研究古脊椎去了。他也跟我说，这是新设的一个专修科，而且社会上有需要，以后好找工作。那时候也是第一次考虑北大，所以就选择专修科了。我的机遇其实还不错，当时北大有两个专修科，一个是图书馆专修科，一个是博物馆专修科，1952年院系调整，图书馆专修科就改成图书馆学了，博物馆专修科的命运就好像不一定了。当时夏鼐先生不主张建博物馆学系。他说"在外国，博物馆里的专家都是考古的"，他主张搞一个考古的学科。所以最后的结局是，博物馆专修科取消，在北大历史系设考古专业。我们这些博物馆专修科的同学就转到考古专业。当时北大博物馆专修科有三个组，科学组人不多，有一个女同学叫宋佩纶，后来她就到了植物系还是生物系，她学植物生理，就她一个人到那去了，美术组、历史组的都到了历史系。那时候北大历史系的主任是郑天挺先生。郑先生接见了我们这些同学，就说"欢迎你们到历史系学习"，我们听了也很高兴。当时入北大历史系算是一个机遇吧。而且当时我就是喜欢学历史，但是不敢考历史系嘛，所以才考了这个博物馆专修科的历史组。但是后来这真是命运，又有机会来学历史，又到了历史系。

采访者： 1952年成立考古学专业前后，课程的变化大吗？

郑振香： 变化那是大。专修科的时候也就是北大历史系给外系同学开中国史，就是中国通史，讲一年。那时候给我们讲课的先生叫杨翼骧，后来到南开大学了，现在也算是比较有名的教授。后来我们到了历史系就不一样了，历史系的中国史就分作几段来讲，就是原始社会、奴隶社会、封建社会。原始社会，就是夏商周之前，也有说传说时代的，那个时候基本上是按社会形态来分的。奴隶社会和封建社会时间就比较长了，也按朝代来讲，夏商周是第一段，下限一直到战国，这就算奴隶社会一段。再往下就是封建社会，他也要分几段，就是按汉唐到元明清来区分。具体讲课的时候是四位老师分开授课。

那时候我们因为在博物馆专修科学过史前史，是裴文中先生讲的史前考古，所以我们到历史系后上课的第一个老师就是张政烺先生，他讲的夏商周。那时候不讲夏，就从商代开始讲。他上课特别是甲骨文资料用得比较多。我们到历史系的时候，已经第二年了，给我们讲课的第一个老师就是张先生。后边秦汉这部分是余逊先生，先生是余嘉锡先生之子。隋唐到宋是邓广铭先生讲的。元明清是邵循正先生讲的，原先是搞近代史的，他研究元史、蒙古史。

在50年代初，北大历史系开课的老师可以说都是中国顶级的，在世界也是少有的，都是很有专长的。就像张政烺先生，他对中国历史很有一些独到见解，他对古文字也很有研究。所以，后来有时候有些同学就抱怨说我们这一代人什么都没赶上，就搞运动了，没学到什么。我说也不尽然，我们赶上一批最好的老师，过了那个年代就再也没有这样一些老师了。即使他们在，也不给你讲基础课了，我们去的时候讲基础课的都是很有名的一些教授，我觉得北大的50年代是非常了不起的。

采访者：当时考古专业的课程都有哪些呢？

郑振香：考古专业成立，应该说考古学界里的老前辈尽了很大的努力推动，是非常热情积极的。比如裴文中先生，成立博物馆专修科以后他就给我们开史前考古，正式给我们专修科讲课，比较有名的老师，一个是他，一个就是沈从文。沈从文主要讲美术史方面的东西，也很有用，铜器他讲的少，主要讲的是漆器啊、丝绸啊、玉器啊，还带同学们去参观故宫等处。考古专业的课程跟现在也差不了多少，首先就是考古学通论。考古学通论是夏鼐先生讲的。他简单地讲考古的历程，是从宋代开始讲，他讲金石学，说金石学跟考古学有一定的关系，但它本身又不是考古学。金石学就是中国人早期研究古代的学科。金石学就是从宋代开始的，吕大临的《考古图》为代表。金石学到后来就对器物不太重视了，但是对文字很重视，尤其是到了清代，朴学兴起，又推动了文字的研究。后来甲骨文能够很快地被认识，跟前面也有直接关系。因为清代时候孙诒让、吴大澂等都是研究金文的大家，由于金文和甲骨有很多字是相同的，不过写出来还是不一样，所以金文的研究帮助了我们认识甲骨文的规律。

50年代那时候课程基本上跟现在差不多。原始社会，那个时候叫"石器时代考古"，主要讲的是新石器时代。石器时代是一个阶段。那个时候的考古学家还是侧重在新石器、商周考古、秦汉考古、隋唐考古，宋代以后元明清讲得不多，资料也少。当时中国的考古学基础底子很薄弱，主要的一个是殷墟，一个就是宝鸡斗鸡台。这两个地点是中国学者做的工作。另外就是安特生的那个六期说，就是从齐家、半山开始的。不管怎么说，当时夏鼐先生就讲，安特生在那个时期的工作还是有益的，但也纠正了安特生的错误。那时候讲课当然还是依靠考古研究所的力量了。考古学通论是夏先生讲的，新石器时代那一段我们没再学，因为裴老讲过了，但我们以后的几班都是安志敏先生讲的。商周考古这部分就是郭宝钧先生讲。1952年办考古训练班，也是请了很多有名的专家去讲课。因为我们这个班是中间改了学制的，所以时间就很紧，系里说你们听过的训练班的课就不用再听了，我们也没有再坚持去听。所以比如说像苏秉琦苏先生的课我们就没听，再后来也就没机会在本科时候听他的课了。我们后来学习跟专业相关的课程，就是古文字学、古器物，还有张政烺先生讲的古文献学。在课程里，他给我们讲一些古书，特别是十三经系统的这些书的内容。我们班分专业也比较早，从三年级就开始选定了方向，再选修的课大都是有关方面的。

汉唐方面的课程有一些像石窟寺这类的，应该说和后来变化不是太大。只不过就是开课的人变化比较大。比如，我们上课的时候讲古文字学是张政烺先生讲的，后来张先生因故离开了北大，唐兰先生来讲过一段。唐兰先生讲的时候是1956年毕业那一班，他讲的时候我在北大当助教，我也去听他的课。感觉两位先生讲的不一样。张先生讲课是从《说文解字》的路子上来的，"一元天方，起一终变"，能认识的字他讲讲字的结构、来源。唐兰先生讲的时候，比较侧重于片子，不一个字一个字地讲，对他所考释过的字，或者说他认出来的字，他就做一些分析。那个时候的老师，各有各的长处。史树青先生就说，"张政烺先生人家学习就是从学《说文解字》开始的，所以他的底子特别深厚"。

那时候北大的培训方式里还有一个重要措施，就是带我们出去参观。我们这个班去过云冈，后来又去过龙门，外出参观比较多。

现在的基本课程与50年代没有太大变化，只不过内容是逐渐充实。开始的时候内容比较少。比如像商周考古这部分，主要就是讲殷墟，后边的就没有多少，宝鸡斗鸡台有一些资料，另外就是解放初期新发现的一些材料。特别是殷墟，在我们上学的时候正好赶上1950年发现武官大墓，我们都去参观过，所以印象比较深。总的来讲，内容比较少。汉唐时期的考古也是一样，资料也少。不过，在那种条件下，讲课的老师还是尽量把当时能够收集到的一些材料都集中起来讲给同学。我是从考古训练班听的课程，我觉得基本内容也就是那么多，解放前做的工作里汉唐基本没做什么工作，所以讲的时候也就很为难。有的时候讲讲昭陵六骏啊，反正都是能够看到的那些。

但是，从那时开始，课程结构是基本确定下来了，内容也在逐渐充实。其实从北大来讲，想搞考古学的系列教材，就是做一套教科书，至少1952年就已经酝酿了。但是到我毕业之前我们都在搞提纲。1959、1960年以后已弄出四本来，应该说在考古学界也有一定的影响，特别是对各大学。但是后来主要一个是因为"文革"的关系，另外一个原因就是老师更换，所以到现在没写出来规划中的多卷本，这是非常遗憾的。其实应该说，北大起步最早，完全有能力做出来。这件事宿白先生最清楚，做了这么多年了，这中间又因为人员的调动、去世，影响很大，特别是俞伟超先生调走了，邹衡先生又去世了。邹先生好像倒是在他生前就说过，"我这个（案：指1979年版《商周考古》）就不动了"，可是实际上作为教材来说，不动是不行的。因为那么多新资料你都不要，你那个稿子完成是什么时候啊？所以我想后边的同志对这项工作还是要坚持延续下去。虽然也是有困难，但还是应该完成它。考古所也不容易，考古所编多卷本《中国考古学》搞那么多年，虽然后边那几本到现在也没弄出来，但好赖已经把夏商周卷弄出来了。考古所以前不提夏，现在

1950级学生在北大合影。前排左起：李仰松，郑振香，俞伟超，杨建芳。后排左三刘观民，左五黄展岳，左六吴荣曾。

有二里头了，所以就出了《夏商卷》《两周卷》。去年又出了两本（案：指《新石器时代卷》《秦汉卷》），反正就是陆陆续续的吧。

采访者：您刚才提到了第一届黄埔班，第二届黄埔班实际上您也参加了。

郑振香：也参加了。

采访者：您还记得当时培训班的一些事吗？

郑振香：那当然也还记得一些。那个时候开幕式都是请郭老郭沫若去给讲话。他那时候正在写《奴隶制时代》，所以去讲话的时候，我们有的同学就说这是来亮相的，是给训练班的同学讲话。但训练班的大部分同学哪懂什么奴隶制时代啊，实际上他主要是讲给北大的教授听听。那个时候古代史分期问题是一个热点，他的讲话就等于是一个开场白，主要是讲他对古史分期，尤其是对奴隶制时代的看法。在训练班的其他讲课，也和北大的讲课差不多，苏秉琦先生讲的汉唐，配合1952年、1953年那两届的训练班，田野发现还都不错的。因为解放后挖了一些汉墓啊什么的，所以多少有点资料。在训练班时期的课程内容，已经比1950年前后要充实了。各个阶段也都有老师分头讲。隋唐这一段是阎文儒先生讲的，可能是阎先生讲的。那个时候他还是根据材料来设置课程，也讲了石窟寺。训练班的同学们跟北大学生一样，到汉唐这一段也学绘画、瓷器、漆器，也都会讲的。那时候讲瓷器的就是陈万里，那是位很有名望的老先生了。讲丝织品、漆器的应该还是沈从文先生。绘画是徐邦达先生。讲丝织品的时候也到故宫里去看看什么叫缂丝，各种类型的丝织品都去看一看。在北京学习，有一个好的条件，就是可以到故宫、历史博物馆这样的地方去看看实物，看看各种东西的标准。瓷器也是照着几种窑，至少是青瓷、白瓷，什么窑口出来的，讲一些基本的东西。讲漆器的时候，什么叫雕漆啊，什么叫描金啊，什么叫绘彩啊，什么叫剔红啊，都有相应的标本可以看到，上课的时候应该说各种器类最精华的东西都还是介绍了。所以到后来教研室就说你们年级干脆不用再学了，因为再学吧，真也超不出那个范围，毕竟那个时候资料太少。因为训练班集中时间学习嘛，所以内容很多。后来训练班也还真培养出一批人才来。训练班里有一些人，人家上过大学的，领会很容易，他上手会很快。训练班的教学结构是照着北大来的。训练班也有一个教务处，宿白先生作为教务，课程就得由先生安排，在这一块北大是内行嘛。在授课的时候，你讲哪一段的，需要哪些学科配合，就会给你安排。比如说商周时候讲课，器物不会讲别的，只讲商周的器物，配合商周考古的主线来介绍，主要的授课方式就是这样。

采访者：在训练班第一次实习的时候，您是先在郑州还是先在洛阳？

郑振香：先在洛阳。

采访者：是在烧沟吗？

郑振香：对。

采访者：后来才到二里岗去的？

郑振香：对。

采访者：当时田野的辅导教师是谁啊？

郑振香：那时候我没有参加辅导，我是就跟着人家学。那个时候地方上也有一些同志，人家经验比较多，人家挖过。我们虽然上过训练班，但是实践很少。所以在田野实习的时候，有时候就帮着别人说一说。我们好歹是学过这个课程的，在认识上比较明确或者说听课领会比较深刻一些。但是实际上我没参加辅导工作，没做那个。他们后来有人记载说我参加了辅导，其实我没有正式参加辅导。我那不叫辅导，那等于是帮别人，帮助第一次接触文物工作的人。训练班的学员来源很复杂，有一些是上学、毕业的，有一些是地方上搞文物的，有一些是文工团转业的，有的完全没有基础，跟我们有一段距离。所以跟我在一组的人，我就帮着他，比如说画图什么的，我多少有点基础，就简单地给说一说，告诉他应该定基线，然后怎么画。一个组有好几个人，你不一定都每张图都自己画，所以就帮别人讲讲基本方法，然后让人家去画。训练班也分了几个小组，课程之后也都有讨论。没人发言的时候，我就开始带头发言，讲讲老师讲的我怎么领会的，我是怎么去学习的，有哪些新的启发，就是用这样的方法去帮帮别人，参加训练班就是一个接触实际的机会。

采访者：当时在发掘阶段的老师是谁？

郑振香：第二届我记得比较清楚，开始是夏鼐先生去的，在洛阳实习的时候两个阶段。先是夏鼐先生，夏鼐先生待了两周吧，烧沟的测量什么的，都是他亲自去做的。有一些同学他们看到了夏先生怎样工作，都说夏先生真不简单，说一次能记几个点。测量的时候别的人都记得慢嘛，顶多记两个点，夏先生他就是一次能记六七个点，所以夏先生就给同学很深的印象。夏先生还有一点，他按时上下班，坚决不落在学生的后边。他讲课因为口音的关系不是太清楚，但是到了最后总结的时候，夏先生给大家印象比较深。到后来夏先生要走了，裴老来接替他带下边的实习。为了他们两人的交接，正好又是八月十五，就开了一次会。本来主要是为了欢迎裴老，但是到开会的时候，大家都对夏先生特别推崇，说夏先生讲课，讲的挺清楚，层次清楚，他的敬业精神同学们感受特别深。夏鼐先生他是特别认真，所以给同学印象也比较深吧。在那个会上夏先生讲得很有意思，他就给同学们讲，"不是大家都发了一个月饼嘛，我再给大家讲一次地层，月饼就是分为三层"。讲完了，他说如有同学说"我还没听明白"，他说"月饼已经吃完了，明年八月十五再给你讲"。夏先生他讲话是很风趣的。他走之后，河北省的学员孙德海就说，"夏所长给我们留下的印象太深了，我们以后要学习夏所长，要努力工作"。

裴老这人很热心，我们班感觉他讲课还比较系统的，但是到后来一些学弟学妹们都不是太欣赏他的讲课风格。但是到后来，一到实习，一认识那些个兽骨啊，古代的那些化石，那裴老的学问就显出来了。所以他们后来就说，到底是老先生！裴老是不简单的，他自己也是挖周口店的，在世界上也很有名。有一次邹先生说，在日本开会，日本人就表示对中国的三个人很尊敬，其中一个就是裴文中先生，一个是杨钟健先生，还有一个我记不清了。那个时候讲课的那些老师，不管是讲主课的还是讲辅助课的，当时都是比较有名的教师。讲绘画的徐邦达，他在故宫也是比较知名的先生。

采访者：1953年4月的时候，宿先生、阎文儒先生、刘慧达、吕遵谔先生是带着您这个班去大同实习。那次主要是去看什么啊？

郑振香：那不是讲了石窟寺了嘛，石窟寺当然要看实物了，就要去大同。因为当时大同是最早的，昙曜五窟，杨人楩先生和他的夫人张容初先生也去了。

采访者：杨先生的夫人也去了？

郑振香：这些人都去世了。杨人楩先生是携夫人跟我们一起去的。去的过程也挺艰苦的，那个时候一路上风沙很大。我记得下了车以后还要坐大卡车，才能去石窟洞子里。去洞子的时候，刘慧达她很有兴趣，我那时候也看不懂，本来也还没有入门呢，所以也就没太大的兴趣。到了中午说让休息，我就真睡着了，刘慧达就跑到洞子里去转去了。不过经过那一次，我们的收获还真的不一样，比如说什么叫犍陀罗风格的纹饰，就是穿的衣服很薄。那不是印度的风格么，这些风格当时刚从印度传进来，在绘画史上这个也叫"曹衣出水"，但"曹衣出水"那是画出来的，这是刻出来的。所以，它那线条特别纤细，要是光说名词，那你记不住，可是在云冈你一看就知道了，就是很薄的那种丝织品的衣服贴在身上的感觉，一条一条显出曲线。中国画史上说"曹衣出水、吴带当风"，就是讲这个。曹衣出水是印度来的那套，吴带当风说的是唐代吴道子的那种风格，就是到唐代，舞蹈的时候衣服都飘起来的样子，唐代都是这么画的。所以你看了大同以后再看龙门，就感觉到这个风格差异了。龙门有几个窟也是北魏的，北魏、北齐的就是和大同接近的风格。到了唐代，那就是一个发展的过程。中国人善于吸收外来的东西，也善于融合。虽然形式佛还是佛，但是它的衣服都像中国的，就不再贴在身上了，在绘画上也就显出来了，但是在唐代以前绘画的资料保留的不多，大部分都是石刻的资料。

采访者：石窟寺参观主要是阎先生讲还是宿先生讲？

郑振香：讲课主要是阎先生讲的。

采访者：当时老师们是怎么在窟里头现场教学的呢？

郑振香：告诉你要怎么画图啊，就是跟考古测绘课相结合讲一些。再就是结合画面来讲。在云冈这方面讲得不多。在课堂里比如讲敦煌的时候，敦煌壁画里头不是讲本生、佛传宗教故事嘛，本生故事是讲佛前生的事情，佛传故事是讲佛今生的事情，基本概念就是这样,内容是舍身喂虎等,我听了那个课我能记住一些。因为云冈讲的时候,主要是讲授这个时候的艺术特点多一些,主要是一些感性认识。另外一个当时我们也还是学生嘛,原来也就是历史的基础比较好,对考古的东西比较生疏。说实在的我中学的时候听都没听过,所以那次去了就算是开开眼界吧。对于我而言,不一样的就是有一个感性认识,知道了那大佛挺高的,印象比较深。

当时就配合这样一些讲课,去进行参观还是有利的。去龙门参观过一次,是因为到那去实习,实习结束或者中间,会对周围的一些古迹啊什么的都去看一看。那个时候我们也参观了关林、龙门,还有汉魏故城也要看一看,到那走一走。还看了当时"孔子问礼碑"的保存情况。这些东西当你看过以后,都能有一些印象。不过想学的某个阶段的遗存,看了就自然会更深入,你不学这个阶段的,看了以后也是开开眼界,将来你遇到的时候,起码你知道。我记得考试的时候遇到名词解释,有一些从历史专业转过来的同学,他对有些名词不知道该怎么解释,而我们那个时候在博物馆专修科的时候就已经学过了,所以会比他们容易一些。我当时说,接触新东西是需要的,有一些东西是你以后要专门学的,有一些东西你一开始就要开阔眼界。确实是有一些东西它有发展的过程,它有一个从早到晚的一个过程,光知道早,或者光知道晚,都不行,你要知道源流变化。看到什么都要跟课程相结合,这是北大教学的一个优势,还是比较合理的。北大当时就从猿人一直讲下来,这个学科体系是合理的。我刚才已经说了,这个课程的安排和教学方式几十年来就没多大变化,后来没有多少新的发展,可能最近这几年在科学技术方面有新的改进,其他的还是原来的,只不过资料越来越多了。教师整个来讲,应该说还是后来居上,这是发展规律。但是你要讲学术底子,你赶不上上一代人,跟上一代人是有差距的。学历史这个感觉会更明显。考古学呢,因为前边的基础比较弱,现在咱们资料比较多了,也就慢慢成了体系了,但是要是从个人来比较,那就感觉到跟前面的先生相比,差距还是很大。我觉得人贵有自知之明,我们这一代人比起李济、夏鼐来说,差距还是很大的。底子这个东西是没有办法的,像我们这一代,小学时候在抗日战争时期,解放以后运动比较多,我们赶上那一个阶段的"向科学进军",那个阶段我还在学校里,也就那一段时间的收获最大,也最安心向学。

采访者: 1953年11月您去参加灵宝和陕县调查了?

郑振香: 上灵宝、陕县那个调查我没参加,参加的是有俞伟超、吴荣曾。去灵宝调查我的回忆是这样,当时在张政烺先生的课程上,谈到原来就有一个传说,说在灵宝那一带发现了墓砖,砖上都刻着刑徒的名字,就是刑徒墓的刑徒砖,说原来古董商说是在灵宝一带出土的。那时候我们经常和老师接触,吴荣曾他们从洛阳回来以后,大概就是吴荣曾,可能还有其他同学,张政烺先生就问起来,说"你们在灵宝听说没听说过出过刑徒砖",吴荣曾就说没听说出土过。因为张先生老早就怀疑原来那个说得不对,他认为应该是在洛阳。后来到70年代,考古所在洛阳发掘,果然发现了刑徒墓地。这件事在张政烺先生的文章也提到过。

采访者：我们看到有一些资料显示，50级所有的本科生分成两个调查队，去陕县和灵宝去调查，是和考古所一起组成的"河南调查团"，指导人员是安志敏和钟少林。

郑振香：这个不是我，我没去。那你说的这个肯定有俞伟超和刘观民。那个时候分组的，它不一定是全班，反正这个地方我没去。我和林寿晋回京去考古所整理材料。

采访者：我们在库房里找照片的时候还找到一些在灵宝和陕县调查的照片，看到是有俞先生的照片。

郑振香：俞先生跟刘观民先生可能去了，没让我去。后来我去过平陆盘南村，那不是调查，而是为了给北大选实习地点。读书时候我调查的地方主要在洛阳周围。

采访者：然后就是1953年冬天的时候，到1954年春天咱们有四个同学在安志敏指导之下去整理过二里岗，您班是谁去的？

郑振香：那个我也没参加，当时是让我和林寿晋两人到考古所整理大司空村的资料，就是1952年周永珍和马得志在殷墟大司空村发掘的材料，那批资料里的晚商陶器，还有一些战国的资料，放在一块整理的。林寿晋整理洛阳东关泰山庙的殷人墓。当时我们班一部分同志是留在洛阳整理汉墓，那是在我们实习以后，也挺艰苦的，是蒋若是先生指导的。后来就写了《烧沟汉墓报告》。吴荣曾先生十年前有一次他还讲到，五铢钱的分期，西汉如何、王莽时期如何、东汉如何，那都是在那段实习整理材料的时候发现的问题。当时讲课的时候，因为没有材料，也缺乏实践，老师也讲不出来，是他们在整理实习里头，找出来的一些规律。

采访者：当时本科生实习不是好几个阶段吗，第二个阶段是室内整理，您的室内整理就是在安阳？

郑振香：不是在安阳，是在考古所洛阳队，发掘到的资料很少，写了简短的实习报告。

采访者：郑州二里岗的整理您参加了吗？

郑振香：二里岗整理好像都不是让我们这班同学去的。

采访者：我看记载是说您班十个同学分成了两组，六个人在洛阳整理烧沟汉墓和战国墓，还有四个同学是在郑州整理二里岗。在资料室里还有李仰松先生整理报告。

郑振香：我觉得那整理就是很一般的整理，就是教你学学怎么排队。那个不是太正式的实习整理。

采访者：从记载来看，从1953年的冬天一直到1954年的春天，时间还挺长的呢。

郑振香：那我是在考古所马市大街整理的。

采访者：是在考古所？

郑振香：在考古所整理的大司空村。那时候在那有一套房子，现在的隆福医院那里。我们就在那整理。那一年冬天开始就住在东厂胡同。我住在那，每天去隆福医院的房子里整理。那时候考古所也有现在的房子。整理实习肯定是在这个阶段，那时候我们就跟着周永珍排殷墟的陶器。大司空村的陶片还是挺多的。但后来到写的时候，就跟我说"这批资料太多了，实习不用写这些，你就写战国墓吧"，我说写战国也可以。那时候我跟着周永珍先生学的东西，就是老先生的那一套方法了，鼎排鼎，鬲排鬲的，就这一套，这个办法不如苏秉琦先生的办法。苏先生的排队都是一个单元一个单元的，所以比较容易区别早晚的年代顺序。但如果是打散了排真没办法，这个办法并不好。后来真正学习排队，说实在的，我觉得还是在洛阳和赵芝荃那班同学实习的时候。那时我在当助教，正好是在苏先生领导之下整理中州路的东周墓葬，就是《洛阳中州路》报告里的那批东西。通过整理那批材料，我才真正学会了怎么搞文化分期。就是一批战国墓，把不同时期的材料摆出来，同一个时期的一摆出来，你就比较印象深刻了。鼎是什么样的跟什么样的，壶是什么样跟什么样的，所以到后来我就是比较倾向于以组合为线索进行排队。墓葬更要以组合为重，尽量不要把它打散。原来的整理方法中，有一个倾向就是，哪一件器物比较好，做的比较周整，表面也比较光滑，就是挑那个形象，把原来的组合都打散了，就不容易判断出来年代的变化了。

采访者：就是在 51 级实习时候您觉得您学的东西更重要？

郑振香：对，我觉得跟他们实习的时候收获大。尤其是跟苏先生，他是按一个墓一个墓的，比如说春秋的，战国晚期的，怎么从鼎、豆、壶到鼎、盒、壶，鼎从无盖到有盖。在同学实习的时候，我也画了一套卡片，就是学会了这个基本的方法。所以后来我去安阳，就赶上了郭振禄这一班，就是 55 级的他们一块儿在大司空村实习。那一次，我就感觉有了跟苏先生在一块儿做工作的经验，打下的这个基础非常好。所以，到安阳队工作的时候，我就不打散单位排队了，就根据地层划不同时期。

59 级的那个班实习运气也不错，遗址能分期，墓葬也能分期。虽然没挖着大司空村一期的东西，但是挖到一个比大司空村一期略晚的，所以也就是在那时候基本上确定了四期的框架。后边三、四期，安志敏先生原来没分，他是分作一、二期，一期是相当于武丁时期的，后边的他笼统地划为一期。因为我学过甲骨文，给了一个支撑吧。我看了陶器、罐子什么的能够跟甲骨的东西结合起来，而且也能够和 1955 年河南省考古队发掘的材料相印证，所以我才做出了我自己的分期。郑州考古队挖到一片甲骨，是 1955 年配合基建挖的。我认为相当于康丁到武乙这个时期，可能更接近武乙时期，因为从陶器看不算晚，到不了第五期，这里说的分期是甲骨文分期，所以我就把那个分成了第三期了。

我觉得在那个时候，同学实习收获比较大。在那折腾了一冬天我就感觉到，这就是里面的学问，陶簋、陶鬲分别是什么样的，就等于说分类识别了。一直到后来我觉得夏先生都不太重视文化分期。其实呢，文化分期是一个比较研究的基础。我认为在这一点上，苏先生的研究方式很有独到之处，那是他自己从斗鸡台遗址发掘就开始探索的，当时他已经有这个基本思路了。所以后来带学生的时候，我也是用苏先生的那个方法，这个方法在研究起步阶段是比较好的。所以，也正是因为这个方法，苏先生他比较早地就认识到白家比半坡早。

采访者：1954 年的实习您是在河南还是在陕西？就是本科最后一次实习的时候。

郑振香：河南，我一直没到陕西，大学时候的实习我一直在洛阳。毕业实习的是找西周王城，主要工作是调查，其实西周城哪里那么好找啊，但是反正还是有收获的，捡了很多的瓦当。那些瓦当都是半瓦当。整个活动的范围也就在中州路附近。不过那时候还没有现在的洛阳中州路。那时候的工作还是在配合基建，在配合基建的过程中去找王城，就是要找周王城，找到以后才能让人家不要在这王城里头建设什么违规的建筑。因为那时候期待最理想的应该是找西周的王城，但是找到的是东周的东西。另外后来最关键的是找着了有"河南"二字的陶片。汉河南县城是在王城的基础上建起的，文献上有一点线索，但很大部分还是推测的。通过所里的工作，最终还是确实找到了这个城址。后来到我去时，曾挖到一个挺大的一个建筑，在洛阳的报告上，就是赵芝荃先生最后完成的《洛阳发掘报告》上。那个报告是我在那儿的时候写的。这应该说跟前面的工作是有关系的，应该说苏先生开始做起来的工作。当然，苏先生在那儿搞的主要工作是在中州路一带挖墓，调查苏先生他也做了一点。但是他对墓葬的上层是按遗址来发掘的。苏先生当时的发掘方法，并不是说就掏墓葬，因为他虽然已经探出来墓葬的范围了，但他还是那样，他开的口大一点，把上边的遗址也都发掘清理了。虽然当时的发掘不像后来大面积探方法揭露，但是苏先生的工作方法还是获得了很多遗址的信息。所以在报告里发表那么多居址材料，公布那么多瓦当资料，他都发表，也挺仔细的。在《洛阳中州路》那个报告上发表的很多半瓦当，都是兽头状的饕餮面，很明显。所以学习是个积累的过程。

采访者：之后您在北大留校先是助教后来读研究生了，您觉得本科期间哪些老师对您日后的工作或者学习影响最大？

郑振香：我觉得对我影响最大的，当然就是张政烺先生。张政烺先生他比较重视学习历史，我自己当时也倾向于学历史。因为我原来就想学历史嘛，所以我觉得张先生的指导都非常实际。因为那时候正好是在批判白专道路，他也不是和运动唱反调，他就对我们说"你们现在不念书，你以后就记不住了"，他曾经说过，"念书就是过了一定的年龄你就不行了，你们现在就是要抓紧时间念书"，所以我觉得他这种指导方式挺好。他讲古文字课呢，我前边说过，讲得很有意思。他按《说文》讲，讲"一元天方"，他也给你讲片子，你也要认。那时候我当古文字学的课代表，到他家去我们都挺随便的。我们到老师家去，他也问你学的怎么样。因为我跟王承祒认识，王承祒曾经教了我一些甲骨文的知识，所以我到上课去学的时候就比别人先走了一步，每次到先生家，我也跟他说说我最近学的情况之类的。我们那班同学都是老高中毕业的，基础都比较好，我就跟老师说我们班同学学的都挺好。但是我们班实际上也有没选这门课的。比如李仰松他学新石器时代的，他不学古文字。学了这门课的有吴荣曾、俞伟超、林寿晋等，学的几个人都可以。反正我对张先生接触比较多了，所以对他的印象比较深。

另外印象深的老师就是尹达。对他印象深是因为那时候开始读研了，尹先生是我的导师，他对我说话不多。他也忙，就跟我说："你学习上有什么问题，你就去找张政烺先生，他什么都懂；考古嘛，他也懂，你就找他。我也没那么多时间。"另外他也说："有机会你就要发掘，多参加发掘。"这个给我的印象特别深。搞考古他是中央研究院出身的。当年的中央研究院，一批人是坐在家里搞研究的，一批人是下田野的。他就跟我讲，越到后边，下过田野的就越占便宜。所以他就跟我说："一定要干田野。下田野的机会有了，就容易出成绩。考古工作田野是第一的，没有第一线的经验、感觉，没有新材料，就不会出成绩，更出不了新成绩。"他举李济的例子来跟我讲："你看到没？李济他并没有很明确的目的，但是新郑发掘他也去了。虽然没有多少收获，但是他也参加了一次发掘。"解放前那时候因为发掘的机会很少，不像现在到处都有工地，那时候发掘的机会不太多。他说田野工作一个人做不了几十年。但现在回头看看，我还真做的年头不少。他那时候对我说，你们趁年轻的时候多到下面去发掘，多做实际工作，取得第一手资料。他举的例子实际上就是讲梁思永，梁思永在殷墟的发掘次数不多，但他是非常突出的。

我觉得对我影响比较深的老师，就是这么两位。要说直接帮助比较大的除了上边的两位先生之外，就是苏先生。因为我的考古操作和研究方法和思路是苏先生教给我的。研究一些问题，要扩展思路，与历史学的基础还是非常有关系的。我觉得要是历史学的基础好，对于问题就能挖掘得比较深。从老师们的情况就能看出来，凡是对历史学学习得比较深的，对问题的研究就深入，容易和别的联系起来。要是光学考古的东西，不注意其他学科的知识，就不容易深入。不是瞧不起别人，但是要是写报告的时候，老是就墓葬写墓葬，就不容易写深；就不能跟当地，跟那个时代的历史联系起来，你找不到背景，就不容易把问题研究深入。要是能把背景钻研得深，你的东西就能弄得好。比如要写湖北、湖南的墓葬材料，只有把他和楚文化联系起来，才能写得好。

采访者：您能说说您上研究生时候的事吗？

郑振香：上研究生的时候不是太重视考古，我觉得考古这套东西我已经基本上掌握了，我那时候就想念书。所以，那时候我就跟尹达先生说了，说我们大学的时候没有好好读书，学的东西就是比较一般的规律性东西，所以现在想好好看点书。尹达就说"那你找张先生看看，该看什么"。张先生说："你读读《左传》《国语》吧，也可以读读《诗经》，可以开拓思路。"所以我就开始读《左传》，认真标点了一遍《左传》，结果我现在只剩下当时标点的那一套里头的一本了，其他几本搬了几次家都丢了。那时候我读《左传》还是比较系统的。其他的书来说呢，《史记》里头有关商周的我选着读了，《史记》读起来就比较容易。张先生说让我先读《左传》，读了《左传》再读《尚书》什么的就容易了，并说"左氏不传春秋"，虽然《左传》是《春秋》三传之一，但它本身就是《春秋》，和《公羊》《谷梁》还是不一样的，他自己成一个体系，你学了这个以后，记住多少不重要，但是可以提高阅读能力。后来，要是提起哪个事来，我就知道是从哪里出来的。再比如说，郭沫若写的很多文章你就都知道他引文的来历了。这个功夫还是很重要的。所以，现在回想起来，我觉得过去的老先生为什么《十三经》都熟悉呢？那就是因为他们起步早，而我们在高中时却都没有机会让我们学。要是从高中开始学，我们都能学会。可是问题是，当时不是这样设置课程的，只有当你到研究生的时候，才有这样的机会去读这些书。我觉得学了古文献的阅读以后，至少到后来应用到文献时，自己也就能去查找了。

再一个我觉得为什么对张先生这样尊敬呢，就是因为后来要去读甲骨文的材料。我刚才不是说了么，我跟王承祒是同班同学，他最早教了我甲骨文的基础知识。那是因为在"三反五反"的时候，博专让我们俩人整理图书。他问我，你懂甲骨文不？我说我不懂，我就在我哥哥写字的时候认识了几个小篆。他就说"我教你！"他这个人也挺热情的，后来很可惜，在肃反的时候自杀了。王承祒当时说"你不要从一个字一个字地认"，他教我是从甲子表开始的。那时候结合古代史分期的讨论，我就把有关农业、奴隶赏赐这一类的片子看了一些，我学他用很小的纸条做了卡片。到后来听张先生讲课，我有了看过甲骨和小部分片子的基础，就比其他同学容易一些，比如哪些字和哪些有联系什么的，就都比较容易了。而且后来至少可以说，我能引用甲骨文资料去说明问题，我懂得这个基本的内容该用在什么地方。我要是没有学过甲骨文，这个就会比较困难，但是学过就会不一样。所以我觉得不管上大学上研究生，在知识结构上还是要完善，打下比较好的基础，这样才能对以后的发展有利。

但是，人贵有自知之明，我们这批人就因为没有从小念书，没有打好基础，比起老先生们来就是不行。教育和知识这件事确实是百年树人。北大如果说要再出张政烺先生这样的一批专家，二十年内的培养是解决不了的，至少要五十年以上才行，我这不是说着玩，你别看考古能够写能够用，但是深入地研究，有开拓性的认识，还是不行。北大简、清华简的整理，有那帮老先生就方便多了，现在整理者也是当年这些老先生带出来的，也是很不错的，这也很不容易，你必须很熟悉文献和材料，才能整理，不然是整理不出来的。所以我觉得基础的东西还是要靠积累，考古的东西，操作容易上手，但是你要想深层的研究必须了解那个时代的历史背景，这个积累就是必须的。

采访者：您当副博士的论文题目是什么？

郑振香：题目啊？我没写，我读研究生的时候是学苏联，研究生是四年制的。后来在学习期间国家就跟苏联闹翻了，苏联专家撤走了，北大就自己来培养研究生，但是制度就变了。当时倒是想写毕业论文，但是不是不学苏联了嘛，论文就取消了，包括世界史和中国史的学生，就都不写研究生论文，就这样毕业了。而且学制也变了，以前我们也是照四年制，后来照三年制，也不用上四年就分配了。

不搞论文的时候，那正好是很多学术单位搞民族调查的时候，我想我在家待着也没意思，也快毕业了，我也就不想在家念书了，所以我就参加了民族调查。那时候夏自强主持系里的工作，号召历史系同学去参加。当时好多同学，比如现在在河北省的姚宛真他们那一班的很多同学都参加，连许大龄先生都参加了。我说我也去参加，当时我想去研究彝族，到彝族区从横的方面了解一下奴隶社会的情况。夏自强当时说你征求宿白先生的意见，宿白先生也同意了。后来宿白先生他也去西藏组了。我们是跟云南组先走的。到后来我们毕业的时候什么也没写。倒是在当助教期间，苏秉琦先生让我们写过一次学年论文，就是一篇论文，是一篇关于西周金文分期方面的文章，后来给张先生看了看。写这篇文章是受唐先生的启发，就是金文的"王"字、"宝"字、"贝"字三个字在成王时候怎么写，康王时候怎么写，晚期怎么写，然后再和器物联系起来，就写了一篇小文章。当时学习铜器的文章，也和教研室的安排有一定的关系，因为当时有一段时间想培养我将来研究西周。

后来我觉得，出去搞民族调查这一趟，倒比在家写论文强。因为我去的是云南，调查苗族和彝族，还是很有收获的。要不去亲自看看的话，你不明白为什么苗族他们要经常迁徙。因为确实是，土地用上几年就不行了，就得搬家，所以当地有俗语说"桃树开花，苗家搬家"。另外就是苗族和彝族的关系了，彝族里的八大家族问题，通过这次调查，对理解这些问题，都有很大的帮助。所以当时我没写论文，却有这么一个机会就去了一趟云南调查。去了云南，在那看了晋宁石寨山的新发现，挺有收获的。那时候林耀华先生说，你一箭双雕啊，你来得正好。后来我们到了滇东，滇东正好是彝族在云南地区的主要活动区域，也是龙云的家乡。龙云他那个地区的四大家族，龙云卢汉他们俩是弟兄，龙云是哥哥，卢汉是弟弟，因为龙云的妈妈嫁到卢家去了。云南的四大家族，每个家族都是上千人，三千亩地，真是了不起。现在有时候想起来那个情况，再回头想西周的情况，可能对理解西周有一些启发。比如西周时候的"大田"到底是多大？在云南那真是看到了。所以，出去这一趟真是很难得，因为毕业以后再想出去转转就不行了，那也是机会吧。那次出去调查是林耀华先生带着我们。滇东地区是彝族的分布区。当时的调查组大部分人他们都愿意上白族区域去，大家都对白族地区有好奇心。

采访者：在北京的时候，您听说过川大的冯汉骥先生吗？他也是做民族学出身的，后来石寨山发掘以后他不是帮着整理去了吗？

郑振香：我知道他，但是没有见过。我们这个组里没有冯汉骥，有杨堃。他是法国回来的，当时在云南大学的教授。那时候民族学的基础比考古学更差。考古学那时候好歹还有一打教授，他们解放后连十二个都凑不出来，所以他们比较起来更薄弱一些。所以，当时的民族调查也搞不太好，因为调查人员主要都是学历史的，缺少专业人员的指导。那时候我还在北大呢，北大去的人不少，老师里有许大龄，还有田余庆先生的夫人李克珍。后来他们大多数人争着去滇西，因为滇西风景比较好，再一个比较暖和，白族是文化水平比较高。而滇东则是彝族的分布区域，大家去的意愿比较低。我自己那会儿是因为想结合搞一点彝族、苗族调查，所以去了滇东。民族调查收获很大，比如说捻线，我以前一直在想纺轮怎么用，到那一看，一下就明白了。还有像织布，织那种很窄的布，就是用最基本的织机——一个很窄的腰机弄在腰间织布。以前我只在书上看到过外国人的调查资料，到那儿实际看到了。确实古人的文化，这些地方就停滞了，真是非常原始。尤其是苗族，苗族还没有土地，租种彝族的土地，所以苗族就是老搬家。我在那儿也写一些资料，写调查报告，收到很多资料。

采访者：当时因为政治的原因，就像杨堃、林耀华先生他们的人类学没法做了，所以只能是做这种最基础的民族学调查了，但是他们从学术背景来看的话，都有西方人类学的背景的。您在调查中和他们相处，能感觉得到么？

郑振香：对，人类学跟民族学应该说是不能够截然分开。人类学嘛，它是从体质人类学这一方面讲得比较多，比如说测量人种之类的。但是解放以后他也没那个条件开展研究。而且，当时开展这个民族学调查，就是说我去的那个时候，从中央的角度讲，搞民族调查是想抢救一批资料。当时的民族资料还是相当丰富的，它既有原始社会阶段的，像佤族、独龙族，等等，都比较原始，连衣服都没有，真是前后就挂一个板儿；奴隶社会阶段的就像彝族；而大部分的民族，还是属于相当封建社会的特征多一些。民族调查这个活动本身也等于抢救一批资料，能够从横的方面看待社会发展。比如彝族，也有由奴隶制社会向封建社会转变的苗头，但他不是整个的社会现象。彝族在当时是所谓"凉山八彝"，就是有八个大的家族。其中特别有名的叫阿杜家，一个叫阿侯家，他们各家都有奴隶，哪家厉害他就会逃跑，人贩子也会在中间撮掇，奴隶不想在这家，可以去那家。所以各个家族之间，也有斗争也有联合，可中间仍然是分八个大部的，但是它终究没形成一个国家，没有形成统一的政权。应该说民族学也不能光停留在研究社会这一面，那样也不够，也是应该去研究人类学的最基本的东西，那样研究才能比较深入。李济原来是搞体质人类学的，他在哈佛的时候就是想学体质人类学。后来别人问他，说你懂不懂医学，如果你不懂医学你甭搞人类学，人类学对解剖学的知识要求很高，测量、分类之类的那又是一套专门的学问。所以后来李济也就放弃人类学学考古了。我们在那儿的时候，杨堃先生他们也是进行调查的，提的一些问题，也会显示出一些和人类学相关的问题。有的问题也能在当时的政治环境下显示中国有没有那么落后的现象，比如说儿子有没有娶后母的，结果发现没有这种现象。

采访者：当时杨堃先生和林耀华先生他们所接受的训练和知识体系，和马克思主义民族学是两个路数的。而在当时的政治形势下，他们的人类学传统已经基本中断了，但是在调查的时候，他们会跟调查组中没有接受人类学田野调查技能训练的青年队员去做一些人类学关注的调查问题么？比如说社会结构、亲属制度啊这些？

郑振香：讲，讲的。不过民族调查中的时候，他们这些人比较注意服饰，特别是妇女的服饰。一个民族的民族语言、民族服饰、民族节日。其实这些东西说实在的是对的，比如民族节日，你看解放后一段时间对于过年啦、八月节什么的都不是那么太重视的，但现在又开始受重视了。民族调查对于民族节日的记录也是很重要的，比如彝族有火把节，傣族有泼水节，一些大的节日都需要有人去记录。民族服装、民族的风俗习惯，生产的状况都需要我们去记录。比如种地，苗族就是"板地点白子"，他们拿一种工具，叫"剁锹"，戳个洞就播种了。像我刚刚说的苗族，他不会犁地，因为他没有犁。他就是剁个眼儿种下去，完了就收，他们也不施肥，因为也没有厕所，就是吃家饭，拉野屎。所以看了那个情况以后，我说真是人类是怎么过来的啊！到那原始的地方就不一样了。

回忆那一段民族调查也还能得到不少的知识，应该说是一个互相学习补充的过程。因为马克思主义的理论这一套东西必须要融会贯通，看起来它是两个学科，但是它实际上还是如摩尔根讲的一样，社会的发展是不平衡的。中国有没有奴隶制的问题，在一个时期里，这个问题是个热点，现在好像大家都不谈了，好像这个问题不重要了，甚至有的人现在就说中国没有奴隶制。但是在我们那一代的老师里，都承认中国有奴隶制，只是如何划分，划分在哪个阶段有差异。张政烺他认为汉代是奴隶制，他用"铁官徒"来说明问题。现在我看有的先生讲古代东方可能没有奴隶制，这可能也是一家之言，就是中国和世界其他地区不一样的地方。其实，我觉得学术界对奴隶制的问题只是对朝代划分有差异，有些现象的解释不一样，但奴隶制应该还是存在的，关键的问题是怎么研究。学术问题，一个时期有一个时期的热点。那个时候研究热点就是社会分期。因为刚解放嘛，原先咱们就是按朝代讲的，解放后就要讲社会发展史了，到现在就又有一些不同的争议了。

再比如说文明起源的问题，是1982年以后从夏鼐先生那儿起了个头，但是其实真正提出来这个问题的是张光直。我们在夏威夷开会的时候，张光直提出两个问题——一个小问题，就是说甲骨文里讲历组卜辞是早期的还是晚期的；另外一个是大问题，就是中华民族什么时候形成？这个问题没人能回答。夏先生当时是中国代表团的团长，他一向是比较谨慎的，而且那次夏威夷会议是改革开放后的第一次出国学术会议，高去寻等都在场，所以他没有表态。当时就有一个人，不是太知名学者，表态说可能在"秦汉时期吧"？但是没人言语。回国以后，夏先生就写了一本小册子。

采访者：就是在香港出的那本。

郑振香：对！后来文物出版社也给出来了，就引起对这个问题的讨论了。

采访者：您能回忆回忆您同班的同学吗？

郑振香：我们班原来就是博物馆专修科的有俞伟超、刘观民、我、李仰松，还有一个叫陈慧的，陈慧后来到了河北省了。还有一个叫李明晨的，他后来转到历史系去了。

采访者：后来十个人里的其他同学都是转过来的？

郑振香：对，进出的同学都有，一个调走的叫王笑侬，是个女同学。我们博物馆专修科历史组、美术组的就留下了，科学组的就去生物系、地质系去了。我们这几个人中进入历史系的就是俞伟超、刘观民、李仰松、我、陈慧，就我们这几个人。后来历史系的同学也可以学考古，吴荣曾、林寿晋、杨建芳、徐连城、黄展岳也来学考古，正好凑成十个人。王笑侬调走去天津工作了。我们十个人一直学到最后。

学殷周的有我和徐连成，还有林寿晋；学新石器时代的是李仰松和杨建芳；学秦汉的是俞伟超、刘观民、吴荣曾。吴荣曾知识面比较广，读书也比较系统，他当然对古代史也很熟，可是他的重点原来是搞秦汉。我们这几个同学基本上就是这样。后来也都是照自己的志愿发展去了。我就一直搞商周了，在北大也是搞商周，到了考古所开始在洛阳工作，和北大的实习也有关系，就是穆舜英他们那一班的，1960年毕业的。

采访者：应该是55级的。

郑振香：那班同学实习是在洛阳，那时候我也答应了，我说我虽然到了考古所，我也能帮北大考古做点事情。于是参加王湾的发掘，是邹先生领队。

1961年夏鼐、苏秉琦先生与57级同学在洛阳王湾发掘工地。

采访者：那是第一次挖王湾的时候吧？因为第二年不是李仰松先生又带人去又挖了一回吗？

郑振香：对，他又去了一回，但他去的那次我就没参加了。说起来李仰松先生，我找到这么一张照片。就是李仰松带着在王湾实习，那时候我在洛阳当队长，他在那儿实习，就是那次实习，我看上面有刘一曼，杨虎。

采访者：就是郭大顺先生他们那一班。

郑振香：对，是他们那一班，那一班我认识几个人，当时我记住孔祥星和刘一曼，到现在我一看杨虎什么的，基本上还都能认出来。在洛阳王湾遗址实习是1959年那年，后来调查的时候，赵芝荃说到年末了，要总结工作了，你回来吧，叫方酉生去参加调查吧，他也比较熟。我就说可以考虑，跟邹先生商量一下。我跟邹先生说，方酉生在洛阳这儿待了几年了，他还跟着调查了二里头，所以他是比较熟悉情况的，是不是叫老方来帮帮忙，我在这队里的事情就管不了了。邹先生也同意了。我在王湾就搞了一段发掘，最后的整理和调查我没参加，之后我就回到洛阳队了。

那次发掘确实收获很大，挖着好多仰韶时期的器物。我觉得邹先生很可惜，那批资料他要一直弄，早就出来了。他当时已经排了很多器物，而且排出了他的分期。他当时在洛阳队整整排了一间房子，资料都很整齐的。可惜他没有抓紧时间，到后来李仰松实习那一段，我不知道实习结果怎么样，但是我记得李仰松先生他抓业务抓得不紧，他在那批判尚钺，就在我们工作站开会。我说哪有这样实习的，搞批判的话，你去大学去吧。后来我就给他提意见，我说你抓紧时间，熟悉材料，包括以前发掘的材料，对王湾遗址做全面的了解。后来李仰松实习那一个阶段，我觉得就不如前边邹先生的那次。当然这个也有机遇的问题，但是邹先生的确对田野工作抓的特别紧。所以我在那儿，我觉得他自己在那挖到一个仰韶时期坑，他说真是个宝坑。后来苏先生去了，苏先生说陶片对不起来，以后也可以做标本。那时候虽然说材料不是商周的吧，但我也通过这次对学习方法有了认识。苏先生有时候就住在王湾村里，有时候回工作站。从他们身上看，学习过程其实就是积累。苏先生他跟邹先生一样，尤其是邹先生，那对陶片的问题上是绝对的下工夫，苏先生是从大的方面考虑问题，而邹先生则是从小处着手。邹先生让同学，挖出来随时粘对。所以他那次实习效果就不错，资料也就非常充足。现在这个报告出来了，那一年的实习是理想的，要是当年就出报告，一定不会亚于《庙底沟与三里桥》的。王湾的资料很齐全，光是仰韶这一部分的就很重要，因为它是另一个地区类型的，是秦王寨类型的。邹先生当时大部分工作都做了，可惜没写出来。

采访者：当时您是不是还劝过邹先生别在王湾实习，说那个遗址可能不是特别好。

郑振香：那个遗址开始的时候不是特别好，那地方不是怎么好。王湾嘛，就是个小村子，旁边有一台子，比较高。调查的时候觉得这个地方还行，作为实习还可以。因为实习他不会拿最好的遗址让你去实习。除非是他已经很了解的遗址，他已经做过了的遗址，才会拿给你去实习。不然交给你，挖坏了，或者如果实习的遗址你开个头，实习完走了，后边的人就不好接。王湾这个地点就算是实习完了，这个遗址也就算做完了。当初设想就是，做了以后，如果说没有特别重要的现象，以后就算了。一般的实习都会是这样，选择已经有基础的地方进行发掘，比如在安阳实习，因为安阳已经多次发掘过了。你实习的时候再去挖，辅导的人也会有点经验，知道你做得怎么样。你要是在实习的时候发掘一个新遗址，如果已经认定这个遗址特别好，他一般不会给你去实习的。

挑王湾这个遗址，是怎么确定的过程我不知道。但是后来邵望平他们班实习的情况我却很清楚。那时他们当时的实习吧，考古所给的地点是山西平陆盘南村。那时候我还在北大当助教，宿白先生是专业的秘书。他说你去一趟吧，到平陆看一看那遗址行不行。我就去了，那个遗址不是很大，是龙山时期的遗址。回来我说这遗址不行，咱们不能去发掘。因为这么多男同学、女同学，去遗址最难的一点是，它要淌黄河才能到。我记得那时候走的时候，黄河水到膝盖以上，你要淌一段黄河才能从摆渡到遗址。我说万一有人病了怎么办呢？尤其是晚上，人家说黄河不夜渡，即便有摆渡，这样不太方便，也不安全，所以我就说不行。其实当时苏秉琦先生他心里有底，他想上华县发掘去，但是他在考古所，以他的身份他不好说"叫北大去华县挖吧"。后来宿白先生说你找尹达同志谈谈吧。我就跟宿白先生说，"咱们得有底啊，要不然人家说你想上哪去？"后来就说去华县吧。所以，我就去找尹达先生，我去了，我说这个地方实习不行，遗址确实还可以，是个龙山的，我还描述了下那里采集的盆、罐的样子。但是这个地方不行，这么多人实习再发生点事怎么办，那小地方也没医院。尹达先生他就说："那你说哪可以啊？北大希望去哪里啊？"我说希望到交通比较方便的地方去，我说听说好像华县有好几处遗址都不错。那时候正好刘观民在华阴发掘，我曾经去参观过，还登了华山。我就跟尹达说，我去华阴看过，还不错，去华县比较适合实习，交通方便，遗址也是新石器时代的遗址。其实，当时考古所是把殷周当作工作的重点，对新石器不是特别在意，而且全国的新石器时代的遗址也多。尹达想了想觉得可以，就同意我说的了。后来他就跟所里说，就让北大上华县去，说北大去调查过平陆的遗址，遗址还不错，但是因为淌黄河这么多人不行，真要淌黄河的时候，有的行有的不行，会出危险。其实，淌河这个事，有的人你让他淌过去小河他都不敢，别说让他淌一段路的黄河呢。当时我跟谢端琚两个人从那儿淌水过来的时候，就是从盘南回来的时候，谢端琚比我还累，就在那哈哈哈地直喘。从那个遗址过了黄河，这边就是陕西了。所以说实习第一个选到王湾的情况我不知道，但是到华县的情况我很清楚前因后果。华县实际上是苏先生选的点。当时苏先生他可能已经知道这个调查的情况了，但他不好说，就说让我跟尹所长去说，因为我毕竟是尹所长的学生，是晚辈，说话比较方便，所以才让我去说。我觉得遗址本身平陆和华县差不多，确实平陆的遗址也不错，但是就是地方和交通不行。

采访者：是不是也是因为和您同样的原因，俞伟超先生他们几个人也都没有写论文？

郑振香：他是1960年毕业那一班的，我不知道。他比我低一班，我是留校了，后来一改制就说让我们改做研究生吧。我就说好啊，于是就改做研究生了。那时候研究生的生源是一个问题，你要想招考那不一定有合适的人。后来学校发现俞伟超和杨建芳不错，就想法把他们招回来做研究生。他们两人原来在班里就是比较好的学生，杨建芳英文比较好，俄文也不错，他在班里当班长，组织能力也还是不错的，他原来是想学新石器的，后来在考古所野外挖掘的工作是挖半坡。俞伟超一开始就是搞秦汉的，毕业后一到考古所，就去挖了陕县的汉墓。因为后来他当研究生了，资料就是由叶小燕整理的。俞老师在毕业前就跟着夏所长参加过调查。他参加发掘也比较长。他后来参加白鹿原的发掘，也由他执笔写出了报告。这个报告当时我没看到，因为那个时候我都不搞秦汉了，对这方面的书也不怎么买。

采访者：他到考古所工作了几年？

郑振香：这个人他出校门以后，表现出他的才能来。那个时候刘慧达就说，宿白先生他当初没看出这个人的能力。我说是啊，有时候同学之间了解比较多，老师只是看卷子，他对同学的了解不多。所以分配工作出去以后，北大也不能说后悔，反正就借着有一个招研究生的机会，就跟他们沟通，就说你要来我们免试。当时杨建芳是肯定想当研究生的，俞伟超后来也是表示愿意继续学习，所以他们就回北大了。来了北大之后，他们是1960年毕业，他们写没写论文我就不知道了。不过他们帮助系里，帮助教研室做了一些工作。后来俞伟超他在研究生期间就入党了。这次入党，也就是他后来在"文化大革命"

受到冲击的一个原因。很具体的原因我就不知道了，因为他入党以后就参加了一些活动，这些活动也就不好说了，怪谁不怪谁的，反正就那一段时间，"文革"一开始就是一个群众运动，他不是党委领导的，所以起来闹革命的这帮群众，水平是各不相同的，对他冲击也就难免了。后来又出了一些事，受到冲击他又顶不住，对运动的规律也没有认识，所以他就产生了自杀的事件。不过还好，后来在处理上还是恢复党籍，后来落实政策了，就是这样。

从那儿以后，教研室在人事团结方面，在我看来是产生一些问题了。所以说说北大的几本教材一直写不出来，就跟这段时间的人际关系的矛盾有关。后来俞伟超也调走了，这事就更没有办法了。我记得1985年我见过孙华，他到我们安阳队去实习，我就跟他说，你也是很有希望留校的，你留下以后，你要促成这几本书的出版。我说真是不容易，因为我离开那儿的时候已经有四本了，如果大家都是齐心协力的话，是能够写出来的。就是因为存在一些矛盾，影响了工作，应该说这书不出版也影响工作了。我就是这么一种看法。

我觉得这本书最好在咱们宿白先生在世的时候能够让他看到出版最好，因为他可能是从一开始就很关注这个事。最开始的时候也是学苏联，翻译希腊、罗马的教材，他们的古文物也多一些嘛，这些教材是由张广达翻译的。后来咱们就不完全照着西方的那一套办法，还是按中国自己的一些特点摸索自己的教学道路。要照自己的路走，在这种情况下，宿先生就一心想做出一套教材来，苏先生和宿先生在这方面还是起着主导作用的。考古专业的教材在全国也有一定的影响，虽然是没出版的油印本，但也有很大的影响。

采访者：俞伟超先生离开考古所去北大读研究生的时候，夏先生愿意吗？

郑振香：不愿意，当然是不愿意让他走。可是那时候提倡培养研究生，北大又是免试招考，他们两个人又愿意去，尤其是杨建芳，他对下田野也不是那么太积极的。俞伟超不一样，俞伟超他对下田野是比较积极的，而且也有开创精神，能够根据一定的思路去找新的遗址什么的。他出去调查，能在挺多地方发现很多新的遗址，有多少数量，他都有记录的。这样的一个年轻人，夏鼐先生对他也很欣赏吧。

总之，我们班上几个同学到了考古所，那年考古所还是挺高兴的。因为去的几个人还真的不错。林寿晋、杨建芳、黄展岳、俞伟超、刘观民，这几个人都不错，尤其是他们这几个人对田野都还比较热爱吧。夏鼐先生也参加过训练班，他也知道俞伟超、刘观民都做过考古训练班的辅导员，夏先生是很清楚的。当时放他们两人走，从考古所的角度来说，考古所当时是肯定不愿意放的。但是当时有这个规定，国家要培养研究生了，那当然也就只能根据个人的愿望了。

采访者：现在有一些文章说俞伟超先生离开考古所之时，夏先生很生气。

郑振香：夏先生是不是生气，那就不知道了。反正我只知道，我来到考古所以后，我们主任是说过，说我们两个同志被他们挖走了。我还说没有关系，反正到哪儿都是做考古。

采访者：当时您是在考古所的几室？

郑振香：我是在第二研究室。我们这个班定向比较早，三年级就分专业了，所以我一直就是以商周考古为主。

采访者：当时考古所就已经像现在这样分三个室了吗？

郑振香：也分。考古所分几个室，这个比较早。北大后来考古教研室的那个分室，它也参考考古所。考古所这一套是从中央研究院沿袭下来的。

采访者：分了室之后，去某一个遗址的时候，如果是挖到其他室应该研究的范围时，该怎么办？

郑振香：你说什么？我没听懂你这个问题。

采访者：假设说山西队是一室的，但是他如果发掘的时候碰到了商周甚至汉唐的东西，怎么办？

郑振香：也要做。比如说当年梁思永先生挖后岗，他就挖了三层文化的关系。挖遗址你会碰到各种时期的遗存，不可能说挖下去之后都是一个时期的。就说在洛阳发掘吧，很可能是汉代的东西多。东汉就在那儿建都，建都以前那儿也有活动，所以它上层就是汉代的遗存，底下的就是战国的。在安阳来说，一般上层可能是唐代的，很少有战国的，但是也不是普遍的，大部分耕土之下就是殷墟的，越是高的地方越是这样的。你要挖到了，你就得挖了。像大司空村也有仰韶文化，所以也就得挖掘。

再比如说我们挖了一些唐墓，就交给三室，他们愿意整理就来整理，我们也可以说是提供一批资料给你去整理。比如说安阳有一个简报就是孙秉根同志执笔写的，当时他愿意去，他写这个报告还挺认真的，还请教了徐苹芳。就是说，考古所的体制中，发掘队发掘的时候不可能都是挖到你想找的，一般都要发掘。但是有的时候把一批资料甩开了没人去整理，这种情况也有，不过我们还是尽量把它整理出来。

采访者：比如说现在的山东队基本上是挂在一室的，但是山东因为有很多商周时代的东西，这个跑调查的时候可能就会倾向于去跑新石器的调查，相反就把商周的给放掉了。这种建制是不是也有点不太合理？

郑振香：这个可能。可能一室的山东队现在就不会太关注这些问题。其实，按地区分还是比较合理的，按时代的话更不好弄。按室分队的时候他起先是考虑到了的，往往有一些东西先露头了，他就会引起重视了。还拿山东的情况来说吧，在这之前早就知道大辛庄遗址，但是没多少重要的发现，也就没有引起所里的重视。到后来尤其是90年代以来，地方做了一些工作，咱们考古所山东队挖了前掌大，这样的话，这个也就引起重视了。山东队一开始的时候就朝着山东的古文化序列去的，所以比较偏重于新石器。这跟队长的眼光、兴趣也有关系。山东队一开始去的人是高广仁，高广仁就是研究一室阶段的。到后来就慢慢地也就更倾向于新石器研究。在这儿是搞新石器的，如果有别的时代也是重要的，你也要挖。如果队里的力量不够，那你就跟所里说一下，有什么新的东西需要别的室帮忙。

但是在实际工作中，一般的工作队也不找别的室来帮忙。比如说二里头挖到一个唐墓，那个时候我还跟他们说，你们如果不愿意挖，就叫三室来人挖。他们挖，他们写就得了。但是洛阳他们还不愿意放，后来徐殿魁写的报告。这种如果不是太重要的材料，他就自己写写，比较重要他自己可以写，也可以不写，找别人写也可以，不是那么绝对的。

采访者：您能回忆一下，您是怎么去的洛阳队吗？

郑振香：我毕业以后北大准备让我留校，说到根本上，当然别的原因就不提了。最根本的原因是我愿意下田野，毕业前夕我从云南调查回来，回来就谈到这个工作志愿，我说我不想搞教学了，我在北大也待了九年了，我想换地方，我想下田野，上哪儿去都可以。那个时候到处都比较缺人，我就去考古所了。那个时候北大准备让我带学生实习，我说这个任务我还是可以完成。北大那个时候跟考古所已经说好了，到洛阳去实习。地点也选好了，后来我说同意，我去。那次是邹先生带队，我和夏超雄参加辅导，所里也跟洛阳队说了，我去了以后帮助北大搞实习。这等于是一个条件，那个时候赵芝荃也没有什么意见，我当时是队长，他是副队长，反正我尊重他，他在那儿待的时间长。

那个时候的洛阳队苏先生也常去。王湾这个遗址整体怎么样我不敢说，但是邹先生挖的时候彩陶都不少，资料挺丰富的。当时洛阳队给他们腾出一间房子来，专门放王湾的东西。那架子也都摆好了，架子都是三层的。好多人去参观，觉得邹先生实习那一个阶段，收获是比较丰富的。后来那周围的遗址都是一块儿一块儿的，我就怀疑是不是找到了遗址的中心位置。因为我就觉得遗址应该有房子，但是好像都是没有房子的遗址。后来他们碰到的情况也不太清楚了。我在那儿碰到的情况而言，倒是挖的灰坑不少，复原了不少陶器，对认识遗址和文化的面貌可以说是提供了比较丰富的资料。后来邹先生也提出王湾三期的一些基本问题。总体而言，我去考古所就是因为我就不想留校，那就分配走了，到了考古所要去洛阳挖遗址配合北大实习，我也答应他们了，我是这样到的洛阳。

但是去了洛阳也不是帮助北大实习完，就要离开洛阳。第二年赵芝荃去山东下放，去劳动了，那时候考古所每个人都有一年的劳动任务。他去了，我也在那儿盯了一年，我在洛阳待了两年，1959年秋天去的，1962年5月我就离开那儿去了安阳。那段时间也不错，也开阔眼界了，有机会挖到新石器时代遗址。在这之前我还没挖过，以后也再也没机会，也很不错。洛阳因为人类活动的时间长，所以看到的东西还是比较多，比如汉代、周代的东西。你在实际研究工作中，有实感和没有实感是不一样的。

《洛阳发掘报告》起先都分工好了，我在那儿的时候就把我负责部分的报告写出来了。后来到1962年，大家都把写出来的报告交了。但是交了以后，当时也快"文革"了，就没出版。改革开放以后，赵芝荃先生又做这个事，又做了一些修改就出版了。我在洛阳就完成了这些任务。在报告里面，我是参加了东干沟部分的撰写。但是我去洛阳的主要原因，就是因为北大实习。后来因为赵芝荃的下放劳动，所以我才在那儿盯了一段时间。

1962年所里说你到安阳去工作，那可能原来是尹达同志的意思，让我去安阳当队长。后来我说去安阳就去安阳吧。刚开始到安阳我也不是太习惯，在洛阳看惯了比较薄的陶片，从洛阳到安阳，安阳的东西一下子还不太习惯。我到那儿去的头半年，我就是忙着熟悉工作。我是 5 月 13 日到的安阳,离那一个季度的收工不远了,但我还是去发掘了。那个时候所里还说,下半年北大要来安阳实习了,开始我们就觉得北大来了之后还是继续发掘苗圃北地,但那年安阳突然发大水,苗圃北地遗址地势低洼,所以后来就改到了大司空村发掘了。从洛阳到安阳的这个工作调动就属于内部调动了。

采访者:您在洛阳当队长时候一起共事的有洛阳当地的蒋若是先生,您能回忆一下他吗?

郑振香:蒋若是他是第一届考古训练班的,因为他之前汉墓挖的多,所以他一生的研究重点就在秦汉。我们这一班实习的时候,包括俞伟超、吴荣曾、黄展岳在内,实习时候以及后来的整理,就和蒋先生一起处理的烧沟汉墓的材料,他也可以说是给北大同学提供了一个实习的条件。我们在训练班的时候,去参观龙门、关林,等等,都是他带着我们去的。这个人挺热情的,对实习的同学都还不错。他也很努力,后来他写《烧沟汉墓》,写的比较好。

在洛阳工作的时候我们接触不多,因为不是一个单位。接触的机会一个是训练班,一个是我到了那儿以后我们的党员跟他们在关林,当地的文物部门在一起开会,跟他才有接触。这个人倒是比较热情,性格开朗,比较起来还是对洛阳当地的一些文物考古、一些掌故都比较的熟悉。过去说洛阳是九朝故都,所以有时候他就讲讲当地的一些情况。别的接触不太多,反正他主要的成果就是《烧沟汉墓》的报告。

采访者:蒋先生就是洛阳本地的先生吗?

郑振香:本地的,就是本地的。

采访者:他上训练班之前是做什么工作的?

郑振香:训练班的学员是从各个省里调来的文物工作干部。第一届的那批文物干部,有一些是上过大学的,像蒋若是,四川的于豪亮,南京的罗宗真,还有麦英豪,这些这都是上过大学的,这都是比较高一级别的那些人。麦英豪的爱人叫黎金,她也参加训练班了,这些都是比较有学问的。

另一些比如从河北、河南来的一些同志,可能是高中或者初中的,还有从部队文工团转业的人员,就不是像蒋先生他们那样,比较上过大学的这些先生至少人家熟悉历史,但是对考古而言,他们都是从头来的。

采访者:那一段时间安阳队都有谁呀?

郑振香:那个时候我们的定额是 12 个人。

采访者:一个队的定额是 12 个人?

郑振香:对。那个时候我、杨锡璋、邱宣充、陈志达、江秉信、魏树勋,还有李进,他是业务辅助人员,行政人员有刘玉,还有个人叫贾金华,他是老人了。

采访者:这几个人都没听过。

郑振香:有的调走了,有的死了。还有一个叫什么名字来着,反正是 12 个人。

采访者:当时马得志先生他们去哪儿了?

郑振香：马得志先生是还没建立工作队之前在安阳工作的。一开始为了配合纱场建设，他到安阳纱场一带进行田野工作。

采访者：他和周永珍先生是吗？

郑振香：就是周永珍、张云鹏他们三个人，那个时候也算一个队，也不算一个队，是为了配合基建任务去的。

采访者：那他们就算是安阳队的是吗？

郑振香：那个时候还不能算安阳队，安阳队正式的建制还是在1958年才建队的。

采访者：1958年才建队？

郑振香：对，1959年建的工作站，在这之前零星的有一些工作，大司空是其中最重要的一项工作。

采访者：就是为了配合大司空纱场？

郑振香：对，大司空这个遗址比较大。

采访者：当时杨锡璋杨先生是不是在所里挺受器重的？

郑振香：杨先生跟我是同一年去的，他原来是在湖北队。

采访者：原来是湖北队？

郑振香：我是洛阳队的，他是湖北队的，我们两个一起调到安阳队的。他是1958年毕业的，1962年他就到安阳了。在学校他也是报商周的，后来到安阳去是比较符合他的专业要求的。我们这几个人，有的原来是学历史的，到殷墟自然地只能挖到什么就学什么。北大到安阳去了三个——我、杨锡璋、邱宣充，总的来讲那一段时间的业务人员中，邱宣充是不错的，他在他们班里是比较好的，后来调到云南去了。这个人去云南挺可惜的，对他自己，对我们都可以说是一个损失。他到那儿以后就只能搞行政工作了，也没搞出什么名堂来。其他在安阳的几个人，都干得挺不错。

安阳队在60年代没什么变动。60年代以后江秉信调走了，魏树勋死了，人也就没那么多了。总的来讲，队里的人员还比较精干。后来刘一曼去了，戴忠贤待了一段时间到1973年就调走了。好像不是1973年，还要晚一点，可能是到1977年了。那个时候夏所长已经开始管事了，都不太愿意让他走。

采访者：安阳队当时人这么少，活那么多？

郑振香：后来虽然人少了，但大家工作却都熟练了，杨宝成、刘一曼、杨锡璋，再加上原来我们几个人，而工作大体上重点也比较明确。

改革开放以后，这一段时间安阳的工作摊子铺的挺大，就是这里挖一点，那里挖一点。后来我们就想，我们的工作重点有两个方面，一个是配合基建，其中配合钢厂基建是大头；另一方面，就是重点遗址的主动勘探发掘。从1976年以后，重点遗址不开展工作也不成了。因为以前所里不主张开展在重点区域的工作，但是到了改革开放以后，经过"文化大革命"，行政力量在地方上也比较削弱了，你不挖也不行。他行政政策同时有几条线来指挥，农业有农业指示，比如上边突然来个指示，他要平整土地了，农民就当然要土地了。后来连侯家庄、后岗都要被迫去发掘。因为农民自己也知道，原来是让他们翻地时候挖到八寸，就是老尺的八寸。后来改机耕以后，就要挖到一尺二，40厘米差不多。当时特别是1976年农业学大寨，就那么一个政治形势下，到处都还是乱哄哄的情况，找文物局、文化局也不解决什么问题。所以那时候，我们重点遗址的工作主要是重点抓小屯和侯家庄。

我们就先配合各种任务先钻探，钻探以后怎么做再说。当时，我和老陈就管小屯，杨锡璋和杨宝成就管洹北那一摊，那时还有戴复汉，大家分头跑。因为钻探不需要很多人，你把它探出来再说。刚恢复正常工作那会儿，我们是1975年冬季钻探，1976年发掘。到第二年，就是1976年发掘的时候，小屯这边就是我们两个人，另外还有南京大学的张之恒老师。他那个时候也很年轻，两处都参加了工作。他到安阳那儿去进修，我说你先到小屯吧，小屯的遗址比较复杂，锻炼比较好。他就先在小屯实习一段时间，后来也到侯家庄那儿去了。

那一年都比较忙，工作量比较大，两位杨先生那边也是比较忙，正好安阳地区要培养文物干部，那时候地区还没有被撤销，就配合我们的工作搞了一个小小的训练班。这个训练班是安阳地方上的孙德宣搞起来的，他后来到濮阳了。当时他跟我们的关系也比较好，就联系我们搞地区的训练班。我们人手也不够，所以就答应了，用他们的学员帮着做点活。训练班的实习地点就在侯家庄。学员们学着剔骨架，等等，比较起来在侯家庄可以学到一些基本的技术。后来省里还挺满意的，说我们考古所先给他们搞了合作。当时我们愿意帮助他们培养干部，他们也愿意去。

当时也没觉得这种分工模式有什么不好，我们都是两边跑跑，互相参观，了解一下各自的工作情况。因为那边有杨锡璋在那儿，我就少管一些。小屯这边规模不大，就开了1000平方米，这1000平方米有3个干部看着挖也就可以了。而且我们那个时候挖，都不是一个探方一下子挖下去，而是大面积整体揭露，先让上层全部的平面露出来，尽可能地做到层位都差不多，然后再往下做。当然发现妇好墓之后，就是集中精力挖这个墓。那个时候张之恒先生也到洹北去挖祭祀坑了，所以挖妇好墓的时候，人手不够，大家都互相帮忙，像屈如忠、戴忠贤那一段时间他们都过来帮忙。特别是对于妇好墓这样的水墓大家经验都不够，所以屈如忠先生的帮助就非常大。他是一位老先生，在西安也待过，他对钻探、挖水墓比较有经验，所以挖的时候，技术上主要是靠他。那一段时间从洹河北岸请了不少工人来帮忙。

反正工作只要顺手以后，人不用太多。在安阳的时候，好多遗址我是一个人看的。不过有的时候，还是两个人好。两个人一起工作，你就可以脱身去看看其他的工地，工作比较容易保证质量。不然的话，你要一出去看其他的工地，你就不知道这边挖坏了没有。到1972年，刘一曼去了安阳，她就挖甲骨，之后她整理的时间很长，可以说到了80年代，她才开始跟我合作的。

采访者：您当时无论是在洛阳还是在安阳，都是辅导了不少北大的本科实习。以考古所的身份和在北大当助教的身份去辅导实习，您自己有没有觉得不一样的地方？

郑振香：我觉得没有太大的区别。

采访者：心态上也没有什么变化？

郑振香：没什么太大的变化。我第一次负责的是赵芝荃这一班的实习。他比我们矮一班，那时候我刚留校。考古所提出来他们没有人来辅导学生实习，后来宿白先生说让我去。因为我在洛阳待的时间长，实习都在洛阳，我就去了。而且我知道苏先生在那儿，也恰恰就是那一次带实习，让我学会了排队这一套本领。从那时开始，我觉得苏先生有他的思路。

到后来王湾的挖掘是邹先生来负责的，而且已经说好了，这一批资料归北大整理。所以我是纯帮助同学实习，责任心就不需要太大，不要操很多心了。一来邹先生发掘特别的认真，他也肯钻研，你就不用担心漏掉什么东西。就不需要管这么多了，跟着做就可以了，所以跟北大实习，基本上都不需要管很多事。但是在大司空实习就不一样。因为最后你还得整理，同学实习整理完了以后他就走了，他们不用整理写报告，所以就要多操心。一方面你自己得掌握全局，另一方面还要指导好学生的操作，这样就要考虑得比较多一些。那时候有越南留学生跟着北大去实习，这些留学生就说，你们上班的时间就去了，北大的上班的时间不去工地，因为他们教学的没有这个习惯，我们就是上工就都去了。尤其是60年代，不像现在，现在工人的水平也提高了，就可以在一定程度上交给别人了。那个时候是夏所长的传统，就是一到上工，大家都要去工地。搞训练班的时候夏鼐先生自己也是，到点上工他就去了，而且亲自操作，测量什么的都自己做。

采访者：您当洛阳队和安阳队队长的时候才二十多岁不到三十岁，那个时候一去就当队长，压力大吗？

郑振香：压力没有怎么大。因为我比他们都毕业早，吕遵谔先生他那个班里有几个人学习考古，但真正说起来，是从我们这个班才成为一个考古的队伍。我们这个班是第一班学考古的。而且不管怎么说，我是研究生毕业，也是考古的第一个研究生。

再一个，我不爱跟人计较，所以心态上也放松。我觉得考古所，从某种意义上也可以这么说，比北大天地大，要好一些。北大就那么大一个教研室，活也少；而考古所的工作，就是一个队里能不能和好，跟别的队之间不会发生很多的来往。不同的队之间，只有普通的、一般的来往，或者是互相了解一下，比如说你是山东的，有什么东西，我们去参观参观。我们安阳队也参观过山东队挖的一些东西，也到过兖州去参观；他们也到我们安阳队看过、待过。所以在考古所，互相之间，室与室之间，个人之间就不会有什么大矛盾。

所以在考古所的队里面，我觉得也没什么压力。那些分到考古所的人，说实在的也不是班里顶尖的，杨锡璋当然是比较不错的，其他的说实在的比如魏树勋他们都是一般的，像陈志达，还有江秉信他们是云大毕业的，根本也没学过考古。我觉得我也没有瞧不起别人，所以大家共事就没有矛盾。安阳队在我之前就是安志敏先生当了一段时间的队长，他也写过一个简报，1961年发表的。我觉得那时候我没什么压力，在业务上我自己还是比较有信心的。

说句笑话，最近北大有一个女同学写文章说自己"会当凌绝顶，一览众山小"，北大毕竟是北大的，这点自信还是会有的。所以当年让我当队长，我没什么压力。我就觉得，一个队必须要团结，咱们现在讲的"家和万事兴"，虽然这个话在过去不经常讲，但是事实上是这样的，我觉得就是要搞好团结。在安阳队碰到的人都很好，杨锡璋这个人比较好合作，刘一曼也比较好合作。所以互相碰到一起，几个人还都比较好合作，这样的话大家的心情也舒畅，也就容易出成果了。

还有，对"文化大革命"怎么对待的问题。我觉得我比较能够解决好、也比较能够正确对待这个问题。因为我觉得对任何政治运动都要有一个认识的规律，就是说开始的时候是右的倾向，后来群众发动出来是左的倾向，最后到运动结束的时候只要不做错误结论，就算没有大的问题。所以在运动中间有些曲折，有一些磕磕碰碰，就一定要想的开。那个时候，我也是受冲击的，所以当运动结束之后，我先找张孝光，因为他出身也不好，我就跟他讲的，如果没有这个运动的话，咱们绝对没什么矛盾的。他也说当时是什么心态，所以我觉得后来挖妇好墓的时候，大家都非常积极地帮忙，这样才使得我们完成得比较快。

我觉得不管在什么条件下，尽量地正确对待别人，正确对待自己。我就比较有信心。有一次牛世山说安阳队的方式是谁挖的谁整理，这个模式比较好，而在有的地方往往是队长一个人把持材料。我就是觉得人要发展，你也要给别人发展的余地。这个方式得确立，我一个是听的，一个是看的，就是梁思永先生的思想，他在整理后岗、西北岗的时候，他就让尹达去挖大司空，让祁延霈去挖范家庄，让这些人都独立工作，在山东他也是这样的。所以我觉得我们这个工作也应该是这样的，比如徐广德去了安阳吧，杨锡璋也说你管哪一片，你是管大司空村那就挖到什么就整理什么吧。后来徐广德在那儿做的工作也不少，但是他这个人文字表达的能力差一些，这跟他上大学的条件有关系，遇上了"文革"，所以也没怎么好好学习，因此后来得到的学习机会比较差。最近出版的《新出土殷墟青铜器》，大部分都是徐广德挖出来的，徐广德应该说还是做了不少工作，也有不少重要发现。

采访者：您1962年指导59级的同学在大司空发掘，这次发掘与您后来发表殷墟的分期有关，您能讲讲细节吗？

郑振香：对，就是通过那个遗址我才写的那篇简报。那个遗址发掘，他们全班同学都去了。那一班的实习北大的老师配备也比较强，高明先生带队，严文明、李伯谦，我好像是记得他们三个人，我简报上都写上了。我们这里就有我、杨锡璋，还有戴复汉。他们分成几个小组进行发掘。这个遗址我们也比较熟悉，因为到1962年我去安阳已经有那么一段时间了，我也熟悉了资料。什么东西都有一个基本的规律，掌握了就好办。我们去的时候没挖到大司空一期的东西，挖到的东西都是第三期、四期的。当时打破关系、层位关系都比较的清楚。那一次挖到的主要是墓葬和遗址，墓葬和灰坑比例也差不多各是百分之五十左右。

后来53号墓的资料给了北大，在北大陈列了。在他们那年实习的时候，已经懂得排队的基本规律了，也就是说苏先生那一套方法我基本上掌握了。所以，后来我们就觉得三、四期的墓葬比较整齐，灰坑也还算是比较完整的，当时就可以确定第三、四期可以分开。原来的简报还没分开，就是三期、四期没分开，被合在一起了。我去了以后，觉得可以分开。而且我从河南省挖的一个灰坑里头，就是1955年在小屯挖的编号H1的灰坑里出的一片甲骨文，是康丁到武乙这个阶段的，所以我参照那个灰坑，就把三、四期的绝对年代也给定出来了。我觉得后边那一期的属于帝乙、帝辛时期的，与后岗圆坑的年代也差不多，所以就确定了绝对年代。前面我们挖了一个介于一期和三期之间的单位，它偏早，复原了几件东西，于是我们就确定了第二阶段的东西。这样的话，那么大司空一期就不变，可以增加一个第二期，把原来的三、四期给分开，就这样解决了殷墟晚商文化的年代框架。当然这个是初步的认识，后来在苗圃北地的挖掘又有补充，再后来就基本上没有变动。

因为我学过甲骨文的分期，这对考古的分期帮助很大。在判断年代的时候，除了能相对地知道一期二期之外，也能有一些绝对年代的推测。第一期相当于武丁时代，这在安志敏先生当时已经确定了，在安先生的分期里，一期以后的材料可以分为两个阶段。后来挖的多了，慢慢大家也就都熟悉了，我们的新分期框架也就能够在学术界得到认可、证实了。

后来挖到小屯南地发现甲骨以后是一个很大的突破。突破口就是第一期。原来我们分第一期是武丁时代，但武丁时期可以分两个阶段。因为殷墟四期的框架没多大问题，后来杨锡璋挖了三家庄以后，他叫三家庄期，我觉得这个提法还是比较好，不要那么上来以后就认为是另外一个时期的。盘庚迁殷是商代的一个大问题，不可能说因为发现了洹北商城就改变了原先对于商文化的年代框架认识。

我想起邹先生对洹北的一段事情来。当时邹先生一看到洹北的材料，他就问我，你们工作这么多年，那么大个城，你们怎么没见到？我说我们就没去找！所以，倒是原来挖祭祀坑的时候发现这个遗址东边没到边，这个倒是杨先生也提了，没到边也没想追。所以后来基本是通过断代工程的时候，需要早期的材料，所以我们就商量去三家庄找，不要在小屯找，小屯太复杂了。三家庄原来就知道大司空村的东西压着他，早期的材料在原来也曾经发现过。洹北的材料和三家庄这两处都是挺早的东西。唐际根先生提出的中商文化，我有点不同的意见。我觉得，你要分一期是可以，再分出一个阶段来也可以，但是你如果是另分出一个时期，排除在殷墟之外，恐怕是不太可能的，不太可信。现在有别的单位的先生提出了一些意见，我们本单位的一般就没有再多说别的意见。其实大家以前也都提出过，认为这个城是盘庚迁殷以后的，还是属于殷墟时期的。原来杨先生有一个见解，认为是武丁迁殷。这个意见早年丁山也提过，但是后来大多数的先生，张政烺先生、胡厚宣先生都不同意，所以学术界的主流意见还是盘庚迁殷。武丁那个时候的遗存找不到，没找到就是没找到，不能说就是没有。后来发现了洹北商城以后应该说文化序列是顺理成章的，都是连起来的。从陶器发展上看都是连起来的，所以应该说可以确定的就是盘庚迁殷。不过有一些问题一时弄不清，也不必太多争议。

采访者：您上一次就提到苏秉琦先生和夏先生有不太一样的地方，苏先生非常注意分期的问题，是这样么？

郑振香：苏先生对于古文化的分期，对中国的考古学，他有一个全盘的考虑。这一点他是同夏先生不一样的。他的研究从新石器时代一直延续到到商周、秦汉。他原来分到考古所的时候是搞秦汉的。但他刚开始搞的时候是从西周开始的，就是宝鸡斗鸡台。所以，他到后来就不局限于哪一个时期，他的思路倒是比较宽广的。他对一些重要的东西的年代关系比较敏感。比如说一开始他就对半坡、庙底沟，哪一个早，哪一个晚十分敏感，这个问题石兴邦先生跟安志敏先生有一定的争议，他们都争自己挖的地方早。可是苏先生他分析纹饰等各方面的特点，他就认为半坡可能早。后来从一些发现来看，还是半坡的类型比较早。但是庙底沟这个类型影响比较大，分布比较广。半坡这个类型，到后期以后就不是那么太清楚。庙底沟类型就比较清楚，西到青海都有，分布比较广，影响比较大。再如河北蔚县三关，也有庙底沟类型跟红山文化的碰撞迹象。从那个时代开始，苏先生他就不会空对空地争议，而是根据纹饰、花纹的变化，他觉得庙底沟类型的花比较复杂，半坡的鱼纹就比较单纯，后来根据从纹式和器型，他觉得这个不是一个简单的发展关系，半坡的尖底瓶是葫芦口形的，庙底沟是双唇式的，他就说这两个不是发展的关系，它是两个不同的系统，他这个见地是比较正确的。

所以我觉得苏先生在研究陶器、研究器物的变化上，他是下了一番工夫的，这一点还是值得肯定的，也显出他的学识的。他就认为半坡和庙底沟是两个类型，从年代上来讲，半坡也有早的，也有晚的，庙底沟也有早的，也有晚的。当时挖的材料看，也还是庙底沟的晚于半坡的，所以后来庙底沟类型发展成秦王寨类型、大司空类型，在大司空村遗址的发掘中也挖到了庙底沟的东西，那就很明显的是庙底沟类型比较晚的遗存了。苏先生走的地方比较多，他是对这一套研究方法下了工夫的。

夏先生的长处，是在中西交通史。他当年搞齐家文化，发现原来安特生排错了，安特生把齐家放在最早的——齐家，仰韶，马厂，辛店，寺洼，沙井。后来夏先生在西北发掘的时候，发现齐家的墓里面有仰韶的陶片，他就断定仰韶文化肯定早于齐家文化。这个结论后来被完全证实了。夏先生总的来讲，他在陶片上面没像苏先生下那么大的工夫。所以当时白家村出来的时候，苏先生就最先提出来说这个早于半坡，白家村我们所的刘随胜参加发掘了，陶钵上就这么一圈红，很简单的纹饰。

但是，你要说整体的学识来讲，当然是夏鼐见识多了。夏先生见得多，有一些什么东西的变化，外国一些东西的对比，他从这方面研究，他跟向达先生的研究路子差不多。像刚开始出陨石铁器的时候，夏先生就认定不可能是人工冶铸的产品，后来就证实了确实是陨铁。他对一些瓷器都是比较的熟悉，时间上能对比，这是他的长处。对分期他不重视，比如说对殷墟的研究，他就曾经说"反正都是殷墟的"，意思是都搁在一起就行了。可是我们到后来就不要合在一起，先分，如果觉得分出来的意义不大再合。这种分期的确是苏先生的专长了。

采访者：1962年实习的时候，您跟59级的同学在纱场小学教室里还做过一次讲座，讲座的内容据张万仓先生的笔记记载是您讲《解放前殷墟的发掘情况》，当时在那种政治背景下，大家都是怎么评价解放前殷墟发的掘的呢？

郑振香：在那个政治背景下还是承认殷墟发掘的重要意义。

采访者：当时能看到台湾出版的那些书籍吗？

郑振香：没看到，那时候《安阳发掘报告》已经有了。

采访者：就四册，还有《中国考古学报》那几本。

郑振香：对，《考古学报》。

采访者：还有《六同别录》。

郑振香：还有一本《田野发掘报告》，那个时候侯家庄发现大龟七板，我们在学校的时候就学过。另外殷墟的重要意义，不是考古学首先提出来的，是历史学，应该说在那个时候，考古学只能说随着历史学的认识来谈，还谈不上从考古学出发的认识。因为那个时候我们也没看到他们史语所挖到的大遗址情况，大墓也只有后岗那个发表了，别的也没有太多材料。应该说解放前工作的意义在当时是可以谈的，这样的话就可以把中国历史提前到三千多年以前。在我们上学的时候，说"中华二千年史"，就是说中国的历史是从秦汉开始的，以前都是传说时代。当时，甚至包括解放初的一段时期，也是因为古史辨派带来的一种风气，否定中国往前一段时间，认为那都是传说时代，是靠不住的，信史就是从秦汉以来的二千年。当时邓之诚有一本书就叫《中华二千年史》。可是甲骨文一出来，中国历史就往前提前到三千多年，而且有郭沫若的《青铜时代》。当时我就认定应该是青铜时代的奴隶制，中国历史应该是从三千多年以前就有了。

那个时候中国的社会形态认知，一般都是以马克思讲的亚细亚生产方式，古代的，封建的，近代的，等等，有五种经济形态，就是前面有新石器时代，原始社会，那个时候课程叫社会发展史。这门课里对亚细亚生产方式有一种理解，就是认为它是早期奴隶制，不像希腊和罗马。希腊是奴隶劳动，把本族的人划为奴隶，是比较困难的，因为他都有族。中国的奴隶制应该说从商代开始的，至少从殷墟来看，也应该是早期的奴隶制，奴隶不是主要的劳动力。这一点我同意张政烺先生的看法。郭沫若郭老他说"众"是奴隶，张政烺先生就说"众"不是奴隶，是自由民。在甲骨文里记载"王大令众人曰协田"，好像王驱赶着"众"下地劳动一样，其实张政烺先生就说，说"众"是奴隶只有一个孤证，就是恭王时期的青铜器曶鼎，臣是奴隶，众也是奴隶，他是这样的一个逻辑，张先生认为这是孤证。现在经过我们多年的发掘，觉得小墓的人都有哪怕是陶杯陶爵，他有一套自己食器、酒器，他们都有族，这些人应该就是当时的主要生产者。所以我觉得还是张先生的看法比较正确，中国商代没有大群奴隶。但是张先生他也不否认中国有奴隶制，他认为是在汉代才有，他用铁官徒，还有东汉的刑徒墓来证明，他认为秦汉是有奴隶制的，那是比较发达了。

有一次有一个同学提问的时候讲到吕不韦，他就说吕不韦有"家僮万"，家僮当然是参加农业劳动的。所以从很多的问题都可以看出来，殷墟工作的重要性在当时没有争议的。所以考古所把殷墟作为第一批重点文物保护单位上报的时候，也是根据过去发掘的材料作为基础的。因为王陵的材料当时虽然没有发表，但是一部分器物，像牛鼎、鹿鼎，陈梦家不是在《考古学报》的第七册发表了吗，所以解放前的资料也不是一点看不到。我估计当时就是根据上学时候的记忆，得到了那么一点，在实习的时候让我给简单地介绍介绍，也不是专门讲解放前的成果。难为张万仓还记得，我自己都没有印象了。有时候同学去了殷墟实习，要我们介绍介绍情况，我们一般都不讲重要意义，重要的意义就简单说一下就得了，还是从甲骨文的发现说起。

采访者：当时大家怎么评述离开大陆去了台湾的先生的工作和研究呢？

郑振香：那个时候是很左，特别是对傅斯年，因为是毛主席的文章里点名的。对别人，所里第一个就是不能引用解放前这些先生的东西。所以我们的发掘简报，一般就从50年代发掘的武官大墓开始引用，一般是从这些东西讲起。对于解放前的材料，特别是到台湾去以后发表一些东西我们都能看见，因为咱们所里都有订的，都是通过香港买回来、也有订的期刊，我们也看，但是知道就知道了，不公开引用。可以公开引用是从80年代改革开放以后，首先是胡厚宣先生写文章，有的就提名了，有的是哪本书哪本书。很多都是他们到台湾才写出来的成果。在那个年代，极左的影响对他们首先总是一种敌视的心态，因为大部分人对他们也没有一点感情。但是如果当过老师的就不一样了。所以尹达和夏鼐都想争取李济回来，后来他不回来。我觉得李济自己这个决定还是对的，他儿子叫李光谟，就把他的书在大陆出版了。他如果不去台湾或者回到大陆来，那个摊子没人主事，那些东西就弄不出来了。现在怎么说，解放前的东西基本上都发表出来了，也应该说他还是做出重要贡献的。他真回到这儿以后，也不一定能做多少工作，台湾那儿的摊子丢了，在这儿也不一定能再有些作为，因为哪里再有那么多的工作做呢，况且大墓过去都做的差不多了，不是说没得可做，但是说实在的，考古不能急功近利，你要想一下子挖到东西不容易。挖的时间长了就要慢慢琢磨，一个是地方选没选对，另一个就是要有耐心。我一般不太挑地方，需要挖哪一块儿就是哪一块儿，面积大一点，它总会挖到一点东西。我觉得你要想一定挖到什么真的不一定能有，像三家庄就是配合基建突然碰到的，虽然我们说一开始也很重视，但的确是后来碰上的。

采访者：夏先生、尹达先生、还有张政烺先生都曾经和去台湾的这些先生共事过，平时您和这三位先生接触的时候，他们会提到这些去台湾的先生吗？

郑振香：会提到。私下会提到。尤其是张政烺先生，他比较随便。有时候他就特别地称赞石璋如会发掘，他就说石璋如挖遗址很会挖，别人挖不过他。其实梁思永先生做工作也很细，别的人很难说了。可能董作宾他专门研究甲骨文，发掘方面就可能会差一

1990年春小屯东北地工地局部解剖。左一郑振香,左二唐际根。

点,那就不好说了。就是谈起来一般也就是讲工作情况。过去环境也挺艰苦的,他们都不大提李济,提石璋如比较多一些。

夏先生他这个人不跟你聊天的。当然也不是绝对的不谈。比如说有一次谈到磁山文化发现以后,我们就说,我们以前老在比较低的地方调查。后来夏先生就说,"对,我们有一个老同事叫高去寻,你这就记往高处去寻找"。可是说实在的,他们毕竟是同事,敌对是敌对,但是也不把那些学者当反革命,就是政见不同,你要走共产主义道路,他要走资本主义道路,就是这么回事。而且这些人他也不是决策者,只是学者。连郭沫若都说,"李济到底是学者",李济那时在台湾还在做那些陶器图录什么的,郭老也知道这个情况。但是郭老当时也有一些太过头的言论,说人家董作宾去给人家殉葬。其实郭老对董作宾还是很看重的,你要看他的《卜辞通纂·序》就能发现,郭老对董所宾的甲骨文分期还是很称赞的。他原来也用过人家研究院的资料,出现那些批评,就是说郭老他也是很左的思想。当时其他人的思想比较的平稳一些,当时大家都想争取那些学者回来,尤其是想争取李济回来。

另外的问题是,尹达先生以前在有一些工作上比较保守。实际上殷墟早就该做工作,他就老强调没有图纸,不能做。其实这个是可以找到现成的线索的。后来殷墟博物苑复原甲十二基址,杨鸿勋说拿尺子量,我说用尺子量绝对不行,必须找到可靠的基点。因为我从早年的报告上知道,乙五基址上面有一个叫做何国祯的墓。后来我就找到小屯的何家人，就问他们何国祯的墓在什么地方，这个墓只要找到，跟他记载的基址就只差了几米。后来就把这个墓找出来了，然后量一量就把甲十二给找到了。其实，早期像马得志先生他们一样能找到，要是早点做工作效果会更好。特别是小屯离村子很近，不好保存，有很多人有要求起土。原来我们挖的小屯西北地，台子只宽出28米多，可是我有纪录，1962年我去的时候那个台子差不多是45米宽，到我挖的时候就剩28米了。所以如果当时要早点挖，就好得多。

（此为对郑振香先生采访的部分内容）

采访时间：2011年8月24日、9月5日、12月25日
采访地点：北京郑振香先生寓所
采访者：常怀颖、余雯晶
采访大纲撰写：常怀颖
整理者：常怀颖

记忆——

赵芝荃

赵芝荃先生畅游漓江

简 介

赵芝荃,男,研究员。1928年出生于北京门头沟区。小学就读于门头沟区立小学,初中就读于北平市平民小学,高中就读于北平市山东中学。1949年高考考上北平辅仁大学和天津河北师范学院,先后各上这两所大学一年。1951年考上清华大学历史系二年级插班生。1952年院系调整,随清华历史系入北京大学历史系考古专业。1955年大学毕业,统一分配至中国科学院考古研究所,参加洛阳发掘队。于洛阳发掘了东周城、汉河南县城、偃师二里头夏都遗址和偃师商城等夏商周三代都邑遗址。同时,还在河南地区调查、试掘100多处遗址。对于上述田野工作,均有报告或简报,共二十余篇,论文三十余篇。目前仍在研究夏文化、撰写论文。

主要论著有《偃师二里头》,《赵芝荃考古文集》等。

采访者：在您读中学的时候，您家是做什么的？

赵芝荃：我父亲是工商户，在门头沟开煤窑。家境条件可以，我父亲在门头沟买了地盖了房子。为了我上中学，又在北京城里买了一套房子。我初中是在平民中学上的，高中是在山东中学上的。山东中学现在是北京的几中，我不清楚了，解放后这些中学都被编号整顿过了。山东中学的校址就是在和平门顺城街里面。

采访者：您是北大51级的同学，但是看您的简历，您是河北师大、辅仁大学、清华大学、北京大学四个学校的学生，这种经历特别少见，可以介绍一下这个经历是怎么回事吗？

赵芝荃：我1949年高中毕业。那个时期是建国之初，没有全国统一高考的制度，各校招生自行其是，学校的招生考试也因此有早有晚。在同一个考期，我考了两所大学——北京的辅仁大学，还有天津的河北师范学院，当时我保留了河北师范学院的学籍，入了辅仁大学。辅仁大学校长陈垣教授中国历史名著选读，生动、深刻，我受到很大的教育。赵光贤教授他利用考古资料讲述史前史，我印象极深，对我以后的事业有很大的影响。到了第二年我保留了辅仁大学的学籍，就到天津河北师范学院读书。

采访者：为什么要离开辅仁大学呢？

赵芝荃：辅仁大学当时收的学费多。天津河北师范学院不要钱。

采访者：当时收多少学费呢？

赵芝荃：数目记不清楚了。我就去了天津河北师范学院，随从李光璧教授，他很有学问，主要研究明史。当时由他任主任，主编的《历史教学》就是从那时候开始创刊的。我与李老师的感情很深。

这是在天津的时候，到了1951年我利用辅仁大学的保留学籍的证明材料，考入了清华大学历史系，做了二年级的插班生。

采访者：又为什么离开天津呢？

赵芝荃：1951年我考上清华大学是因为清华大学是有名的学校，比河北师范学院出名多了。清华大学里面有很多有名的教授，比如说当时有吴晗、周一良、孙毓堂、雷海宗，还有冯友兰这些有名的教授。所以当时我奔着这个有名的学校，奔有名的教师才去的清华。我在那学习十分高兴。到了1952年高等院校院系调整，北大的工科入了清华，清华的文科入了北大，我随着清华的文科进了北大，由于这一段时间我学习古代历史比较多，由此对古代历史产生浓厚的兴趣，特别喜欢考古学。崇尚古不考三代以下，喜欢夏商周考古。

采访者：您当时读辅仁大学的时候，第一志愿就是报的历史学是吧？

赵芝荃：对。

采访者：您当时怎么对历史学这么感兴趣呢？

赵芝荃：我念中学的时候，本来对地理最有兴趣，我希望考大学考入地理系，这个最好了。但是事实不由我，我一下子就考上辅仁大学历史系了。

采访者：当时陈垣先生给您开了什么课？

赵芝荃：中国历史名著选读。他给我们讲课，听课的学生很多，外系学生也来听取，校长陈垣讲课讲得非常深刻，引起大家很大的兴趣。这门课一个星期有好几节课，上了一个学期。课程没有教材，陈先生都是拿手做笔划，没有教材，他讲的很生动。大家都爱听他的课。

采访者：当时他有助教吗？

赵芝荃：有。他的助教是刘乃和。她后来也是有名的教授。还有一位教授名字我记不清了，也是做他这门课的助手。后来刘教授还给我们开过史部目录学。

采访者：陈援庵先生就给大一新生开这一门课是吗？

赵芝荃：因为陈先生年事很高，声望很大，也不能太累他，所以就给我们开了这一门课。平时陈先生还要管学校的事情。

采访者：他也是北京人吗？

赵芝荃：他是广东人。

采访者：陈先生说话大家听得懂吗？

赵芝荃：听得懂。他语速不快不慢，讲的大家都爱听，这个老先生很有学问。

采访者：赵光贤先生讲什么课？

赵芝荃：他讲史前史。就是利用考古资料，有图片，讲授史前史，我从那就很尊敬他，对考古学就有兴趣了。我的考古学兴趣就是从他那来的。

采访者：您当时离开辅仁大学的时候，跟这些先生说过要去河北师范吗？

赵芝荃：这些不和老师们说，都归学校管了，我当时办了暂时休学的证书，以休学的身份出来停学一年。我就到天津去了。

采访者：到天津去是家里面的意思还是您自己的意思？

赵芝荃：我自己主张的。到天津就不交学费了，师范学校是不交学费的。

采访者：那时候已经解放了是吧？

赵芝荃：到天津已经解放了。

采访者：河北师大和辅仁大学相比，有什么区别呢？

赵芝荃：当然是辅仁大学的教学质量高多了，它是国家级的学校。河北师范学院是一个省级的，不过当时学校里的李光璧教授很有学问。

采访者：他开什么课呢？

赵芝荃：给我们讲中国历史课。

采访者：您在河北师大这一年就听了一门中国历史课还是有其他的课？

赵芝荃：还有其他课也都听。有考古学，还有学教学的技术课。在师范学校就得有教学的课程，但是具体的课程名称都记不住了。

采访者：您去河北师大又是念大一吗？

赵芝荃：对。等于是念了两遍大一。

采访者：当时为什么要考插班进清华？

赵芝荃：那时候河北师范学院在学术地位上差多了，清华大学比他高级多了。我就利用辅仁大学休学一年的证明材料交给清华大学，就考插班生，结果考上了。

采访者：当时考插班生是考什么科目呢？

赵芝荃：是写一篇历史的论文。我也走运，这一篇论文正是我在学校时候写过的论文，所以我思路、内容、材料都很熟悉的。我写了一篇，我觉得我这一篇文章很有分量，我就投到清华大学，结果真考上了，就是写了一篇论文。

采访者：在清华历史系的时候都开了哪些课呢？

赵芝荃：孙毓棠开的是秦汉史，雷海宗开的是世界史，邵循正讲的是外国历史，他对越南的考古很熟悉。

采访者：1952年院系调整的时候把您调到北大您乐意吗？

赵芝荃：我很乐意。当时学校规定清华的文科就全到北大了，我们学生全都去了。

采访者：调过来以后您在北大住哪个宿舍呢？

赵芝荃：那个是新建的简易房，那些比较好的没有住过。后来搬到原来燕京大学里头盖的新房子，在当时可是新的楼房。

采访者：您跟谁住一个屋呢？

赵芝荃：我同学有苏天钧、于杰、徐苹芳、李家瀚、魏效祖、马子庄，等等，我记得是八个人一个房间。

采访者：您这个班同学的来源都挺复杂的？

赵芝荃：来的人很多，各方面都有。

采访者：好像徐先生是老燕大的是吧？

赵芝荃：对，他是老燕大调剂的，我是辅仁大学调剂的。

采访者：您这些同学都是从北京调剂的？

赵芝荃：都是北京市里面的大学。

采访者：纯北大的是谁呢？

赵芝荃：有张鸣环、秦淑清，还有徐保善这些都是老北大的。还有一些，记不清名字了。

采访者：进来之后这些同学怎么就变成考古专业的？

赵芝荃：我自己是选的。

采访者：调过来的时候是动员大家选吗？

赵芝荃：没有通知。当时考古是历史系一个专业，我还在历史系，但是每个学生都得落到具体的专业里面，所以我自己选择的，没有到历史专业而到了考古专业里了。

采访者：您当时怎么选择了考古没有选历史呢？

赵芝荃：我觉得当年我是喜欢跑，喜欢到外面看一看，我知道考古学跟地质学差不多，也要到外面走一走。考古需要室内文献研究和野外发掘工作同时并举，我不是说过么，我喜欢地理学，考古在这一点上和地理挺接近的。我对这个有兴趣，如果专门研究历史学完全是靠文献资料了，不太接触实际，所以我就选择了考古专业。

采访者：您读了辅仁，读了清华，读了北大，您觉得这三个学校的历史系，风格有什么不一样吗？

赵芝荃：对我印象很深的就是北大、清华水平要高一些。比辅仁要高，辅仁就是有老教授，有陈垣和赵光贤教授，其他的师资力量可能要欠一点。水平高的当然是清华了，但是后来我们连教师带学生一起转到北大去了，所以当然清华、北大的水平是高了。教学风格，学习氛围什么的这三所学校当时都差不多。生活条件在这三所学校里还可以。虽然是解放了，但是当时我家境基本上还过得去。

采访者：到北大以后学费贵吗？

赵芝荃：北大不要学费了。吃饭自己出钱，一个月具体要多少伙食费数字记不清楚了，但是感觉不太困难。刚解放的时候因为我父亲挣钱还比较多，还可以。

采访者：您兄弟姊妹几个？

赵芝荃：我就一个妹妹。

采访者：当时她读了书了吗？

赵芝荃：她念完高中就没有再上大学。等于是家里面供我一个。在学校平时吃饭都是在食堂。当时学校的食堂都可以。比如说我在辅仁大学上学吃饭，门口有小饭馆，你不在学校吃了，可以到小饭馆吃去。这种情况在北大也有，北大附近也有小饭馆，不愿意吃到外边小饭馆去吃去。

采访者：那个时候小饭馆贵吗？

赵芝荃：不贵，都很便宜。

采访者：转到北大后，当时考古系开了什么课呢？

赵芝荃：有考古学通论，由夏鼐所长讲。还有商周考古，是郭宝钧先生讲。还有石窟寺艺术，是阎文儒先生讲。美术考古是宿白先生讲。还聘请了故宫的一些教授讲课。

采访者：旧石器考古的课是谁讲的？

赵芝荃：我是插班过来的，就没有听到这个课了。后来我就没赶上。

采访者：新石器呢？

赵芝荃：我在辅仁的时候就是赵光贤教授讲新石器时代的课程。北大的新石器课程我也没有听着。我到北大这边来，正好是赶上商周考古的课。

采访者：您没有跟着下面的年级，比如说52级他们听听旧石器或者是新石器的课吗？

赵芝荃：没有。

采访者：商周考古课中郭先生讲课是什么样的风格呢？

赵芝荃：他是老先生，他原来是在开封搞考古研究，后来他就到了考古研究所了。他平时讲课是老先生、老学究式的。他跟宿白、阎文儒讲课不一样，人家就是跟现代讲课一样，他却有一点老学究的味道，有时候还有拉长音这种现象。夏鼐给我们讲中国考古学没有这种现象。

  采访者：夏先生讲课他说话大家听得懂吗？

  赵芝荃：能听懂。他是浙江人，温州口音。我们能听懂，他讲得比较慢，他对我们学生挺好。改革开放后，他到希腊访问的时候带着我去了。老先生对我们特关照。

  采访者：秦汉考古谁讲的？

  赵芝荃：秦汉是苏秉琦讲的。他上课稳稳当当的，老先生讲秦汉考古也挺不错的。苏秉琦先生讲课还行。

  采访者：后面历史时期考古是谁讲的？

  赵芝荃：到宋朝以后就不讲了，隋唐好像是宿白讲的。宿白先生也很会讲课，讲的同学都很高兴听他的课。

  采访者：当时有教材吗？

  赵芝荃：有的老师发教材，有的老师没有教材。有印的，单篇儿的。有的老师发教材，是一个提纲式的，对我们帮助很大。

  采访者：您现在还留着这些油印的教材吗？

  赵芝荃：我的家底儿是在城里面，在社会科学院考古研究所，干面胡同的宿舍里面，我的老底都在那儿呢，我基本东西全在那儿呢，估计都还在。这儿是我女儿的房子，我女儿看我年岁大了，身体不太好了，她买了这个房子让我到这住来了。在这住着，修身养性，养老了。

  采访者：您当时上课做笔记吗？

  赵芝荃：我当时都做笔记，但可能都不在了。讲义在不在，我记不清楚了。

  采访者：您对当时几位老师上课谁的印象比较深一点？

  赵芝荃：雷海宗印象最深刻，他是讲世界史的。他讲课我感觉都比较深，而且引人入胜，讲的深刻，内容也丰富，后来他调到天津大学去了。

  采访者：能给我们回忆一段他讲课的具体的事吗？

  赵芝荃：现在回忆不起来了。

  采访者：其他课都是谁开的，比如说书画这一类的课，念过吗？

  赵芝荃：故宫有一位先生，叫徐邦达，他就给我们讲书画。我听过他的课。

  采访者：启功给您讲过课吗？

  赵芝荃：没有。

  采访者：唐兰呢？

  赵芝荃：我好像听过唐兰的课，但专题报告什么的记不清楚了。

  采访者：张政烺呢？

  赵芝荃：他讲过课，他到北大给我们讲课，讲古文字学。

采访者：当时班上这些同学里面谁学习比较认真点？

赵芝荃：徐苹芳学得最好。他的考试成绩比较高，我们同学都挺佩服他的，他的学习效果好，知识面很宽。在我们同学中，有一个女同学洪晴玉是朝鲜族的，她学习完以后就回朝鲜去了。张鸣环后来嫁到上海去了，秦淑清回到青岛去了，都各回各的地方了。他们学习都一般。但他们都喜欢念考古。当时在北大，学校老师排名一般是这样，我是班长，把我搁在前面，我的后面就是徐苹芳。他在我们这个班有学问，再往下是李家瀚，再下面就是其他同学了，女同学都是排在最后面去了。

采访者：您在北大读书这几年，跟这些同学里面谁交往最多？

赵芝荃：交往最多就是徐苹芳。后来毕业以后徐苹芳他是在东四九条住，我在朝阳门内南小街住，都离朝阳门很近，都属于东城。我在城里面住的时候，经常去徐苹芳家，因为还有徐保善，所以我经常上他们家串门去。通过他们了解同学的情况，了解学校的情况。跟徐苹芳他们接触很多，跟其他同学接触很少。

采访者：在学校的时候跟谁接触多呢？

赵芝荃：在学校跟徐苹芳接触也比较多，跟李家瀚接触比较多，因为他好活动。和马子庄和魏效祖都有些接触。马子庄学习理解慢，魏效祖也是比较慢，但是好表彰自己，好说好道的，马子庄比较老实一点。李家瀚老犯臭劲，年轻，觉得他最高明了，这都是学生时代常见的。

采访者：在学生的时候熄灯以后经常在宿舍里面聊天吗？

赵芝荃：有时候熄灯以后还聊大天。那时候北大宿舍还是比较差的，很多宿舍是大通铺，好几个铺在一个房间里面，上下层，一屋摆好几个。夜里聊的不多，聊一会儿就睡觉了。学校一般不让聊，熄灯以后不能说话。

采访者：有人查宿舍吗？

赵芝荃：有。宿管来查，学生宿舍专门有人管的，是教务科的有人管。

采访者：当时男生和女生交往多吗？

赵芝荃：交往多啊，因为有时候我们要出去参观，比如要去周口店参观，大家都一起去一起回来，在哪停下来要住一夜，大家都是分着男女住在那个地方，同学间的接触比较多。

采访者：班上有一对儿一对儿成的了吗？

赵芝荃：就是徐苹芳和徐保善就成了，二徐嘛！徐保善是徐世昌的重孙女，她很有名。徐苹芳家原来住在城外，是一般的市民。但徐保善就看上他了，看他有学问，他们就成为夫妇了。一直到现在，徐苹芳去世了，徐保善在家九条里面住。我在城里面干面胡同住的时候，经常有来往。我住这了，年岁也大了，来往比较少了。我也很抱歉，徐苹芳去世的时候我都没有去，很对不住他，因为身体不太好，家里面不让我去。

采访者：当时他们俩是在读书的时候就谈着呢？

赵芝荃：据我所知，读书的时候还是徐保善更主动一些。在我的记忆里面是徐保善主动找徐苹芳，徐苹芳就同意了，他们俩当时就很友好。

采访者：学校里面的运动多吗？

赵芝荃：当时学校净是运动，那时候是解放初期，运动多的很。踏踏实实念书很不容易，一个运动接着一个运动的。"三反""五反"，忠诚老实运动，肃清反革命，这些运动都有。

采访者：这些运动冲击到班上了吗？

赵芝荃：冲击班上啊，忠诚老实运动开展的时候我正在清华。大家都需要找主管人向他交代，什么事情、隐私的要坦白。

采访者：您受冲击了吗？

赵芝荃：没有受冲击，我就坦白去了。我家里面有钱，有多少钱都去坦白交代去。

采访者：交代以后没有什么处分？

赵芝荃：没有什么处分，那时候我家里面有钱，我算好样的了，很诚恳的向组织交代。

采访者：后来您家公私合营的时候，这煤窑合进公家了吗？

赵芝荃：公私合营就吹台了，我老爹就不干了，就到城里面来，我们生活就没有原来那么好了。原来我父亲买了几所房子，买了土地，还开了一个煤厂，家境还很不错。解放以后逐渐就不成了，我父亲没有了工作，年岁也大了，我们后来就没有像解放前生活的富裕了。

采访者：您父亲后来做什么工作了呢？

赵芝荃：我父亲年岁大了就不工作，在家养老了。所以我毕业的时候学校想留我做研究生，做谁的研究生呢？学校当时找我谈话，让我做向达先生的研究生。做向达的研究生是件很好的事情，但是我却不大同意这个安排。一个原因是，我的志向是商周，向达先生是汉唐，学的内容不是一回事。另一个原因是，那时候家里面也需要我工作挣钱了，家里面生活有经济问题了，所以我就没有接受学校的意见当研究生。而是离开学校工作了。

采访者：肃反的时候班上有人受冲击吗？

赵芝荃：肃反的时候没有。好像我的印象里于杰有一点什么事，他有一点抬不起头来，具体什么事情我倒记不清了。

采访者：当时郑笑梅也是你们班的么？

赵芝荃：后来跟我们不是一个班的，比我们晚了一班。她好像入学的时候是51级的，为什么后来变成52级的，我记不清了。我印象就是她上过两个学期的二年级，她多上了一次。

采访者：班上书记是谁啊？班上还有什么班干部？

赵芝荃：也记不清楚了，当时有没有团支书也记不清楚了。班干部就是有一个带头的人，带头的人就是我。其他干部有谁我记不清了。

采访者：当时班里的集体活动多吗？

赵芝荃：集体活动挺多的。比如说我们到周口店参观，到外面还有一些参观也有。好像去过山西大同参观了云冈的石窟寺。

采访者：1954年您是第一回下田野？当时是谁做的田野指导呢？

赵芝荃：对，发掘中州路。指导老师是苏秉琦。

采访者：考古所那一边派人了吗？

赵芝荃：苏秉琦是双重身份，又是北大的教研室主任，又是考古所的研究员，他是双重身份。

采访者：当时除了他以外，考古所谁还去了？

赵芝荃：记不清楚了，我记得郭宝钧先生也在洛阳做考古工作，苏秉琦先生也在洛阳考古。他们当年在洛阳一年是苏，一年是郭，他们轮流领导。

采访者：当时挖探方还是挖探沟，还是光掏墓？

赵芝荃：比如说我们配合中州路，1954年，他下面都是古代墓葬，后来我们又做了东周城墙，又在东周城墙附近做的一些遗址。开始是挖探沟，大面积的发掘在那时候还没有，就是小规模的。

采访者：当时探沟还不连成片是吧？

赵芝荃：对，还不成探方。也没有探方群。

采访者：第一回下田野您激动吗？

赵芝荃：挺高兴的，因为就想下田野，我没有入历史专业，我入了考古专业，就想去田野。当然很高兴了，很有兴趣。

采访者：第一次发掘的时候您犯错了吗？

赵芝荃：没有，我做的工作相当好。在我们班里面，我的野外工作做的还是不错的。那时候洛阳的地下墓葬，从现在的地面一直到墓底，有11米深，好些大墓别人不敢下去，都是我给发掘的，我清理的技术也很不错。

采访者：班上还有谁的田野技术还可以呢？

赵芝荃：李家瀚不错。

采访者：徐苹芳怎么样呢？

赵芝荃：老实说，咱们实话实说，徐苹芳的田野操作水平一般。

采访者：苏天钧怎么样？他是什么背景呢，因为他走了，也不知道他的一些情况。

赵芝荃：苏天钧田野水平一般。他当时很活泼，好像在班里面学习不怎么样，大家跟他不太接近，他当时比较牛气，他自认为挺不错的。他家是不是北京的记不清楚了。还有一个于杰，他是北京人，早就去世了。于杰分配到北京市文物部门，他的田野水平还可以，他脑子很好，能量很大，铺的开，拿的起来放得下这么一个人。那时候从政治表现上我们看他是落后分子呢。哈哈！

采访者：当时几个女生怎么样呢？

赵芝荃：女生学习一般的讲不如男生。田野她们更不行了，女同志哪做的过男同志啊，做不过！

采访者：当时在洛阳条件怎么样？生活条件。

赵芝荃：当时洛阳还没有开放到现在这样子，你看中州路在1954年是要准备修建一条东西大通道，开了中州路以后，洛阳才慢慢发展起来了，那时候的洛阳还是像一般的小县城似的。在洛阳实习的时候我们的生活很一般，住的是民房。比如说在洛阳考古的时候就是在小屯村，挖东周城墙的时候就是在那租的民房。我们炊事员做饭却做的相当好。这个炊事员是从安阳发掘的时候，给老一辈的如李济、郭宝钧先生他们做饭的炊事员，我记得他叫王凤祥，是从安阳调到洛阳的。他做饭做得相当好。他有个特殊的手艺，就是三不沾——不沾锅，不沾牙，还不沾碗，他当时没有给我们做，但都知道他做饭是很有名的。

采访者：伙食费是考古所负担的呢还是学校掏钱？

赵芝荃：考古队出钱，伙食相当好。我在北京都吃不到的，有时候他们可以做到。那时候吃肉什么的在工地都还行。

1954年4月赵芝荃大学期间在龙门石窟。

采访者：在田野里面有没有人做过讲座？

赵芝荃：有啊！比如说我们在洛阳的时候请蒋若是给我们讲讲，他是洛阳的考古专家。有时候从郑州请来专家给我们讲讲，就是搞考古的。主要都是在河南的人，有洛阳的、郑州的。

采访者：对蒋若是先生您还有什么回忆呢？

赵芝荃：他原来是搞历史的，不是搞考古的，因为洛阳考古很吃香了，要开发中州路啊，他就转行了，这么的就转到考古上去了。他参加过北大办的学习班。后来他挖了烧沟的汉墓，报告也主要是他写的。他一辈子就写了那一本报告，再后来他就当了领导了，好像还当过文化局的副局长，就是做行政工作，业务工作也就做的比较少了。这人还可以，我对他很尊敬，很友好。

采访者：您应该是跟他长期共事过，在洛阳见面机会挺多么？

赵芝荃：对。我们一起工作的还有一个是陈公柔，他到考古所比较早，蒋若是他跟陈公柔、王伯洪、王仲殊他们是一层的，比我们长一层，徐苹芳跟我们是下面一层了，蒋若是就是跟陈公柔先生他们来往。

采访者：当时去考古所其实您是第二拨了，第一拨是俞伟超和林寿晋他们，您跟他们有交往吗？

赵芝荃：我跟林寿晋认识很早，我在考古实习的时候是1954年，他们那个班在我们实习的时候已经毕业了，他们就当了我们的辅导员，在野外教我们。教我们的还有赵学谦这些人。他们一个人就带几个学生。具体负责指导我的就是赵学谦。

采访者：他这个人怎么样呢？

赵芝荃：他人很忠厚，技术还可以，他老早去世了。他对我也很好。我印象中好像是云南的人。待人非常的亲切，很照顾我们。他跟我友好，我也跟他很友好，比如说挖11米墓葬的时候，他就让我去了。我当时挖的技术挺好，林寿晋也是参加辅导的，他说赵芝荃我不知道你挖得那么好，画图画得那么好。我要是知道你，我的工作也让你给我做，这是他对我的评价。我当时画图画的好，挖的时候我胆子也大，也不害怕，11米深也敢下去。所以他们这些老师，都很喜欢我。

采访者：当时您绘图跟谁学的？

赵芝荃：绘图在学校里面就学过。我在学生时期就喜欢画画，小时候就画这个画那个，对画东西很感兴趣，后来画图就有比例了，就把它缩小了，我画的很清楚。

采访者：在学校里面考古绘图谁教呢？

赵芝荃：有一个女同志，可能是刘慧达。她对我们很好，因为她年龄和我们差不多，对我们很客气，讲课也很好。

采访者：中州路发掘了多少时间？中途离队回校的那个同学是谁？

赵芝荃：我们发掘了一个季度，因为人家开工工程要紧，发掘一个季度就发掘完了。挖中州路的时候很危险，他们考古所经过事先钻探，钻探要找墓葬的四边，所以墓葬的边打探眼就相当多，在我们挖深了以后，这个坑上有这些个探眼，就容易垮，曾经砸着过一个工人，后来因为老砸人，所以墓一深就不敢挖了，很危险。离队的那个同学是谁我记不清了，只记得是个男生。

采访者：过年回家了吗？

赵芝荃：过年回家了。就是挖一个季度就回来了。

采访者：当时2月份就开始整理中州路了，您还记得整理时候的事情么？

赵芝荃：整理东西是苏秉琦先生领导，林寿晋参加了，还有一位是谁我记不清了，是北大的谁啊，我记不清了。我只记得总共是三位，出的书就是《洛阳中州路》。那个书是苏先生主编的，自那以后，苏先生自己就没有再下过地。

采访者：整理的过程中苏先生是怎么指导大家整理的呢？

赵芝荃：整理的时候，他口头讲解多，操作记不清楚了。

采访者：当时苏先生特别强调类型学，教大家分型分式吗？

赵芝荃：唉！这是苏先生的长处，苏先生分型分式分的非常好！这一点郭宝钧、夏所长都不如他。苏先生分得很科学，他也注重这个分型分式。比如说后来我在东干沟挖的材料，他回来给我整理，整理得清清楚楚的，我整理不了的，都是他给整理的。

采访者：苏先生当时有明确的分型分式和年代的意识吗？

赵芝荃：他有一套他的办法，他的主张，也可能是他的一套理论。

采访者：他很清楚地知道他分型分式是要干嘛吗？

赵芝荃：当然知道了。

采访者：他的分期意识强吗？

赵芝荃：他对这个擅长，这是他拿手活儿，所以他很强烈，他很讲究分型分式，他比别人要分得细，分得要清楚，分得质量高。

采访者：夏先生当时注重分型分式吗？

赵芝荃：夏先生讲考古学通论，讲考古学的理论，发掘的技术，他讲这些。室内整理分型分式他讲的很少，苏先生正好这把门课给补上了。

采访者：夏先生在意这种分型分式吗？

赵芝荃：当然也在意。考古不分型分式怎么行呢？就是他本人做的比较少。他挺注重田野考古的，当时的《考古学通论》就是他写的。他注重田野发掘工作，也擅长田野考古。

采访者：您后来做研究的时候，夏先生跟您要求一定要分期之类的吗？

赵芝荃：我做学生就是苏先生帮助我，对我很好，很有帮助。夏先生比较少。

采访者：当时同学们能够领会苏先生这种意识吗？

赵芝荃：大家当时觉得琐碎，不太领会。大家有时候还不太欣赏，实际上很有用处。大家觉得分型分式太细了。

采访者：在运动中批判过苏先生吗？

赵芝荃：没有。

采访者：当时政治运动的时候学生会批判老师吗？

赵芝荃：有啊，学生们批判过陈梦家啊。

采访者：批判他什么了？

赵芝荃：他写了一本书《殷墟卜辞综述》，他拿这个稿费买了一所房子，自己住着，大家对这个"一书斋"有意见，我估计大家有一点嫉妒人家，当时就批判他。"文化大革命"期间对他很不礼貌，让他跪在木头椅子上面，现在我觉得挺残忍的。班里有几个没有文化的，没有教养的人，在椅子上搁上砖让陈梦家先生跪在那，审问这个，审问那个。

采访者：你们班同学吗？

赵芝荃：是野蛮分子。不是我们班的同学。这些人没有分到考古所，考古所没有要这些人，有的山东的，"文革"以后都回去了。"文革"的时候有问题的人都得抖落一遍的。那时候有小组，我们小组是王伯洪领导，林寿晋和我、刘观民都参加，调查这些老人过去的历史，都认为有历史问题，都认为是敌人，其实就是扩大化。

采访者：当时批判陈梦家的主要是谁呢？

赵芝荃：名字记不清楚了，山东小孩，很不好。后来他没有好结果，名字我不记得了。是考古所后来招的见习员，但凡要是有一点文化水平，就不会那么不讲道理。

采访者：整理中州路以后您就去发掘王城遗址了是吗？

赵芝荃：对。从1954年的秋天一直到1955年的春天一直在洛阳。春秋两季出去发掘，其他时间回来。

采访者：当时挖王城是不是想在洛阳找西周的东西？

赵芝荃：是的，当时争论的学术问题就是奴隶社会和封建社会分期的问题，奴隶社会分期到底是在东周还是商代末期，在哪一个时期。当时在学术界讨论这个问题比较热门。发掘东周城，就是为了配合这个学术讨论而去的，想解决这个学术问题。但发掘东周城，也没有解决得了社会分期的问题，社会分期的问题还得用综合的材料，用文献资料进行讨论。最后郭沫若有一种观点，范文澜有一种观点，当时好几种观点。奴隶社会跟封建社会分期的问题有好几个主张，后来大家都接受郭沫若的主张了。

采访者：您当时在洛阳前后待了一年，田野的经历让您觉得考古很辛苦吗？

赵芝荃：当时我对这个学科很喜欢，喜欢做田野考古，结果我又到田野考古实习，虽然很辛苦，但是我不以为然，我觉得还是乐趣。所以后来一直搞田野考古。

采访者：当时家里面是什么意见呢？

赵芝荃：我家里面对我意见大了，我在外面年年走，有时候一走就是春秋连待9个月，家务事都不管了。我的孩子教育都不管了，多亏了我老伴，这些事情都由她承担。所以现在我心里面很内疚，对不住我的老伴。我的家可以支撑到这一天都是我老伴的功劳，我子女现在长大成人，都是老伴培养的结果。我作为一个父亲没有尽到老父亲应当尽到的责任，我就自己考古去了，在这方面做的不对，很内疚。我的老伴很不错，我的孩子们也很不错。我的孩子现在工作也很好，都自食其力，工作都还不错。

我在外地搞实习，我带学生，我带的很多北大的实习生。比如说挖东干沟，第三季度就是北京大学的同学去实习的，邹衡带领。后来是北京大学到二里头遗址进行发掘。比我晚几班的同学到洛阳实习的人很多。改革开放后，也有山东的学生到那去实习，还有浙江的也到那实习。这样一来，跟我关系最密切的一个是许宏，一个是方辉，方辉现在是山东大学考古专业的主任。还有一个是徐距金是在浙江文物考古方面单位工作。我跟他们很友好，他们对我也很敬重，比如说许宏从山东大学毕业来到北京没有地方住，开始就住在我家，我拿他当自己人对待。所以这些学生对我也很尊重也很友好。像我的考古文集就没有费一点力，都是许宏给我编的。我也很感激，我也受益了，我对待他们好，他们对待我也好。现在许宏经常跟我有来往。

采访者：您当时要念考古，您父亲母亲同意吗？

赵芝荃：我父亲母亲不太干预我的学习问题，反正供我上学就完了。念这个专业他们没有不满意的，即便认为这个老要出去走，下田野，他们也没有说什么。因为我就是弟兄一个，我父亲对我希望很大，给我留下钱，留下房子，希望我可以出国留学，但我辜负了他的希望。我念完大学就参加工作挣钱去了，我这在一点上做的很不够。

采访者：您妹妹高中毕业就没有再念了吗？

赵芝荃：高中以后就没有念书了，就参加工作了。她开始工作也是在考古所，在考古所编辑室工作，后来编辑室精简人员，她就去朝阳门外一所学校教书去了，就改别的了。当时是我跟我们人事主任林泽敏提议的，我说让我妹妹来，结果她就同意了。

采访者：干了多久呢？

赵芝荃：她干了一年，时间很短。

采访者：1955年的毕业实习您去了哪？

赵芝荃：我们就在洛阳实习吧，去过三门峡。

采访者：当时毕业的时候让您写毕业论文了吗？

赵芝荃：记不清楚了。

采访者：读本科的时候哪些老师给您教的东西日后在二里头的时候用得最多？

赵芝荃：还是苏秉琦先生。

采访者：为什么呢？

赵芝荃：他从书本到实践，到发掘，到整理报告，他有一套。他把这一套东西全教给我们了，他比较圆满，所以给我东西最多。其次就是郭宝钧先生，他讲商周考古，后来我入商周考古专业也是因为他。

采访者：他们两个对您的影响比较大？平时跟这两个先生有私交吗？

赵芝荃：对苏先生我们拿他当老师敬仰，一直很尊敬他。郭宝钧先生跟我还有私人的关系，后来我妹妹赵芝莲就嫁给他的儿子了，老四，郭老四郭宇飞，现在他们在安阳生活。

采访者：也是您帮忙给做的媒？

赵芝荃：对。

采访者：您在北大的时候听过什么学术讲座吗？

赵芝荃：我没有印象了，我觉得应当有学术讲座，比如说故宫的专家给我们讲一点什么题目，民族大学的给我们讲一点人类学，都有。民族大学的老师，现在名字记不清了，给我们讲体质人类学什么的。

采访者：您觉得这几年在北大生活怎么样？

赵芝荃：说起北大来，北大生活对我很有意义，我念的考古学四年，就是在北京大学上的，它决定了我一生搞考古事业，一直决定我现在看考古的书，写考古的文章。所以，北大考古专业给我影响最深刻了。北大对我影响很大，我也很抱歉，没有经常回去看一看，但是我工作很努力，我做田野工作，我写文章，我拿工作作为我对母校的一种回报、回馈吧。

我去年到年末的时候脑子还成，到了今年生了病以后就不行了。腿也不行了，站不起来走不了路。出门都得坐轮椅让别人推着我。脑子也不行了，很多事记不起来了，有时候还颠三倒四的，还磨叨。

1955年我们北京大学的学生到考古所实习，发掘洛阳中州路地下的古代墓葬，我受到一次很好的锻炼。从此以后，我也就和洛阳结下了不解之缘。

我1955年大学毕业，国家统一分配到了科学院，当时是科学院，还不是社会科学院，入了考古研究所。最初我就是入第二研究室。第二研究室就是夏商周考古研究室，当时还没有提到夏代考古，只有商代和周代的考古。当时夏代的考古是一个缺门。我在填写履历表的时候，在研究方向内容里面就填写上了夏代考古。考古研究所分配我到了洛阳考古队进行考古发掘，当时主要的任务就是考察洛阳东周城的形式、内容，主要是找洛阳东周城四周的城墙。

我们在洛阳涧河的东岸，在东干沟村以北，清理洛阳东周城西墙北段的时候，发现了两座特殊的墓葬，这种墓葬在郑州洛达庙也有发现。它不同于河南龙山文化晚期，也不同于商周文化的内容，当时这是一种新的东西，引起了我们考古学界很大的注意。

到了1958年我就担任了洛阳考古队的队长，我对这个东干沟遗址很感兴趣。当时我们的发掘工作主要在涧河两岸，发掘了多处遗址，有仰韶到龙山的，还有西周的，其中对东干沟遗址特别有兴趣，先后发掘了两个季度。第三次遗址的发掘就是邹衡同志率领了北京大学同学的实习队发掘的。东干沟遗址一共发掘了三次，主要收获可以归纳为三点：

第一点，就是东干沟这个文化层下面有龙山文化晚期的遗址，上下叠压，这就确定了两个地层年代的关系，就是说东干沟遗址的主体遗存晚于河南龙山文化；第二点，东干沟文化内容很丰富，我们把它分了三期，这在当时来讲是很了不起的；第三个就是在东干沟遗址里面发现有青铜小刀子，这可以确定了，这种文化是属于青铜时代。在东干沟遗址发掘可以归纳成这三点的主要收获。

这个遗址很重要，但是大部分遗址被东干沟村给压住了，可发掘的范围有限。我们希望找到一个较大的类似的遗址，进一步进行考古发掘做研究。当时正好徐老徐旭生先生，他是古史学家也是考古学家，他在登封、禹县考察夏墟，他到了几个重要遗址。他从登封、禹县回洛阳的过程中，到了偃师，发现了二里头遗址，采集了很多标本。他把登封、禹县和二里头遗址所采集的标本全部放在洛阳考古站里面了。那时我是洛阳工作站的站长，东西我都看了，看了以后发现其中就数二里头的文化面貌最突出，最有代表性。我们仔细查看了徐老所采集的标本，认为二里头遗址是最为丰富的，内容最为新颖，而且听徐老说二里头遗址也最完整。

因为偃师离洛阳也很近，1959年我们有车了，不久我就和高天麟同志两个人，从洛阳到偃师进一步考察二里头遗址。我们在二里头村南，发现一个大的土坑。1958年不是"大跃进"吗，二里头村想养鱼，就在村南挖了大鱼池，养鱼搞副业生产。可惜大鱼池那都是灰土，四周也都是灰土，上边也是灰土。他们没法放水，养不了鱼，所以就放着那么一个干坑在村南。在坑的上面堆积很多二里头文化的陶片，都是文化层，都是陶片，都是灰土。遗址范围非常大，长宽200米到300米的样子，很大，堆积也很厚。我们俩当时非常高兴。我们正要找一个大遗址，二里头遗址比东干沟遗址大多了。我们后来就给所里写报告，从1959年开始发掘二里头遗址。二里头的第一任队长就是我。

二里头文化是原始社会末期的考古学文化，自打那以后，我的研究重点，就从煤山遗址的原始社会到西周以前，其中的重点就是二里头。当时商代考古资料很多，工作也最有成果；周不用说，收获也很多；夏代研究比较欠缺，少一点。我在1955年入考古所填表就研究夏代考古。1959年的冬天我们就开始发掘二里头遗址，一直到现在二里头遗址还在发掘，发掘了几十年，得到很多的收获，被命名为二里头文化，这个是夏鼐先生给确定的。二里头遗址年代上相当于夏代的晚期。

我在进所填表的时候，填自己要研究夏代文化。因为夏代晚期我已经找到了，我想再找夏代早期的文化。我们考古队过去在豫西的六县，包括登封、禹县，包括临汝这一带做了调查，发现在临汝煤山遗址出土东西最为新颖和丰富。不久我们就到了临汝，发掘了临汝煤山遗址。煤山遗址我们发掘了两个季度，取得了很多的标本，找到并确定了相当于夏代早期文化的遗存。

二里头遗址相当于夏代的晚期，煤山遗址的文化遗存相当于夏代的早期，但两个遗址测定的碳14年代中间有空缺，从文化特征面貌看，中间并不完全衔接，所以我想找到两个文化之间的过渡的形态。我那时候到登封、禹县做了调查，回来的时候路过密县，就想着到密县去看看，因为之前没有到过这个地方。在密县文化馆魏殿臣同志的办公室里，看见二十多件来自于新砦遗址的陶器，这些陶器特征十分明显。我一看就明白了，这正是我要找的，夏代文化中期的文化遗存。不久我们向考古所打了报告，所里同意，我们就试掘了新砦遗址。第一次我发掘的面积很小，写了发掘简报，把这种文化遗存命名为新砦期二里头文化遗存，因为它相当的部分和二里头文化比较相近。现在新砦遗址一直在发掘，现在已经不是一个小遗址了，而是一个大的重要的遗址。这一文化遗存命名为新砦期文化。二里头文化、新砦期文化，都是经我开始发掘的。我在临汝发掘的煤山遗址，相当于河南龙山文化的晚期，这种东西有它的特色，称为河南龙山文化的煤山类型。

后来，为了考察河南龙山文化的分布范围，我又到豫东走了几个县，像永城、商丘这些地方做了一些调查。在永城发现了一个很重要的遗址王油坊。这个遗址也相当于河南龙山文化晚期。这些标本我们都采回来了，考古学界称王油坊类型。

所以这样一来，我就又发掘了两个类型的文化，一个是煤山类型，一个是王油坊类型。现在看起来，我发掘了两个文化——二里头文化，新砦文化；发掘了两个类型——煤山类型和王油坊类型。

我现在八十多岁了，回想起来我觉得还是很宽慰的。

采访者：赵先生，您是怎么分到考古所的？

赵芝荃：我有一个曲折，学校把我留下了，留下让我做助教。夏自强对我特好，他当时是系里的秘书，他让我念研究生，他跟我商量说咱们系里面缺一个唐代考古的，你跟着向达先生去学隋唐考古去吧，叫我转到向达那学习去，向达先生是汉唐的。因为我的兴趣在郭宝钧先生那，我的目标是商周啊，跟我对不上号，所以当时我就谢谢他，我考虑说我还是搞商周，这么一来呢他们就对我特客气，就把我分配到考古所了。我自己现在觉得，好像对学校有一点对不住的。为什么分配到考古所呢？就是因为1954年我们在洛阳实习发掘过中州路的古代墓葬，在这跟洛阳一挂上勾，考古工作就没离开洛阳。后来考古所把我分配到二室,夏商周研究室。研究室当时正在发掘洛阳的东周城。为什么发掘东周城呢?当时正在研究奴隶社会跟封建社会分界的问题,考古所为了配合这个课题,发掘洛阳东周城,研究它的性质。从此以后,我在洛阳一直就没走。

一开始,我主要发掘东周城,发掘东周城从城的西北角开始,西北角在涧河的东岸,有一个大土冢,从大土冢往南走,走到东干沟村的北边,就在这一带发掘。在清理古城过程当中,我们发现两个二里头文化的墓葬,当时还不知道二里头文化,到底叫什么文化不知道。有人说东干沟类型,另外也有人说是郑州洛达庙类型,因为洛达庙跟二里头、东干沟出土的东西都差不多。一直等到1959年,发现了二里头遗址。这个遗址有代表性,所以这种文化大家接受了夏所长的命名,叫二里头文化。其他的文化命名也就都不用了,一直到延续到现在都叫二里头文化。

采访者:当时您班上其他人的分配是什么样的?

赵芝荃:分配在北京的有我一个,徐苹芳、徐保善他们夫妻两个,还有于杰,他是北京人,还有苏天钧。

采访者:苏天钧分到哪了?

赵芝荃:他和于杰都是在北京市的考古部门。

采访者:其他人呢?

赵芝荃:其他人有人到天津,有人到青岛,有人到复旦大学,都分散开了。或者是谁的家在什么地方就回到什么地方去。

采访者:当时班里有人成家的吗?

赵芝荃:我们在学校没有,男女好像都是单身。

采访者:班上有调干生吗?就是当时有人带工资来读书的吗?

赵芝荃:年岁最大的好像是魏效祖,下来就是徐苹芳和我了。好像没有人是调干生或者带工资来的。

采访者:考古所谁来要的呢?

赵芝荃:我的理解是北大把我送过去的,因为我没有当向达的研究生,就把我送到这来了。我说不当研究生了,学校很快就派我到考古所去了。

采访者:那是几月份了?

赵芝荃:夏天,我去考古所另一个原因就是,我喜欢田野考古,另外也可以有收入了。

采访者:到了考古所之后,这个具体的工作是什么呢?

赵芝荃:当时给我分到洛阳队了。我因为参加田野发掘工作多,所以当时我写的简报、报告这些比较多,专著写的比较少。后来才慢慢的写论文,特别是退休离开考古所以后,才专门集中精力来写文章。

采访者:去洛阳队是您自己主动的还是他们分的?

赵芝荃:他们分的,他们也明白我是奔着洛阳去的。

采访者:您当时想去其他队吗?比如说安阳队什么的。

赵芝荃：没有，我就想去洛阳。

采访者：是因为对那儿熟悉还是怎么样？

赵芝荃：熟悉，我对洛阳熟悉。

采访者：跟夏先生谈过吗？

赵芝荃：没有谈过，那时候都是秘书管。

采访者：那时候秘书是谁呢？

赵芝荃：当时管事的就是王伯洪，一些具体的事就是他当家。王伯洪不当家了就是王仲殊当家，现在王仲殊还在世，王伯洪已经走了。

采访者：梁思永呢？

赵芝荃：梁思永我只赶上一个尾巴。那时候我还在学校，他去世的时候我还在学校念书，我们学生排队去的，梁思永追悼会的时候郭沫若院长去了。那时候考古所地位很高。梁思成是他的哥哥，家属致辞是梁思成讲的，代表学校致悼词的是苏秉琦，他代表单位。两个有名的先生讲的话。

采访者：梁思永有后人吗？

赵芝荃：有。我没有什么接触了。梁思成的孩子就是梁从诫了，是我们的同班同学，我跟他来往比较多。

采访者：是清华的同班同学还是北大的同班同学呢？

赵芝荃：是清华的同学。他也走了，报上登了去世了。

采访者：当时到所里之后，所里人对您关照吗？

赵芝荃：对我很关照，很不错。

采访者：那几个大师兄跟您有来往吗？

赵芝荃：林寿晋后来去香港了，李仰松后来在学校当助教了，跟我们来往也不多。俞伟超跟我有一点来往，他去世有点早了，后来工作后也没有来往了。

采访者：那到了考古所以后，等于说北大的同学来往比较少了？

赵芝荃：对。黄展岳他比我早一班，见面会说话，但来往也少。就是和徐苹芳来往多，我常上他家串门去。

采访者：谁做饭啊他们俩？

赵芝荃：可能是徐保善做饭。别看她是大小姐，她很会生活，她找对象找徐苹芳。她能力很强，到现在也很强。开徐苹芳的告别仪式，安葬仪式，徐保善都去了。他们说看她还很清楚。

采访者：在洛阳刚开始的时候是做什么呢？分到洛阳队之后干什么？第一个遗址挖的是哪儿？

赵芝荃：搞田野发掘。还是挖东周城，这个挖了很长时间。当时就是挖城墙。因为挖东周城，郭老开始找东周城，他们找到一个城圈，以为是东周城。结果是汉河南县城，河南县城是个小的城圈，东周城是一个大圈，套着它。开始拿着河南县城当东周城，后来觉得不对,年代不对头,又往外找,我说了,就是挖着这个西北角了,我实事求是的说,东周城整个的城圈是我找出来的。西边、南边、东边、北边都是我给找出来的。

采访者:去了没多久,就是53级的同学去整理汉河南县城去了?您辅导过他们吗?53级就是严文明他们这个班。

赵芝荃:没有,他们实习的时候在野外的时候帮忙,比如说挖东干沟,邹衡带的学生去,我给他们辅导帮忙,讲讲课,讲讲东干沟这个遗址,让他们进行发掘。二里头也有,其他的就没有了。

采访者:1957年的时候,54级的同学又到涧河两岸去发掘了,那时候您辅导他们实习了吗?

赵芝荃:我没有去。

采访者:那一年您在哪呢?

赵芝荃:1957年我还发掘东周城,1958年我当队长了,我一直在东周城。

采访者:那1957年拔白旗、反右的时候您在哪呢?

赵芝荃:我在考古所。

采访者:拔您的白旗了吗?

赵芝荃:没有拔我。

采访者:您拔别人了没有?

赵芝荃:我没有参加。拔白旗那时候就是拔徐苹芳他们。

采访者:谁去拔的?

赵芝荃:就是讨厌的学生,那些让陈梦家罚跪的学生,他现在在山东呢。

采访者:他们是考古所招的那一批中学生吗?

赵芝荃:对,徐老罚过站,还要铰徐老的胡子,那个时候是"文化大革命"。

采访者:反右的时候您受冲击没有?

赵芝荃:没有,我很幸运,我没有受冲击。

采访者:反右的时候您身边谁当右派的?

赵芝荃:仇士华、蔡莲珍是右派,他们在学校里实验室,他们是右派。

采访者:"大跃进"的时候您在哪呢?

赵芝荃:我在洛阳呢,当队长了。

采访者:您当时那样年轻就当洛阳队的队长,压力大吗?

赵芝荃:压力不大,挺美的,我是人来疯,我愿意当队长,徐苹芳到洛阳参观去了,看见我了说我美着呢,说"他会当队长"。

采访者:当时下边的人服吗?

赵芝荃:服气的。我当队长的时候,那时候有吕有全他们,他们都是见习生,没有大学生。

采访者:郑振香什么时候来的洛阳?

赵芝荃：她比我早一班，跟李仰松是一班。后来她也在洛阳工作，我是队长，她也去洛阳帮忙，她对洛阳工作也出了很大的力量。

采访者：她当洛阳队长是哪一年？

赵芝荃：她好像没有当过洛阳队长，她到安阳当安阳队长去了吧？

采访者：她在洛阳当过一段时间的队长，1959年到1962年当了三年的队长。

赵芝荃：1959年我下放去了，去到山东曲阜劳动锻炼去了，去夏家村劳动锻炼。

采访者：按照记载1959年郑振香当队长，当了快四年的队长，写的您是副队长。

赵芝荃：不对，1959年的工作是高天麟主持的，1960年是殷玮璋主持的，1961年我就回来了。

采访者：是不是有班子调整过呢？

赵芝荃：郑振香在洛阳工作过，但她不是队长。

采访者：当时您为什么要连续三年去发掘东干沟呢？

赵芝荃：因为我觉得东干沟的东西很新颖。我第一年就主动去掏了一个大灰坑，对那很有兴趣。我认为这种东西很重要，所以我就连续挖了两个季度的东干沟遗址，第三季度就是邹衡带着同学实习。做了三个季度，现在考古资料放在《洛阳发掘报告》里面了，当时就是认为东干沟遗址重要。

采访者：您还记得东干沟发掘的一些细节吗？

赵芝荃：记不清了。当时我还发掘同乐寨、西方沟、东方沟、瞿家屯，等等，发掘了几个遗址。东干沟用力最多。

采访者：为什么当时对东干沟那么感兴趣呢？

赵芝荃：因为这个东西是一种新东西，跟别的不重复。知道它是一种新东西。

采访者：当时发掘经费是谁掏的呢？

赵芝荃：考古所的钱。

采访者：每年的投入大吗？

赵芝荃：要多少钱给多少钱。

采访者：当时是以钱来算还是以小米来算？

赵芝荃：以钱来算的。

采访者：在洛阳是住在工作站去东干沟发掘？

赵芝荃：洛阳工作站离东干沟还有一段距离，比较远，我们就在东干沟的村南边的小屯，租了一个民房，我们在那儿住了好几年，王凤祥在那里给我们做饭。

采访者：在东干沟挖的时候挖完就整理，还是三年挖完才统一整理的？

赵芝荃：当时写了简报，每一期发掘工作都有简报，整理资料还是后来集中整理的。

采访者：到了1959，1960年的时候，洛阳的同志已经很多了，都还有谁呢？方酉生什么时候去的？

赵芝荃：开始实习方酉生是在沣西发掘。他这个人和大家很不合，跟大家老闹别扭，王伯洪呢就说派到哪去呢？干脆派到老赵那去吧，就把他派到洛阳发掘队去了。他去了之后，是个大学生，我很重视他，也对他很有礼貌。徐老在豫西调查，到登封、禹县，我们考古队派一个人去，就是派方酉生同志去的。徐老那一篇简报，文献资料那部分是徐老本人写的，考古资料是方酉生写的。他做了那个工作以后，我们也很器重他。但是这个人什么都得顺着他，如果不顺着他，他就有意见。我在《洛阳发掘报告》里面，写他早期参加工作了，晚期好些人就都没写，也没有写他。后来他就拿这个报告找我，他说老赵发掘报告怎么没有写我，我说实在对不起，好几个人都没有写，篇幅有限没有写你。后来他一气就到安阳去了，就不在洛阳工作了，这人走到哪打到哪。

采访者：那是哪一年呢？

赵芝荃：想不起来了。

采访者：高天麟什么时候来的？

赵芝荃：高天麟，杜玉生，吕有全我们都是一块到洛阳队的，后来高天麟的对象彭菊如就是在洛阳找的，是我们一个同事给介绍的。现在彭菊如他们都到北京来安家了。

采访者：您什么时候成的家？

赵芝荃：我是1960年。1961年有我们老大。结婚以后我们就下放山东去了。

采访者：您是在哪找的师母呢？

赵芝荃：我老伴白萍也在洛阳。我在洛阳考古队，我老伴在洛阳考古队的图书室工作。当时洛阳的书很多，没有人管，考古所派我老伴到洛阳图书室工作去了。所以她也在洛阳工作站，我也在洛阳工作站，我们在那相识，相友好，后来结婚了。

采访者：调您去参加反右倾学习是什么时候？

赵芝荃：我在山东下放学习的，山东到曲阜，在曲阜四周的小农村里下放学习，我在夏家店待了一年多。

采访者：您走了这个洛阳队谁负责呢？

赵芝荃：我离开那是哪一年记不清楚了，方酉生管过一段时间。我原来这个人挺笨，我的发掘资料都没有写报告，都没有整理。方酉生去了以后他把我的材料都整理发表了，所以他最大的功劳就是发表这些资料，他最大的成就就是考古队那些资料他发表了，大家认为是方酉生挺不错的。方酉生手很勤快，很冲，别人不敢干他敢干，他业务还可以。

采访者：您可以回忆一下徐旭生先生吗？各个方面的都行。

赵芝荃：我们当时对他的印象，就是他对文献比较熟，资料比较熟，是一个有学问的先生。他是我们的老师，我们很尊敬他。1959年下去考察，在考古所有郭老郭宝钧，徐老徐炳昶，还有黄老黄文弼。徐老学问最深了，他当过北京师范大学的校长，他很有学问，留学回来的。他生活中艰苦朴素，平易近人，非常好。二里头调查发现我们去了，我们进行发掘，他又去过一次二里头，到二里头我们做饭想给他单做，老先生坚决不同意，就是你们吃什么，我吃什么，对我们也特引导、帮助我们。

采访者：他调查二里头的时候在洛阳住过一段时间吗？

赵芝荃：他到了洛阳，然后洛阳派方酉生跟着去了。他回来以后把东西都搁在洛阳工作站了，他去就是住在工作站。住了不长时间，当时郭宝钧先生也在洛阳。

采访者：他们俩都是河南人，有什么不一样吗？

赵芝荃：他们都是河南南阳人，他们很要好。我的理解就是徐老很爱护郭老，郭老很尊敬徐老。他们俩岁数徐老大。要从学问讲，徐老人家自身懂外语，到外国留学，郭老没有去过，不懂外语，所以在这方面就不如徐老，徐老更全面一些。

采访者：郭老和徐老在生活里面有没有特殊的爱好？

赵芝荃：他们俩都不抽烟都不喝酒，平易近人。到洛阳去了，我们多给郭老准备一个小屋，他都不愿意住。我们劝半天，才勉勉强强一个人住，非常平易近人。我说的炊事员就是他带去的，他在安阳工作过，还有好多技工也是郭老带去的。那时候技工洛阳还没有，都是郭老带着安阳的技工在洛阳发掘。

采访者：洛阳的钻探队是不是多？

赵芝荃：当时洛阳没有专门的钻探队，洛阳铲的确是洛阳发明的，所以洛阳盗墓厉害，这个铲全国都用，外国也用。

采访者：50年代的时候，洛阳盗墓的人多吗？

赵芝荃：50年代还有，也还有人还敢盗。洛阳历史上盗墓就厉害，邙山无卧牛之地，十墓九空。

采访者：有没有被人逮着的？

赵芝荃：我们曾经驱逐过，给哄走了。但是没有抓。

采访者：您复查二里头是哪一年？

赵芝荃：应当是1959年。

采访者：当时为什么去曲阜锻炼呢？

赵芝荃：所里安排的。我们这些人到曲阜接受工农兵再教育，我带队，还有王伯洪。

采访者：这个王伯洪先生是什么样的人，他留下来的资料也少，您给回忆回忆。

赵芝荃：在我脑子里面他有一点怪脾气，他一辈子没有结婚，他跟他的兄弟有来往。在所里的时候跟张长寿、周永珍比较接近，跟我们接触比较少。他好像是北京人，但是我不确定。

采访者：您回二里头发掘是哪一年？第一次发掘二里头遗址是您负责？还是殷玮璋？

赵芝荃：1959年我复查之后，我们给所里面写了一个报告，所里面同意我们就发掘了。第一次发掘不是我，是高天麟。为什么呢？我是领队，我也申请了所里也同意了，但当时突然把我调回去参加运动，没有人去了我就委派了高天麟去。您问的挺对，我应当去啊，因为我是队长，但是我没去成。为什么呢？搞政治运动，大家都要交代自己历史上有什么问题。我是队长，就专门把我调回北京去了。

那是1959年冬天。我去不了工地，工地就是我的第二把手高天麟主持发掘的。反过头来，1960年是殷玮璋主持发掘的。他们发现了一号宫殿遗址，他们钻探出来了，面积很大，长宽 100 米，范围相当的大，二号宫殿比它相对小一点。他们都探出来了。后来我到二里头以后我就开始发掘了这些宫殿。到了 1983 年发掘偃师商城，所里又把我派到偃师商城。所以偃师商城也是我主持发掘的，二里头夏都我发掘了，洛阳东周都城我发掘了。夏商周三代的都城考古我全部做了，而且我都是队长，可以说起一个开头作用。

采访者：什么运动呢当时？

赵芝荃：我记不清楚了。我参加学习，我是班长。第一次发掘工作是高天麟带队，他当时是见习员。第二年发掘是殷玮璋带队，我还没有回来，一直到我从山东劳动锻炼回来以后，到了 1962 年，我才正式回到二里头考古队。当时队长主持正式发掘，发掘第一号宫殿，发掘了好几个季度。后来发掘第二个宫殿，发掘二里头遗址，周围一些手工业作坊遗址和一些小型遗址，对二里头多大多小做了一些了解。

采访者：1956 年，您的学弟北大 53 级的学生们，有一部分人去洛阳整理河南县城的材料，您还有印象吗？

赵芝荃：主要是东干沟遗址，东干沟遗址一共发掘了三次，第一次是我发掘的，我知道他重要嘛。第二次也是我发掘的。第三次是邹衡带着他那帮学生发掘的。

采访者：那还不是。那到 1959 年了，我说 1956 年的时候。

赵芝荃：哦，我知道了，1956 年夏天。他们在洛阳整理。就是杨泓他们在那整理，还拍过相片。好像还有苏秉琦苏先生吧。那时候我就在洛阳主持工作。白老师在洛阳站的图书馆工作，我们俩就是在那一段熟悉的，后来这不结婚了吗？就在那认识的。

采访者：洛阳队开始您是队长，后来是郑振香是队长是吗？

赵芝荃：郑振香的回忆我忘了，有一个阶段她代理，就一个季度，后来还是归我做了。

采访者："大跃进"的时候您在哪呢？

赵芝荃："大跃进"是 1958 年是吧？1958 年我在洛阳呢。

采访者：您当队长之前，1955 年到 1958 年之间洛阳队的队长是谁？

赵芝荃：我想想啊，就是我当队长之前，是陈公柔。陈公柔跟王仲殊他们是一代人，我跟徐苹芳我们是一代的。我前边是陈公柔。

采访者：陈先生好相处吗？

赵芝荃：很随和，当时在洛阳的还有周永珍，还有张长寿。陈公柔好像在燕大上过学，他跟张先生他们同学，他们对我很客气，我是北大的，他们是老燕京的，对我很要好，陈公柔对我也不错。但是陈先生历史有问题。他在东北，日本统治时期他好像有点什么瓜葛，当时的政治环境下，他这点历史上的问题就被放大了。因为这个所以所里用他就差点劲。但是他业务好，他的文献底子好，写作也好。

采访者：1957 年的时候您在洛阳，有北大的学生在涧河边上实习，您还有印象吗？

赵芝荃：1957 年我在涧西好像配合基建挖过。

采访者：您还记得那时候挖什么时代的东西吗？

赵芝荃：挖西周的。我在涧西挖西周的。挖了好多的兽骨坑，好像还有一张照片叫兽骨坑，就在涧西挖的，兽骨坑是我主持挖掘的。照片可能还在城里。

采访者：那个兽骨坑里骨料是完整的动物呢，是半成品的骨料？

赵芝荃：不是。它是祭祀坑，主要是头骨，下边有肢骨，头骨一个一个埋在坑里呢，那些狗主要是搞祭祀用的。

采访者：主要是狗是吗？有其他动物吗？

赵芝荃：是狗。没化验，但知道肯定主要是狗，所以就说是狗坑。

采访者：当时这狗是请谁帮您鉴定的？

赵芝荃：屈如忠，就是安阳的老技工，老屈。

采访者：1957年到1958年，在发掘东干沟之前，洛阳的工作重心是哪儿？

赵芝荃：就是东周城。开始挖城，就是顺着夯土找四周的城圈，最开始以为那是东周城呢？结果不是，是汉河南县城。它在东周城的中心区，在汉代的河南县上，东周城在它的外周，有一个大圈。后来郭老师他们写了汉河南县城的报告了，后来的东周城整个一圈基本上都是我给找出来的。

采访者：当时找城您是靠钻探还是解剖？

赵芝荃：首先是钻探，钻探完了是试掘，试掘之后再正式发掘，这个程序就是这样。

采访者：当时这个城底下压的还有东西吗？东周城下面是有壕沟还是更早的夯土？

赵芝荃：东周城下面有东西，比如说东干沟的那些早期东西都压在底下了。但是这个大遗址主要还是个东周的城，它把所有东西都套起来了。

采访者：东周城下面有西周的东西没有？

赵芝荃：西周的刚才我说在涧西有啊。东周城里只有在瞿家屯有西周的东西。东周城圈里也有。

采访者：当时瞿家屯西周时期的东西主要是什么呢？

赵芝荃：都是陶片啊，文化遗物，有灰土坑，瞿家屯有灰坑。

采访者：没发现夯土？

赵芝荃：没有，本来想找点夯土，我找了大面积都没找到。在中州路的南边，没找到。当时也想找，可就是没找到，都是灰土层。

采访者：当时苏秉琦苏先生在洛阳队是什么身份？

赵芝荃：是这样的，洛阳队两位老先生，一个郭宝钧，一个是苏秉琦。他们二位都在洛阳工作，一人一年轮流工作。今年是郭先生，明年是苏先生，他们轮流搞。

采访者：他们主要的工作任务是什么呢？

赵芝荃：那时候就是挖东周城啊。

采访者：就是说如果后来按领队制度来说，他们俩就是名誉领队？

赵芝荃：他们都是我的老师，也都是我的领队。后来年轻人上来以后，到1958年我当队长了。他们就基本上不直接领队了。

采访者：郭先生苏先生都什么脾气？

赵芝荃： 郭宝钧是一个慈善的老人，留着胡须，好像有点像这个老八股那个作风，但他人非常和气，对他下边的小字辈的都很客气。苏先生话不多，就爱摸陶片，他搞考古就摸陶片摸得特熟。比如我发掘陶片他全都摸。苏先生很文静，话很少，很有修养。那时候考古系他是主任啊。他是挺不简单的老先生。

采访者： 是不是夏先生不太喜欢摸陶片？

赵芝荃： 夏先生是真正的考古家，挖遗址研究遗址啊，研究问题啊，他是这一大功劳。像苏先生和郭先生他们不太一样。夏先生出国留学过，是很时髦的。他的考古真是田野派，是田野考古。苏先生他们还有老的味道还没有去掉，他们跟夏先生比不了。夏先生的工作漂亮着呢。夏先生跟苏先生不一样，他不摸陶片，他摸整个遗址，摸现象，摸问题。

采访者： 夏先生写的文章类型里，基本上没有对具体遗址分期的，是不是夏先生不太看重这个方面的问题？

赵芝荃： 对啊。他是留学的啊，他在英国留学时候到埃及实习过。他是现代化的考古学，真正的考古学，这是西方传进来的考古学，他是那一套。所以他跟这些老先生风格不一样，现在都是延续用夏先生的了。但是他在这方面确实少一点，摸东西啊，分析研究啊，写文章写的也少一点，而苏先生挺注重这个工作的。

采访者： 1959、1960年北大在洛阳挖王湾您去了吗？

赵芝荃： 那时候我没去，王湾他们挖的，但是名誉上我是队长。因为我是洛阳队队长，兼挖的王湾，那是邹衡带着去的。我到那慰问先生，看看同学，礼节性的去过，实际工作没参加。王湾都是北大同学他们挖的。我没去，考古队没去人。

采访者： 当时方酉生不是去了吗？

赵芝荃： 去没去我记不清楚了。跟着徐老调查呢，在登封、禹县考察的时候派方酉生去的。

采访者： 为什么派方酉生去呢？

赵芝荃： 当时这样的，方酉生很钻研问题，也很抠学术，但是他这个人好斗，他跟人家都不太和平。他原来在沣西的时候，跟这个斗跟那个斗，大家一般的也不理他。沣西不是王伯洪是队长吗？王伯洪也是所里秘书，后来把他派到我那去了，派到洛阳去。为什么派到我那去呢，我是考古所的团支部书记。王伯洪先生跟我说，说老赵你做团的工作，你懂得青年同志，叫方酉生到你那去吧。

方酉生到我那去我也很重用他，当时那些高天麟啊、杜玉生啊这些同学都是高中毕业生，他们是见习员、实习员，大学生就方酉生一个。所以，我很器重他。我们调查是去了六个人，一个人调查一个县，整个报告是叫方酉生写的。为什么叫方酉生写啊？他是大学生啊，别人都是实习员啊，叫他去了，后来陪着徐老到登封、禹县调查，也派方酉生去了。所以方酉生当时在我们这很吃香，他也很得意，我也很重用他，他也做的很好。后来因为我写了《洛阳发掘报告》，里面对他最后在洛阳的工作没有提，他就跟我也搞不来了，他一气跑到安阳了嘛。

采访者：他还跟您吵架？

赵芝荃：他好斗嘛。他不满意我啊。不满意就跟我吵架嘛。那些见习员同学都在工地里面呢，他还给北京写了一封信，告我一状。告我报告上没写上他的名字。当时所里的文秘还找过我一次，说方酉生来的信，说你这报告没写他名字，我说没写人太多，所以没全写，把他落掉了。没名字的不光是他，还有呢，人太多了。

采访者：挖东干沟的事您还记得什么吗？您给我们讲讲东干沟吧。

赵芝荃：挖东干沟的起因是我们挖掘洛阳东周城，东周城的西墙就在洛河的东岸，从土冢起往南行，到东沟村就断了。东周城这一块就在东干沟的北边。后来，我们挖东干沟的时候挖了两个灰坑，这个灰坑现在看就是二里头文化的灰坑，但当时不知道。苏秉琦先生很重视这些陶片，我觉得苏先生挺注意的，所以就连续挖掘了两个季度，后来第三次是北大他们发掘的，挖东干沟就是这么挖掘起来的。

采访者：当时觉得这个东西像什么？

赵芝荃：特殊，因为当时不知道二里头文化，所以先叫的东干沟文化。整个形制面貌来看，和比它早的不一样，和比它晚的也不一样，有它的个性，这大家当时都知道。因为在郑州当时发现过类似的东西，那边叫洛达庙类型，我们叫东干沟类型了，我们就知道特殊，但是没有像后来明白的那样定作二里头文化。二里头文化是我发掘的，夏先生命名的。这大家都接受了，所以这种文化就叫二里头文化了。东干沟也不叫了，洛达庙也不叫了，大家都承认了。

采访者：这之前您看过洛达庙的东西吗？

赵芝荃：我去参观过，看过东西，那儿东西挖的也不太多。但是当时我看了就完了，因为就和东干沟的一样，是相似的。

采访者：郑州是安金槐在负责吗？

赵芝荃：是安金槐。老安对我特友好，很和气，我也很尊重他。比如六县调查，我们在豫西调查六个县，我没有资料，就向安金槐那儿借资料去，他们有资料。之前六个县他们有调查的简报什么的都有，老安把资料全部让我拿回来。在调查之前让我看了这些资料。

采访者：洛阳的蒋若是呢？

赵芝荃：蒋若是他就挖烧沟了，烧沟他一本报告就出了名了，后来他就没怎么搞研究工作，他成名的就是烧沟报告，后来没再写更多的东西。

采访者：当时在洛阳用的技工里头，有过有盗墓经历的人吗？

赵芝荃：我们用洛阳的技工完全是从安阳去的。因为安阳的技工什么都懂，会捣窝，会钻探，会发掘啊。郭宝钧先生就在安阳做过嘛，他就把这些技工都带到洛阳去了。洛阳初期工作的时候用的技工，全是安阳的技工，比如老屈，屈如忠，还有好几个技工都是安阳去的。

采访者：洛阳自己的技工是什么时候培养的？

赵芝荃：洛阳技工培养就是我到二里头以后了。这些老工人好像都没去二里头。我到了二里头以后就找小青年，找十六七岁的小青年。从这开始培养嘛，有的人就真培养成了。有郭天平、郭流通、郭忠芳，现在都在考古单位工作。郭天平一直在塔庄给看门呢，郭流通到浙江考古队去工作，郭忠芳到郑州。我们培养出来的人到各地都去做。说实话，我给河南省培养出来一些技工，我们招的一部分人后来在河南很有名，不少都是我带出来的。

采访者：把您调到二里头开始工作是哪一年？

赵芝荃：1959年。就是徐老1957年春天去调查，他的资料都放在我们这，我知道了，后来我去看了。

采访者：您当时看了资料之后，第一感觉什么样？

赵芝荃：对二里头的感觉？嚯！我说这可了不得，有灰土坑知道吗？遗址范围几百米！跟东干沟比，重要多了。虽然东干沟有一部分被东干沟村给压到了，没法发掘，但整体面积那是小巫见大巫。东干沟是小巫，二里头那是大巫。我当然高兴了，所以我去了以后就给所里写报告发掘二里头，所里当时就同意了。同意我就开始发掘了，发掘第一次不就高天麟去的嘛。

采访者：高天麟一个中学生就能当您的助手吗？

赵芝荃：高天麟他们比我年岁小了，当时是我得力的助手，还有一个杜玉生，都是我的得力的助手。这都是高中生啊，是见习员。现在都是大将了，副队长是后来当的。当时不是。

采访者：您什么时候去曲阜下放锻炼的？

赵芝荃：下放曲阜锻炼去是1960年。

采访者：为什么要去曲阜？

赵芝荃：那个时候怎么说呢，是要向工农兵看齐。党的政策向工农兵看齐，向工农兵学习，所以要下乡。我们这一部分人就到了曲阜去了。还不错，曲阜是孔子故乡嘛，我住在夏家村，住了一个季度还是两个季度，好像住一年呢。下放锻炼，接近工农兵，在农家吃饭，同吃同住。

采访者：您不在的期间，二里头的工作谁主持的？

赵芝荃：先是高天麟，接着是殷玮璋。殷玮璋以后我就回来主持了，后来一直就我主持的，没有别人。

采访者：殷玮璋先生怎么样？

赵芝荃：殷玮璋很聪明，文笔好，写东西写得利落。他能量也很大，活动能力也很强。在各方面都成。

采访者：二里头一号基址，一号宫殿，面积这么大，当时挖了正殿和回廊，但是为什么院子没挖？

赵芝荃：你说外边？它是这样子，当时探出来的时候，是殷玮璋他们探出来的。我去了又复查过一次一号宫殿。后来就从东南角做起,到时候还当灰土遗址做呢,一小块一小块挖,后来觉得挖的不成了,改大遗址的挖法了,10乘10平方米的挖。这才开始正式发掘一号宫殿遗址。我们开始拿它当做灰土遗址做,还不懂,主要毛病在我。后来明白了,10乘10一个方,10乘10一个方,没多久就把这一号宫殿做起来了。当时不挖院子呢,因为定性最关键的还是宫殿,有了宫殿了,就知道这是个重要遗址,是个都邑。一号宫殿这个院子我们是后来全做了,在"文化大革命"以后又做,整个都做完了,全都做了。

采访者:当时挖一号遗址的还有谁?

赵芝荃:挖一号遗址有高天麟,有李经汉。李经汉后来他回天津了,我不愿意叫他走,他本领很大,后来他回天津,到天津文物工作队去工作去了。

采访者:有郑光吗?

赵芝荃:有,郑光他是研究生,以后就分配到了我们考古所里工作。当时他分配到我们队里了。因为他是郭宝钧的学生,我跟郭宝钧是亲戚嘛,很照顾他就把他带到洛阳去了。他开始挖也不懂,第一个探方是我教他做的。郑光是西北大学还是哪毕业的,我记不清楚了。虽然是考古专业毕业的,但没挖过大遗址,没挖过宫殿遗址,那我还得带他啊,整个挖探方怎么挖,都是我教给他的。

采访者:这个人好相处吗?

赵芝荃:这个人很不好惹,也好斗,也很自私。

采访者:一号基址挖的时间延续得非常长,您是怎样保持资料的完整呢?

赵芝荃:发掘资料记录都在我手里边。我们是"文化大革命"以前挖的,"文化大革命"以后又挖了,中间接个"文化大革命",资料都保存好了,没有丢失,全保存好了。

采访者:发掘是怎么延续的,比如一号基址头年挖了,您填还是不填?还是就那么晾着?

赵芝荃:没有,有画的图。按着图知道哪一块挖了,按这图就一块一块的。

采访者:也就是说始终没有把这个面揭出来?

赵芝荃:一块一块地揭啊,就是10乘10,5乘5,一个方一个方揭的。中间回填了,后来又整个都打开过一次,重新又掀开了,回填了又掀开了,为了最后照相,掀开以后整个核对了图,照了相。

采访者:您当时觉得二里头是夏吗?

赵芝荃:当时因为徐老调查就是考察夏墟,他标题就是夏墟,调查夏墟,说明有这印象。但是徐老到二里头他说过,"尸乡,殷汤所都",他也没认为是夏都,他那时候认为是殷汤所都,我们开始也认为是殷汤所都。后来邹衡提出来这是夏都。我比较迟钝一点,搞偃师商城以前,一直认为它是殷汤所都,到偃师商城以后才慢慢承认了二里头遗址是夏都。

采访者:在这之前您一直认为它是商的?

赵芝荃:对。

采访者：当时是谁第一次定性它是商呢？

赵芝荃：高天麟开始去的时候就是根据"殷汤所都"去挖掘的，当时我们都认为是商啊。

采访者：说它是商是拿什么来比呢？

赵芝荃：就是根据《汉书·地理志》中"殷汤所都"这句话，就是根据这条去考察的，就信仰这句话啊。大家都信仰，不光我一个人信仰，不少人都信仰啊，认为二里头是殷汤所都。

采访者：后来您在写文章的时候，您为什么觉得一、二期是夏，三、四期是商呢？

赵芝荃：因为好像我们开始挖的，都是分成三期，第一次简报是高天麟写的。

采访者：高天麟和殷玮璋先生他们写的简报里说是分成了早中晚三期，后来一号宫殿简报出来的时候，开始把它变成了四期。后来您写文章的时候，就说这个一、二期是夏，三、四期是商，这当然是到了登封会之后的事了。在登封会之前这四期是谁分出来的？

赵芝荃：四期就是我们大家分出来的啊。我为什么分出来第四期了呢，第四期是我给加的。后来我们做工作呢，发现一号宫殿上头有文化层，这文化层就分出来了二里头文化的第四期。这第四期遗存就直接压在一号宫殿上面，第四期是这么来的。

采访者：当时是谁提议分出第四期的？

赵芝荃：我提的啊。它这里面已经有商的因素了，第四期里面就搀杂商的因素，所以就定的第四期。看着就好像是从夏到商的一个过渡期。

采访者：当时大家还都是觉得这是商是吧？

赵芝荃：刚分时候认为是商，就是顺着徐老"殷汤所都"了。

采访者：当时大家就都觉得二里头就是汤都的亳了，觉得郑州商城就是隞，殷墟就是殷，就是这么一个体系？

赵芝荃：对。

采访者：当时大家也都没怀疑过？

赵芝荃：邹衡他们首先提出来了，他在登封会提出来的。

采访者：对，登封会您参加了吗？

赵芝荃：参加了。

采访者：当时考古所里都谁去了？

赵芝荃：登封会议我去了，我还做了报告。夏先生主持现场。殷玮璋去没去我记不清楚了。

采访者：登封会是不是您参加的第一次学术会议？

赵芝荃：登封会对我来讲，我参加学术会议那是第一次。

采访者：这个会当时是所里头提出来办的呢？还是河南提出来的？

赵芝荃：安金槐提出来的，因为他在登封发掘，他认为王城岗遗址很重要，他邀请大家去参观，我们就是被他邀请到那去的，夏先生也是他请去的。

采访者：登封会开了几天？

赵芝荃：开了两三天，大家该说的全都说了。我在登封会有个发言，就是《二里头探索夏文化的回顾与展望》，大家还都要讲。

采访者：两三天里邹衡大概什么时候发表他那个意见的？是这个会议开始就发表了呢，还是快结束的时候说的？

赵芝荃：他就在这个会议上提出来的。会一开始他就说了，就说二里头遗址是夏都。

采访者：当时提出来大家有反应吗？

赵芝荃：我们保守，我们不接受啊，他讲是夏嘛，我们还讲是商啊。

采访者：在会议上争起来没有？

赵芝荃：没有，大家都很客气。各说各的，没有掐。

采访者：当时安先生什么意见？

赵芝荃：安先生跟我很要好，一般按照我们的意见来说的，安金槐对我很客气，他当时听我们的意见。

采访者：当时夏先生什么态度？

赵芝荃：夏先生没有否定夏，没有否定。他有个总结讲话。

采访者：底下夏先生召集考古所的同志开过会没有？

赵芝荃：没有，各说各的。人家是安金槐邀请的会嘛，大家各说各的。去的人不多，肯定不多。

采访者：所里去的人不多？

赵芝荃：去的不多。

采访者：会议结束之后邹衡先生马上就在《文物》上发表那篇文章了，他的书也跟着就出来了。那时咱们二里头队，或者说整个二室是什么想法呢？

赵芝荃：二室这些同志听我们二里头队的啊，都听考古队的啊，我们考古队不同意，他们也都不吭声，反正是赞成我们的意见的。

采访者：从1979年以后，支持西亳的文章逐渐地多起来了，就是第一轮夏商分界的论战，这个时候您比较克制，您的文章刚开始的时候写的少，您挺克制的，是么？

赵芝荃：对啊，争议呢，我就不写了，我就听了。

采访者：当时所里什么态度？整个所里面什么态度？

赵芝荃：所里面的态度一般的都听二里头考古队的，一般的都听殷玮璋、郑光这些人的意见。争论的问题呢，所里头也不好说什么，大家就讨论吧，讨论学术问题吧，夏先生就让大家讨论吧。

采访者：夏先生那时候有什么说法吗？

赵芝荃：我记不清楚了。

采访者：当时副所长是谁啊？

赵芝荃：王仲殊。

采访者：安志敏是吗？

赵芝荃：安志敏也当过副所长，安志敏、王仲殊。

采访者：这几个老先生对邹衡的态度怎么样？

赵芝荃：各说各的，他们也不买邹衡的帐，也不理邹衡，他们从辈分上说是比较高一代的了，对邹衡的意见，也没什么反感，但也没什么同意。

采访者：那就是年轻一辈的先生们来讨论的？

赵芝荃：对，年轻的在这瞎吵吵。当时争论挺厉害的。你看我，一直到偃师商城出来我才低头啊，我当时就是不低头。

采访者：您一直不低头，就认为二里头是商？

赵芝荃：殷商，听徐老的嘛，认为是殷商所都，偃师商城出来我没辙了，我挖了，我改了。事实如此我没办法了，事实在那儿，我才改了。

采访者：商城出来之后，当时您和邹衡先生这样论战，您怎么想的？

赵芝荃：我们很客气，没有什么。

采访者：郑光先生要写反对文章还不用自己真名而使用石加的名字呢？

赵芝荃：他用笔名，恐怕也有点考虑吧，也怕得罪人，可能也有这个考虑。

采访者：当时所里的反对文章写出来之后，大家互相看吗？

赵芝荃：看啊，哪能不看呢。要讨论殷汤所都，我哪能不看呢。全看了，都看。关心的人都看，二室的人基本上全都看。

采访者：当时您是二室主任吗？

赵芝荃：我不是，我一直没当过主任。

采访者：二室主任当时是谁啊？

赵芝荃：二室主任我想想啊，一室是安志敏这些人。二室打头的就是陈公柔。也不是殷玮璋，他没有，他就当过队长吧。

采访者：就是杜金鹏之前二室的主任是谁啊？

赵芝荃：我还真说不上来了，想不起来了。

采访者：1979到1983年这四年，考古所的同志就是坚持二里头是商，不是夏？

赵芝荃：对。

采访者：偃师商城是怎么发现的？

赵芝荃：偃师商城是这样的，1983年那儿要建首阳山电场。电场准备要搁在偃师县的西边。要建设它就要先钻探，钻探找谁呢？就找到汉魏故城考古队了，因为他离汉魏故城考古队最近了，所以段鹏琦、杜玉生他们就去了。他们到那一钻探呢，就发现偃师商城了。偃师商城因为是商的，所以他们就不挖，就给了二室了。二室就派我去了，我就当队长主持了发掘工作。

采访者：当时怎么判断是商的？

赵芝荃：他挖了一个北边的城门，挖了城墙。他做了试掘了，知道是商代的了，这才就交给我们了。

采访者：传说1983年偃师商城正发现的时候，正好是在河南开考古学会呢是吧？

赵芝荃：这我记不太清楚什么时候了。

采访者：是不是夏先生还带着探工专门去那钻探确定过？

赵芝荃：是不是钻探过我不清楚。但他去过，他到那儿应该看看就完了。王仲殊当所长的时候，偃师商城特红，挖出来宫殿的时候，全河南省都嚷嚷。连浙江人都到那参观去，特红。说是偃师挖出宫殿来了，来看那金銮宝殿来了，老百姓来看的太多了，全都来。那当时挺出名的。

采访者：偃师商城的消息所里是不是还保密了一段时间？

赵芝荃：一发现就公布了，没有保密。

采访者：离二里头这么近，就八九里地，发现这么一座商代的城，您当时是什么心情？

赵芝荃：那对我也很大的促进、改进啊，原来我认为二里头是殷汤所都。挖出偃师商城来我承认了二里头是夏都，偃师商城是殷汤所都了，对我当时是一个大转折了。

采访者：心里当时难受吗？

赵芝荃：不难受，有什么难受的啊，挖出来了，不见棺材不掉泪，没有偃师商城我还是不承认，有了偃师商城了没话说了，又是自己挖的，这没话讲了，所以就承认这是商都，那是夏都了，我是有了偃师商城才承认了。

采访者：偃师商城发现之后，这原来的阵营可就分裂了。您是持二、三期分界这个观点的，殷玮璋先生是持一、二期分界的，后来孙华认为是三、四期分界的，当时主要的这三个观点就是这么的？

赵芝荃：全有，郑光也主张一、二期。

采访者：对，但是这里就产生一个问题，三期的时候这个一、二号宫殿还在用呢。

赵芝荃：二里头宫殿一直用到三期，三期用完了，以后废弃了，四期废弃的。

采访者：就是三期还在用的时候，您为什么觉得它已经进入商了呢？

赵芝荃：我们最后就是殷汤所都啊，一直认为它是殷汤所都啊。

采访者：就是一、二期因为没宫殿，所以它不是殷汤所都，所以您的想法是这么来的是吗？

赵芝荃：高天麟的简报就认为一期是夏，他是分三期了，二、三期就是殷汤所都，他是这么分的。他这是一、二期就分界了，后来就是三、四期有分界，四期以后又分界，逐渐地在各期分的都有了。

采访者：但是是不是当时挖二号宫殿的时候，就已经知道下边还有三号宫殿呢？

赵芝荃：知道了，知道下边还有。但是因为工作关系，后来我年岁大了就不做了，就做了上边这层，后来下边我没做，是别人做的。

采访者：但是问题是，既然知道下边还有宫殿，您为什么这分界的刀还砍在上边的三期呢？您当年干吗不在下边砍呢？

赵芝荃：这夏商分界啊？当时的确没太注意这些问题，还是按照自己的老观点来认为的。

采访者：偃师商城发现以后这个阵营就更加分裂了，对么？

赵芝荃：偃师商城发现了那谁还有话说呢？当时并不是好多兵都跟着，就我一个人坚持，跟邹衡坚持意见不一致的就是我。一开始，别人不搞这研究，不搞这个专题，人家就不参加什么意见。顶多什么李经汉他们参加点讨论。后来殷玮璋一直在讨论，然后郑光也论证，后来杜金鹏也在论证。

采访者：但是这个里头逐渐问题就越来越复杂了，杜金鹏先生把偃师商城的年代往前提，但是这样提早之后，二里头的年限不就越来越短了吗？您怎么看这个问题啊？

赵芝荃：没怎么考虑。

采访者：后来这偃师商城的问题，就演变到了偃师商城和郑州商城谁早，这个时候您怎么看？因为最先开始只是要讨论二里头和偃师商城哪个是亳，到后来就变成了郑州和偃师是谁早了，您怎么看？

赵芝荃：到这时候我当然认为偃师是亳了。我写文章，偃师商城和郑州商城比较起来到底哪个早，哪个晚，我就说偃师商城是早的。因为商汤灭了夏之后就建立偃师商城，强大了以后才在郑州建城，这是合乎事态的发展规律和历史的发展规律。它不可能先去建郑州商城然后再去偃师建商城，这不可能。二里头三期以后这偃师商城就起来了。

采访者：现在二里头和二里岗时期的城越发现越多了啊，您怎么看这个问题？

赵芝荃：是啊。

采访者：从东西来看呢，比如大口尊来看，似乎郑州商城还更早点。怎么样能够判断偃师商城比郑州商城更早呢？

赵芝荃：更早，我写过一篇文章，就是这两个商城谁早我写过。

采访者：当时为什么把您调到偃师商城去了？按说您在二里头干的好好的，还正整理报告呢，干吗要把您调到偃师商城去了？

赵芝荃：我跟你坦白说，我田野工作很漂亮。我的写作呢，没有发掘漂亮。所以我挖的好，我相当会挖，挖的恐怕我是一流的。所以他们认为我挺能，就让我去了。当时，二里头已经摸索出头绪来了，所以又让我去偃师商城，我这么理解。因为我这个田野工作漂亮一点，所以叫我上这去了。

采访者：再回到二里头说说吧。当时李伯谦先生曾经带着学生到二里头遗址实习过？

赵芝荃：去过。他去过我知道啊，为什么呢？我挖东干沟，邹衡带着人去东干沟实习。我挖二里头遗址，李伯谦带着人去实习，我跟你也坦白讲，因为那是我的母校的人，我不拒绝，别人带队我不让去。那是我挖的遗址，他们都明白了。我还没写完报告呢，他们参加过工作的人就都明白了，都清楚了。因为那是我的母校，我没说的，也愿意给母校尽点心，所以叫他们去。

采访者：当时是不是河南所也在二里头做了些工作呢？

赵芝荃：这个是这样，徐老调查完以后呢，他们河南省的也看上二里头了，他们派一个刘胡兰小队,有这么一个小队在二里头发掘。我们也在发掘,一个马安两个脑袋,这不是要打起来了嘛。这怎么办呢?我没辙了,郑振香正好那时候在洛阳,我说老师姐,你上一趟郑州吧,去郑州叫他们撤吧,这遗址重要,咱们得做,咱们不做不行,咱们不能把这个遗址给扔了。郑振香,去郑州找到安金槐,跟安金槐说啊,说徐老发现的这遗址,徐老还准备要挖,你们就叫他挖吧,你们就撤了吧。郑振香就做的工作。郑州还挺不错,郑振香一去说徐老,人家就撤了,就搬走了,完全让我们做了就是,所以二里头遗址我们是这么保护下来的。在这件事上,郑振香立了一功。我要去的话,我是队长啊,我找人家队长说让你怎么怎么着,那哪成啊?你队长去找没好啊,你这队长找人家队长叫人家撤吧那多不合适啊,所以请郑振香老大姐去了。我们这招也对,郑振香一去把人家说服了。

采访者:那时候河南的刘胡兰小队是谁带的队?

赵芝荃:他们有一个叫王名什么的,有一个老技工挺有本领,大概他带的队。

采访者:刘胡兰小队全是女同志吗?

赵芝荃:我都记不清了,应当都是女同志,有可能,它叫刘胡兰小队,哪能是男同志啊?

采访者:1963年的时候,李伯谦先生带着到二里头去实习的时候,那年主要在挖什么呢?

赵芝荃:1963年正在挖宫殿呢。

采访者:当时在二里头队里您肯定是主管全面工作了,其他几个人是怎么分的工啊?

赵芝荃:高天麟一闪就走了,殷玮璋做了一季度也就走了,我跟高天麟和殷玮璋没有在二里头同时工作。我去他们都走了。跟我一块做工作的就是方酉生、李经汉,李经汉那个时候是我的左右膀,跟我非常友好,方酉生挖工地挖的很漂亮。

采访者:郑光什么时候去的?

赵芝荃:郑光研究生毕业了以后去的,那时候我们正好挖一号宫殿,还是我教他怎么挖宫殿。

采访者:李经汉是哪一年走的?

赵芝荃:我还在二里头李经汉就走了,我还挺不愿意让他走。他在天津呢,他很不错,他是我的左膀右臂,我不愿意让他走,他走是悄悄走的,没跟我打招呼就走了。

采访者:当时方酉生主要负责什么呢?

赵芝荃:方酉生就是发掘工作,没有职务。

采访者:后来二里头不是分了九个区吗,分区时候有没有说你主要在哪个区,我主要在哪个区域。

赵芝荃:没有,分九个区,从第九区到第一区。区是殷玮璋分的,我们延续用下来了。

采访者:当时一直在二里头村里头,住哪啊?

赵芝荃:住民房啊。

采访者:是住在二里头还是四角楼?

赵芝荃:二里头也住过,四角楼也住过,圪垱头也住过,全住过。开始的时候住的二里头，后来住的圪垱头，在中间可能四角楼也住过几天，这么个顺序。

采访者：当时租的这个院大吗？

赵芝荃：不大，就是租几间房子。

采访者：有没有租一个整院？

赵芝荃：在开始的时候，人家一个小院里头就租的小院，小院还有楼，上下层。后来到圪垱头就住几间房了，四角楼好像也就几间房，四角楼也是一个前后院。

采访者：当时所里给您一个月开多少钱啊？

赵芝荃：56块。

采访者：田野补助一天有几块？

赵芝荃：田野有补助。田野补助好像还不少，对我们来讲生活上帮助还挺大，到田野拿补助费挺多，数字我记不清楚了。可能是一块钱。

采访者：那个时候白老师回北京了还是在洛阳？

赵芝荃：她到北京所里头是图书管理员。

采访者：您二位的家实际上是安在北京吗？

赵芝荃：我们俩1960年结婚，我们俩是回北京以后结的婚。

采访者：那就是您一直在二里头常年待着，白老师在北京带孩子？

赵芝荃：对，她意见大了，成天数落我。数落数落吧，对不住人家啊。不管孩子，孩子都是我老伴带大的，什么都不管，还有我父亲、我母亲也得管，都是白老师管。她还得管她父亲，管她母亲，白老师对我是有功，出了大力了。

采访者：她是独女吗？

赵芝荃：对，她有一个哥哥。

采访者：那还好点，上面还有一个哥哥。

赵芝荃：在她家里面哥哥不干活，都是全靠她，所以她从小就练出来了。

采访者：搬到圪垱头以后，所里有没有考虑过在二里头设个站，就像安阳那个，或者洛阳那个。

赵芝荃：我想想啊，在我的印象里面后来设的站好像二里头是最早的。

采访者：当时洛阳工作站不是最早的吗？

赵芝荃：那个是房子不在工地啊。我说这站在工地里的房子，是在工地的站，不是工作站的站。工作站西安研究室是个点，洛阳工作站是个点，安阳是个点，常住，有房子，有人，是常驻机构。我说的这种站是临时的机构。

采访者：现在二里头这个工作站是郑光给建的？

赵芝荃：大概是他基建的。我当时在偃师商城，得了电场给我的基建考古费用，有四十万。我用这四十万把塔庄这个院子，就是现在偃师商城住的这个院子买过来了。那个院子原本是原来大队的后院，后来又用剩下的钱买了院子北边的地，现在还是归考古所管的，好几亩土地，保护偃师商城的一号遗址。郑光看着我们买院子，他也眼馋，他不知道从哪弄的钱，在二里头也买下了地，所以二里头的房子是郑光建的。

采访者：偃师商城站的地方大还是二里头地方大？

赵芝荃：差不多，好像二里头更大气点，有大门，有院子，有南房、北房，房子多一点，偃师商城的房子简单点，就是一个北房一个西房，还有一小角南房。

采访者：偃师商城是二层楼？

赵芝荃：对。你去过吗？

采访者：偃师商城我没去过，我每次都是到二里头。把您调到偃师商城，当时除了您以外，夏所长那边有没有备用人选？

赵芝荃：没有，都顾不过来，反正叫我去了，我就顶在那干了。当时我跟电场要了四十万的基建费用，所里特高兴，当时四十万值钱啊，可以了，买了房子，置了地，培养一批技工，还保护了一大片地方，偃师商城立功了。

采访者：郭忠芳他们就是那个时候培养的？

赵芝荃：对，郭天鸣他去的时候是十几岁，一直到现在还在那看着房子呢。

采访者：您在偃师商城遗址一共待了多少年？

赵芝荃：偃师商城我是1983年去的，我一直在偃师商城，待的时间很长。

采访者：后来就交给杜金鹏了？

赵芝荃：交给王学荣了。开始是做交接手续，不是杜金鹏，是王学荣。王学荣在偃师商城待过，我们俩碰过头，我的资料什么东西都交给王学荣了，王学荣可能后来又交给杜金鹏了，他们的事了。

采访者：王学荣怎么样？

赵芝荃：王学荣很规矩，也很聪明，好象人情味少点。

采访者：小城是谁找的？

赵芝荃：偃师商城的小城我挖了一部分，后来我就没做，他们找出来了，我找出来一段城墙什么的，记不清楚了。然后大规模发掘宫城是他们的事了。

采访者：后来提出这个三期七段也是他们提的？

赵芝荃：对。我是三期六段。他们多了一段。这一段就相当于郑州的白家庄，实际上我那个三期六段没被推翻，他们加了一个小尾巴，那小尾巴相当于郑州白家庄了，基本上一样。

采访者：偃师商城发掘之后，二里头西亳说的这个阵营分裂了。有的人像郑光先生到现在还在坚持二里头还是商，有的学者就像您一样的，就认为偃师商城是商，但有的还是坚持二里头还有一半是商。但是总体的有一个大的趋势，就是比较能够接受二里头是夏或者有夏的观点了，对么。

赵芝荃：对的，二里头是夏，偃师商城就是商了。应当说这个合情合理，你不可能一半一半的，一个遗址不可能。

采访者：您的意思是，一半一半的不可能的，所以无论是一、二分，二、三分，三、四分都有它说不通的地方是吗？

赵芝荃：对。

采访者：所以您还是比较同意邹衡先生一到四期都是夏的这个说法？

赵芝荃：不是，一二三期的是夏，第四期是夏代的文化进入到商代纪年了，我带这么个尾巴，它这尾巴还进入到商代了。第四期跟偃师商城有一段是平行的。

采访者：那就是说从体系上来说，您的观点越来越接近邹先生的说法了，您怎么评价邹先生这个人？

赵芝荃：我开始不同意他的说法啊，对着干啊，后来发现偃师商城，见了棺材了，我挖出来商代了，那我不能不承认这是夏了。我是没受他的影响，开始我跟他对着干。在学术来讲，他是我们的师兄啊，他比我高一筹。郑光他认为他跟邹衡是一层的。我跟他前后班同学，工作当中好些地方都是我做完了他做，相处的很好。我对他也很尊敬。

采访者：您挖二里头挖的好好的，为什么要去豫东做调查呢？

赵芝荃：豫东啊？豫东这样的，传说豫东是商文化起源的地方，我们想考察它到底是不是商代文化的起源，所以到那去做发掘工作，带着这么个问题挖的。

采访者：当时那边是不是调查的成果不是太好？沙太厚了？

赵芝荃：还可以，都在岗堆上，比如黑岗堆等，早就发掘过，很有名。

采访者：到那边的目的其实就是想找最早的商是什么样是吗？就是想给当时的二里头找个根是吗？

赵芝荃：对，是这么个意思。奔着这个目的去的。就是找殷汤所都，到豫东找商代的根去了，到底看看这二里头文化。看看商代是不是从这来的，找那根去了。

采访者：您带着谁去的？

赵芝荃：到豫东啊？到豫东那个时候我就带着技工。

采访者：有高天麟吗？

赵芝荃：没有高天麟。

采访者：后来高天麟写这个，就是柘城的南山寺是他自个儿去的？

赵芝荃：后来美国的中国学者张光直到豫东调查过一次，他去调查的时候请所里派人。所里就派高天麟跟着张光直。也就是我走了以后很久，他们好像又去找去了，我心里说你白去，没有！我都调查回来了，他们白去了一趟。

采访者：其实您豫东调查了一圈之后，您发现二里头的根不在豫东？

赵芝荃：不在豫东。

采访者：找了一圈没找着，为什么还是觉得二里头是商呢？

赵芝荃：盲目呗，我清楚的很。没错，有了偃师商城我才承认二里头是夏都。

采访者：就是当时没找到根的时候，您心里紧张过没有？

赵芝荃：不紧张。

采访者：这可能不是，有没有怀疑过自己的想法？

赵芝荃：觉得好像有点不是滋味，想来找根，没根。后来根从河南中北边找到的。

采访者：从煤山找着了。

赵芝荃：对，跑那边去了。

采访者：那就该说到这个煤山和新砦了，您先挖的煤山还是先挖的新砦？

赵芝荃：先挖的煤山。

采访者：煤山是怎么发现的？

赵芝荃：六县调查的时候就发现了煤山，原先的调查简报里面有煤山。我想找一个早于二里头的遗址，我一下就找到这来了。煤山都是煤，都是灰土，当时很有名。

采访者：当时您看过王城岗的东西没有？

赵芝荃：看过啊，那时候走马观花，没细研究，只是看看而已。

采访者：亲手挖了煤山之后发现这个东西和王城岗的东西差不多？

赵芝荃：对啊。

采访者：您当时相信王城岗就是"禹都阳城"的"阳城"吗？

赵芝荃：慢慢的我也就相信了。

采访者：但是如果那是阳城的话，您这二里头直接能跟它连上么？

赵芝荃：哈哈，就是说嘛！我那怎么还不改啊，都绕腿了，绕的扣没解开嘛。

采访者：这扣越绕越大啊！

赵芝荃：大倒不大，反正就是还是信任自己的一套。

采访者：当时挖煤山您都带着谁去了？

赵芝荃：郑光没去，挖煤山可能李经汉去了，记不清楚了。新砦也是我开的头。为什么要发掘新砦遗址呢，我在挖二里头遗址之后，碳14测定年代相当于夏代的晚期。后来我要找夏代的早期，在煤山发掘夏代的遗址。但临汝煤山遗址测年代是公元前2100年到2000年，相当于夏代的早期。夏代的早期我找到了，夏代晚期我也找到了。但是从碳14测年看，中间还有距离，文化面貌上也不相连，中间有缺环。所以我就想找到缺环，这样的话才能完整。可巧我到登封、禹县去调查，在密县魏殿臣的办公室里放着二十多件陶器，这正是我要找的。因为我知道早的，也见过晚的，相当于中间阶段的应该就是这个样子，我一看就明白了。我知道这肯定是相当于夏代中期的遗物。所以这么着，我才在新砦做了试掘。试掘之后我写了一篇简报，说明了新砦期跟二里头文化还有区别，这新砦期二里头文化早于二里头一期。现在新砦期也成文化了。现在赵春青他们不是在那发掘呢吗，新砦遗址也成重点工地了。我在二里头、新砦、煤山都开了头，都给考古所开头了，这是我主要工作，收获都很大，心里非常的宽慰，这是我做的两件主要工作。

除此之外，我在河南省调查过一百多处遗址，主要的遗址我几乎都跑到了，所以我对河南考古相当的熟悉。在煤山遗址发现煤山类型，在豫东的王油坊遗址发现王油坊类型，这两个相当于新石器时代晚期的类型也是我开的头。所以，我感觉自己还是没有虚度年华，还是做了一些考古工作吧。

采访者：您是怎么发现新砦这个点？

赵芝荃：我挖了二里头年代相当于是夏代晚期，我挖了煤山相当于夏的早期，中间缺东西啊，我就找这中间的东西啊。我想如果找到的话，这夏代的文化遗物我都找到了。找到了以后我怎么着呢？我上了登封、禹县，我回来没从偃师走，我走的密县。我说这回换一条路吧，我走走密县吧。到了密县，找到了魏殿臣的办公室，他地下放了二十几件陶器，这个陶器我认识。

采访者：就是黑皮的？

赵芝荃：对对对！那正是我要找的，这个中间找到了。找到了以后，当年我就去做了试掘，试掘的范围很小，写了简报，就称这种为新砦期二里头文化，我没提新砦文化。因为它跟二里头的东西很相像，东西很少，称新砦期二里头文化，我的简报里就这么写的。它区别于二里头文化，比二里头文化一期还早，所以叫新砦期二里头文化，我的标题就这么说的。但是我做的范围很有限，后来别人又做了，现在新砦成文化了，范围大多了。

采访者：当时您提出这个新砦期文化之后，有人跟您辨扯了没有？

赵芝荃：反对我的没有，好像赞成的也很少。各说各的。

采访者：就搁那了？

赵芝荃：暂时就搁那了，因为也就这一个点，材料太少了。

采访者：好多年后，在学术上讨论新砦归属的时候，一些先生要往上搁，一些先生要往下拉，还有一些先生要把它独立出来。您怎么看这现象？

赵芝荃：新砦期它就是个新砦期。

采访者：您定了一个新砦期，您是把它归到二里头去了，但是后来有人想把它归到王湾三期文化新砦期。也有人说它就是二里头文化一期，也有人就觉得是新砦期，还能细分一期、二期，然后二期和二里头文化一期同时，一期比它早点。又有人把二期又分了早段、晚段，越来越复杂了，您怎么看？

赵芝荃：我倒认为很简单，河南龙山文化晚期的煤山、新砦期、二里头，这三个是一下下来的，我看得比较简单一点，我看的大地方，再小的期我就没再分。当时分了三期了，就那么着了。

采访者：为什么如果它是一个过渡的情况，河南龙山文化的点这么多，二里头的点也那么多，为什么独独就新砦还是这么孤零零这几个点呢？

赵芝荃：新砦期遗址现在也发现不少吧，也有了。

采访者：但是就是纯粹的，就是以您当年划出来那一组东西为标准来看的话，也还就是那几个点，您怎么看这种情况？但是如果他要是过渡遗存的话，为什么就只是在几个点过渡呢？

赵芝荃：它作为一个阶段，它很难讲从谁过渡谁啊。当时我们说它是过渡，现在来看它就是一个阶段，煤山、新砦、二里头就是一个阶段，早中晚三个段落，三个遗址，三个文化或者说类型或者说是文化。

采访者：90年代以后您就开始不做具体的田野工作了，而是专心致志整理二里头报告了，搁了这么多年，您觉得整理这个老材料困难吗？

赵芝荃：不困难，我材料都很熟悉。我在那待那么多年，一点也不认生。当时东西全部都搁在工作站。

采访者：没拉在北京来，所以东西就没散。

赵芝荃：我挖二里头挖了十年，前后挖了十年，郑光挖了十年，现在许宏挖。郑光的文字资料，整个资料搁在洛阳工作站了，搁在那儿一锁等于浪费了，太可惜了。

采访者：后来偃师商城的报告您没整理？

赵芝荃：偃师商城我整理了。

采访者：您挖了那么多，干吗不出一个大报告啊？

赵芝荃：是啊，我现在后悔了，我整理了一半我退休了，退休了又反聘了五六年。当时高炜跟我说，赵先生，您年岁大了，您的材料让他们弄得了，让年轻人弄，让他们来个美差得了。高炜去做我的工作，我当时同意了，把这材料就给王学荣了。现在我后悔了，我坚持一下呢，这报告早出来了，结果现在出不来。现在问他们，没有下落，石沉大海，我干了三个遗址，洛阳报告有了，二里头有了，唯独偃师商城我用力最多，用心最多，花的力气最大，成果最大，结果报告没出来。现在打水漂了，现在说落到王学荣，前两天问了许宏，许宏说现在王学荣和杜金鹏归他们管着。

采访者：您也见了这么多本科生、研究生什么的，有吉大的、有北大的，您觉得哪个学校稍微好点啊？

赵芝荃：你说哪的学生好一点啊？当然北大的好了，北大是科班的规矩啊，老传统了，当然北大好了。

采访者：您能给讲讲您刚刚提的老大姐郑振香吗？

赵芝荃：老大姐人品可好了，我们相处也很好。比如把二里头要过来这个，她去郑州要过来的。我们现在相处也很好，现在我跟张长寿，跟郑振香，跟这几个都挺好的。

采访者：1990年您是第二次出国吧？就是去洛杉矶开的会？

赵芝荃：对。

采访者：觉得怎么样在国外？

赵芝荃：开会还可以，大家各讲各的吧。

1990年赵芝荃在偃师商城工地。

当时周永珍也去了,郑光也去了。讲夏文化,我是科班的。我讲的就是《探索夏文化三十年》那篇文章。

采访者:您觉得国外是怎么看咱们的考古研究和夏的这个问题的?国外有些人不认可咱们这个夏啊?

赵芝荃:他们研究这些问题很少,他认为没有夏。那时候李汝宽,是个国内很有名的实业家,他出资叫我们去的。他们是不研究这个问题,那不管他,他不研究,咱们研究咱们的,咱们都说出有理来,有据,承认不承认呢,管他呢,不管他。不理他们。

采访者:就是后来国外有几个人还专门论证中国其实是没有夏代的这个问题的,您怎么看?他就说这个文献不可信。

赵芝荃:他们不了解。

采访者:他们压根就不信这个文献怎么办呢?

赵芝荃:文献不可信,那有二里头遗址夏都,有好几个夏代遗址那怎么算呢?文献你信不信,那有遗址在那摆着呢。

采访者:他们就说这个的确比商早,但那未必是夏。

赵芝荃:那不是夏是什么呢?

采访者:某个消失的王国?

赵芝荃:是啊,记清楚的很,各种史书都讲的夏商周嘛,不相信不信就拉倒吧,外国人不懂就不懂吧。

采访者:您考古一生从新石器的晚期开始,一直主要做的东周,这么长时间的考古经历,您觉得您既往工作中意义最大的,和印象最深的是什么?

赵芝荃:夏,就是夏文化,二里头文化。我这一生消耗我的时间、精力最多的是夏文化,要说我能够写出点东西,还是夏文化。商文化也可以,比不了夏文化,我夏文化相当熟悉,我做的工作也多。

采访者:您是除了邹衡之外最早的一个提出夏文化可以分地区类型的,您把东下冯也给纳进来了,但是后边有人就觉得东下冯不是夏的东西,您怎么看?

赵芝荃:我认为东下冯还是夏,有好些相似的地方,文化遗存、陶罐这些都是相似的,还应当是夏吧,那是一个地方类型吧。

采访者:有些学者倾向于东下冯是单独的,不是二里头文化的,您怎么看?

赵芝荃:最近我看文章比较少,我还挺闭塞的,我不太熟悉。当然这么分开,也可以了。大家仁者见仁、智者见智吧,各说各的吧。

采访者:您退休之后很多年,也一直没有放下这个专业。您还一直在关注二里头和偃师商城的工作进展,您觉得这两个遗址未来工作的突破口在什么地方?

赵芝荃:二里头还照样走下去吧,遗址范围很大,发掘的面积占多少很难说。偃师商城范围也很大,好些工作后来我不做了,别人做了好多工作嘛,还有一些学术问题需要研究。这两个遗址,继续研究的价值很高,我估计还要继续研究下去。下一步研究应当跟社会学挂上钩，不光就陶片说陶片了，应当跟历史挂上钩，应当走的宽一点，把它的价值再提得高一点，不要纯考古学这样子，这样就比较好了，未来必然是这样子。

采访者：后来许宏先生找到二里头的宫城，您怎么看这个的？

赵芝荃：后来居上啊，后辈人总得比前辈人强啊，一代比一代强这是社会发展的规律，很自然，我也很高兴，我没找到他找到了，将来你去你找到我更高兴了。

采访者：您觉得二里头会有更大的一圈吗？外头再有一圈城吗？

赵芝荃：这种可能性也有，可能性有。遗址范围那么大，它没有城墙也得有保护，壕沟啊、水沟啊，也得有保护的设施。没有城墙也有保护设施。

采访者：二里头遗址的北边，再过了河的北边，当时做过调查吗？

赵芝荃：去过。

采访者：东西多吗？

赵芝荃：不多，它河很宽，冲的很厉害。原来河不在北边，在南边，是搬过去的河。

采访者：就是现在这个二里头南边地势低下去的那边？

赵芝荃：对，原来走那边。

采访者：您这一生其实最主要的工作区域还是在洛阳盆地和嵩山南北了。

赵芝荃：对。

采访者：就这两片，因为煤山在嵩山南边，新砦也是贴近嵩山的地方了。对洛阳考古的发展您有什么设想没有？假如说当年您站在蒋若是、安金槐的位置上，您觉得您想做点什么呢？

赵芝荃：洛阳这是天下之中，历史悠久，文化遗存很多，东西也很多，与历史挂上钩的问题也很多，应当继续发展下去，往深层次发展吧。

采访者：您这一生的求学历程很丰富，后来实际工作也多，也接触了这么多青年的学生，也培养了很多的学生。您觉得像北大考古系，未来要进一步发展的话，应该在哪些地方上再改进改进？

赵芝荃：我认为夏商周还是重点，除此之外就是新石器时代的晚期也是重点，应当是这样子。应当放在夏商周，应当放在新石器时代晚一点的这些问题。

采访者：您觉得就是要在这个地方要继续努力？

赵芝荃：对。

采访者：邹衡先生也不在了，您觉得将来如果学校在夏商周考古上努力的话，该怎么样在邹衡的基础上前进呢？

赵芝荃：现在李伯谦不就不错嘛。刘绪也可以的。他是你在学校的导师？

采访者：对。

赵芝荃：必然是这样子，我盼着是这样子，我盼着你超过他们。

采访者：您觉得这个从学科上来说的话，需要在哪些地方上往前更前进一步，而不是单纯的人的问题。

赵芝荃：要想发掘的话，还是从田野考古下工夫，有了田野考古，这是现代考古学的基础，没有田野考古，现代的考古学也就完蛋了。现代考古某种意义上，田野考古就相当于考古学，还是要把力量放到田野考古上面来。取之不尽用之不竭的，那海了。

采访者：您对要踏上工作岗位的青年学生们有没有什么建议？能让他们少走点弯路，少摔点跟头。

赵芝荃：我觉得现在这小青年比我脑子丰富多了，不用我指导就蛮好的，希望你们赶快成长。

采访者：谢谢先生！

采访时间：2011年10月13日，2012年1月19日
采访地点：北京赵芝荃先生寓所
采访者：常怀颖、余雯晶
采访大纲撰写：常怀颖
整理者：常怀颖

记忆

——

李家瀚

2011年11月24日李家瀚先生接受采访

简　介

　　李家瀚，男，汉族。1932年12月5日出生于陕西省西安市。1951年考入北京大学历史系，1952年进入历史系考古专业就读。1955年毕业分配至西北大学历史系，筹建考古专业。1962年西北大学考古专业下马，全体人员遣散，至西安市第九中学任语文教师。1972年调入西安市文物管理处。1983年起任西安市文物局局长。1992年进入西安市人民政府参事室，1998年退休。曾在沣西发掘西周车马坑和铜器窖藏，后担任阿房宫考古队队长。参与创建了西北大学考古专业。从事考古教学、发掘和文物管理事业多年。

　　代表著作有《阿房宫区域内的一个汉代建筑遗址》，《陕西长安新旺村、马王村出土的西周铜器》。

采访者：先生您好，马上要到北京大学考古文博学院的院庆了，如果从考古专业诞生的 1952 年算起，是 60 周年庆，如果从 1922 年国学门算起，就是 90 周年庆了。院里让我们来看看先生，想请先生给讲讲您当年在北大的学习生活，您从北大毕业到了陕西之后的工作经历，西北大学考古专业的建立过程，最后请先生给北大考古文博学院和学生们提些期望和建议。

李家瀚：我尽可能地讲。我也想了解了解北大现在的情况。有一个教员叫晁华山，是不是还在你们那儿？

采访者：晁华山老师已经退休了，他现在七十多岁了。

李家瀚：晁华山这个人跟我比较熟，原来就是我们单位的干部，人家比我到这个单位还早，但是我们没有一块儿工作过。他年轻，后来考研究生考到北大去了，考研究生了以后就再没有回来。我记得我在哪儿搞工作，他回西安了，还赶着来看过我一次，我想不起来具体在什么地方，他在我那儿坐的时间很长，我们聊了一下。他原来是我们西安市文物局的人，当时我来了以后，这个单位有四个人，我把人家叫四条汉子，一个就是晁华山，还有王长启、董昌军（音），还有个谁，反正就是四个人，这四个人在当时来讲可是中坚力量。晁华山挺好的一个人，都退休了啊。我已经病了八年了，现在身体还可以，前几年我差一点都走了。

采访者：您今年高寿？

李家瀚：我 80 岁了，过年就整 81 岁了。我在我们班是年龄最小的一个，年龄都到这样了，人快得很。咱们考古专业都 60 周年了，我吓了一跳。考古专业一开头我进去就是一年级了，现在 60 年了，真快啊。我后来一算，也就是，我是 1955 年到西安的，我到西安都五十多年了，半个世纪都过了。如果我 2002 年走了的话，那咱今天也聊不成天了。

采访者：2002 年您是什么病啊？

李家瀚：癌症，直肠癌，2002 年就动手术，动手术之后一直肠胃不好，到现在肠胃也不好。

采访者：请您多保重身体。现在恢复得好像还可以。

李家瀚：都说我还恢复得好。我老抱怨自己倒霉，老了生这病，人家就说"你别不满意了，你手术以后还能再活这么长时间，到明年都 10 年了，你算是有运气"，我说我是受罪了。

采访者：您是哪里人？

李家瀚：我就是西安人，毕业以后又分回西安。

采访者：您是 1951 年考到北京的？

李家瀚：我中学就喜欢历史。1951年的时候，我想考北大，但是北大不到陕西西安来招生，我就跟几个同学到北京去，在北京考的。那时候要求也不严格，拿个介绍信把名报了就考了。考完以后，我父亲有事叫我回来，我就又回西安了。录取了以后我又去北京。那时候北大还在城里边，就是沙滩，在那儿上了一学期课，寒假我回西安来了。等我再去学校的时候，人家说是"咱们学校搬家了，你收拾行李"，我就赶紧收拾行李，后来就搬到现在这个地方，叫燕园。当时燕园楼盖好了，楼梯也有，但是没有扶手，没有栏杆，晚上不准我们出来。我记得是10楼，我就住到那儿。这就是我考学校的情况。

我是怎样学的考古呢？我原来考的是历史专业，办考古专业的时候，系里把所开的课给公布了，我发现其中有一门课是古文字学，我非常喜欢这个。我中学不是就喜欢历史嘛，我也喜欢古文字，我就找系办公室说我要听这一门课。系办公室的人不答应，说"那不行，历史专业的人，你们都跑去听这个可不行"。说来说去到最后，系办公室那人挺好，动员我"你干脆上考古算了"。我问："考古是干什么的？一听考古考古的，这个我不太清楚。"人家给我说，考古那就是搞文物。后来我糊里糊涂的，也不太清楚，就上了考古了，这就是我到考古专业的过程。

采访者：当时您是从西安坐火车去北京上学的？

李家瀚：从西安坐火车到北京，在北京乘坐公共汽车去学校。

采访者：您刚到北京的时候，有接站的人吗？

李家瀚：没有。我有一个中学同班同学，叫张学理，他是北大东语系成立的时候保送去的，就在东语系学习。我不认识去学校的路，我就给他写了一封信，是他在车站接的我。张学理这个人现在还在北京。

采访者：您是从西安去的北京，您觉得北京的伙食、气候等您习惯吗？

李家瀚：气候我不习惯。伙食方面，我这个人嘴比较粗，所以有啥都能吃。北大那个时候伙食应该说不怎么样，大米饭是红米、糙米，馒头有一半是苞谷面，伙食不咋样。不过我们不计较那些东西，反正人家给什么我们吃什么就对了。那个时候有一点跟现在不一样，我们那时候吃饭不要钱的。

采访者：用饭票吗？

李家瀚：也没有饭票。就是一打铃，门一开，大家都进食堂去，人多得很。北大的那个食堂现在不知道在不在，能容几千人的一个大食堂，大极了，进去了以后，八个人一桌，自己凑，不管哪个系的，也不管男女，够八个人就凑一桌。桌上有四个盆，都摞着菜，还有八个碗，你把菜分到八个碗里，你吃一份就对了。

采访者：当时您宿舍的条件怎么样？

李家瀚：我开头住的是10楼，后来要到洛阳去，就离开10楼了。回来以后，10楼有人住了，我们就住不成了，就搬到23楼。23楼是学校南门里边的一个楼，当时刚盖起来，人家说"你们先住着，刚修起来，还是新的"。

采访者：一个宿舍里住几个人？

李家瀚：人多，至少是五六个，甚至于还有到八个的。我们宿舍大概住了六七个吧，我记得四个架子床只空了一个。

采访者：当时跟您住一个宿舍的有谁？

李家瀚：魏效祖跟我住一个屋，其他都是历史专业的，陈汉时那都是学历史的，学考古的就是老魏他一个。

采访者：考古专业跟历史专业是不是还有一块儿上的公共课？

李家瀚：好像上吧，我记不太清楚了。我的情况比较复杂，早期我是跟历史系在一块儿的，所以中国古代史，像商周这一段历史，都是一个人教的，教历史专业的老师也教我们。但是好像后来就没有历史课了。

采访者：您在学校念书的时候，旧石器课是哪个老师讲的？

李家瀚：旧石器是贾兰坡给上的。贾兰坡跟裴文中，都不是考古界的，是地质界的，贾兰坡是搞第四纪地质。吕遵谔辅导我们的旧石器，贾兰坡讲完课就走了，然后吕遵谔辅导。

采访者：当时您跟吕遵谔先生接触多么？

李家瀚：吕遵谔先生他就是给我辅导，辅导时你没问题他就不来了。我有一次不知道因为什么事儿找他，他刚好弄了一些人骨头，不知道从哪里弄来的，是人的整个骨架，散的，他想把骨架拿铁丝串起来挂上。当时他正拿钻子在那儿钻那些骨头，我印象最深的就是这个。

采访者：新石器课是谁来讲的呢？

李家瀚：安志敏。

采访者：商周考古是郭宝钧先生讲的吗？您给讲讲郭宝钧先生吧。

李家瀚：郭宝钧我们熟，他就是给我们带商周考古的，我原来也是搞商周的。他解放以前好像就是搞考古的。他给我们讲现在考古好做了，说解放以前他做考古，在河南浚县发掘了一个墓，发掘报告都写出来了，不敢出版，国民党蒋介石那个中央，有人告他，说他是盗掘人家的古墓，是罪该怎么处理，他吓得不敢出版。后来别人说这个材料挺好的，不出版有点太可惜了，他后来商量来商量去，就出了一本书，叫《浚县古残墓之清理》，就是那么出来的。那个时候很难弄，他在工地房子里坐着，有人就来抢东西了，那土匪就来了，幸亏文物都不在那儿，那些人拿他没办法。他说解放以后社会安定了，考古工作也好做了。郭宝钧这个人是比较正直的，他给你讲好多东西，讲好多问题，他都是根据当时的实际情况讲的。

采访者：您还记得秦汉考古是谁给讲的吗？

李家瀚：是苏秉琦。苏秉琦光讲了一段，就讲斗鸡台考古，那是他亲自做的。整个秦汉考古是谁讲的，好像还不是苏秉琦。

采访者：隋唐考古课是谁给讲的呢？

李家瀚：隋唐考古好像是分开讲的，宿白先生讲的是古建筑，他还讲了一些墓葬，没有整个统一讲。宿先生当时是考古专业的领导，什么事都要通过他，所以我跟他接触比较多。他什么事都有，有行政上的，有教学上的。宿白先生他的肚量大，他心里面不搁事。

采访者：向达先生呢？您见过他吗？

李家瀚：向达不太熟，他没带过我们的课，只领着我们参观过几次故宫，有一次我们跟他是碰上的。

采访者：阎文儒先生呢？他当时给您的印象是怎样的？

李家瀚：阎文儒先生挺和气、挺好。我在这些教授里面最不怕的就是他。阎先生给我们讲的是石窟寺跟佛像，他没有带大家去参观，但是他的课我听过。这个人挺好的，他不但课讲得好，而且经常到学生宿舍去。我记得他在我们那儿，我们剪了一些汉车的剪纸贴在墙上，他还给我们讲了讲这些东西。

采访者：当时有没有考古摄影课？

李家瀚：有，摄影是赵思训，这人后来不知道咋样了。

采访者：考古绘图课呢？

李家瀚：考古绘图课的老师叫刘慧达，听说已经去世了。刘慧达是一个女同志，我没有接触过。过去一般我看见是女同志，我就不接触了。我觉得这个人还挺好。我记得她在未名湖那边的什么斋那几个楼那儿住着，我弟弟当时也在北京，他在部队上，八月十五我跟我弟弟一块儿在未名湖边的草地上坐着，在那儿玩，刘慧达过来了，跟我们聊得还挺好的。我觉得这个人挺好。

采访者：考古测量课是谁给讲的？

李家瀚：测量课是姓郭的一个老师，叫郭义孚。郭义孚那人挺好，在洛阳的时候，他跑到洛阳城里面去了，回来以后，把头上的汗一擦，说"哎呀这么多人，一个跟一个走"，我说"一个不跟一个走，大家都走不动了"。郭义孚挺文气的一个人。

采访者：您当时有没有学过丝织品这样的课？

李家瀚：没有。关于文物保护里面有一部分是讲到了织物的保护，但是讲得很简单，就是喷点什么，我都忘记那个名字了。后来定陵发掘，绸子喷的就是那个东西，那些绸子一批一批拿出来，一喷挺好，还可以拉开，但是过了两三年，那个东西本身就老化了，一老化就不行了，把文物也弄得不行了。定陵，十三陵发掘拍了一个电影。

采访者：当时还有文物保护方面的课？

李家瀚：有。

采访者：这个课是哪个老师给讲的？

李家瀚：文物保护是谁，我记不清了。

采访者：徐邦达先生给您班带过课吗？

李家瀚：带过，绘画课就是徐邦达带的，上海人。

采访者：您在上大学期间是不是就特别喜欢商周考古？

李家瀚：因为我之所以喜欢历史，全是因为过去北大有一些教授合起来编了一本杂志叫《古史辨》。这书现在少得很，书里面就讲大禹不是一个人，而是一条虫子。我们家谁知道怎么回事有几本，但不太全，我就看那个书。《古史辨》都讲的是商周以前的，在我现在的印象里面有一些好文章，它讲中国历史是怎么发展来的，它讲中国历史是后来居上，我记这一句记得很清楚，是后来居上。中国，最早就是一本《尚书》，很简单，"曰若稽古帝尧曰放勋"那么几句话就完了，一到春秋战国的时候，那文献都是一套一套的。《古史辨》就讲中国历史在那个时候，都是后来把它堆积起来的，根据传说或者根据什么。这里面孔子是起了很大的作用，他删诗书，定礼乐，他把好多东西都整理了。《古史辨》讲的有一定道理，我受这个书的影响很大。我父亲教给我的都是老的那一套历史，就是跟《史记》差不多的历史，而《古史辨》这个都是新的，我一看觉得这个很有趣，所以我就喜欢起历史来了。

采访者：您当时在学校要学外语吗？

李家瀚：我外语可不好，累死累活的也弄不好，外语不行。

采访者：是学哪一种语言？

李家瀚：俄语。

采访者：有同学学其他语言吗？还是统一都学俄语？

李家瀚：统一的都是俄语，而且只学了一年，第二年就不学了。

采访者：当时学校上课有没有讲义？

李家瀚：有。

采访者：是什么样的讲义？

李家瀚：油印的，大本的，我都装订了，"文化大革命"让红卫兵都给我抄走了。

采访者：平时大家自习的情况如何？

李家瀚：那可是一场战斗。北大图书馆的座位要抢的，不抢就没了。我们不喜欢在宿舍看书，因为宿舍干扰大，我们都喜欢到图书馆、阅览室去看书。当时文史楼三楼是一个阅览室，一到下午这一顿饭特别紧张，我们赶紧吃，吃完了就赶紧跑到文史楼。文史楼的楼梯是拐弯的，排队的人也是拐弯的，都排下来了，你就跟着后面排。文史楼阅览室的人还没有上班呢，学生都在门口排着了，什么时候上面门一开，大家一进去就赶紧给自己抢一个位子。比如说我给你占一个位子，这是不行的，不能占座，紧张得很。北大这风气好，这风气是北大的优点，就是爱读书，爱看书，闲聊的人少得很，所以图书馆才能那么挤。

采访者：您大学的时候都喜欢看什么书？

李家瀚：啥都看，连佛教的书都看，反正都是跟考古、历史有点关系的。

采访者：您一学期能看多少本书？

李家瀚：我在老北大的时候，就是在城里那半年，那个时候我在图书馆里把《资治通鉴》看完了。我在西安知道有《资治通鉴》这本书，但是我们家没有。我到学校以后，一看有《资治通鉴》，就是有功课的时候做功课，不做功课了我就把《资治通鉴》拿下来看。

采访者：从1952年开始，文化部社会文化事业管理局、中国科学院考古研究所、北京大学合办了考古工作人员训练班，您还记得这个训练班的一些具体情况吗？

李家瀚：国家一开始搞社会主义建设，当时很多城市，不光是西安，包括洛阳也是，没法搞建设。原因是什么呢？不能盖房，因为地底下都是墓葬、遗址，需要考古人员来清理。当时几乎就没有考古人员，解放以前留下来的一共算起来只有12个人，就是郭宝钧他们，那就不够，周总理才下令组织了一些人，搞了一个考古工作人员训练班，一个训练班一期就是好几百人。陕西也派人去，我们单位就派了三个人去考古工作人员训练班，去了只要能认识文物，赶紧把文物收上来不要破坏了，认识遗址和墓葬就行了。这个训练班一共办了四期，第三期人家办了一半，我到北大了，人家出去实习，我都是看着人家走的，我还挺羡慕他们，一人一个尺子拿上出去。考古工作人员训练班只办了四期，接下来就是考古专业。他们办考古专业的意图，我体会就是要加强理论研究，不能光是认识盆盆罐罐。如果只是能把瓦罐拾回来，那是不行的。

采访者：您当时有没有跟考古工作人员训练班的人一块儿听课？

李家瀚：没有，我都没有听。1952年，等我们学了考古了，他们都走了。

采访者：您对当时考古专业的课程设置怎么评价？

李家瀚：当时北大的校风我觉得比较好，教师比较关心学生的学习。我记得我上古文字课的时候，有一个姓孙的老师，叫孙贯文，他不是给我们讲课的人，但他跟在我的屁股后头给我说，什么地方该怎么弄，他是一个很好的老师。

北大的课，我觉得我受益非浅。原因是什么呢？原先我根本不懂考古这是一个什么东西，但是北大的老师善于引导，讲好多东西深入浅出，而且讲究实效，有这个特点。我们班大概一开始能够懂考古的人，我知道不多，没有几个，包括徐苹芳即后来的中国社会科学院考古所所长，他都不是多么懂。但是后来，我觉得我们班的11个人，毕业以后出来都能把工作拿下来，不管是什么工作，教学、科研都可以。

采访者：您还记得您实习去了哪儿吗？

李家瀚：考古实习我们就一次，就在洛阳。

采访者：是在中州路发掘吗？

李家瀚：对。

采访者：发掘的情况是怎样的？

李家瀚：中州路发掘的情况还是挺好的。到那儿去了以后，一个人有一个辅导老师，我的辅导老师就是考古所的马得志。还有两个组，一个组的辅导员姓赵，叫什么我忘了，另一个组的辅导员姓胡，叫胡谦盈，一共三个组。辅导老师是过一会儿来看看，看你挖得行不行，我们就自己挖，我觉得也没有什么困难。就是开头，男同学还不要紧，女同学胆小，她挖到墓底了，不敢下去，她害怕。后来熟悉了也就是那么回事。

采访者：当时有没有请民工？

李家瀚：有，没民工我们就挖不动，他们给我们出土、挖，这都是他们的工作。到了马上发现什么东西了，然后我们才下去，拿个刷子，拿个铲子弄一弄、拨一拨，这一块儿基本上拨完了以后，让工人下去。墓很大，我们让工人下去，到没挖的地方去挖。重要的地方，我们不让工人动，怕他们弄坏了。有一些东西很容易坏，这个我印象很深，特别是木头的东西，甚至于你刚好清理完了，一阵风来了就给你吹光了，就到这个程度。所以我们不让民工动这些细部，细部都是我们自己动。我们这一届比较实际，都是亲自动手，所以一直到这个单位来了以后，发掘，我还是亲自动手，因为熟悉这个过程。我们那个时候也有技工，但是我们有时候靠技工，有时候自己动手，因为考古这个活，自己不动手不行的，你搞不清楚好多东西。

采访者：您实习的时候，是一整片一块儿挖，还是用探方挖？

李家瀚：实习啊，我们到那儿的时候，他们已经把墓探好了，都拿白灰给画出来了，而且探的材料还有。比如说你要挖2717号墓，这个墓好啊，中州路的2717墓真好，出来的东西，像提梁卣，那好极了。他们都弄好了，也有材料，你去了以后，光挖就可以了，不搞探方。就按照人家画的，我们把墓挖了就可以。《洛阳中州墓（西工段）》的报告好像出来了，你可以去看。那个是郭宝钧亲自主持的，郭宝钧挂帅，他是队长。

采访者：当时画图、照相是谁来做？

李家瀚：画图、照相是自己做。只有一个图我画了以后不准确，那画的不是墓葬，是一个东汉时代的建筑，它有几个柱子，我没有画好，后来考古所的人来帮着我完成的。

采访者：这一次实习有一位同学中途生病回去了，是苏天钧吗？

李家瀚：苏天钧他也不是中途回去，他是跟我一块儿回去的。

采访者：后来中州路的整理您参加了么？

李家瀚：整理我们没有参加，都是考古所做的。考古所派的人相当硬了，郭宝钧是队长，底下三个辅导员，那都是人家的骨干力量，发掘大明宫的时候都是主要人物。

采访者：实习的时候，苏秉琦先生来过吗？

李家瀚：实习的时候，大概来了一些人，但那都是看一下就走了，不继续参加工作。

采访者：大家都写实习报告了么？

李家瀚：中州路那个考古报告里面有几段，就是我们的实习报告。

采访者：1955年洛阳东周王城及汉河南县城遗址的发掘工作您参加了吗？

李家瀚：洛阳王城我们没有参加，我们实习完了以后就回去，回去就住在23楼，等分配了。

采访者：实习的时候发生过什么比较有意思的事儿吗？

李家瀚：我那时候也小，也年轻，实习住的那个村子没电，晚上人想上厕所时不敢去，绝对不敢去。

采访者：有手电筒吗？

李家瀚：我们那时候没有手电筒，就不敢去，害怕。有时候我惊慌失措地跑到那儿，一解手就跑了，赶紧跑回去。那儿是一个农村，没有电。我最怕星期天，星期天工地不开工，都放假，我们没地方去，我就一个人，从那里走个8里路，进城往新华书店跑一跑，这儿看一看，那儿看一看。洛阳那时候是很小的一个城市，也没有多少地方，有一个茶铺，茶铺里有一个老太太跟我关系挺好的，我一去，她就让我坐到她那个房子里面，给我弄个躺椅。我有时候就买一点包子什么的一吃，中午饭就算吃了。啥时候天黑，我啥时候回队。

采访者：您平时读不读考古报告？

李家瀚：考古报告这是都要读的。

采访者：您觉得实习前后您看考古报告的感受有变化吗？实习之后再看会不会觉得更容易看懂？

李家瀚：我没什么感觉。

采访者：后来写毕业论文了吗？

李家瀚：也没有毕业论文，实习报告就代替毕业论文了。

采访者：我们想跟您多了解一些51级的情况呢。

李家瀚：51级的情况我很熟悉。

采访者：当时您班的班长是谁？

李家瀚：班长是赵芝荃。

采访者：他学生时代是一个什么样的人？

李家瀚：他人挺好，办事挺公道的。

采访者：班里有没有生活委员？

李家瀚：班上有生活委员，我不记清是谁了。

采访者：您班的其他同学呢？每个人都是什么样的性格？

李家瀚：我们班的同学，苏天钧既搞考古，还胡倒腾。我听宿白跟我说，他在北京收旧自行车，回来一修再卖。我说胡闹，弄那个干什么。后来不知道了，听说生病了。他一条腿有毛病。

采访者：这是出过什么事故吗？

李家瀚：不是，我认识他时就是那样。

采访者：徐苹芳先生呢？

李家瀚：徐苹芳跟我就比较生疏了，他好像生了什么病，当时就没有跟我们在一块儿住。在未名湖边上有几个楼，他在那儿住着。原来我们不太熟，在洛阳实习的时候才比较熟了。

采访者：徐保善先生呢？

李家瀚：徐保善非常老实，那是大家闺秀。民国有个总统叫徐世昌，徐保善就是他的曾孙女，是大家闺秀，所以一天规规矩矩的。我们在洛阳买柿子吃，那个卖柿子的说，他那个柿子叫鬼脸青。我说这个名字不好听，怎么叫鬼脸青。徐保善就说我，说是你听错了，人家这是桂圆青。那人是大家子，跟我们不一样。

采访者：去洛阳买柿子是实习时候的事？

李家瀚：就是实习的时候去的。

采访者：徐苹芳先生跟徐保善先生在学生时代就比较要好吗？

李家瀚：不，我们都快散伙了，我才听于杰说他们两个要好了，我说男大当婚女大当嫁是常事，他们好好过就对了。那都到快散伙的时候了。

采访者：班里同学谁学习比较好？

李家瀚：我的感觉好像都好。我们班是老北大的底子，老北大有一个特点，一年级你进校不学习，二年级同学都可以来批评你，那个风气是很严格的。本来是上课时间，你不在那儿看书，你在那儿玩，同学都不答应你。所以老北大有一个特点，就是大家学习都很认真。

采访者：您当年在学校跟50级的同学交流多吗？

李家瀚：有这么一个情况，当时一开始办考古专业，我就上了，我算是一年级，像俞伟超他们，那都算是二年级。但是我们上课在一块儿上，因为那些考古课他们也没有上过。比如说商周考古课他们还没有上，我们也要上这个考古课，所以就坐在一个教室里上课。为什么我跟上一班很多人都熟，像刘观民这些人我都熟，原因就在这儿，我们一块儿上过课。

采访者：您能讲讲50级学生的事吗？

李家瀚：50级他们班我最熟的就是俞伟超，这是私下里还来往的。还有郑振香，她比我大，我们比较熟。黄展岳身体好。吴荣曾身体不太好，瘦得不得了。

采访者：您给讲讲俞伟超先生的事吧。

李家瀚：俞伟超是上海人，这人挺好，我在北大就跟他很熟。他老批评我，说我这个不好，那个不好，我觉得他对我帮助挺大的。后来毕业了以后，不知道他分配到哪儿了，后来才到了中国历史博物馆。

采访者：他当时的性格是什么样的？

李家瀚：性格很随和，而且对人很关心。我到周原遗址去的时候，那一天晚上他不让我走，我就跟他在一个被子里边，他给我讲这个、讲那个，人挺好的。

采访者：他是不是很喜欢聊天？

李家瀚：能聊，能谝，这话对了。

采访者：他喜欢聊些什么话题？

李家瀚：具体说什么我就不知道了。反正我记得一件事，我对他不服气。我们那个时候钱都少，没钱，可都喜欢抽烟，我们俩到校东门外边买了一根烟，我抽了，他也要抽，我说这不好。他说"没关系，这东西本身就是杀菌的，不要紧"，他给我讲了一大堆烟可以杀菌的道理。我说行了，你要抽给你抽，我不抽了。他人很好。对了，吴荣曾现在在哪儿？

采访者：在北大历史系。

李家瀚：我们住的那个房子是10楼，上去以后，我住在这边，吴荣曾在那边。他晚上有时候还跑到我这儿，针对历史上的一些问题，他跟我看法不一样，就来跟我辩论。吴荣曾是很有学问的人，受家里面的教育很深。

采访者：在学校那个时候您能看出来他对钱币的兴趣吗？

李家瀚：对钱币的兴趣还看不出来，现在有兴趣了。林寿晋我还比较熟，他比我高一班，后来是到香港去了，在香港中文大学呢。

采访者：您在学校跟比您晚一班的高明先生接触过么？

李家瀚：高明比我还晚一班，他这个人挺好的，跟我还挺熟，在学校就是见了面打一下招呼，详细情况不了解。关键是我们有一个时期，阿房宫遗址遭到了破坏，这个破坏还不是一般人给破坏的，是政府平整土地给破坏的。当时西北大学、陕西省考古所、西安市文物管理委员会、北京大学这四个单位合起来组织了一个考古队，人家客气都不当队长，没办法了，他们就让我当了一个队长，高明跟我在一块儿。听说他是教古文字的，高明在那里待的时间很长，跟我们一块儿发掘，当时叫"北司"遗址，现在看起来不是，说不上是一个什么遗址，反正是阿房宫的一个秦代遗址，我们在那儿搞那个。

采访者：您读大学的时候，班上同学有没有一块儿去逛逛北京？班级的集体活动多吗？

李家瀚：有时候星期天，我们到西山去玩一玩，不在北京城里面。但是北京城我们很熟，因为我在老北大住过，老北大就在天安门附近，离天安门不远有一条街，叫北河沿，老北大就在北河沿那儿呢，我闲着没事儿就在那一带逛一逛，玩一玩。离王府井也不远，买东西都挺方便的。

采访者：您在学校的时候喜欢打球吗？

李家瀚：我的体育是免修的，没分数。我过去上单杠，做引体向上，我从上面掉下来了，人家体育老师就不要我了，说你这个情况上不成体育课。再加上当时我也检查出来血压有一点高，老师不要我上体育课了，就通知系里，把我的体育课免了。因为北大有一个规定，一门课不及格都不能毕业，他给我把体育课算课的话，我就毕不了业，所以人家不给我算课，算免修。我是参加的那个叫什么班，当时有一个劳卫锻炼，我们都不参加，我们就是在那儿托托排球，弄弄这些事。

北大有一个大球，不知道你们见过没有，好大一个球，叫龙球。那个球搁在那儿，谁也抱不起来。为什么呢？它太大了。

采访者：什么材料做的球？

李家瀚：皮子做的。玩的时候是在操场上，这一玩儿，别的人都得让路，它搁在中间，两帮子人，参加的无数，16个也有，20个也有，谁知道有多少人。因为抱不动，大家只好推，我们朝那边推，他们朝这边推，看谁能把这个龙球推到对边去，挨着对边的墙，就算赢了。我玩龙球，不知道现在还有没有。

采访者：这个我们没有见过。

李家瀚：北大有两个操场，棉花地这边有一个操场，就是一进南门有一个操场，还有一个东操场，东操场就是玩龙球的地方。龙球大极了，比如你正走路呢，一看有人玩龙球，不论多少人，你都可以跑过去帮着推。

采访者：那个龙球直径有多大？

李家瀚：我看三米都不止，大极了，我都不知道它有多大，有意思得很。我在北大那几年，是我这一辈子，觉得最幸福的那一段。一天就看看书，玩一玩，挺好的。校园也好，比一般的公园都强。

采访者：从学校毕业后，您分配是直接分到西北大学了吗？

李家瀚：我是先分到长春，在长春东北人民大学。

采访者：就是吉林大学的前身。

李家瀚：对。但是还没走呢，人家通知我"东北你不能去了"。

采访者：为什么呢？

李家瀚：说是西安的西北大学要一个人，非给他分配一个人不可。当时没有人愿意去，大家都认为西安是大西北，可能都是草原、牛羊什么的，觉得荒凉得很。在他们印象里，西安还不如内蒙古呢。我就在西安长大的，父母都在西安，人家说"你是西安人，干脆回去算了"，结果我就回来了。回来以后，一直工作到现在。所以我的情况恐怕在全国来讲都不太多，西安考上去，然后又回西安，在西安工作一辈子。

我是1955年9月毕业的，出来以后就分配到西北大学。西北大学考古专业是1956年办的，就是我到了以后的第二年办的。当时办了一个考古专业，却没有人手。有个刘士莪，他是西北大学学历史毕业的，但刚开始那个时候他还没有来，后来他到北大跟着邹衡去进修了。就剩我一个人，办了一个专业，所以什么事都得我做，从扫地、擦桌子到给人家排课、请老师都是我做，甚至给人家讲课的也是我，我给学生讲考古学通论讲了半年。

西北大学的考古专业是1956年开始办的，办到1957年，反右开始了，反右以后西北大学宣布不办考古专业了，把人都给分配走了。当时蔡尔轨是被西北大学分配走的，他原来分配到陕北，但他身体不好，后来又分到云南大学去了。西北大学把我分到西安的一个中学，叫第九中学，我就当语文老师了，这语文一教就教了10年。

到1972年的时候，中央有个文件，据说是国务院的文件，就是让我们考古人员一律归队，后面还带一个括弧，里头写着"包括有问题的"。那个时候"文化大革命"运动还正搞着呢，考古的人都散了。我从西北大学走了以后，就教语文，后来九中不放我走，说他们没有语文老师。当时先是西北大学调我，说你们没有语文老师不要紧，我们给你分语文老师，分一个不行、两个不行，我们分三个换他一个，九中都不答应，就是不让我走。这事闹僵了，让市委知道了。市委宣传部当时管教育，管文化，也就管考古、文物了。市委宣传部知道了这个事以后，认为九中的做法不对，直接下调令把我从九中调出来了。当时西安还没有文物局，就把我分到文物管理处，是属于文化局的。后来成立文物局，我就跟着慢慢弄。我一来也是作为一般干部，搞个清理发掘，写个发掘报告，弄这些事。我的整个历史就是这么一段过程。

后来我到北京去了几次，想到北大去一下，没时间。

采访者：毕业以后没再回去过？

李家瀚：没有。我在北京开了几次会，去北京去了好几次，都说要到北大去走一走、看一看。老地方嘛，博雅塔、未名湖都看看，咱们学校风景挺好的。

采访者：毕业的时候，大家的分配有没有一定自己报名调节的余地？

李家瀚：究竟人家报没报，我反正没管。我的主意是，分到哪儿我就到哪儿。结果第一次宣布是让我上长春，去东北人民大学。后来又通知我说，你到西北去吧，就把我又弄到西北大学来了。

采访者：您到了西北大学之后，跟陈直先生熟吗？

李家瀚：熟。这位老先生在解放以前不是搞考古的，他是银行里面的一个工作人员。过去国民党的银行都收集文物，文物收集来了以后，作为押库，存在库房里面。如果银行做生意赔了，就把这些文物拿去卖了，就抵账了，过去国民党的银行有这么个事儿。大概是中国银行还是什么银行我记不清了，陈直先生就在那里工作。他解放以后怎么到的西北大学，我就不知道了。在西北大学，他教的是秦汉考古，基本上他讲的还是属于《汉书》那里面的内容。他对《汉书》很熟，那么厚的《汉书》，他能从头背到尾，所以他有一本书叫《汉书新证》，他就是用汉简上的材料来证实《汉书》里的说法，他能把《汉书》背过。

采访者：马长寿先生呢？他讲过什么课？

李家瀚：他讲的民族史，是民族史研究室的主任。

采访者：刘士莪先生呢？您在西北大学讲过商周的课，那个时候刘士莪讲商周了没有？

李家瀚：我到西北大学的时候，他不搞考古，后来他出去到北大进修，他进修去了我就走了，我们就是那样一个关系。我在西北大学讲了不长时间，就离开了，下面刘士莪就接上了。

采访者：53级的蔡尔轨先生，您跟他接触多么？

李家瀚：我跟蔡尔轨比较熟，他是搞秦汉的，是咱们学校分来的。当时我还在西北大学，他也到教研室了，上过一段时间的课，但是不久人家就把考古专业下马了，这一下马我们都得走。我首先走。人家叫蔡尔轨到陕北去，他去不成，他有病，所以后来就停留了一下。蔡尔轨的爱人在上海是一个医院的护士，当时上海也是把医护人员往边疆上分，把他爱人分到云南去了，他也就申请跟他爱人一块儿去了云南。

采访者：这是1957年的事？

李家瀚：1957年。

采访者：您现在跟蔡尔轨先生还有联系吗？

李家瀚：没有联系。他走了以后，第二年领着学生到西安来，我们见了一面，以后再没有来过。

采访者：您能讲讲石兴邦先生吗？

李家瀚：他没有给我讲过课，我到西北大学的时候，他才由浙江大学调过来。他跟马长寿过去认识，他来了以后看马长寿来了，马长寿刚好在我办公室，他也就到了我那儿，我们聊了一会儿，我才知道他是石兴邦。后来他有一些胶卷要冲，我给他冲了几个，他嫌我冲的质量不高，不要我冲了。后来他一直在考古所工作，我有时候到考古所去看看他。

采访者：西北大学当时上考古课用了教材或者讲义吗？是什么样的？

李家瀚：我不太熟悉。我那个课的教材就是我自己写的，我讲考古学通论的教材是自己写的。

采访者："大跃进"时候的事，您还有印象吗？

李家瀚："大跃进"的时候我有印象，但是当时好像我们没有参加，就是那样的。

采访者：学生们呢？他们参加"大跃进"么？

李家瀚：就炼钢了，他们搞。我们都没有参加。

采访者：为什么当时调您去做中学语文老师了？

李家瀚：中学就没有考古这一门课。

采访者：有历史方面的课吗？

李家瀚：有历史课，我不喜欢教历史，我喜欢教语文。语文老师比较自由一点，你可以根据文章发挥讲，历史课就比较死板了，你必须照着人家定好的讲。我去了中学以后，人家让我教语文，我也没有推辞，就教了语文。我当时不会教语文，不会教就学着教么，慢慢就会了。其实也简单，不是多难。

采访者：您到西安市文物管理处是1972年的事吗？

李家瀚：1972年。

采访者：当时"文革"还没有结束，大的氛围是怎样的？

李家瀚："文革"没有结束，所以给我们的通知上是"一律归队（包括有问题的）"。

采访者：您到文物管理处后，主要是做哪些方面的工作？

李家瀚：我一到文物管理处，当时就有一个工作等着我。在沣西那儿有一个铜网厂，里面要盖一个车间，底下有一个车马坑。到了文物管理处，大概没过一两天，我就到沣西去挖车马坑了。

采访者：您以前挖过车马坑吗？

李家瀚：没有挖过。

采访者：这是您第一次挖车马坑，您有没有碰到什么难题？

李家瀚：考古所有一个人，叫张长寿，这人是挖过车马坑的，我就向他请教，把车马坑挖了。那个车马坑挺大的，有一连串四个车。车马坑发掘完了以后，我没离开沣西的时候，又发现了两个窖藏，那两个窖藏是我清理的，都是铜器窖藏，就是《考古》1974年第1期上发表的《陕西长安新旺村、马王村出土的西周铜器》。其中一个窖藏搁了一个鼎、一个盂，那个鼎有85厘米高，很大的一个鼎；另外一个窖藏里面，有铜鼎、铜钟、带盖的簋，等等。我清理完了以后，整理出来了，我就把简报寄到考古所去，考古所就在《考古》

1974年第1期发表了。

　　采访者：1973年您有没有做考古工作？

　　李家瀚：1973年是搞展览。

　　采访者：是关于什么内容的展览？

　　李家瀚：当时就是批林批孔嘛。

　　采访者：1974、1975年呢？

　　李家瀚：1974年我在整理报告，1975年我就干杂活了，有什么活干什么活。前面提到的，跟高明一起在阿房宫遗址考古，从1974年到1975年搞了一年。文物管理处是一个基层单位，人家哪儿发现文物了，打电话来，你就得派人去，不然文物弄坏了是你的责任。我就干这个活，一天骑个自行车东奔西跑的。

　　采访者：1974、1975年您在阿房宫那边当考古队长？

　　李家瀚：对，1974年当了一年队长。

　　采访者：当时队员有几个人？

　　李家瀚：队员是学生，北大的学生。记不清有谁了。

　　采访者：这一年都挖到了哪些比较重要的东西？

　　李家瀚：都被破坏完了。本来有一个土疙瘩，是秦汉时期的高台建筑，但土疙瘩早就被烧了砖了，平地也让人家平整土地的挖了，我挖的就是墙根上的一点砖，没有发现什么。后来还整理了一个材料，给北大都寄去了，大家的意见是没有发表的价值，就算了。

　　采访者：1976年的时候您做过哪些考古工作？

　　李家瀚：我就一直打杂，一直搞文物，叫文物征集，实际上就是这个活。

　　采访者：在"文革"期间，陕西省的考古、文物事业受的影响大吗？

　　李家瀚："文革"期间陕西的文物工作，人都没了，工作全停了，那时候谁敢去挖墓，那就不敢。

　　采访者：当时西安文物保护的情况怎么样？

　　李家瀚：古建啊？

　　采访者：古建和碑刻等。

　　李家瀚：古建保护得还可以，当时还没有说古建是牛鬼蛇神的，所以还可以。西安市古建一直保护得不错。

　　采访者："文革"以后您的工作有什么变化吗？

　　李家瀚：也没有什么变化，就是后来让我当了个领导。当了领导就脱离实际工作了，啥事都有，事情就多了。

　　采访者：您是什么时候成为西安市文物局局长的？

　　李家瀚：1983年。

　　采访者：西安市文物局跟西安市文物管理处是什么关系？

　　李家瀚：就是把处变成局，底下另设了一些人。还设立了办公室，设立了人事处，设立了一些单位还有团委什么的，原来没有这些机构。业务上的情况基本是，文物局里也有文物处，原来的那一套业务是文物处管着呢。

采访者：您在担任局领导的时候，还去参加考古发掘工作么？

李家瀚：都参加不了。我常常说笑，说我们跟饭店里面的服务员很像，哪儿有人在叫"哎，快来！"我们赶紧就去。因为西安市考古范围大，包括外县，事多得很，就没有空闲。包括放假，人家放假了我们更忙。为什么呢？安全问题，各个古建我都得去检查，看他们值班怎么样，安全问题又来了。等到安全问题过去了，人家又上班了，我们还跟着上班，我们就是这样的。

采访者："文革"以后，陕西，尤其是西安，整个考古工作的情况如何？

李家瀚：我就说实话吧，情况不太好。好坏是一个比较，我跟50年代的情况比，50年代清理发掘多得很，现在少得很。你看现在有几个工地？你们现在到工地去看一看，没有几个工地。我也说不上来为什么。

采访者：上世纪60年代，考古所调离了一大批干部，比如说到陕西的魏效祖先生，您能讲讲他的事情么？

李家瀚：我们关系很熟。老魏是甘肃人，后来跟我是在北大认识的。他原来跟我同班，后来他自己主动要求跟着底下一班上课，就跟高明同班了。这人学习很踏实，也很能吃苦。他来了以后，被分到陕西省考古所，但是陕西省考古所他不干了，他是甘肃人，他又回到甘肃了。回去好几年，后来他又想搞考古，但是没地方要他，他就在咸阳那儿当临时工，跟着石兴邦先生挖墓。后来他又到岐山那边的周原遗址去发掘，当时周原遗址还有人在那儿搞发掘，也有北大的人。北大有谁在那儿呢？俞伟超当时就在那儿。我当了西安市文物局的领导以后，才写信把他调过来，叫他给我们帮忙。他来了以后，身体也不咋好，就是打杂，这个单位也都是打杂的活，所以搞一搞，后来也就退休了。

采访者：徐锡台先生的情况是怎样的呢？

李家瀚：我认识这个人，但是究竟他工作怎么样我就不清楚了。我只知道他睡觉的时候爱打呼噜，因为阿房宫发掘的时候，他也参加了。我知道他打呼噜，给他单独弄了一个屋，结果四周的人都有意见，说不行，他那呼噜打得我们睡不着觉。没有办法，我后来就在村边上，专门找了一家，弄了单独的一间房，把他安置在那儿。

采访者：您是哪一年退休的？

李家瀚：是1998年。

采访者：您最后是从园林局退休的，还是从文物局退休的？

李家瀚：从文物局退的。园林、文物合了以后，把这些退休的都分了，把我分到文物局，归文物局管。我退休还不是在文物局退的，我是在西安市人民政府参事室退的。我原本应该1992年退休，但是当时市政府不让我退，说你再干几年，所以我就到市政府参事室干了5年，然后我才退休。还是我硬退下来的，参事室也不让我退。我1998年退休，后来紧接着就病了。

采访者：等于是 66 岁才退休。

李家瀚：对。到 2002 年我就得了直肠癌，差一点把命要了。

采访者：您现在回头来看，陕西省的考古工作，哪些方面是需要继续深入和加强的？

李家瀚：我觉得应该加强的是考古研究工作。现在考古界处于这种情况，关键是研究得不够，引不起大家的兴趣。今年春天就争论了一个曹操墓是真还是假的问题，就那么热闹，真的有几个研究题目公布了以后，你看有多好。曹操墓是真是假，徐苹芳还参与讨论了。

采访者：徐苹芳先生和刘庆柱先生的意见还不一样。

李家瀚：对，还有刘庆柱，都参与了。就那么一个问题，招来那么多人争论，如果研究深入了，问题多了，那考古界的风气就不一样了。发掘的人也多了，参观的人也多了。现在参观文物的人都不懂文物，你让他参观，他看着没兴趣，他就走了，都是这样的。

采访者：您觉得陕西的考古工作有哪些地方存在着亟需解决的问题？

李家瀚：这个我说不上来了，因为我已经脱离了田野好几十年了。但是，我觉得几个遗址还是要抓紧的，现在遗址保护、遗址清理、发掘都不太好。

采访者：这里面有什么问题呢？

李家瀚：具体问题我说不上来，但是看样子大家都不够注意遗址的保护、清理和发掘。你像周代的两个遗址，沣东一个，沣西一个，到底现在情况怎么样，坏了坏的情况怎么样，好了好的情况又怎么样，不清楚。像阿房宫遗址，李毓芳在那儿搞了一段，说工作有很多不好做的地方，但是得有人驻在那个地方经常搞，做记录。像汉城遗址，是多么重要的遗址，中国早期的都城，应该很重视的，但是现在不够重视，所以城建方案往往要挖我们的遗址。我们应该继续做这些遗址的工作，而且要有专门的人、专门的机构去做，这些工作都很费事，包括清理发掘、研究都在内，但是不搞这些工作是不行的。我觉得陕西、西安市至少这个工作应该抓，再不抓这几个遗址就毁完了。阿房宫的工作之所以现在不好做，是因为毁得厉害。它刚好在西安这个城市，过去西安很小，就是一个砖城，跟西边宝鸡这一带，这一条路的中间，人来回都走那儿，所以那个地方的建筑相当复杂，有秦汉的，还有秦汉以后的。俞伟超就告诉我说上天台不是秦的，上天台是汉的，有一定道理。所以那儿的东西应该好好做，再不做，再过几十年恐怕就没了。这是我的看法。

离开田野时间已经太长了，到单位去千万别当领导，一当领导就成了啥都管、又啥都不管这么一个人了。我记得最清楚，就是西安市有一个水陆庵，是一个古建，那个古建的特点是墙上都有泥塑在上面粘着，但是年代一久就容易脱落。我们曾经给国家文物局打过报告要保护水陆庵，把脱落了的泥塑修起来，国家文物局都批准了，还给我们拨了二十万块钱，我才准备人、准备其他的，那个过程很复杂。后来省考古所把那二十万块钱一拿，说你们别做了，这个工作给我们做，我就没办法了。到现在那个东西怎么样，我不知道，我应该去看一看，但是我作为领导去不了，所以没有办法。

采访者：像当年西安的文物考古工作，西安市文物局、陕西省考古所，还有其他一些单位是怎样分工的？

李家瀚：没有分工，谁逮着了就是谁的，就是这样的。不过四大遗址都归西安市管，省上不管。

采访者：当年省上主要是管哪些？

李家瀚：我说不来。就是水陆庵的这个壁塑，二十万一来，他从中间一截，把二十万扣掉，这我们也没有办法，因为国家文物局的钱过来了以后要经过他那儿。如果不是那二十万块钱，如果我们单位有钱拨给我，我都不把这个工作让给他们，因为这个工作我觉得很重要。我们召开过一个会议，全国一些很重要的做古建的人，我们都请来了，研究过的。就是这样，项目谁逮着了是谁的。我已经退休了，我听说长安县有一条路，路这一边是省上发掘，路那一边是西安市发掘，都成这样了。我说这怎么办呀，一条公路，路上可能有墓葬、遗址什么的，从路中间一分两半，这个不合适，但是我们没有办法。我也不吭气儿，一吭气儿这都是是非。

采访者：从您在北大的学习经历和毕业后的工作情况看，北大的课程设置、教师教学等方面有哪些地方是需要改进的？

李家瀚：北大的课，我说不上来改进，我觉得老师都是很下工夫的，包括苏秉琦。我也不了解苏秉琦他的历史，他就是发掘宝鸡斗鸡台的遗址，出一些盆盆罐罐，他把那些盆盆罐罐一个一个给我们介绍，很用心的。我倒觉得西安市西北大学，据说现在也还搞考古专业，现在如何我不清楚，问题是考古这门课，不抓实际，出来的学生都是苏秦、张仪这样的人，光能说。西北大学的毕业生我接触了几个，我一看，没有接触过实际，就不知道该怎么弄，就是这样。北大比较好，当时北大的总指挥是周恩来，北大成立考古专业是周恩来叫成立的，国家文物局都支持着的，谁也不敢捣乱，谁也不敢不用心，那确实搞得不错。我记得照相课，名义上是赵思训教我们照相，实际是一个去美国留学专门学照相的人回来给我们讲的照相。北大就是那样的，非得把最好的告诉学生不可。所以据我了解，我们班毕业的那么多人，出来以后都是一个顶一个的，没有一个人到哪儿去说是给个活不会干的。甚至于文物修复，做蜡模子，都是我们亲自动手做的，拿锅把白蜡一熔，然后用一盆水浇在上面，这都是我们自己弄的。

采访者：做蜡模子有老师教过吗？

李家瀚：这个是考古所的一个技工教的，姓白，是考古所的老技工。这个人本事很强，是很能干的一个人。

采访者：当时中科院考古所给北大的帮助多吗？

李家瀚：北大只要需要，考古所那儿也有人，就派人来了。还有国家文物局也是那样的，只要北大需要，就派人来了。这几个单位就是把北大的教学给保上去。我记得我们还有好多课是在故宫上的，比如绘画，有一些画不让拿出来，就放在午门上面的那个城楼里面，阴天不能看，太热不能看，太湿不能看，天旱不能看，我们去故宫上课就到那儿去，我记得还在故宫吃过饭。所以各方面都支持着北大，故宫也支持着北大。

采访者：您对我们这些学习考古文博的学生有什么期望？

李家瀚：希望你们把这一门科学弄得比现在更好一些。现在考古这一门科学在中国来讲，好像范围挺窄，知道的人也不多，很多领导都不知道那是干什么的，都不懂，希望你们把考古的影响扩大一下。因为现在，考古还有文物拍卖都是分不开的，人家往往把买卖文物当做考古界的事了，我们考古界可不准买卖文物。关键是现在文物知识，还在一个很小的范围里面。我当领导的时候，经常碰见的一个大问题就是，上级领导来一个指示，我没法执行，我往往需要给他解释半天才能解释清楚，让他明白这个不属于文物，或者这个文物上不允许这么做。你也不能怪他们，他们不懂，因此这个事就难办。所以我希望将来再过几年，至少领导干部都懂文物，就好了，都像周总理那样。

像现在这样下去，将来文物到最后是要破坏完的。西安市现在的城建，确实解放以前留下来的东西不多了。你看西安市，都是新房子，哪儿有多少留下来的文物呢？前天在四川成都发现了一条古街，广播上介绍的时候就说这个古街怎么怎么好，最后人家说了一句话，说西安市现在没有这样的古街了，该拆的拆完了。好多别的学科的人，比如说搞古建的专家，都不懂文物。你看西安有几个城门修的，都不是按照人家修古建的规定修的，东五路那个门修成五个洞子，火车站城墙修成那样了，那在古建上是不允许的，可人家就那么修。所以我希望，也不是你们这一辈，再下一辈、再下一辈能够把文物知识扩大一下。

文物在有一些资本主义国家，本身是跟间谍活动在一块儿的，有些国家本身就没有文物，美国哪儿来搞文物的，它不是那个情况。所以在这种情况下，后来只有苏联把这些材料整理得差不多，形成了一个文物科学体系，像阿尔茨霍夫斯基写的那个《考古学通论》，苏联把这个材料弄了。苏联弄好了以后，咱们就是直接从苏联那儿搞了一些材料，所以咱们的考古是学着苏联的，不是学着美国的，美国没有考古。中国古代对古器物也很重视，从宋代开始，有人就收集了好多文物、好多铜器，但那不是考古，是古器物。现在很多人都分不清这些概念，所以就弄成这样了。

有人讲过一个笑话，敦煌石窟一发现，王道士拿了几个写经找敦煌县的县长，说发现这个东西了。敦煌县的县长拉开一看说"这写的什么，还没有我写得好"，你就没有办法。他还说这个没有他写得好，所以他不管，后来让外国人，像英国的，把那些东西都盗跑了。现在中国人应该把考古知识扩大，让大家都懂。而且现在对于历史科学也不重视，应该重视历史科学。人的知识是两方面的，一个是横的，一个是竖的。你不搞竖的，只搞半截，那会出问题，除非你搞原子弹，那古代没有。所以考古和历史科学都要加强，可千万不能将来弄得大家都懂计算机，一问起历史来一塌糊涂，这个就麻烦了。什么叫民族啊？一个民族连自己的历史都不知道，这个民族还能够存在吗？中国二次世界大战把日本打败，就是因为中国有一套历史，所以讲民族战争，民族正义，讲这些东西。讲这些东西才能把人组织起来，把日本打败了。要是大家连自己的历史都不知道，那日本人打来了，大概都投降了。

采访者：您在考古、文物相关单位工作这么多年，有很多考古教学、实践和管理的经验，您对学习考古的青年学生们有什么建议吗？

李家瀚：建议就一个，别怕吃苦。这工作很苦，别怕吃苦。

  采访时间：2011年11月24日
  采访地点：西安市李家瀚先生寓所
  采访者：余雯晶、王彦玉、常怀颖
  采访大纲撰写：常怀颖
  整理者：余雯晶（李家瀚先生因眼疾无法亲自校阅）

记忆

——高明

1989年高明先生在巴黎郊外

简　介

　　高明，字诚之，男，1926年出生于天津。1949年至1952年为天津市劳动局干部，1952年至1956年就读于北京大学历史系考古专业，毕业后留校任教，历任助教、讲师、副教授、教授。曾任中国古文字研究会理事、中国殷商文化学会理事、中国文字博物馆专家委员会委员、中国秦文研究会学术顾问。

　　著有《中国古文字学通论》，《古文字类编》，《古陶文汇编》，《古陶文字徵》，《帛书老子校注》，《战国陶铭》，《中国历代王朝兴亡四字歌》，《高明论著选集》等。先后在国家学术刊物发表的论文以及为其他学者著作撰写的序言、评论等总计约六十余篇。

采访者：高先生，北大自1952年创建考古专业，后来发展成考古系，以至现在的考古文博学院，至今已整整60年，您经历了这60年的全过程。我们来采访您，想了解北大考古从无到有，从小到大，中间的发展情况，出现过什么问题？尤其在"文化大革命"期间，遭到什么挫折？还请您谈谈您个人的出身和家庭情况。

高　明：有一些事情我都已经记不太清楚了，我想到哪儿就说到哪儿。

采访者：好，就这样。

高　明：恐怕把这些问题都谈了，不是一两个小时，还要再找别的时间，你们有时间吗？

采访者：有，我们随时都可以，就看您的时间。

高　明：我知道考古文博学院的学生不太了解考古专业如何一步一步由专业到系然后发展到院的过程，它是如何成立的，当时学生的情况如何。这个谈起来很有意思，大家知道创建一个专业是很不容易的。北大最初有这么个考古专业，在全国来说是第一份，是最早的，从无到有，所以很不容易。我也愿意把这些事告诉大家。有一些事情是很痛苦的，因为我们经历的那个年代，尤其在"文化大革命"结束以前，"四人帮"直接控制着北大，对北大来说那是一个非常大的损害，是一个非常不利的时期。

想起来我们那些老师，他们很善良，知识非常丰富，一个一个地都被打倒了，有的被整死，我们想起来非常痛苦。对我本身，虽然我没有受到任何的冲击，可是我看到有一些非常好的人，对工作非常认真的人一个一个地上台挨斗，自己心里也非常不舒服。所以有很多事情我都不愿意谈，不太愿意谈，因为谈起来让人很难过。我个人也有跟一般同学不一样的经历，对我也是一种痛苦的回忆，所以我一般都不愿意讲。

今天你们来访问，而且花费了很多时间向我了解过去，甚至我家里的情况，个人的情况，我就敞开怀，就把我知道的情况谈一谈，先谈谈我个人的情况。

采访者：好，太好了。

高　明：我来北大以前的经历，跟一般的同学不同。我不是从小像一般人读书，小学、初中、高中、大学。我是从小学徒出身的，我从14岁学徒，学做衣服，成衣。我为什么要这么早学徒呢？因为我父亲死的早，我10岁父亲就去世了。我们是城市人，都是靠工资吃饭的，父亲一去世，家无任何的财富、资产，不进分文。我有一个姐姐，虽然我才10岁，可是我在男孩子当中是最大的。

就在这个情况下，我只是上了两年的小学就学徒去了，学的是做成衣。在私人小作坊里面去当学徒，小作坊里的主人和他的夫人，还有他的孩子，再有几个比较大一点的徒弟，还有师傅都住在一起。新去的十三四岁的孩子到那儿主要是看孩子、洗碗、做饭、跑腿，主要干这个。很早就得起床，很晚才睡觉，我干了半年就回家了，我家在天津市内。

母亲见我回来了，只好再托人给我找别的工作。

后来又在一个洋布庄学徒，到那儿就好多了，这家是很有名的布庄，天津仁昌绸布庄，在那儿学了三年，那时候我就十六七了，比较大了。不赚工资只管吃饭。我为什么在那儿被解雇了呢？这话已经有70年了，因为那里面有一位比我大很多的人，我始终不能忘掉的那位好人，他叫刘光来，他知道我很要强，但是家境不好，他也知道我的文化比较低，他就跟我说，你晚上少睡会儿觉，我教你一些文化。

从什么开始教呢？《三字经》。布庄晚上一般关门的时间是10点钟，10点下班了，所有人都睡觉了。我们10点半开始，这位刘先生教我读书。我们读到11点半，甚至12点才睡觉，6点多钟起床。这位刘先生很好，他岁数也并不是很大，也就是三十岁左右吧。他不光教我，他也学习。我们在那儿几乎学习了两年多，读了很多的书，比如说《三字经》《四书》《左传》《诗经》都是他给我讲，我来背，现在我还能够背出来。如"孟子见梁惠王，王曰：叟，不远千里而来，亦将有以利吾国乎？孟子对曰：王何必曰利？亦有仁义而已矣。……万乘之国，弑其君者，必千乘之家，千乘之国，弑其君者，必百乘之家，万取千焉，千取百焉，不为不多矣，苟为后义而先利，不夺不餍。"背这段书都是在十几岁时晚上跟刘光来学的。

可是时间长了，学了两年多了，每天读到深夜12点，就有人嫉妒，认为你们晚上不睡觉，影响大家。其实我们并不影响，都在一个很僻静的地方学习。也怨我，有时候背不过来白天找个背静的地方去读。这下子人家就给我告状了，告到经理那儿。经理把我找去了，他说你为什么在这儿不踏踏实实地工作，你搞这套干什么。我那阵儿对那个工作已经烦了，那时候我也大了，十六七了。干了三年了，一分钱也不挣，只管伙食。我就没有跟他求饶，我说我读点书提高些文化好工作。我没有服软，没跟他求饶，结果就被开除了，开除以后我就失业了。

1931年日本占领东北，1937年卢沟桥事变。我是1926年生人，青少年时期正受日本统治。我失业了一段时间，后来我就做了现在来说公交车上卖票的工作，那时叫车守，就是公交车上的售票员。因为那时我已经有一定的文化知识了，所以到那儿一考就考上了。

大概是1942年，我当上了公交车的售票员。这项工作有一个好处，就上半天班。他是早晚换班，早晨6点上班，7点出车，中午1点下班，这是早班。晚班中午1点上班，晚上10点下班。你看现在公交车不也是早晨6点多钟出车，也是在中午换班，每辆车配一个开车的，一个卖票的，都和现在一样。不一样的在哪儿呢？那个时候是在战争时代，没有汽油。

采访者：那靠什么呢？

高　明：公交车的后面有一个炉子，炉子里头烧煤，要有一个手摇的吹风机，把这个煤越烧越热，可是烟出不去，烟越烧越浓，所谓的嘎斯，摇到一定的程度，拿火一点就着了，它叫嘎斯车。为什么6点上班，7点出车？一个小时要把煤续好了，生好了炉子，把车开动。一般人都不想上早班，早班辛苦，都希望要晚班。可是不行，得来回倒，早班虽然辛苦一点，但下午的时间是属于自己的，所以我是专要早班。

采访者：为什么？

高　明：我1点下班以后吃了饭，后半天我可以去学习，天津有一个汉英数补习班，专门给中学生补课的地方。譬如说你代数学不好，你可以到那儿去选代数，他到时候凑够人数就给开班。再比如说学三角，他贴出来什么时候哪一位先生讲三角学，想学的把名字填上，凑够十几个人他就告诉你，几月几号开班，收费。就是你在中学没学好，到这儿补习。

那就是培养我学习的地方，它一般都在下午上课，校长姓王，王先生，跟我是最熟的，因为我既要学英文，也要学汉语，还要学数学。所以我是最常年的学生，我在公交公司当车守的三年的时间，一直到1945年胜利以后，我上午工作，下午就在那儿学习。所以我这三年已相当于高中程度了，不仅数学学的不错，汉语我古文比较好。现在中学都学现代汉语，我学的是古文，我对古文很感兴趣，请老先生给我专门讲授，主要课本是《古文观止》和唐宋诗词，所学的我自己都要求背诵，而我自己也知道怎么样学习。因为我是自学出身的，自学我有一套我自己的方法，所以我英语也学的不错。1945年胜利了，那阵子心情特别的好，可以想象。经过八年的亡国奴生活，好不容易盼来了胜利，怎能不高兴。

后来就想不干车守了，我考入了国民党接收天津后建立的一个学校，这个学校相当于大专的水平，它叫职业训练班，设有纺织科，土木建设科，农艺科，还有商业科，好多科。我报了纺织科，这个学校也比较难考，我还算很幸运地考上了纺织科。

采访者：这个学校交学费吗？

高　明：不交学费，而且伙食方面还有补助，所以我才敢报。我考上以后我就跟我母亲商量，我母亲也支持，那阵子我们都大一点了。学纺织原计划是两年毕业，毕业以后包分配。1946年暑假后开学，到1947年暑假以后国内的战争越来越厉害了，学校经费发生了问题，所以只上了一年零几个月的时间，学校就关门了。学校校长说你们自我实践，自谋职业，学校没有经费了。

在这个时候，1947年的上半年有一个机会，这也是学校介绍的。他说你们来的时候好多人是同等学历，天津市有一次高中学生的通考，所有的高中学校都要经过一次通考，你们当中有的学生有文凭，如果没有文凭的你们可以去报名参加通考。如果考取了，会同当届高中生一样得到文凭，将来你们可以去报大学。咱们学校经费也有困难，就是给学生找出路。

因为我没有文凭，我就报考了。简单说，我的成绩极高，给我一个最好的天津二中文凭。还给我一个在纺织科肄业的文凭，因为我是两年毕业，中间关门了，不叫毕业，叫肄业。所以我在这儿上了一年半的学，拿了两张文凭，一张是纺织科的肄业，一张是我参加通考二中的文凭。

失业了，学校原来是保证给你分配工作的，现在学校连经费都没有了，而且战争又非常紧张，纺织厂不要人，分配不出去。所以我回家了，在这个阶段是很痛苦的。我只能做一些小生意，卖一些杂货什么的维持生活，补助家里。还不错，有人很同情我，把我介绍到天津市社会服务处做一名额外职员，编制以外的职员。

社会服务处是天津社会局建立的一个服务机构，里面有阅览室，可以阅读图书、报纸，有理发馆、照相馆、餐饮馆。比如说你走在外面下雨了，你可以到那儿去租一把伞，你有的东西太重了，可以搁那儿保存，它叫社会服务处，给群众提供方便。可那里的职员都是带编制的，它也算是一个国家成立的社会服务处，编制都满了。我只能做编制外的人，编制外的跟编制内的不一样。理发馆、餐饮馆、照相馆都租给私人办，每月收入多了就多给你点，收入少了就少给你点，只能维持我个人的生活。

我在里面具体工作是在阅览室管图书。这个工作我很喜欢，外面是一个阅览室可以看书，看报纸，我可以随便地东翻西翻。这个阅览室跟天津的图书馆建立关系，计划两个星期一换书，两个星期我把这里的书拉到那儿去，再换新的书回来。这会儿就是1948年底，我在那儿整整干了一年。到了1949年初，天津就解放了。社会服务处有将近40个人，40个人里有20个是女的，都是国民党的那些当官的夫人、小姐，每天打扮得花枝招展，不做工作，成天说笑聊天。我们这些额外职员没有名额，让你来你就来，不让你来就不能来了，所以许多工作都是我们编制外的做，但是人也不多，也就几名。天津一解放，共产党就把社会服务处接收了，接收以后，把原来的一些职员遣散了，仅留了几个人。大概是四个人，十分之一，其中就有我，把我留下了。

我就从额外的职员变成了国家的干部，一个月拿320斤的小米，我第一个月的工资就发的小米，第二个月是一半小米、一半货币。以后就变成了人民币，大概人民币也就是30多元钱。

采访者：是食物供给制。

高　明：对，那就是1949年初。我就成了共产党的干部了，也算是一个正式的工作了。后来社会服务处改为劳动局领导。这个单位就改成了劳动介绍所，专门帮助一些失业的人就业。我一直在这儿工作了四年，虽然没有什么职称，一般的干部，但是我在里面负了很重要的责任，可以说其中一个部门的责任就由我来负责。但是我是留用的干部，也不是党员，在那儿入了团，是个团员。

1952年暑假，我26岁。我向领导提出来，我要考学。领导跟我说，保送大学调干生数额是有限的，一般来说都是一些进城的干部和过去从事革命地下工作的一些人，这些人都占满了。意思是说你还不能保送上大学，我说我想考，我凭我自己的能力考。领导很通情达理，说你要是想考学呢，你考上了你就走，你考不上你还留下来。我说请你给我开一个证明，没有证明不能报名。劳动局给我开了一个同意高明报考大学的证明，我拿着那张高中文凭和证明信就报考了。

采访者：您当时就报了北京大学？

高　明：我报的就是一家，原有六个志愿，诸如最高的是北大、清华、天津大学，一直到师范学院，一个一个的台阶。我六个志愿报了三个。第一个北京大学历史系，第二个北京大学中文系,第三个是北京大学哲学系,我就是三个志愿。我的意思考就考北大,要考不上就好好工作,结果很幸运被北大录取了。那时候考三天,语文、外语、数学、物理、化学、生物、政治、历史、地理共九门,这三天下来我自己也不知道结果会如何,生物、物理、化学得分一定很少。我自己比较满意的就是历史、地理、中文、外语、数学和政治,这几门我可以拿一些分。而且我估计的分还可以,平均起来我想可能有点希望,但是我也不敢太乐观,因为北大不太好考。还不错,突然接到了北大学生会发来的祝贺信和学校发来的录取书。我接到录取书,就找到我们领导,我说我考上了。

采访者:您考试是在哪儿考?您是在北京考的还是在哪儿考的?

高 明:是在天津,在中学里头有考场。我拿着录取书给了我们领导看,领导就说,你考上了我们同意你去。但是你不是保送的,你必须得辞职。我就是这样,辞掉了劳动局干部的工作,以学生的身份考进北大历史系。为什么学考古,在我们这个班里学考古的学生原来大家都不知道考古是怎么回事,我为什么学考古?就是我爱看书,我那时候不是太懂,我看过顾颉刚的《古史辨》,看过王国维的著作,当时我拿不准他们的观点,比如顾颉刚的叠累式古史观,王国维采用实物和文献结合式研究。我当时还算是一个史盲吧,我看他们的书我同意王国维的说法,我认为顾颉刚的观点又可信,又不可信。所以我选考古专业比较坚定。他们问我,你学哪一个专业,我马上就说学考古。我对考古没有怀疑过,今天看来我学考古还是对的。

采访者:您当时选择考古这个专业是一个自我认识的结果,自己考虑过的。

高 明:对。在管图书的那一个阶段,我看书比较杂,什么书都看。因为上班没事,无人借书,没事自己坐那儿看,它是一个窗口,有一个桌子,外面来借书,我就给他书,到时候给收了。没事我就自己看,有的时候下班了,我还在看书。所以我在这里面得利很多,这份工作工资虽少但对我的帮助比较大。

解放后我是八小时下班。那个时候我姐姐已经结婚了,我弟弟已经上大学了,北京师范大学化学系。我家就是我跟我母亲两个人,我跟我母亲两人住了四年。我下了班,吃了饭没事就看书。所以我考大学没怎么准备,那些保送的人提前半年进南开大学进行先修。我是报考,我没有先修的条件。

我有幸考上北大,我愿意离职去上学,所以我不是调干的。那时候北大凡是进来的学生,每人每个月12元钱的伙食费,不管你家里多么富,进了学校,伙食费12元钱全由学校负责。困难的学生每一个月可以申请困难的补助,一块钱到三块钱,可以自由申请。我申请一元,买一些笔墨纸张,那时候便宜,所以就一元钱,可是买不起脸盆,我跟我们同室的方酉生一块儿,用了两年他的脸盆。

到了三年级的时候,突然学校学生科找我。他说你过去来学校前做什么工作?我说我在天津市劳动局。他说工作了多长时间?我说将近四年。他说天津劳动局把你的档案转到北大来了,我们才知道你已经工作了四年,从现在开始你享受调干的待遇。

采访者:这个待遇具体是什么样的待遇?

高　明：分几等，有每月28元钱的，有32元钱的，大概还有多一点的。我拿32元钱，我为什么拿32元？因为1952年离开劳动局那年，正在评级，过去没有评级，就是我一个月拿38元，那时候许多干部都是供给制，从1952年开始都要评级拿工资。我刚才说了我虽然没有什么职称，但是我在里面负责很重要的工作，所以评级给我评的很高，别的青年人都是拿62元的工资，而我被定为78元。

采访者：挺高的。

高　明：我比他们高三级，我拿78元，那时候78元是相当高了。我在北大调干的待遇不是最低等的，也不是高等的，是中等的，32元钱。在北大从三年级开始我的生活就大为转变，我的经济状况就改善了，一直到毕业，毕业的学生都拿62元，我们同班都是拿62元，我拿78元。而且我的工龄还是从1949年开始算的，这一点北大人事处都跟我讲清楚了，说给你改成调干，你前面的工龄，连上学的都算工龄。所以对我来说是非常有利的。我个人的情况，我只同个别同志谈过这些事情，因为我早年丧父，家里比较困难，我是遇到了一些比较好的人，像刘光来他帮助我，教我怎么样学习，教我怎么样背这些书，就从那儿种下了这颗种子。由于我习惯背书，对我也有很大的益处，这就是我考进北大和在北大学习的情况。

采访者：您是1952年入学是吧？

高　明：1952年8月我收到北大的通知书，被历史系录取，来函问我选哪个专业，我立即回函选考古专业。在入校以前，我对考古还是读了一些书了解一些情况，所以我毅然决然地选择了考古专业。考古专业的课程比历史专业的要多，历史课是跟历史专业的同学们一起上的，我们那时候上的中国史，夏商周是张政烺先生，秦汉是余逊先生，唐代是周一良先生，宋代是邓广铭先生，明清是许大龄先生，近代史是邵循正先生，全是国内的权威，除了许大龄以外这些老师都是当时第一流的教授，因此我们受益颇多。讲世界史是胡钟达和齐思和，还有杨人楩，这在当时来说都是大学者。考古专业当时刚成立，我们是第一班学生。考古专业可以说是空壳，当时的正式教员仅两位，一位是宿白，一位是阎文儒。他们是向达的学生，都是搞隋唐和佛教石窟的。

除了他们两位教员以外还有吕遵谔和李仰松，他们都是博物馆专修科毕业的，中途转过来了，对考古也可以说没有系统学过。

采访者：他们两位是教员吗？

高　明：是助教。李仰松是刚毕业，还有一个绘图员叫刘慧达，一个照相的叫赵思训。有两位资料员资格很老，年纪也比较大，一位是容庚的妹妹叫容媛。还有孙贯文是搞拓本的，是一位很老的专家，就这么几个人。讲课的教员大多数是从外面聘来的。

考古专业成立是由三个单位组成的，北京大学历史系，中国科学院考古所，还有文化部文物局。三个单位有哪些人负责？北京大学历史系是翦伯赞主任，考古所是夏鼐所长，文物局是王冶秋局长，他们三个人全是领导，工作都很忙。可是由他们三个人代表这三个单位，因为北大自己没有这个力量，三个单位共同成立这么一个考古专业。考古专

52级考古班部分同学和阎文儒老师在考古发掘工地。前排左二黄景略，左三徐元邦，左四夏振英。中排左一唐荣芳，左二郑振香，左三阎文儒，左四叶小燕。

业摊子虽然很小，后面的支持力量却很大，聘请开课的教员都是全国一流的专家。

旧石器讲课的是裴文中，是当时旧石器的大专家。新石器讲课的是安志敏，科学院考古所的。殷周考古是郭宝钧，秦汉考古是苏秉琦，隋唐考古是宿白，古建是梁思成，绘画是故宫的徐邦达，古文字是唐兰，这些当时都是大人物，他们知识非常的渊博，是国家著名的大专家。他们工作很忙，给北大讲课对他们来说并不是很重要的职务，不可能像我们教员一样写讲稿，所以说讲课没有讲稿，更没有讲义。

他们讲课的特点都是讲他们对某一些问题的研究成就，我们刚进学校的高中生，对考古一点都不了解，譬如讲旧石器时代，学生只知道一个周口店，具体情况不了解，裴先生讲的比较多，同学们听起来很困难，有点摸不着门。各位先生不一样，有的就是讲他的研究成果，讲的都是非常专的，同学们很需要一些基础的知识，所以感到这些专家讲课让同学们接受比较难。例如夏鼐先生讲考古学通论，一个时代一个时代地讲，夏鼐是浙江温州人，温州人讲话是最难懂的，他的声音又小，只有个别人能听懂，大部分人听不懂，主要是学的基础知识太少，夏先生提到一些著名的地方，同学们脑子都是空的。

在当时还闹过一些意见，经过系里领导和学校领导说明这个问题，指出你们是第一班学生，过去没有这个课，现在只能请各个单位的专家，人家来到学校是很不得了的，这些专家都不是一般人。你们都得用心的听，好好学。同学们也很理解，因为第一班学生就是为了给考古事业的发展培养人员。我们三年级结束以后到陕西西安半坡实习，那时候系里面还没有人领导我们去发掘，阎文儒把我们19个学生带到西安交给了陕西省考古所，当时叫半坡发掘队，领导人是石兴邦。石兴邦是发掘队的队长，也是我们的导师，我们到了工地才知道考古是怎么回事。经过半年的实习，对半坡遗址进行发掘，半坡遗址保存很好，有各种各样圆形的、方形的洞穴型的房子，还挖了一些遗迹和遗物，学会一些田野考古的技术，再回忆课堂讲的内容，觉得收获很大，掌握了考古怎么样分地层，怎么样辨土色，怎么样清理扰乱坑。这时候我们对考古才开始有认识。我们实习完了都没有回家，在那儿过了春节，后来就转到科学院考古所了。考古所在张家坡发掘西周的一个遗址，当时领导人是王伯洪，他是考古所的副研究员。我们在张家坡在他的指导下，挖了一些西周墓，不是大墓，都是中小墓。也发掘了一些遗址，经过这两次发掘，同学们对考古才有深的了解。

采访者：张家坡的发掘持续了多长时间？

高　明：也是半年。我们实习了一年，在半坡半年，在张家坡半年，每半年分两个阶段。前一个阶段是发掘，后一个阶段是整理，把发掘的东西进行陶片分系，碎陶片进行粘对，复原器形。整理完了以后，因为自己的发掘毕竟是有限的，把邻近的几个方凑在一起写一个报告，所谓的考古学报告，作为这次学习的成就，也就是说毕业论文吧。

我们毕业以后学校留两个人作助教，留了我和祝广祺，后来因为国家博物馆刚建馆，需要人就找北大要人，祝广祺去支援历史博物馆，就调那儿工作去了。他是上海人，后来调到复旦大学，我们考古班就只有我留在北大。

1958年我领着学生在陕西华县进行田野实习，关于"拔白旗"的问题，我这里有一篇文章，是1958年的学生潘其风写的《毕业实习拾零》，道出他班的支部书记，他所谓的L先生的独断专行的情况。文章写得真实而具体。

采访者：他是研究人体骨骼的。

高　明：对，他们班实习的人比较多，他们班可能是三十多人，其他班一般都是二十来个人。那时候我是团员，我们教研室人比较少，只有三个团员。一个是李仰松，一个是我，一个是刘慧达，我是团里面的小组长。我们华县实习，一处是泉护村，一处是元君庙，泉护村是一个仰韶文化遗址，元君庙跟泉护村的遗址是一致的，是一个墓葬区，都是仰韶文化。我们去选遗址，是跟张忠培一起去的，他是研究生，跟我一起去把这个遗址定下来了。那个地区是修黄河水库准备作为水库的地方，所以有一点抢救式的发掘。系里派我作为这个发掘队的队长，带领同学实习，经过黄河水库的同意，给我们拨了一笔很大的经费。

黄河水库的考古工作是由考古所统一负责。这一部分就划给北大负责发掘，北大就派我领队，潘其风就是这个班的学生。因为教研室没有别的教员了，派研究生杨建芳跟张忠培做辅导员，共同负责发掘的工作。说一句老实话，我的发掘经验只是两次，一是半坡，一是张家坡，我是新毕业的学生，岁数也不是很大，比他们大两三岁。杨建芳在考古所干过几年，他比我们有经验。张忠培跟我一样是我们同班的学生，所以担任这个队长我自己感觉力不从心，压力很大。

压力有两点，一点是这个遗址是很重要的，你挖坏了，这些材料就糟践了，你花钱多少这还是次要的，你把遗址破坏了，简直就是犯罪。第二个就是我领着三十来个学生到田野发掘，就像我们到半坡发掘一样，这是很重要的教学环节，你怎么样让这些同学学到真正考古的田野方面的技术，得到一些真实的知识，这个是很重要的。我自己感觉，因为这是新专业，没有办法，这个担子你得担，我把杨建芳就看作我依靠的力量。可是到了下面情况就不一样了，因为我们三个人我是团员，张忠培是团员，杨建芳可能还不是团员，我们都不是党员，学生中党员比较多，党支部书记叫李志义，就是潘其风文章中所讲的那位L先生。我不知道他是怎么考进北大的，他没有什么文化基础，可是专门会整人，他跟系里面的领导搞的很熟。我不太了解他的情况，我们对老师，科学院的老师也好，陕西的也好，外边的老师也好，都是非常尊敬的。我也没有太注意这些问题，希望跟同学们一块把实习这个工作做好。没想到这个支部书记李志义的想法跟我们不一样。

1958年搞"大跃进"、人民公社，三面红旗那个时候，他想通过我们这个实习出出风头。到了工地，我们按照我们学来的那一套方法，也是按照先辈们的发掘方法，选好地址进行测量，开了5乘5的方。头一天开会我讲话，讲明这个遗址是怎么调查选定的，领着同学们在周围转了一圈。查看断崖上漏出来的地层，同学们都说很好。在这里面我插一句，我带这个将近三十个同学实习，还带了二十多名右派学生。

采访者： 一共是五十个人是吗？还是这三十多个人里面有二十多个右派？

高　明： 三十多个学生，另外有二十个是历史系1957年划的右派，他们也都是二十岁左右。因为他们是右派，就要劳动改造。考古要担土，要雇农民工，系里面就派了这些右派到那儿去劳动改造。虽然都是学生，但有的是考古实习，有的是劳动改造。临走的时候，徐华民，他是系里面党的领导之一，他跟我说你只负责学生的学习，这些右派让李志义来管理他们，他是党支部书记。我说那好极了。右派也得住在老乡家里面，学校还派了一个做饭的师傅跟着我们一块下去给同学们做饭。

在工地上我们自己有五十个人左右，还要雇百八十个民工发掘，占了半个村子。我们搭一个大棚做工作地点。刚开始就遇到问题了，我们的计划李志义不同意。他认为我们这一套都是旧的，都是资产阶级的考古，我们要打破了这些资产阶级的考古，重新建立一套无产阶级的。他要带着同学搞一套新的方法，要开大方，要开10乘10的大方。还有一个问题就是关于陶片的处理，考古发掘最重要的是分析地层，主要是区分各个地层里面出的东西，比如说这个地层出的都是秦汉的陶片，起码你得认识这个陶片是秦汉的，这个地层必然是跟秦汉有关系或者是秦汉以后的。再比如说地层出了仰韶文化的遗物，这个地层就是跟仰韶文化有关系的，可能混进晚期的东西。但是地层你要划清楚，我们开小方就容易掌握，你开这么大的方，你也没有发掘过，怎么可以掌握。这样辩论没有用，他认为要革新，过去的做法是资产阶级的，开大探方是无产阶级的。

我们对同学讲地层出任何东西都要保留下来，不管是晚期的还是早期的，好断定这个地层是扰乱的还是有互相的打破关系，所以说任何东西都要保留，都要写成卡片，拿棉纸包起来，将来好复查。他也认为这是资产阶级的做法，要打破这些东西，他主张在里面选几个典型的陶片就够了，大部分破陶片全不要，这是我们最大的冲突。因为我要负责，要写文字资料，要清这个遗址出的东西，你把这些东西都扔了，将来怎么交帐呢。那陶片将来要复原器物的。你要知道我虽然是队长，说话不管用，他虽然是学生但他是书记，而且有很多学生听他的。我们的学生分成三组，我一组，杨建芳一组，张忠培一组。在杨建芳这一组里面，斗争的最厉害，比如说画图，地里面的地层要详细地量尺画，这个遗址出的东西要知道深度出在哪个地层，及其彼此的关系，应该做详细的记录。还有考古绘图问题，一定要按考古要求来绘，有的同学提出用投影的方法画，就跟杨建芳争论，我始终不了解他这个投影的方法是怎么画这个图。杨建芳坚持按照考古要求画图。他们这个组的矛盾非常大。我是一个领导，系里面派我领队，黄河水库考古队任命我当队长，把重要的遗址交给我，同学虽不听我的，只有尽我所能向同学解释说服，这个李志义得罪不起，他是有权力的，我有事向考古教研室宿白汇报，他可以到系党组织去汇报。宿白他也得听系里面的，这一段日子非常的难过。

　　李志义就发动了学生拔白旗，要以杨建芳为白旗把他拔掉自己干。张忠培跟我讲，他们给张忠培做工作，叫张忠培做我的工作让我不干涉这个事。他们把杨建芳作为白旗来拔，意思就是让张忠培站稳立场，将来可以发展入党。张忠培并不赞同李的意见。我就跟张忠培说，我是队长，杨建芳的做法我支持，不管是对还是错，我们过去是这么学来的，我认为他没有超出传统的方法。我们现在还拿不出来一套新的方法保证发掘好，如果要以这个把人家作为白旗拔，人家是考古所的工作人员，考到北大做苏秉琦的研究生，把人家作为白旗拔了，就是象征他是右派了。我说你要作为白旗应当是拔我，因为我不称职，我管不了这个队。张忠培的意见跟我们是一样的，所以他才给我讲李志义的意图，我说如果我们三个人认为我们这个做法是对的，我们也不一定跟李志义争吵，只能用讲道理的方法，不要弄得矛盾冲突很大。张忠培同意我的意见，在这个时候，考古所一个副所长来到华县发掘的地方视察。

　　这个副所长叫牛兆勋，他并不是学考古出身的，也没有多少文化，可是不知道他为什么当了副所长。考古所的副所长到华县队来视察，我们黄河水库发掘队主要是由考古所负责，既然是所长来了我们就欢迎他，在老乡家给他找了一个比较好的房子招待他，向他汇报工作。他对我们的汇报不太感兴趣，对李志义的汇报反而非常感兴趣。结果他了解完了，向我们全队做了一个报告，大大地表扬了李志义。说是他敢干敢闯，创出一套无产阶级考古技术，打破了过去资产阶级的繁琐的手续。总结一下成绩，要开一个现场会，就是让各个发掘队的队长都到这来学习。因为得到领导的肯定，李志义更得意了，同学也认为我们是保守派，就是抱着这个资产阶级的考古知识不放。杨建芳这个白旗是非拔不可了。牛兆勋还特别点出来，有的人坚持资产阶级的这一套，就是指杨建芳。

　　就是在这种情况下开了一个现场会，因为他有权，就把全国各个队的发掘队长集中在华县开现场会，由牛兆勋主持。因为开现场会，苏秉琦先生也来了，系里党的领导人之一徐华民也来了，几十个人在华县开了一个大的会议。牛兆勋第一个让我讲话，因为我是队长，这很难的，违心的。我首先表扬我们的学生的敢闯敢干，假若是成绩都是学生做出来的，我说是学生推着我往前走，学生这种精神也感动了我，我只能应酬一下。第二个是李志义讲话，他批判考古发掘程序是旧的东西，资产阶级的考古方法应当抛弃，他谈了很长。第三个就是牛兆勋讲话，因为他并不懂什么是旧的，只强调资产阶级什么的应当改进，应当抛弃，北大的学生做的对，应当向他们学习。

来的人都是熟人，都是各个队的队长，有的是前后班的同学，有的人跟我说你的日子不好过啊，我说不好过也得过啊。人家都是内行，一看你们这是胡搞呢。他们也知道牛兆勋是一个既无考古知识也没有文化知识那么一个人，可是系里面苏秉琦先生知道，他是考古所在北大的兼职主任，他可说可不说。徐华民是外行，他一听牛兆勋那么一捧，对李志义的看法就更高了。

正在这个会议即将结束的时候，尹达去了，他说北大有一些创新他来视察一下。我想，尹达来了，他是很有权威的教授，整个华县就热闹起来了。牛兆勋一听尹达来了很快就走了。尹达来了听了我的汇报，我说您先到工地看看。我就把我们师生在发掘中产生的矛盾原原本本给尹达和苏秉琦、徐华民汇报了。我把要拔白旗的事情也讲了，把李志义在这的所作所为原原本本的都说了。尹达说我来了两天，就看出来你们这儿，师生当中有矛盾，所以今天找你来谈谈。我看你谈的都是实际情况，说这个矛盾得解决。就跟徐华民商量，明天我到工地去看看，看看收集的资料怎么样，看看同学发掘都有哪些记录。我说您看完了以后给我们一个明确的指示，我们怎么干。我说牛所长来了在这儿开一个会说要向我们这儿学习，我们将来怎么干，我一点主意都没有。您给我们一个主意，指导我们怎么做。

第二天尹达就到工地视察，就把同学的发掘记录和绘图都看了，尹达看完了就摇头。我们发掘的土都堆在一边，掀开里边全是丢弃的陶片。李志义不让收，他认为有几块典型的陶片就够了，留那么多没有用，上秤称一下有几斤重就行了。我说我管不了学生。又领他到元君庙看发掘，我们要求把发掘的人体骨架都要用棉纸粘好，同学不干，说太繁琐，就用破包袱一捆就完了。尹达看完了以后，他也没有说话，晚上就回去开了一个全体同学的会。主要是尹达讲话，尹达首先就批评了牛兆勋，说他不懂，他是外行。在过去考古学的方法上，是有一些繁琐的地方。我们这个考古是从西方传过来的，我们可以说给小孩洗澡，把水倒了，不能把小孩也给扔了，这是他的原话。他说你们就是把挖的东西全扔了，这将来怎么写报告呢。你们要听教师的辅导，就批评了李志义，说你要拔白旗，你搞错了对象。他们都是年轻人，都是党培养起来的，想把工作做好，怎么能拔白旗呢？尹达举了很多例子，批评了我，说你是队长，黄河水库给你这么大的责任，你应当负起这个责任。这么好的遗址在你们手里破坏了就是罪行。他虽然批评我也是给同学们听的，我明白尹达的意思。

这时候徐华民才知道，因为尹达说话了，过去他只听李志义的，根本不听我们的。听了尹达的讲话，他才认为我们的坚持是对的，后来他们都发了言，他鼓励我们不要怕，要把这个责任负起来，把工作做好，你是队长有这个责任。尹达给了我们明确的指示，我就有主心骨了。尹达走了以后，徐华民还给我特别谈了一次话，他说高明，我知道你肩上承担的分量很大，又负责这个遗址，还负责学生学习，李志义哪方面不对，他还是学生，该说他就说他。我心想说我哪里敢说他，他不说我就不错了。他说有什么事系里面会支持你的。不久苏秉琦跟徐华民也走了。

在这里面我还插一句话，在开会以前出过一件事情，有一天村里队长来找我，就是在开会以前他们棉花仓库着火了，发现是人放的火，警察也来了。怎么证明是人放火呢？有一片小笔记本上的纸页，上面写的字，拿火柴把这个笔记本的纸页烧了，从窗户扔进去的，火灭了以后把这个笔记本的纸页烧了一半，里面还有火柴，找出来了。他们认为是你们发掘队人做的，我们村子里面找不出这个笔记本，在学生里面主要是右派。我一听这个脑袋都炸了，因为我是队长，那时候就让我把右派聚集在一个院子里面不让他们出来。我说我们管右派的是李志义，他是党支部书记。后来李志义把右派集中在一个房间里面，叫他们学习。我说你把这个笔记本纸页拿来我看看，看看字形，警察局就拿那个笔记本的纸页，剩了半张纸了，里面还夹了半根火柴，还好笔记本上面有几个字。我一看那个字就放心了，那字不是大人写的，是小学生的字。我们的右派都是大学生，而且写字不会写成这样，要是这样他就考不到北大来了。我一看这个字是小学生的字，我心里面稍微稳定一些。我就跟警察说，要从这个字形看，放火恐不是我们的学生，不管是不是右派。纸页上写的一看就是小学生的字。我们的学生可以验笔迹，虽然我不能担保不是我们的学生，不过我的意见给你提出来。后来他们一看也是这样的，一调查是他们的小学生玩火，掉在窗户里面，这才把我们的右派学生解放。要是没有那些字，他们说农民没有本子，这里都是大学生，说不定哪个右派倒霉呢。所以右派的学生对我都很客气，因为我不管，李志义一去就训，右派都是学生，都是学历史的。我还跟李志义商量，让他们搞后勤，别让他们都搞劳动，我们后勤，要买菜，做饭，买东西，管会计。还有一个右派我建议把他调出来管理发掘出来的陶器。帮助管理仓库，有一些右派都给他安排了工作，当然也是李志义同意的，他认为谁可以调出来。右派学生在我们这个队里面还比较好一些，这是在开会以前发生的事。

这个事情过去了，徐华民临走的时候，他说你担的担子不小，除了学生还有这么些右派，他说你有什么困难系里面都会理解，你这样坚持是对的。尹达已经说了，你就按照你的原计划去做。后来他回校不久，就把李志义调回学校了。

采访者：调回去是调到哪了？

高　明：调离我们发掘队，调到北京大学历史系。把书记工作交给了高广仁和夏超雄两个人负责。经过这次会议，李志义调走了，高广仁和夏超雄跟我们合作得挺好，关系也挺好，后半阶段的实习又把被丢弃的陶片重新收集起来，对成很多完整的器物。所以后来才把元君庙和泉护村的发掘报告写出来。要是没有这个，报告就根本没法写。

快到春节了，那时候已经放寒假了，就在这个时候因为同学们画图我们都去挨个检查，那个地方冷，住在老乡的家里。老乡的家里只有一个小煤火炉取暖。同学们都拿着一个军用的水壶，弄水坐在这个炉子上，可以焐焐手。有一次我给同学们修改他们的报告，橡皮都是硬的，因为天冷，涂不下去。我拿这个橡皮到炉子上面烤，没想到这小铁壶塞着塞，水一开塞崩开了，我正在烤橡皮，一下子整壶开水都倒在我的袖子里面。当时没有条件治疗，一层皮就全掉了，没有办法，在农村就弄一块纱布缠起来，就这样一直把同学的图、报告检查完。我这个手越来越严重，都起脓了，那时候疼得我睡不着觉，可是没有办法。

在这个时候，辅导任务即将结束，就快过春节了，有的同学要回家，有的不回家的我就给他们安排地方。这个时候，学校给我来了一封信，让我把工作交给杨建芳和张忠培。支部这些工作由高广仁他们俩负责，我把他们四个人找来，学校让我马上回学校，我让张忠培和杨建芳把同学写的报告收集起来，收好了将来这是写报告的基础。然后我就回来了。

回来以后见了徐华民，也见了李志义，李志义调回学校担任党总支里面一个干部，提升了。我说我回来了，徐华民说你在那里很辛苦，工作还不错，系里面肯定你了。现在给你谈一个事情，系里面决定把你调到新疆，去新疆大学工作。因为新疆大学需要教员，系里面决定你去。

要知道我是学殷周的，搞了几年古文字，我到新疆这些东西就白废了。还跟我说你把家里面整理整理，系里负责给你办理全家户口，你们全家可以一起走。因为北大还有几个人也调到新疆，希望你把东西整理好，跟他们一块走。我就把我的胳膊给他看，他一看全是脓，他说你胳膊怎么这样。我说生活比较艰苦，给同学们改图的时候烤橡皮，那个水壶开了给烫的。我说在那个地方没有条件，现在全是脓，我现在走不了，我得把这个胳膊治好了。

他一看这种情况，他说好吧，你先治胳膊，把胳膊治好了，叫他们先走，你后走。我说我回家商量商量，因为我有小孩一岁多，他说你去做做工作吧，希望你把胳膊治好了一块去。我回来就想，徐华民处理不公，你既然跟我说，我坚持的问题是对的，李志义是错的，你把这个错的提升为总支干部，把我这个对的调出北大，而且调到新疆。北大年轻的教员很多，我在外边工作，故意把我调回来，这显然对我明是表扬，实际是处理。在那个时候，我虽不敢表示什么态度，借口回家商量，但既然你处理不公，我也以不公对待。

我在校医院治胳膊，医生说你怎么搞成这样才回来，我说我在外面带学生实习了，他说你这个是因公致伤啊，我说当然是因公致伤，在农村没有条件，他说我们也治不了，给你转三院吧。三院一看说你怎么搞成这样呢，治了一个月，经常去换药，慢慢的治好了，只留下这个疤。这个时候徐华民就让李志义来催我走。他问我胳膊怎么样，我说好了，我给他看。他说徐华民问你准备什么时候走，什么时候给你办户口手续。我说我考虑了我不想走，一个是小孩刚一岁多，二是我们的业务不对口，我几年的时间都搞殷周考古和古文字，我要到那儿就白学了。所以我不准备走，家里也不会去。

我说这个话是有思想准备的，估计有两种可能。我自己打算辞职，我不服从这种处理，我辞职不干了。我在治疗胳膊期间曾去海淀了解，那里有雇小工的，每天上午八点招小工，有拉车的，有和泥的，有做饭的，一天一块二毛钱。我爱人是小学教员，每一个月62元钱，我是从工人中来的，走了一个圈又回到工人，我在北大学到了一些知识，对我没有损失。我如果辞职就去当小工，当小工一个月要是不歇，可以赚36元钱，再加上62元全家可以有大约一百块钱，我们三口人可以生活了，这是我的打算。我又想，可能不会那么容易，因为我不服从分配，他不会让我辞职，会开除我的公职。我想开除公职跟我自己辞职两者是一样的结果，要我辞职我去当小工，也可以混口饭吃。你开除我的公职，我也去当小工。我豁出去了，你徐华民处理不公，你嘴一套，心一套，当领导这样对待我，我就这样对待你，我不去。我告诉李志义说：我不想去。

你想，李志义在华县搞这么僵，他对我怎么会有好印象，他回去怎么跟徐华民说的可想而知，因为我事先有准备，就不在乎了。最大是开除公职，跟我辞职是相同的，我去做小工还可以生活，还可以在家看看书。我就是这种态度，李志义临走说了一句话，他说这个事情那就你自己要负责任了。我说当然了，这个事我自己负责任。

我跟我爱人说有两个结果，一个是开除公职，一个是我自己辞职。我说你别怕，高明被开除公职不好看，我说我是工人来的，我小时候比这苦的多了，我现在都是大学毕业了，我去当小工就回到我原来的岗位，这对我没有损失。我爱人当然也很不好受。过了一个多星期，徐华民来了，一进门就笑了，他每次见我都是笑的。说，高明啊，我找你。我说是不是让我走啊，他说我已经听李志义说了，听系里面的处理。他说我们研究了，你不走了。他说你不去新疆了，但是有一个条件，你必须去斋堂劳动改造一年。这没有关系，每一个教员都要去轮流劳动的。我还没有去，像宿白他们都去过，这个我没有意见。我想他为什么改变呢？这十几天时间他们可能进行研究了，结果对我还是非常客气的。我想他一定是想找我的毛病，什么家庭出身，历史问题，可能是查到我的材料，以及我的出身，我的经历他们可能看了，他们这样处理我，自己可能觉得有一点惭愧。所以他们无可奈何地改变调新疆的决定，让我去劳动改造一年。

采访者：您就去门头沟的斋堂劳动了？

高　明：对。我因为没去新疆，要我下放到斋堂劳动。1959年劳动回来，那个时候国家开始了三年的所谓自然灾害，我们说自然灾害其实是人为的灾害，政策的灾害。毛泽东的三面红旗，总路线、"大跃进"、人民公社，我看了宋海庆写的《人民公社兴亡录》，书中谈到一个高级干部开会的材料。毛泽东在庐山开会，他一发言就说我们不建人民公社不得了啊。那些干部说，毛泽东在前面说那么句话谁敢反对啊，结果呢，这三面红旗给全国人民带来很大的灾难。强调自然灾害，这不切实，是人为的灾害，政策的灾害，三面红旗的灾害。由于国家缺粮要求大家减粮，那时每人都有定量的粮票，比如说像我每月三十二斤粮，我那时候三十多岁，三十二斤粮，我爱人是二十八斤粮。

采访者：是每个月是吧？

高　明：每个月，能够生活就不错了。副食每人一个月半斤肉，三两油，半年一家可以给一斤鸡蛋，一年每人半斤花生，大花生不是花生仁，全凭发给的票证才能买。尽管是这样，还可以拿钱到街上买一点东西吃，所以生活还能过得去。可是到了1959年我从斋堂劳动回来的时候，街上什么都没有了，连萝卜白菜都买不到了。政府要求大家减粮，我爱人二十八斤减两斤，仅有二十六斤，我三十二斤减两斤给三十斤。减粮以后没有菜啊，光吃这粮食，一个月的粮食一半粗粮，一半细粮，如果每天多吃一口，月底就得挨饿，因此必须按计划吃。比如这个月是三十天，包成六十个包，一天吃两包，每次饭够不够的就是一包。来朋友在这吃饭没门，你要在我这吃饭，你带粮票不行，必须带粮食来。所以人人吃不饱，依我的家庭来说，我爱人胖胖的，腿肚子粗粗的，虚肿，很多人全是虚肿，男的也虚肿，我还好，因为我瘦，吃的少，我爱人她紧着我吃，所以她就特别虚肿。家家都那样，北京还算比较不错的，能够见到粮食。农村一般都吃棒子渣的粥，我下乡也吃这个，叫渣粥，就是用玉米做的渣粥。那时所谓的农村吃饭不要钱，因为农村没有粮，渣粥做得很稀，农民编了一个顺口溜："一进食堂门，渣粥两大盆，盆里照见碗，碗里照见人。"形容粥同水一样稀，一个健壮的农民每天只喝两碗稀粥怎么能活。

采访者：稀啊？

高　明：形容这个粥稀，就跟水一样，这是农民形容当时食堂的饭食，所以农民死的多为青壮年。

采访者：我也看到过相关文章。

高　明：在我青年时代，经历两次社会变革，全国人民高兴了两次：一次是把日本打败了，中国胜利了，全国人民非常高兴；国民党腐败，人民盼解放，1949年全国解放，建立了新中国，全国人民看到了希望，人民又一次非常高兴。但是时间不久毛泽东主张建立人民公社，在农村建公共食堂，吃大锅饭，造成三年灾荒，使大家没有饭吃，饿死不少人。北京大学的师生，虽比农民好些，但也经历了非常难熬的困苦时代。1963年经济稍有好转，随即掀起所谓的全国"四清运动"，未隔两年就发动了"文化大革命"，造成十年的人才与物资的大浩劫，整死许多国家精英。北大所遭受的破坏，最为惨重，这是我亲眼所见。有人建议我写个《回忆录》，我老了，没有那么多精力，今天借着你们采访的机会，粗线条地把它说一点，这不光是我个人的问题，也不仅是考古文博学院的问题，他会涉及到社会问题。

我认为饿死人这个责任毛泽东应当负，是他的政策造成的，后来要刘少奇主持政务，毛泽东退到第二线，给大家作报告说毛主席要在理论上进行研究，行政事务让刘少奇来负责。从此农村政策作了些调整，就是松了一下绑，过去拉的很紧，现在松了，大锅饭取消了，农民自己可以开锅做饭了。所以经济上整个就有些好转，这是社会的情况。北大考古专业学习五年，其中有两个实习，一个是田野实习，另一个是毕业实习，四年级都是在各个地方，如河南、山西、山东、陕西，去跟着地方合作发掘。1960年出不去，人家地方不收，没有粮食给你吃。我去河南联系实习问题，就是粮食问题。我见了他们粮食厅厅长，厅长说你们带着粮食来可以实习，要拿粮票在河南买粮食，他说你要知道，河南老百姓都没有吃的，粮票并非粮食。后来没办法改在昌平雪山，因为毕竟是在北京，有粮票就得供应粮食。那时候俞伟超、邹衡、我三个人在昌平。总算把这次实习搞下来了。

实习完了到1960年回来，正是困难的时候。这一年同学们是最苦的，北大的同学都是二十岁左右，正是长身体、学习的时候，学校领导只能号召劳逸结合。这时北大食堂国家供应的东西是少，比如说学生一个月一人半斤肉，可是学生多，几千名学生，聚在一起一人半斤，一千人就是五百斤了，两千人就一千斤了。食堂里做饭的厨师他们吃的好，而且有人还往家偷，学生半斤肉实际上连三两都吃不上。所以学校让每系里出一个人，组织监督食堂里的厨师做饭，不准他们再开小灶，更不准他们往家拿。组织一个组，由学校党委领导，历史系就派我参加这个工作。我们去到那做了些工作，首先跟他们讲，在困难的时期，谁家里都有孩子，二十多岁的孩子，粮肉本来就很少，你们大家再吃一部分，那学生更吃不着了。给他们讲些道理，他们也了解啊。可是巧妇也做不出无米之粥，他再怎么弄，就是那些粮食。打足了也就是那么一小碗，不仅少，那菜就是弄点菜汤，相当的可怜。有一次我看有学生一边吃饭一边喝汤。我说你这个汤是什么东西做的？他说在海淀买来的酱油，我说这酱油你喝它干什么？他说酱油是黄豆做的，这里头多少有点蛋白质。我就举这一个例子，这是实事。所以同学都去到海淀只要有酱油都买回来冲汤喝。北大的学生就可怜到这个地步，现在这些人岁数都不小了。时间也就是那年秋末，有人建议说海淀大街上不是有杨树嘛，满地的杨树叶，学校也有，建议把这叶子收起来，把它洗干净了、碾碎了搀在面里头，蒸馒头。二两馒头要搀上叶子就大出很多。叶子不也是植物嘛。领导说这也是个好办法，可以试办。我们大家夜里头都把这叶子收起来，收完了以后拿大缸洗，洗完了碾碎了，发面时候把这个叶粉跟面粉搀和在一起发面。蒸出来馒头虽是绿的，可是比原来个儿大一倍，同学们当然都想买这个大馒头吃，结果吃完了以后心里不舒服，好多同学吃完了胃疼，还有拉肚子的。上面马上命令，停止，别做了，又恢复了小馒头。我举这个例子是我亲身经历的，因为那时候我是代表历史系去参加这个工作的，可想而知那三年是怎么过来的。1962年由我带队，其中有严文明还有夏超雄，这个人已经去世了。那时李伯谦刚毕业，也同我们到安阳大司空村进行实习，1962年的暑假以后，一直到1963年初，就是第一个学期。

我带的这班学生，其中有两个越南的留学生，还有一个印尼的华侨，女学生。一块去到安阳，还不错，安阳接收了。我去郑州找河南粮食厅联系的，粮食厅特批。两个越南留学生保证他们的供应，给他们供应细粮、大米和副食，其他的一律粗粮。

采访者：印尼华侨也是粗粮？

高　明：一律粗粮。粗粮是什么东西？不是一般的粗粮而是高粱面，我们叫它橛子，他们河南人叫橛子。蒸出来又像窝头又不像窝头，高粱面做的，全是黑色的。这个还不是纯高粱面，有皮在里面，吃进去拉不出来。

采访者：便秘。

高　明：这两个越南留学生，生活上给他们开小灶，问题就是这个印尼的华侨，这个女孩子，她没受过这个苦，而且她吃这个东西，她受不了，她哭、闹，她要求跟留学生一样的待遇。这个不是我们说了算的，我们向当地的政府提出过要求，我说这是个女孩子，而且是印尼的华侨，是不是也给一个外侨的待遇？人家说不行，没有那么多细粮，遭拒绝了。怎么办呢？严文明是辅导她的老师，我们就只有劝她，我说要经得住吃苦，你看严文明胃病很厉害，他后来开刀了，把胃切掉一半，那阵儿没有。吃了这个东西胃疼得不得了，消化不了。他不吃这个就得饿死，他吃这个还得工作，还得发掘、指导。你二十多岁，要经得住困难，要克服这些困难，也算一个锻炼。我说实在你受不了，我给你写封信，你回学校，学校怎么安排你或者你可以不参加实习，也可转专业，那是学校负责，我就把这边的生活情况写清楚，你回去。我们一边劝她要克服困难，一边说不行你就回学校，在这种情况下严文明又单给她做了很多工作，结果挽留下来了，她没回来。

采访者：我打断一下，这个事我想了解一个细节，这个华侨她当时是印尼的国籍啊，还是中国的国籍？

高　明：印尼的国籍，所以她要求外侨待遇。河南不给，他不给我们也没办法，只是给两个越南人。在安阳大司空村实习了半年。这班学生有几个很出色的学生，比如说在湖北，胡美洲，是湖北省文化厅的厅长；陈振裕是湖北省考古所的所长，现在都退休了。还有很多出色的人，都是我们在安阳实习的。我们从安阳实习回来，田野实习是四年级，那时考古专业的老师少，任务重，每年要坚持上课，还要带实习。你看我吧，回来上古文字学课。我从斋堂劳动回来以后唐兰先生找我，他说我北大去不了了，抽不出时间，他说给你们系里打了招呼，让你来接这个课。系领导跟我说，让我去备课讲古文字学，从此开始写讲稿。我不像唐先生，他什么都没有就可以讲。而且唐先生讲课是讲他的特长，同学听起来比较困难，我吸收这些教训，我重新写讲稿。到实习的时候还得出去带学生实习，所以考古专业的教员就这么几个，来回地转。可是这个时期，考古教员从旧石器到隋唐，古文字以及室内的一些整理，配备齐全，全部课程不用请外人讲了，都是自己培养的教员。比如说旧石器时期吕遵谔，新石器李仰松还有严文明，民族史李仰松，殷周有邹衡，我也是讲殷周的，古文字有我，秦汉俞伟超，隋唐就是宿白，石窟寺宿白，还有阎文儒。虽然说在困难时期配了套，五脏齐全了，可是比起别的教员非常辛苦。在家要教课，每年有两个实习，四年级生产实习，五年级毕业实习。

1963年我带着毕业班的五个学生，这五个学生我还记着，现在在山东博物馆的白云哲，在大百科全书的胡人瑞，这五个学生我带着他们去山西侯马。他们是五年级了，侯马发掘了一批战国时期的墓葬。我们去给它整理，带着学生去整理那些战国墓，排出时间早晚，把发掘报告初稿写出来。同学们的毕业论文就是利用这种材料写的，由教师带着他们，分散在全国，我带的组是到侯马。侯马负责人张颔，过去都知道，没见过面，他是山西省的文化局局长兼山西省考古所所长。侯马发现那个盟书，所以他在侯马坐镇，也是在那具体负责，后来侯马盟书报告也是他组织写的。我们初次见面建立了很好的友谊，因为他对古文字很感兴趣，我是搞古文字的，所以我们谈的比较合拢。这次实习很愉快，他把所有的战国资料都给同学进行分析、排队。侯马对我们也很客气。这时候1963年困难就基本上过去了，大家可以吃饱了，不像在安阳吃橛子了。困难时期就算翻过去了。所以我们在侯马实习得非常愉快，张颔和我们经常在一起吃饭，聊天，谈的非常融洽。同学们实习也非常好，侯马那时候有几个学生是北大毕业的，在那工作都负一定的责任，所以关系处理很好。正在我们实习快结束的时候，张颔跟我讲，他说我们在曲村发现一个遗址，他说我去看了一下拿不准，我们这里头的工作人员去看，像一个遗址，也拿不准。他让我跟张万钟，这个人是跟我在华县实习的学生，关系还不错，他分配在那工作，他说叫张万钟陪着你，你带点工具到曲村去看一看，像不像一个遗址，你给我们出个主意，那个地方值不值得发掘。经他的委托，我是带着张万钟，应该说张万钟带着我，带着小铲、探铲，我们俩人就出发了。远远就可以看到曲村这个遗址，比这地势高。张万钟就跟我说你看看，那个高地就是张颔说的这个遗址。地势也并不是马上高上去，是慢慢的坡。

我们走到眼前了，地方很大，有几千平方米，估计，那完全是估计。上边我们去走了走，我们走了一天，转了半圈。一边走一边去地头捡陶片，东挖挖，西抠抠，做了一天累了。回来第二天又走，又走那边。我们捡的陶片有战国陶片，有比战国早的，可以早到西周的陶片。有的地方我们拿小铲挖了一下，拿锨掀了掀，还有夯土。我们现在可以说是夯土，那个时候还拿不定，又像夯土，又不像夯土，就是土质比较硬，又像夯的又不像夯的。我们从这几点，一个地势高，一个是上边有陶片，陶片时代不等，没有晚期的，起码是战国到西周，第三个发现又像夯土又不像夯土。回来我们做了一个简单的记录，就跟张颔谈了。张颔就问我的意见怎么样？我说我初步估计觉得有两个可能，一个是遗址，我说这个遗址如果要是挖的话，估计会比侯马时代要早，侯马属于春秋到战国的这个阶段。因为它有西周的陶片，恐怕不晚于侯马的遗址，我说值得挖；第二个可能侯马是遗址，墓葬很少，也可能是侯马遗址的墓葬区。他说我们发掘侯马就把我们山西的力量全都投进来了，没有力量去挖，你们北大实习能不能够到我们侯马来实习。我说这得争取文物局的意见，国家文物局只要是答应了，那么他们出钱，北大出不了这么些钱，北大每年实习只能出学生的生活补助费，发掘费都是国家文物局给拨款。

我说这得我回去以后跟文物局汇报，他们如果同意，给拨款，北大实习恐怕问题不大。他这样说的，互相争取，我们也到文物局去争取。这话是1963年，同学暑假毕业的1963年。实习回来这班同学就毕业了，我给苏秉琦汇报。苏秉琦很高兴，说可以挖，再挖出一个侯马来。苏秉琦说，文物局恐怕不成问题，那时候苏秉琦是教研室主任。转过来就是1964年，1964年决定我去湖北带着学生，也是毕业班，跟到山西一样，写论文，试掘盘龙城。山西曲村只是一个计划，还没有进行具体的工作。正要去湖北之前，中央来一个命令,这时候毛泽东又掌权了。认为刘少奇走了修正主义路线,所以在全国搞"四清",学生一律停课,组织下乡搞"四清"。不仅湖北未去成,山西发掘曲村的计划也搁浅了。

全校的学生组成各个分队,各个系组织,有去东边,有去西边,我被分配在顺义天竺,现在天竺没了,都变成飞机场,那时候天竺是个大队,分十个生产队。我是分在第八生产队,我是第八生产队"四清"组的组长。

采访者:还有个名目。

高　明:带着一些学生还有研究生、考古专业里的教员,组织一个"四清"组,我是八队"四清"组的组长。在天竺这个队北大领队的是胡启立的夫人,叫郝克明。她是天竺队的北大的领导人,天竺的"四清"队是北京市市委组织的,她是里边的一个成员,领导成员。我是八组的组长,我不是党员,我领导这班的人,有些研究生是党员,党员很少。郝克明是驻天竺队的北大的最高领导人,她就蹲点到我这个八队,这也好,减轻了我很多负担。郝斌,你知道吗?他原来也是历史系助教,"文革"后晋升为校党委的常务副书记,他是九队的"四清"工作组组长,我是八队组长,我们八、九两队连着,都是一个大队。李讷是他那个队的队员。

采访者:毛主席的女儿?

高　明:毛泽东的姑娘,李讷。我的这个队里边,有一个队员是邵华,知道邵华吗?她那时候改个名字叫张邵华,是毛泽东的儿媳妇。李讷是比较有名的,张邵华一般的都不太知道,只有我知道,郝克明知道。咱不提李讷,就提张邵华。张邵华这人挺好,很随和,跟我们关系都很不错,也劳动,工作也很负责。她唯一的一点,因为她的家庭情况,有些娇气,这是很自然的,自然把自己摆的跟别人不一样,这是无可厚非的。她第一个搞特殊的问题是,学生都住那儿,"四清"不结束不能回家,她却每周都要回家一次,一般是周六下午走,周一回来。这个事情在队里显得特殊。后来大家都明白,为什么她走,因为身份比较特殊。平常都很好,我们的关系处理的也很好,到了"四清"进行了三分之二的时候,中央来了两个军人找了郝克明和我了解张邵华的情况,我们把这些情况如实汇报,表现还是不错的。那时候张邵华是中文系的学生,不是历史系的,因为她爱人在北京,所以她没随中文系学生去湖北,就插在我的队。这时候她爱人去湖北,她又回到中文系里,中文系的"四清"队在湖北。这样她就走了,没有什么太大的矛盾。

郝斌的那个队就不一般了,问题比较多。因为李讷,受她爸爸毛泽东灌输的一些思想。"四清"队的最高领导是彭真,市委的"四清"工作队直接传达的一些政策各组都必须认真执行,而且彭真还利用广播给"四清"队员做一个报告,提到困难时期农村的干部很不容易,把困难时候渡过来了,他们没有功劳也有苦劳,这是市委的精神。李讷传达的是她爸爸的精神和指示,认为市委执行的政策是修正主义的,执行的是刘少奇的路线,刘少奇的夫人王光美,她创造的桃园经验,所谓二十六条。所以他那个队执行市委政策有很大的阻力。我们工作组上边布置怎么做我们下边就怎么执行,我们执行很顺利。他那儿不行,李讷反对,认为他们这样做是修正主义的。所以市政府彭真指派万里的妹妹万云,改个名字就叫刘万云,派到郝斌他们这个第九生产队当"四清"队队员。那就是彭真直接安排,跟李讷相互对立,当时都是保密的。据说彭真的一个卫士长,也改个名字派到郝斌他们这个九组,以保卫李讷为名,实是参战。郝斌这个组实际成为中央最高领导之间斗争的一个小战场。

采访者:这就热闹了。

高　明:以保卫李讷的安全为名,实际两派斗争非常激烈,所以郝斌就比较困难,他充其量是一个小助教,两边的压力都很大。郝斌是个党员,很正直,他没有屈从势力,也不阿谀权势,忠实地执行党组织原则,执行"四清"队的一些决定,就跟李讷对立起来。李讷反对,他就不理她。有些事李讷不知道,她在晚上睡觉的时候,像郝斌这些人,夜里还要分班守卫,因为她是毛泽东和江青唯一的女儿,唯恐出了事。天竺"四清"工作搞了将近半年,这是1965年,有一部分学生、教员就回学校上课了,另一部分教员继续搞"四清"。我就是没回学校,到家里修整一段时间,第二次我到了昌平上庄,这回我升职了,不是组长了,成了队长了,是"四清"工作队大队的副队长。因为我不是党员,当副队长,队员主要是北京电视台也就是后来的中央电视台的一些人,话剧演员,音乐队的,拉小提琴的,弹钢琴的,唱歌的,还有农大的学生。从1966年2月进的村,到6月,约4个多月的时间。突然聂元梓大字报出来了,"文化大革命"开始。

采访者:这是1966年?

高　明:1966年的6月,聂元梓大字报出来了。直指陆平、彭佩云,事实上是揪彭真,马上中央就提彭、罗、陆、杨反革命集团,"文化大革命"就敲响了。这时候我们在外的"四清"队全撤回学校,我回到学校一看全变样了,学校都贴满大字报,全校里人挤人,全国各个地方都到北大来学习,开展"文化大革命"。揪出来的陆平、彭佩云、各系的领导,都挂大牌子,成了黑帮。在这我要插一句,就是在搞"四清"的时候毛泽东有一个指示,提到学生学习非得在象牙塔里面学习吗?这句话把各个学校的领导都吓坏了。所以都把学生往农村里赶,所以各系都要在农村、工厂找个地方,学校是空的。北大历史系也在农村建了个点,我没去过,因为我正在昌平搞"四清",他们也在一边劳动生产,一边学习。那阵儿也抓了一些所谓的反动学生,像历史系抓了四个反动学生,叫二吴二达,二吴是两个姓吴的,二达是两个叫什么达的,据说整的很厉害。"文化大革命"一掀起来,二吴二达翻了身,反过来报复他们。

"文化大革命"开始时毛泽东去湖北,没在中央,中央由刘少奇主持,一看北大闹起来了,就派一个工作组,派工作组来北大就是消火吧。工作组把陆平、彭佩云都隔离审查。这时候毛泽东从湖北回来了,认为刘少奇派工作组是错误,派江青、陈伯达,就是"文革"的领导,江青还带着一些人,李讷也跟着来了。在东操场召开全校师生大会。

采访者:就是靠近东门的那个?

高　明:对,开一个全校员工大会,东操场里的人满满的。这个时候江青讲话,指出来派工作组是错误的,当场就把陆平、彭佩云又重新揪出来站在台上大家斗争,把工作组的组长也揪出来，都站在东操场的台上。这个时候江青讲话指名道姓点了两个人，第一个是郝斌，说郝斌怎么打击李讷，怎么迫害李讷。你想在那个大会，"文化大革命"刚开始，她一提打击李讷，迫害李讷，全场都爆炸了，叫喊打倒郝斌。刚好郝斌的爱人生小孩，他没在学校，他在城里住，没在。要在，当场就可能被打死。

采访者：躲过了一劫，逃过了一劫。

高　明：那时候江青是大家崇拜的神，她在会上控诉郝斌，你可想结果。而且在控诉的时候，她一生气还晕过去了，李讷拿起药来就给她嘴里填药。所以大家非常气愤，就要找郝斌，郝斌哪里去了？这是她提出来的第一个人。我这心里头也很嘀咕，她儿媳妇在我这队，我想了一下，我没有像郝斌那样，我没有那能力，我也没做啥，她要讲儿媳妇怎么样情况，要是点我的名，那我也够倒霉的。没想到第二个点的名是张邵华。她说张邵华的妈妈是一个流氓，这是她的原话，她妈妈是个流氓，让她的姑娘勾引我儿子，把阶级斗争已经引到我们家来了，这都是她的原话。我非常注意，因为有我的关系，她每一句话我都很注意，我一听吓我一跳。我想张邵华无论怎么的，你一个当婆婆的，儿子又是毛主席家里人，你儿媳妇再不好你在家里教育她，怎么能在这大会上讲？这一下我心里头就放心了，原来她们婆媳有矛盾啊。这时候张邵华也在东操场开会呢。那天还正下大雨，开着会的时候雨哗哗的下，张邵华一看不好，溜出来了，跑了。这个大会的声音变了，又改打倒张邵华，我没事了。这是"文化大革命"刚开始，江青第一次到北大来点火，结果把工作组赶跑了，北大又乱起来了。第二次比过去更乱，更厉害了，毛泽东写的大字报也是在这个时候，打倒资产阶级司令部。

采访者：知道。

高　明：这时候大家开始明白，矛头针对的不仅是彭真，主要指向刘少奇，《炮打司令部》贴出以后，运动进一步深入，参加运动的学生后来慢慢地全国形成了天派、地派，彼此争斗。

采访者：天派？

高　明：天派就是以蒯大富、聂元梓他们为首的这些人，另外的，以地质学院学生为头的，反对这个天派的，组织地派。所以说全国都是这样，一个天派，一个地派。内容不一定都一致，但名称都是两派。这两派在北大来说一个是以聂元梓为首的北大公社，另一派学生他们组织的叫井冈山，这两派互相比对毛泽东的忠诚，你忠我比你还忠，你对毛泽东跳忠字舞，我对毛泽东就早请示、晚汇报。

采访者：早请示、晚汇报。

高　明：对，早请示、晚汇报。你对毛泽东有这个表现，我对毛泽东就有那个表现，两派比对毛泽东献忠心，方法无所不用其极。所以一发现谁对毛泽东、江青有半点不尊敬，揪出来就是反革命，甚至是杀头。一句话说错了，马上揪出来，那就是反革命。后来江青提出来"文攻武卫"，从那开始都要武卫，就形成武斗。北大根本不敢进去，人是打死了也白打，谁也不敢进去。怎么收场呢？毛泽东的方法也多，组成两个队，一个是军队的毛泽东思想宣传队,叫军宣队,一个工人组织的毛泽东思想宣传队,叫工宣队,实际上就是最初派的工作组,只是改个名而已。军、工宣队组织进入学校。在这个以前,聂元梓就把所谓的黑帮和一些专家教授,所谓的"反动学术权威"都关在外文楼那儿搭的一个棚,叫牛棚。把这些人全都关在那,如历史系的向达、翦伯赞、杨人楩、邵循正这些人都被定为反动权威押进了牛棚。天天夜里连打带审问。军、工宣队进校以后就把这牛棚暂时解散了,所谓牛鬼蛇神都回到各个系里,开始清理阶级队伍。清理阶级队伍就是审查你的家庭出身、个人历史、平时表现,是不是忠于毛泽东,忠于江青,有没有对江青不恭敬的语言,审查这个。所以在这个时期可以说整死了不少人,因为有很多地方进行逼供。比如说你过去怎么样,在一块说过什么话,把你们几个人看作一个小组叫反革命小组,先审你,你说没有,再审他。因此揪出的反动小集团很多很多。军宣队以这个打出来多少反革命小组,揪出来隐藏下的反革命分子,数量多少,做为他们"建功"大小,你揪出来的越多,你功劳越大,你揪不出来你就没有功劳。所以全校打出来的反革命小集团,反革命分子,特务,说出来都叫人吓一跳。吕遵谔教授当时就被打成军统特务。历史系有个叫李源的,也是个助教,过去他可能参加过一些反动组织,具体的情况不太知道,可能是参加什么了。可是他参加抗美援朝志愿军,他在抗美援朝志愿军的时候把问题交代了,给他做了结论,所以在北大学习完了,作为助教。就在两派斗争的那时候,打的他受不了了,死了。后来"四人帮"打倒了以后,人家里人来告。那时死的人很多,有一些老教授,像历史系著名的邵循正、杨人楩、向达、汪篯、翦伯赞,很多很多的人全死于"文化大革命",有的自杀了,有的就是整死了。所以在"文化大革命"后期阶段,北大可以说教授这层死的差不多了。到1971年的时候,"文化大革命"进行了一半,进行不下去了。学生已经下乡了,在校的学生,只有初中,高中没有了,大学更没有了,初中学完以后把孩子们都送到新疆、内蒙古和北大荒到农村去插队。十五六岁的孩子,到那儿真是北大荒,连住的地方都没有。毛泽东说要在广阔的天地大有作为,都要下乡。教育怎么办呢?北大不办了,各个学校都要下到农村,下到边疆去劳动,北大、清华到鲤鱼洲,即江西鄱阳湖。鄱阳湖的湖底有高有低,那高的地方到了水少的时候,老乡都把牛、羊轰到鄱阳湖里边,有长的草在这吃。等到夏天水涨起来了,鄱阳湖水满了,老乡把牛羊再收回来。水少的时候鄱阳湖低的地方有水,高的地方就没水了。就把那高的地方垒个堤坝,圈起来叫北大清华的教员在那里劳动。

我们去的时候北大历史系跟哲学系编成一个连,分两个排,历史系一个排,哲学系一个排。这些人都是全系的教员、教授,还有一些右派。要求的口号是做那儿的老祖宗,意思是去了就别想回来了,到那儿当老祖宗,北大在一边,清华在一边。北大的绝大部分教员全都在那儿,都睡大棚,一大棚上百人,两层铺,一个一个挨着。吃的是米饭就咸酱,没有什么菜,到后来好一点,我在历史这边,我是一个班的班长。你看我下去当组长,又在这当班长,我总是最基层的小头儿。班长是干什么的?是带头劳动的,因为我年轻身体也还可以,带着一些右派,反动权威,还有一些像严文明啊,宿白啊,俞伟超啊,我是班长,带着这些人。我在那儿劳动了两年,得了血吸虫,因为什么呢?那个地方是血吸虫的一个灾区。你是班长啊,你得带头,别人不敢下水,你得第一个下水。严文明差点没死在那,劳动挺累,他又是胃溃疡,病的很重,他认为活不了了,他自己哭,他说想叫他弟弟来,交代一下后事,我给他请示连部的解放军,我说能不能叫他弟弟来鲤鱼洲一趟,他躺在床上,人几乎是不行了。连部不但不批准,还认为他是娇气、装病。那时候校医院有个医生姓苗,苗大夫,女的。因为我是班长,我跟苗大夫说,能不能送医院啊,我说他这个病可不是一般的,吃不下东西,有时候拉的是血。苗大夫跟我说,你们没有见过鲤鱼洲的县医院,要送去必死无疑。什么医院啊?到处都是病人,那医生根本不负责任,也没什么药。我说是不是能够送南昌啊?她说不可能,第一个军宣队不相信他是有病,第二个一般的教员都送县医院,除非你是特殊人物能够送南昌,还没往南昌医院送过人呢。她说在这儿由我们给他护理,他可能还死不了,要送那儿去就非死不可了,后来还是治好了。

1976年毛泽东死了,"四人帮"打倒了,全国人民又获得一次解放。我认为胡耀邦是值得怀念的一个人,他当总书记的时候,首先给这些被冤屈的人平反。我不知道这是邓小平的意见还是胡耀邦的意见,因为胡耀邦那时候是党的总书记,他对下边几次谈话,认为你们给这些人平反的太慢,凡是逼供信的一律全推翻,根据过去做的结论为准。把一些抄家的东西全都退赔,有些人家里收藏的字画、古物,都叫抄家的抄走了,人家要的东西弄不回来,胡耀邦对这个非常着急。我觉得胡耀邦这个人值得怀念,他对在"文化大革命"中被搞死的这些冤鬼和被打倒的、抄家的、挨打的这些人,做了一件纠正的工作,这是很了不起的。

因为血吸虫病太严重,1971年北大、清华两校教员从鲤鱼洲劳动改造中撤回。我得了很重的血吸虫病,在家休养了接近半年,在医院接受治疗,后来逐渐恢复了。

1971年下半年考古专业恢复招生,与往年考试不同,学生主要是农村的年轻农民、工厂的工人和军队的军人,即所谓的工农兵,保送入北大,没有通过考试。然后就开始讲课,大家感觉工农兵学员的文化水平参差不齐,一部分学员原来上过高中,因为"文化大革命"而未上大学,在农场劳动表现比较好而保送到北大,他们的文化基础比较好;还有一部分学员来自生产单位,如工人、农民、军人,因为表现比较好而保送到北大,文化都比较低。不仅我们系的情况如此,其他系也是一样。所以,讲课的方法就与以前不太相同,如果按照过去的方法,有很多学生记笔记都比较困难。这时就强调讲义,各个阶段都要赶写讲义。我也就是这个时候写的古文字学课的讲义,最早是1974年印的。过去讲古文字学的老师,不管是唐兰先生还是其他先生,从来没有讲义,因为我做了几年助教,了解同学们刚接触古文字,一开始就讲甲骨文,同学接受不了;金文一个字不认识,一开始就讲大盂鼎,同学们根本听不懂。我的讲义就根据我辅导的经验,先从文字的产生和发展开始讲,文字如何产生的,怎么发展的,讲一些理论方面的内容,同时也复印一些字表,让同学们认识一些字,然后再讲甲骨文和金文,这样同学们就能逐渐了解。我的讲义写出来后，得到各方面的好评，学校把它影印了，与兄弟院校交流使用。

1975年我带领学生去发掘陕西阿房宫的一个宫殿遗址，那时候农民建水渠需要石头，阿房宫遗址底下的奠基和柱础都是石头做的，农民取石头就把这个遗址破坏了。文物局的一位领导谢辰生找到我，他说这个遗址被破坏了，但是要追究责任、严格处理又比较困难，都是生产大队的干部搞的，他们也不是为了私人，而是为了修水渠；要不管，阿房宫这么重要的遗址，挖完这个地方，他们还会继续去挖别的地方，整个遗址就都被破坏了。他希望我们的实习最好在这个地方，把这个宫殿遗址清理干净，资料收集起来，目的就是在当地造成影响，告诉他们破坏的东西很重要，让北大学生来收资料的。这样他们就不敢再去别的宫殿挖掘了，这也是一个计策。这样我就带着学生去发掘。结果还不错，遗址虽然被破坏了一部分，但还是得到了一些建筑资料，比如瓦当、石础、陶片和陶器，还有地面上的一些布置。同学们比较满意，都写了发掘报告。

那时候陕西省文管会的主任叫王修，当时已将近六十岁了，我那时候四十多岁，他比我大很多，对我非常好。我每次跟他谈事，他总是要请我吃饭。我一去他就让下面的人在馆子订饭，他对于我们清理阿房宫也非常满意。经过这次工作，陕西省对北大的印象非常好。王修对我说，阿房宫这个工作结束了，周原发现了一处很重要的遗址，他们向国家文物局申请发掘，没有批准，怕被破坏了。他希望我们向文物局申请，下一次实习和陕西省合作去周原发掘，这样就可以争取批准。如果长时间不发掘那个遗址，农民经常取土，就被破坏了。我说北大的实习也希望有一个好遗址，我回去尽可能争取国家文物局批准。阿房宫发掘工作结束以后，西北大学把我留下来给他们讲古文字学，先让学生回北大了。我在西大讲了一个学期的古文字学，结束后回到北京我就把调查周原的事情告诉了谢辰生，同时把王修的意见跟他汇报。他问我有没有实地看过遗址，我说看过了，遗址不错，是一个宫殿，断崖上都露出来夯土宫殿遗址。结果，文物局不仅批准，而且还给我们拨款。这样就决定由我带着北大的学生与陕西省考古所一起合作发掘周原遗址。之前提到的李志义你还记得吧？

采访者：是的。

高　明：这个时候，他已经做了考古专业的书记。由于他在"文化大革命"中反戈有功，又得到军宣队的青睐。

采访者：他还在这儿当过书记？

高　明：对，考古专业的书记。他听说都联系好了，遗址很重要，于是决定由他来带队，选了两个教员，一个是我，因为是我联系的，另一个是俞伟超。李志义作为实习队的领导加书记。

这一年，也就是1976年的年初，组织了两个发掘队。除了周原的发掘，还有一个是山东临淄城的发掘，两班学生一起实习。去临淄城发掘的带队老师是严文明和吕遵谔，与山东省考古所合作。因为在华县工作的时候，我领教过李志义这种独裁专制的作风，所以我不去周原，要求去山东。他们很奇怪，是你联系的，而且都定好了，为什么却要去山东？我就找个借口，说我在陕西挖的地方太多了，半坡、张家坡、阿房宫，等等，想到一个新的地方去挖掘。他们也没办法，于是我就跟严文明调换了，我去临淄，他去周原。结果还不错，发掘了临淄城的桓公台，算是很平安的度过了实习时期。果然，听说陕西闹大事了。

采访者：什么大事？

高　明：他们到陕西首先就给陕西省文化局贴大字报，给考古所贴大字报，认为他们是一潭死水。正在这个时候，北大军宣队的头头王连龙去陕西出差，曾到过他们那里看学生，因为他是8341的副政委，就是中央的卫队，江青的亲信，就把西安压住了，学生贴大字报，陕西不敢动，彼此关系搞得非常僵。就在那一年不久，毛泽东去世了，"四人帮"被打倒了，王连龙也被揪出来了。西安市本来想把李志义扣在那儿，后来因为北大的关系，就把他放了。周原遗址很重要，是宫殿遗址，北大撤了，跟陕西关系搞坏了。出土的一些周代的甲骨，后来由我的一个学生曹玮把这些甲骨文整理出版了，但周原的宫殿遗址到现在也没有写出正式的报告，一起发掘的俞伟超已经去世了，李志义早就离开北大不知道哪里去了。

"文化大革命"期间只有初中没有高中，1974年左右，周总理提到在工农兵里面"掺沙子"，就是在一些重点中学里挑选少数比较好的学生上高中，将高中改成两年，让他们学高中的一些文化知识，然后送到各大学，在工农兵里补充一些高中生，让高中生负责带那些工农兵和文化低的学员，这就是所谓的"掺沙子"。

这一年，我和俞伟超等几个教员觉得同学们不管是文化程度高的还是低的，文献知识都太差，我们就研究想办法给学生讲一些文献学方面的知识，搞古代史离不开文献。所以我们就开了一个文献学的课，分三个阶段：第一个阶段是先秦文献，由我负责来教；第二个阶段是两汉到南北朝时期的文献，由俞伟超负责教；第三个阶段是唐以后的文献，由宿白负责教。1974年我第一个讲先秦文献，那个时候我们都要求有详细的讲稿，我把讲稿写出来，讲了半年。我后来写了一篇文章，《从出土简帛经书谈汉代的今古文学》，这是我在美国洛杉矶做的学术报告，就是根据我给学生讲先秦文献中的经书的笔记整理出来的。俞伟超讲两汉也讲完了，总共一年的时间。宿白还没讲，"四人帮"就提出来"反回潮"。

采访者：什么是"回潮"？

高　明："四人帮"认为有一些反动的东西又折回来了，这就是"回潮"了，这是1974年的事，也是邓小平重新上台的那个时候。江青说要"反回潮"，又掀起了第二拨的斗争，像我们这些讲古代文献知识的都算回潮的现象，过去初中学生毕业之后就都下乡了，现在初中结束之后部分学生接着上高中，也算回潮。后来搞了一阵子，搞不下去了，大家感觉没有兴趣，就收场了。高中也没人敢教，文献课宿白也没有讲。高中只上了一年的课，包括我儿子在内，第一年几乎每天都是夜里12点才睡觉，老师都说后面没有人了，你们这些学生要好好学习，第二年老师不敢教了，让学生都挖防空洞去了。

"四人帮"被打倒以后，随着政治的变化，北大的教学逐渐稳定了，走向正规。要求大家坐下来搞学问，带研究生。十年"文化大革命"期间没有正式招收大学生，也没有正式的研究生，可以说是一个断层。所以，从中央领导到北大，就要抓紧培养接班人，多招研究生，可是那时候招研究生也很困难，因为好多年不仅没有大学生，连高中生都没有。同时在教员当中发展一些党员，我和严文明、吕遵谔就是在打倒"四人帮"之后一起入党的。

就我个人来说，解放以后的前30年，我只写了两篇文章。第一篇是1959年建国10周年的时候他们让我写关于商周青铜器的收获和研究文章，发表在《文物》上；第二篇在《考古》上发表的，关于山彪镇铜器年代，他们定为战国晚期，我认为不对，写了一篇文章，定了一下时代，现在大家的看法都是跟我一样的。也就是说，改革开放前30年，除了教学以外，在科研方面仅发表了两篇文章。后30年由于全国逐渐走上正规，还给大家一个比较安静的环境，鼓励教师搞学问，我一共写了八本书。我把我的讲义分成了两部分，一部分就是字表，我编成《古文字类编》；理论的那一部分，关于汉字的起源和发展、音韵、训诂以及形体的变化我写成《中国古文字学通论》，最早是文物出版社出版的，该书得了教育部的特等奖，在我们学校文科只有两个人得了这个奖，我就是其中之一。这书有一个缺点，因为有很多古文字，都是手写的。

采访者：每篇中的古文字都得手写。

高　明：对，你看，非常不好看。所以得了特等奖以后，改由北大出版社印了，他们说这本书再印古文字就不用手写了，都改成特制的铅字。

采访者：这两本的内容是一样的吗？

高　明：稍微有一点修改，但修改的不多。这是讲义的前一部分，后一部分就是字表，甲骨文、金文、战国文字、小篆，所有的字全都收在里面。《古文字类编》是1989年由中华书局出版的，《中国古文字学通论》也是在这个时间出版的。

上次你们提到我当过考古系书记这件事，其实我不是做书记的材料。因为当时我们那个老书记夏超雄的肝炎很重，全系的党员同志推荐我来替他的职务，后来组织部找我谈话，我不太愿意，因为我干不了，我做一个辅导员还可以，做书记我不行。组织部坚持让我干，说有什么问题他们支持我。我推不掉，就做了书记。我就做了一届，也就是不到两年吧。

还有就是提教授的事，这个往事我不太愿意谈，要谈起来话很多，你们既然提出来我还是要谈一谈。大约1978年的时候，香港中文大学开了一次国际古文字会议，自"文化大革命"以后，那是第一次参加国际学术会议，邀请了大陆十几位古文字方面的专家。北大有三个人，一个是我，一个是北大副校长朱德熙，还有裘锡圭。去以前把论文都写好，寄过去，开会之前将每一个人的论文合编成论文集。到香港出席会议的学者每人发一本，我接到论文集先看看有多少论文，谁写的什么问题。我看到朱德熙的文章，他的文章是根据两个战国印，考证战国的官吏，可惜这两个印都是伪造的，都是假印。我一看，就想朱先生怎么写了那么一篇文章，选的两个印一个真的也没有。他年岁比我大，资格比我老,我很尊敬他,平常来往还是比较多的。我以为关系比较好,怕在开会的时候人家提出来了,他很被动,我就到他的房间,想在开会以前给他打一个招呼,我告诉他这两个印可能靠不住,如果真有人提出来你自己做一些准备。没想到我这样做是做错了。我说你用的这两个印可能有问题,他好像很不耐烦,问有什么问题呀。我说这两个印可能是赝品,他说:"你怎么知道是赝品呀?"我就给他列出了三个原因,在这儿不好说,后来我在《考古》1996年第3期发表的《说玺及其相关问题》文章中讲了。因为他选的是山东齐国的印,齐国印就单是四个字,没有分隔线,而这个所谓的齐国印中间打着分隔线,一个字一个格,这是楚印的风格,楚国的印喜欢在中间打十字格,把四个字分开。正因为打十字格,伪造印的人不懂,把下面一个字的靠上部分给搁到上面一个字里了,比如把"高"字的一点一横搁上面去了,上面的字就多了一部分,底下的少了一部分。显然是假的,你是一个教授,又是校长,这还用说吗?可是我给他解释,他听不进去,而且很反感。后来有一个咱们学校毕业生叫王仁聪,在香港大学工作,原来在故宫专门研究印章,他跟我说,这两个印是假的。我就跟他说,我跟朱先生谈了,他挺不高兴,我让他别提了。他想要在会上提出来,我说会上最好不要谈,朱先生他接受不了。后来就没有谈,香港会议就很顺利的开完了。

升教授的时候就因为这个事出了好多曲折。那时候英国伦敦大学请我去讲课,我没在学校,而且那时候评教授也比较严格,起码比现在严格。因为"文化大革命"的耽搁,积累的时间很长,需要提教授的人很多,条件、要求也比较多。评教授的时候,考古系请了科学院的张政烺先生和学校的朱德熙来做评论员,除了他们两位外系的教授,其他的就是我们系的,像宿白、苏秉琦等。张先生对我没反对意见,朱德熙不同意,当场张政烺为了我跟他争论,但他有权,结果我第一次评教授就失败了。隔了一两年,我又第二次申请提教授,由胡厚宣、张政烺这些前辈给我写材料,结果系里面上报到学校,学校的评审委员会分两个组,一个是理科组,一个是文科组,文科组评审委员由中文系、历史系、考古系、哲学系等的21个人组成,按规则有14票通过就算评选成功,13票就不行,三分之二通过。朱德熙是这个评审组的组长,当场就把我刷下来了。又过了一两年,我第三次参评,宿白就找我谈话,他问我怎么得罪了朱德熙,他是校长,是专管文科的。宿白说这两次会都是朱校长把你刷掉的。这个时候我两本书都已经出版,而且我被评为北京市教学优秀奖,不是业务问题,主要是他在阻碍。宿白就让我去朱先生家给他赔礼道歉,说有什么错误,自己做一个检讨。系里只能推选三次,两次都未成,这是最后一次了,这一次如果要是再失败了,以后就不能推荐了,提教授的机会就没有了。我从宿白那儿回来,我想如果说我得罪了朱德熙只是因为给他的文章提出使用假印的错误,我不愿为争取一个教授的学衔,把他的错误说成正确,所以未按宿白先生的意见去给他赔礼道歉,求他宽恕。

现在的考古文博学院是由历史系中的考古专业发展的,几十年的艰苦创业,宿白曾是专业领导,北京大学乃至全国考古事业能有今天的规模和成绩,宿先生的辛劳和功绩是不可低估的。不过他也有不足之处。宿先生对他属下的中青年教员要求比较严格，但对他们的培养、提拔及晋升不关心，不仅不关心，有时还阻碍。譬如我当书记那年，学校要在中青年教员中选拔一些业务比较强的尖子作为教学骨干，以备培养成专业带头人。学校领导经过调查，每系确认一二人，考古系指定为严文明。校领导除向我说明为何确定为严文明之外还发给一份材料，请系主任签署意见。在我们系的中青年教员中严文明比较突出，远比邹衡、俞伟超强，邹衡自以为是，俞伟超华而不实，严文明做学问扎实、严谨，所以我把材料交给宿先生，他拒绝签署。我问为何拒签，他只用一句话回答"他不够"。经过几次争论，终未被我说服。只好把材料原封未动退还学校。校领导甚感意外，他说别的系都想争取名额，你们系把已定的名额还退回来。关于我提教授的问题，上面已经提到，不是业务的问题，宿先生也知道是被朱德熙刻意刷掉的，他问我怎么得罪朱德熙了，我把情况向他说明，他并未在评审会上据理力争，执意让我给朱德熙赔礼道歉，并且说你不去道歉求其谅解，最后的失败你自己负责，我听了他的话甚感失望。

外系参加评审的同志告诉我，这次评审你是20票通过的，几乎是满票，只有一票反对，说明参加评委的诸位先生还是比较公道的。折腾了好几年才评为教授。有人建议马上申请博士生导师。要申报博士生导师，首先要经过朱德熙这一关，宿先生作为系主任对此并不表态，因此我不愿再找那个麻烦，主动放弃，未申请。在这期间我曾接到十来封信，有的请求考我的博士研究生，也有申请博士后，因我不是博士生导师，故一一拒绝。后来朱德熙先生全家移居美国，不幸患了癌症。李零教授去看他，朱主动提到我，他说："我不该对高明那么苛刻。"这是李零向我传述的朱德熙先生原话，还说朱先生有后悔之意。我想可能是他认识到自己用了假印，觉得我的建议并非恶意。作为考古系的主任，宿白先生对下属的培养和晋升是否尽到了应尽的责任？只顾自己，自扫门前雪，是否妥当？

前边已经谈了，我在北大六十年，前三十年除去四年大学学习，有二十多年做助教，不仅我一个，绝大多数中青年教员皆如此，因职称已被废掉。毛泽东死后，"四人帮"垮台，全国人民包括各级领导干部获得第二次解放，北大教员得以专心搞业务，所以后三十年我做了一些工作，除教本科生之外，带了九名研究生，其中有人后来成了中央部门的司长、省级考古所的所长、博物馆馆长，多数为国内外大学教授。出版了八本著作，即《古文字类编》（中华书局出版，2010年重修增订本，上海古籍出版社出版）、《中国古文字学通论》（北京大学出版社出版）、《古陶文汇编》（中华书局出版）、《古陶文字徵》（中华书局出版）、《帛书老子校注》（中华书局出版）、《战国陶铭》（上海书画出版社出版）、《中国历代王朝兴亡四字歌》（新世界出版社出版）、《高明论著选集》（科学出版社出版），另外我在各学术刊物上发表的论文、给别人的著作写的序言以及散文等，近七十篇，上海古籍出版社编辑和我讲，让我把所发表的论文和散文收集起来，给我出版一本论集。我说我不想为一本论集去请求经济资助，他说我们不仅不要资助，还按规定付稿酬。由于上海古籍出版社的热情帮助，我目前正在进行收集和付印工作，估计今年可能完成。书名尚未确定，如有可能，你们这次采访录，也编入此书，这暂不决定。

我出国三次：第一次是美国洛杉矶大学请我去了半年；第二次柏克利大学请我去了半年；第三次是英国伦敦大学请我去了半年，法国巴黎大学请我去做了两个学术报告，我顺便在巴黎图书馆校勘《老子》，那里有敦煌卷本。最后柏克利大学又请我去，这时候我已经退休了，到那里我讲了一次课。从柏克利回来我就再没有出去过。

我参加的学术组织，第一个是古文字研究会，是我们一起成立的，选我为理事，并为殷商学术研究会理事、中国文字博物馆专家委员会委员、中国秦文研究会学术顾问。

不过，相比别的教员、教授，我还差的很远。不是谦虚，实际上也是这样。但是好在我还算做了些工作，作为北京大学一名普通教员，我付出全部力量。

采访者：还有一些问题想问问您，比如1983年建立考古系的一些事。

高　明：1983年以前，那个时候还是考古专业，考古专业的情况我们已经谈过了。考古专业刚开始没有教员，到这个时候就开始有自己的教员，包括研究、教课、实习这一全套的。考古专业跟历史专业不一样，历史专业看书研究就行了，考古专业除了读书之外，还要掌握发掘技术，自己会找遗址，找到遗址还得会发掘，所以它有两套功能。对教员的要求一是挖出东西自己会研究，二是把学生领出去，教会他们田野考古技术，要能挖出东西来，还不能挖坏。经历"文化大革命"那么长的时间，到1983年的时候考古人才非常缺乏，因为每年就毕业十几个人，全国分配不过来。别的大学要办考古专业很难，只有张忠培到吉林大学办了考古专业，所以考古专业需招较多的学生。而且考古的分支很多，古建、石窟、绘画，还有各个时段的考古，内容就非常多，因此必须要转成独立的系。在历史系里存在经费问题，历史系的经费有限，考古需要的经费很多，因为实习出去的时候多，一年的经费差不多能把历史系的全吃掉，历史系也感到很困难，在这个时候我们提出来要建立考古系。要求建系的积极分子有俞伟超、我、严文明，更主要的是苏秉琦提出来要建考古系，后来得到了文物局、考古所和北大的支持，在这种情况下就分家了。分家以后，给历史系减轻了很多负担，因为经费方面考古可以自己做预算了，同学出去实习补助费、来回车费等乱七八糟的费用很大，所以就自己做预算。最初没有办公的地方，只在文史楼的二楼占了一点地方，后来才在未名湖的北边盖了房子。在这期间赛克勒给考古系捐了一个博物馆，也给考古系的发展创造了一个很好的条件，后来变成学院了。我刚来北大的时候，教职员只有六、七个人，现在大概有八十多个人。

采访者：我们问一下古文字学会的事吧？

高　明：古文字学会没什么可讲的。

采访者：比如开了几届会，都有哪些学术问题，等等。

高　明：这个没什么可讲的，到举行每一届会之前都会由古文字学会的秘书长，中华书局的赵诚，负责与各个单位联系，比如考虑哪一些单位主办会议等，确定之后就由这个单位负责通知大家，理事会只是论证一下开会的各个方面是否可行。这个没有什么值得详细谈的。

采访者：会上提的学术观点，可以说说。

高　明：每一个人开会以前都有论文，发表自己的观点。每一次开会都有详细记录，比如会议有多少人参加，参会人员都有谁，有哪些文章发表，讨论了哪些问题，最后由一个人总结，会议纪要也都发表了。没有太多可讲的。

采访者：好的，今天就先到这里。谢谢您。

采访时间：2011年11月6日下午、11月20日上午、12月18日上午，2012年2月22日下午
采访地点：北京高明先生寓所
采访者：阎志、王彦玉、李盈、王冬冬、冉宏林
采访大纲撰写：阎志、常怀颖
整理者：王彦玉、冉宏林

记忆

—

高东陆

2012年2月4日高东陆先生接受采访

简 介

高东陆，男，1928年生于北京。1949年5月至10月参加中国人民解放军第四野战军南下工作团，1949年10月至1950年12月转入中国人民解放军防空学校，1952年考入北京大学历史系考古专业。毕业后分配至中国科学院考古研究所，1959年调至青海省文物考古研究所。"文化大革命"期间被批判，1983年平反，恢复公职，1986年退休。

在青海工作期间，在全省范围内开展大规模考古调查和发掘，基本理清省内文物分布及各时期考古学文化内涵、类型等情况，主持、参与历次文物普查工作，组织、辅导当地文物干部培训班，协助部分州、县建立文物工作站和博物馆。曾被授予全国和省级文物工作者先进个人称号，退休后获得"老有所为"奖励，享受厅级待遇。

由于历史原因，并未发表专著，合作编写《当代青海》，《青海省百科大辞典》，《中国文物地图集·青海分册》，《青海省志·文物志》等。

采访者：您当时是怎么选择的考古专业？

高东陆：我从小失去母亲，5 岁时家里就将我送到北京香山慈幼院，直到小学毕业才回到家里，上中学时依然是住校，所以基本上与家里感情不融洽。中学毕业后，由于没有考上公费的国立大学，而考入了私立的中国大学，家里不供应。我通过父亲友人，在傅作义所属的第四骑兵师挂名取得军饷而交了学费。也由此在肃反运动中我成了学校学生中第一个被揪斗的人物。1949 年北京解放，中国大学停课，我在同年 5 月参加了第四野战军南下工作团，10 月时又分配到沈阳防空学校。1951 年因故复员在唐山第二职工夜校教书。教书中感到自己知识不足，所以 1952 年又决定上学深造而进入了北京大学，我入学时正赶上历史系建立考古专业，在分专业时我选择了考古专业。

采访者：当时有哪些老师，上了哪些课程？

高东陆：从这时我国教育改制，完全以苏联为蓝本，由学分制改为五分制。课程则是系里安排什么讲什么，学生无选择。一般课程如中国古代史、西洋史、政治经济学、俄语及体育等都与历史专业一同学习。专业课则各自学习，不在一起，我们的专业课有旧石器时代、新石器时代、商周秦汉考古、美术史（古建筑、绘画、瓷器、石窟寺艺术）、古文字学、博物馆学、考古通论（照相、测量）等。当时的专业老师在校的有宿白、阎文儒、吕遵谔、赵思训等，其余的都是外聘，如夏鼐、郭宝钧、赵铨等是中国科学院考古所的。连本专业主任苏秉琦先生也是考古所的，编制不在北大，唐兰、徐邦达、陈万里、韩寿萱都是故宫博物院的，裴文中、贾兰坡是古脊椎所的，系里的其他老师就更多了，给学生授过课的有张政烺、周一良、邵循正、余逊、商鸿逵、邓广铭、胡钟达、荣天琳等。这些老师讲课，各有特点，如宿白先生的讲课，40 分钟无废话，阎文儒先生讲课眉飞色舞，但更多的老师讲课可能有所顾忌，而是照本宣读。名气较大的老师讲课并不都是受欢迎，如夏鼐、向达，他们都带有浓厚方言，声音又小，一堂课下来学生往往听不懂。课后老师们都较可亲，对学生爱护备至，尤其是苏秉琦和宿白先生。

采访者：同学们之间关系怎么样？

高东陆：我们入学时，由于学校还在扩建，男生暂时住在第二体育馆。第二学期始搬到简易楼，俗称统仓。女同学住在 16 楼，那时都与历史专业同学以及高年级同学住在一起。至第二学年，我们搬入 18 楼，女同学部分住到 25 楼。以前都是集体，人比较多，在 18 楼时，虽然是 4 人房间，但部分还是不同专业和学系混住。那时同学们相处无间，同吃、同住，嬉笑打闹，相互学习讨论，不分彼此。直到肃反后，同学们视我如瘟神，我与同学们形同路人，彼此即无来往，见面也无声而过。毕业后虽然大部分都分配到科学院考古所，依然彼此无往来，你干你的，我做我的，生怕彼此有所牵扯。后来我被分配到青海，就基

大学期间高东陆（右）和黄景略（左）在未名湖留影。

本上彻底与同学、老师断绝来往。直到"文革"后，80年代始与同学、老师相见，但即使相见，有的似乎依然存在芥蒂，互相连招呼都没打。80年代我与同学黄景略、张忠培、徐元邦来往较多，他们都在工作上给予我帮助，我还主动约请徐元邦和叶小燕他们到青海参观指导工作。其次，与陕西考古所的夏振英、徐锡台交往较多，因为我们都在西北。

采访者：请您谈谈您工作的情况吧。

高东陆：1956年上半年我班进行田野考古实习。我因肃反问题未参加西安半坡遗址的发掘，下半年实习转至沣西张家坡进行，我被解除，因而到张家坡，当时领队是阎文儒和王伯洪，我的辅导员是刘观民。我只发掘几座墓葬，结束时整理、写报告后，在返校途中参观了洛阳龙门石窟寺、郑州商代遗址。9月份到校即分配到科学院考古所，不久又编入黄河水库考古工作队，由安志敏带队到河南陕县庙底沟遗址工地。同行的有阳吉昌、王克林、郑笑梅、叶小燕等同学以及一些省市的文物干部。可能是我不走运，也许是安志敏有意，将边缘的探方分给了我，方内不见居住遗迹，所见的都是墓葬。在庙底沟一个月余后，我调到上村岭，这个工地原是俞伟超主持，他当时是研究生，移交给林寿晋，在这里主要是发掘墓葬。记得约发掘清理十余座时，工作队开始在后川工地进行工作，我又被调至后川，在这里我带着考古所刘永才、郑大成两个见习员以及商州科一位行政人员，发掘了两百余座秦汉时期墓葬。年终暂修整，我们移至西安，在西安我整理了俞伟超在上村岭发掘的部分唐代墓葬。1958年初由西安直接下放到河北井陉参加劳动。后川的发掘以及整理的上村岭唐墓资料，不知由谁接手，至今也未见到文字发表。

1959年初我结束下放劳动后直接就被以支边名义而到了青海。先是在青海省科学院，基本无事可做。4月时，正好青海省为庆祝建国十周年大庆，各部门举办多个大型十周年成就展览，青海省文化局负责开办《青海省历史文物和新旧社会对比》展览，我被借调到文化局青海省文物管理委员会协助工作。可能由于办展有功而在10月正式调至文管会，并被任命为考古队队长。1960年初举办了一次市县文物干部培训班，并在牧区调查征集文物，共分两组，我与队员沈有仓、崔民和一组调查都兰至格尔木一线，陈国显、宋占寿、陈积厚一组调查西宁德令哈、大柴旦一线。这次调查，吃尽了苦头，远途乘的是邮车，短途是马匹，邮车中我们像邮件一样被荷枪实弹的押运员押送，一切行动都要听他指挥。马匹歇两天后，臀部被颠簸得痛得不敢坐，在都兰热水时还丢了一次骑坐。格尔木至托柱实迷了路而在沙包群里过了一夜。离开沙包时崔民和大哭一场，说什么也要回西宁。此次调查收获是，发现了都兰热水大墓群，并了解了青海的干尸形成原因（农场职工在平整沙包时，常发现有不同时期的"干尸"，他们娱乐时还用一些干尸衣物作道具）。此外，在阿尔屯曲克征集到部分哈萨克族文物。

好景不长，1962年大精简机构，14人编制的考古队一下子被砍掉只剩下我一个人，以后的本职工作都是被动，如东峡水库区、青藏铁路沿线的调查、西宁市南滩汉墓的清理等。更多的时候是干别的工作，如在图书馆整理编排书目、下乡催耕以及"四清"等工作。"文革"开始我即被清洗，清洗后前途渺茫不知所终，于是离开青海，至1978年底落实政策始回到青海。在此期间我种过地、当过车工、翻沙工，为生产队搞过副业，还在火灾中被烧过，最后由河北衡水辗转到了大名。

1978年底落实政策我回到青海，此时青海的文物工作已大有改观，文化厅编制的文物处和考古队，人员已有四十余。发掘工地有龙羊峡水库区、西宁的上孙家寨、民和的核桃庄、阳山、乐都的柳湾，可以说是遍地开花，但考古队此时仍然无定处，所发掘的资料基本上都是就地暂存。我回到青海也是暂住在旅馆里。1980年初我与赵玮生、卢铁光至龙羊峡，对水库各工地进行收尾，同时协助海南州筹建博物馆。各工地工作完毕后决定赵、卢留下，我到民和清理各工地事。在我返回西宁途中于湟源境遭遇车祸，民和事停滞。痊愈后，文化厅为考古队分配了14名文化系统的子弟知青。为此文物处考古队专门组织了一个训练班，主要由我负责，由室内转入田野调查实习时，满目地寻找已丢失的"阳洼湾遗址"，这是过去青海唯一确定的仰韶文化遗址。经过复查，始弄清之所以丢失是因为当时只记录村名而未记具体地点。此遗址西部已遭破坏，因靠大路边，东部也难保存，所以第二年决定对其进行试掘，结束后确定该遗址为仰韶文化石岭下类型遗存。此后我们又转至岗亭、中川地区调查，并抢救了一处齐家文化遗址和九座汉代墓葬，有名的喇家遗址就是这次发现的。80年代初国家文物局布置全国性文物普查，青海省普查工作历时三年，由组织基层文物干部培训，到实地田野调查我全部参与，并负责培训，制定规划以及分担民和、化隆、循化、湟源、湟中、玉树、果洛、贵南、同德、泽库、河南等地领队工作。这次普查，青海的东部农业区及部分牧区，近于地毯式作业，基本上弄清青海省境内的文化分布、类型等情况，为编写文物志及地图提供了翔实资料，也为制定文物保护、管理、科学发掘和研究提供了依据。

青海省考古发掘工作由我主持的除阳洼湾外还有湟中的下西河潘家梁、湟源的大华中庄及木布拉、循化的肃穆撒、西宁的皇家寨等。肃穆撒发掘为研究半山类型文化提供了新的资料,潘家梁、大华中庄、木布拉都属卡约文化范畴,这几处发掘为研讨卡约文化分期、类型、社会意识形态、葬制等研究都提供了可靠资料。

我没有什么著作。原因是"文革"前,真正的本职工作不多,大部分时间是其他社会工作。"文革"期间成了另类,荒废了十余年黄金时期。80年代后虽然基本上是正规的本职工作,但田野工作时间多于室内,很难坐下来从事整理研究,同时还有一些社会工作,如被拉去做什么《当代青海》《青海省地方志》等撰稿人。青海省的考古学会,理事不少,但真正工作的只有我一个人。所写的报告、简报因辅助工作不足也不尽人意。实际上青海省一些考古发掘报告,大部分都是出于省外人员,如诺木洪发掘是出于社科院考古所的谢端琚,民和阳山墓地整理撰写都是北大的张弛,民和核桃庄及山家头发掘报告以及同德宗日发掘报告皆出于陈洪海之手。有些发掘资料至今也没有写出报告,如上孙家寨卡约文化部分、循化的阿哈特拉以及龙羊峡水库区诸遗址等。

采访者:青海、甘肃、新疆的文物工作有什么不同呢?

高东陆:甘肃、新疆的文物工作基础比青海好,文物工作机构也稳定,青海则不然。青海省博物馆1959年就已经挂牌,但筹备的帽子到1985年才摘掉,考古队成立不久就被砍掉,以后又重建,文管会也一度只有一个人办公。70年代末始走向正规。工作环境(田野)彼此差不多,都有艰苦的地方,如青海的牧区、甘肃的河西走廊、新疆沙漠,文化遗存方面,这三个地区比中原地区都保存较好,文化类型也较繁杂,尤其是新疆,新的发现和未知遗迹情况更多。

采访者:兔儿滩为什么改成宗日?

高东陆:这个遗址是我们普查时,我与李国林、孙鸣生在同德发现的。当时我们对同县周围调查完毕,听说巴沟河岸上有一条不知何时修建的水渠,至今尚有使用,于是决定到巴沟看看。我们先至巴沟乡政府所在地进行了解,当地干部说在巴沟河对岸上可以看到部分,并说在巴沟河入黄河的地方看得更清,此时该乡乡长(藏族)插话说:"正好我要去托累台(即入口处)办事,我带你们去。"这样同车随我们到了团结村的地方。乡长还告诉我们这里原本无村庄,是近几年由乐都移民到这里。托累滩(台)本是指这一地区,原为藏族地方,由于移民是汉族,所以名团结村。由于这里滩地野兔较多,兔儿字音与拖累相近,人们谐音又叫兔儿滩,外人不知道者找团结村反倒弄不清楚是哪个,我说找兔儿滩,不知道又叫团结村,因此调查时就以俗称兔儿滩命名了。当发掘该遗址时,因主持人苏生秀是藏族,可能出于民族意识,了解到这里曾经有过宗日部族居住而改为"宗日"。实际上我没有听过"宗日"这个名称,你若到这里找"宗日",恐怕无人知晓。我认为改得不符我们考古文化命名的惯例。仰韶文化是以村名命名的,你不能因为仰韶村隶属于渑池而叫"渑池文化"吧?另外根据该遗址发掘所获遗存又提出一个"宗日类型",

我也觉得不妥，其主要论点是根据陶器色泽深浅及鸟形纹饰略多而判定的，陶器色泽深浅我认为与原材料及烧制火候有关，鸟纹多少则只是地域差异，不能由此即另行创造出一个新的文化类型，何况只是一例。此遗址我认为属于半山文化类型为宜。遗址报告出自陈洪海（现在西大）。我猜想他可能也违心地下这个结论。

采访者：您对我院专业今后的发展有什么希望和建议呢？

高东陆：我毕业后，即与学校没有什么来往，对专业发展情况也无了解，因此提不出什么。据我对多年接触的我院毕业学生的印象，我希望多培养能吃苦耐劳的学生，不要怕做田野工作。在发掘工作上能严格遵守操作规程，不偷懒、不作伪。另外希望系里多与地方沟通，主动联系取得各地新的信息，学生实习时与他们合作。

采访时间：2012年2月4日
采访地点：北京高东陆先生寓所
采访者：王冬冬、王彦玉
采访大纲撰写：阎志、常怀颖
整理者：冉宏林、王彦玉

记忆

——

徐元邦

2011 年 11 月 6 日徐元邦先生接受采访

简 介

徐元邦,男,1930年9月生于北京市。1952年考入北京大学历史系考古专业,1956年毕业后分配至中国科学院考古研究所。同年去江西清江营盘里参加汉代遗址发掘工作,返所后分配至编辑室参加《考古通讯》(后改名为《考古》)的编辑工作。1980年创办《考古学集刊》,任责任编辑,1988年任编辑室副主任、编审。享受国务院颁发的政府特殊津贴。

1994年离考古所后至今,曾为北京大学、北京市、河北省、河南省、山西省、湖北省、宁夏回族自治区、新疆维吾尔自治区等省、市自治区的考古发掘报告或论文集以及中国古代玉器与传统文化学术讨论会文集、《中国传统工艺全集·甲胄复原》、苏秉琦先生论集、夏商周断代工程等有关考古学的发掘报告或论文集作特约编审。

采访者：您当时是怎么报的北大历史系呢？

徐元邦：我上大学之前在新华书店工作了两年。我们1949年高中毕业以后，基本上没有什么人愿意考大学，都愿意参加革命工作，所以就去了新华书店，在新华书店认识了徐苹芳先生。

采访者：他也在那儿？

徐元邦：不是，他在上学，他经常去买书，他有一个中学的同学也在新华书店，跟我是同事，通过他介绍的。那会儿书打折扣打得都很低，这么着就跟徐苹芳认识了。我1952年考入北大历史系，我自己想将来毕业后去教书，当时历史系成立了考古专业，后来在校园里面碰见徐苹芳先生了，他说你不要学历史了，你学考古吧，就这样学了考古，没想到这一生就干了考古学编辑。

采访者：您当时要参加革命工作，后来怎么又去考学呢？

徐元邦：解放后，很多青年凭着一股革命热情参加了工作，当时新华书店北京分店在王府井大街敦厚里北侧，是国民党原中正书局的旧址。其间参加了《毛泽东选集》第一卷的发行、教科书的发行、全国第一届书展等工作，后被调至新华书店西单支店任账务组长，当时我白天在门市部做营业员（早八时三十分到晚八时三十分），晚上做统计员，要把当天售出的数量分类统计，一般每天要在零时以后才能休息。时间长了，就得了胃溃疡，每次饭后就要发作，以致无法坚持工作，所以我就开始考虑，干脆辞掉工作休息一段时间后去考学，这样就参加了高考。

采访者：当时报的就是北大？那考得很好。

徐元邦：第一志愿是北大，第二志愿是师大，都是学历史，出来以后教中学，当时是这么想的。

采访者：当时您在学校的时候北大有几个食堂？

徐元邦：一个大食堂，现在大概看不见了吧？改成大讲堂了，还有一个"肺健会"食堂和一个回民食堂，大家都在大食堂吃，一桌八个人，我们挨着中文系、西语系，理科在另外一边，那时吃饭很有意思，大概我这个年纪的人记得，给毛主席过生日，过生日说要吃寿面，结果从中午一直吃到下午三点。你知道为什么吗？就是这个面条放在一个大桶里面，你拿勺子去舀，舀完了以后，盛在碗里，再去浇那个卤，那一桶面大伙儿一抢就完了，所以一直吃到三点，现在大概没有这一说了。那个时候食堂办得很好，可能是1953年的时候有一段没有肉，所以食堂尽量想办法给搞羊肉，还向同学们道歉，说对不起，因为现在没有猪肉，大家只能吃羊肉。每天在吃饭的时候，有音乐放，《莫斯科郊外的晚上》、《红梅儿花开》，还有京剧，梅兰芳的《生死恨》，我比较喜欢京剧，所以梅兰芳那个《生死恨》我基本上就记下来了，差不多就会了。

采访者：当时是用饭票还是随便吃？

徐元邦：随便吃啊，不用饭票，因为那会儿没定量，随便吃，我有时候能吃一盆。牙坏了的时候，食堂照顾特意给你做一些病号饭，病号饭就是稀粥了，那粥当然喝一碗不管事，就喝这么大一盆。吃包子的时候，生物系有一个姓郭的同学，拿着一双筷子，在大笸箩里头一根筷子插四个，吃八个。后来定量就不行了，有粮票就不行了。

采访者：是坐着吃还是？

徐元邦：站着，所以越吃越多，随吃随下，越吃越多，而且那会儿年轻啊，又没有定量，反正你有条件能吃你就吃。那会儿伙食基本上是四个菜一个汤，汤在桶里，用一个大勺盛汤。我是在北京胡同里长大的，我在胡同里一住差不多63年，所以我这个语言是北京的土话，你听不懂就问。

采访者：您当时住在哪个楼？

徐元邦：原来我们入学时住在第二体育馆，因为那时候宿舍、教室都刚刚盖成，宿舍有的还没有完工，所以住在二体看台上，看台是洋灰的，每一个人底下可以铺一个草帘子之类的，都住在看台上。一直到1953年初住进十斋，两层的筒子楼，上下层床，当时北京很冷，但楼内很暖。

采访者：在哪个位置？

徐元邦：在棉花地那边。棉花地还有吧？

采访者：没有了，早没有了。校外吗？

徐元邦：学校里面。

采访者：学校里面还有棉花地啊？

徐元邦：叫棉花地，不是种棉花，挨着操场那边。

采访者：可能是操场也没有了。西边没有操场。

徐元邦：应该是在第一体育馆旁边？

采访者：那是东边。

徐元邦：对，东边有一个，在一体育馆旁边有一个大操场，棉花地那边也是一个操场，有足球场。

采访者：您是几个人一个宿舍呢？

徐元邦：我想一下，四个床，在十斋是上下铺，四张床八个人。

采访者：一个屋里面八个？

徐元邦：现在叫筒子楼，楼道都是通的，一道墙一道墙的隔起来，我们都是两边贴墙，上下铺，一边两个床，中间有一个桌子。那会儿冬天宿舍里头是很暖的，北京那个时候比现在冷得多，冷极了，所以那会儿楼下就是锅炉房，烧锅炉的师傅胡琴拉得很好。

采访者：楼下烧锅炉供暖。

徐元邦：不是暖气片，是暖墙，我们上一班的你们都不知道了，就包括历史系的，都住在这个楼里，基本上都是历史系。

采访者：您跟谁一个宿舍呢？那几个人是？

徐元邦：赵健，学历史的，我在上铺他在下铺，我的对面就忘了。赵健当时留了络腮胡子，宿舍的灯光把他头脸的侧面恰好照在一面遮墙的布上，我在布上替他勾勒了一幅影像。后来新宿舍盖好了以后，搬到了大概是19楼。

采访者：南门那边吗？

徐元邦：对，朝南那个门，进门走不远就是那个宿舍，那个宿舍比我们在10楼住的时候小，是4个人，窗前放了一个桌子，我记得同宿舍还有张森水，后来分配到古脊椎研究所，现在已经去世了，其他的人不记得了。

采访者：19楼之后都是考古专业的了？

徐元邦：也不是，因为楼挺大。整个历史系那会儿，包括历史专业、考古专业，专业课是分着，其他活动都是在一起，我们那会儿学考古学通论，夏鼐先生教的通论，还有关于考古专业的古文字学之类的课，张政烺先生教的上古史等。实际就是通史你得听下来，但是世界史你可以选，我这儿有一本我们班毕业50周年的纪念册，上面有专业课程表，你可以拿去看。

采访者：我看您那儿还有一本《北京大学考古系五十年》。

徐元邦：给你们了吗？

采访者：我们院里面都有。

徐元邦：这是我们的同学录，《历史系1952级毕业50周年纪念册》。这是我们班的考古专业课程表，你可以看看，我们班的同学录，包括历史专业都在里面，需要什么照片我可以从这里面给你选，因为这次活动没有历史专业的，马克垚你知道吗？他后来当历史系主任，有一些照片是他找的，有一些考古方面实习的，就是我们自己找的，你把课程表可以拍下来。

采访者：后来住19楼的时候，是不是您宿舍里面都是考古专业的？是一个专业住一块？

徐元邦：基本上是那么分的。

采访者：您还记得同学之间相处的一些趣事吗？

徐元邦：没什么趣事，只隐约记得班里有个"事件"，由体育馆第一次住进楼房的楼号我已经记不清了，就是在那栋楼的宿舍，曾将一位睡熟了的同学扮成死人并设灵堂进行祭奠，当晚我返校回宿舍只看到一个尾声，没有看到全过程。现在看来充其量是恶作剧，但在当时被定为"事件"。始作俑者可能不会忘记"事件"的全过程。这个事被定为什么性质的"事件"我不知道。1954年肃清胡风反革命集团运动，赶上运动之后，同学之间基本上不敢谈话了。我们住体育馆的时候，有好多人喜欢唱京剧，就在地下室唱京剧，没有别的，就是因为那几个人老在一起，后来肃反都要审查。所以后来大家就基本不再去地下室了。

采访者：唱京剧也要审查？

徐元邦：老在一起，不知道你说什么，你说反动话了，反党了，所以这就要交待，譬如我和同班的夏振英（已去世）周六骑车回家，出了校门开始唱京剧，一出戏唱到西直门后，他奔崇文门我奔朝阳门，"分道扬镳"，要交待的全是戏词。后来学校成立京剧社，我就参加了京剧社，当时我管对外联络，比如演出时要租服装，请专业演员来辅导，等等。

采访者：地下室唱京剧您去了吗？

徐元邦：去了，被审查了。当时在历史系里，记得跟我谈话的是一位姓荣的男老师，还有一个女老师似乎已经去世了，后来给我的结论是"你没什么问题，以后少和某些人来往"，就这样了结了，这一结论应当是"事出有因，查无实据"，这个结论是数十年之后我第一次对你讲出来，我们班的同学录里有高明先生的《忆说"肃反"》，你应当看看。我们入学以后，有些同学不太懂文言文，过去叫古文，所以特意开了一门课叫《中国历史文选》，参考书是《文言虚字》，是由余逊先生给讲，他父亲叫余嘉锡，我这儿还有他父亲的书，专门谈秦汉的。

采访者：是那个余逊。

徐元邦：我们同学录中有余逊先生的照片，同学录系里肯定有，但给了考古系还是给了历史系就说不清了。

采访者：这个应该不知道，回去查一下。

徐元邦：你回去查一下，这本同学录肯定能有，后来我还给1954级的同学，就是1959年毕业的那一级编了一本，也是同学录，他们应当给考古系了。

采访者：54级的，就是徐光冀先生他们班。

徐元邦：是的，这张照片是2010年9月2日在徐光冀家里照的，这个是高广仁，这个潘其风，搞人骨鉴定的，你采访过他了。高广仁在美国了，明年3月回来，你明年肯定来不及采访了。

采访者：没有看出来，这个看着更年轻了。

徐元邦：这张照片是考古所退休职工和家属一块儿去玩儿时照的，大概是在稻香湖。

采访者：我也去过徐光冀先生家。

徐元邦：那是他们家自个儿的房，"文化大革命"时上交了，现在才还回来。原来我们住得都挺近，1985年后，我住在朝阳门南小街外交部街，徐光冀住红星胡同，隔了一条胡同，经常都有来往，我原来住朝阳门北小街，徐苹芳先生住北小街的东四九条。

采访者：他家也是四合院？

徐元邦：对，你去过他家了是吧？

采访者：他家我没有去过。

徐元邦：他老伴儿比我高一级，他俩都比我高一级。

采访者：他俩是同班同学。他们班还有好几个呢，你比如说赵芝荃。也采访了不少。

徐元邦：徐苹芳、徐保善是55届的，我们是1956年毕业的。上面还有。

采访者：上面黄展岳先生等都采访了。

徐元邦：都访过了啊，那都比我们早，都是专业成立之前，那会儿叫博物馆还是叫什么的。

采访者：叫博物馆专修科。

徐元邦：博物馆附设在历史系，还有一个吴荣曾。

采访者：也采访了。他在北大历史系。

徐元邦：还有一个杨建芳你们采访不了，他在香港，不过他经常来北京。林寿晋去世了，他原来跟我们一起都住在10楼。

采访者：您是二年级分的专业吗？

徐元邦：进去就分了，一年级就分了，所以一年级开始学测量、修复、画图，这些都学了。但是历史必须得学，古代史什么的都得学，中国通史得学下来，一直学到清史。

采访者：当时有没有通史课，就是跟历史专业一块儿上的课？

徐元邦：一块儿上，通史就是跟历史专业一块儿上，还有世界史，讲世界史的胡钟达先生冬天穿一件大棉袍，世界史是学到法国大革命，邵循正先生讲清史，杨人楩讲的法国大革命，这个记得很清楚。杨先生穿西服，很有派头，他是讲课的时候不抽烟，中间休息的时候抽一支，邵循正先生讲清史的时候先跟大家说，我有时候得抽烟，邵先生烟瘾好像挺大，他身体也不太好。

采访者：那时候挺好的，现在不让抽。

徐元邦：肯定不让抽，都禁烟了，都不让抽了。体育课我记得那两个老师一个姓梁，一个姓王，教体育课的，两个老师。

采访者：先秦史是谁上的？

徐元邦：先秦史大概是余逊先生和张政烺先生，应当是张先生。考古专业里殷周考古是郭宝钧先生。邓广铭先生教宋史，他写的《宋江三十六人考》，原来还有一本，"文化大革命"都处理了，吴晗的书都有，后来不敢留，害怕。因为我参加这个运动从头到尾一直没落下，我到新华书店的时候开始搞运动，那会儿叫忠诚老实运动，就是交代你历史有没有什么问题。到学校以后，就是肃清胡风反革命集团，到考古所后1957年反右、"大跃进"、"文革"，等等，一直到最后搞了一个清查运动，那一年我已经59岁了，等它搞完了我也退休了。

采访者：当时考古专业的课，旧石器是谁上的？

徐元邦：旧石器时代考古是裴文中、贾兰坡两位先生讲。裴先生讲课是这样的，椅子他不坐，他把脚蹬在椅子上，跟北京人武吃烤肉似的，贾先生也讲旧石器，他俩一块儿讲。

采访者：他们一起讲？

徐元邦：分段的。贾先生后来就住在科学院的东厂胡同宿舍，东厂胡同里头那个叫科学院第四宿舍，离考古所很近，有什么稿子请他审查的时候，经常去宿舍找贾先生，跟贾先生比较熟。

采访者：贾先生上课有什么特点？

徐元邦：贾先生没有什么特点，贾先生讲得挺流利的，而且清楚。张政烺先生讲课，往黑板上写字，然后呼呼一擦，满身是粉笔面，讲着讲着就要紧紧裤带，张先生很朴素。《郭沫若文集》原来在考古所编，在科学出版社出，原来是张先生的爱人编稿，张先生的爱人叫傅学玲，在科学出版社工作，80年代傅先生曾找我为文集补充一些照片，我去过几次张先生的宿舍，张先生那会儿还认识我。

采访者：他那会儿把书都捐到北大了。

徐元邦：基本上都捐北大了，苏先生的书也基本上都捐给北大了，不能捐考古所，因为考古所现在没有图书馆，只有一个阅览室。你要借书的话，必须这个星期写借书条，下星期把书从太阳宫那边带过来，据图书室的同志说，后来社科院准备把太阳宫的房子出租，把考古所所有的图书通通地搬到社科院的地下室四层，地下室既不通风，又不能恒温，又不能恒湿，所以考古所的书基本上保存不了。考古所有好多珍本、善本、拓片，在考古所的时候，尽管房间很小，但通风什么的每年都要搞，每年都要搞好多樟脑球放在里面防虫蛀，好多这种书，你放在地下室既不通风又不防潮，慢慢时间一长就烂了，整个就毁了。你要看书可以去阅览室，新书有，必须的参考书，《二十四史》什么的这些都有，只能看不能借，在研究所里面能盖得起大饭店，却盖不起图书馆，这种匪夷所思的事也绝不是考古所可以掌控的。考古所曾经是个大花园，也是北平第一个对外公开开放的私家花园，名为余园。原来有假山，有流水，有玲珑剔透的太湖石，有满园的丁香树，有藤萝架和牡丹花，现在只余一株百余年半死不活的老树白皮松。我这种怀旧的想法是不可取的，因为不能与时俱进。

采访者：您当时新石器是谁上的？

徐元邦：安志敏先生。

采访者：考古所的？

徐元邦：原来这个考古专业是考古所跟北大合着办的，提倡以后合着办的，所以夏鼐、安志敏等几位考古所的先生都在考古专业教课。

采访者：苏秉琦先生也算是？

徐元邦：苏秉琦先生算是从考古所借的，一直就在北大没动，因为苏先生当教研室的主任，所以苏先生是桃李满天下。苏先生实际这一生就在北大了，一直到"文革"以后才回到考古所，基本上大家认同苏先生，宿先生，这些先生一直带着我们，阎文儒先生，已经去世了。李仰松、吕遵谔，我们在的时候，他们俩是助教，吕先生是旧石器的助教。我们这一班，搞旧石器的只有张森水一个人，我们班有好多名人，张忠培、黄景略、张森水、高明、王世民和方酉生等几位专家级的人物。还有一个同学，后来分配到在历史博物馆，从历史博物馆调工作以后好像搞世界史了，耿引曾，就是马克垚的爱人，郑笑梅大概也采访不了。

采访者：我们去山东采访蒋先生了，因为说现在可能很多人都不认识了。

徐元邦：对，苏先生去世的时候我还跟她见面去了，郑笑梅这个人很好。我们在半坡实习的时候，收工以后住在考古所的西安研究室，那会儿暖气装上了，但没有烧，每个房间有一个火炉，早晨起来要生火。南方人不会生火，张忠培、高明和我在一个宿舍，张忠培不会生火，每天是我和高明生。后来我说火上来得太慢了，搞了一个粗厚的钢管做的拔火罐，有一次我拿这个东西，正好掉脚上，当时是痛彻心肺，郑笑梅扶我上去，给治了半天。还有一次是我发高烧，那会儿年轻啊，无所谓，我没看，结果她特意弄着我去医院看病，所以到现在我都非常感谢她。

采访者：也是在实习的时候吗？

徐元邦：都是在实习的时候，王世民你们采访了吗？

采访者：还没，要去。

徐元邦：王世民也是名人，编了《夏鼐日记》还有《夏鼐文集》等多种著作，硕果累累。

采访者：郑先生是温州人？

徐元邦：温州人，跟我楼下那位叶小燕都是温州人，她们俩是同学。肃反的时候，我们班有一个同学叫高东陆，高东陆是不分场合云山雾绕，最后就肃他，就送到大礼堂批斗。那会儿不能在大食堂，大食堂里批斗时间长了要影响吃饭的。我们班多数人分到考古所工作，除了高明留校当助教，张忠培当了研究生，祝广祺和耿引曾分到历史博物馆，张森水分到古脊椎动物研究室，其他基本都在考古所，1960年下放时，基本上都放光了。

采访者：郑笑梅先生就下放到山东。

徐元邦：下放山东，我是下放西安，夏振英是下放到内蒙古，结果阴错阳差，夏振英要去西安，他说他不想去内蒙古可以去西安，他去了就把我这个名额顶了，也没再说要求我去内蒙古，就这样一直挂到"文革"。后来"文革"后，考古所方酉生自己要求调到武汉大学了。现在就剩一个王世民，一个叶小燕，还有一个我，我们班大概只剩下这么三个留在考古所了。我本来一开始的时候到考古所的头一年，去江西发掘，江西营盘里有一个汉代城址就跟夏振英一块儿去，从营盘里回来了以后，到年底，1956年12月就调到编辑室，我们两个都去了编辑室。考古所自己办过一次训练班，夏振英先到训练班工作，结束后也到编辑室。

采访者：自己办？

徐元邦：自己办了一个考古训练班，夏振英在训练班待了一段，就是搞教务，最后也到编辑室。徐苹芳的爱人也在编辑室，徐保善，她比我们早去编辑室，她大概是1955年还是1956年初就去了编辑室，到编辑室一直干到"文化大革命"。从"五七干校"回来以后，我给夏鼐先生正式写了一份报告，我说我希望下田野发掘，因为当时家里有困难，没有去发掘，现在我父母都没有了，孩子基本上也大了，我说我希望参加发掘工作。结果夏鼐先生也正式找我谈了一次话，说你已经干了这么多年，另外一个，就是刚刚从"干校"回来，编辑室这一套东西需要运转，你暂时留在编辑室吧，留到什么时候，留到我退休，一下就在编辑室退休了。研究所的编辑，就是现在的编辑跟我们过去不一样，过去我们没有审稿权，不能审稿，审稿一律交到学术秘书处，由他们来审稿，审稿的都是专家一类的。我们只是编辑加工，后来到了"文革"以后，可以初审，过去的编辑工作是相当严格的，我那会儿当编辑的时候，也不愿意写什么东西，我跟夏鼐先生接触较多，后来那个稿费表上的签字我都替他签，"夏鼐"两个字我学会了，为什么呢？因为他有时候出差了，科学出版社要求稿费单签字必须是主编，夏所长当主编，这个主编跟挂名的主编绝对不一样。我们过去的程序，下一期要发哪些东西，把这个稿子准备好以后送到学术秘书室，学术秘书室认可了，你可以编了，就是他们审过以后可以编，而且每一期都要给各个编委一份拟目，就是草拟的目录，他们同意了你才能正式做，做完以后夏所长要亲自把关，全部看一遍。老先生真是认真啊，现在很多出书的主编就是挂名，你问他里头什么内容他大概都不知道。这个完了以后，初校，夏所长要看，非常认真地看一遍，里面有什么比较大的问题，你看过去《考古通讯》，有编者按，作铭按，作铭按就是夏所长写的按语。三个校次都看，他看的是文章内容，尹达那会儿也在考古所，也要看一遍，把政治关，我每次都要送给夏先生和尹达先生，尹达住在北新桥那边，十三条，夏所长住在干面胡同那边，每次都要这样。整个书出来了以后，还有一个老先生叫许道龄，他再把书检查一遍，如果发现了什么错误，要立刻做出勘误。

我从1980年开始搞《考古学集刊》，从筹备到创刊到找印刷厂，那会儿没有这么多印刷厂，也没有电脑，排版很困难，科学院印刷厂不再接受了。原来定的是年刊，后来是稿子不够保证不了，来稿先是《考古》选，《考古》选完《考古学报》选，《考古学报》选完了把比较大的发掘报告，大的论文什么的，容纳不了了就给我。我一直搞到退休前，结果是出了八本，应当出十本，因为我从50岁开始搞《考古学集刊》，搞到60岁，就是因为稿子不够，这个《考古学集刊》当时没有主编的名，也不写谁主编什么的，不像现在，后头编委会什么的都有，原来没有。可社科出版社不干，出版社出了一次事，是王力的一本书，出版社给编了出了很多问题，人家提出批评了，所以凡是自行编排的要加一个责任编辑，实际上就是你负责了这一本书，你个人负责，你单位负责，出版社人家不负这个责任。所以后来加上一个责任编辑，我才做了责任编辑。我从1956年开始当见习编辑，当了8年，调了一级工资以后，跟着工资定的职称，变成助理编辑，助理编辑当了14年，到了"文革"以后我才当编辑，夏鼐先生给我的任命证明，现在我还保存着。然后，编辑5年以后，当副编审，副编审5年以后当编审，到了当编审的时候已经58岁了，快退休了，人一生做人做事本着自己的基本道德标准原则去做工作就行了。考古研究所的编辑属于辅助研究人员，跟出版社编辑不能比，比如说《天马曲村》那个编辑不是学考古的，后来玩不转了，《天马曲村》是北大考古系邹衡先生主编的，后来科学出版社换了一位学考古的杨新改（现在在文物出版社）编的。所以你说考古的编辑好当，如果你真是一点考古都不懂，大概会出错，现在我们这个编辑室有好多名人，冯时知道吧？冯时现在是青年考古家。另外一个，考古所的编辑室职称不一样，比如说我在那儿按照编辑编制走，其他几个同志是研究人员，在编辑室工作。到后来什么时候才变了呢，到1988年，基本上都是编辑编制的人了。我语无伦次，随便聊。

"文革"时所有的杂志全都停刊，后来《考古》先复刊，"文革"期间，是郭老郭沫若请示了周总理批下来了复刊，那会儿我们都还在干校，在干校调回来几个人都不是原来编辑室的，回来做编辑。但也不全部是那样，原来有好多研究人员也都在编辑室，有的是一过，有的是留在那儿不动，回来这几个人搞编辑工作，这个编辑是出了一本。后来我们从干校回来了以后，复了员，每期前面都有毛主席语录，所以每次付印时要带一摞马列主义经典著作去印刷厂，一个字一个字的对，对完了有时候还出问题，有的问题还不是我们发现的，郭沫若发现的，这本书是他请示总理同意复刊，所以郭老每次先看样书。这种事没人愿意说，什么愿意说呢，老爱说这一段，是某某某人跟着去郭老家请示总理同意复刊这一段，真正做起来后面出了问题，没人说，没人管。出错了以后怎么办呢，一个是大错，把封面撕掉重新印，因为语录都在同一页上。一个是小错，重新印几个字之后往上贴，这不是一个人能做的事。刚复刊的时候，订阅《考古》的人特别多，达到一万册，以前最多达到800册到不了1000册，这我都有统计数的，夏所长问我，我都有统计过的。

采访者：为什么一下子那么多呢？

徐元邦：没得可看，就两本。

采访者：对，那个时候没有杂志。

徐元邦：没有杂志，一本《化石》，一本《文物》，一本《考古学报》加上一本《考古》，所以发现有错就得运动起来，把考古所所有在北京的人统统地弄一个卡车拉到科学院印刷厂，在通县北苑，拉到那儿以后，每人包了多少本，一天两天干完，然后再发行。样书出了以后，每次我骑着自行车给郭老送到家，但是我从来不进门，我是敲了门给警卫，书给警卫我就走了，他家有警卫。这个东西有一些过程，没人知道，也没人说，这是一种发现有错的。

毛主席去世了，去世以后，所有杂志都要加主席像，加两张，一个华国锋，一个毛泽东，印刷厂得有权印刷才能印这个像，我们科学院印刷厂没有这种印刷权，文物印刷厂有这个权力。杨泓跟文物出版社很熟，通过他在文物印刷厂加印好后，我们得把印好了的像送到科学院印刷厂，从西四到北苑，找吉普车拉上，得多少张像啊。而且这个铜版纸是滑的，装到车上以后，刘勋块头大，让他坐前面，吉普车把后座翻起来了以后，把印刷成品放进去相当高，我和杨泓我们俩个站着趴在上面。为什么呢，因为它出溜，来回跑。后来一想，这是亵渎，极大的亵渎，居然敢趴在伟人像上面。送印刷厂人家验收了，再把这些像装订在期刊上，这些事没有人知道也没有人会说，我们是亲身经历的，你可以问刘勋问杨泓，不是我在这儿空口瞎说。

采访者：我们明天就去刘勋先生家。

徐元邦：明天去他家，你跟他提他就知道。还有一个，那会儿《考古》发行量增大了以后，邮局发行是死的，定多少就是多少，我出差的时候做过调查，比如说浙江杭州那个邮局发行就是一本，好多人需要怎么办呢，大家得跟我们编辑室订，订书了以后，你需要多少本书你可以先寄钱来，邮费不要，就把这个书款给我寄过来了就完了，寄过来了以后我得通知印刷厂加印。你上邮局买不到，20本都没有，全北京市都买不到20本，加印完了以后，书送到考古所重新包装捆好，我蹬着平板，刘勋跟着我一块儿上邮局发行，这里面的事没有干过编辑的人不会知道，也没有人跟你说这些。所以我感觉这些平凡的琐事，现在回忆起来，我感觉当时那工作只能这么做，你要满足读者的要求，没有读者你杂志出来行吗，没人看，印多少都是废品堆在那儿。首先你得满足读者要求，那我们就只能这样做，后来就好一些了。郭老去世以后，他的秘书王廷芳到考古所当副所长，他很了解编辑室，有时候比如说印刷厂说语录出错了，他接的电话，他知道编辑室的辛苦和甘苦，他专门给编辑室预备了一个吉普车，那时候没有电脑改版起来很困难，过去搞过活字排版的都知道，比如说这图里错一个字，你得把这一块儿图版拿出来往上焊，你改一个字就得把这个字焊在这个图上。那会儿做起来是相当困难的，而且一下厂一天，把它校对完了以后，要签字付印，因为工厂要求时间是很准的。等到出《考古学集刊》的时候，再去问科学院印刷厂，人家不干了，接受不了，因为杂志大量复刊以后，九十多种期刊都在他们那儿印。头一本《考古学集刊》在山东平原县找了一个印刷厂。我经常是星期六晚上去，第二天早晨到，星期一早晨回来，在他那儿校对，校对一天，然后再付印。那会儿没有快递，寄来了以后，往返一拖，就拖时间了，所以夜里走，第二天早晨五点多钟他没开门，我到了，等他开门了以后我开始校对，校一天没完，第二天搁在这儿下次再说了，星期一大早晨回到北京火车站。

　　说这些好像是有一点自卖自夸，不是，现在用的电脑这些东西是排版印刷业的一次革新，活版印刷你没经历过。为什么现在搞完录排就可以印刷，为什么呢，就是简单多了。原来四块活版七斤重，你要把它搬起来放在机器上打样，现在你不是按电钮复印就完了吗？那会儿要用油墨滚，滚一下，出来两页样子，你再校对，是那样做的，所以现在好些人把这个忘了，认为当然很简单，这印起来很简单的东西，很快，印刷很快。还有复印的东西，过去哪有那个，过去连印刷厂都很难找。从我开始编《考古学集刊》，光这个印刷厂我换了好几个，后来到太阳宫，那是社科院自个儿的印刷厂，就是现在太阳宫宿舍的那里，排得不行，又到外文印刷厂，后来考古所对面有了一个景山学校印刷厂。这个印刷厂好处在哪儿，一般退休的老师傅都在那儿。老师傅的学问比我都大，有一些字他都知道。另外由于考古的特殊要刻字，科印厂的刻字工人往往是开全国人大会议的时候，临时去人民大会堂，文件没有的字，马上刻，属于这一级的师傅。但是我也培养他们，我把《金文编》《甲骨文编》，都给他们看，请他们照着这个做字模，铸字，就省得你每一个字都刻，刻完就扔。这些都规范好了，我就退休了，而且我退休的时候还没有那么多电脑，我1990年退休的，电脑还没普及，只是以后才有的。

　　现在，有图要改，或者这个号码要弄，那都很简单的，电脑一敲就可以出来了，过去不是。过去插图上的号码是一个一个贴的，把印好了的1、2、3、4等阿拉伯数码，拿剪子剪了，剪一个1号，剪一个2号贴上，都是手工的。现在的编辑工作跟过去的编辑不可比，过去整个是手工操作的，考古所的书都是编好了以后给出版社，没有说让出版社编，出版社基本上编不了，人家没有时间给你贴图。

采访者：接着说北大的事。您当时商周考古课，也是考古所这边人上的吗？

徐元邦：郭老，想起来了，郭宝钧先生，那是考古所的。郭老有好多新见解，你得看他的书，现在没人看了好像，你得看，郭老关于兵器方面有好多新的见解，我是后来翻书，没事儿看郭老的书。

采访者：他上课有什么特点吗？

徐元邦：没特点，老头很稳当，很谦虚，留着胡子在那讲课，很有条理的，我分到考古所后才知道郭宝钧先生就住在所里。

采访者：郭先生讲课是说河南话吗？

徐元邦：河南话，没错，郭先生是河南人。

采访者：据说他要说一句，本人马列主义……

1954年在周口店。右一徐元邦。

徐元邦：对，他说马列主义水平不高，我这儿学他，本人马列，不说列，说 le，马列主义水平不高，你提我想起来了，事实是这样的。

采访者：秦汉呢？

徐元邦：秦汉好像是苏先生。

采访者：据说苏先生上课都听不懂。

徐元邦：听不懂，你说我就告诉你，听不大懂，你仔细听也听不大懂，这不是我一个人的感觉。他讲着讲着好像底下听不见了，他是属于这类型的，他说着说着声音越来越低，就这个感觉。

采访者：他讲类型学吗，所以听不懂，还是什么？

徐元邦：类型学那会儿肯定听不懂的，你没有发掘，你发掘完了以后，才知道器物排队，这样才能明白类型学，区系类型学后来的发展。不过现在每个人理解也不一样，我看了好几篇，比如说社科院的院报，纪念苏先生的时候，有好些个人写文章，邵望平有一种认识，吉大的朱延平一种认识，好像每个人都对这个区系类型的解释认识都不一样。《苏秉琦与当代考古学》这一本书里面好多人谈到这个问题，你仔细看一下，好像每个人理解都不一样。

采访者：后来魏晋南北朝隋唐谁上的？

徐元邦：魏晋南北朝隋唐是宿先生，石窟寺我们上学的时候是阎文儒先生讲的，我跟阎文儒先生挺熟。我有一个西语系的同学，跟阎先生的外甥还是侄子原来都在近代历史所，就跟阎先生很熟，后来我从干校回来了以后，宿白先生提出来，南北响堂日本人出了书了，咱们弄了这么多年了，什么没出。

采访者：现在也没出。

徐元邦：就找我跟刘勋，说你们去找刘慧达，刘先生教过我们绘图，这个人已经去世了，把她手里的卡片要过来。我们去了以后，她老伴儿同意给，但是后来又不知道听谁说了，拿了这个卡片以后就归人家了，你自己什么名都没有，又不给了。经过地震以后，他说找不到了，后来又说说，好像有一点同意了，已经给了我一批。这卡片我带回来了，我给宿先生看，宿先生说没用，这些卡片是没用的，真正有用的卡片没有，就是有图有记录的那个没有。再说去要的时候，这老头撞在汽车上撞死了，出事故了，没弄成。这些卡片我一直留着，一直留到北大给苏秉琦先生做80岁生日，我才把这个带回去交给宿先生，到现在也没有出。那会儿没什么事，就刚从干校回来，都还没有归位，我们那会儿跟刘勋去宿白先生家谈完这个事以后，然后就去阎先生家，中午吃完饭回来。结果一直也没有弄成这书，从干校回来那会儿40多岁了，我在干校过的40岁，三年回来我才43岁44岁，爬高什么的都能干。

采访者：您是去的江西吗？干校？

徐元邦：我不是，北大是江西，我是去的河南。

采访者：您刚才说的夏先生也讲过课。

徐元邦：讲过，考古学通论。史树青你知道吗，史树青是鉴定专家，史树青原来跟我们一块儿旁听，听夏鼐先生的考古学通论，夏先生的口音也是温州的，有时候也听不太懂，关系老叫gaxi，这个大家都有印象。

采访者：浙江的同学应该能听懂吧？

徐元邦：叶小燕就听得懂，她也是温州人，所以夏先生去世了以后，陪着夏夫人的就是叶小燕，为什么呢？夏夫人不会讲普通话，都是叶小燕陪着，我哲学所有一个同学，是原北大京剧社社长，同年毕业后来一直来往，他跟夏所长都住在干面胡同，买什么东西都是夏所长出去，有一次我正好在那儿门口，我看夏所长提着西瓜，我说你别提了，我给你送到家门口。出门买东西都是夏所长，夏所长还能说普通话，能听得懂，但是有时候也不太容易懂，所以夏先生去世了以后，只有能听懂温州人的话，那就是叶小燕陪着她了。夏夫人去世以后，家属到考古所找人写挽联，正值中午下班，恰好我在办公室，夏先生的公子大概叫夏正楷，说要写挽联，于是从中午写到下午四点多才完成，他问我姓名，我只说了我是夏先生的学生，这可能是我为夏先生做的最后一件事。

采访者：您刚才提到考古测量课。

徐元邦：那个姓徐，也是一个南方人，后来调走了，也是考古所的人，这本纪念册里的照片收集了很长时间，徐邦达你们不记得吧？

采访者：听说过，是搞美术的。

徐元邦：故宫里搞鉴定的专家。考古技术，徐智铭，他教测绘。修复钟少林教，这都是考古所的先生。绘图郭义孚，照相赵铨，赵铨已经90岁了，绘画相当好，所以经常画画大概可以长寿，他画得相当不错，他退休了以后自己搞一个画展。这几个老先生，韩寿萱历史博物馆的，傅振伦历史博物馆的，好像是1957年划成右派了。王振铎已经去世了，我给他编了《东汉车制复原研究》，专门讲车的复原，他是搞地震仪复原什么的。佟先生原来也是在历史博物馆，后来调到了文化学院。

采访者：他女儿也是在？

徐元邦：对，佟伟华在历史博物馆，她写的《垣曲商城》勘察报告我是责任编辑。杨伯达我不记得听过他的课，讲玉器的，编了一套《玉器全集》，鉴定玉器的专家鉴定出假的来，让人骗走24个亿。你不知道这件事呀？这事闹得挺大，有一个人说家里有一套完整的金缕玉衣，请史树青、杨伯达还有北大的一个宝石鉴定中心的主任，还有文化遗产的负责人，这些人就去做鉴定，这些人去了一看说是真的，而且给他开出了证明，他拿着这个证明作抵押到银行贷款搞房地产开发，实际上什么也没有搞，把钱挥霍了，最后还不了贷款，闹出这事来了。这一闹出来，史树青不是死了吗，大伙儿把这个责任都推史树青身上了，说我们都听史树青的，他说是我们就说是，实际上史树青也没看。我在河北看见过好些玉衣片，那个玉片是一个大墓被盗后出土的，原来是铜缕玉衣，各种玉片都有，要真正金缕玉衣的玉石北大搞宝石鉴定的专家你看不出来，不可能啊，这事闹得北京市都知道，就是因为骗贷，这个要命了，还不上了。后来说拿什么骗的呢，当然银行也有责任，银行从来不能用这种东西做抵押的，银行为了贷款能拿大利息。史树青他们为的是什么呢，据说鉴定费每人给了一万，后来人家说不是一万，说是一人给了十万，调查调查都出来了，北京电视台播了好几次，归根结底都是钱闹的。

我跟史先生一块儿开过科技考古会，他在会上一再说鉴定这行叫"眼学"，后来有一次江泽民去参观历史博物馆还是故宫，就跟他们说，你不要净搞眼学，搞一点科学。但是他们不搞科学鉴定，是为了什么呢，你要都搞科学鉴定，眼学就没用了。前几天还有一个报纸登了，一个记者300块钱买一件假货，到拍卖行能标30万，所以现在好些人不发掘，靠着考古吃饭。你标300万都可以给你标，但是你必须做一个宣传，好像委托行卖不出去就不赚钱，不是，他给你出一本画册，就是这一次要拍卖什么东西，把你这个东西印在画册上作介绍，印上以后就得交这个宣传费，其实这一本书花不了多少钱，可他印一本宣传得好几千，所以已经把钱拿走了。再有一个你这东西是假的拍得越高越好，为什么？国家要拿税的，不管你真的假的，你拍500万，税务局按规定抽你的税，抽走了。所以这个委托行没有法律，假的不管换，不负责真伪，你买了假的活该。这大概是现在文物市场和收藏的现状。

采访者：您最喜欢的是哪个课呢？

徐元邦：我当时很平庸，后来就喜欢当编辑，徐苹芳先生1978年以后把自己那些资料拿出来了，国内国外的有关简牍的资料，我们后来整理编了一篇《简牍资料论著目录》。从那开始以后，西北出了几个新的汉简，也是徐先生说，你们把这个写写，写了几篇这个。原来考古所准备出《甲骨文合集》《金文合集》《汉简合集》三本，居延汉简甲乙编已经出完了，后来开始整理敦煌简，我就慢慢地整理整理，整理了好多年，差不多将近十年，结果没出来，没有钱，经费没有，结果这书等于废了。这个书难整是为什么呢，没有资料，是徐先生跟一个英国人还是哪儿搞汉学的，要了一卷阅读的正片，得用阅读器看这个正片，就是底片一样的，很费劲，你得一个字一个字往下看，后来我想了一个办法，找我们洛阳的冯承泽同志把正片翻过来变成副片，印成照片，全部整理得差不多，就有六根简我对不上。我管徐苹芳叫师兄，我说师兄剩这六根我对不上怎么办，他说不要紧，我们不是还有夏先生吗，一问夏先生他知道，结果还没有告诉他，老先生就去世了。这书搁在那儿，不是要申请基金吗，到申请基金的时候，完了。这资料还有，资料都送到徐先生家里，后来学苑出版社的同志来我这儿看那本同学录的时候看到了这本书，说我整理了那么多年将近十年了没出，问我现在还有没有出的价值。我说这个我要跟徐苹芳先生商量，徐先生说没有价值了，因为居延出那么多新简，敦煌后来没有进行发掘，没有什么新的东西，没有价值了，那就完了，这个彻底结束了。

有几个是凑巧，比如说青海大通出的简，关于兵法的。高东陆你知道吧，原来每年有半个月休假，他说你休假的时候上我这儿来，来青海，我一想青海没有去过，正好去一去。我去了以后，他给我一碗牛奶喝，喝了牛奶我觉得这个牛奶就下不去就顶到嗓子眼儿了，一直到离开青海我才感觉痛快，就是高原反应。在青海的时候，他们文物处有一个藏民叫格桑本，发掘了一批汉简，他们整理不了，就送到北京来，然后照了照片，跟陈公柔先生等一块儿整出来了，写了《青海大通马良墓出土汉简的整理与研究》，这些简有时候弄起来很有意思，里面什么都有，种菜的，治病的，放债的，放高利贷的。俞伟超你记得吗？俞先生学问很广博的，他也是苏先生的研究生。

采访者：思维比较开阔。

徐元邦：那是人才，不容易。还有徐苹芳先生，搞北京城元大都这些，他不但视野开阔，还可以做大的规划。徐先生1988年开始当所长，到第二年，不管你有没有什么问题，统统拿掉，一个不剩。我就回忆起"文化大革命"，"文化大革命"之前社科院归中国科学院管，叫哲学社会科学部。人家给哲学社会科学部贴的大字报就是对联，叫"庙小妖风大，池浅王八多"。这个不错，到1989年的时候还是妖风大，政治所的，马列所的，几个人都跑国外去了，所以要把所有人统统都换掉，一个不剩，徐先生那一届还没有当完就换了，不明白因为什么都得换。我们原来准备的东西想后面接着搞就很难，我们原来跟出版社准备出外文版的考古学，后来都没有整成，徐苹芳先生不退休，他那会儿是政协委员，我就退休了。我到1990年就退休了，返聘四年，但终究你是退休职工，你在那儿碍手碍脚，还碍眼，有人说你还占着这个办公室。后来我觉得这四年太没劲了，正好考古所不再返聘，我出去很自由，我曾经为北大、河北、河南、湖北、山西、宁夏、新疆等地区出版的论文集和发掘报告做过编辑，我到处都可以去，河南我可以编书，河北我可以编书，我哪儿都可以去编书，成了无任所编辑。考古的书除了你交给出版社了之外，你的要求我都可以弄好，连图都给你弄好，《郑州大河村》《高庄汉墓》《新蔡葛陵楚墓》《唐代薛儆墓发掘报告》《新疆察吾大型氏族墓地发掘报告》《西夏陵》《交河故城》等，都编完出版了。人就是这样，到这个地步你明白了，赶紧走。人这一生，我自己感觉就是平凡平淡平常平庸，我这四点，就是缺少一点平安。人老想平安也不成，1967年7月1日我正平安地骑着自行车，就被一个醉驾的苏联人的小汽车给撞飞出去好几米，住了好几个月医院，右臂现在也转动不灵。运动都经历过，从1950年开始就运动，一直运动到退休，这一辈子，没有停过，除了1978年以后，稳定了一段，还有50年代我们在北大的时候，那一段，但是到1957年就运动起来了。所以人的一生，就是这么平平常常的过来了，人这一生平凡点，平常点，就得了。

3月还能搞采访吗？搞不了吧？

采访者：明年4月底就要院庆，有可能也可以。

徐元邦：高广仁前天给我打电话，他是明年3月回来。

采访者：到时候看也可以补。

徐元邦：去年你们还没有这个计划？这个计划非常好，可以留下许多同学的经历资料。

采访者：对，那个时候还没有。

徐元邦：有这个计划去年就都可以做完了。高广仁曾经作过副所长兼书记，后来社科院又派了一个书记，党的组织原则里头有没有俩书记呢，没有，所里不允许有两个书记的，所以自己辞职了。

考古所后头基本上就没什么了，而且地皮没了。考古所原来是一个大花园，是黎元洪大总统的花园，以前是北京市第一个开放的私人花园，叫余园，我50年代去的时候，满院都是丁香、藤萝、牡丹、假山、太湖石，真正的太湖石从圆明园拉来的。

采访者：地是卖了吗？

徐元邦：没卖，但没人管理不行，知识分子管理这个管不了，原来的路都是石子路，都是用彩色石子铺出来的花纹，后来全都抹了洋灰了，科研单位管理人员要是不行的话，素质不高，基本上就不行了，而且考古所的地盘越缩越小。现在社科院本身没什么地皮，曾经跟科学院打了几次交道都是以失败而告终，争不过来这个地皮。到了后来考古所归了社科院以后，前面盖了个社科大饭店，我说你就盖了一个饭店，你起码把图书室盖起来啊，你先盖这个饭店干什么。我说的不好听，在同仁录里我说盖了一个"日进斗金大饭店"，日进斗金把这个破败的考古所大花园改了面目，领导说你不能这么说，这是敏感问题，我说有什么可敏感的，应当把考古研究所盖在饭店那儿，饭店应当靠边，你怎么变成社科院社科什么招待处还是什么。而且，原来院墙是属于文物保护单位的，整个墙不能动，现在把墙全拆了。这是我们同仁录中退休同志的照片，我说的汉简照片就是他给我搞的，冯承泽，现在还在洛阳。这是刘勋，这大概是在他们家，刘勋笑话也多着呢，这是邵望平，这人是陈戈，你知道吧？

采访者：听说也是1989年的时候。

徐元邦：是说他贪污，夫妇俩人在新疆，爱人调到北大，最后腿也折了，还有其他病。这是邵望平，高广仁，这肯定是在美国，北京瞧不见这天，找不着本人了，这是郑振香，这老太太八十多了，这是杨泓。这个是赵芝荃，糖尿病挺厉害。这个是胡谦盈，我们在半坡实习的时候，他给我们当过辅导员。这是我对考古所的简单回忆，一直到我退休这一段，你简单看看。

肃清胡风反革命集团，胡风给中央写了一个万言书，于是就根据这个万言书的某些部分定成了一个反革命集团，牵扯了好多人，除了肃清反革命集团，各个地方都搞，有好多搞成反革命的，刘勋知道这个事，北大批判一个叫张伯伦的，也在大礼堂，现在在东北的段静修写过这一段。

采访者：对他也是影响很大的，他迟了好多年才毕业。

徐元邦：他还不错，没把他劳动改造去。最后刘勋他们班批判那个叫张伯伦的，张伯伦在"文化大革命"中自杀了，批判张伯伦，吓死一个同学跳到未名湖里找不到了，叫李广海。我这回跟刘勋一起去考古所组织的一个叫总政还是总参的基地，在小汤山那边，我们俩住一个房间，有时候一聊，聊到夜里1点，都是我们过去的这些事。李广海找不着人了，后来这个事就是刘勋办理，班里问刘勋你经常跟他在一块儿，你知道他们家在哪儿住着，你给他们家送一个信，这个人找不着了。后来刘勋去了，他母亲还说你吃饺子不，还不知道儿子已经死了，就是不知道为什么自杀。当时跳下去脑袋撞石头上了流好多血，衣服放在岸边了，连鞋，到底为什么，不知道，所以人家就说批判了一下张伯伦把他吓死了，吓自杀了。原来我就喜欢第一体育馆前边未名湖岸边上那些石头摆的景点，这个园林不是随便现在泥瓦匠都可以做的，找一个挖湖的，把石头搬了以后，底下挖了，再让他复原绝对复原不了。我通过这个就说考古所原来的假山有好多力学在里面，假山那个石头伸出去一块，在那儿悬空着的，都是人工砌成的东西。李广海就是在我在北大印象最深的景点旁边跳下去了，跳下去找不着了，后来看见这是谁的鞋，刘勋一看，说是李广海的。认识他的鞋，家做的布底鞋，后来给捞上来了，捞上来已经死了。还有一个王承祒，他是历史系专门搞甲骨文的，那人底子非常厚，要是活着学问比现在这些人还高，死了，跳楼了。批判他反动思想，那会儿北大很热闹，人不许出去。正放暑假呢，我接到一个公用电话，让马上回学校有事传达，我穿着都是窟窿的圆领衫，夏天热，又刚下完雨，穿着雨鞋，接完电话说马上就走，原本以为还可以回来，谁知去了以后就不让再出校门了。我们班里面管肃反的叫王翠，镶着金牙，山东人，我说你看我这样，伏天，没有换洗的衣衫，穿着穿着都馊了，在宿舍里招人讨厌。她说不能回家，我说我不回家，我上清华，我有一个街坊在那儿当工人，让他给我带几件衣衫，我告诉他去，我也不知道人家电话，这么着，才让清华那老头儿给我带回几件衣衫来，不能老穿那个胶鞋，不下雨你穿胶鞋脚捂着受不了。一直搞了将近一个暑假，就搞这个，交代问题。所以我刚才跟你说了，这个老师，我记得他在历史系肃反办公室跟我谈过话，我们那个问题是什么呢，就是我们班的高东陆，信口开河，云山雾绕，最后批的就是这些，他说他还当过志愿军，后来调查，还真是志愿军，为什么转业呢？是打炮的时候把耳朵振聋了，他就是云山雾绕给坏了，你一上纲什么都是反动的，咱们这么一聊天都可以成反动的。你们没有经历过那时候，唱戏也可以是反动的，反动小集团，平常的事一上纲上线就是政治问题。这一段搞得非常左，后来把江隆基调到北大当校长，江校长来了讲了话以后，这些才稳定下来。

原来负责人是副校长还是教务长我记不清了，叫张什么的，那人讲话就是恨不得你们这些人都有问题，到这个地步了，搞的就是人心惶惶的。因为你有问题你交代清楚了，他说还有问题，你不知道你有什么问题，比如说我二十多岁，我有什么问题，我杀人放火了？我干过土匪啊？那不可能啊，你干过土匪你上不了学，你怎么考上北大的。所以江隆基校长来了以后把整个情绪稳定下来，基本上运动就算完了。实际上就是胡风的万言书闹的，胡风的万言书只是提了文艺理论方面的问题，结果全上了纲成了暗语成了黑话成了反革命的语言。有一本《炎黄春秋》不知道你们有没有看？今年前几期把这个事都写出来了。

采访者：最后胡风是怎么处理的？

徐元邦：我不知道，胡风跟我住邻居，我们原来住在一个胡同里头，我们在西头儿住着，他们在胡同中间另外一个小胡同里住着。姑娘儿子什么的住在那儿，有时还和那个姑娘点点头，后来他那个姑娘下放到南口农场劳动，也没上成大学，凤凰卫视播过这个关于胡风的问题，电视里还见过，谈他父亲这一段历史，后来平反了。等运动稳定了以后，我们就该开始去陕西实习，半坡你去过吗？

采访者：我们去陕西实习参观过，现在有一个半坡博物馆，原来好像就有。

徐元邦：有半坡博物馆，叫陕西省西安考古研究院是吧？研究院里头的石兴邦先生原来在考古所，带着我们去实习，石先生人挺好，挺和善的。

采访者：现在也八十多了。

徐元邦：八十多了，听说背都驼了。实习就先到西安，结果考古专业的有两个人没让去，问题没审查清，一个就是夏振英，一个就是高东陆。我们的北大同学录里面，你看高明写的那一段，高明把这事说了，后来到第二学期实习已经开始到沣西了，才让这两个人参加。夏振英就是解放前在警官学校上过学，等到他快毕业的时候，北京就解放了，分配工作那不可能了，所以他只是有这么一段上学前的历史。高东陆就是说这个人历史复杂，瞎说八道，包括吹牛什么的肯定都有，吹坏了，说他是假解放军。说他是吹的，也不是，实际他是真的，有证明啊，有时候他说话不着边际的瞎说，又爱说，后来我就跟他说，我说你还是这样，有一次上我这儿来，请他吃饭，他还是这样。我们很熟的，跟夏振英、高东陆，有时候暑假高东陆就在我家住。

采访者：他现在在哪儿呢？

徐元邦：住在良乡。我们实习的时候在半坡，先在西安仁爱巷住，仁爱巷是中国科学院的一个分院办事处，为什么下工地比较晚呢？是因为连阴天，赶上连阴天了，我们的辅导员，一个刘观民，一个李仰松，北大就一个李仰松先生跟着我们去的。

采访者：杨建芳先生去了吗？

徐元邦：杨建芳先生好像去了，没有待多久就走了，还有考古所的金学山这几个人做辅导员，金学山一直陪到底的，李仰松待没多久就走了，他好像是学校安排把学生送到就没事儿了，真正辅导的是石先生。当时住老乡家，我跟高明，张忠培我们三个人住一个马圈里头，用一个席子拉开挡住，一半是我们三个人的宿舍，隔壁就是马的宿舍，最有意思的是到夜里马经常大小便，听的非常清楚。

采访者：有味。

徐元邦：味倒无所谓，闻习惯了也无所谓，放屁什么的都有，各种声音。后来习惯了就无所谓了，一直就住在马圈里头。我们住在房东家，老头岁数大了，准备了一口寿材，棺材头正冲着我们。每天发掘完了，不是有好多人骨兽骨什么的，那时候没有袋，是蒲包，得提着回去，得填记录整理，就放在床下，包括头骨什么的都放在床下。后来石先生一直让我们做到快过阳历年了才收工，那工地到什么程度呢，要我说那会儿冷得很。现在西安土地还冻吗？

采访者：现在还行，有时候会冻。

徐元邦：西安下雪下了就化？

采访者：有的时候能存住一些，特别冷的时候。

徐元邦：那会儿早晨起来听到中央人民广播电台的开始曲《彩云追月》就起床，上工的时候，还可以踩在工地地面上走，中午就不行，中午一出太阳马上化了，鞋底粘的全是泥，中午就不敢搞了，要不全踩坏了。下午等到一会儿太阳没有了，又硬了，你再去搞一段，天短了就不行了，这样一直搞到12月底收工。

采访者：12月底还在挖吗？

徐元邦：挖。就是开始清理一些东西了，比如说挖的灶，挖的房基，墓葬什么的，就清理这些。12月底还搞了一次现场展览。

采访者：您能谈一下石兴邦先生是怎么指导实习的吗？

徐元邦：那会儿学苏联，发掘也学苏联，大面积的探方，用皮尺量画出遗物的点，你得在里面来回走，后来石先生给了我一个大概有一米见方的东西，里面拿绳子编成相当于一个厘米一个厘米的格，铺在遗址上以后，在边上拿那个画。比例缩小了，点在米格纸上。原来是先量一下，在米格纸上点一点，这么量一下，点一点，我跟高明做了一个窑址，里面全是碎陶片，我们俩人刚实习不懂，左一点右一点画了一大片，最后全是碎陶片。后来独立了，我一个人在那个探方挖了一个房址，还挖了一个窑址，这两个都是用石先生教我的方法画的。石先生基本上每天都跟着你下探方，很少不去，石先生人很和气的，后来由考古所调走了，调陕西去了。

采访者：陕西要过去的？

徐元邦：是要的还是自己走的吧，原来考古所有五个发掘经验相当丰富的先生，石先生，张云鹏，钟少林，还有一个是陈公柔，还有一个是谁，我不记得了。在发掘工地吃饭很有意思，吃饭的时候，在工地边上搭了一个大席棚，那会儿哪有什么活动板房，简易房、帐篷都没有，就是拿席搭一个棚，拿木板钉成桌子，后面拿木板钉成板凳，大家坐成一排一排吃饭。里面搁得有粮食，老鼠相当多，冬天早晨起来去吃饭天还黑着呢，开着电灯，底下老鼠就跑，有一次我吃着饭，觉得底下一个东西就是老鼠，一直顺着裤子里面往上爬，我说坏了，冬天还穿得厚，我赶紧拿筷子往外敲老鼠，敲几下跑了，吓了我一身汗，这老鼠进去不出来怎么办啊，这老鼠特别厉害，等到白天把席棚子门一开，我们在工地发掘看得见里面老鼠到处跑。

采访者：没有放一点老鼠药，老鼠夹子？

徐元邦：没有，老鼠夹子都没有。徐锡台最有意思，他是苏北人，他说话大家有时候听不太清，每回在板凳里头，中间道路很窄，进出的时候他说得罪得罪，就是让你站一下，他进去或者出去，得罪得罪，我老听着打嘴打嘴，我说你出来进去吃饭你打嘴干什么，后来我才明白是得罪得罪，后来我听惯了徐锡台讲话，苏北人讲话就是这个样子。在田野我管洗衣服，大家脏衣服要找人洗，当时没有洗衣机，农村里面有妇女可以给你洗衣服的，一件给人家五分钱还是几分钱，就弄一个大包，谁有脏衣服往里搁，但是你自己认清，洗完了以后给你送回来，我管这个。生活委员是张忠培，那个大师傅叫王凤翔，饭做得相当棒。

采访者：是当地找的还是？

徐元邦：河南人，一直给考古所做饭，基本上都在工地给大家做饭的。那会儿发掘技工都是河南的，有的原来是盗墓的。陕西现在我不知道怎么样，陕西过去冬天没菜。

采访者：现在都有了。

徐元邦：就是冬天有藕什么的，这些个东西，但是人家大师傅给做出来的菜相当棒，相当好。后来我们收工以后，大家准备请石先生吃一顿饭，就是拿我们自己的伙食费买，那会儿伙食给的补贴还是不错的，请石先生吃了一顿饭，还有金学山先生，都采购完了，是高明掌勺。高明当大厨，他说你把鸡宰了，我说我没有宰过鸡，我不会宰，后来我琢磨半天，拿着菜刀，这个对鸡够残忍的，为了让鸡牺牲时少受点痛苦，我找了一个刮胡子的刀片把鸡脖子给抹了，那快啊，一下就完了，这是我有生一来第一次杀鸡。那个刮胡子的刀片很厉害，后来"文化大革命"中我们所的赵万才（"文革"时改名高旗），也是北大毕业的，割腕就使那个，割了没死，他怕疼，没有割死，最后上吊了还是死了。

采访者：上吊也疼啊。

徐元邦：上吊不疼，一会儿晕了就完了。等请吃饭完了以后，就收工了，转过年来上沣西，考古所派了钟少林先生做我们的辅导员，先生会唱京剧而且是票友，后来派了考古所的王伯洪，王先生已经去世了。当时是在人家砖窑厂里头发掘，这事谈不拢，一直谈不拢，后来你知道是谁出面的，郑振铎。你想那会儿一个工地解决不了，文化部长都出来了，现在当官的管这个吗，毁了东西他都不知道。郑振铎出来交涉完了，这才开始开工，那就很晚了。工地发掘，发掘都是周墓。

采访者：是张家坡吗？

徐元邦：张家坡，有一张照片是我跟祝广祺在工地，后来照片给了孙华，孙华给弄丢了，找不着了，就是发掘工地的照片。我想为什么把这个照片给他，北大出哪本书的时候，是因为祝广祺去世我才给他这张照片，结果还丢了，就那一张。祝广祺在西安，买了一部善本书，这本书惊动了郑振铎，郑振铎亲自到他宿舍里去看这本书说你买着了，买对了，那会儿买书很便宜，在西安钟楼买的。

我为什么会说这个"额"，那个小民工教我的，我们当时找了几个当地的年轻小孩一块儿发掘，一个坑里整天在一块儿，学了好多陕西话，最后发掘开始，到星期天跟他们砖厂赛球，打篮球，高明当裁判，一打打半天。当时考古所有一个王振江，老先生还健在，一块儿去的，他是修复不辅导，我们两个人有时候一到星期天就去钓鱼。村里头原来都有塘，都有池子围着，怕有土匪，没有鱼竿，就弄一个苇子秆，鱼漂是什么呢？是他们发掘队买过一只天鹅给宰了吃了，就是张家坡这儿，他们发掘的时候。天鹅鹅翎那个管相当棒，就当鱼漂，我提着两只雨鞋，把里面灌上水，把钓上的鱼搁在里面，有一次钓上一个甲鱼。给我们做饭的大师傅也是河南人，他的手艺相当好，他把甲鱼就给做着吃了，头一回吃甲鱼，不是乌龟，盖是软的，在池塘里的那种，头一回吃，那大师傅做得挺好，早上起来经常做一些炸糕，烫面的炸糕，做得伙食是相当不错的。吃饭的时候开玩笑，我不是告诉你我这儿净说北京土话，当时地里头有那种布谷鸟，我学了一声它的叫声，后来他们给翻译成光棍考古，这成了笑话了。那种鸟现在有时候农村还能听见，北大原来一到考试之前五月的时候，特别多，现在我不知道能听得见听不见。应该是快来布谷，我就学了那么几声，后来人家说我说的是光棍考古。

采访者：考古所主持的会有考古所的人参加吗？还是说只有北大学生？

徐元邦：学生，参加就是属于辅导指导。

采访者：除了辅导员之外都是北大学生吗？

徐元邦：基本上都是北大的学生，就是我们这一班的学生，收工以后，就把出土的遗物都拉到西安市的仁爱巷，这个房恐怕都拆了，是中国科学院驻陕西办事处，考古所盖的那个楼，雁塔路那个楼，叫中国科学院考古研究所西安研究室，在那儿盖了一栋楼，听说现在也拆了，收工后住在仁爱巷里整理。我突然想起来有一篇文章挺好，木屐，日本人穿的那个底下有两个齿，那是中国人汉代穿着踩泥的鞋。那会儿在仁爱巷已经是夏天了，西安进了一批福建产的木拖鞋，那个拖鞋做得相当讲究，木板也好，上面描的黑漆，黑漆上画的彩画，好多人都买了，结果走起来"踢里趿拉"满屋都是木拖鞋的声音，一直穿到分配工作那鞋才算坏，相当棒的那个木拖鞋，现在看不见了，现在都改塑料的了。那会儿八百里秦川的小麦非常好，我原来身高一米七六，现在我抽了6厘米了，剩下了一米七了，那时候田里的小麦到我胸口，而且馒头也好，馒头也白，油泼辣子，往馒头一加，我吃不了，我怕辣。工地那些陕西娃中午吃饭都是那么整，带一罐子水，拿一个刨地的镢头，然后中午就是馍，现在陕西卖的叫肉夹馍，那会儿叫辣子夹馍，就那么吃。原来河北人，北京人很少吃辣的。后来是怎么回事，大概是小平同志一复出把四川菜带火了，全都吃辣的，你肯定不会那么吃，你在市内你肯定不会拿馒头夹着辣椒吃。辣子吃不了，羊肉泡馍，可惜葫芦头我没吃过，祝广祺吃过，还有西凤酒，我和魏效祖一起在钟楼夜市的地摊上喝过西凤酒。

采访者：西凤酒是在宝鸡？

徐元邦：在西安，还有一个同学叫魏效祖在西安，我曾经问夏振英的爱人，我说还见得到吗，她说见不到了，原来在小雁塔，在那就好找。我是1988年去的西安，找一辆自行车骑着就直奔小雁塔，结果没见着他，我给他留了一个条，他后来还给我写一封信，现在上哪儿去不知道了。

采访者：就是现在也没太联系了。

徐元邦：魏效祖，砖厂赛球就是以他为主力，他打篮球，高明当裁判，砖厂有时候打球就打一整天，中午饭吃一点糖果就能接着打。沣西收工以后就是在仁爱巷开始整理，整理完了基本上就回来了。回来是阎文儒先生接的我们，然后去龙门。历史系出版过一本《那时我们正年轻——北京大学历史系友回忆录》，把我这些繁人琐事都发表在那本书里了。我们去龙门参观，考古所在洛阳有一个工作站，住在工作站里头，参观洛阳文管会的仓库，阎先生请了一顿黄河大鲤鱼，这吃都记得，功课全不记得了。不大愿请客的是安先生，愿意请客是阎先生和宿先生，我们上大同实习去，宿先生晚上请我们去听山西梆子。

采访者：大同实习是很早了吧？是实习之前去的吗？

徐元邦：上学的时候借春假的机会，那会儿有春假。

采访者：春假是什么？

徐元邦：就是春天，现在不是五一放长假吗，那会儿有三天两天是春假，借着春假去了大同云冈。

采访者：这个是在去陕西之前？

徐元邦：我不记得了，二年级还是几年级反正是肃反之前，应当是二年级。

采访者：那个上面写的是1955年的上半年春假。

徐元邦：1955年不对，1955年我们实习去了。

采访者：1955年的春假，您不是是下半年去实习的吗？

徐元邦：对，1955年春，我们在陕西一年。

采访者：那是1955年9月去的陕西。

徐元邦：对，1955年9月去的，1956年毕业的，对，1955年春天。住在接待外宾的宾馆里，大同没有咱们吃的调和油，植物油没有，菜全是羊油炒，大同比咱们这边冷点，上了菜以后，一会儿就成了一层白的，马上凝固，就成了那个羊油。那儿照了好多照片，也找不着了，那会儿照片还不在我们手里，底片在学校，相机是学校的。我们拉汽车，不是走山道吗，有往上拉装行李的吉普车的照片，现在都没有了。中午在一个亭子里吃饭的照片，我有印象，后来好像都不见了。那个照片，你听系里怎么说，需要什么照片，我们这一个班的可以去历史系找一找，你从这本书上也可以搞下好多来。

采访者：您这本书上面的我们院里好多都没有。

徐元邦：我想起来了，这是我们跟历史系我们这一班的同学合着搞的，就是所有的照片都是大家集起来的。

采访者：怪不得，我们像周口店遗址参观，云冈这些都没有。

徐元邦：我们集体上八达岭。

采访者：八达岭也没有，学院里现在都没有。

徐元邦：詹天佑像下面照的像。

采访者：还有我们的球队这张照片也没有，您这次去大同多长时间？

徐元邦：很短，就春假那么几天就回来了。

采访者：谁带着去的？

徐元邦：宿先生。

采访者：阎先生去了吗？

徐元邦：阎先生没有去，宿先生带着去的。阎先生讲课时把共产主义看成像是佛教的西方极乐世界，中国人理解人死了才去西方极乐世界，何况当时西方是资本主义世界，是压迫剥削无产阶级的社会，因此人死之后最好不要驾鹤西游。所以就有人发难批评他，你不能这么讲，他不像郭宝钧先生，说我这马列主义水平不高，他说什么叫极乐世界，说共产主义和极乐世界相似，后来就批评他，其实谁也没见过极乐世界和共产主义，1958年有个口号是跑步进入共产主义，结果跑了几步变成了粮食匮乏，物资奇缺，结果不跑了，也不再提了。宗教是麻醉人民的鸦片，共产主义是无产阶级奋斗的目标，我们建国60多年了，社会才到社会主义初级阶段，所以慢慢地奋斗，在党的领导下迟早会达到共产主义。结果阎先生不教了。记得开给阎先生提意见的会时，阎先生在患口疮，说话很困难。我们回来的时候，阎先生把我们接到龙门顺便讲了一下龙门的石窟寺，后来不教了。我是"文革"之后经常跟刘勋去他家，现在有一些同学大概没这时间。那会儿"文革"刚完，回来具体工作不多，所以宿先生提出来把南北响堂搞一下，现在也没有搞成。

采访者：因为那个东西都找不到了？

徐元邦：刘慧达的记录卡片都在里头，后来她没有交出来，她去世之后，她老伴儿说不知道在哪儿，就没有办法了。这对我跟刘勋来说是最大的遗憾，起码你可以把那个整出来。你想40多岁，登梯爬高都可以，现在腿都不行了，刘勋又有糖尿病。我退休后让刘勋主持编辑室工作，原来的编辑室正副主任都退休了，一波一波轮着走，让我当主任，我说我不行，第一不是共产党员，得受党的领导，我说让刘勋当，刘勋比我年轻还是党员，我这个民主人士受党员领导没错，所以刘勋作主任。这一步棋走对了，后来就是因为削弱党的领导，1989年的时候不就是这些吗，等到1990年我退休了以后，刘勋突发心脏病，在朝阳医院抢救，现在电击的痕迹还有。

采访者：那个时候他不大，还不到60岁。

徐元邦：他比我小，还不到60岁，他没有心绞痛的征兆，就是胸闷、出汗，他住在朝阳医院边上，就送朝阳医院里面。两个见习大夫特意给他做人工呼吸，给救过来的，主治大夫是谁，现在专门讲健康的洪韶光，要他就不行了，他不弄了，结果那两个实习大夫就不停地给做，抢救过来了。我们俩这回住在房间里谈了好多过去的事，人年纪大了以后愿意回忆这些，因为你讲现在，北大什么样我不知道，我原来还经常去学校给系里编《考古学研究》，我编到四，为什么呢？出版社那个编辑老找学校追加钱，我说第一我不能代表学校同意给你钱，我没有这个权力。第二，我说你做这个你应当懂，经费有富余可以，但不能追加经费，追加经费很困难的，不能这么随便追加，我说你老找人追加算是怎么回事，后来我看他老这么捣乱，我说我跟你干不了，我老给你联系要钱，好像我在要钱，其实是出版社的编辑要钱。那会儿邹衡先生说，由我编辑找对人了，我是他退休以后给北大编的，所以邹先生说徐天进找对人了，后来我对邹先生说这事不能干了，邹先生走了，死无对证，我不能这么说，邹先生也了解出版社那个编辑，所以后来我就不再编了。第二本是在北京大学出版社印的，我的设计没有按照那个做，那个纸基本不行，后来换的科学出版社，出版社赚钱怎么赚，比如说这个书我们印一千本，出版社加印成一千五，那五百本等于没有花钱，你所有的制版、制图、录排全好了出胶片了，他放一点纸一加印就出来了，出来就赚五百本的钱，都是这么干，这只是其中的一种办法。

采访者：您这次去大同除了去云冈之外还去市内那些寺了吗？

徐元邦：就去看了一个九龙壁，别处没有去，还有一个庙吧。上下华严寺好像去了，善化寺，也就在外面看了看斗拱，宿先生教古建，当时只是走马观花，我们没有相机，我们要有相机都照下来就有资料了，那会儿没有，就是九龙壁那儿照了一个像。

采访者：当时照相的是谁？

徐元邦：都是同学，就是一个相机，学会了照相，照相是赵铨先生教的。那会儿叫莱卡相机，东德的莱卡相机。

采访者：那时候系里面有几个相机？

徐元邦：不知道，你们现在每人都可以带一个数码相机需要什么资料就可以照下来，那会儿一个胶卷36张，还得都照好了36张，照不好掐头去尾剩30张，32张，就完了。莱卡相机在那会儿相当不错的，我们家原来有一个30年代的老柯达相机，很大很不方便，后来处理了。柯达相机是四四方方的一个盒子，你也可以竖着照，横着照，反过来是这么着的，上头有一个毛玻璃取景器，一按就得，现在还有这个相机照的照片，小时候照的，后来没辙卖了。那个相机不太方便。

采访者：1954年考古专业改成考古专门化，您有印象吗？还把学制给改了。

徐元邦：改5年，我们当时还是4年，我们下一班杨泓、刘勋他们就是5年了，所以我们1956年毕业以后，1957年没有毕业生。但是有划右派的，1956年我们毕业以后，

1957年已经毕业走了就没事儿了，你没走，一鸣放就坏了，赶在这个倒霉点上，就划右派了，段静修就是这样。

采访者：他是哪一级的？

徐元邦：好像比杨泓还要晚，我们底下一班就是杨泓，杨泓底下就是徐光冀，再底下⋯⋯

采访者：马文宽，宋兆麟先生？

徐元邦：马文宽也是划成右派了。

采访者：在山西待了十几年才回来。

徐元邦：杨新改你认识吗？后来《天马曲村》是他编的，光靠原来的那个编辑编不出来，她也是北大的。王霞你知道吗？

采访者：知道，她在文物出版社。

徐元邦：她原来在科学出版社，一个她，一个杨新改，闫向东去了以后王霞走了，最后杨新改也走了，现在弄得好多，孙莉，还有谁，好几个了，闫向东要了好几个北大的学生，宋晓军那是吉林大学的，你们认识就是闫向东，闫向东的同班同学在河南发掘二队，你要听他一介绍，闫向东很有意思。闫向东是山西人，善于理财，晋商。要搞学术，光赚钱不行，不过赚钱是时代潮流，是第一位的，叫经济效益。比如说要出壁画全集，跟徐光冀合作。但是闫向东做的这几本大书确实是功不可没的，为出土遗物保存了资料。比那些无良无德的房地产开发商，他是功德无量的。

采访者：就是所有墓葬壁画。

徐元邦：不只是墓葬壁画，是全部的，不是出版过一个玉器，一个瓷器全集吗？现在准备出一部壁画，据说底下准备出铜镜，都是和书商合作。

采访者：壁画还没有出吧。

徐元邦：可是河北也出了，河北教育出版社出了分卷的，我那天在考古所看见，一个魏晋南北朝墓葬里的壁画，还有一个唐的，后来我给徐光冀打电话，我说你们是不是撞车了，他说没有，他说他们没有材料。我那天接着燕山出版社编辑的电话，他说他们去石刻博物馆，要给他们拓片出书，人家说不行，我们这个初拓值钱，一张拓片好几万，不能出，谁都不能出。考古所一部分拓片没有出过，图书馆，现在是叫首都图书馆还是北京图书馆一部分没有出来，还有就是石刻没有出来。这个东西确实是这样，我编过一本《善本碑帖录》，一位叫张彦生的老先生研究碑帖，比如说初拓是什么样，第二次去，哪一个字坏了，哪一个字裂了，哪一个字被人挖了，他都给你写上，一批一批都看过进行比较，这就是搞碑帖鉴定，眼学，都记下来了。还有孙贯文先生《北京大学图书馆藏历代石刻拓本草目》，发表在《考古学集刊》上，都是很珍贵的资料。邯郸那个文物部门叫文管所？那人叫什么？他是北大的。

采访者：乔登云吗？

徐元邦：乔登云他是工农兵学员，76级，他的水平可不低，他比石家庄那个棒。石家庄原来文研所的所长发掘起来有办法，就是不写。乔登云可不是，乔登云前面的叫张沅，

52级同学在圆明园测绘合影。

这个人我跟他非常熟,张沅写的东西,发掘赵王城边上那两个大墓,都是他做的,已经退休了,彻底不干了,绝对不干考古了,不像我,有时候还留恋这个东西,他没有,他绝对不干了,现在在北京住着,张沅。我就是去磁山开过一次会,我跟安志敏先生一块儿去的,开始认识了邯郸的张沅,衡水的沈名杰,衡水有很多东西,我跟他说好几次,我说苏秉琦先生是河北人,如果你肯下工夫发掘出点实际的东西,苏先生能回去帮你看看开一个会,你就抖起来了,肯定名声起来了,结果几十年没做发掘。地理肯定有问题,原来是淤泥,沙,淤沙,水特别多,石器时代得在十几米以下才能见得到。现在靠什么呢,都是农民挖完坑以后,能够在坑边看见一点地层,战国的东西都在衡水湖的水底下,但是武强县农民可以发掘出独木舟来,大概起码在十几米以下,在原来的古河道里。挖出独木舟来也不保护,我把标本拿到考古所给做了碳14的鉴定,是战国的独木舟,木材做了鉴定,舟呢,我说你弄面包车把舟拉回过去,一个是保存湿度,赶紧找河北省给你做一个模型出来,不干,结果晒了几天化为齑粉了,彻底完了。

采访者:刚出土的时候怎么样?

徐元邦:刚出土的时候很清楚,照片拍了,拍完了连胶卷都找不着了,所以我说你现在的发掘谈的都是成绩,究竟毁了多少东西,没人统计,没法统计。我原来在考古所编辑室,后来变成杂志社,建社10周年的时候一人写一篇东西,出版一本《探古求原》,我写的就是河北衡水的明墓，两块墓志，校对墓前的碑文，御赐的一个碑，里面记的有当时祭祀用品都是什么东西，半坛是多少，鸡呀，鱼呀，鹅呀，馒头，汤都有，用多少香，多少蜡，我去对去了。那个碑被砸成三节趴在那儿了，碑文向下我对不了，我弄不动，后来把那个碑赶紧给送到乡里去了，要不然就让人偷走了，偷了去也不知道，丢了也不上报。

采访者：没人报？

徐元邦：现在只留了一个牌，省级文物保护单位，其实什么都没有了。我给你找找那本《衡水文物》，春秋战国的，就是河北那个，这个叫豆形器，你看这起码是一个公主墓里出的，老乡挖的，这是铜缕玉衣片，大理石汉白玉什么都有，《衡水文物》，我看里面有好多文物，瓷器都是耿宝昌先生给定的级，宿先生给题的书名。韦正不是搞南北朝吗？他那儿有一个封氏墓，有一个高氏墓，北周、北齐的两个，正好他去了，我说你赶紧找他，让他请宿先生给题书名，原来想让徐苹芳题，后来我看他身体不行，我想别折腾他了。告诉你一个笑话，就困难那几年，徐苹芳家养了好多兔子，就是养着玩的兔子，兔子挖了洞钻地里去了，后来不是那几年什么吃的都没有吗？我、杨泓、徐苹芳我们三人把这兔子抓出来，杨泓按着，我砸一斧子砸脑袋上，然后徐苹芳开始扒皮，那会儿真的是什么肉都没有啊，就把兔子杀了吃了，所以想起很多往事。徐苹芳去世我真是难过，六十年，我们俩整整的交往六十年，我前天去了他的墓地，我没去告别和下葬，因为我有一种毛病，叫颈动脉血管失调，不知道什么条件之下一反射就马上躺下，如果在那种场合突然倒下，不是添乱吗？我问大夫是不是像神经官能症，大夫说可能是，说我就是这体质，后来我琢磨着，以前也有过这个现象，但不是那么厉害，现在一直不知道怎么回事，好了以后，送到医院去检查，从来检查不出来，马上检查，也检查不出来。你们对这块还有兴趣吗？

采访者：有啊。

徐元邦：你是学文献学啊？

采访者：我学考古史的。

徐元邦：考古所现在的副所长叫陈星灿好像也搞考古学史的，他是安先生的学生。

采访者：他好像原来是中大的。

徐元邦：对。中山大学、南京大学现在都有考古系，但是比较起来，总的说起来，吉大的就是张忠培打的基础。《衡水文物》里有好多东西大概是贵族墓里出来的，从东西的造型跟那质量，都是不错的，就是1958年"大跃进"的时候，农民自己发掘，打里头往外搬。所以我说真正统计一下从改革开放，文物毁了多少。

采访者：您当时测绘课是在圆明园上的吗？

徐元邦：对。

采访者：谁讲的？

徐元邦：徐智铭。标杆、塔尺、大平板、小平板、水平仪、垂球，就是这些。

采访者：这儿还有一张照片。院里边也有照片，也有圆明园的照片，好像还不太一样。

徐元邦：那天上课的时候，刮大风，我就记得刮大风了，学修复，在一个小平房里头，整理出土遗物，陶片往一块儿拼，我不知道你们经历过这个没有。

采访者：我们拼陶片。

徐元邦：我们就是回来以后在西安，张家坡实习完了以后，在仁爱巷科学院那里拼。半坡完了以后在雁塔路整理时，陈毅去过，陈毅没进楼，我们住在楼里，郑振铎是知道的，郑振铎是跟砖厂发掘工地谈的。胡耀邦去过，胡耀邦上延安回来路过这儿，进去了，他不是共青团嘛，把大家召集在一起讲话，讲的是什么具体不记得了。但是有一件事记得，就是说祝广祺不刮胡子。

采访者：他后来还是留在北大了一段时间。

徐元邦：他当了一段助教，然后就去历史博物馆。他老在北京长期的两地分居，最后调回上海去了，调到上海博物馆，后来又调到复旦大学，也是北大毕业的潘松鹤办的大概是博物馆专业还是考古专业，我每次出差去上海都去看祝广祺。这是阳吉昌，是我们的班长，这是高东陆，他穿的衣服是我的，这是夏振英去世了，最近几年去世了两三个，我们做完了这个纪念册以后，我们毕业五十周年返校了一回，王克林在山西，方酉生也没了，郑笑梅糊涂了，不认人。

采访者：啥也不记得，也不认人，我们也没有见到，可能也不太方便。见了蒋先生了。

徐元邦：蒋先生是北大的，不是吧？

采访者：他是西北大学的。

徐元邦：他原来不是学考古的好像。

采访者：是，原来是西大的考古系。

徐元邦：我们在西安实习的时候听过西大讲课，陈直专门讲秦汉的，我写简的文章的时候，有好多参考了陈老先生的书。

采访者：他也算是在西大办考古专业的。

徐元邦：对，我跟你说祝广祺，当时不爱刮胡子，满脸都是胡子，他是原来纺织厂自个儿学的，对看书的版本非常精，买了一套什么版的书，郑振铎到宿舍去看了，这是一档子事。再有一档子事就是胡耀邦来了专门说他，你这精神面貌不行啊，你得刮刮脸，就这个大家都记得，你采访别人可以问一下，有一些你可以核实一下。我还去过薛平贵的那个寒窑，京剧里的那个，就是因为那一段下不了工地，所以到处转了转。

采访者：为什么下不了工地？

徐元邦：砖厂不让进，沣西了，后半截了。

采访者：胡耀邦跟陈毅去的是半坡还是沣西？

徐元邦：就是雁塔路，叫西安研究室，考古所的西安研究室在那儿，半坡的东西基本上整理完了，报告也写出来了，下不了工地是为什么呢，是因为跟砖厂没有谈妥。我们当时到砖厂的条件好多了，为什么住在马圈里都没事儿啊，没灯，没有电，就在半坡的时候，半坡的对面是一个纺织厂，每天早晨起来中央广播电台开始曲叫《彩云追月》这个曲子，我现在还知道这个音乐，每天一响，我们就起床，起床以后洗脸漱口就去吃饭了，后来天短了，基本上天还是黑的。

采访者：您发掘的时候，会分组吗？

徐元邦：分组，我先跟高明，整个都是碎陶器的一个坑，后来我开始挖房址，一个房子。

采访者：半坡的时候发掘了多长时间？张家坡没有半坡时间长？

徐元邦：对，放暑假之前回来的，你们现在几月份放暑假？

采访者：6月底，7月初。

徐元邦：我们就是7月回来，沿途还参观了龙门、洛阳这些地方。

采访者：在龙门待了多长时间？

徐元邦：龙门几天，时间不长，就是阎先生带着大概指着说说就完了，在洛阳市文管会还是什么地方，参观一下库房。去半坡没下工地的时候，上了一趟华清池去洗澡，骊山的华清池，华清池那会儿不要钱，随便下去，弄了一个吉普车，那个吉普车后面挂着一个拖车，我们这些人就都能上去，去洗澡，一辈子能在杨贵妃洗澡那儿洗过一次澡也不错，现在修了以后在华清池洗澡很贵了。捉蒋亭也参观了，霍去病墓，你学这个应该都学过。霍去病墓外边有几个石雕，昭陵。在半坡秋深时还可以看见飞在空中的成群大雁。

采访者：我们那次没去，我们去了阳陵跟乾陵。

徐元邦：乾陵没挖。

采访者：没有。

徐元邦：石先生主张挖。

采访者：没有挖，只能挖陪葬墓。

徐元邦：因为现在不主张挖王陵帝陵什么的，挖出了以后咱们的科技手段达不到，保护手段还不行。比如说考古所，我们开徐苹芳的追思会，徐光冀说他们上任以后申请了500万的发掘费，社科院扣走350万，你拿这350万干什么使，这是发掘经费不能追加，剩了150万你去发掘，现在考古搞自然科学的东西，仪器最少一台要几百万，在科学院这是零头，不算什么的，你在社科院不行，社科院是理论的东西，且实践不了，只有考古所挖出来的是真东西，这东西又不能卖。所以我跟你说，我们去到社科院要进这些仪器就费了劲了，自然科学的东西一点不懂，科学院搞自然科学的懂，所以这个东西你说我要进口这一台仪器，搞这些东西人家一看这是必须要用的，比如说搞碳14，同位素x射线荧光法，等等，可以批啊。

采访者：北大现在也有很多仪器。

徐元邦：这个碳14首先是考古所有的，后来是增加了热释光，好多搞陶瓷鉴定的，无损鉴定的，钢铁鉴定的，考古所化验室都有，"文革"以后只剩下一个碳14，其他都没有了，你要打算建设你得懂这个才能把考古所这些建设起来。考古所以前名气大，因为什么，一个可以搞年代鉴定，另外一个可以搞修复，修复是相当高级的一门东西，不是说任何人都可以修的，还有一个复制，我们自己实验过浇铸铜器，自己做。还有盔甲，白荣金先生是一点一点积累起来的理论和实践，最后写成《中国传统工艺全集·甲胄复原》这一部分,是科学院出版的。有好多这些问题,作为理论上可以,但是真正让他实践起来,比如说一个经济问题,你说现在通货膨胀你得看实际最后什么结果,要多少年,有可能二十年。这二十年里头,你光研究这些多少钱,你需要不了,一切都需要有投入,我就觉得这些个东西你搞不成的话,将来考古所基本就不能领头了,原来出名的就包括照相,包括画图,包括修复,包括碳14鉴定,一般钢铁鉴定我们可以请钢铁研究院,后来就是北大也有碳14了,好些不往考古所拿,拿到北大去了。现在很少,基本上给自己做,以前是因为没有,就此一家,这个就是考古所当年的优势,现在这个优势没有了,你也挖,我也挖,而且我挖的时候,是我的地盘,不让你挖。

采访者:考古所还好吧。

徐元邦:考古所也不行,北大还可以,北大发掘那个周原,周公庙,徐天进他们不是一直在那儿挖吗?现在有一些好东西留在人家那儿可以收门票搞展览,有一点收入,你都拿到考古所去了,又没有展览,考古所原来说搞一个博物馆,都没有搞成,你那么大一个考古所,挖掘那么些东西,你不得展览吗,完了没有了,而且有一点东西,基本上在仓库,拆房时可能都弄没了。原来这些发掘的东西,基本上我也看不了,有时候我看照片,考古所光那几块太湖石就值了钱了,你没看过那个考古所的太湖石,放在后边了,现在是不是要拆都不知道。河南文物研究所买了一块太湖石,花了两万,一块石头在院里立着。贾洲杰你知道吗?

采访者:知道,郑大的,跟刘勋先生一个班的。

徐元邦:原来是我们班的。

采访者:后来因为病了。

徐元邦:还有一个袁樾方,在上海跟谭其骧搞历史地理的,还有一个叫张鸣环的,后来搞古建了,也在上海,他比我们班高,但是都认识。

采访者:他是徐苹芳先生班上的。

徐元邦:对,还有一个女同学,胖胖的,老跟张鸣环在一块儿,如果你采访,你问他们对我们还有没有印象,但是我们对她有印象,徐苹芳、赵芝荃、赵迅、于杰。赵迅我最近好像还看见他的文章,耳朵聋了,后来也划右派了。还有一个留在河北的,也是徐苹芳他们班的,在河北,耳朵听不见,《考古》发过他的文章,一般发过文章的人我都有印象,叫什么来着,石家庄你应该去。

这个采访包括不包括考古训练班的人?

采访者:包括。

徐元邦:河北有好几个。郑绍宗是训练班的。

采访者:他现在还在吗?

徐元邦:他当过文研所所长,还有孔哲生,我们管他们叫老黄埔。

采访者:孔哲生不是老黄埔,他是55级,跟马文宽、宋兆麟一起的。

徐元邦:对,郑绍宗是。孙德海已经去世了。在河北省文研所,郑绍宗后头还有一个东北口音的人，忘了叫什么。你到那儿找找就能挖掘出几个来，就是"文革"前的这些学生。1966年毕业的算不算？

采访者：算。

徐元邦：像刘庆柱算不算，"文革"前，"文革"前入学就算，"文革"后分配。

采访者：都算。

徐元邦：后来有一段没有，中间停了几年。

采访者：到1972年才有，66级就没了。1972年才开始有工农兵学员。

徐元邦：工农兵学员算不算？

采访者：算，1966到1971年这几年没有。

徐元邦：最后一批是76级，就是乔登云。河北有一个叫郭瑞海，他好像跟乔登云他们一班的，当过一届所长，河北有好几个，河北吉大的也多，后来基本上没有北大再去的，段宏振是北大的。

采访者：段宏振的夫人张翠莲在河北师大。

徐元邦：《衡水文物》作者的女儿就是段宏振夫人的研究生，实际是我给了课题，叫她写熨斗，我把资料都查出来给她，我说你去写，能不能成，我不管，我把资料都给你。后来说可以，就是简单点，我说我不给你分析了，你自个儿分析吧，完成了以后，他们在河北大学网上发表，这个版权归人家，你不能再出了。可惜了，这么些东西没发挥完，这里面就有熨斗架，那个熨斗架相当漂亮，熨人，豆形器这些东西，那个独木舟书里我没有找见，应该有啊，是不是临时变卦了。

采访者：您后来实习回来写论文了吗？

徐元邦：没有，就一个实习报告，我们那会儿没有论文，发掘写发掘报告，你搞哪个坑就写哪个坑，写完合格了就行了。那会儿不像你们现在似的，很正规的，本科生也得写论文，我们底下一班好像就有了，杨泓他们班好像就有了。我们那是实验性的，我们是头一班，怎么要求，怎么教课都随时在变，而且北大自己出去实习不了，得依靠考古研究所。

采访者：后来就自己实习了。

徐元邦：后来名气出来了以后自己到哪儿都可以实习了，比如说我跟陕西联系过，陕西接受我的学生，我也可以去实习。最近北大有个专门搞窑的，不是权奎山，是秦大树，秦大树带着学生在河北发掘窑址。

采访者：他经常去，现在还在钧窑。

徐元邦：原来只认考古所，后来这几班都是考古所的人带过去，北大毕业发掘有经验的带着学生去，地方原来没有大的发掘，只有考古所有。现在地方都有了，你只要有发掘证，队长有领队资格就可以发掘，所以好多都是人家自己发掘的。

采访者：现在各个省所都挺厉害的。

徐元邦：最大的这个墓，高庄汉墓，但是毁得厉害。

采访者：看到一个湾漳。

徐元邦：湾漳是徐光冀他们河北队发掘的。

采访者：张忠培上学的时候是一个什么样的人呢？

徐元邦：左派，肯定是左派。思想活跃，善于思考，他提倡批评阎文儒先生，他自个儿说的，我们同学录上有，而且他还要在报纸上发表。当时教务长，就是搞肃反运动搞得非常左的那个人，他就同意，结果翦伯赞先生不同意，说我们这些教授都是费了劲把人请来的，请过来教书的，你现在批判人家不好，把这事给压住了。高庄汉墓是河北文研所自己发掘的，孔哲生他们，还有我说的工农兵学员郭瑞海，这个墓相当大，盗掘完了给放火了，把石头都烧熔了。

采访者：您跟河北联系挺多的。

徐元邦：一开始是帮河北编《河北省考古文集》，当时是郭瑞海当所长，编了两本以后，就换所长了，所以就不编了。今年又找我编第四本，已经出版了，是为开考古学会准备的赠书。《高庄汉墓》里有车还有车轮船的残体，你看出的东西都相当不错了，比满城汉墓差点，但是也不错了。

采访者：您能回忆一下当时您的同学在学习的时候，在学校的时候，都是什么情况吗？比如说张忠培先生，高明先生。

徐元邦：你们采访完了高明？

采访者：没有，下午去。

徐元邦：高明比我大，很有长者风度，他现在好像不太爱活动，我每年春节都给他打电话拜年，结果找不着人，有人说上他儿子家住着去了。"文革"后我曾经去过他家几次。

采访者：他在家，耳朵不好使了。

徐元邦：夏振英去世，先通知我，再让我通知同学，我就通知我们班住在三层的叶小燕，通知了高东陆，告诉马克垚，我找耿引曾后来说别通知高明，说八十多了。

采访者：他比您年纪大？

徐元邦：他比我大，我跟徐苹芳先生同年，81岁了。

采访者：您是1930年的？

徐元邦：对，我不算大的，高东陆比我大，夏振英比我大，我算中间的，还有最小的张忠培，王世民，有一些事情你采访王世民的时候可以跟他核对一下，他记忆力好，而且有很多资料，包括考古所的。文史楼现在做什么？

采访者：英语教室，一般是英语教室，名字没有改，二三层都变成英语教室了，教英语的。

徐元邦：文史可以，原来英语系在大礼堂边上。

采访者：现在也在那儿，我们都得学英语，就是大学一进去都在那儿学英语。

徐元邦：外语系，原来有西语系有俄语系。原来还有学阿拉伯文的。

采访者：现在还有。

徐元邦：还有学蒙文的，学蒙文的后来就让他们转了，我们进去以后不能转系的，你固定学这个就是学这个，有一个刘晋祥就是学蒙文的，后来让他转到考古来了，咱们这儿就有蒙古族你还学，现在还有蒙族的工作同志，考古所原副所长乌恩就是蒙族。

采访者：当时学校会有讲座吗？请一些外边的老师来做一个报告。

徐元邦：有一个埃及的，你看我们同学录里写的有。

采访者：埃米尔。

徐元邦：埃米尔，我那会儿已经到考古所了，以前没有什么讲座，但是有一样，每周六必然有大报告。

采访者：谁做报告？

徐元邦：名人，党内的名人，而且一讲就是半天。今天请这个做报告，明天请那个做报告，每周六都是，每周六下午基本上没有课了，如果有事情必须请假。没事必须听，政治报告，时事报告，国际时事报告，都是这些，必须得听。

我们原来一年级学新民主主义革命史，胡华写的。二年级联共布党史，苏联共产党党史，三年级政治经济学，四年级辨证唯物论、历史唯物论，我们这一门没有学，去实习去了，历史系都学了。北大考古系李伯谦是党员，俞伟超是，还有吕遵谔，原来好多人都入党了。还有一拨是"文革"后期入的，有好多人是"文革"前就申请入党了，"文化大革命"一乱，这就不行了，只能出身好的入了，臭老九的身份大概入不了。"文革"以后这些人平反了以后，肯定人家都是高标准。

采访者：您能回忆一下早逝的魏树勋先生吗？

徐元邦：魏树勋功课挺好，好像有点变态。比如说我们在西安实习，放假的时候，他学英迪拉·甘地，把床单围上以后，在床上来回折腾，有这毛病。

采访者：非暴力不合作。

徐元邦：对，就是这个，后来因为他去了一段西藏，他原来在考古所挺红的，去西藏别人一般去不了，回来以后有病，就是高原反应，肾不好。

采访者：刚才您提的肺健会是怎么回事？

徐元邦：肺健会就是有肺病的同学住在肺健会宿舍，现在叫什么斋，未名湖北边不是有一个四四方方的那叫什么？原来那是燕京大学的宿舍，后来改称叫肺健会。

采访者：考古专业有去肺健会的吗？

徐元邦：有，王世民就在肺健会，徐苹芳好像也住过。

采访者：就是不好，住一段，好了再出来？

徐元邦：我们班还有一个叫王玉笙的，我们班历史专业的，也去那里面住过。好了可以出来，这种病是传染的，你入学之前要检查一次，体检检查一次，要不然我怎么知道我原来一米七六，现在抽抽成一米七零了，或者有时候变成一米七一，我记得在第一体育馆上第一堂体育课量身高，这个记得很清楚，一帮同学几十个人在一起吃饭，如果有正在开放期传染的，大家受不了。

采访者：他们一般也不跟着上课了？

徐元邦：吃饭不在一起，主要是飞沫。

采访者：刘勋先生他们班有没有去的？就是53级的。

徐元邦：这不清楚了。还有一个留学生宿舍，留学生宿舍跟我们住的宿舍完全不一样，现在一院二院那边，小四合院里面，他们住单间，可以带夫人，待遇也不同。还有，我们原来上课有时去故宫学绘画史、古文字，绘画是徐邦达教，古文字是唐兰，还有什么课，在故宫学。在故宫学的时候学校有一个汽车给送过去，中午在故宫吃一顿饭，故宫的饭相当棒。而且故宫里头相当凉快，热的时候都不怕，房子又高又大，相当凉快。当时跟我们一起学的有一个波兰的留学生叫顾哲，他请我跟夏振英俩人上北京饭店吃饭，他就说他们那儿的博物馆什么费都不收，进门参观都不收费的。

采访者：波兰当时有那么发达吗？波兰也算东欧。

徐元邦：东欧，共产党国家，那会儿资本主义国家学生不能来，后来古巴这些都来了，朝鲜也有，我们班就有朝鲜的留学生，后来有的在大使馆工作。

采访者：他们采访了一个越南的，阮文好。

徐元邦：越南的好像是我们毕业以后才有，那会儿只有东德的、波兰的，匈牙利和罗马尼亚的。跟我们一起去大同的是罗马尼亚的匈牙利的还是哪儿的几个学生，男的，东德的，我同学录里还有一个罗马尼亚学生，是个女的，后来当大使的夫人。他们去参观是自费的，其实也是国家给拿钱，给他补贴。很有意思，留学生不许谈恋爱，不许跟中国女学生谈恋爱，你只要一谈恋爱马上回国，女学生你回家。嫁给东欧的留学生都是毕业以后走的，在学校里谈了，不能公开，然后去东欧。我知道有一个中文系的，原来在北大话剧社，后来嫁走了，好几个呢。

采访者：嫁到东欧。

徐元邦：现在无所谓了，跨国婚姻多的是。原来绝对不允许，把你留学生送回国。

采访者：您刚才提到的阳吉昌先生是班长？

徐元邦：是班长，原来历史专业有一个班长是顾文璧，他最近还给我寄来一份复印的《大家文摘报》，就是采访那个叫萨安娜的罗马尼亚留学生的文章。考古专业的班长就是阳吉昌，已经去世了。

采访者：当时班长都管什么？

徐元邦：管一些班里的事务，召集开会，比如说今天下午开什么会，班里有什么活动，他来通知你，或者是出一个告示，就是大饭厅，现在叫大讲堂，百年大讲堂就是那儿啊。

采访者：就是原来大饭厅。

徐元邦：我只在凤凰卫视里面看见过，我有时候去北大了以后办完事晚了，没法进去参观，那个图书馆就是后建的，原来文史楼有阅览室，我们一般到文史楼，还有到博雅塔那边有一个电机馆，电机馆也是阅览室，图书馆好像大家很少去，为什么？太远。

采访者：不是离文史楼挺近的吗？

徐元邦：不近，是西校门大礼堂那儿的图书馆。

采访者：现在新馆建到文史楼旁边了。

徐元邦：你说是新馆，我说老馆，礼堂那边有一个图书馆，老馆，那个离得远。

采访者：您在北大学习期间感觉收获最大的是什么？

徐元邦：最大的收获就是开阔了眼界，从老师教课的过程中明白了什么叫学问，老师的言传身教至今还能浮现眼前，终身受益，永远感激老师的教诲，没齿难忘。参加工作以后，跟学校不一样，所以有好多事情就要再学习。北大是一个学生时代，感觉就是在当学生，只是通过肃反以后，才有所感悟，尤其是到了陕西去实习，接触了社会。1957年反右，1958年"大跃进"连续不断的，全部连上这些运动一个不落下，一直到退休，实际这些都赶上了，大的事件都赶上了。

采访者：您后来去江西清江的营盘里，那个是工作后发掘的第一个遗址？

徐元邦：第一次发掘，发掘完了以后就进了编辑室，一下一直到退休。

采访者：这个是什么时候的遗址？

徐元邦：汉代的遗址。

采访者：是跟夏振英先生一起去的？

徐元邦：对，还有编辑室的一个饶惠元先生，这老先生本身就是江西人，江西樟树有一个农业学校，老先生原来是在农业学校搞印纹硬陶，泥质印纹陶。后来他自己写了一封推荐信给郭老，说想去考古所，那会儿还可以，郭老同意了，就去了考古所，一直编辑《考古学报》，老先生一直做这个，那一次他回一次家看看。农校那会儿相当不错，早晨起来白吃豆浆，中午伙食也不错，不过后来，我们发掘完的时候，我的腿被蚊子咬了以后感染化脓，肿得很大。我们是过了国庆节以后去发掘，躲开热了，这边已经凉快了，但他们那边蚊子特厉害，闹得好长时间才好。樟树镇可以烧瓷器，那会儿你可以说我要俩茶杯，你给我在茶杯上面烧上什么字，都很便宜。

采访者：当时为什么要调到编辑部呢？

徐元邦：我毕业了以后，我母亲有一点精神分裂，我在实习的时候，我父亲就半身不遂了，家里有一点困难。我对考古所说如果在您这儿不合适的话，可以重新分配，调走也可以，人事处说你做的工作可以有，在编辑室得了，我在编辑室就一直做下来了，但是在编辑室做要降一级工资。因为规定就是这样的，比研究人员要低一级工资，叫室内工作，是辅助研究人员。后来我感觉搞考古不参加田野发掘这一辈子等于白学，所以我从干校回来觉得我年龄还可以，我跟夏所长说，我去田野发掘。结果又不让我去了，他觉得我干了这么多年了，现在刚从干校回来，跟印刷厂打交道，跟出版社打交道，编辑室没人，基本上我从到编辑室以后就开始跟出版社跟印刷厂跟制版厂打交道，包括一些编务，寄书，写封套，给中央首长写封套，都干。

采访者：当时刚办《考古通讯》的时候，也是很缺人。

徐元邦：我是1956年毕业，《考古通讯》是1955年创刊，32开本。但是我感觉夏所长要求得相当严格，我写过一篇《长沙发掘报告》的书评，夏所长看了以后，就加了编者按了。有一张图没了，我不能写，我想这一张图丢了不是给发掘者抹黑吗，夏所长参加过编写《长沙发掘报告》，他自己写上了，说被画图的人丢了，而且他特别注意《考古学报》的英文提要。后来夏所长年纪大了，让夏所长只管一种刊物，由干校回来了以后，只管《考古学报》，《考古》是安先生管，你问刘勋就知道，刘勋都要去通县印刷厂，走到所门口了，为这个外文提要夏所长追出来，说有一句得改，认真到那种程度。有一些人说我过去也当过编辑，但整个程序谁也不知道，夏所长都知道。我们给他送过去，看了以后，上面改得密密麻麻的很多东西，审稿完了以后，初审学术秘书室审，原来是专家审一遍，学术秘书室审一遍，我们改完了发到印刷厂去排印出书。但是每一次，三校次夏所长都要看，这一点我记得特别清楚，后来不行了，老头一死，完了，彻底完了，没了。遗憾的是夏所长校过的那些校样军、工宣队进驻后都被烧了。所以我觉得夏所长这种敬业精神，现在很少，没有了，你看《考古》杂志后边的编委，你问他们下一期发什么稿，有一些根本不了解情况。

搞体质人类学是潘其风先开始的，潘其风的老师是颜訚，不是三国那个严颜，这个老头原来是医生，后来改成搞体质人类学，夏所长让他带一个学生，就把潘其风带出来了。考古所开始关于人骨的鉴定全是潘其风来做，后来还有一个韩康信，他是后来到考古所的，他好像不是北大的。现在弄错了，把潘其风的学生说成了首先搞人骨研究的人。潘其风跟我说现在弄《考古学年鉴》的编辑不知道，《考古学年鉴》是考古所自个儿编。所以编辑不是说画字号，或说有剪刀糨糊就行了，不是那回事。但是，编辑是二等公民叫辅助研究人员，现在不是了，原来编辑室最高的职称只有我一个，评副研的时候，杨泓评副研，我评副编审，那时候好像也没有学术委员会讨论，夏所长说是就是了，后来学术委员会讨论评的编审，只有一个名额，得我退休刘勋当，刘勋退休另外一个人当。白云翔你们知道吗？现在的副所长，白云翔原来在编辑室当秘书。后来他开始改革，变成杂志社了，不用委托出版社出版，每年委托出版社出版就要给补贴的，所以后来就变了，自己成立一个杂志社，这个杂志社成立以后，等于自负盈亏。但杂志社只能出杂志不能出书，所以出书的时候还要委托出版社。

采访者：除了编杂志，您还编过一些书？

徐元邦：《洛阳发掘报告》等，退休以后基本编书。

采访者：《镇江营塔照》是您编的吗？

徐元邦：不是。原来是徐保善专门编专刊的，就是徐苹芳的老伴儿专门编专刊，我从编《考古》杂志一直到1980年开始办了一个《考古学集刊》。《考古学集刊》成立以后，原来是夏所长不太同意，后来说有一些大的稿没法发，就得压着这个稿，你压稿作者很不高兴，而且影响稿源，所以成立一个专门发表比较大，字数多的发掘报告或者是论文，还有考古科技方面的。从筹办开始到整个弄起来，我搞了10年，从50岁搞到60岁，我计划编10本，一年1本，稿子没有就没有办法，你不能出去组稿，组了小稿都让《考古学报》跟《考古》拿走了，所以出了8本，第8本好像是我全部做完后改了人了。

采访者：《考古》和《考古学报》都是依托考古所？

徐元邦：《考古学报》是考古所编的，《考古》原来叫《考古通讯》也是考古所编的，《考古学集刊》也是考古所编的，还有一个叫《考古学专刊》，分甲乙丙丁四类，你是不是要知道这个？我这儿有介绍，出了一本目录，都介绍了。

采访者：我回去自己查一查。

徐元邦：还有这个目录，这个期刊多少年以后搞一个总目录出来，给读者很大的方便。

采访者：《文物》也出过一个500期。

徐元邦：从干校回来申请复刊，《文物》申请月刊，《考古》却从月刊改为双月刊，后来再改成月刊了可费大劲了，《考古学报》从季刊改成半年刊。当时的领导觉得没稿，其实压了好多稿，领导不了解这个情况，定完了以后，再想改费劲了，邮局不给你改，邮局不改出版社也不能改。

采访者：还要跟邮局商量？

徐元邦：当时全国发行只有邮局一家，垄断，只有邮局给你发行，你突然一变，全国都得变，他也不愿意给你改，好几年以后才变成月刊，比《文物》差了好几期。我编了第一本200期目录，跟白云翔合着弄了200期，只出了这一本，当时也是没有印刷厂，北京不印，跑到洛阳印的。

采访者：399期。

徐元邦：所以我觉得总目录是很有用的东西，你需要什么文章一查目录找出来就行了，你不用挨着本翻去。夏所长要求每种杂志本年的最后一期必须发表全年的目录，你没做夏所长马上就要批评你的。

采访者：《文物》杂志是哪个地方编的？

徐元邦：文物编辑部。我们没有出版社，我们以前都在科学出版社出，中国科学院的。到了60年代为什么换到文物呢，纸不行了，每期照片要用铜版，没有铜版纸印出来的照片非常寒酸。本来那会儿照片质量就不高，再弄成这样，所以只有换出版社，科学出版社有铜版纸，但是不能给考古用，因为印数太少了，他还要出一些别的科学方面的东西，需要一些铜版纸。最后到文物去出版了，搞"大跃进"以后什么都没了，纸都没了。最后在文物出的，1966年"文化大革命"以后开始停刊了，复刊后再回到科学出版社，科学出版社那会儿只出一本通俗读物叫《化石》，第二本出的就是《考古》，那会儿愿意接，出版社不出书是怎么回事，所以就回到这儿了。当时《文物》出月刊，我们《考古》出双月刊，《考古学报》本来是季刊，非要改成半年刊，怕没稿子，如果一开放，那稿子多了，压住，全都出不来。你再想变回来，难极了，好几年以后才变回来，所以老跟《文物》差一点。他们的思维，还有定价，《文物》每一次调价都征求考古所的意见，考古所说咱们同步，结果人家老是比考古所高一点。

采访者：我看《考古》发掘报告还是比较多，研究文章少一点。

徐元邦：原来《考古》是以发掘简报为主，《考古学报》有论文，是以论文为主，所以

2011年11月6日徐元邦与采访者王彦玉（右）。

论文都排在前面，发掘报告排在后面，往往有一篇发掘报告，它也有页数限制，因为成本核算在那里，而且原来邮局发行也是，你定了多少页码不许动，换封面都不行。所以，原来这种国企的经营，垄断，死得很。现在国有企业垄断是赚钱，过去你得按照我这个制度办。我刚才跟你说了，杭州那么大的邮局只有一本《考古》杂志，我这个算调研，出差顺便做的，到合肥根本没有，我都去邮局问过，北京邮局也就是二三十本，所以只能逼着我们蹬着平板车上邮局去发送。

采访者：后来您又研究汉简就是因为10年整理那个资料？

徐元邦：对，那个敦煌简算完了，那个就是徐苹芳先生最初开始让我们做这个东西的。

采访者：您还发了一些文章。

徐元邦：发表不多。

采访者：您能回忆一下徐苹芳先生吗？

徐元邦：我和徐先生从1950年相识，后来又在同一个学校同一个系，毕业后又在同一个单位。徐先生我们俩人每天下班骑着车，最初的时候考古所离隆福寺很近，下班后，有杨泓有我，和徐先生经常一块儿去隆福寺喝啤酒，就是这些事。我这个平凡的人就是这些事，回家时经常骑着车走到东四，他应该往北，我应该往东，有时候俩人一块儿骑着车，就开始一直往北走，送到他家门口我再出九条口回家，有时候他顺着我往东走，就这么走，经常骑着车这么走。而且有时候，比如说他自行车坏了，他不会修，我会帮他修。

采访者： 您"文革"的时候还去河南下放过。

徐元邦： 下放过，"五七干校"。

采访者： 多长时间？

徐元邦： 两年。我跟工宣队说，我让苏修的汽车撞残了，毛主席说老弱病残可以不去，我是残废啊。他说你理解错了，毛主席说的老弱病残里没有加顿号，你得四项都占。后来我想去搞一个残疾证试一试，结果军、工宣队都打了招呼了，医院说病历都丢了，你必须得去。考古所一个老先生魏善臣得肺癌了都去了。后来看看不行了，给送回来。去了干校，让我烧砖，后来有一次上夜班，往外取砖的时候，一批一批往外传，把这个砖码起来，我突然昏倒，军宣队说你去干轻的体力劳动，开始打麻绳。

采访者： 夏先生去了吗？

徐元邦： 去了。夏先生跟苏先生地里那点活是我干，你知道为什么？我之前在山东劳动过，而且我们原来考古所在大兴县有一个劳动基地，1960年以后都得种地，粮食好像要自给自足，种小麦，一亩地打七百斤麦子，还要人工，还买的牛，那会儿没有化肥，还得人去种，就是人家不要的地，长的麦苗稀稀拉拉的，那个地给了我们了。我锄地，扶犁，赶牛车都学会了，夜里逮刺猬，捉蛤蟆吃，说起来挺有意思。在干校里学会了打麻绳，那儿产麻，河南信阳地区息县的东越公社，这个麻在水里泡了以后，把皮扒下来，变成麻，用这个搓麻绳。

采访者： 最后一个问题，您对北大考古未来的发展有什么期望和建议？

徐元邦： 我期望不要浮躁，踏踏实实做学问就行了，就是这个要求，没别的要求。

采访者： 比如说开课方面，还有培养人才方面。

徐元邦： 现在我不知道你们的考古学史，现在对文献怎么样？

采访者： 有一门课而已。

徐元邦： 我们下一班就要学文献学，我们班就没学着。

采访者： 我们现在也只是杨老师上一个学期，一周两节，就介绍介绍古代的书。

徐元邦： 现在有古建了是吧，古建是清华来教？

采访者： 不是，本学校有老师。

徐元邦： 我希望加一门书法，为什么加呢？比如说墓志，出了墓志里头有好多繁体字异体字你不认识，光用电脑是不行的。

采访者： 您还有什么要补充的？

徐元邦： 没有了。由于有些事时隔久远，加上我说话前言不搭后语，逻辑混乱，啰里啰嗦，颠三倒四，肯定有错误之处，还要请你们整理时核实一下，免得惹出是非，如果有人和事的时间、地点不符或语言冒犯之处，尚请诸君多多原谅。谢谢你们能耐心地听我讲这些我自己的繁人琐事。

采访者： 谢谢您，打扰您这么长时间了。

徐元邦：没关系，我觉得人生有的就是像我这种，平凡平淡平庸平常的一生。我做了半个多世纪的考古学编辑，为他人作嫁衣，这件嫁衣做成了就是最大的乐趣，我只是个裁缝，充其量是个匠人而已，如果允许，我还愿意为母校尽力。

采访者：明年您回北大，随后我们会发一个正式的邀请函。

徐元邦：谢谢，非常感谢北大和系里能给我这个机会。

采访时间：2011年11月6日
采访地点：北京徐元邦先生寓所
采访者：王彦玉、余雯晶
采访大纲编写：常怀颖
整理者：王彦玉

记忆——黄景略

2011年11月29日黄景略先生接受采访

简 介

  黄景略，男，福建惠安人，1930 年 12 月生，1956 年 7 月北京大学历史系考古专业毕业。曾任国家文物局副局长、中国考古学会副理事长、中国文物研究所副所长。

  1956 年后参加、主持或指导洛阳东周城址、燕下都遗址、日照两城镇、侯马晋国遗址、山东临淄齐故城、湖北荆州纪南城、以及湖北宜都红花套、江西樟树吴城等地勘探或发掘。1976 年后从事考古和文物保护管理工作，主持制定考古发掘报批规定、田野考古工作规程、考古经费预算办法、水下文物保护管理条例、考古涉外办法等，组织全国考古汇报会、第二次全国文物普查及《中国文物地图集》编写，举办考古领队训练班。

  编写的考古报告有：《燕下都遗址》、《日照两城镇遗址》、《侯马铸铜遗址》，撰写了《战国秦汉铁器发现与社会变革》、《中国历代帝王陵墓》、《中华文化通志——丧葬陵墓志》，以及《中国建筑技术史》中奴隶社会章。

采访者：我们采访主要的问题是三大类，一类是您当年在北大的学习生活情况，回忆一下老师和同学。还有就是您工作以后的一些回忆，最后请您对北大以后该怎么样教书育人提一些建议，认为我们需要总结哪些经验。有一些发掘以后的事不可能在报告里面反映出来，实习之类的这些事情可能还就得采访您这样的老先生才能知道。

黄景略：过去大概可能知道一些，但是现在有一些都忘了，时间久了想不起来了。

采访者：没事，我们慢慢回忆，能想起来多少就想起多少。首先就问问您，您当时是怎样选择了考古专业呢？从福建来到北京。

黄景略：原来我没有想考历史，我想考物理，因为我的物理比较好。但是高三这一个学期，我整个失眠睡不着觉，物理就不行了。我从中学学习就喜欢看历史书，就报了历史。

采访者：比较有意思。

黄景略：当时我们考学的时候，报三个志愿，每一个志愿有五个学校。当时我是一心想到北方来上学，我第一志愿报的历史系，第一个学校就是北大。接着是北师大、南开、复旦，没有报临近的厦门大学。到北京来以后，知道当时院系调整后，北京历史系有考古专业，当时我也不懂什么是考古专业，以为考古可以到处跑。当时北大是新生开学最晚的一个学校，12月1日才开学。

采访者：12月1日才开学，这么晚。

黄景略：因为学生宿舍还没盖好。我是11月25日报到的，住在第二体育馆。我报到注册时没带录取通知书，学校注册处问我，我说没有接到，他查了一下，通知书因地址写错退回。12月1日才开学的，侯仁之先生代表马寅初校长致欢迎词，马校长出国开会。上了一个半月就放寒假了，放寒假前系秘书李克珍找我们谈话分专业，问我你上哪一个专业，我说考古。他说你身体不好，你来到北大身体检查的时候，透视有肺结核，我说已经钙化了，他说考古可是辛苦，我说辛苦不怕。最后分配到考古专业的是20个人。

一年级跟历史专业上一样的课，没有区别，二年级开始有一点差别。三年级差别就更多一点，我们跟历史专业有两门课不完全一样，一个是中古世界史，我们就没有上，还有一个世界近代史，我们是跟外系一起上，上的课比较简单。中国通史，跟历史专业上课都是一样的。考古专业的课程大概是二年级开始，就有一些分开了。

采访者：各段分开讲的。

黄景略：二年级第一学期开始，就分段讲了，第一课是考古学通论，夏鼐先生讲。

采访者：当时考古学各个段老师都是谁在上呢？

黄景略：讲旧石器是裴文中、贾兰坡。

采访者：当时吕先生还没有讲课。

黄景略：吕先生本来是应该1953年毕业的，但是他参加第一期考古训练班提前一个学期毕业留校了。裴先生、贾先生给我们讲课的时候，他当时是助教。裴老讲世界旧石器，世界各个国家旧石器的情况。贾先生讲中国的，北京猿人、河套人、山顶洞人。

新石器时代考古是安志敏先生讲的。商周考古是郭宝钧先生，秦汉考古是苏秉琦先生，南北朝隋唐到宋是宿白先生，考古除了这些课以外，有一个美术考古，分四个部分，一是古文字，唐兰先生讲；一个是绘画，徐邦达先生讲；一个是古建，宿白先生讲；一个是石窟寺，阎文儒先生讲。我记得秦万里先生还给我们讲过陶瓷，他是归在哪一方面我没有记住，这四个部分，大概是二、三年级讲的。

另外有一个考古的技术，测量、绘图、照相。照相是考古所的赵铨讲，测量是郭义孚讲，绘图谁讲的课我都忘了。还有一门考古学史是阎文儒先生讲的。前三年都在学校里面学习。第四年我们就到半坡实习。

采访者：当时学校上课有教材吗？

黄景略：没有教材。老师讲东西，你就笔记老师讲的东西。我印象老师讲一个题目，画一些图，我们记下来。苏秉琦先生讲课比较慢，在黑板上画器物图比较形象，条理清楚。宿白先生讲的课还可以。夏先生讲课，我们好些人都听不懂。裴文中先生讲课，一边讲课一边给我们讲故事，讲欧洲怎么上学，他在欧洲上过学，讲上学的经历，生活上讲故事似的。旧石器时代，我们系里有一批标本，他一边讲，一边从抽屉拿出来大家可以看。贾兰坡先生好像比较实实在在地讲。

我们还学过博物馆学，历史博物馆馆长韩寿萱讲博物馆学通论。佟柱臣讲陈列，傅振伦讲保管。我们到历史博物馆参观陈列，看库房。到故宫，听徐邦达讲绘画，还看画，听唐兰讲古文字。这些先生讲课都挺不错的，不管文博界还是考古界都是大名家了。

采访者：当时怎么考试呀？

黄景略：一年级第一学期是笔试，第二学期是口试，五分制，口试第一堂是世界古代史。这一门课老师出题，一个卡片两道题目，你提前半个小时进去抓一个卡准备，再到另外一个教室去回答。

采访者：面对面的答。

黄景略：面对面的答，第二个学期就是这样了。

采访者：你们班谁的成绩最好？

黄景略：我们班上最好大概是马克垚，还有一个周良霄。

采访者：当时不及格需要补考吗？

黄景略：具体不大清楚了，那时候口试，大家第一次，谁也不习惯，谁也闹不清楚怎么办，就抓到两个题目，给半小时准备时间，只能准备一点提纲，当时问你，你一边答他一边回答，老师一边继续提问，等你这个题说完老师提问，问来问去好几遍，给问蒙了。

当时大家学得比较认真，大家一心就在学习。我们寒假、暑假都不回家，除了家在北京的人回去了，其他外地学生都不回。我们生活条件比较好吃饭不要钱的，伙食是国家供给的，一个月伙食9块钱。我们感觉都很满意了，我1955年暑假路过上海，复旦大学吃的比北京好得多。

采访者：您当时住在哪个楼？

黄景略：第一学期我们都还没有楼房住，我住在第二体育馆看台上，就是篮球场边上，有一个草垫子。快到寒假搬到16楼了。那个时候房子刚刚好，暖气也不行，热水也不行。寒假就这么过来的。

采访者：第一年是不是觉得很冷，从福建过来觉得很冷。

黄景略：那时候还好一点，大家说南方人不怕冷，我觉得还可以，也不算太冷吧。

采访者：您跟谁一个屋？

黄景略：第一个学期我记得跟祝广祺、方酉生，我们三个人一个屋。

采访者：三个人一间房子。

黄景略：四张床，我们住了三个人，我们靠北边比较冷。

采访者：在那住了几年？

黄景略：16楼住了一年，二年级住在10楼，两层楼简易房。每年调整一次宿舍，三年级住19楼了，四年级我们就到西安实习去了，回来还在19楼住。

采访者：你刚才提到郭先生其实讲课也不太好，他是因为口音的问题还是讲课的逻辑或者说条理？

黄景略：主要是口音，郭先生有时候讲话带有过去的一些经历，相对好一点，慢，不着急，但是河南南阳的口音还很重，那时候我们的同学都是从四面八方来的，全国各地都有，听话的能力不像现在各地方推广普通话好一点。所以一个是他讲话的口音，一个是他当时的逻辑不像当过老师的人讲的有条理。有些老师讲的很有条理，很清楚。第一个学期中国古代史，张政烺先生讲的，他没有稿子，有卡片，拿卡片讲。

采访者：突然间就开始。

黄景略：而且还是山东胶东话，这学期我的笔记没有记下来，还坐在前面，没有记住这些。张先生那话简直是难听死了，郭宝钧相对还比较好一些。

采访者：夏先生的口音也难懂吧。

黄景略：夏先生的口音你就别提了。

采访者：温州话。

黄景略：夏先生的口音就没有办法说了，好些人都听不懂。

采访者：同学们之间互相交流是用官话还是用自己的方言？

黄景略：普通话。

采访者：就用普通话了。

黄景略：对，那时候到北京来大家都讲普通话，没有地方语言，我们班上的同学各地方来的人挺多的。浙江的有郑笑梅、叶小燕、方酉生、张森水，上海祝广祺，广西有阳吉昌，四川有王克林，江苏有耿引曾、王世民、徐锡台。

采访者：张忠培是湖南人。

黄景略：他现在好一点，我现在听着好一点，还是湖南音，不好改。

采访者：口音比较重。当时上完课有什么参考书可以看吗？

黄景略：一个图书馆，有开架书，你可以随意到里面看，不用借。那时候考古也没有什么书可看，我记得就有一本是裴先生的新石器，安志敏先生给我们介绍了，但是那个时候也不好找。商周考古，就是安阳发掘报告四本。

采访者：另外就是看看杂志了，学报什么的，《中国考古学报》杂志。

黄景略：《中国考古学报》有几本，那时候北大也很少，考古专业没有资料室，我到图书馆的时候看过，翻一翻。

采访者：当时《文物参考资料》是有了。

黄景略：《文物参考资料》1950年创办的，那时候北大图书馆有没有？不清楚。

采访者：上课也没有讲义，平时参考书又少的时候，大家都是怎么学习呢？

黄景略：除了讲课记一些笔记，笔记本看一看，有时候翻翻其他的杂书，可能老师给我们介绍过一些报告，但是看报告也就翻翻。我个人对报告还发愁，这是什么东西，那时候开始还不大懂这些事。旧石器有《北京猿人》《河套人》《山顶洞人》三本贾先生写的，几本书我都买了，现在也不知道跑哪儿去了，找不着了，国外旧石器就没有书，有一些外文的书，那时候我们还不懂。

我们在中学的时候是学英语，到了大学学俄语，这两门语言最后都丢了，现在看外语书更不行了。

采访者：当时上课的笔记还留着吗？

黄景略：没有。我们到毕业的时候，有人专门收购破衣服、破报纸、破杂志，全部都给人家了，毕业走的时候把读书时候买的参考书，也都处理了。笔记本当然更是被处理掉了。

采访者：当时下课后学生和老师还有交流吗？

黄景略：不多，课后还在学校的老师就是宿白、阎文儒。

采访者：在学校的老师。

黄景略：苏秉琦先生不常住学校，没有离开考古所，他编制还在考古所。

采访者：向达先生呢？

黄景略：向达先生基本上不讲课。

采访者：当时苏先生在考古所具体对北大的一些事管得了吗？

黄景略：他就是管专业的事。

采访者：他只管专业的事。

黄景略：我们那个时候他管的不多，后来60年代毕业这些同学苏秉琦先生管的多了。课程实习安排，都是他忙着处理。

采访者：1955年的时候您班去大同，有一次参观。

1954年52级同学在八达岭长城上。前排右一黄景略,右二叶小燕,后排右一张忠培。

黄景略：算是实习吧,清明节。宿白先生带队。

采访者：还有谁去了,除了宿白。

黄景略：就宿白先生一个人带。

采访者：刘慧达有没有去？

黄景略：刘慧达去没去我都忘了。有可能她也去了,我们住在云冈招待所。

采访者：怎么过去的呢,是汽车还是火车？

黄景略：坐火车,从北京坐火车到大同,然后从大同回来,一个星期。

采访者：全班都去了吗？

黄景略：考古专业都去了,而且利用清明节的时间,正好那个时候宿白先生也讲古建,石窟寺是阎文儒先生讲,宿白先生现场讲,我们边听边看,还绘图。

采访者：1955年9月去半坡了。

黄景略：1955年9月份,十一以前去的,10月4号到半坡工地,李仰松带我们去,以后交给考古所石兴邦先生。

采访者：当时李先生也就是刚刚毕业一年。

黄景略：李先生1954年毕业的。

采访者：您跟其他年级的同学接触多吗？

黄景略：不多。我一个老乡黄展岳和李仰松同班,他们两个关系好,所以我跟他在学校的时候,就认识了。55班有一个叫闫孝慈,爱打篮球,跟我比较熟的,其他人我们都不熟了。平时也没有什么交往。

采访者：在学校的时候不熟，工作以后才开始慢慢熟的。

黄景略：工作以后慢慢熟的。

采访者：你们当时是五年制吗？

黄景略：四年。

采访者：五年制是谁上了呢？

黄景略：严文明他们那个班，比我们晚一年，1953年进校那一年，变成五年了，一直到1958年毕业，我们是1952年进校，1956年毕业。

采访者：后来50级到1954年毕业的时候郑振香先生不是当了助教了吗，她当了助教之后是不是有一些活动跟你们有接触？

黄景略：没有，她是当过郭宝钧的助教吧，那时候我们有郭宝钧的课已经上完了。

采访者：当时半坡的发掘还能回忆点什么呢？

黄景略：第一年去得时候开始还不知道怎么回事呢。半坡发掘我们是两个人一个探方。我们18个人，还有一个吉林大学来进修的老师，分了三个组。分成三个组，辅导员有三个人，一个金学山，一个杨建芳，一个刘观民，他们当辅导员。金学山是1953年毕业的，刘观民和杨建芳是1954年毕业的，领队是石兴邦先生，他们四个人。石兴邦没有具体负责哪一个组。

采访者：您和谁搭档？

黄景略：我是跟方酉生，方酉生这个人愿意跟我在一起，住宿舍也愿意跟我住在一起。因为他跟别人合不到一起。

采访者：他那个人脾气特别倔？

黄景略：对，特别倔，跟谁都合不到一起，跟我就无所谓，我也无所谓，我有时候说他，他就哈哈一笑就完了，我们两个人还比较能说的来，但是他一般说话也不多，他这个人不爱说话。

采访者：当年政治学习多吗？

黄景略：政治学习一年级我们学习新民主主义论，二年级学联共党史，三年级学什么记不起来了，其他就不多了。

采访者：家庭私有制学得多吗？

黄景略：不多。

采访者：那个时候开什么政治会之类的，这种事情多吗？

黄景略：大概有一些，我都不大注意这些事。我这个人对政治方面兴趣不大。1955年肃反，我还是我们班上领导小组成员，但是我死活揭发不出有什么反革命问题。那时我在系里当学生会的军体，就是体育委员，那时候叫军体。顾文璧是学生会主席，说我是中流分子。我跟团支部的干部关系都挺好，跟那些落后分子也能说上，关系都好。

采访者：后来看起来，半坡是中国最早的记录遗址时间的考古地点，当时实习的时候大家有这个感觉吗?

黄景略:没有。

采访者:或者石先生自己有这种记录的意识吗?

黄景略:石先生当时可能看了一点书,苏联有一个遗址挺有名的,也是这个时代的。石先生有没有这个意思不知道,没有给我们讲过什么东西,没有具体辅导我们。回到研究室整理材料的时候,他常常来看看我们,告诉我们,要注意一些什么问题,这都是他跟我们说的。

四年级第二学期的实习在张家坡。张家坡那个时候是王伯洪带队,辅导老师刘观民、钟少林和周永珍,也是分组的。我记得我们那个组可能就是刘观民当辅导员,他田野还是比较好的。

采访者:同样是在陕西,先挖新石器遗址再挖西周的东西您觉得差别大吗?

黄景略:那真是不一样了,半坡地层都比较浅,都很细。张家坡地层都有三、四米深,出土都很难,挖起来就不一样。半坡遗址地层的分布面都比较小,一层一层都清楚,张家坡都是灰土,有一些可难分了。画地层太难了,刘观民有时候着手告诉我们应该注意什么问题,分析地层不大好画。大概现在看起来商周时候的地层都是很不好画的,颜色都很难区别。

采访者:田野的基础就是靠这两次打下来的。

黄景略:这两次比较认真的,辅导老师水平比较高,要求严格,我记得在半坡我们这一组是刘观民,像金学山管的那一组,那可不客气了,把学生说得很厉害。一天在工地里面,这也不行,那也不行,刘观民还比较客气一点。杨建芳一般也比较稳当,他不大说话,石兴邦先生田野的工作还比较细,很认真,要求的也比较严格。张家坡实习,钟少林亲手帮我处理现象。

采访者:当时学校这边没有老师跟着辅导吗?

黄景略:没有,我们这个年级基本上就是交给考古所了,一切由考古所来安排。我们之前包括1954、1955和我们1956年毕业的三个班全部交给考古所管,那时候北大没有这个力量来带学生。

采访者:当时在张家坡的时候还是两个人一个探方吗,还是说就变成一个人负责了?

黄景略:两个人一个探方。张家坡的探方可是深的,我记得我从坑底下到土,四米高。

采访者:当时雇民工吗?

黄景略:雇呀。同学除自己动手处理有关现象外,还一起帮着出土。

采访者:当时也是住在农民家里面?

黄景略:张家坡住在一个砖厂里面,砖厂停产了,有四排的平房。

采访者:吃饭呢?

黄景略:自己有大师傅,我们在半坡也有大师傅做,这是考古所自己带着一个大师傅去。

采访者:当时伙食好吗?

黄景略：还可以。除了学校给的伙食费，考古所可能还给田野的补助。张忠培是生活干事，他可能知道。

采访者：我们在北大的老照片里面找到几张可能是您这个班，当时上测绘课的照片，是在圆明园里面，在圆明园实习，拿着小平板。

黄景略：有过这个东西，在圆明园南边，有一个湖，小山头，我具体记不清楚。

采访者：当时是测绘什么东西呢？

黄景略：学习测绘的知识，用小平板测绘，怎么量，怎么调。没有具体的目标。

采访者：当时班上有最后成了一对儿一对儿的吗，您这个班？

黄景略：我们班上没有。

采访者：您也几年不回家，家里面担心吗？

黄景略：我们家里不担心。

采访者：你们平时写信吗？

黄景略：写信，大约一个月一次，我们那个时候大学都没有回家。第四年要到外地实习，实习回来就分配，还不知道怎么样呢，三年级肃反以后暑假我回家了一次。

采访者：福建人特别喜欢喝茶，那时候您在北京喝茶吗？

黄景略：喝茶。

采访者：刚来北京吃东西习惯吗？

黄景略：可以呀，我们在学校里面吃的都是大米饭，也有馒头。饭菜还行，能习惯。

采访者：您觉得北大这四年的学习收获最大的是哪些方面呢？

黄景略：我在北大的收获，学习气氛浓，扎实，重实践，讲课的老师水平高，获得的知识面广。北大对田野比较重视，当时我们四年，其中田野学习就一年。北大的老师每个学期都到工地一段时间看看。邹衡、严文明，早年的老师在野外时间多。北大出来的学生，在野外知识面上，比较好一些，包括考古发掘处理一些技术性的事，以及绘图、测量、照相。我的测量也是在北大学的，燕下都、侯马我自己拿着大平板测，几个城址都是我测的，侯马工地现象我照的不少。

考古学是历史科学组成部分，首先要懂得早晚，早晚要靠地层和器物来判断，上学时先生在黑板上画图，在陈列室看实物标本，只觉得有点意思，不死背书本，但体会不深，工作后逐渐体会田野的真正意义，它是基础，田野不行的，有的报告都看不懂。在博物馆你不懂器物，陈列就无法表现。历博建馆时，挑选文物都是学考古的人，后来分到历史博物馆的人，学考古和历史的人，在文物应用上差别就很大了。

采访者：你们当时暑假、寒假不回家，学生在学校都干什么呢？

黄景略：学生自由活动。上午看书，下午到体育场活动。

采访者：参加不参加什么社团之类的事？

黄景略：我没有参加。

采访者：当时您在班上学习怎么样？

黄景略：我的学习在我们班上，恐怕是一般的了，不是学的最好的。学习也一般，活动也一般。

采访者：你们班上当时成绩谁是最好的？

黄景略：我们考古专业谁最好我说不太准。我记得张忠培挺好，大概每回都是五分，他不错，他学习的比较好，留校考研究生；在学校里就业务学习王世民也不错；高明比较用功；祝广祺知识面广，他们都比我好。

采访者：叶小燕呢？

黄景略：叶小燕也好，具体情况，我跟女同学接触不多，不了解。

采访者：您刚才说和女同学当时都不来往吗？男生和女生之间不来往吗？

黄景略：来往很少。在学校里我跟他们一般不来往，说话也不多，我这个人比较爱运动，什么运动都做，天天都在运动场。我们班上当时毕业19个，3个留校的，有高明、张忠培、祝广祺。祝广祺后来回上海博物馆，现在过世了。张森水分到古脊椎所。12个分到考古所，有3个人到文物局，我一个，耿引曾一个，还有一个唐荣芳。我就留在局里了，她们两个女同学就到历史博物馆。原来我不愿意到文物局去，因为文物局是搞行政的，我想做些研究工作。我写信给文物局局长和教育部长。文物处处长陈滋德对我说，你不来也不行，反正你的两封信都在我手里了，你想走也走不掉。因为走不掉，我只好于9月13日去报到。报到后，陈滋德处长对我说，我们要向苏联学习搞督察员，那时候我也不懂什么叫督察员啊。苏联的考古归科学院管，文化部是不管，只做一些督察工作。但是我们中国，这个系统是不一样，解放以后，成立了文物局还有考古所都是一个头，都是郑振铎。文物局局长郑振铎，考古所所长郑振铎，所以等于两家在一起了。解放初，考古只有考古所在做，全国各地方还没有。1952年全国第一期考古工作人员训练班后，各地也做配合基本建设的调查和发掘工作，王冶秋还到洛阳、郑州调查配合情况。早年文物局管考古的是裴文中，裴文中是博物馆处的处长。文物处不管考古，管文物鉴定收购，管古建维修，我去的时候文物处有22个人。

采访者：您是在文物处是吧？

黄景略：我是在文物处。当时文物处有好些老同志，最早文物处有一个副处长张珩，书画鉴定可以说是全国的第一把手。有罗福颐、傅忠谟、顾铁符、罗哲文，还有从第一期考古训练班留下来的，庄敏、石光明、刘启益，等等。到了1953年底吧，文物处来一个处长，陈滋德。1954年裴文中先生就调到古脊椎所去了。考古就归文物处管。我分配以后，大约一个星期就到洛阳考古工地参加工作了。洛阳原来有一个有色金属加工厂，在涧河以西，在那地方发现有西周的东西，所以大家都想可能跟周王城有关。据文献记载西周王城，就在涧河这一带，郭宝钧先生1954年在涧河以东发现了汉河南县城，但一直没有找到王城。

采访者：是跟考古所的洛阳队吗？

黄景略：为什么让我去的？当时河南文物工作队二队也想在那做工作。考古所也想在那边做工作，两家可能有点矛盾。

采访者：二队是谁当时？

黄景略：蒋若是是二队的，队长路传道，第四期考古工作人员训练班。副队长是丁伯泉，第二期考古工作人员训练班。归河南文化局直接管，力量也挺强的，有好些业务人员。

采访者：考古所当时是谁？

黄景略：当时考古所苏秉琦先生是管洛阳那一摊的。洛阳队队长叫陈公柔，队员有周永珍、张长寿、赵芝荃、陈久恒、苏垂昌、江秉信，还有一些从中学招的见习员等。

我和苏秉琦、陈滋德一起去洛阳，经协商涧西工地以考古所为主，二队派人参加，共同组成考古队。陈滋德对我说，你参加工作，一是好好实践一下，你们大学刚毕业的还没有实践过啊，二是他们两家如果有矛盾你从中协调一下，算是中间人吧。大概一年半的时间到1957年底吧，我就回来了，这期间一直在涧河两岸工作。

采访者：您离开的时候工作已经进行到什么程度了呢？

黄景略：1956年下半年涧西发掘没有什么发现，后来就放弃了。我们在涧西发掘期间，考古所魏善臣带人在涧河以东进行钻探，发现五女冢向东和向南有夯土墙，12月中旬考古所的同志都回北京了，就留下我一个人发掘西城墙一条探沟，北城墙一条探沟。从地层和出土遗物都说明城墙比汉代早。那年冬天都很冷了，根据西城墙打破的灰坑出土的陶器分析，该灰坑属二里头时代，当时不认识，1957年上半年我和赵芝荃各带一个组发掘北城墙确定年代属东周时期。1957年下半年我在涧西了，配合有色金属工厂发掘几个汉墓，同时在涧河西岸发掘几个灰坑，有仰韶的、有龙山的、可能还有二里头的，二里头时期洛阳涧河两岸都有遗存。1958年考古所继续做工作，整个城址都探出来了，最后确定是春秋中晚期，没说春秋早期。报告在1959年《考古学报》上发表。1958年1月初工作结束我回北京。

采访者：接着您刚才说的，您毕业之后去了洛阳，然后挖完那个西周城址之后，您是去了河北去挖燕下都了吗？

黄景略：1958年干部都下放。我1958年1月4号到燕下都去了。处长跟我说你就算一边劳动，一边工作，互相结合起来。而且当时要修水渠，由西向东通过燕下都遗址。燕下都遗址早就有名，1930年马衡和傅振伦在那做过调查和发掘，出土文物特别是瓦当，都在历史博物馆保存。1957年冬河北文物工作，派人调查，感到水渠由西向东穿过整个燕下都遗址问题严重，就向文物局汇报，文物局派文物处谢元璐、刘启益前去调查，感觉这个问题很大，得赶快去做工作。文物局立即组织燕下都文物工作队，前往调查勘探。工作队由历史博物馆组成，我参加。历史博物馆1956年成立考古部，主任佟柱臣先生。他底下有一批人，1956年和1957年他们还支援侯马工作。工作队的任务是做一些勘探、调查，给选好一条水渠，别让它通过那些重要地点。我们到燕下都遗址，住在武阳台村，老乡家里，过几天就下了大雪。地冻无法钻探，我们踏着雪调查遗址的情况，燕下都遗址很大，大约花了十多天，才跑一遍。由于钻探的任务很大，探工只有4个人，基本上没有时间参加农村劳动。我记得有半天参加种棉花。我们钻探是从3月份开始的，最初沿着设定水渠的走向进行，地下有遗址即改道。如武阳台村东南夯土建筑遗址保护较完整，水渠改走遗址南侧。水渠探后我们对燕下都的城墙、土台和文化堆积也进行勘探。通过3个月的勘探，基本摸清燕下都遗址的布局。

采访者：过年也是在那过的？

黄景略：过年我是在那过的，历史博物馆的人都有家回北京。6月份勘探，测绘记录照相工作，基本告一段落，就回北京了。回来后正赶上"大跃进"，交心运动，在北京学习一个多月。到7月底山东要办一个文物干部训练班。

采访者：是国家局办的还是？

黄景略：山东自己办的，希望文物局能够派人协助他们。文物局派历史博物馆王黎晖和我二人去。这个训练班在曲阜，住在孔庙，讲课在孔庙奎文阁。我还讲了几课，讲什么现在记不起来了。还在曲阜故城西部开了几条探沟实习。大约两个月学习完成了。1958年公社化"大跃进"，土地重新划分深耕，破坏挺厉害。有几个遗址挺有名的，一个曲阜古城，一个临淄古城，临淄这个早有名了，一个日照两城镇，30年代尹达同志在两城做过工作。训练班学员分成三个队到这几个地方去调查、勘探，做一些配合。

采访者：当时已经开始"大跃进"的深耕了？深耕已经开始了？

黄景略：深耕了，那时候大炼钢铁了，我们在曲阜的时候就大炼钢铁，老乡还弄那小什么炉啊。

采访者：小高炉。

黄景略：小高炉啊，我们看曲阜城里那小高炉冒烟，老乡挺忙的，山东管这个事的是赵仲三副主任，赵主任原来当过曲阜的副县长，这个人挺厚道的。他说我们该怎么干就怎么干，大炼钢铁的事让老百姓干去。所以我们一直就没参加所谓"大跃进"，大炼钢铁。考古所山东队，山东文物队分成三个队。我是分到日照。

采访者：两城镇？

黄景略：两城镇。

采访者：那就是龙山的东西了？

黄景略：龙山的东西。这个10月份的事。到临淄有历史博物馆王黎晖。

采访者：考古所有谁？

黄景略：临淄是考古所山东队的队长陈作良，到两城镇是张长寿，还有一个叫徐进，曲阜这个队，考古所是赵永福、魏效祖。山东文物队和我一起到日照的是杨子范，杨子范是考古训练班第二期的。到临淄区是殷汝章。殷汝章是山东文物队的队长，杨子范是副队长，还有一个袁明也是副队长，他在曲阜，王思礼也在曲阜，他是考古训练班第三期的。

参加日照工作有临沂地区和泰安地区的学员，我们在两城镇主要是勘探，基本摸清楚遗址范围和堆积情况，划出重点保护范围，同时发掘了两条探沟。简报发表在《考古》1960年第9期，在日照工作一个多月返回济南训练班结业。临淄的材料发表于《考古》

1961 年第 6 期。

采访者：张长寿先生以前好像不是学考古的啊。

黄景略：他是燕大 1952 年历史系毕业的。1956 年考古所正要用人的时候啊，把他调到考古所了。他这个人挺聪明的，水平也高。

采访者：再谈谈您当时在历史博物馆工作的情况。

黄景略：山东训练班结束后，我和杨子范在东平做了一些考古调查。陈列部王镜如主任说，新馆开始建设，需要大量文物，让我们挑选。我和文管处几个主任商量，让我在库房挑选，最后装了箱运回北京。1959 年春节前返回北京。我在历史博物馆实际工作 1959 年一年。

采访者：就只有一年，这一年干什么了？

黄景略：我刚回来的时候，陈列部主任要我到陈列部，我同意。过了春节以后不让我去了，保管部要我。保管部当时主任尹伯林，副主任李石英，说现在从外地调来几万件文物，全是考古出土的，两个保管员不懂，调来的东西挺多，要登记，还要上架，以备挑选，所以让你来，把文物好好的管住。我到保管部库房把已经调来的文物按地区按时代登记上架，大约工作一个月。三月份我随陈滋德处长去山西、陕西、湖南、河南调文物。河南省文化局陈建平局长很慷慨让我们自己挑。当时河南省博物馆还在开封，正准备搬迁郑州，我们到开封，在陈列室和库房挑选。其中有一件新郑 1923 年出土的莲鹤方尊。在这几个省挑选的，由地方送北京。工作大约一个月，我还到燕下都把 1958 年我们采集的文物挑选装箱运回。考古所把解放后发掘出土的精品大部分都给了历史博物馆，其中包括一些报告还未发表的。当时调来的文物很多，80 年代因陈列没有用的都清退各地方。

出差回来后，我到陈列部奴隶社会段，组长是郭宝钧，组员有裘锡圭、应永琛、蒋祖安，还有陈列形式设计赵铨等，除了郭先生外，其他人都不懂文物。奴隶社会分夏商、西周、春秋，裘锡圭负责夏商，当时没有夏代的文物。应永琛负责西周，蒋祖安负责春秋，蒋祖安调走后，由张万钟负责。张万钟大概是 6 月来的，陈列提纲由各人提出，经集体讨论，内容定后，大家分头修改与编写说明书，我负责挑选文物，写文物说明。5 月在故宫午门楼上预展一次，反映不错。7 月新馆土木工程基本完成，展览的柜架就搬到新楼了，大部分文物都进柜了，后来调整改动不多，是整个陈列走的最快的一段。9 月经周恩来总理，康生以及专家审查后通过，到 10 月 1 日正式对外预展。开馆后，让我把陈列室的文物进行编目，详细地写好卡片，这项工作大体到 1960 年 1 月。

题外，我补充说一件事，8 月初，奴隶社会段的文物都基本上柜，有的柜门没锁。13 日那天晚上西周时期的一件铜器叫"史孔和"量被盗，第二天上班，保管员找我，该柜少了一件铜器。当时要求保管员上下班都要清点文物。保管员告诉我后，我即打开柜门找，并在其他柜和所有地方都找，没有找到，我上报。大约是 10 点钟左右，馆、部的领导和北京市公安局的人就来了，召开会议，奴隶段上班的同志都参加了，大家回忆说明，会议开到 12 点多。后来公安局找有关人员包括当天值班和加班的人员每个人单独谈话记录，公安局找我谈话，前后三、四次，如果说的情节有不同的地方，当面指示。12月份还开了一次会，有关的人都参加，大约是12或13人，公安局的人员公开指示，就是你们当中的一个人盗的。这个案到1961年春节前才破，盗窃者果然是开会的人当中一个。他被判无期徒刑，送东北兴凯湖劳动改造。这个案惊动了当时公安部长。因为历史博物馆的陈列开放是建国十周年献礼的项目，盗窃陈列展品属于政治问题。我的谈话和我写的材料都怀疑盗窃者是何许人和我的理由。结果我的怀疑被证实了。

采访者：石兴邦后来是怎么就离开考古所了呢？为什么？

黄景略：1959年陕西要成立考古所，缺人，可能找到考古所。夏先生才勉强让石兴邦回去当所长。石兴邦是陕西人。后来，陕西社科院散了，考古所就归到博物馆了。石兴邦在博物馆待了一段时间。"文革"以后他就回来了。陕西考古所恢复后他又回去了。石兴邦这个人挺好的，为人也厚道。

采访者：考古发掘什么时候开始审批？

黄景略：1982年《文物法》公布以后，1983年就制订申报表格开始审批并发给证照。《文物法》规定，由文物局批准，在批准前要会同考古所审查。当时考古工作我们都要和考古所商量，征求夏鼐先生的意见。如1984年第一次全国考古汇报会，那次会在成都召开，夏先生和苏先生都参加了。

采访者：当时是不是考古所还管大家跟国外合作的事，还限制？

黄景略：没有。

采访者：就是考古所还限制这个，我看日记里写川大合作的事，夏鼐也提了好多。

黄景略：解放后考古就不跟国外合作，包括台湾。1979年中国考古学会第一届留了两个理事给台湾，到第二届改选没有台湾了。

采访者：现在有了吗？

黄景略：现在也没有，将来可以吸收台湾的，包括香港人也可以。

采访者：您1959年在历史博物馆以后是怎么参加了侯马大会战呢？

黄景略：侯马我是1960年3月去的。当时有一个蒸馏器厂要在侯马建厂。在这之前山西文管会，侯马工作站调查发现有两个城，一个大城套一个小城，总称曲沃古城，这个工厂正好要建在曲沃的大城的西城墙上，山西没力量，希望文物局支援。历史博物馆跟山西关系挺密切，1956和1957年在平阳机械厂做过工作，历史博物馆建完以后，考古部刚成立，文物局请历史博物馆协助，我就是那个时候去的，一起去的有朱华同志。到侯马后，我们即厂址所在，住在凤城村。为我们做后勤是山西省文管会的张吉光，考古训练班一期，还有侯马文化馆的徐兰峰。吃住安排好后，即开始对厂区进行钻探，并在西城墙开了两条探沟。根据发掘的材料城墙被汉代地层所压，有多次修补。探沟发掘结束记录写完到了6月份割麦子了，没有工人了，我们考古队也放假，工地停了。我回北京，回来后，历史博物馆让我修改原始社会的陈列。河南许顺湛写了一封信给康生，提出历史博物馆原始社会用仰韶文化、龙山文化、周口店文化分段违反了恩格斯早中晚的分法，是不对的。

康生有批示，历史博物馆陈列部主任正好在文化学院教课，根据康生批示，按早中晚拟出修改的意见。我到陈列室看，陈列并未提文化而是仰韶时代，龙山时代，是时间标法，不违背恩格斯的提法，何况建馆时这一段是安志敏、佟柱臣他们做的，现在都走了，我提出不能改也无法改。后来一直未动。

采访者：佟柱臣去哪了？

黄景略：他去文化学院。

采访者：文化学院是一个什么单位？

黄景略：文化部在"大跃进"中办了一个培养在职干部的大专院校，其中有文博系，文博系的主任刘巨成，是老文物局的，把佟柱臣等好多人调去当教授，包括北大毕业的孔哲生，丁学云。

采访者：孔哲生是什么时候弄到河北的？

黄景略：文化学院1961年就下马了，人都要调走，孔哲生跟我在侯马，我觉得他挺不错，当时我想把他留下，去找我们馆的馆长，后来他告诉我，只能留一个石光明，他是文物局去的，华西大学毕业的，1952年以前冯汉冀还是徐中舒的研究生。又是1952年第一期考古训练班后调到文物局的，所以把他留下来。文化部不同意孔哲生留下来，后来他到陕西考古所。不久陕西考古所下马，他到咸阳博物馆，从咸阳博物馆又调到西北大学。他的爱人姚宛珍，1961年从考古所调到河北，所以孔哲生就到河北了，孔哲生的野外工作还是不错的，有一定水平。

文物局对平阳机械厂新在位置很重视。据文献记载春秋时晋国晚期都城叫新田，位于汾浍交流的地带。历史上对具体地点有不同说法，一说在曲沃西南的曲沃故城，一说在侯马镇西。1952年山西省文管会主任崔斗臣，在白店村一带发现春秋时期的陶片，1956年顾铁符带领文物普查队晋南的队员，调查该地区，发现遗址面积大，埋藏东周文化遗存丰富，肯定新田在该处。1957年山西省文管会侯马工作站发现牛村和平望两座古城，试掘后发现，城址在战国时期即已废弃。城内有宏大的土台遗址，在牛村古城南，发现规模大，分工细的冶铜作坊，骨器作坊和大规模陶器生产基地等。

1960年上半年在厂区内2号发掘，发现大量铸造青铜礼器的陶范。这些发现引起文化部文物局极大重视，同时由于平阳机械厂建设上马，10月国务院须发了《关于加强侯马地区古城遗址的勘察发掘工作的通知》，文物局组织中国科学院考古研究所、中国历史博物馆、文博研究所、中央文化学院及部分省考古人员前去支援。

10月8日大家汇总都到侯马，文物局副局长王书庄亲自带的队。在侯马工作站开会，有侯马市的市长，成立侯马考古工作队配合平阳机械厂工作，张颔当队长，副队长畅文斋、张彦煌和我等四个人，张颔抓总的，我和张彦煌负责发掘工地，畅文斋管后勤的。参加这次会战的有考古所山西队全体，张彦煌、张志明、陈存洗、徐展魁、白荣金等，历史博物馆有我和张万钟，文博研究所叶学明，中央文化学院孔哲生，河南黄士斌，江西胡义慈、赫子华、秦光杰、郭远渭、程应麟、彭适凡、刘玲，还有大同等市县文化馆，以及省博物馆和侯马站的同志共三十余人。

当时主要发掘2号工地，还有3号工地，可能还有别的点。

采访者：那3号工地后来没有出报告吗？

黄景略：3号就发掘几个探方，地层很简单，遗物也不丰富，简报就没有提到。后来张彦煌身体不好，就不下工地了，工地就是我一个人管。工人我管，干部我管，包括一些探工都是我管的。

采访者：当时工作站里面的金墓搬过去没有？

黄景略：搬过去了。我们从1960年10月到1961年6月，只有春节休息几天，其余的都在工地干，一些外省来的同志就在工作站过年，工地工作8小时，从工作站到工地大约要走半个小时。每天工作约11小时左右，在这样艰苦条件下工作，大家并没有怨言，精神仍然非常饱满。

采访者：叶学明那个时候在吗？

黄景略：在。叶学明和孔哲生都在，还有张万钟，还有考古所的同志都在。

开始是两个人一个探方，县里面来的人不懂，还不知道什么叫挖探方。就让在考古所干过的人带着他们，后来一人一个探方，也不敢挖大。因为侯马的地层太深了，而且很复杂，大家普遍不熟。我们就现场开会讨论，两个探方之间，四个探方之间，整个队之间开会研究，这样提高大家的水平。另外在当时我们还搞了一个叫"三边"，边发掘边整理边研究。河南的同志提出来，文物局挺欣赏。

采访者：河南刘胡兰小队都有谁呢？

黄景略：我都不认识。

采访者：还有铁姑娘队呢？

黄景略：都没有来过侯马。大约11月份，王书庄副局长亲自在工地蹲点指导工作，并参加工地的发掘劳动，他要求贯彻"三边"，我们在上半年发掘的基础上，请张万钟同志把陶器排列出型式，画了图，还搞了一个统计表格发给大家在工地整理时参考。在"三边"方针指导下，各个探方将当天发掘出土的陶片根据排列的型式填好数字，挑选陶器的口沿，腹片和底部留二、三片，平底留一个，其余的在工地就放弃了。

采访者：后来就没有办法拼了吧？

黄景略：那一年，带回来的陶片不多，几乎没有对过一个完整的。到第二年开春，大家认为，这样干不行，地层有上下，陶片应有早晚，将来万一有变化怎么办，没有办法写报告。就停止了"三边"。第二年6月，工地就结束了。开总结会，我还做了一个关于侯马工地工作的汇报。

采访者：当时是给谁汇报呢？

黄景略：王书庄去了，还有处长也去了。

采访者：考古所有人去吗？

黄景略：苏秉琦先生去了。

采访者：当时遗弃的陶片扔哪去了？

黄景略：就在那土堆里面搁着了。

采访者：回填的时候就填上了。

黄景略：就这样，这个总结报告在侯马可能还可以找到，我都忘了说的什么问题了。到了 6 月 15 日这个工地就停工了，工作就算结束了。侯马工作开始我们拟定了田野发掘的要求、步骤以及记录的格式作为工作的规程，统一了大家的认识，以保证工作的质量。相应地建立一套野外和室内的管理制度，如探方发掘按格式把记录写清楚，经我看后才抄写在正式记录本，一式二份，一份留在底本，一份与小件照片登记表装好交资料室保管，不交接完绝对不能离开。我到侯马查阅那时发掘的资料时提取极为方便，保存相当完整。

采访者：就是后来第一版的《田野考古工作的规程》雏形都是在侯马起来的是吧？

黄景略：对。我把这个规程带到临淄去了。大家就按照这个办的，包括发掘，包括记录。当时这个很简单。

采访者：您是根据从哪定的，是从实践还是从实习的时候就有这个条条了？

黄景略：这个是我从实际中，从洛阳实践中得来的。我在侯马定了这么几条规程。

采访者：当时吃的怎么样？

黄景略：1960 年到 1961 年之间，三年困难时期大家饿肚子，我们还用了一些民工，有 100 多人，包括曲沃农校的有几个班，一天吃两顿饭，早上吃一顿，晚上吃一顿，中午没有饭吃，学生吃不饱都不愿意干。

采访者：当时能吃得饱吗？

黄景略：没有油水，不到点就饿了，我们的大师傅还不错，给我们做面片糊糊一碗二两，有时候有一些面条，也没有什么菜。当时搞后勤的，叫张吉光，他想办法弄来白薯和蔬菜补充。1961 年平阳机械厂就下马了，下半年就没有工作了。

采访者：这半年您去哪了呢？

黄景略：1961 年下半年我到东北鄂伦春族去征集文物去了。

采访者：跟宋兆麟一块的？

黄景略：对。宋兆麟刚调到历史博物馆，我也正好回来了。

采访者：下半年够冷的，到冬天跑鄂伦春。

黄景略：我们 9 月 30 号到鄂伦春自治旗阿里河，10 月 1 号参加成立 10 周年庆祝典礼后，我们就到鄂伦春一个乡，叫托扎敏乡，从海拉尔阿里河中间有一个新账房火车站，乡政府所在地距火车站一百公里。

采访者：开车一百公里的话在当时应该很长时间吧。

黄景略：乡政府附近有一个农场，经常有卡车来往。我们跟着进去也跟着一起出来。要走两个小时左右。

采访者：就是秋天到初冬都在那儿。

黄景略：大兴安岭都下雪了，下得挺厚的。

采访者：那一次收了些什么文物呢？

黄景略：收了鄂伦春的一些日常用品。

采访者：怎么运出来的？

黄景略：我们装了七个木箱，用火车运。

采访者：就是没有大东西都是小东西？

黄景略：都是一些生活用品。鄂伦春是狩猎民族，鄂伦春还有一部分人在黑龙江边的，这个地区我们没有去，乡政府下有一个生产队距一百多里。

采访者：通汽车吗？

黄景略：不通。乡政府有一个生产队，附近也有一个农场，我们就住在乡招待所。另一个队没有去，在招待所的时候我们到老乡家里面转转，看看人家生活的情况，了解人家一些风俗民情。冬天男的都上山打猎，家里只有妇女、老人和孩子。

采访者：他们汉语好吗？

黄景略：能说，还可以。鄂伦春好像有一点方言的音调，他们都可以说汉语。他们说话我们都可以听得懂。这个旗有一些方言听不太清楚。鄂伦春民族有一千多人，在黑龙江也有七八百人，整个鄂伦春1961年的时候不到2000人，现在估计得有上万人。这次到鄂伦春9月底从北京出发，12月初回到北京整两个月。1961年侯马晋国遗址公布为第一批全国重点文物保护单位，根据国务院的通知，已公布文物保护单位，要划出保护范围，作出标准说明，并逐步建立科学记录档案的要求。1962年2月文物局调我到侯马去协助工作站划保护范围。工作到7月份，主要是钻探，对探出的城址进行测绘。在侯马2000∶1的地形图上标示，文物局谢元璐和谢辰生到工地蹲点指导工作。钻探工作除了在燕下都遗址跟我在一起的四个探工外，还从洛阳找了一些，大约十几个人。

采访者：当时只是把这个城框出来了是吧？

黄景略：把牛村、平望、台神三个城的情况弄清楚，还有马庄古城，以及呈王古城等，还有年代相近的遗址，以及上马墓地，等等，都划定为保护范围或重点保护区，侯马这个范围基本上是1962年勘探出来的。

具体工作我负责，探工探出来行不行，我再检验。大平板架在现场我亲自测量，侯马几个城图测下来的就是那个时间完成。参加这次钻探工作有张万中、陶正刚、张守中。王克林同志整理编写上马M13等墓地报告。叶学明到晋中下乡劳动。

1962年7月我回来分配在保管部征集组，与琉璃厂古董店打了一些交道，还帮助库房整理考古发掘品。

采访者：那时候鹰鼎调过去了吗？

黄景略：建馆的时候就调来了。

采访者：当时您是保管部还是陈列部还是考古部？

黄景略：最早是考古部，后来考古部撤销我们到保管部了。

采访者：是哪一年撤销的呢？

黄景略：应该是1961年左右撤销的，记不清楚了。

采访者：这个事一般跟考古部搭不上杆子。

黄景略：应该是保管部的。11月平阳机械厂再次上马，山西向文物局请求支援。文物局派我和考古所刚毕业的王岩、温明荣三个一起到侯马，对将进行建设的22号车间试探，开了几条探沟，发现灰层很厚，并对车间范围内，进行全面钻掘，了解到22号是一处铸铜遗址，中间有一条硬面范围不小，出土有镬、铲等工具陶范，因地冻不便工作，试掘到12月底。1963年2月文物局又组织各省的同志来支援侯马，继续发掘22号遗址，并对21号进行钻探和试探。

采访者：当时那么多地点为什么最后只有2号和22号有报告呢？

黄景略：2号和22号都是铸铜遗址，2号出土陶范为礼乐器范，22号出土陶范为工具，这两个号的地层堆积厚，遗址之间打破叠压关系复杂，复杂陶器有早晚，年代延续较长，各种记录完整，早年发掘的出土灰铸遗物的点，面积较少，记录保存不全，无法整理。而21号是一处祭礼遗址，性质不同，主要工作是在1964年完成的，报告单写发表于《考古》1988年第10期。

参加22号发掘有科学院考古所山西队全体，有广东陈智亮、广州麦英豪、天津魏克晶、上海扬辉、仇文俊、陕西魏逐志、甘肃负安志、福建杨启成、河南杨育彬、山东王凤文、赵春生、江西陈文华、薛翘，还有山西考古所的业务人员，等等。

采访者：22号为什么布的探方是这样的，就是顺着路布的，路以外的地方再没有挖了？

黄景略：路旁边有一部分。

采访者：我看探方基本是顺着路这么走的。

黄景略：开始就沿着这个路的边上，布上方，后来看到很多遗迹都在探方外面，钻探时路两旁堆积好，远的地方堆积属遗迹也少。就往外扩方，探方号就不顺了。

采访者：如果说离路稍微远一点的地方全揭开，您觉得还有房子吗？

黄景略：可能有一些，但是不多了。我们沿着路的四周进行钻探，遗迹灰层发现不多了，地层也浅了，主要路两边，再往外去就慢慢的少了。

采访者：是不是到22号挖的时候您把叶学明先生解放出来了，不让他具体管探方？

黄景略：对的，22号上半年主要是我在组织，叶学明还发掘两个方，下半年考古所的同志都走了，探方都挖了一半，这怎么办呢？这些方发现的遗迹只有我清楚，因为工地我主管，考古所剩下的那几个方，只能由我完成，我要具体发掘就没有时间关照其他探方。所以我把叶学明从具体发掘探方解放出来，接替我负责协助其他探方地层和遗迹的划区，大事找我，或涉及到协调后勤等需要再找我。

采访者：他当时田野能力真的那么强吗？

黄景略：叶学明这个人在田野这一摊子还是有相当实力的。他动脑子能说清楚，所以解放他，负总责。

采访者：王克林的田野怎么样呢？

黄景略：王克林田野可以，但是让他组织工作有一点困难，有时候说不清楚。叶学明可以给人家说清楚，王克林自己做这一摊子可以做好，要是组织一些人或者是给人家判断一件事情他难度比较大，张万钟是比较马虎，后来他带北大的学生在曲村实习。

采访者：老麦的田野怎么样？

黄景略：他开始比较生疏，但工作比较细，扎扎实实，做的不错。

采访者：东西当时都堆哪了？

黄景略：堆工作站里面了。1963年工作基本是按1960年制定的规程排行的资料，比2号点好的多。包括记录，照片和器物都比较完整。

采访者：梁子明怎么学的摄影呢？他怎么去的山西所？

黄景略：我不清楚。他好像当过兵，我也不知道他怎么到山西所的，他搞得不错。

采访者：他写字是什么时候开始学的？

黄景略：这个具体我也不知道。

采访者：我看他有时候写写碑什么的。

黄景略：他后来没事就写写这个，梁子明有一点才，照相什么的。

采访者：那时候李夏庭出现没有？他画图还是不错？

黄景略：还没有。李夏庭是山西所的。

采访者：报告里面的陶范图不都是他绘的吗？

黄景略：对，他跟张守中学的。张守中1956年从军队转业到山西文管会，工作挺不错的，比较细心，1962年派他到考古所专门学画图，派万新民到历史博物馆学修铜器。

采访者：张守中是跟谁学的？

黄景略：他是跟张孝光学的。

采访者：张守中怎么又去的河北呢？

黄景略：他爱人在河北。

采访者：也是夫妻分居。

黄景略：张守中为人挺好的，画图也好。

采访者：后来陶范图是什么时候找李夏庭开始画的？

黄景略：我们在编写报告整理的时候找他的。

采访者：他画的图您满意吗？

黄景略：还可以。

采访者：杨富斗是什么时候分过去的？

黄景略：杨富斗是考古训练班第二期的，畅文斋是第一期的。杨富斗他是稷山人，畅文斋是襄汾人，畅文斋为人挺好的。

采访者：田建文也是襄汾的。

黄景略： 他分到山西考古所以后，王克林对他不错，派他到吉大当张忠培的研究生，人也挺聪明，有一点水平，这个人爱动脑子文章写的也快。

采访者： 年轻人应该有几个您认识的，刚才说的田建文，还有吉琨璋应该认识。

黄景略： 吉琨璋认识，他在我办的考古领队班学习，他是1986年毕业的。

采访者： 还有谢尧亭您也认识。

黄景略： 对。海金乐也认识。山西早年考古的同志有好大一批都在侯马工作过。1963年12月底工作大体结束了。1964年山西侯马站的同志组织钻探牛村古城和平望古城城内的布局，开始对2号和22号出土的器物进行整理。大概1965年侯马开始"四清"，"四清"把侯马站当重点，说是知识分子成堆，包括张万钟、王克林、叶学明都是作为重点挨整了，接着就是"文化大革命"，所有业务工作都停了。大约是1974年11月我从江西吴城和湖北盘龙城回北京汇报工作，张滋德处长对我说，山西文管会秘书张德光来汇报，省里准备把侯马的报告编写出来，在侯马工作的几位同志有矛盾，各有各的看法，都不服气，整理不起来。这个事情侯马工作站干了这些年，搞了好几个大工地，将来资料还得整理发表。张德光让你去，不然这个报告不行。后来我就去了一趟，已经到了冬天了，大家在一起商量整理，编写报告的事，包括王克林、张万钟、陶正刚、叶学明、吴振禄、杨富斗、张德光等有关同志，用了一个星期经过充分讨论拟定一个报告提纲。大家分工，因为陶器这部分过去叶学明比较熟悉，就由叶学明负责整理。陶范这部分张万钟整理过由他来负责，遗迹由吴振禄负责，小件器物由杨富斗负责，王克林和陶正刚两个人的家在太原就不参加了。大家两年后写出初稿，把初稿打印给我。我看后提一些意见，请他们修改，1980年修改稿都交给我。我看陶范部分还像卡片一张一张往上贴。1981年冬季我专门到了侯马和叶学明一起对陶范重新整理，按照出土的层位重新排队。把碎块粘对，工具范对了不少。但2号工地出土的礼乐器陶范，碎得太厉害确实很难粘对。1982年冬天我又去了一趟侯马，把我看过遗迹，小件陶器以及叶学明重新编写的陶范部分再审核，并与叶学明商量具体修改意见。

我当了文物处的处长，我对叶学明说这个事我管不了，画图和照相的，我跟梁子明和李夏庭都说清楚了，你们配合做好工作。照片该怎么选的让梁子明选，最后我再看看就行了，最后由叶学明统稿，统的过程中又来到北京一次，住在一个旅馆里面，李夏庭、梁子明和叶学明都住在那里。离红楼近，我经常去看看，他们有什么问题，解决不了的，需要我做的我就做，他们三个人商量还没有定下来，我来定。侯马的工作大体上就是这样完成的。《侯马铸铜遗址发掘报告》1993年出版，1995年获得夏鼐考古学研究成果奖。

采访者： 侯马会战结束了，结束之后您去临淄，您讲讲临淄的情况吧。

黄景略： 1964年1月我回到北京，4月文物局通知我和考古所林寿晋两个人去山东，调查铁路通过临淄的事，山东陪同的是杨子范。临淄是第一批全国重点文物保护单位。据说渤海湾发现油田，铁路拟从辛店站由南向北从临淄故城穿过。我们两个人沿拟修铁路线查看，并对故城城里到城外都看了。我们两个人写了一个报告给文物局，不同意走城内。我们的意见让他们走城西。后来这条铁路从淄博分线不走临淄。6月初，我又去了。山东组织一个考古队，在线路的位置挖了几个探方，探沟。队长杨子范，考古训练班第二期的，他是山东文物队的队长，陈滋德告诉山东，让我当副队长。我们两个人商量，做一个比较全面的勘探。后来我们就开始做全面的钻探，少部分人做试掘工作，11月在河崖头发现暴露马的骨头随即清理，一下清了几十匹马。我拍摄的相片，回来向局里文物处汇报了，也向考古所汇报，夏先生很重视，觉得可能有大墓，有殉葬墓。后来再发掘那个墓的时候，我已经不在了，是一个大墓，但是没出东西，被盗空了。马骨架经化学处理保护，现场建了陈列室。钻探工作一直延续到1965年。

勘探的工作，第一步是把城墙探出来，当时临淄的城墙都还在，南墙、北墙都还有，东墙断断续续还有，西墙也有高岗，都清楚。原来的形状地面上能够看出来，当时要探出宽度，测一张准确的图。根据城墙找城门，找道路。找城墙的工作最多是小城。地面有一个土台叫桓公台周围有夯土建筑遗迹。这次勘探初步把小城、大城弄清楚了，还发现几处作坊和居住遗址及道路。我7月份离开，山东的同志继续工作，把已发现的现象进一步详探和试掘。城内布局更清楚了。

山东参加工作的有张学海、张其海、罗勋章、唐士和等，还从泰安、济宁、莱阳、栖霞等地调来的同志。

采访者：临淄做完您去哪儿了？

黄景略：到陕西搞"四清"，搞了一年。7月中我们到陕西在临潼华清中学集中学政策，当时还让我学王光美的桃园经验。我分配在行者公社，某某大队某某小学，我所在的队，干部出身都比较好，工作也好，我始终搞不到这些干部贪污盗窃行为和钱财的证据，在全公社三级干部会（公社、大队、小队干部会）受到工作团作为右倾的不指名的批评。春节过后，我到蓝田，组织社队干部学习文件，提高对"四清"的认识，还未到开三干会，文化部干部撤回。省里另派人来接替我们。总观这一年"四清"，文化部的干部基本比较掌握政策，不完全采用桃园经验"左"的办法。

采访者：说起陕西，您当时知道西大的建立过程吗？李家瀚怎么去教书了？

黄景略：这个西大我不清楚了。抗战时期，西北也有一个联合大学，西北联合大学是哪几个学校联合起来，看过一份材料，但不记得了。抗战胜利后，迁回西安，当时的西北大学还是比较好的，基础不错。解放初期，侯外庐当过校长。陕西古遗址古墓葬多，30年代苏秉琦曾在宝鸡斗鸡台发掘，50年代初调查沣河两岸，发现三种文化，1954年科学院发掘半坡遗址。当时北大考古专业，招生不多，分不到地方。西北大学1955年办考古专业，所以李家瀚毕业学校就分配去了。这一班学生毕业，分到历史博物馆有三位，杜跃西、李克修、袁仁林。

采访者：那是第一个分到陕西去的人吗？

黄景略：可不就第一个。他本身就是陕西人。

采访者："文革"之前，张忠培去吉林了吗？

黄景略：他研究生毕业就去了。

采访者：您给讲讲张先生为什么没有留在北大，去了吉林呢，这个过程？

黄景略：他怎么分到吉林去，我说不太准确。东北地区过去的考古都是日本人做的，中国人极少。北大考古专业招的学生东北人也很少。估计吉大想培养一些本地人。当时吉大还派了一个讲师来北大进修考古，还跟我们一起在半坡实习。可能跟这些情况有关。

采访者：当时他自己愿意去吗？

黄景略：那我就不知道了，他去的时候我就不在北京了，外地出差。那个时代大家都要服从组织分配，无所谓你愿意去不愿意去。当年我们这些学生的分配，都是地方提名单，要人，然后学校分配，再派出去。不管你愿意去不愿意去，派你去你就得去。

采访者：张忠培，既然他是跟林耀华，怎么又转到苏先生的门下呢？

黄景略：反右以后，林耀华先生只讲课，具体事不管，北大也不来了。苏先生当时是教研室主任，只有他一个人有资格给研究生签字。宿白先生那个时候，还不能带研究生。

采访者：那时夏先生和苏先生这个矛盾来了吗？

黄景略：这个矛盾表面上看不出来，从来也没有听苏先生说一句夏先生的不是。夏先生和苏先生的事，我们当学生一般都不问不谈。夏先生是中央研究院的，苏先生是北平研究院的，解放后两个院合并，成立中国科学院。他们两个人经历不同，性格也不同，但工作上看不出什么不和的地方。

采访者：您从陕西"四清"回来是5月份还是6月份？

黄景略：是6月份，文化部参加"四清"的干部都撤回来。

采访者：那从1966年您在北京干什么了？

黄景略：参加"文化大革命"，斗批改，写大字报，开会批当权派，游行等胡闹一通。

采访者："文革"您受冲击了吗？刚开始的时候。

黄景略：没有。"文革"中有两件事，记忆比较深，一件是8月份红卫兵上街到处打砸抄以后，当时传达林彪一个指示，要办一个红卫兵"破四旧"的成果展览。要求历史博物馆派人参加，当时派了我和耿引曾二人去。开动员会在苏联展览馆（现在北京展览馆）礼堂。展览分好几个馆，我们分在文物馆。当时抄家的东西，宣武区存放在法源寺，据说东城区存放在东直门外公安库房。其他区存放的地点记不得了。我在宣武区，在法源寺挑选被抄可展览的文物。我们对挑选的文物登记造册，单独存放在一个房间。当时在法源寺的大殿堆满箱子，书刊放在空地堆积如山，上面用草席盖，瓷器等也放一个小院子里，任其风雪吹淋。工作将近两个月，12月中，通知文物馆撤销不独立了，我就回馆了。

采访者：原来抄家的文物去哪儿了？

黄景略：听说被抄的家80年代曾提出清单要求退还，凡是能找到的就退，其他就不清楚了。

另一件是1967年1月27日，通知我到政协礼堂开会，我和祝大震二人代表历史博物馆天安门公社出席参加。参加有谢辰生，故宫的杨新，中国书店贾书玉，还有考古所的孟凡人、杨锡璋等十多人。戚本禹传达陈伯达和康生要保护文物和图书的意见。贾书玉说每天有20吨旧书送到北京造纸厂。戚本禹让我们以群众组织的名义倡议保护文物和图书,另外请中国书店组织人员清理抄家的图书,把旧版书抢救回来,不要造纸。回来连续几次在历史博物馆会议室开会讨论倡议书,谢辰生写成,送戚本禹审阅。后来印成传单张贴或寄送各地和各群众组织,传单相当报纸大小。接着又分成三路,去调查文物销毁,特别是西藏铜佛销毁的情况,历史博物馆孔祥星参加西北西南路。

1968年底工宣队和军宣队进驻,宣传大联合反对派性,组织斗私批修,抓革命促生产,我参加业务组,拟定恢复陈列的提纲。还参加专案组,到河北、山西进行外调,来获得有关线索或证据。

采访者: 听说还抓"五·一六",那是怎么回事?

黄景略: 冬天谢富治在首都体育馆动员抓"五·一六"。各单位开展抓"五·一六"运动。我还被当"五·一六"嫌疑犯,这年(1970年)春节都没有好过。这个运动一直搞到下干校前。

采访者: 什么叫"五·一六"?

黄景略: 1967年5月16日在天安门两侧红墙刷出"打倒周恩来"的大标语,被定为反革命集团。重点是学部(现在的社会科学院)、教育部、文化部三个部门。到处搞得很紧张,不断地说哪个单位抓几个,算起来文化部在1月份就抓到一个营。还说"五·一六"是秘密单线串联,说的比共产党当年搞地下还神。

采访者: 您去哪一个干校了?

黄景略: 湖北咸宁。

采访者: 当时文物局系统都到那儿去了?

黄景略: 整个文化部的系统,我们博物馆1970年5月去,而故宫博物院是1969年9月份先去的,他们先进行建设。文化部机关也是1969年去的。全国最大的干校有4990个人,共20多个连队。有一些烧白灰,有一些盖房子。

采访者: 您在干嘛呢?

黄景略: 我们围湖造田。文物局下属单位故宫、历史博物馆和革命博物馆、图书馆、文物出版社等,编为二大队,文物局机关属于文化部机关的一大队。当年还有人没下去的,博物馆留在单位的人有三分之一,还有样板戏团等。

采访者: 您的日常工作就是种田,没有养鸡养鸭之类的?

黄景略: 除了种田外,有专人负责养猪养鸭。我第一年在炊事班,管采购,管湖里送饭,还烧火,第二年我去田管班,当班长,住在湖里的工棚。

采访者: 田管班是什么?

黄景略: 田间管理,管养牛耕地,插秧浇水看护等。

采访者: "文革"的时候您一个月的工资是多少?

黄景略: 那时候是70块钱。

采访者：70块钱养一家人。

黄景略：我爱人工资47元，合计100多块钱养一家人。

采访者：几口人？

黄景略：六口人。50年代规定的家里工资人均8块钱以下才能申请补助。我那时候还算中等水平。

采访者：补助有多少？

黄景略：根据申请实际情况，具体我不清楚。

采访者：您当时是中级职称了？

黄景略：不算，50年代国家规定研究分十二级，12级62元。

采访者：那时候有私人买房子的吗？

黄景略：没有。都是单位给房子。

采访者：社会上有人会互相卖房子？

黄景略：没听说过，我不清楚。

采访者：六口人您当时住哪儿？

黄景略：在历史博物馆前面的小灰楼，后来修毛主席纪念堂拆了。

采访者：那三个孩子都跟您一起去的咸宁？

黄景略：没有，她们都没去。

采访者：就您一个人去了。

黄景略：对。

采访者：那还好点。当时吃东西吃得饱吗？

黄景略：还行。

采访者：咸宁是不是也是血吸虫高发区？

黄景略：对。听说当时在选干校的时候，中央好些部委到那儿查看过，都不去。考古研究所在河南息县。北大、清华在江西，那是血吸虫最多的地方。

采访者：是不是北大和清华就是风暴的最中心了？

黄景略：对呀。

采访者：斗得也是最凶的。

黄景略：对。看大字报大家都到北大看。

采访者：为什么到北大看？

黄景略：我们也不知道，我到北大看过半天。

采访者：北京那个时候是天派和地派打。

黄景略：对呀。北大公社是天派，井冈山属于地派。各大学都分二派。

采访者：都跟老同学不来往了，比如说高明也不来往了？

黄景略：不来往。那个时候大家都各做各的，谁也不来往。我是"文革"后期才到高明家里去。

采访者：您在干校待了整整两年？

黄景略：两年半，5月份去，12月份回来了。回来就在历史博物馆，做一级品的编目。

采访者：当时级是怎么定的？

黄景略：早年他们定的我就不太清楚。

采访者：总有一个标准吧。

黄景略：有一个定级标准，当时文物局有一个定级的标准，我印象是"文化大革命"前拟定的，分一级、二级、三级。怎么样的标准我忘了，我不是定标准的，那个时候我不在北京，在考古工地，编目搞了大概半年的时间。1973年9月份我又出差了，文物局让我去协助长江流域规划办公室举办的考古训练班的实习。这个班是培训，跟长江流域有关的，4个省市的文物干部，讲课是在武汉。博物馆开始就不让我去。

采访者：为什么？

黄景略：一级品编目正在进行。

采访者：一级品带头的是谁？

黄景略：是杨宗荣，历史博物馆的老先生。早年在故宫博物院，1952年调到历史博物馆。老先生一直搞文物的，也不错。编目就是一件一件的编，要写卡片，卡片上写名称、年代、质地、尺寸、来源、参考文献等，一级品有好大一批是建馆时从各单位调来的考古发掘品，别人都不知道，不了解，我比较熟悉。

采访者：那您是负责铜器还是负责什么？

黄景略：一级品主要是青铜器。

采访者：您负责青铜器。

黄景略：对，我编了一部分。因为铜器很大一部分是出土的，也有一些过去流传下来的大件。大件我就查一些参考材料，什么时候发表过，在哪个地方发表，这个在卡片里头都要写的。

采访者：这个事搞了多长时间？

黄景略：我大概搞了有半年多，9月份我还没编完，就让我出差了。

采访者：这个是国家局让去的？

黄景略：对。

采访者：这个长江流域培训班讲课也是您讲？

黄景略：讲课我没有讲。

采访者：还有谁呀？

黄景略：有石兴邦、吕遵谔，还有考古所在长江搞调查的一些同志。

采访者：吕遵谔也去了！

黄景略：实习时我听安徽阜阳博物馆刘海超说的。

采访者：学员都是谁呢？当时在哪里实习？

黄景略：我是9月到荆州，当时学员已分二处实习，一处在宜都红花套，一处在荆州纪南城。开始让我在纪南城，就让我负责，参加辅导的有魏正瑾、杨肇清。学员来自江苏、上海和贵州，姓名我记不得了。发掘凤凰山墓葬，发掘工作还得湖北博物馆和荆州博物馆协助。发掘资料由湖北的同志整理，简报发表于《文物》1974年第6期。到11月中旬实习结束，结束后即到红花套。红花套遗址发掘一半，学员只留下几个人，有重庆博物馆四个人，其中有黄蕴平。还有徐州的刘乐山，江苏无锡一个，他很年轻，记不起名字，还有考古所李文杰。

采访者：就制陶器工艺的李文杰。

黄景略：对。学员实习的很多都没做完，我们几个人继续做，大概到12月才完。最后留下李文杰收尾，我们几个人都走了。我从红花套回福建经长沙、南昌。在长沙看马王堆三号墓的发掘。

采访者：当时谁在那儿挖？

黄景略：我记得有考古所的白荣金，其他就不知道。见到文物局陈滋德处长。我就看了一下，即去南昌。江西的同志让我去吴城遗址，吴城刚发现。

采访者：那时候北大的实习队是不是也在那儿？

黄景略：不是，那是1974年。我就看了看，没说什么，他们怎么做工作也没再问，那时候我也没那个任务。

采访者：福建老家还有人吗？

黄景略：我妈1973年夏天回去，我要把她接回来过春节。

采访者：中间有一段您妈妈回福建了。

黄景略：对。

采访者：当时老太太高寿？

黄景略：那时候正好70岁了。

采访者：家里没有其他的孩子了吗？

黄景略：没有，我们家里就我一个。老太太是1963年来北京的，10年了想回去看一看。

采访者：1974年您回局里吗？

黄景略：还没有。我从老家回来即过春节。不久接到湖北寄来的《江陵凤凰山西汉墓发掘简报》，经审阅个别改动，即交《文物》发表。那时候社会在搞大批判，评法批儒，文物局组织几个人，有我、贾娥和于中航，大家分工写东西，当时我写铁器的发展和战国秦汉的阶级斗争，这篇文章发表在上海一本杂志上，稍作修改《人民日报》转载了。我收集资料写成简单的初稿交给我们局里的领导。由他们修改我就不管。7月份我就到了江西。

采访者：就是到吴城。

黄景略：对。

采访者：北大还在那儿实习了。

黄景略：我比北大早去了，北大到了9月份才去的。

采访者：您知道有这个点了。

黄景略：1974年1月份我去看过这个点，当时江西博物馆的馆长张汉城和陈柏泉来北京，请文物局支援做一些工作。按说江西应该有一些力量的，因为他有一批人60年代在侯马参加发掘。

采访者：是做农业考古的那个？

黄景略：陈文华是1963年参加侯马发掘，彭适凡是1961年参加侯马发掘。

采访者：现在在江西有咱们北大的人吗？

黄景略：李家和、刘诗中。李家和和李伯谦是同班，可能最早就他了。

采访者：后面就是刘诗中，后面比他就小一些了。彭适凡是什么背景呀？是不是文博训练班出来的？

黄景略：他是江西师范大学毕业的，分到博物馆。张汉城有一条，就是到博物馆考古工作队的年轻人都得出去锻炼，所以他就到侯马去了。

采访者：2006年我在侯马见过他，他的个子不高，很敦实。

黄景略：那个时候他们两个人来北京，请求文物局支援。文物局就跟考古所商量，考古所派马得志和我一起去的，帮他们做吴城遗址。上半年试掘时上面是商周陶片，下面是瓷片了。

采访者：为什么呢？

黄景略：当时探沟开在山坡。

采访者：滑下来了。

黄景略：对，我跟马得志去，看后这都是大斜坡堆的。帮助他们规划了一下，调了一些人，做了一下工作，对周围进行调查，国庆节前我马得志两个人就离开了。

采访者：北大已经去了。

黄景略：北大去了。吴城这边是李伯谦，筑卫城那边是李仰松。

采访者：上次我们说到1974年7月您在吴城发掘，当时博物馆的馆长叫张汉城。

黄景略：他是上海人，1937年到延安，后来我们工作接触不多，80年代我到南昌没有见到他。

采访者：先跟您核实一件事，就是张忠培给马寅初写信，要求教学改革，后来学校开了一个座谈会，翦老也参加了，副教务长张仲纯也参加了，这个事您有印象吗？

黄景略：怎么引起就不清楚了。我记得在文史楼开了一次会，张仲纯参加了，大家提了一些意见。什么意见我不记得。

采访者：那个写信是怎么回事呢？就是联名让同学们签名什么的。

黄景略：这一点我没有印象。

采访者：张忠培先生给苏秉琦提意见，那时候还没有决定读他的研究生吧？

黄景略：没有。那是三年级的时候。就是提出见物不见人，净是陶器排队，我都不太注意这个事，我没有发言，张忠培发言了，但是具体内容我不记得了。他的湖南话听得半懂半不懂。

采访者：当时给老师提意见这种事在学生里面多吗？

黄景略：不多。历史专业我没有听说过。

采访者：您接着讲讲在吴城那一年发掘的情况吧，都挖了什么地方？

黄景略：吴城发掘我是跟马得志去的，7月底我们跟张汉城一起，当时天还很热，我们到了吴城以后，就住下来了，住在公社招待所。江西刘林、李家和已在那里发掘了。就跟他们一起发掘，我们两个上午去，中午我们就回来了，开始我们还在当地吃中午饭，饭后在树林底下休息，过了一段时间也没有水了，我跟马得志中午就回到公社来了，下午就不去了。

大概是到了9月份，北大学生去了，李伯谦带的队，来了以后我们把遗址及发掘给李伯谦作了介绍，他们北大的同志就分组发掘，我和马得志两人就撤回了南昌。博物馆邀请我们两个人去景德镇和庐山。我们参观湖田窑址，正在烧制瓷器的窑厂和库房，刘新源送给我们每人一件瓷器，接着从景德镇坐汽车去庐山。在庐山待了两天，住在1959年庐山会议期间周总理住的楼房。看看庐山，就下来了。下来以后我们又回到南昌，这个时候江西的同志告诉我文物局让我去盘龙城。马得志回北京，我从九江乘船到武汉转乘公共交通车至盘龙城工地。在盘龙城实习有几十个同学，李志义带队，辅导的老师是俞伟超，还有湖北的队长王劲。有些同学对俞伟超指导他们划分地层和遗迹现象不服，还批判俞伟超。那时正是"批林批孔"的热潮。

采访者：是谁在批判俞伟超呢？

黄景略：学生。

采访者：当时您记得谁带的头吗？

黄景略：不清楚。我在工地，具体地看三天，最后一天晚上开了一个会。俞伟超、王劲让我讲话，内容现在不记得了，大概就是考古规矩要怎么办。后来听说就好一些了，没有再批俞伟超了。

采访者：您现在回忆当时吴城和盘龙城这两个，当时对吴城和盘龙城的年代认定是怎么判断的呢？

黄景略：根据出土的陶片，初步判断吴城属商周时期的遗址，具体年代说不清楚，因为在南方还没有做过这个时代的遗址，是商代还是周代我们不敢判定。盘龙城俞伟超在那做的，城址的东边挖了两个墓，出的东西是商代的铜器，盘龙城的遗址很浅，陶器也不多，但从周围的陶片看，是商代，当时俞伟超认定它相当于二里岗时期的。在盘龙城住了几天我就回北京了。吴城、筑卫城、盘龙城三处遗址的发掘，后来都发了简报。

采访者：您这个年级的同学只要熬到岁数，在"文革"以后基本上都可以当上各地的头了。

黄景略：也不一定。陕西那几个就没有。

采访者：高东陆当上了。

黄景略：高东陆在青海做了不少的工作。

采访者：当时就是甘肃、青海两个王爷，青海是高东陆，甘肃是张学正。

黄景略：张学正做的工作多，他是考古训练班第一期。

采访者：现在甘肃就剩岳邦湖还在。

黄景略：他是考古训练班三期的，老了，年纪不行了。甘肃现在是王辉。

采访者：王辉前面是谁？

黄景略：可能是戴春阳，这人挺好的，业务也行，80年代初考古专业毕业的。

采访者：他现在放出来没有？

黄景略：放出来了。戴春阳有一点冤。甘肃考古所有一个书记姓李的，宣传部下来，这个人给他弄了十万块钱，戴春阳说这个钱我不要，又退回去给会计了。后来那个说没有关系，你拿着吧，后来就给查出来了，给他判刑没有就闹不清楚了，挺可惜的。

采访者：十万块在当时挺多的。

黄景略：在当时多。那个书记挺坏的。听说拿的钱比戴春阳多得多，还给女会计买了一套房子。他也逮起来了，我对他的印象不好，戴春阳业务不错，放出来后，我还跟甘肃文物局副局长廖北远说，给他安排一个工作，但是他们没有用他。

1975年2月份，那时候家里面还生火呢，文物局让我到湖北纪南城。纪南城是东周时期楚国的都城，是迄今已发现的我国南方最大的一座古城，1961年国务院公布为全国第一批重点文物保护单位。那时城址所在地各社队的农田基本建设，拟把原通过纪南城的弯曲河道改直。我到实地进行调查，感到改道对纪南城遗址破坏很大。回来以后我向文物处作了汇报。经文物局与湖北省商议，成立了以省委书记为组长的保护与发掘工作领导小组，并邀请一些省市和学校予以支援。3月份工作开始，由谭维四负责，我协助。确定对拟通的渠道进行钻探，并发掘城东的30号建筑遗址和西垣北门遗址。当时来支援的有北大、川大和河南省等一些省市。钻探工作由湖北的同志负责，城东30号遗址由北大和亦工亦农培训班发掘，俞伟超负责，西垣北门由川大学生和河南李京华等人发掘，川大有马继贤、杨建芳。工地分东西二处。

采访者：您是在城东还是城西？

黄景略：两摊我都管。

采访者：您是住在城东还是城西？

黄景略：我住在城南公社招待所，靠近城东。

采访者：杨建芳在城西。业务组是您、俞先生、杨权喜、杨建芳，负责西城条件差，在一个破学校里。

黄景略：1975年的工作我就开了一个头，把点定好，特别是东边这一片，30号台基包括探方都是我用大平板测绘的。

采访者：您给细细讲讲这个1975年的纪南城会战，这个也没有报告，就是《考古学报》有那两篇。纪南城这个事还挺复杂的，还有这么多学校，您给仔细讲讲吧。

黄景略：我把工作安排好，就回北京了。

采访者：您先说说怎么给安排的吧。

黄景略：3月份我到纪南城基本定在30号工地，俞伟超来后我们进一步商量，把西城门给川大，北大在东门30号遗址。

采访者：川大当时还挺受重视的啊？

黄景略：对，川大还不错，杨建芳来了嘛。

采访者：因为杨建芳来了。

黄景略：开工不久，我就回来了，具体工作我就没有再管了。6月份我再去，工地已经结束了。我听俞伟超说，湖北的工作没有办法干。探方挖下去了，下一场雨，就积水几十厘米，里面的蛇和蛤蟆都蹦蹦跳，回来得把这个水抽走，然后就成了泥巴了，得把这个铲掉，再刮遗迹，好多都破坏了。我遇到过一次下雨，确实如此，没有办法做工作，难度很大。北大去的同学不多，当时在工地办亦工亦农培训班，北大同学做辅导。到了1975年的秋天，吉大又去了。

采访者：俞伟超撤回来了没有？

黄景略：1975年6月北大就撤回来了，后来就没有去了。1975年下半年有吉大和厦大。

采访者：上半年是北大和川大，下半年是吉大和厦大。

黄景略：对。吉林大学张忠培带队，厦门大学陈国强带队，他们在30号发掘。吉大一部分同学发掘北大上半年发掘未完留下的方。30号的建筑是吉大发掘时搞清楚，还有一部分同学在将开的新渠道配合，发现了大量水井，北大还有的同学在凤凰山和两台山发掘墓葬。厦大的同学在上半年发掘的西侧开新方。我记的最清楚的是厦大的探方，用大平板大皮尺定的尺寸，开方后与小尺寸测绘相差5厘米。发掘的资料都完成好交给湖北。报告发表于《考古学报》1982年第3期和4期。

下半年我一直在纪南城。中间大概是11月文物局打电话有事要我回去。回去后让我即去陕西，因为阿房宫遗址遭到破坏，而且陕西农业学大寨大会正开，出席会议的人全体由省委书记带队到阿房宫遗址，平整土地。我去后，找了陕西文管会，请他们协助调查，文管会派陈全方陪同，到现场调查。据反映阿房宫有一座宫殿基址，平整土地时发现大量石质柱础，一天晚上就被农民拉走。我把了解的情况几次用长电文发回汇报。文物局即上报国务院，国务院值班室，电告陕西省委，制止平整土地的大破坏。1976年由高明带队，北京的学生在那实习，据说因破坏太厉害，残存遗迹零碎，看不出形制，遗物也不多，阿房宫事完，我又回纪南城。1976年1月因家有事我回北京。

采访者：谭维四去的多吗？

黄景略：开始比较多，还在工地住一段时间，到下半年基本上不太去了。

采访者：他业务怎么样呢？

黄景略：业务知道一些，他领导能力强。在组织工作方面比较行的，具体考古遗迹让他处理，我不清楚。

采访者：1975 年这几个学校您的印象谁稍微好一点，就是您遇到四个学校。

黄景略：总的讲吉林大学好一些，野外张忠培抓得比较紧。所以他们总体来说比较好。北大的学生去的人不多。厦大的水平一般，厦大的老师人倒很多，过去他们没有做过田野工作，比较生疏。学习的精神不错，很认真。

采访者：这几个学校，就是吉大这些学生谁稍微好一点？谁突出一点？

黄景略：陈勇，水平比较高，他能提问题。许伟、张文军也不错，吉大现在人多了，吉大当时张忠培管事，当时他的书记李木庚很支持他。

采访者：杨建芳离开川大是哪一年？他为什么要离开川大呢？在川大待得不开心吗？

黄景略：可能是"文革"以后。具体哪一年走的我不太清楚，这事可问张忠培和黄展岳。

采访者：您见过冯汉冀吗？

黄景略：没有见过。我最早进四川是 1984 年，他大概过世了。

采访者：徐中舒您见过吧？

黄景略：见过。1984 年我们开第一次考古汇报会，请徐先生参加，当时徐先生身体很不好。

采访者：童恩正您见过吗？

黄景略：见过。大概是 1986 年前后三星堆座谈会，他请我、俞伟超、严文明吃过饭。童恩正很聪明水平不错，据严文明说他们在长沙中学同学过。后来到美国去，病逝了，很可惜。

采访者：当时是不是张忠培想在纪南城建一个吉大的实习点？

黄景略：他说过。

采访者：为什么没有建成呢？

黄景略：具体情况就不清楚了。纪南城遗址比较单纯，又很难挖的。

采访者：1975 年您去参加大批判组，那个大批判组，当时的李学勤怎么样？

黄景略：还可以。

采访者：当时他很"左"吗？

黄景略：李学勤本来是参加出土文书的整理，说不上"左"。

采访者：他当时是跟谁呢？

黄景略：他是历史所，文书整理那一班有张政烺，有商承祚，有唐长孺，这些老先生是 1974 年文物局借来的，就住在红楼。

采访者：他古文字是跟谁学的？

黄景略：不清楚，解放初李学勤是清华大学的，因为身体不行，就休学了，后来到历史所。这个人的笔杆子很好，记忆力也非常好，水平不错，对人和气。

采访者：你们当时大批判组的笔名叫什么？

黄景略：叫卫令。就是原始社会从公有制到私有制的变化和发展的情况。开始我们大家讨论了，请李学勤执笔，后来我不参加了。那篇文章发表在《红旗》杂志。

采访者：就是短期的合作有一年多共事？

黄景略：没有。我跟他共事不多，就写文章时期大家有接触。

采访者：当时是文物局系统的还是什么系统的？

黄景略：文物局成立是1973年，是在1971年出土文物展览和出国文物展览的基础上成立的，直属国务院办公厅，与当时文化组无关。管全国文物保护、考古和博物馆。

采访者：方便问您退休是多少钱吗？

黄景略：我退休是一百多。因为我是研究员，就160块。

采访者：您退了有20年了吧？

黄景略：我是1994年办理退休的。

采访者：退休以后您调整过工资吗？

黄景略：好像调了，大概一个月加20块钱吧。

采访者：现在不会也这样吧，现在至少三四千吧？

黄景略：现在我的退休金才2000多。

采访者：怎么可能呢？

黄景略：按照正式的退休金才2100多块钱。其他有一些，我有一个特殊津贴是600块。我们文物局第一批国家津贴是13个人，我是第二批。

采访者：第一批这13个人现在还有几个在？

黄景略：现在有罗哲文一个。

采访者：您的工资这么低，真没有想到。我觉得起码得有四五千。

黄景略：现在我们局里大概有一点补贴，合起来就是4000多块钱。

采访者：那还是少。

黄景略：我们文物系统基本工资都是一样，据说故宫有收入，比其他单位多一些。我1975年底，我又回到文物局了。文物局那些做过考古的老同志都调走，只有我一人是考古。

采访者：就是以前还是属于历史博物馆的，为什么每一次救火都是历史博物馆的人去呢？

黄景略：我每一次都是借调的身份去，历史博物馆归文物局领导。

采访者：现在可不听了。

黄景略：现在当然不听了，不归文物局领导。

1976年我去了侯马一趟商量报告编写的问题，回来的时候天安门广场献花圈正热闹着呢，天天晚上跑去看。

采访者：您抄诗了吗？

黄景略：没有，我都是晚上11点出去看，广场的人很多的。后来发生了"四五"事件。那时候已经调到文物局，考古上具体行政上的事我管，工地去的不多了。各地考古工作也不多。

采访者：发掘凤凰山 M168 您在吗？

黄景略：我没有在。

采访者：毛泽东去世的时候您在哪？

黄景略：我在北京。唐山地震后文物局调了一些同志搞地震考古组，由郭游负责，住在法源寺。

采访者：跑唐山地震的时候您也在北京吗？

黄景略：唐山地震一个月以后我和搞地震考古的同志到唐山去。调查地震对文物破坏的情况。发现唐山市一个木构小寺，四面砖墙都倒了而梁架保存完好，蓟县独乐寺保存完好。粉碎"四人帮"以后，我随苏秉琦先生去了一趟河北平山，了解中山王墓发掘情况，回来那一天北京举行庆祝粉碎"四人帮"大游行。

粉碎"四人帮"对外宣布前，文物局委托北大举办的考古进修班，正在周原实习。文物局陈滋德处长怕粉碎"四人帮"的消息公布后，北大在那里待不住，即打电话让李志义急回，把粉碎"四人帮"的情况向他通报，并征求他的意见。

采访者：为什么待不住了呢？

黄景略：北大及清华二校是"四人帮"爪牙迟群蹲的点，大批判文章不少，可能有人会说北大是"四人帮"的徒子徒孙，批判北大。李志义回来，告诉陈滋德工地有矛盾，陕西派的人徐锡台和陈全芳工作上与俞伟超有矛盾。

采访者：他们俩核心问题在什么地方？

黄景略：我忘了，可问一下严文明，他是西边的工地的负责人。

采访者：问题是徐锡台也是在西边，他跟东边打不着啊。

黄景略：不知道怎么两个人矛盾那么大，我去了以后两边都住，通过聊天做工作，最后大家一起谈，我把他们两个说了说，让各自自我批评，后来慢慢就好了。大约待了十天左右，我就离开了。回来路经侯马，还和工作站的同志一起庆祝粉碎"四人帮"。

地震以后我们就在故宫里面上班。1977 年我出去的就不多了。

（此为对黄景略先生采访的部分内容）

采访时间：2011 年 8 月 25 日、9 月 7 日、10 月 11 日、11 月 29 日、12 月 30 日

采访地点：北京黄景略先生寓所

采访者：常怀颖、李盈

采访大纲撰写：常怀颖、李盈

整理者：李盈

记忆

——

叶小燕

叶小燕先生夫妇近照

简 介

叶小燕,又名瓯燕,女,汉族。1933年12月出生于浙江省温州市。1952年毕业于浙江省立温州中学,同年考入北京大学历史系考古专业。1956年毕业后分配至中国科学院考古研究所(1977年起属中国社会科学院),主要从事战国秦汉时期考古学的研究。曾参加陕县庙底沟、三里桥、洛阳东周王城等重要遗址的发掘,主持宁夏青铜峡水库区的考古调查。研究员,享受国务院颁发的政府特殊津贴。1993年12月退休。1991年起受聘为国家文物局主编的《中国文物地图集》大型丛书特约编辑、总编委。

主要著作有:《满城汉墓发掘报告》(合著,1993年获中国社会科学院优秀科研成果奖)、《陕县东周秦汉墓》(主编)、《长城史话》("中国史话"丛书)、《河南陕县刘家渠汉墓》、《栾书缶质疑》、《燕国开拓祖国北疆的历史功绩》、《"上郡塞"与"堑洛"长城辨》等。

采访者：叶先生，您和夏鼐先生是中学校友吧？

叶小燕：是。可是他比我高很多届。他于1924到1927年在浙江省立温州中学（当时名浙江省立第十中学）初中部读书，我是在解放前后即1947到1952年就读于温州中学。我们是校友，但他是我的前辈。夏先生是比较平和的一个人，他对校友会都很重视，我们开校友会，他只要有时间就去参加，从来不会因为自己位高名显而小看它。校友会的负责人知道考古所有照相的便利条件，希望多协助一下，夏先生会很爽快同意，让我去办。有一次，大概在离我们住家比较远的社科院经济研究所开会，他跟我说"你到我家，跟我一块儿走"。因为他有车，那是上世纪80年代，出租车很少，我只有乘公共汽车而且很挤，所以我答应了。可是我因家里琐事所累，匆匆忙忙赶到干面胡同先生的家时，比约定的时间晚了几分钟，见他非常焦急，二话没说立即上车前往。后来夏师母跟我说，"在你们约定的时间之前他就准备好了，而且在那儿走来走去，就等你"。这真令我十分愧疚。从这也可看出他对校友会那么认真，诚信君子之风堪为我们晚辈的表率。所以考古所的人对他都是非常尊重的。

采访者：您在进入考古专业学习之前，对于考古要做什么有明确的认识么？

叶小燕：没有，真是一点也不了解。我的老家浙江温州，在我国东南海边，比较偏僻，交通不是很方便。在解放前主要是靠海路跟上海、宁波、台湾这些地方交通，海路还是比较发达的，相对来说信息比较闭塞。考古这门学科，不要说我们那个偏僻的地方了，就是在比较发达的城市恐怕了解的人也不会多。中国当时也没有一所大学开设有考古系或考古专业。所以我对考古几乎是不了解的。

我听说有考古这回事，记得最早的是在解放初年。当时学校为了提高大家的政治觉悟和思想认识，要学习社会发展史。夏鼐先生于解放前避乱到老家，他是著名的历史、考古学家，在温州享有盛名。我们学校就请他来，在大礼堂给全校师生讲社会发展史。这时我仍浑然不知社会发展史的研究与考古学有密切的关系。后来一位老师告诉我，夏鼐先生是著名的考古学家，我才知道世上原来有考古这门科学。

采访者：当时您是怎样选择了北大历史系考古专业呢？

叶小燕：过程也是比较曲折的。我在中学念书的时候就比较喜欢历史，后来要报考学校了，我也不知道报考什么好。当时学校的风气是报考理工科的人比较多，因为国家经济建设需要。我就问我的班主任，他是历史老师徐规先生，著名的宋史专家，后来调往杭州大学、浙江大学任教。他跟我说"你学历史吧"，他建议我学历史，他说你对历史也比较喜欢，学的也可以，你就学历史吧。我当时的学习，也没说哪个方面特别突出，都差不多，理工科也行，文科也行，都可以，但就是喜欢历史，有他这个建议，我就报考北大历史系了。北大历史系录取我不久,又给我发了一个通知,通知说北大要在历史系成立考古专业,也就是说历史系分别开设历史专业和考古专业,让我填选专业志愿。

考古是什么我也不知道,所以我又去请教徐规老师,他想了半天,他说考古就是依据文物来研究历史,它要下田野工作,挺辛苦的,你还是学历史吧。他跟我说,夏鼐先生就是著名的考古学家。可是我仍是对考古不甚了了,根据他的建议我填了历史专业。

到了北大以后,历史系召集我们新生开会要分专业。我估计是考古专业当年要分20名学生,可能自动填选考古专业志愿的人数不够多。系里开会说大家要重新填专业志愿,过去填的都不算。会上重点介绍考古专业,有动员选学考古的意思。参与会的有系主任翦伯赞和北大图书馆馆长向达等先生。翦老是著名的历史学家,向老是著名学者,他非常喜欢考古,也是著名的考古学家,尤其对中外文化交流史有很高的造诣,请他来给我们指导,指导的重点自然是考古了。经老师们耐心的指导,大家对这两个专业也就有了些了解,选择专业的倾向性就逐渐明确了。

我在这会上深受教育,考古课程的丰富内容深深地吸引了我,同时感觉到田野生活还是挺浪漫、挺好的,可以全国到处跑一跑、走一走。大家互相议论,也有人劝我,"你学吧,考古好","我也决定学考古"。在同学的善意劝说下,我就这样选学了考古。所以说我选择考古专业还带有一定的盲目性,不像现在的年轻人,通过电视和各种信息渠道,知道考古是什么,选择考古为自己的终生事业都是胸有成竹的。

采访者: 当时谁做的动员?

叶小燕: 系里的宿白先生、翦老都参加了。我感觉翦老讲得比较多,比较全面和系统,因为他是系主任,是主持会的。宿白先生也讲了,他是考古专业、考古教研室的具体负责人。还外请了向达先生来指导,值得一提的是,向达老一直对考古专业很关心和爱护。现在回忆起来,系里是很重视这次动员会,而且效果也很好。

采访者: 有人劝过您,说您是女生还是别读这个专业了么?

叶小燕: 没有。当年不以为女生读考古不好,可能是受两种思想的支配。一个就是男女都一样,解放初期是提倡这个的,女的好多去开拖拉机、开火车的,男女都一样,就是这个思想。还有我记得历史博物馆的一位老师,他在给我们讲课时说,苏联的女考古学家特别多,他说女性搞考古是非常好的,细致,田野工作会做得比较好,我对这个印象很深。所以当年没说女的搞考古不好。女的搞考古有条件的限制,这是后来才体会到的。

采访者: 当时专业是在大一时就已经分了,还是到大二的时候才分?

叶小燕: 大一定下来了,但到大二才正式分专业授课,大一时历史专业和考古专业是一起上课的。

采访者: 您从温州来北方,刚来的时候您觉得习惯吗?

叶小燕: 从生活上来讲不太习惯,尤其是气候。来北京不久就是冬天,冬天干燥,冷,特别能感受到那刺骨的寒风。南方我们在海边,从润湿地到干燥环境,不适应,手都皲裂了,还流血,回老家待一段时间,就没这个事了,一直到现在都是这样。当年住的条件不如现在，最初宿舍楼内没有洗澡的地方，要到体育馆去洗澡。冬天碰见刮大风，寒风卷着沙土扑面而来，我们都得用纱巾紧蒙着头和脸回来，不然的话头就白洗了。当然，后来的条件好多了，楼里有了洗澡的设备。冬天夜里，窗外的北风呼啸，在被窝内都感到有寒意。我在老家从不穿棉裤，因为上北京，妈妈特地给我做了一条棉裤，棉裤穿上以后，很不舒服。当年北大在学生宿舍区刚盖好第一座宿舍楼16楼的时候，为照顾女同学，让我们搬进去住了。那时屋里还生火炉子，一天我靠着炉子烤火，把棉裤都烤焦了，烧了个洞才发现，至今印象深刻。这些你们都不会体会到的。

吃饭、伙食没有问题。当年不用交学费，连吃饭也是免费的。有米饭，也有馒头，像我们南方来的就吃米饭。菜也不错，几个同学一桌，正餐都有几个菜，有肉有鱼有蔬菜。桌上放几个小搪瓷碗，是为分餐用的，几个同学围着桌子一块儿吃。我印象最深的就是吃面条的时候，大家都很喜欢，那简直像战斗一样。大家都围着一个大木桶去捞面，在前面的人很好捞，后面的人就比较急，怕吃不到，不待前面的人走了，就把手伸过去捞面，面条滴落到前面人的背上都有。我们看见简直就是一景，这景还屡屡再现，想来都好笑。这是我们当年有趣的花絮。

采访者：当时您宿舍一共住几个人？

叶小燕：一屋四个人。

采访者：您还记得您跟谁住一个屋吗？

叶小燕：我们每年都重新分配，不是固定的。今年是这样，明年又是那样，今年住16楼，第二年就搬到17楼了，由学校统一调配。刚来报到的时候，北大刚从城内红楼搬到燕园，一切都在初创。我们尚无宿舍，女同学是暂住在文史楼，男生住在第二体育馆。在文史楼的三楼，把挺大的阅览桌拼起来，打通铺睡。男生睡在体育馆看台的水泥地上，上铺稻草帘子，也是通铺。后来盖了几栋宿舍楼，比较照顾我们女生，让我们住16楼。男生住在简易的10斋。我们住过16楼、17楼、26楼和27楼，25楼当年是留学生宿舍，26楼和27楼也调整为女生宿舍。同屋的人也是年年重新组合的，不固定。耿引曾、唐荣芳、关秋岚、钟碧容、王毓钟、刘俊芝等人，我们都一起住过。

采访者：您刚到北大的时候，觉得学校里的学习氛围如何？

叶小燕：当年的人见少识寡，思想比较单纯，到大学来就是学习，别的东西都不太过问。没有说往外头跑一跑、看一看，都不太有这种行动。何况城里离学校也比较远，交通也不方便。学校周围不是农舍就是农田，海淀区街道也很冷清，远不是现今的模样。星期六晚上学校有一个舞会，平时也是没有的。我们白天是上课学习，下午四、五点钟是体育活动，打打球，有爱滑冰的冬天在未名湖上滑滑冰，冬天我也爱去滑冰。晚上大家都很自觉在学习。

采访者：您滑冰是在北京学的吧？

叶小燕：滑冰是在北京学的，就是在北大，离了北大我就没条件了。北大有未名湖，冬天一结冰就成了天然的滑冰场，滑冰的人很多。体育课的老师大概上过一两次滑冰课，我就喜欢上了，一到冬天的下午没有课时就去滑冰。当年的条件真是不错的，未名湖旁边是第二体育馆，第二体育馆里专门有外借的冰鞋，不是出租的，带着学生证去借，把学生证押到那儿，就可以拿一双滑冰鞋去滑，回来还给他，一分钱都不要。我往往是一个人跑去那儿，也有时拉着郑笑梅一起去滑冰。滑冰是我冬天的一个锻炼项目。但是离开北大就没这个条件了。

采访者：那个时候大家是说方言还是讲普通话？

叶小燕：普通话。

采访者：您班同学的来源非常复杂，语言上能听得懂吗？

叶小燕：都讲普通话，我的普通话还经常让人家取笑。温州话跟普通话的距离比较远。那个时候温州还未普及普通话，讲课都是用的温州话。某一个老师从外地来，他用普通话讲课，后来知道他也是温州人，我们就感到他做作。后来我自己也体会到了，在外面讲普通话讲惯了，回到老家讲温州话是很别扭的，因此也理解了那个老师为何还是用普通话讲课。我的普通话不标准，不常念的字音仍是温州音。至今讲话吐字仍会遭到人家取笑，说我是鸟语，瓯语是鸟语。同学中也有地方口音很浓重的，如湖南人、苏北人，不过听习惯了也都能懂，彼此交流上不成问题。

采访者：平时同学们怎么自习呢？

叶小燕：提起自习，我印象也很深刻。过去四个人一间宿舍，有两张桌子和几张凳子，不是人人都具备的。主要是我们没有多少参考书，没钱买，海淀区的书店也很小，因此都是借学校的书。吃罢了晚饭，大家立即上图书馆占位置去，迟一点就没有位置了，就到这个程度。有的人干脆拿碗或拿书包去占位置，也都司空见惯习以为常了。到九、十点钟熄灯之前回宿舍去。那个时候占座的书包不会丢，风气很好，绝对不会丢东西的。过去学校还给大家分搪瓷饭碗，有人就做个布口袋装碗，挂在书包边上，吃了饭直接去阅览室，一点也不耽误。晚餐后大家鱼贯似的都往图书馆、阅览室那儿走，也很壮观的。

采访者：有没有在教室自习的？

叶小燕：一般不在教室自习，因为没有固定的教室。

采访者：大一的时候考古专业跟历史专业的同学一起上的有哪些课？

叶小燕：中国史（一）和（二）分别是张政烺先生和余逊先生给上的，古代世界史是胡仲达先生讲的，中国历史文选是余逊先生讲的，夏鼐先生给我们上考古学通论，林耀华先生给我们讲授原始社会史及人类学通论，还有俄文课和政治课。你们可以看一下《北京大学历史系1952级毕业50周年纪念册》，上有课程表，很详细。这是2006年时大家共同回忆的，有的人有底子，你们可以参考一下。

采访者：当时这些课大家都要上还是选着上？

叶小燕：这些课都是必修的。但是，为了减轻考古专业的负担，后来历史系有一些课，比如大三时的世界近代史之类，考古专业的不上，但也可以申请获得系和考古教研室同意进行选修。

采访者：当时是从二年级开始上石器时代考古？

叶小燕：考古课是从二年级开始的。

采访者：石器时代考古讲了整整一年，分为概论、中国旧石器、中国新石器三部分，是分开讲的吗？

叶小燕：是分段、分前后讲的。概论是裴文中先生讲的，也带我们参观陈列室，具体讲解石器的分型、时代、制法等。印象深刻。

采访者：旧石器、新石器是分学期讲的么？第一学期上旧石器，第二学期上新石器？

叶小燕：对。中国旧石器时代是贾兰坡先生讲的，新石器时代是安志敏先生讲的。当年有一个特点，老师都是外请的多，这些老师有的已经故去了。

采访者：这些老师讲课有什么特点？

叶小燕：这些老师总的特点，是讲完课就走，因为他们不是本校的老师。还有当年老师们也都怕事，不会联系很多。有一位阎文儒先生，他讲中国美术史的雕塑课，讲雕塑的时候自然要讲到石窟寺、佛教。佛教有丰富的内容，涉及到西方净土世界。他说西方极乐世界跟共产主义差不多，这下就犯忌了。我们同学中也有比较左的，就批判他，还组织了一次批判会，把他搞得灰头土脸的。这事系领导、专业领导都给惊动了。在那种环境下，老师也不敢多讲，免生事端，学生中要找毛病的人还是有的。

采访者：这种情况从50年代初就已经开始了？

叶小燕：1952年以前就有运动，有思想改造。我们进校的时候，思想改造已经过去了，老师都是经过思想改造运动的。

采访者：当时，旧石器课怎么考试呢？

叶小燕：旧石器课怎么考我记不清楚了。当年一般考试是出有很多题，排好同学名单，如两三天内是考某一门课，把你排到哪一天的哪个时候，你就准备。轮到你后，你就进去抽一个题，按题回答口试。成绩采用的多是五分制，可能学的是苏联考试法，也有采用考卷考的。不知道现在是不是这样？

采访者：现在不是这样。现在是有卷子，大家都做一样的题。

叶小燕：口试时，讲课的老师是要参加的，宿白先生也坐在那儿，因为他是考古教研室实际负责人。他们坐在你对面一排，就像现在某些单位的博士生、硕士生答辩一样。

采访者：新石器课安志敏先生是怎样的讲法？

叶小燕：他一讲就满头大汗，很显紧张。其实这是他的一种习惯，在考古所开会发言时也往往是这样。

采访者：二年级要上中国考古学史，讲课的有四位老师，这个课是怎么个讲法？

叶小燕：前前后后，不同的老师接着讲的。当年有讲义，没有教材，没有课本。讲义也不是个个老师都准备有的，但是北大的几位老师都有的，外请的老师事儿也多，可能系里也不要求他们都必须有，但有的外请老师也有讲义。

采访者：三年级的时候上中国历史考古学课，这里面又有殷周，又有秦汉，又有魏晋南北朝、隋唐到元明，这些课每门上多长时间？

叶小燕：这些课也是排着上，不是一起上的。在继旧石器、新石器时代课后，三年级按照时代先后安排历史考古课。但在这个学期与中国美术史课同时上。各成系列，各有次序。

采访者：中国历史考古学的课，一门课上整个一学期么？

叶小燕：中国历史考古学课都是在三年级上的。它分有殷周、秦汉、魏晋南北朝、隋唐至元明四段，分别由郭宝钧、苏秉琦、宿白三位先生讲授的，宿先生从魏晋讲至元明。按时代先后逐段授课的。

采访者：殷周考古的课是郭宝钧先生给讲的，他讲课的风格特点是什么样的？

叶小燕：这位老师是非常老实的，不苟言笑，讲课的内容也很扎实。在我的印象里，这些老师都很严肃，学问造诣都很高。当时，我们52级是考古专业的第一届，北大考古专业的设立在全国各大学中也是最早的，所以在系里专职的考古老师很少，给我们授课的就是宿白先生。苏秉琦先生他兼职考古所，编制在考古所，所以他也不常在北大待。北大实际上负责考古教学等事务的就是宿白先生，一切具体安排都是他做的。还有一位刘慧达先生，她协助宿白先生，也给我们做辅导员。

当时几乎所有的老师都是外请的，要么是考古所的，要么就是历史博物馆的、故宫的。我记得当年有同学说，这些老师讲课没有按照马列主义的体系来讲，见物不见人，开了批判会，据说还要往上报并且希望见报。当时在知识界思想改造运动刚刚过去，又开展了反胡风运动，批判资产阶级思想一直没断，这就是同学中要开会批判老师的社会背景。后来系主任翦先生说，这些外请的老师都是我好不容易才请了来的，靠他们才办起了这个考古专业，如果我们批判他们的事见了报，他们一生气就不来了，就没人给你们讲课了。外请的老师，不像后来是自己培养的老师，都有责任。他们像是电影里的友情出演一样，请我，我愿意就来讲，你要批判我，对不起，我不讲了。

采访者：郭宝钧先生在青铜器方面的研究做得很深入，他讲课的时候有没有侧重青铜器方面？

叶小燕：我感觉没有，我感觉讲得很全面很系统，他都有准备，他是很认真负责的人，当然青铜器方面会比较突出一点。唐兰先生讲古文字课，很风趣也很有意思。对某一个甲骨文字的解读，他往往和郭沫若不同。一次，唐兰先生讲到某个字，说这个字应该这么认，可郭沫若不同意。唐先生对郭老说，这个字倒过来看不就行了嘛。我们听课的人都笑了，感觉挺新鲜、挺有趣的。原来大专家之间讨论学问也很幽默。

采访者：宿白先生讲课的风格是什么样的？

叶小燕：宿先生他是我们自己学校的老师，我们大家感到很亲切。他给我们讲过中国考古学史、魏晋南北朝到宋元考古、古建筑，也带我们出去实习。我们有什么具体问题都是找他，他给我们个人的辅导比较多。他全部的心血都在考古专业上，所以是考古专业的功臣。考古专业能办到现在这样，他的功劳是不可没的。

采访者： 当时老师有没有在上课的过程中带大家出去参观？

叶小燕： 有，像上旧石器时代课参观过周口店遗址，陈万里先生的陶瓷器课也出去参观过，我们去过城里的故宫几次。北大当年到城里是很不容易的，不像现在交通这么发达。北大派校车接送我们，还得解决吃饭的问题，这种机会是不会多的。当年海淀区跟城里很不一样，出了西直门外一直到北大，几乎都是田野，除了有几座大学，一座友谊宾馆，其他地方大都是农田。

采访者： 宿白先生有没有带大家出去参观？

叶小燕： 有啊，大同、云冈就是他带我们去的。是1955年的春节，还是利用假期去的。

采访者： 您还记得参观了哪些内容吗？

叶小燕： 在云冈爬山看洞窟，一个一个看，一个一个讲解，宿先生很辛苦的。

采访者： 看的时候需要做什么记录吗？

叶小燕： 我们自己做笔记，画草图，别的没有要求。我们个人都没有照相机。

采访者： 老师讲了些什么？

叶小燕： 宿白先生很负责的，结合实地把云冈北魏石窟的分期及各期的特点都细细讲了，而且指出了云冈石窟的特点与它在中国石窟发展史中的地位。宿先生恨不得把他知道的都教给我们。当时给我们留下的印象是很深刻的。

采访者： 当时在那儿参观实习了多久？

叶小燕： 在云冈我们也待了几天。住的地方比较简单，似乎是后来的保管所这样的地方，也就是住在当地，周围很荒凉，不过空气倒是很好的。我们在大同城里住的条件就不错了，可能因为有几位留学生随我们同去参观，住在当时最好的一个宾馆，可能就叫大同宾馆。在参观云冈石窟之后，我们在大同城里参观了古建筑，大同的古建筑比较多，像上下华严寺、善化寺、九龙壁等都去了，在九龙壁还照的有照片。这次大同之行我们都感到收获很大。

采访者： 当时的考古技术课，像考古绘图、照相这些课您感兴趣么？

叶小燕： 都一般。我绘图不是很好，无此天赋。不过通过考古绘图课了解到了考古

贾兰坡先生和52级考古专业部分同学在周口店。前排右一叶小燕，右二唐荣芳，后排右一张忠培，右二黄景略，右四贾兰坡。

绘图的要求，对日后的考古工作是很必需的。

采访者：当时的照相课怎么上？

叶小燕：照相课没几部相机的，大家个人也没有照相机，只是了解一下照相的原理，实习几次，到外头拍几张照片。当年的相机是6×6，还有莱卡135，就这两种，不过比现在的傻瓜相机要复杂多了。考古专业有一个工作室，在那儿学过洗照片，有一次就可以了，就是让你经历一下。

修复课也是，让大家知道修复陶器、瓷器和各类文物的意义、所用材料、如何修复法，也让我们动手修一修，用胶粘一粘，用石膏补一补，课时不多。老师说你们将来也不会亲自修，专门有技术人员帮你们的，了解一下就行了。

采访者：当时测绘课是在圆明园上的吗？

叶小燕：好像是，我印象不深了。是不是在我们校园里也实习过？我不太记得了。

采访者：当时测绘是拿什么仪器测？

叶小燕：小平板，最简单的了。

采访者：当时的讲义是什么样的？

叶小燕：油印的，不是打印的，都是蜡纸刻出来的。用的纸也不是现在的A4纸，都是黄的那种，很薄的，一折两页。

采访者：当时考古专业有资料室和标本室吗？

叶小燕：记得有陈列室，旧的陈列柜内摆有石器、陶器等文物。裴文中先生就在陈列室里教我们怎么识别石器和各类石器的特点的。似乎还有一处工作室，我们上考古技术修复课就在这里上的，在室内还吊有一具穿整好的人骨架，怪瘆人的。

采访者：您还有印象当时看过什么参考书吗？

叶小燕：参考书就是配合学校的课程。还有，小说看得比较多。

采访者：看苏联小说吗？

叶小燕：对，苏联小说。暑假我也不回家，学校图书馆里小说比较多，我看小说看得比较多。

采访者：您当时会去翻《文物参考资料》和《考古通讯》吗？

叶小燕：当年有《考古学报》《文物参考资料》，《考古通讯》是1955年创刊的。我们知道有这些刊物，也会去翻一翻，但不是很经常看，究竟我们还不是很入门，感到有些枯燥，更没有订阅。

采访者：到1954年的时候，咱们学习苏联的经验把学制给改了，从四年制改成了五年制，这对考古专业的学生有哪些影响？

叶小燕：这对我们没有影响，是从我们下一班开始的。我是1952年进北大的，53级的就受影响了，他们要学5年。我是1956年毕业，他们是1958年毕业，推迟了一年，他们吃亏了。

采访者：多了一年。

叶小燕：不仅是学习多了一年，工龄也少了一年。中国的学制很不公平，比如1957年考古所分来了几位南开大学历史系毕业生，他们是四年制，就比北大1958年考古专业毕业的工龄多一年、工资待遇也高了些。当年是不管你毕业于那所大学、什么专业，毕业分配来的时候都是一个工资待遇，工龄按实际年数。所以1958年毕业的人老说"我们吃亏了"。

采访者：您跟50级、51级的学生有接触吗？您觉得在课程设置上，他们和你们级有差别么？

叶小燕：我跟他们接触挺多的，我们都认识，至于课程设置有何区别我不清楚。我感觉他们这几届跟我们确实有些不一样，他们的底子都比较好，像吴荣曾、黄展岳、俞伟超底子都挺好的。我们这一届要么是刚刚从中学毕业的，要么是转业考来的。

采访者：是不是有的先生年龄大点？

叶小燕：是的，我们班同学的年龄差距是比较大的，最大和最小的年龄相差有十来岁，如夏振英同学就是我们的老大哥，进校前就已经娶妻生子了。

采访者：他是调干生吗？

叶小燕：不是，他解放前就工作了，但不是调干生。高明同学是调干生。我们是出了中学就上大学的，他们在社会上有一些经历，比我们成熟得多。

采访者：是不是马克垚先生学习要好些？

叶小燕：马克垚在我们班上学习是很不错的。还有周良霄、朱龙华学习也都挺好。

采访者：1955年9月，您班到西安进行生产实习，当时是李仰松先生带队的？

叶小燕：是。

采访者：石兴邦先生当时给大家辅导过，他是怎样辅导的？

叶小燕：当年我们北大考古专业没有条件实习，就交给考古所了。考古所也很重视，选了两个地点，都是考古所重要的发掘工地，而且已经发掘多年，基础条件比较好，技术力量也扎实。第一次是1955年秋冬，在半坡遗址工地，第二次是1956年春夏，在张家坡西周遗址工地。在半坡遗址，我们分了几个小组，每组都派有辅导员。再是两个人一个探方，都有辅导员直接辅导。石兴邦先生总负责。

采访者：当时是不是金学山、刘观民、杨建芳先生他们也参加了？

叶小燕：金学山、杨建芳都在，刘观民在张家坡还是我的辅导员。金学山的上海话不好懂。后来我们在考古所关系都不错。

采访者：您和谁一个探方？

叶小燕：我和王世民两人在一个探方，是石兴邦先生直接辅导我们。

采访者：当时在半坡挖了几轮探方？

叶小燕：我主要挖的是一个探方，挖出房子来了，现在这个房子还在，编号为F3。

采访者：第一次挖掘，您觉得难吗？

叶小燕：第一次挖掘遇到新石器时代遗址，你也知道，早期遗址比较复杂，对发掘要

1954年52级部分同学在十三陵。前排左二叶小燕,左三郑笑梅,左四夏振英。

求是要相当的细,全靠土色、土质、土的软硬度来分辨遗迹,操作难度大。我推测这也是老师们要给我们选这样的遗址来实习的用意了。好在辅导老师如石兴邦先生和后来的张家坡遗址辅导老师王伯洪先生当年都在考古所的"五虎将"之列,辅导员金学山、刘观民、杨建芳等几位老师也是发掘经验丰富,再加上有多位技术熟练的技工协助,所以实习还是很顺利的。应该说实习达到了预期的目的。

采访者:当时一个探方的两个人,你说这么挖,我说那么挖,两个人会争起来吗?

叶小燕:那倒没有,我们经常都要商量怎么做,如有什么难解决的问题我们就找辅导员。这段实习生活我们都感到很充实和挺有意思的。

采访者:当时石先生给大家指导得多吗?

叶小燕:石先生整天在工地,指导很多。他很谦和,我们请他过来他就过来。

采访者:李仰松先生他也一直在工地吗?

叶小燕:他好像没有具体去做这些,他是不是中途返回学校了。我记得他没有陪我们到底。

采访者:当时石先生给大家指导的时候,有按聚落来做的意识吗?

叶小燕:那是一个聚落遗址,他当时做的时候应该就是按照一个聚落来做的。石先生的思想一点也不保守,按现在的话说还比较前卫。他在田野考古技术上积极学习当时认为最先进的苏联方法,如采用方格网架绘制复杂的遗迹分布现象。聚落遗址(当年或称村落遗址),按聚落遗址发掘的要求布探方、器物的分类分型,这些概念过去都有。不是说考古当年是非常落后，不是这样的，这些基本理论都有。

采访者：这次发掘有没有什么事儿给您留下很深刻的印象？

叶小燕：我们探方挖出的房子（F3）大概在当时发现的遗迹中是最好的。瓮棺葬埋于房子旁边，过去没有见过。还挖了些窑址和墓葬，墓葬多是四人、三人、两人同性集体埋葬的，这让我们感到非常新鲜。大面积揭露原始社会的遗址，同时出土了这么丰富的遗迹和遗物，这在我国还是首次，它的学术价值是不言而喻的。在发掘行将结束时我们举办了一个展览，大家齐上阵给当地的村民宣教，可以说是轰动了当地。村民们都知道了在他们世代居住的地方，原来五千多年前就有老祖先在这儿生活了。

采访者：当时的生活条件怎么样？

叶小燕：住在老乡的家里。伙食也不错，北大和考古所给补助。

采访者：您班的生活委员是谁？

叶小燕：张忠培。

采访者：他每天负责算帐、买菜吗？

叶小燕：可能是金学山负责这些，他们之间打交道。工地自己开伙，有自己的炊事员，也有一个简易小食堂，拿木板、砖头垫起来就是饭桌和长凳。

采访者：当时您班有少数民族吗？

叶小燕：好像没有。伙食还可以，在农村，当年东西便宜。印象最深的是我们在西安张家坡遗址工地，伙食非常好。当年对知识分子有照顾，从事田野工作，每天按级别给予生活补助，我们学生好像是按实习员给的，每人每天7角4分钱，不用自己拿饭费还绰绰有余，农村的鸡、鸡蛋、肉不仅便宜还很新鲜。

采访者：您班四年级第二学期在张家坡的实习，时间是1956年4月到6月，那么之前的2月、3月大家都在做些什么？

叶小燕：2月、3月在室内整理，冬天没有回来，大家都在西安。

采访者：等于是在西安过的年。

叶小燕：对，冬天没法下工地，就整理半坡资料，写实习总结报告。

采访者：当时住在哪儿？

叶小燕：住在大雁塔北的考古研究所西安工作室。当年办公楼刚刚盖好，我们就去住了，四个女同学住在一个屋。房子刚盖好，没有暖气，我们就烧炉子，差一点都熏着了。

采访者：四个女生是不是都是南方人？有没有人会生炉子？

叶小燕：我们都是南方人，不知道炉子怎么摆弄，炉子搁在床前。冬天把窗都关了，早上起来都感到不舒服，谁靠炉子最近就熏得最厉害，也就是煤气中毒了，直恶心呕吐，幸好无生命危险。

采访者：后来发掘张家坡西周遗址时，您觉得它跟半坡的工作有什么不同么？

叶小燕：西周遗址现象没有半坡新石器时代遗址复杂。我们是一个人负责一个探方了，王伯洪是发掘队队长，也分配了辅导员辅导每个人，我的辅导员是刘观民先生。我这个探方里遗迹现象不多,主要是挖了西周墓。

采访者:当时在张家坡实习时分小组吗?

叶小燕:分有小组。

采访者:有没有人挖完一个方,再继续开方?

叶小燕:也有。

采访者:您当时再开方了么?

叶小燕:我不记得了。张家坡发现的车马坑挺重要,但车马坑不是我们做的,是考古所他们做的,考古所也有好多干部在那儿,他们也开方。

采访者:刘观民先生他是怎么指导您的?

叶小燕:他是师兄,比我高两班,挺客气的。我叫他刘老师,他一直说我们是师兄妹,有什么问题问他,他会很耐心地回答。

采访者:刘观民先生一个人要指导多少学生?

叶小燕:也就两三个人。考古所在沣西的力量是不弱的。

采访者:还有别的人指导?

叶小燕:也有,像王伯洪、钟少林先生。考古所有的先生晚上很爱聊天,经常聊得很晚才睡觉。后来发现这在田野生活中也是比较常见的现象。可能田野生活为朋友相聚提供了交流的机会。这也是为什么文物考古界的人彼此关系比较密切的原因了。

采访者:当时学生和老师之间聊天多吗?

叶小燕:不多。

采访者:他们男生互相聊天多吗?

叶小燕:估计不会有,何况每晚还要整理白天的发掘资料呢。

采访者:在张家坡实习,有没有什么您印象比较深刻的事情?

叶小燕:张家坡遗址在发掘之前是一个砖厂,所以房子比较多,也住有部队和别的单位,居住条件比较好。但工地的学习条件不是很好,在半坡时点煤油灯,张家坡倒有电灯,可也很昏暗。张家坡工地发掘车马坑还多靠了技工,这些人在解放前原是安阳盗墓的,技术很好。但是他们有一个特点,你说这里有什么,一会儿他就给你做出什么。我们那次去看车马坑的清理,王伯洪先生说此处应该有个车轮子什么的,过了一段时间"车轮"居然出现了,原来这是技工做出来的。王伯洪就跟我们说,这些技工就是这样,你要说有什么,他就给你做出什么,还挺像回事的。以后在发掘时要提防这个,技工虽好,但有这个缺点。王先生田野经验丰富,他提醒我们在这方面要多加注意。

采访者:当时的墓被盗得厉害吗?

叶小燕:被盗的不多。墓都挺深的,有的墓坑都见水了。

采访者:出铜器了吗?

叶小燕:出陶器多。

采访者:那个时候西周的陶器能分期吗?

叶小燕：可以分期，考古所的研究人员在田野里都是边做边分期了。

采访者：因为当时西周还没有全面分过期，第一个分期是谁做的呢？

叶小燕：早晚的分期是有的，考古所强调发掘的过程也是研究的过程，他们是很重视这个问题的。沣西遗址出土的陶器分期是王伯洪他们做的。当时工地还有会修复的人，大三时钟少林先生给我们教过考古技术的修复课。

采访者：实习的时候，画图、照相都是学生自己弄，还是有专门的技工来做？

叶小燕：都是自己做，所有的都是自己做，这也是实习的内容，不能让技工来做的。就是我们到了考古所下田野发掘时也是一样，都得自己弄。夏鼐先生不允许带着板凳到工地，带了板凳你就坐那儿了，你应该跳到探方里去，自己做。坐着画图可以，但是你不能带板凳看着工人发掘，或者让工人替你画图、照相、编器物号和做发掘记录等。你应该亲自去辨认遗迹现象，复杂的遗迹还要自己动手去清理。到工地不能穿皮鞋，要穿那种翻毛的、软底的鞋，避免踩坏遗址，要求很严格。

采访者：那个时候在工地会有政治学习、运动之类的么？

叶小燕：政治学习是省不了的，运动暂停。

采访者：在工地有过同学之间相互斗争的事情吗？

叶小燕：没有。

采访者：去工地之前政治运动的气氛严重吗？

叶小燕：好像开过批判会，具体情况印象不是很深了，有的同学记得清楚。一般的这么说吧，女同学都不那么过激，都是跟着吧。男同学的思想比我们活跃，他们对社会上的事情就比较积极一点，我们比较孤陋寡闻。因此男同学间有的产生了矛盾和隔阂。

采访者：您在毕业50周年的纪念册里写到，四年当中难免有一些小矛盾，小摩擦，小疙瘩。

叶小燕：是，我也指的是这些事。同学之间，女同学之间的关系还都比较好。

采访者：夏先生这一年一直也没来过？

叶小燕：据考古所的记录，夏先生在1956年6月曾去半坡、沣西、汉长安城等发掘工地进行现场指导，不过我没有印象，忘记了。

采访者：张家坡整理的实习报告是什么时候写的呢？

叶小燕：就是田野收工以后，我们住在西安仁爱巷中国科学院西北分院内写的。各人写自己发掘探方内出土的遗迹和遗物，目的也是让我们经历一下。

采访者：实习结束时已经到6月份了，当时没有毕业论文么？

叶小燕：没有毕业论文，当年学校只要求我们在两次发掘实习结束时分别写了发掘半坡的实习总结和张家坡的实习考古报告。

采访者：这些给您带过课的老师中，哪些老师对您产生了比较大的影响？

叶小燕：我觉得都一样，学什么都是一样对待的，不管小学、中学、大学都是这样的，什么课我都认真地学，什么课我都没觉得特别好。不像有些同学，一下子就喜欢哪个方面,像张森水就喜欢旧石器,他对旧石器特别感兴趣。

采访者:您去这些老师家里请教过问题吗?

叶小燕:几乎没有,书呆子。

采访者:其他的同学有去过吗?

叶小燕:也没有,不兴这个,就个别的人去过。

采访者:老师会到学生宿舍来跟大家聊天吗?

叶小燕:助教有,但也不多,恐怕也是跟当时的政治气氛有关系。

采访者:学校里面当时有没有学术讲座或者是学术报告?

叶小燕:有,在大礼堂或者是在阶级教室。面向全校,大家愿意听就去。然而政治形势的报告是常有的,一般在大饭厅,全校师生都要参加。

采访者:系里自己有讲座吗?

叶小燕:记得系里曾请过诗人田间做过一次演讲,规模比较小。

采访者:这些讲座您还有印象比较深吗?

叶小燕:没深刻印象,只记得人去的挺多,挺挤的,晚去了没座位。

采访者:有没有请其他的学术机构的先生来做过讲座?比如说请贾兰坡。

叶小燕:似乎没有,贾先生是请他来讲授中国旧石器时代课。

采访者:当时家里面还给您补贴钱吗?

叶小燕:我家里基本上没给我钱。

采访者:在读大学的四年里,您回过家吗?

叶小燕:毕业分配前回了一次家。当年家远的、家境不是很好的,都不太回家。所以过年的时候北大是很热闹的,都集中在大饭厅,有演出,有跳舞。新年的钟声一响,大家都高兴地互相拜年,热闹劲儿不亚于现在春晚的现场。北京的同学回家过年,近处的也回去,但不是年年回去。现在学生的家庭条件好了,交通又便利,而且回家车费都是半价,我们真很羡慕你们。

采访者:在您读本科的时候,学校有没有给学生补助之类的?

叶小燕:有啊。家境困难的学生可以申请生活补助,我申请每个月两块钱。

采访者:四年当中您买过新衣服吗?

叶小燕:没有条件买衣服,不过家里曾给我寄过衣服。

采访者:那您了解当时的研究生他们的补助情况吗?

叶小燕:好像他们一个月有三十多块钱吧。

采访者:当时的工资水平是怎样的?

叶小燕:我们第一年是56块钱,第二年后是62元。

采访者:比他们正在读研究生的要高一点。

叶小燕:对。

采访者:当时班上有人是带工资来的吗?

叶小燕：有啊，高明同学。

采访者：那他的生活会好点。

叶小燕：那是，不过也不是很高。有的同学家庭条件比较好，但是不多。

采访者：当时允许在读书期间结婚吗？

叶小燕：允许，但不提倡。我们班上有同学是在学期间结婚的，还都生了孩子。不过当时一个是不提倡，一个大家也不那么做，就感觉这太影响学习了。除了年龄较大的属例外，这也是人之常情。

采访者：当时男生和女生之间交流多吗？

叶小燕：我看不像现在，那个时候男生和女生还是有界限的，最多个别男生周六跑到女生宿舍请你去跳舞，我们这些不愿意跳的就躲着。有的时候开会就到男生宿舍去一趟，生活上的交往并不多。除非谈恋爱的，那交流会多一些。

采访者：周六的舞会是考古专业自己办的还是历史系办的？

叶小燕：全校的，在大饭厅。那个大饭厅实际上就是一个大棚子。

采访者：您能回忆一下您的同班同学么？比如张森水先生。

叶小燕：张森水挺好的，他后来很有成绩。他在大学学习时就很喜欢旧石器时代考古，他曾想考裴文中先生的研究生。我听说是因为我们班没有念过哲学课，所以没有被录取。张森水后来在中国科学院古脊椎动物与古人类研究所工作，挺有成绩的，浙江还给他搞了一个纪念公园。

采访者：他的家乡给他建的纪念公园？

叶小燕：不是老家。他是给浙江省发现上马坎旧石器时代遗址，并且在那儿做了很多工作。他去世后浙江省为了纪念他，在当地建了座公园，把他的骨灰也埋到那儿了。

采访者：王克林先生呢？

叶小燕：他也很努力，在山西也搞得挺好的。

采访者：他是后来考古所分流的时候分出去的？

叶小燕：有些人到地方上能发挥他很好的作用。考古所研究人员太多，我们都处在最基层，上面压了很多人。到了地方除了一两个人以外，他就算是带头人了，有广阔天地。他于1984年担任了山西省考古研究所所长。

采访者：您能讲讲郑笑梅先生吗？我们很想去采访她，但她现在病了没法接受采访。她后来在考古工作人员训练班的事非常重要。

叶小燕：这事黄景略知道得比较清楚。她这人很能干，很努力，做事很有魄力，比较强的吧。在考古所受压没发挥大的作用，后来分配到山东以后，她就做出了显著的成绩。山东省对郑笑梅挺好的，委以重任，1989到1997年担任山东省第六、七届政协常委。她比我们退休都晚，省里给了她不错的待遇和荣誉。

采访者：刚到考古所的时候郑笑梅先生分到哪儿了？

叶小燕：她同我一起参加了黄河水库考古队在庙底沟、三里桥遗址的发掘，与我同住一屋。后来把她调到湖北队郧县青龙泉遗址工作,就是在张云鹏那儿。

采访者:张云鹏先生是什么时候离开考古所的?

叶小燕:也是上世纪60年代初。他是因为与湖北省的王劲先生结婚,照顾他们而调去的。他毕业于浙江大学,跟吴汝祚先生一起来考古所的。

采访者:咱们的圈子太小了,说着说着事儿就穿插起来了。

叶小燕:所以我们到哪儿都有熟人,各个省都有。1958年、1959年考古所还向北大要过毕业生,1960年以后就很少要了。1962年也要了不少毕业生,别的年都很少了。所以在各省、自治区都活跃有我们的师弟、师妹,他们为各地的考古事业做出了卓越的贡献。

采访者:当时北大考古专业这么多人去了考古所,互相之间会有摩擦吗?

叶小燕:不会的,何况大家都下田野去发掘,我们一到考古所没几天就下工地了。

采访者:您觉得在考古所里,北大同学和其他学校的同学有什么不一样么?大家的工作方法有没有什么区别?

叶小燕:没有什么不一样,以前听人家说过有北大帮,我们不承认有北大帮。分配来考古所,大家都要下田野,所不同的是我们曾经历过考古实习,他们没有,他们开始时是在工地边干边学。在当时只有北大有考古专业,西北大学也是比较晚的,四川大学、吉林大学等都是后来才设的考古专业。

采访者:杨建芳先生分到川大了。

叶小燕:杨建芳在考古所待了一段时间,在四川大学没待多长时间就走了,到了香港中文大学后就改攻玉器了。他对我说过,在香港是没有条件做新石器时代研究的,那时的确是如此。

采访者:您班上谁是党员?

叶小燕:徐锡台。

采访者:他后来为什么去了陕西?

叶小燕:考古所分去的。

采访者:他是一个什么样的人?

叶小燕:他是一位老干部,是离休干部,他家乡在苏北盐城根据地。我们班上就他一个党员,他不是整人的人。他当然要听上面的安排,但他不乱说,不会把谁的什么事跟谁随便说。他一般跟大家相处,也不说你落后我就对你不好甚至冷眉相对。这个人还是可以的。

采访者:当时班上有入党积极分子吗?

叶小燕:有,很多人都要求入党的。

采访者:到毕业时谁入进去了?

叶小燕:没有几个人进去。魏树勋是在那个时候入的党。

采访者:魏树勋先生是不是挺严肃的一个人?

叶小燕:那也不是,开起玩笑来也挺幽默。

采访者：班里的其他几位女生呢？

叶小燕：女生里有耿引曾，她被分配到文化部北京历史博物馆，后来又调到南亚研究所，是我们社科院跟北大一块儿办的，后来就并到北大了，北大又把它给并到国际关系学院亚非研究所了，她在亚非研究所退休的。她虽是脱离了考古，但是她说自己做研究的时候还是用考古的方法，还是跟考古尽量挂钩，也是挺努力挺有成绩的。

采访者：唐荣芳先生呢？

叶小燕：她就可惜了，她本来是小学教师，到我们班上念了考古，毕业以后也分到文化部北京历史博物馆，跟耿引曾是一个单位。她的爱人曾广达，是北京铁道学院毕业的，比她晚毕业。毕业后分到云南省宜良县铁道系统，她就跟过去了，再当了小学教员，现已去世。

采访者：在北大这四年，您最大的收获是什么呢？

叶小燕：最大的收获是我学考古了，启蒙考古，以前不懂的。

采访者：在大学这四年里，您有没有什么遗憾的地方，或者是觉得应该学却没有学到的东西？

叶小燕：那个时候真是比较年轻，不太懂事，稀里糊涂的，说好听是有点单纯。学习就学习了，毕业就毕业了，工作就工作了。学习还真是认认真真地学习，心无旁骛，两耳不闻窗外事。

采访者：毕业后分配工作，有没有一定自我选择的余地？

叶小燕：有，填志愿。

采访者：您填的是哪儿？

叶小燕：我记得第一个志愿就是中国科学院考古研究所，第二、第三志愿现在想来也挺有意思，一个新疆，一个甘肃。

采访者：都是边疆。

叶小燕：不是因为是边疆。当时认为要从事考古，最好是去新疆和甘肃，那里保留古代遗存最多，而且是没有开垦的处女地。外国探险家不都是去的甘肃、新疆吗？

采访者：当时没想过继续读研究生么？

叶小燕：没想过，我家里经济条件不允许我读。我家庭人口多，等着我赶快毕业帮家里。

采访者：您在家里是老大吗？

叶小燕：是，我是老大。

采访者：后来您就分到第一志愿的考古所。

叶小燕：是。

采访者：当时一进去把您分到哪个队或者是研究室？

叶小燕：自己选，不给你分配，根据自己的志愿自己选。当年我是选了新石器时代研究室，是因为在半坡实习过的关系。

采访者：当时的室主任是谁？

叶小燕：安志敏先生。那时正值国家修黄河水库，文化部和中国科学院合组黄河水库考古工作队，考古调查和发掘已有一年了，像洪晴玉他们都参加调查了。这年要发掘河南陕县庙底沟新石器时代遗址，我们按志愿被分配去庙底沟发掘。

采访者：洪晴玉先生到底是朝鲜族人还是朝鲜人？

叶小燕：她应该是延边朝鲜族，后来在朝鲜金日成大学念书，抗美援朝时参加了部队并入了朝鲜劳动党。战争结束以后，她到北京大学念考古专业，比我高一班。在考古所工作时和我在一起很长时间。在中国时她为了加入中国共产党，一定得退出朝鲜劳动党，这也经历了一段时间。

采访者：那她到底是中国籍还是朝鲜籍？

叶小燕：她的原籍应是中国籍。她曾跟我说过，在延边朝鲜族人一定要和朝鲜族人结婚，不然，她们的子女会被视为杂种受到歧视的。她在金日成大学认识的爱人后来是朝鲜人民军的军官，她还在中国时就跟他结婚了。怀孕后就回朝鲜去了，这时又入了朝鲜籍。至于之前在朝鲜金日成大学、参加战争期间她的国籍如何变更我也不清楚。洪晴玉走时，我还送她上火车，她跟我同一屋住的时间很长。她说她到那儿一定给我们写信，说"咱们保持联系"，但她到那儿就没有音信了。1963到1965年，我们与朝鲜共组中朝联合考古队。考古所的人就向朝鲜人私下打听洪晴玉，他们说她起先在朝鲜科学院考古的单位，后来她随军不工作了，挺可惜的。她丈夫在军中级别挺高的，结婚时就是校级军官。

采访者：洪晴玉先生她现在是否在世都不知道。

叶小燕：不知道。按常理她应该会给我们写信。我所人事科的一位老领导林泽敏对她很好，很照顾她。林泽敏后来也跟我说："洪晴玉说自己到那儿后一定会给你来信，但到那儿她就没有音信了。"说明她都没有给谁写。

采访者：当年您班同学分配的时候，都能去自己的第一志愿吗？

叶小燕：不完全是依自己的志愿。

采访者：高东陆先生怎么去青海了？他是北京人啊。

叶小燕：他是分到考古所的，1959年时调往青海省文物考古研究所。

采访者：当时您班几个人进了考古所？

叶小燕：11个人。

采访者：差不多一半多一点。

叶小燕：对，所以别的志愿就不考虑我了。假如说在现在，你要填新疆和甘肃，可能就给你支那儿去了。

采访者：现在想进新疆还不容易呢。

叶小燕：是。

采访者：现在高校都不分配了。

叶小燕：那年新疆和甘肃都没有分配的名额。

采访者：您和谢先生与黄河上中游水库的考古工作有很多关系，从开始的三门峡水库,到后来谢先生做的甘青地区八盘峡、盐锅峡、刘家峡水库,您这边还有宁夏青铜峡水库。到晚年您和谢先生又帮叶万松先生去做小浪底水库的事儿,还是在水库这儿。这里头肯定有很多事儿要慢慢向您请教。从一个学生到一个考古工作者,您有没有感到有很大的变化?

叶小燕:我感到变化是有的,而且也挺有意思。我来考古所最早填的志愿是新石器时代研究室,就把我分到陕县庙底沟去发掘了。1956年科学大发展,考古所招了一百名见习员,都是当年北京初、高中毕业生,培养他们是为了辅助研究人员的研究工作。我们一下工地,就分配给你两、三名见习员,让我们辅导他们做田野考古发掘。真是刚做完学生,就叫我们当老师。

采访者:就是胡秉华先生他们那一拨吧?

叶小燕:是,他们的培养目标一是下田野,再是搞照相、绘图、修复。

采访者:他们是属于临时工的编制么?

叶小燕:不是,是正式编制。庙底沟是最大的工地,它的规模是空前的,恐怕也绝后了。1956年时工作人员有75个人,考古所大概占50多人,还有文化部抽调自各省文物系统的人,以及西北大学的进修教师,共21人。此外从当地招来的工人约有一、二百人。当时就说这是一个考古学校。

采访者:您带的谁?

叶小燕:我带过张长庆、温孟元、张青侠。

采访者:在庙底沟一共多长时间?

叶小燕:两个季度,从1956年9月到1957年7月。

采访者:当时在工地上,您遇见了同学、师兄、师弟吗?

叶小燕:我们班同来陕县工地的有5人,而且都参加过庙底沟工地的发掘。

采访者:都有谁?

叶小燕:有我、郑笑梅、高东陆、王克林和阳吉昌。师姐洪晴玉也在那儿。

采访者:当时俞伟超先生是不是也在河南?

叶小燕:俞伟超负责发掘陕县刘家渠汉墓,他早一年还去调查了三门峡漕运遗迹,后来他考上北大研究生走了。

采访者:当时他考研究生离开考古所之后,这个事对考古所冲击大吗?听说夏先生好像挺不高兴?

叶小燕:不是不高兴,夏先生是很爱才的,对他很器重,希望他不要走。

采访者:当时林寿晋先生去过工地吗?

叶小燕:林寿晋负责发掘陕县上村岭春秋虢国墓地,还编写了《上村岭虢国墓地》的考古报告,他比我们早去一年。刘家渠、上村岭也都在黄河水库区内。

采访者:黄展岳先生去了么?

叶小燕:黄展岳是后来去的,在陕县七里铺遗址的时候我跟他在一起工作。

采访者：您做完庙底沟的工作之后，就一直在陕县这一带？

叶小燕：差不多，先后发掘过庙底沟仰韶文化遗址、三里桥龙山文化遗址和七里铺商代遗址，还和黄展岳一起渡过黄河去山西平陆试掘过一个遗址，因为遗址内涵不丰富就放弃了。1958年夏天考古所在洛阳整风，之后我就去殷墟了。陕县的发掘工作也在整风前结束了。

采访者：那个时候三门峡水库建了吗？

叶小燕：在建，一直在建。我们在的时候，陕县县城都搬迁了，没什么人了。上世纪80年代我再去三门峡市时陕县又建成为一座城市了。

采访者：调查青铜峡水库是什么时候的事？

叶小燕：是1959年夏天。

采访者：等于是黄河水库挖完以后先去了殷墟，再到青铜峡调查，回过头又去的洛阳。

叶小燕：是。

采访者：整风的时候，考古所都整谁？

叶小燕：人人都要整风，要拔白旗，插红旗。但重点是队长。

采访者：1958年的时候队长都有谁？

叶小燕：有安志敏、王伯洪、张云鹏、陈作良、周永珍、刘观民等人。

采访者：当时殷墟队长是周永珍先生么？

叶小燕：对。魏树勋接周永珍的班。

采访者：魏树勋先生毕业之后是直接就去安阳了吗？

叶小燕：不是，他先分到兰州去，他把邹衡先生换回到北大来了，有这么个过程。

采访者：他把邹衡换回来，那又是谁把他替换出来了？

叶小燕：后来不知道怎么魏树勋调到考古所来了，我不清楚。

采访者：您弟弟是什么时候到殷墟当技工的？

叶小燕：初中毕业，当的见习员。1958年的事。

采访者：当时这个事是通过夏鼐先生的吗？

叶小燕：要通过人事处，不一定要通过夏先生。

采访者：青铜峡水库是您主持的工作，您还记得当时一些具体的细节情况吗？

叶小燕：我当时是跟地方上合作的，我们所共去了三个人，此外有两人是宁夏当地的。

采访者：宁夏当时的业务力量强吗？人员多吗？

叶小燕：当时宁夏的考古工作处于初创阶段，人员比较少。与我们一起参加青铜峡水库区考古调查的有一位是西北大学考古专业1958年毕业的，名叫董居安，我们相处挺好，一直保持联系。还有一位名叫张心智，他是张大千的儿子，后来当了宁夏回族自治区博物馆馆长。他在调查中途回银川去了，董居安一直和我们一起至调查结束。

采访者：宁夏当时的条件是不是比河南要差很多？

叶小燕：那是，当年银川城里所见民居都是土房子，路也大多是土路，西北气候干燥，到处是尘土飞扬,与现在的银川相比真是不可同日而语。

采访者:您在青铜峡主要跑了哪几个县?

叶小燕:就是在水库区,调查了青铜峡市、吴忠、中宁、中卫诸县。"黄河百害,唯富一套",这一带自古以来农业灌溉发达,素有"塞上江南"之称,真是名不虚传。我们调查时遇见不少来自浙江的农民在种水稻田。在那里成片的枸杞子正成熟收获,我第一次认识了枸杞子,但那时我不知道它的珍贵价值。在中卫沙漠中首次调查发现以小巧精美的细石器和红彩陶为特征的新石器时代文化遗址。

采访者:每天出去调查就是步行?当时有没有车?

叶小燕:都是步行,租农村的马车驮行李。我们是自带行李出差的,行李随着一路走。调查时头一天晚上,商定次日的调查路线,设定前方休息的地点,告诉了当地接待我们的村干部,他们替我们雇好马车,次日早晨我们把行李装上马车,马车就先走了。我们当晚到了借宿地,行李也已经在了,感到很方便。一路调查我们也了解了许多民情。那个时候做工作真好做,只要跟地方一联系,都会全力支持你。如我到银川时,拿着中央的介绍信到宁夏水利厅要一套青铜峡水库区万分之一的地图,很快晒蓝就给我了,只付很少的一个成本费,现在就不会这么容易。

采访者:当时田野补助一天有多少钱?

叶小燕:田野补助不低吧,记不得了。1959年整改时我们还主动要求不要田野补助呢。

那时宁夏还没有开展考古工作,所以我们到那儿很受重视,最后还要我们跟自治区领导汇报,记者都来,并在报纸上报道。

采访者:当时发现的东西移交给地方上了?

叶小燕:把东西带回来了。

采访者:现在这些东西都在考古所?

叶小燕:是。当时各地没有扣留文物的观念。

采访者:现在考古所大部分东西都是当时带回来的?

叶小燕:那时调查和发掘的文物都要带回北京整理写报告,除非当地有条件可以就地整理。像庙底沟发掘的文物就没有运回来,一则数量大,二则已就地整理编写了报告,只运回小部分的标本。我后来再去庙底沟的时候,见那陶片多极了,都堆在库房里,他们也不敢随意处理。

采访者:后来您还参加了洛阳东周王城遗址的工作,这是什么时候的事儿?

叶小燕:1959年从青铜峡调查回来后,我正想整理青铜峡的调查材料写个简报。宁夏的调查材料也真不错,尤其是首次发现有彩陶和细石器的新石器时代遗址。所里突然通知我,让我先放下宁夏的简报去洛阳,因为广东来的一批文物干部要在洛阳田野实习,让我去当辅导员。宁夏的简报一放下,以后再也没有机会整理了,感到很遗憾。

采访者:广东来了七个人吧?

叶小燕:加上带队的杨式挺,和中山大学老师商志𩡺,共九人。

采访者：他们为什么会来洛阳实习？

叶小燕：因为当年考古所有正规的发掘工地，从考古技术上来说在全国也是领先的。他们回去以后都是省里文物考古的骨干。

采访者：您培训他们多长时间？

叶小燕：一个季度。

采访者：实习的地点和内容是什么？

叶小燕：在洛阳东周王城遗址内，手工业作坊区吧，当年地名为小屯。我们就住在小屯村内。

采访者：您当时是隶属于洛阳工作站吗？

叶小燕：对。

采访者：您在洛阳辅导了广东的文物干部后，又在洛阳做了哪些工作？

叶小燕：后来我在洛阳跟陈久恒一起整理《洛阳西郊汉墓发掘报告》。以后又让我去西安，整理《河南陕县刘家渠汉墓》报告。这两篇报告都在《考古学报》上发表了。

采访者：您的研究里有相当一部分涉及战国秦汉的内容，教过您秦汉考古课的苏秉琦先生有没有给您指导？您有没有请教过他？

叶小燕：我们考古所考古研究这一块分三个室，三室就是汉唐研究室，秦汉及以后都在这一室，当时室主任就是苏先生。我和支沅洪先生整理编写的《陕县东周秦汉墓》报告就是交给苏先生审阅，封面书名也是苏先生题写的。不过那个时候苏先生的研究方向已经转了，他把主要的精力都放在新石器时代的研究上了，所以交谈不是很多。

采访者：看夏鼐先生的日记，每年过年的时候您和谢先生都是初一去给他拜年。

叶小燕：是的。我过年总要去看望两位先生，给他们拜年，那就是夏鼐先生和苏秉琦先生。他们两位在"文化大革命"后，在考古所是最有资历的前辈了，他人多已不在世了。夏先生的日记刚出版，我还未看过。

采访者：内容挺好的。"四清"运动的时候，您是去的哪里？

叶小燕："四清"我去的是两个地方。最早是去大连金县，林泽敏、王伯洪带的队。

采访者：和郑振香先生在一起？

叶小燕：她跟我不是一个生产大队，我是在鲇鱼湾。我去的第二个地方是在山西永济，是副所长牛兆勋带的队。

采访者：做了多长时间？

叶小燕：一期三个月。第二期草草结束就"文化大革命"了。

采访者：也就是说您没去黄县劳动？

叶小燕：没有。我去山东曲阜劳动，考古所是办公室主任靳尚谦带队。我们这一代人经历的运动太多了，耽误的时间太多了。

采访者：您在所里头，您的同乡夏鼐先生给过您特别的关照吗？

叶小燕：我这个人不太会走这个路线。我跟夏鼐先生是同乡，他的夫人只会说温州话，就特别喜欢我去找她，但是我不太去。后来他大女儿跟我说："我妈妈老盼望着你去，你怎么不去？"我说："如果夏先生不是所长，我就常去了。"夏先生是所长，我感到要避嫌。有的时候也去，像老同学徐锡台来了，叫我陪他去一趟，或谁来了叫我陪他去一趟，我就陪他们去，平时很少去打扰他。但是夏先生确实照顾过我，让我整理满城汉墓就有夏先生的意思。考古所有不成文的规定，参加整理和编写报告通常都是参与发掘的，也就是谁发掘谁整理，我没参加过满城汉墓的发掘，我能参与满城汉墓的整理和编写工作实是我学术生涯中的一大幸事，我应该感谢夏先生。

采访者：当时考古所做汉代研究的，除了您还有谁？

叶小燕：有王仲殊、黄展岳、刘观民、曹延尊等。那时他们都很忙。

采访者："文革"期间，您的学术研究，还有您家里的人，受到过冲击吗？

叶小燕：我们跟学校不一样，是研究所，我们是最基层的研究人员，是基本群众。"反动学术权威"一大堆，"走资派"、"保皇派"一大堆，轮不到我们。但是在政治运动中，人人都要参与，学术研究都是要放下的。总之，我们考古所在"文革"中出格的事不太多。遗憾的是，陈梦家先生在"文革"中含冤而死。北大考古专业的学生造反派曾来造"反动学术权威"的反，打了徐旭生老先生，大家都很反感。

采访者：您去干校了吗？是去河南息县么？

叶小燕：是，我们都去了，考古所的人大部分都去了。而且都要携家带口，全家搬去，说是响应号召，走一辈子，不走一阵子。连夏先生和苏先生都去了。

采访者：您在息县做些什么呢？给您分配的任务是什么？

叶小燕：我们要自己烧砖盖房，我还打过砖坯呢，挺有意思的。

采访者：什么时候回来的？

叶小燕：1969年去的，1971年回来的。劳动一年，第二年在明港清查"五·一六"。

采访者："文革"前您自己有住处吗？

叶小燕：有住所，都是考古所分配的，住在宽街，下了干校走了就让别人住了。

采访者：那个时候您二位的收入还行吗？

叶小燕：还可以。

采访者：您还要往家里寄一些？

叶小燕：是，我家里还得寄。那个时候生活就是这样，没什么积蓄存款，也好也省心，房子给你分，分什么就住什么。物价也比较便宜。我们这些人自从毕业以后，经历不是很平稳，又是出差，又是劳动锻炼、搞四清。住处也不固定，凡遇出差，铺盖一卷就走了，这房子就给别人住了。如果有一些东西和书就搁在考古所的仓库里。

采访者：您现在这个房子也是分的吗？

叶小燕：这也是分的，不过现在是属于我们的不动产了。

采访者：刚刚您提到您没有参加满城汉墓的发掘，在编写报告的过程中有没有遇到过什么样的问题？

叶小燕：还好，我们这几个人关系都不错。每一个人分一部分，我整理的是一号墓铜器、铁器、金银器、车马、钱币，二号墓车马。《满城汉墓发掘报告》有一个特色，就是附录比较多，而且是采纳多学科、尤其是自然科学的研究成果。这是与夏先生的指导，与他重视考古和多学科结合的观点分不开的。我们在整理的过程中与北京钢铁学院，就是现在的北京科技大学有很多的联系。柯俊先生，韩汝玢、孙淑云等老师对满城出土的金属器物很感兴趣，经常到我们这儿来看东西。同时我们也常向他们请教，并请他们给遗物做各种分析和鉴定。我们与植物所、动物所、度量衡所等单位也都有交流，委托他们做了很多鉴定。考古所的实验室也配合做了很多的化验和鉴定，这些科学成果都有鉴定报告。此外对金缕玉衣、铁铠甲、铜帐构等都做了复原。这在《满城汉墓发掘报告》中都有体现。这一方面深化了对满城汉墓遗物的了解，加深了对汉代社会历史的探索，另一方面也提高了我们的学术研究水平。

采访者：大家在给五铢钱断代时，常拿《洛阳烧沟汉墓》的钱币研究作为一个标准来参考，但在《满城汉墓发掘报告》里提到了《洛阳烧沟汉墓》的钱币断代上有一些问题，您在《关于小五铢的年代》一文里也提出了一些与之前五铢研究不大相同的观点，您对钱币方面的问题怎么看？

叶小燕：我在洛阳与陈久恒整理西郊汉墓时也是按照《洛阳烧沟汉墓》的标准来分型断代的。现在五铢钱分的三型，仍是蒋若是、吴荣曾先生他们分的标准。《洛阳烧沟汉墓》出版于1959年，受当年资料的限制，能有这样的成就是很不容易的。它的分型和断代研究是采用了考古的方法，因此大大超越了古钱学家，具有开创性，所以在很长时间里都是考古界研究五铢钱乃至汉墓断代的重要依据。

满城汉墓出土了大批的五铢钱，M1计有2317枚，M2出1801枚，共4118枚。M1的墓主定为西汉中山王刘胜，至今无异议。据《史记》《汉书》记载，刘胜死于汉武帝元鼎四年（公元前113年），距武帝始铸五铢钱的元狩五年（公元前118年），之间仅六年。M1的五铢钱当是汉武帝时的这六年所铸。经整理，这批五铢钱亦可分三型，与《洛阳烧沟汉墓》的三型大体一致。I型为365枚，II型为1702枚，III型为249枚。据《洛阳烧沟汉墓》，I型是武帝时所铸，II型为昭帝时所铸，III型为宣帝时所铸。而刘胜墓的五铢钱却以II型最多，占全数的四分之三强，I型仅占六分之一弱。刘胜墓有准确的年代可考，五铢钱的数量又多，应该反映了当时的铸币特点，故此对以往的五铢钱分型断代有所修正也是很自然的事了。当然，学术研究也是与时俱进的，以后新的资料发现，再突破我们的观点，也是很自然的事情。我们这一新认识在当时也引起了考古界的关注。俞伟超先生来仔细地看过，他也认为我们的分析是对的。北京市文物考古研究所在整理和编写大葆台西汉墓报告时，鲁琪也来看过，我们也进行了交流，他也无异议。我们也去观察了大葆台汉墓出土的五铢钱，同样是三型俱有，钱的铸造质量不如满城。该墓的年代较满城为晚，这也与西汉时期的社会经济发展相符合。

采访者：在"文革"期间您还参加过什么发掘吗？

叶小燕：没有。当时田野发掘和室内研究等学术活动，除了紧急任务外都停止了，至1972年才逐步恢复的。

采访者："文革"之后呢？

叶小燕："文革"之后我参与了西安的唐长安城翰林院遗址的发掘。之后就没有下工地了。

采访者：那个时候队长是谁？

叶小燕：马得志先生。

采访者：《陕县东周秦汉墓》您是主编，这本报告跟《满城汉墓发掘报告》您觉得有什么不一样？

叶小燕：两者有一样也有不一样。一样的是这两处的发掘工作我都没有参加过，不同的是，满城资料比较单一而且完整，而陕县就不是了。这批陕县东周秦汉墓是上世纪50年代配合黄河水库工程做的发掘工作，参加发掘的人员大都已离开考古所，我当时在陕县发掘，算是水库队的人，而这批墓的年代也是在我研究工作的范围内，所以夏先生就让我去整理。整理这批墓有太多的困难，一则我没有参与发掘，对资料不了解；二则这时离发掘已时隔快三十年了，其中经历了"文化大革命"，文物存在陕县，无专人管理，又经受了多次搬迁的命运，不少器物已丢失。况且50年代发掘水平也不高，人手又多，记录简单还不全。可是那批资料还比较重要，共发掘了300多座墓，不整理没法向考古界交代。于是，我只能承担下来，由我和支沅洪一起整理。这情况在报告中也能反映出来，实在是无法弥补的缺憾。

不过在这批墓中秦墓是很不错的。它属于战国晚年，公元前325年张仪取陕以后的战国墓，跟中原地区的战国晚期墓明显不同，出土器物、出土组合都不一样，但它却与陕西战国秦墓一致。在当年陕西省秦墓发掘的也不多，所以陕县秦墓有它的重要性，尤其从秦人东进统一全国的历史角度来研究更具有较高的学术意义。

采访者：陕县的刘家渠汉墓，您参与发掘了吗？

叶小燕：没有。说来也怪，我参与发掘的都给人家整理，而经我整理的我都未参与发掘，如《洛阳西郊汉墓发掘报告》也是。

采访者：刘家渠汉墓是俞先生发掘的？

叶小燕：对。

采访者：您整理的时候问过他相关的情况吗？

叶小燕：问过他的意见，也是他推荐我去整理的，在整理的过程中我自然要征求他的意见。报告初稿也请他审阅，所以我在报告后面也写了经过他的指导。

采访者：俞伟超先生他是什么样的人？

叶小燕：挺好的。我感觉他是挺不错的人，人很平和，尤其是对年轻人特别好。他文献知识渊博，有学问，很聪明，可惜离世太早了。

采访者：您对长城考古这方面开始研究是什么时候的事儿？

叶小燕：关注长城研究倒有点挺意外的。我在整理完两个报告后，就想把东周秦汉这一段梳理梳理，看看有些什么大问题。长城是个大问题，但考古所没有人搞长城。我试着梳理一下，写了两篇文章。反映还可以，还有人找我交流。后来在我关注长城考古的新进展中，有所领悟时也不时地写些文章。胡绳当我们院长时，要出一套"中华文明史话"，其中的《长城史话》题目分到了考古所，考古所让我来写。这套丛书于上世纪90年代陆续出版。近年陈奎元院长要再版这套丛书，改名"中国史话"，并有增益，现亦在出版中。我也做了修改，增添了不少新资料和新的研究成果。

后来参加国家文物局主编的《中国文物地图集》大型丛书的编审工作。它是我国第二次文物普查的综合成果，其中遗址类自然会有长城调查的资料和研究成果的。因此我也时常接触到长城的现状和研究的进展，同时也更深地了解了现阶段长城考古和研究中存在的问题。例如长城是贯通我国东西的，可对它的调查却是分省、市、自治区进行，在省、市、自治区之间往往因遗迹不明显而产生不相连属的现象。在上世纪80年代这问题也已突显，我在考古所就曾想组织长城调查队，利用考古所不受省界限制的优势，所里也有好些同道愿意参加，可未果而终。后来在参加《中国文物地图集》时也想就此解决这个问题，但仍未能完全如愿。

采访者：现在中国文化遗产研究院也在做长城的研究。

叶小燕：我希望能解决这些问题。

采访者：您参加《中国文物地图集》工作是因为黄景略先生找您了？

叶小燕：对，我们是老同学。

采访者：您在写很多文章的时候，都用到了"瓯燕"这个名字，这个名字有什么含义吗？

叶小燕：是因为老家温州濒临瓯江，温州亦简称"瓯"。我不喜欢我的名字，因为有个"小"字，觉得太娇气了。我用"瓯燕"后，也有人赞许。对一般老百姓来说，用别名实际上不好，如在外单位的刊物上用"瓯燕"发表文章往往会造成在邮局领取稿费的困难。

采访者：您曾经对中原地区战国时期的墓葬进行过研究和编年，战国这段时间文献是非常零散的，您当时为什么会选择难度这么大的题目来研究呢？

叶小燕：我在整理东周墓和秦汉墓的过程中，逐渐地认识到：历史上改朝换代不会立即引起物质文化的急剧变化，都得要过数十年它才见有明显区别。如龙山文化晚期的遗物与夏商之初遗物不好分辨；晚商和西周初年遗物不易分；西周末和春秋初遗物很难辨；春秋末年跟战国初，秦、汉之间也都是这样。秦初和战国晚期的遗物是很相似的，不论是遗物的形制或墓葬的器物组合，乃至墓葬形制莫不如此，直至汉武帝时候才有比较大的变化。不仅中原地区如此，在边远地区也是这样。如西南的夜郎国始自战国，秦已设郡置吏，至汉武帝开发夜郎，但颇具特色的夜郎文化，一直延续到西汉晚期东汉初，才逐渐与中原文化相融合。南越文化也是这样的，汉高祖时南越王即受汉封，而南越文化直至西汉中期才与中原文化融合，已发掘的南越王墓是文帝时的，从墓中反映的文化因素也可说明这一点。所以当你研究某一时代的历史文化，不能够与前一代切断，必然要与前联系，得往前追溯。我们考古界的好多人也都是这样做研究的。这也就是我后来搞到战国去的原因了。梳理中原战国墓葬也是为了对汉墓的上源有更多的了解。

采访者：做考古研究与前代联系的多，往后一代联系的不多。

叶小燕：往后一代联系的不多。但物质文化承上启下发展的规律依然是存在的。

采访者：您觉得在秦汉之际考古学文化上有没有什么变化可以区别出来？

叶小燕：秦汉之际变化不大，秦代仅十五年，除非这座墓里出土了有纪年的东西，如果没有的话你根本分不清。当然有的文物是有时代标志的，如小半两之类。我说难分也不是绝对的，断代不是有很多因素吗？

采访者：您对秦墓的研究最早是从什么时候开始的？

叶小燕：在整理陕县后川秦墓的过程中，发现这些秦墓很有特色和发展的规律，于是就翻阅了一些书，感觉挺有意思。过去还不曾有关于秦墓的探讨文章，所以就写了《秦墓初探》一文，这也是整理报告的副产品。

采访者：您觉得中原地区的战国墓葬跟秦墓各自都有什么样的特点？

叶小燕：有区别，这个对照起来就可以看出来了。从墓的形式、葬式、随葬器物的组合、器形等方面两者都有明显的区别。秦墓在春秋战国时期也可分期，演变的轨迹很清楚。秦墓是很有特色的。顺便提一下，在战国晚期的秦墓中出土有一种风格独具的铜鍪，好多学者认为是秦器。然而据我的考察，它应该属于巴蜀文化，是秦军于公元前316年攻拔巴蜀之后，随秦人携往秦地乃至各地的。我在《试论巴蜀文化的铜鍪》中有所阐述。

考古研究中整理和编写报告是很重要的，因为整理一批资料要参考同一时代的很多相关东西。报告不只是客观报导发掘的资料，不只是给墓分型分期、给器物分型分式，给很多的尺寸数字。你还要了解以往同类的考古发掘资料，帮助本报告深入分析，找出规律。同时给自己积累研究资料，甚至发现一些可供研究的问题。我的大部分文章都是整理报告的副产品。

如《栾书缶质疑》，就是整理东周墓时发现的问题。在之前我梳理过古代青铜器上的装饰工艺，写了《我国古代青铜器上的装饰工艺》一文，觉察到著名的传世青铜器栾书缶在年代、国属和器主的考订上都有问题。于是有目的翻阅了楚墓资料，经过对比认定自己的怀疑是能成立的。这件铜器应该是战国楚器。栾书是春秋晋国显赫的重臣，从缶的器形看它不属于晋国，长篇的错金铭文也不符合栾书的时代。但考虑到这件铜器是考古前辈金石学大家考订的，为了更加踏实我就去了中国历史博物馆要求察看这件器物。当时俞伟超是馆长，他自然不会拒绝，也巧时值1989年6月，历史博物馆不开馆。在开展览柜观察时他追过来问我："你干嘛要看这件器物啊？"我也正好向他请教，征求他的看法，于是把我的怀疑和意见如实告诉他。他不吭气，我追问他的意见。他说"你这一说不就把这层纸给捅破了嘛"，"对这器物我也一直有点不踏实"。后来他就告诉历史博物馆的人，历史博物馆的人开会研究了这件器物，基本同意我的意见并写了文章，同我的文章一起发表在《文物》上。所以整理报告，对学术水平的提高是有好处的。

采访者：您也研究过战国时期的都城，您能谈谈这方面么？

叶小燕：那也是我梳理的问题之一，写过综合性文章，也写过一些关于秦始皇陵、西汉帝陵的文章。这也只为自己积累一些系统的基本知识，不过也可发现一些可供探索的小问题。

采访者：很多研究帝陵的人，也在研究都城，您觉得都城考古和墓葬考古关系是怎样的？

叶小燕：那关系太密切了，一个是死人的，一个是活人的，都是能反映同一时代的物质文化和社会思想意识，从中自然有紧密的联系和规律可循。单从住地与墓地的关系来说，最早的时候是就地埋于住处附近的，如旧石器时代，人的骸骨现都见于洞穴中。新石器时代墓葬都在住地周围，儿童瓮棺葬更是在房子边上，我们在半坡就发掘了不少。东周时，好多墓地、大墓、帝陵还是在城里或城外，洛阳东周王城、燕下都、中山国灵寿城的发掘不也是这个现象吗？《史记·田单列传》里田单说："吾惧燕人掘吾城外冢墓，僇先人，可为寒心。""燕军尽掘垄墓，烧死人。即墨人从城上望见，皆涕泣。"可见墓地与城很近。西汉墓地跟城也仍不远，陕县东周、汉墓离陕县就很近，汉陵仍座落在长安城的附近。后来就逐渐离得远了，如唐陵、宋陵、明陵、清陵，老百姓的墓地和城市也拉开了距离。这与人们的思想观念以及交通条件等都会有关，都是值得探讨的问题，不是三言两语能说清楚的。

采访者：有学者说帝陵是仿都城建的，您怎么看这个说法？

叶小燕：应该有一定的道理。事死如事生，这是中国古人的观念，之间会有一定的内在关系。如墓葬形制、随葬品的变化都可反映出来。但如何仿比要做具体细致的分析。

采访者：您也做过铜灯这方面的研究，您对于战国以前几乎没有发现铜质的灯这个现象有什么见解吗？

叶小燕：铜灯在当时起码不是主要的礼器。

采访者：陶灯在战国以前也很少见。

叶小燕：东周及以前重礼器，铜属于美金，很贵重，恐怕在先秦以前很少用来制生活用品，以礼器、兵器为主。

采访者：您觉得灯什么时候开始有的？

叶小燕：战国就有了，战国中晚期的平山中山国墓出土银首人俑灯和十五枝连灯造型、结构都很精美，它已不是处于初始阶段的灯了，之前应该有较长时间的发展。战国和汉墓随葬了大量的陶细把豆，有的在盘中央长出一小柱似灯钎，这和灯已很相近了，可以说已具灯的形制了。这也可看出最早的灯是从豆逐渐演变而来的。

采访者：再往前追溯能追到什么时候？

叶小燕：那不好说了。目前考古所见和传世的实物中似乎没有可确定的商周灯，以后可能会有发现。考古就是这样，随着新的发现会不断修改看法。

采访者：马文宽先生在一篇回忆文章里写到他调职到考古所的时候，您给他修改过

《略谈战国漆器》这篇文章,后来发表在1981年的《中国历史博物馆馆刊》上。您还记得当时的情况吗?

叶小燕:马文宽调来考古所时,从一名中学教师转变为考古工作者,需要一个过程,也需要取得同仁们的认同,所以他很迫切地要在考古业务上做出成绩。他的爱人是医生,也很支持他。当时他和我在一个办公室。他写了一篇《略谈战国漆器》的文章,想争取早日发表。我是他师姐,自有一层亲近感。他也很虚心,征求我的意见。我看了后提了些修改意见,修改后文章在1981年的《中国历史博物馆馆刊》上发表了。我当时也在为《考古》《考古学报》审稿,对他的文章提些意见也不算什么。可是他一直记在心里,也是挺难得的。

采访者:您曾写过关于巴蜀铜器的文章,讨论过巴蜀和中原文化的关系,还讨论过南越文化和中原文化的关系,您对中原文化怎么看?它跟周围的文化有着怎样的互动?

叶小燕:在古代中原文化无疑是比较进步的,对周边地区的影响也是明显的,自然它们相互之间也有交流,在具体分析中也会觉察到这些。《试论巴蜀文化的铜器——兼论巴蜀与中原文化的关系》和《论广东南越文化及其与中原文化的关系》涉及了这方面的看法。后者是应香港"岭南古越族文化讨论会"而写的。

采访者:从您的体会来讲,您觉得现在考古学亟待解决的问题是什么?哪些方面的课题需要再深入研究下去?

叶小燕:那太多了,每个历史阶段都有每个历史阶段的问题,而且研究的课题也是与时俱进的。我们这一代人只是做了开创的工作,你们是任重道远,你们的条件比我们好,我相信会取得远比我们要辉煌的成绩。

采访者:从您的经历来讲,您觉得北大考古有哪些地方需要改进?您对北大考古未来的发展道路有哪些建议?

叶小燕:根据我的经历和在北大学习的经验来说,北大现在的条件当然比过去好多了,自己培养了老师,老师也都有一定的水平。规模也大大发展,从原属于历史系的考古专业,发展为考古系,现在是考古文博学院,真是不可同日而语了。看到在母校就读的考古专业有了蓬勃发展的今天,我们都是由衷的高兴。我们当年是北大无师资力量,开门办考古,现在虽不同了,但我还是希望把门开得大一点,吸取各方专家力量,让全社会、全文物考古界来办北大考古,来关心北大考古。我们北大在北京,这个优势应该利用。要经常请各研究所、文物考古界的一些有成就的专家讲他们的研究成果,请全国重要发掘工地的负责人介绍发掘成果和经验,以扩大学生的视野。这对学生学习水平的提高和将来到社会上去工作都会有好处。

采访者:对于我们这些学考古的学生,尤其是即将踏上工作岗位的学生,您有什么期望和建议?

叶小燕:男同学好办,一定要多下田野,获取第一手资料,这对考古研究很有好处。考古所是很注重这方面的。从事教学可能下田野的机会少一点,系统的综合研究会多一些，自己有专长还是很重要的。女孩子有条件的话可争取下田野，尤其在年轻无家庭牵累时要积累实际经验，这有利于研究。有孩子后多在室内工作比较好，各方面都照顾到。现在这个年代跟过去不一样了，过去说男女都一样，实际上是不一样的，现在更明显了，女孩子要找出自己的强项而给以发展。歧视是存在的，可是从一个单位来讲，它是有理由的，女孩子结婚、生子以后，自然分心多，对事业会有影响。这虽然也是给社会做贡献，可不是给单位做贡献啊，心理上要平衡。女同学如到研究单位要做田野考古工作，除尽力做好田野工作外也不要把家庭给丢了，这是对孩子负责，对孩子的未来负责，也是对社会负责。这是我考古一生的心得体会吧。

采访时间：2011年10月10日上午
采访地点：北京叶小燕先生寓所
采访者：余雯晶、常怀颖
采访大纲撰写：余雯晶
整理者：余雯晶

记忆
———
耿引曾

2009 年 5 月耿引曾先生在杭州西湖

简 介

耿引曾,女,北京大学国际关系学院亚非研究所教授。1934年1月出生于江苏扬州,1956年夏毕业于北京大学历史系考古专业,1956年秋至1978年秋在中国历史博物馆工作,1978年至1998年在北京大学南亚研究所工作(后南亚所并入亚非所成为国际关系学院下属单位)。

主要著作、译作:《简明中国历史图册》(参编),《图说中华五千年》(参编),《汉文南亚史料学》,《中国载籍中南亚史料汇编》(上、下),《中国人与印度洋》,《印度与中国》(与[印度]谭中合著, India and China: Twenty centuries civilizational interaction and Vibrations),《唐诗中的中外关系》,《布拉格民族博物馆的考古陈列》(俄译中),《印度考古学问题》(英译中)。

采访者：耿先生，您为何会选择北大历史系考古专业？您家里人支持么？

耿引曾：我出生在扬州一个不愁吃穿的地方名医家庭，接受过很严格、很正规的教育，小学、中学、大学教育都很规范。1949年扬州解放以前，我一直在美国人办的女子小学、女子中学读书，现在我们这个女子中学读书的几个人，绝大部分都在科研、教学单位工作，其中有一个是工程院的院士，在上海的中医药大学，其他的有南京大学气象系的教授，还有中医药大学的教授。我本人在中学时，觉得学物理很困难，勉强及格，数学还有不及格的时候，但是我的文科比较好，学历史我不费劲，我的记忆力也特好，任何东西一背就背下来了，这是我本身的条件，这个条件也跟父母祖上的基因很有关系的。

我的祖父，在扬州是一个非常有名的大夫，祖父的祖父的祖父，就是六代，到我父亲是第六代，都是扬州的名医。我住的地方叫扬州皮市街耿家巷，现在我们那个房子已经作为名人故居，不许动的。我祖父又酷爱花草、字画和昆曲，我出生在这样的一个家庭里面，从小就受到一些传统文化的熏陶。比如到夏天了，我的父亲、祖父，就会把家里所有的字画全换成黑白的，因为夏天要凉快；冬天快春节的时候，一定要换上岁寒三友松竹梅，我从小就是这样受熏陶的。到现在我还记得有一幅夏天挂的字画上明人的一首诗："饮酒读书四十年，乌纱头上是青天。男儿欲到凌烟阁，第一功名不爱钱。"像这些东西，在我很小的时候就能顺口背出来了。所以对旧的文化、传统文化，在家庭里面受熏陶。这样，从我的祖父到我的父亲，以及我的弟弟都是这样，喜欢传统文化。弟弟在退休以前就是颐和园的副园长，最近参与搞园林博物馆，他也是搞园林文物的。因此在我们家，《文物参考资料》从第一册开始，就是从1951年开始，这期刊我父亲就订阅。

解放不久，扬州要拆城墙。在这以前，我父亲就喜欢一些碑帖，很注意碑帖什么的，我记得有一个姓陶的，那个人胖胖的，父亲让他来，好像碑帖都是他拓的。扬州拆城墙了，有好多元代的砖，宋代的砖，我父亲花钱雇人去捡，并把它拓下来。刚一解放，如果你们家是地富反坏那可不行，但我们家既非资本家，也非地主，而且没有"杀关管斗"的社会关系。解放前有一些地下党、新四军要药，有一些人来找我父亲，跟我父亲要药，这都是不言自明，心里知道的，你能帮我买一下药，以你的名义来买，就是这样的。这些人到解放后他会证明，当时这个药我是跟耿家的某某某人买的。

在这样一个主客观条件的情况之下，共产党进城以后，我们家的社会地位在扬州那个地方很高，当时就请了我祖父做特邀民主人士，参与扬州市各界人民代表大会。我的父亲就成为扬州文物保管委员会一个特殊的人物，是扬州文物保管委员会特别邀请的委员什么的。我记得那一年，我父亲自己找人，自己花钱，把城墙砖头的年号都拓下来了。这说明他是一个，现在说应该是 middle class，中产阶级，在全家人吃饭有余的情况下，才能雇人弄这些东西。

我 1952 年中学毕业的时候，他就极力希望我去读历史。最初北大还没有考古，就是有一个博物馆专修科，有一个图书馆专修科。1952 年院系调整以后博物馆专修科取消了，就只有一个图书馆专修科。但是这个时候已经明确历史系考古专业招生，所以我就报了考古专业。报名单子，是在扬州我父亲帮我一起填的，我家里是极力同意我念考古的。

所以我来读考古专业，自己是没有太大的问题，家庭也支持我，但那个时候我对我父亲帮我的选择多少有点不同的看法。后来余逊先生就跟我说，你这个性格适合去当新闻记者。那个时候我在班上还是团的干部，我的思路很敏捷，很快，这些是我的特点，但是要我坐下来，我却比不上别人。

采访者：当时您参加的是第一次的全国统一高考？

耿引曾：高考是在 7 月考的，考试的时候要分考区，比如扬州就是一个考区，苏北的那些考生，小县城的考生都集中到扬州来考。考试结果和录取名单，在当年 9 月 29 号的报纸上发榜。当时全国分六个区，华北区、华东区、西北区、中南区、西南区、东北区。虽然是 9 月 29 号发榜，但是那个时候扬州要等报纸来，起码要等到三天以后。我是在扬州市邮局查报纸的，刚好是在国庆节。扬州是苏北分区，考了以后，大家等到 9 月 29 号发榜了，你想想 9 月 29 号的上海《解放日报》，到扬州要用火车、汽车把报纸运来，就得 10 月 2、3 号。

我们是参加全国统一高考考上大学的。1952 年是新中国建设高潮开始，因为要建设国家，所以要培养人才，因此就有了全国统一高考和院系调整。1952 年这一届的学生，就是从全国各地考上来的，当时我们的录取名单是要在《解放日报》等各大区的报纸上发表。比如说我是属于华东区的，就要查《解放日报》。

我们有一个特点，我们 52 级的同学是属于全国统一高考，从四面八方考上来的，当时学生的成分绝不是统一的高中毕业生，我是高中毕业，叶小燕也是高中毕业，好像黄景略也是，但也有很大一部分同学是因为当时建设需要人才，但考生不够，因此就要招收很多当时在职的、岁数在 30 岁以下的人，参加考试就可以了。

采访者：当时的高考要考哪些科目？

耿引曾：考了大概三天，也是有各种科目的，这个都能查得到的。作文题目是《旧社会把人变成鬼，新社会把鬼变成人》。我就写了解放前的扬州鸦片吸毒情况，因为当时满街都是堕落的大烟鬼，那是日本人在那儿搞的。胜利以后，国民党也解决不了这个问题。扬州解放以后，就建了"烟民感化所"，把这些吸大烟的人组织起来，天天让他们去挑粪、种地。其中有一个我家了解的人，他本来是上海银行的行长之类的，是个大少爷，后来就吸鸦片、吸白面，弄得家破人亡、一塌糊涂，这样的情况在扬州很多。抽鸦片、抽白面没有钱了，最后就死在扬州的任何一个街上、巷子里，就叫"路倒"，我小时候都见过。后来共产党把这些人都改造好了，有一个人还当了扬州粉丝厂的会计。这个还是应该看到的，当时共产党还真是很好的，叫"烟民感化所"。

大概是三天考了六门课，有英文，我记得当时有一个英文词，就现在我们中医药大学的教授，是唯一一个答出来的人，我们都没学过，是"长征"，The Long March，这个我还记得，我还说没学过这个词。后来才知道，他父亲就是中学的英文教师。我们的考试是这样的，考了三天，考六门，语文（含作文）、英文、政治（含历史与地理）、数、理、化学（含生物）。

采访者：那个时候分文理吗？

耿引曾：不分文理，全国都是一样的，没有像现在这样。"文革"前高考也不分文理的。

当时三年国民经济恢复期也过了，国家考虑到，迎接建设高潮人才不够，就要培养大批的大学生，中央就决定，鼓励社会青年参加考试，基本只要你有高中生水平都能考上。第二种情况，比如说你在机关单位，知道你上过高中，你的表现也不错，把你调出来，在一个地方培训三个月，让你参加高考，考取了让你上大学，国家给你发生活津贴。这种学生称为调干生。所以说，考生是有不同情况的，只要考上都能上大学。那么进了学校以后，我们八个学期，七个学期连饭费都是国家给的，每人每月15.5元。因此，我们进学校的时候，确实能证明新中国刚刚欣欣向荣，老百姓非常热爱、拥护党。我们上大学也不要学费，那当然都是很高兴的，那个心情跟你们就不太一样，跟现在上大学找不到工作不一样了。

采访者：每人都是这样？

耿引曾：都一样，没区别的。从第八个学期开始收饭费，还要调查每家的经济状况，当时交多少钱也是根据具体的家庭收入来定。那个时候能上大学都是欢欣鼓舞，高兴得不得了。

那个时候北大已经在燕园，不是在沙滩了，因为经院系调整，北大、清华、燕京已经合并。可以看得出来，三个学校的女学生营垒分明，燕京的学生一看就看得出来，都是小姐着装。清华的女学生，都很活泼、朝气的。北大的女生都是老成执著，就以郑振香为代表，不仅她一个是这样，这是有时代历史原因的。

当时是1952年，已经建国三年了。按照教育分配机制，北京大学代培少数民族的学生，清华大学是代培外国留学生。中华人民共和国建立之后，最初来的留学生，都是社会主义阵营的，以东欧的留学生最多，东欧留学生都集中在清华，华侨则大多是在燕京读书。这个分配是对的，因为清华、燕京原本就有西方教育的因素在里头。所以新中国成立以后，归国华侨要来念大学的，都集中在燕京，外国留学生集中在清华，少数民族的学生都在北大。我们来的时候，学校已是院系调整后的情况。我们班上只有一个党员，就是徐锡台，而且他还是在他苏北的家乡入的。这个时候青年团是团结全班同学的主体。

采访者：当时您第一志愿报的就是历史系？

耿引曾：对。

采访者：在进入考古专业之前，您对考古要做些什么有明确的认识吗？

耿引曾：不太明确。

采访者：您还记得报到当天的事儿吗？是您自己一个人来京的吗？

耿引曾：不，跟我一起来的也有几个人，是在车上遇到的。因为扬州没有火车站，必须要到镇江，在镇江的时候就碰到几个人。有一个叫陈秋士的，后来是傅作义的女婿，他原来就住中关园48楼，我们一起过来的。到了北京，北大就有人接，因为我是历史系考古的，所以赵芝荃就在学校门口等我，接待工作组织得都挺好。

我到北大来报到，但是我的行李还没有来，这个行李不是马上来的，你把行李的单子交了，学校在火车站那儿接。当时我第一夜住在哪儿呢？就住在镜春园78号，这里有一个很有名的搞古典文学的叫余冠英，他是扬州人，他的儿子叫余绳武，在改革开放以后他还是近代史研究所的所长。我家里跟余先生是世交，所以到北大的第一夜，我就睡在未来的近代史研究所所长余绳武的新婚床上。过两天，行李来了以后，我就和其他同学一样睡在文史楼的大长板桌上，大概睡了一个星期，16楼才盖好，就搬到了16楼住，106号，我住在那儿。

采访者：当时开学是11月25号？

耿引曾：我们这届的入学报到截止日期是11月25号，为什么这么迟呢？虽然我们被录取了，但是这一年因为学校在调整、建设，原来北大在城里的沙滩，现在要搬到燕园来，房子没盖好，房舍就不够了。那些房子都是梁思成设计的，就是16、17、18斋，所以我们的入学报到就推迟到11月25号，第一个学期，就上了两个月的课程，急急忙忙的。

现在的一、二、三、四院，就是现在的历史系、中文系，原来就是四个院，是燕京的女同学住的宿舍。五院、六院是后来盖的。而"德"、"才"、"均"、"备"四斋，就是现在的研究生院这些房子，是燕京男同学的宿舍。当年燕京的男同学要去见燕京的女同学，都不能直接进去的，门口有一个很大的会客室，即历史系108的教室，就是女生会客的，那都是很规矩的，不能随便跑的。北大进来以后，就把一、二、三、四院改成留学生的宿舍，"德"、"才"、"均"、"备"就成了行政楼，还有"肺健会"。建国初，得肺病的同学相当多，王世民就是"肺健会"的，因为得了肺结核要隔离开来。

采访者：那时候都冬天了，北京的冬天跟扬州的差别大么？

耿引曾：那当然有差别了，但是大家都很愿意，南方人愿意在北京过冬的。北京冬天都有暖气，很暖和的，有的时候还挺好玩的，我们会把馒头弄成片，放在暖气上，第二天还挺好吃的。还有，那个时候把橘皮放在暖气上，屋子里有橘皮的芳香。我们16、17、18、19、20、21、22楼都是新建的。我不知道16楼现在拆没拆。

采访者：16号楼拆了。

耿引曾：一年级的时候我是住16楼，二年级的时候我是住17楼。二年级的时候，住在我隔壁的邻居是谁呢？就是徐悲鸿的夫人廖静文，她当时是中文系的学生。后来我经常在印度使馆碰见她。那个时候徐悲鸿刚死，廖静文原来是金陵大学排球队的队员，她打排球可漂亮了。我们那时候在现在的第二教室楼一带地方锻炼，每天下课后五点到六点，是课外活动时间。不管是哪一系的同学，大家都可以围在一起打排球或者是做体操，徐悲鸿的夫人每次都是穿一件黑旗袍，烫着头发，用一朵白的花戴在耳边，表示是未亡人。大家都知道，她是徐悲鸿的夫人，她打的排球可是真漂亮。她比我低一班，住在17楼边上的那间宿舍。

采访者：您刚从扬州到北京的时候，是您第一次到北方，北方的饮食、气候您习惯吗？

耿引曾：最初不习惯，特别是饮食，因为吃的是馒头。最初我们来的时候食堂在哪儿呢？就是现在的研究生院，"德"、"才"、"均"、"备"的"德"斋。当时很多同学得了肺病，所以成立了一个"肺健会"，肺健会就在"才"斋。王世民当时就住在"肺健会"。刚来的时候，吃的是不太习惯，有的时候

1953年52级同学在校内华表前。前排左四叶小燕，左六耿引曾。

就吃冷馒头。毕竟年轻，过两天也就习惯了，冬天就是白菜没别的。

采访者：只有大白菜？

耿引曾：只有大白菜，这个情况一直维持到我的儿子出生，等到1977年、1978年、1979年还是这样的。1978年你要想吃米也没有，三十斤定量才五斤米。在1994年才开始取消粮票，米才有的。那个时候是这样的，我跟你说，你可能不理解，大家都想，我们到了祖国的心脏，到了北京，那简直就是这种激动的情绪、气氛，能够把你生活上存在的一些小困难，或者是不习惯都给取消了。因为大家想，新中国通过高考第一代的大学生，而且又是到了北京大学，在天子脚下。大家都是这样，叶小燕也是这样的，她是浙江人，吃稻米的。但是当时大家都很愉快，更何况吃饭又不要你的钱，吃饭是国家白给你的，你还要吃什么？在这样的情况下，小的生活上的困难，我们从来没有给学校里提过。

早上起来夹着两个搪瓷碗，碗底上有"Czechoslovakia"字样，现在都没有了，就向大饭厅跑。我们的大饭厅里有一个师傅，还是给毛泽东做过饭的，有一天他突然在广播里说，"同学们，今天是26号，是毛主席生日"，大家就都知道了。早晨一桶豆浆或者稀饭，大家就围着吃饭。吃完以后，大家忽地就散掉，赶快去抢地方。去干吗呢？因为宿舍是11米的房子，我不知道你们现在住的是多少，11米的房子两个上下床，住四个人，只有两个人能在房间自习，剩下的那两个人必须到文史楼、图书馆去，要占位子。晚饭后更是如此，抢图书馆、自习室位置。

采访者：当时有人在文史楼自习？

耿引曾：对，文史楼是你们考古专业的，当时文史楼三层是阅览室，二层也是阅览室，一层就是教室。

采访者：您还记得都有谁跟您住一个宿舍吗？

耿引曾：我的宿舍我们就是叶小燕、唐荣芳、我，但是彭淑君住了不到两个月，就不到两个月就让她退学了，说她是伪造的中学文凭。

采访者：当时必须要有中学文凭才能上大学？

耿引曾：不需要这个的，同等学历来上就行，但是你别伪造一个，她造假了。她很小，那个时候也不管你的岁数，比如夏振英、高明就比我大八九岁，来考就行了。她不，她造了一个假文凭，查出来就不能要她了。按当时报纸的发榜，她是华北区最后一个。

在我们班上的学生，包括历史专业，纯粹的高中毕业生也就是五分之二，五分之三绝大部分是自愿报考生、调干生。那个时候国家是允许的，因为没有人才，没有大学生，而新中国建设需要人才，所以就来了。来了以后，我们没有学费，也没有住宿费，而且国家提供我们吃饭，提供我们医疗费，因此，很多人能念上大学，这样也能勤奋。但是你要知道，作为像我这样的，正统的从小学、中学到大学的也是很少的。为什么呢？解放前，那个时候中国是极端的贫穷落后，只有中产以上人家的孩子才能念到高中。我出生于扬州一个地方名医的家庭，所以情况也有所不一样。班上的学生，成分不一样，岁数年龄差别也很大。这是我们班的情况。

来了以后，由系秘书跟我们谈，通过一次测试，然后确定专业。我记得班上有一个历史专业的人，他是因为色盲，当时系秘书说，"你要看彩陶，色盲不行的，你不能学考古"，所以他就没有能到考古专业。我们班统一考进来到历史系，一共录取了61个，分专业后20人进入考古专业。

采访者：您那个宿舍住四个人还是几个人？刚才您说舍友有唐荣芳、叶小燕、彭淑君，是四个人一个宿舍么？

耿引曾：对，这是一年级的事儿。二年级我们也是四个人，彭淑君走了，下来一个人，这个人你们也应该知道，叫孙国璋，她是上一班的，由于身体不好，休学后就到我们班来了，她到我们班不久又病了，又没上。所以她比我们低一班毕业，她实际上比我高一班。大部分时间，我们的宿舍是三个人。三个人更好了，还可以把箱子摆上铺，四个人就都住满了。后来孙国璋走了，郑笑梅来了。

采访者：郑笑梅先生她原先比您高一级是吧？

耿引曾：高一级。就是赵芝荃他们班的。在我们入校不久，一次，从布告牌上看到：逮捕了七个托洛茨基分子，其中有郑笑梅的名字。郑笑梅后来关到哪儿了，我不清楚，到现在也不清楚，但是到现在这个事情咱们就不好说了，究竟托洛茨基是不是反革命，现在也闹不清楚，最后也没有定性。你这个就知道了。郑笑梅关了一年以后回学校，就到我们班上了。

采访者：当时班上的同学都是第一志愿报历史系吗？还是有调的？

耿引曾：我们北大历史系，只要你报北大历史系，只要你的分数够了，一般都录取。我们基本上都是第一志愿，都是报了历史系的。

在我们这个班上无论是历史专业，还是考古专业，有两个同学非常厚道，人缘很好，一个叫吕一燃，中国社科院有一个边疆史地研究中心，他就是负责人，是福建人。还有一个福建人就是黄景略，他当过国家文物局的副局长。

采访者：当时老师上课的风格是怎样的？比如张政烺先生。

耿引曾：上课的风格，我觉得林耀华、夏鼐毕竟是喝过洋墨水的。因为我的初中和小学都在美国人的学校，我觉得他们还是像西方的那种讲法。但是你要看到张政烺、余逊，就是老夫子的讲法。我觉得像张政烺就是满肚子的文章，讲课也有人适合和不适合，有人不太适合讲课的，有人适合做研究但不善于表达。你比如说像胡钟达先生表达能力很好的，大家一看他就知道，那个时候你想让他讲世界古代史，什么资料、材料也没有，但是他的表达能力还是很好的。

宿白先生讲课有他的特点。我们的古代建筑就是他教的，首先教给学生的就是，思维逻辑很清楚。但是苏秉琦先生，拿陶罐子做比较什么的，这个效果我觉得并不是太好。

采访者：咱们的专业课石器时代考古，刚开始是裴文中先生讲概论，之后贾兰坡先生讲旧石器，他们讲课是什么样子的？

耿引曾：裴文中、贾兰坡都讲得很好，他们讲的都是有理有据的。裴文中、贾兰坡，比如说讲山顶洞人，讲尼安德特人，他们的逻辑很条理分明的。我觉得我们这一班，得益于两件事，第一，读书期间没有搞过太多的政治运动，搞政治运动只有1955年夏天，批胡风后的一个肃反运动，这是一个。第二个，就是我们的老师都是第一流的，今天看起来就是你们的爷爷辈的，但是这些老师现在哪里有人比得过？你想想，考古学通论或者人类学，你还能比得过裴文中、夏鼐这样一些人么？我们的考古学通论就是夏鼐讲的，夏鼐是英国留学生，懂八国文字，他能看八个国家的《考古学报》。所以夏鼐先生还是很能的，碳14还是在他手上搞出来的。总的来说，我们这四年里面，就是一次政治运动——肃反运动。这个运动波及不大。其他的倒没有什么，我们都在学习。

采访者：当时讲旧石器考古，要不要讲一些人骨、动物之类的内容？

耿引曾：讲，当时也有一点困难，除了有一些图片之外，标本还比较少。

采访者：旧石器课老师有没有带大家出去参观？

耿引曾：在《北京大学历史系1952级毕业50周年纪念册》上面还有我们的一张照片，就是到周口店的。

当时不是全国基建开始了吗？文物局就举办了一个考古培训班，我不知道你认不认识现在一个叫胡继高的，他是第一期考古训练班的人，而且后来把他送到波兰去留学。我们在学考古的时候，就碰到全国基建出土文物展览，是1954年的时候。展览地点就在天安门后头的午门城楼上，我们都去参观了。在这个里面我最感兴趣的一件事情，是我碰见了比我矮半头的沈钧儒,沈钧儒是中国最后一代举人。

采访者:当时是1954年的几月份您还记得吗?

耿引曾:我们参观是在春天,这个展览办的时间挺长的,这个在《文物参考资料》上一查就查到了。

采访者:新石器课,安志敏先生他讲课是什么样子?

耿引曾:安志敏先生讲课不像裴先生,老低着头。

采访者:新石器课安先生带大家出去参观了吗?

耿引曾:有一点实物。新石器就没有出去参观了。

采访者:中国考古学史这门课是由四位先生来讲的,包括张政烺先生、向达先生、苏秉琦先生、宿白先生,四位先生有分工么?

耿引曾:一个人讲一段,现在考古学史课的笔记我有的。

采访者:后来第五、六学期开始上历史考古学,郭宝钧先生讲商周,他是一个什么样的人?

耿引曾:他不像夏鼐、林耀华,他是一个学究型的。但是因为他参加过殷墟发掘,他讲实际多于理论,最多的就讲殷墟发掘的东西。

采访者:他上课会带着大家认铜器吗?

耿引曾:那个时候没有铜器,没有。后来是到博物馆参观。这个时候历史博物馆是在天安门后面的两廊朝房里。

采访者:秦汉段的课是苏秉琦先生讲的,他讲课是什么样的风格?

耿引曾:他讲了很多陶片。要知道讲课,给学生一个提纲,给一个明确的概念,在这儿说明问题,你总得有一个主题,总不能堆一堆的材料吧?但是,当时苏先生讲的课,就讲了很多的陶片,拿陶片做比较,好像是这么一个印象。没有太多有系统的东西。

采访者:他教大家摸陶片么?

耿引曾:对,就是这个。郭宝钧更实际了,就讲安阳殷墟考古发掘。但是不管怎么说,这一代人,我们遇到的老师都是有学问的,都是很不错很不错的。

采访者:宿白先生呢?他是讲魏晋一直到元明,他用什么方式上课?

耿引曾:就是一般地讲课,他也写讲稿,有讲义,我至今还保存着。但即使有讲义,同学也要做笔记。所以你看我们的椅子旁边有一个板吗?就是坐这样的椅子。那时候没有桌子,这个板就是做笔记用的。

采访者:古文字学,唐兰先生是怎么讲的?

耿引曾:那就是实打实的,一个一个敲打出来的。

采访者:一个一个认字?

耿引曾:对,就是这样的,把它总结一个规律跟你说。

采访者:那阎文儒先生呢?他讲雕塑?

耿引曾:阎文儒是讲石窟寺。

采访者：我们现在没有绘画类的课了，当时徐邦达先生都讲些什么呢？

耿引曾：讲绘画史，绘画史的助教就是吴荣曾。

采访者：吴荣曾先生当过助教？

耿引曾：他当时是助教。他是1954年毕业留下来，留下来以后到1958年，就把他派去支援内蒙古大学去了，他是这样走的。等到"文革"末期，要恢复《历史研究》了，周一良先生又把他调回北京了，先在历史研究所，后来田余庆先生当系主任，就把他从历史研究所调回北大历史系。现在不讲绘画史了？

采访者：现在系里面没有人讲了。

耿引曾：这个应该讲。

采访者：陶瓷课是陈万里先生讲？

耿引曾：对！陈先生讲！那个时候也很少拿陶瓷实物出来，没有陶瓷，就是在书上说或者是到故宫陶瓷馆去参观一下。对了，杨伯达也给我们教过陶瓷课，他们两个人讲，我讲两讲，你讲一讲，是这样的。因为那个时候还没有系统的像现在考古的课程。

采访者：那这些课程里，哪些是有讲义的？

耿引曾：主课可能都有讲义，其他这些恐怕就不行了。因为你请人家来讲，人家也就给你讲一个课，你记下来就可以了。

采访者：有助教的课多吗？

耿引曾：每一个课都有助教，助教不一定是专职的，特别是请博物馆的先生来，一定得有一个人帮助他，这个人我印象里好像是李仰松。某个课请一个老师来讲，要配一个年轻的助手，这个课程的年轻助手可能是李仰松，我记不太清楚了。因为这些先生讲课不是一个学期，他就讲一段时间，讲完了就带你参观博物馆，你回来写一个报告就行了。

采访者：石器时代考古课有助教吗？

耿引曾：有，吕遵谔、李仰松。李仰松搞石器，他也搞民族。

采访者：苏秉琦先生的秦汉课助教是谁？

耿引曾：助教好像是吴荣曾，吴荣曾是1954年才毕业的。

采访者：郭宝钧先生的商周考古助教是谁呀？

耿引曾：不是吕遵谔，吕遵谔是旧石器的助教，商周是谁呀？商周也有一个人的，想不起来了。

采访者：宿先生有助教吗？

耿引曾：宿白先生那个时候好像还是一个讲师吧？1955年考古专业52级全体本科生利用春假期间参观实习，这个是宿白老师带队，跟我们一起去的，还有历史系的外国留学生。我们参观了大同的上下华严寺。这是在我们三年级春假的时候，我有照片，就是我们到云冈石窟去，我们亲自到了大同的上下华严寺，宿白先生就给我们讲，什么叫斗拱、跳口斗。他讲讲讲，讲完之后说，"你们记住了吗？记住了？张忠培，你给我说说，这个叫什么呢？"张忠培说叫"斗口跳"，真好笑，那时候大家也还就是20岁上下。宿先生亲自带我们去上下华严寺，亲自讲什么叫斗拱，梁柱是什么样子，所以我就说考古还是要实践。

参观大同的时候，我跟你们讲一个事情，你们看过《雁北考古调查报告》吗？

采访者：看过。

耿引曾：那个报告讲，在哪一个洞窟里，有一个被日本人枪杀的道士，知道这个事吗？

采访者：还真没注意过。

耿引曾：在考古调查报告的最后，写着某某洞窟里有一个僵尸。这个事情我们还捅篓子了。因为这次参观，不仅有历史系的留学生去，还有同班历史专业的朱大昀和顾文璧去了。有一天顾文璧一个人沿着洞窟自己看，他是感冒了还是怎么的，就没有跟我们参观实习。走着走着，前边就有几个木匠提醒他说，当心，前面那个洞窟有一个僵尸。他中午回来就告诉我们，我们下午也去了。僵尸摆在洞窟里起码把他抬起来，把他摆在门口，让人家一看这儿有个死人。

僵尸我看得很清楚的，到现在我记得，那个道士被反绑着手，穿着道士的衣服，他在洞窟里面已经成了木乃伊了，都僵化了。一个枪子是从这儿打出去的（按：指后颈到右前额），打在这个地方，血迹仍见，皮肤已经风化，死白色，穿着一双布袜子，一双道士的布鞋，跪着的形状。大概最后枪杀时是让他跪在那儿的。

后来大同派出所就来问，宿先生把我叫去了，他说"听说你参加了"，我说我没动那个道士，我根本就没下去，我不敢，我害怕，我说是顾文璧他们几个人动的。这就是在大同参观的时候的一段小插曲。但是我觉得当时应该给处理的呀，不能老让僵尸在洞里跪着啊。后来我跟宿先生说，我说雁北考察团在1951、1952年都调查出来了，怎么不给解决呀？

说这个事，我想起祝广祺来了。我们班上对金石陶瓷、旧学有基础的，是祝广祺。他应该接孙贯文的班，但那个时候全是党支部说了算的，宿先生他们不能说什么的，很遗憾的，在1960年，系里就把他调到历史博物馆去了。他非常不适合的。他基础非常好，比我们的基础都好，我们都是中学生娃娃，他是上海纺织工人。博物馆的工作要的是组织能力，比如说组织一个展览，你要跟库房打交道，你要把文物拿过来；你得跟木工打交道，你要给我做柜子，做一个什么特殊的架子；你跟美工打交道，还要美术设计；你还要跟裱画的裱工打交道。这样的一些特点，不是祝广祺具备的，他去博物馆也很尴尬，最后他老婆要跟他离婚。当时我是在魏晋南北朝段，他是在秦汉段，我们是在一个办公室。他中午睡午觉弄一双布袜子穿上，我说"别穿这个，哪来的布袜子，你穿上我就想起来在云冈的那个僵尸"。

采访者：那个尸体应该是日本人枪毙的吧？

耿引曾：对。我想恐怕还是在1945年以前。

采访者：当时是怎么动尸体的？

耿引曾：顾文璧他们几个一起拿一个棍子，就干脆把尸体竖起来，摆在门口，因为他原来躺在那儿的。去大同还是挺好的，我们住在大同宾馆，你猜我们碰到谁？张森水最喜欢学俄文，还喜欢说。我们在大同吃饭，那边两桌是谁呢？苏联的高级军官，一个女的当翻译，漂亮极了。

采访者：翻译是中国人？

耿引曾：是个穿人民解放军服装的中国女翻译，张森水就学人家翻译，大家在一起向他开玩笑。那是1955年的春假，以前每年的4月13号、14号、15号都是春假。

采访者：在大同参观，宿先生有没有给讲些什么？大家要做记录吗？

耿引曾：讲了，他就对着华严寺的斗拱什么的现场讲，记录都是自己做的。

采访者：他会不会把记录收上去检查？

耿引曾：不会，不用交的。那个时候他才三十几岁，一个罗马尼亚的留学生就问我宿先生多大，我那个时候傻乎乎的，我说就二十几岁吧。后来我问宿先生，他们留学生问你几岁，宿先生说三十二岁还是三十几。那个时候直面老师去问年岁，是很不礼貌的。

其实，在《北京大学历史系1952级毕业50周年纪念册》中，有些不确切之处。比如，课程表里面讲到1954到1955学年考古专业的课程有世界近代史和世界现代史，这个地方一定要讲清楚，我们不是跟历史专业的同学一起上的，因为我们二年级时没有学世界中古史，我们没有上过齐思和的课。我们学世界现代史和世界近代史，是到了三年级的时候，因为世界近现代史也是很重要的，所以就把我们考古专业的同学纳入到外系的世界近现代史课上，老师还是杨人楩他们。就是说我们上的不是历史系本科生的世界近现代史，而是外系的。我觉得这是对的，因为考古的同学有那么多课程。

我入学以后，最喜欢的两门课，其中一门课就是林耀华先生讲的原始社会与人类学。林耀华先生去世，遗体告别我还去了，因为我听过他的课。另一门喜欢的课是博物馆参观，听了韩寿萱的博物馆课，就让我们去参观博物馆，之后让我们把对博物馆的一些看法和想法写下来。到了1956年北京大学搞科学展览的时候，我写的那个博物馆的作业，不算小论文，就是一个心得吧，还展出来了。当时我最喜欢这两门课，其他的课都是有点老夫子性的。但是讲课不能说人家讲得不好或者是什么，比如张政烺先生是满腹经纶的，他讲课用了很多很多的材料。

采访者：您能讲讲刘慧达老师的事儿么？

耿引曾：我们考古技术课的总负责人是刘慧达，她是具体搞考古绘图的。就整个专业讲，这个里面应提到苏秉琦，苏秉琦是翦伯赞把他弄来负责考古专业的。但是我觉得，要说到考古学院的历史，还有几个人，一定要提的，第一个就是刘慧达。我觉得，她做了很多工作，不吭气的工作，提到考古专业，她还是不应该不提。她、赵思训都做了很多不吭气的工作。

采访者：她是一个什么样性格的人？

耿引曾：不是很开阔的，她是一个老小姐，就是老小姐的这么一个性格。这里就有些往事了，说起刘慧达也还挺有意思的。刘慧达一直没结婚，1969年我们就下放到鲤鱼洲去了。我家本来是住在四、五、六、七公寓区的六公寓，后来"文革"，本来教授都是单独的一套房子，后头就不行了。按当时革委会安排，我家从六公寓搬到商鸿逵家去了，跟商先生住在一起了。不久又赶走了商先生，与周承恩住一起了。刘慧达当时结婚就没房子，没房子怎么办，也不跟我们家打招呼，就把我们家的房子给刘慧达结婚了。你们今天听着都不能理解。没有多久，我们就要从鲤鱼洲回来，把刘慧达急得不得了。因为我们是两家住一个单元，回来以后周承恩他们家的保姆告诉我们，可把刘慧达他们俩急坏了，后来总算找到一个落脚之地。我觉得在讲考古专业的时候，不要忘记考古专业创始的时候有刘慧达，她是老北大文科研究所留下来的。1977年的春天，她脑癌去世了，我去与她的遗体告别。前几年我问李玉，他也是历史系毕业的。我说刘慧达的爱人是干嘛的？他说他可倒霉了，刘慧达死了不久，他也遇到车祸，给撞死了。

第二个不能忘记的人，是赵思训，这也是一个怪人，这怎么是一个怪人呢？没结婚。大概是2005年对他有一个追思会，他很可怜，不知道怎么回事就死在家里，都没人知道。他死之前，自己还把煤气关了，不连累别人。追思会我参加了，在追思会上我就听到赵思训的胞姊说，赵思训是老北大的，他跟外语系的一个女同学一直很好，在1947年她到美国去了，赵思训说等1948年他毕业以后再去更好。可是谁知道，1948年解放战争就来了，他就去不了了。因为他没有能够去美国，跟那个女孩在一起，所以他就不结婚了。老一代不一样，不像现在的年青人，把结婚就当和握一次手一样，一会儿结一会儿离的。所以我觉得不要忘记赵思训的人品也很好，在我们考古专业创建的过程中，他的作用很重要。

第三就是孙贯文，他把碑拓什么的做了整理，做了很细致的工作的。我记得我在博物馆有个什么碑帖的事情，到了他们家去，他们家是老北京，是在南城还是在很远的地方，当时他已退休。那个时候孙贯文已不行了，不能说话，但博物馆碑帖业务问题还是解决了。

第四还有一个人，就是徐立信，是个老工人。他的遗体告别会我参加了。他就是一个工人，是干什么呢？比如说我们学陶器修复的时候，他就要给我们备陶土。我们考古技术里就有测量、绘画这样的一些课，比如说考古测量的器具，这样的一些东西你总得有一个人来管啊，他虽然不上台教，但他要来管这些东西，他为考古专业做了许多扎扎实实的事。

这四个人在我们考古专业刚刚成立起来的时候，做了很多奠基工作，应该把他们这四个人提一下，不要忘记这些小人物，因为他们确实对起步的考古专业作了贡献的。

另外，我的大学毕业文凭，上面写的还是考古专业，后面才是专门化。专门化是1958年以后，你们调查提纲上写1954年9月考古专业改为历史专业考古专门化，这个我觉得不对，学制由四年改为五年是53级开始的。我们的毕业文凭，上面还写的是考古专业。

采访者：考古专门化是1958年之后？

耿引曾：对，应该是1958年以后了，我们毕业的时候还不是，你看我们毕业证书上还是写的考古专业。

采访者：考古技术课是徐智铭老师教测量？

耿引曾： 测量可能他具体的讲一下测量，讲一讲课，实习还是刘慧达带的，我好像觉得是这样的。

采访者： 徐智铭这位老师他是哪儿的？

耿引曾： 我觉得我对这个人就没什么印象。

采访者： 钟少林老师来教修复？

耿引曾： 对，那真是要教的。比如说这个陶器摔了，他是现场给你做的，他是考古所的。徐智铭也是考古所的，那个时候没有别的地方的人。

采访者： 郭义孚老师怎样教绘图？

耿引曾： 我觉得这个考古绘图最多也就讲了一两次课，不是给你讲一学期。

采访者： 测量、修复、绘图是整个弄到一起算是一门课？

耿引曾： 对。

采访者： 照相课呢？

耿引曾： 也是算在这里面的。

采访者： 照相课是赵铨老师给讲的？

耿引曾： 对，赵思训那时候还不吭气，还没有到他该讲的时候。赵思训他是1948年大学毕业。

采访者： 孙贯文先生呢？

耿引曾： 他不跟同学接触的，整天在故纸堆里面，埋头在资料室，也是做了不少工作。

采访者： 您提到祝广祺先生金石陶瓷、旧学底子比较好，他去跟孙贯文先生请教过问题么？

耿引曾： 最开始的时候安排祝广祺讲课，但是他嘴巴不会讲，他讲得不行，所以也有这个因素，就不让他在学校里当教师了。可是不让他做教师，孙贯文那儿又没有人，为什么不安排祝广祺到那儿去？这就是当时体制的问题，其实是很浪费人才的。

采访者： 当时是不是还没有成本的教材？

耿引曾： 没有。后来等到上世纪60年代以后，才有教材。为什么？是周扬当了中宣部长以后抓了教育，不仅是考古，还有历史，所有的教材都编了。所以才有吴于廑他们写的《世界通史》，也是那个时候才开始弄的。我们那个时候还没有教材，就是自食其力，自己管自己。

采访者： 您班测绘课的实习地点是圆明园？

耿引曾： 对，就是在圆明园，没有别的地方，因为圆明园有一些土堆，他要教你这个土层的分层，只有在那儿。

采访者： 测绘课在圆明园是怎么上的，给大家分小组了吗？

耿引曾： 老师先给说说，后来分几个小组拿着一个架子水平仪、皮尺等工具在一个指定的区域内测绘一下，很短的时间，也就一两次。因为更多的是要让你到考古发掘现场去干。

采访者：当时学校里有没有请外面的学者过来做讲座？

耿引曾：有啊，讲座很多。到现在印象最深的比如说丁玲，参加过苏联的文代会，回来就做了一个报告，很多人都去听了，我也去听了。比如中央总政歌舞团到东欧去访问回来以后，到北京大学来做汇报演出，那也是在全国得天独厚的。

采访者：这些报告和演出的举办地点都是在大饭堂？

耿引曾：对，就是现在的大讲堂，那叫远东第一大饭厅。因为当时这是马寅初校长说的，那么多的学生都在那儿用餐，那时候也就13个系，文科7个系，理科6个系，数得出来的。

采访者：平时除了课堂上去历史博物馆、故宫参观学习之外，您有没有自己去参观其他的博物馆或者展览？

耿引曾：就是那个基建出土文物展。

采访者：还有没有其他的？

耿引曾：北京历史博物馆是常常去的，因为你都要实习。比如说你要做保管，讲博物馆课就讲保管，到那儿去他们告诉你怎么填保管的单子，保管的条件什么的。北京历史博物馆是常去，因为近。还有周口店那个也去过。

我们的课余生活还是很丰富的，当时校团委书记是胡启立，兼学生会主席。每到五一、十一去游行的时候胡启立就穿西装。女同学会把你的毛衣，我的裙子，借来配衣服，不管哪一系的，看哪一个配的好看就借来配。大家很热闹的，那时那种情绪，不像现在。

采访者：大家都参加游行？

耿引曾：都去，每个人都去，五一、十一都要去。

采访者：当时去游行要打什么条幅吗？

耿引曾：游行不要打条幅，有个北京大学的横幅。游行就是排好的方队，我们从清华园火车站上火车，到城里再下火车，走到北大沙滩的操场上，我们的方队就在那儿，等到什么时候该我们出发了，我们就穿过南池子通过天安门给毛主席检阅。

采访者：1955年9月的实习是在半坡，这是大家的第一次实习。

耿引曾：对，第一次。在我们那个时代学考古的时候，还没有碳14。在当时，还没有见过有探方，什么叫探方我们也不知道。后来在半坡，我们学习苏联，在我们的考古中开始大规模地开探方发掘。就是在我们学习以前，还是那样的一种旧的考古，还是带有很重金石学烙印的。我们国家的考古学，是在金石学里脱胎出来的。真正受过考古学教育，有系统的考古培训，那还是从北京大学有了考古专业以后。

采访者：第一次实习，大家有没有遇到很迷茫、很困惑的情况？挖东西挖不清楚怎么办？指导老师有谁？

耿引曾：当然有。当时，考古所的刘观民、金学山、杨建芳，还有一个胡谦盈是我们的辅导员。他们也在工地上，随时给我们作指导。

采访者：实习的过程中有没有老师或者同学的一些事儿让您难忘？

耿引曾：我们那个时候发掘，不断地有中央首长到工地现场或发掘品收集室参观，有胡耀邦、贺龙、陈毅。

采访者：他们来参观的时候，学生们都在做什么？

耿引曾：贺龙参观那天是星期天，我们都不在工地，就是石兴邦老师接待的。贺龙还说，你们这儿还有帐篷，我们长征的时候想要这么一顶帐篷都没有。比如说还有张经武，是驻西藏的，就是我接待，为他现场讲解。所有的大人物经过西安的时候，都要来参观，这也是好奇，毕竟是五千年前的一个遗址，都要来参观。胡耀邦也来了，是1956年的5月份还是6月份。那时候祝广祺不刮胡子，他天天淘书去，胡耀邦一看祝广祺，说你这个青年人怎么不修边幅。

我们到半坡发掘的时候，有一个新的方法，叫大面积地揭露探方，这个就是学苏联的。像殷墟的时候开探沟，没有大面积地揭露。到了半坡的时候我是跟魏效祖一组，当时实习都是两个人一组，知道了这下面可能是一个遗址，就把它划成正方形的方格，我负责这一边，他负责那一边，当我们挖到什么东西就取出来，贴上标签，标签上登录出土物的坐标等。用探方法大面积揭露，还可以判断土质的变化。半坡采用探方法发掘，在当时是新的方法。我们四年级的实习，应该说对考古的一些基本功还是能够掌握的。

采访者：当时的探方是几米乘几米的？

耿引曾：这个我记不得了，探方很大的，我挖的是半坡遗址的一个灰沟。那个探方是很大很大的，恐怕是100平方米。这个好像在出土文物的标签上都有的，应该查得到。可是挺奇怪的，我挖的张家坡遗址的上层，在墓葬的上层，发现了一个大野猪骨。为了这件事情，杨钟健还专门到坑里来看，因为它在上层，底下几层是西周的。

采访者：在半坡实习过程中下雨的日子，老师给大家上课吗？

耿引曾：没有。陕西那个地方也怪，雨也比较少，不是太多。不下工地，我们就在宿舍里自己弄自己的事情，反正住在老乡家里面。条件挺差的。我有一天吓坏了，突然有一只老鼠从我的床下爬出来了。

采访者：后来整理工作是从什么时候开始的？

耿引曾：1月、2月、3月。对，就是1956年1月、2月、3月，1955年10月6日我们去半坡工地，到12月底就不发掘了。我还记得我们过年是在大雁塔下的中国科学院西安考古研究所吃酒团拜的。

采访者：那年过年都没办法回家。

耿引曾：不回家，你要回家谁给你掏钱？我们去的时候是这样的，给我们贴补伙食费，考古所给贴补的。过年不回家，就是徐锡台回北京向党支部做过一次汇报，其他的人都不能回去。

采访者：读本科这四年您回过几次家？

耿引曾：自己掏钱，我回过两次，一年级、三年级各回去一次，因为以后我就再也不要回去了，父亲已由扬州调入中国中医研究院，我家都在北京了。

采访者：在半坡室内整理之后有没有写实习报告？

耿引曾：对，我们就是1、2、3月写的实习报告，祝广祺他就不写，他就逛旧书摊去！

采访者：实习报告是只写自己的探方吗？

耿引曾：对，比如说那个探方，我是探11我就写探11的情况，我是挖了一个大灰沟，那个灰沟里面有好几百件东西，有两个鱼钩，就是我那儿发现的。大概这个鱼钩后来在博物馆陈列了，就在灰沟里找到的。

采访者：1956年3月的时候是不是又进行了田野调查？

耿引曾：对，调查。很短的一个时间，就三五天，我记得好像是长安县还是什么地方？就告诉你一下该怎样调查，就是要告诉你怎么断定它是遗址还是墓葬，要让你学会这个。

采访者：1956年张家坡的这次实习是用什么样的方式发掘？

耿引曾：墓葬跟遗址有点不太一样。遗址的面积大，墓葬是一个一个的。墓葬就是看到它的生坑熟坑一个一个挖就行了，它揭开来就分开了。我们去的时候，已经是一个一个墓都弄出来了，就参与剔骨架，画图什么的。

采访者：这次实习有分组吗？

耿引曾：没有分组了，就是你在哪一个墓葬就在那一个墓葬工作了。

采访者：是一个人领一些墓葬来挖？

耿引曾：对，领墓葬，你挖几个墓，你画图，你写记录什么的。

采访者：在发掘过程中有没有什么讨论？

耿引曾：有一次我跟唐荣芳两个人就争哪一个是生土，哪一个是熟土，刘观民都急了，说"你们两个人争，究竟听不听我的"。

采访者：当时的指导老师都有谁？

耿引曾：我好像觉得是这样的，就是在挖遗址的时候，石兴邦是每天拿一个小铲子，手背在后面，他在我们的工地上走。到挖墓葬的时候，负责人是王伯洪，比如说有问题，还可问刘观民、金学山他们这几个。

我记得很清楚，我在沣西发掘的时候，觉得我们的发掘还是不错的，虽然到了四年级才去发掘。为什么呢？因为遗址我们做了半坡的遗址，比如瓮棺葬数量很多，几乎每个房子都有埋着小孩的瓮棺葬，那就说明这个时候生产力很低的。跟着就是在1956年的3月，在天气稍微暖和的时候，我们在西安做过田野调查。过了3月，到4月、5月、6月我们就到了沣西发掘成人墓葬了。我对王伯洪的印象，他还是很认真的，他对我说过一个笑话，他说"你这个骨架剔得真漂亮，我希望你写报告的时候你有像剔骨架的精神才行"。王伯洪很早就死了。

当时，我们在西安大雁塔中国科学院西安分院整理半坡发掘品。我记得那时国际上发生了一个很重大的事情。因为没有暖气，要生炉子，王世民就一边生炉子，一边在那儿扇扇子，一边拿一个报纸看，天天在那儿。我说你看什么呀，他就说苏联出了大问题了，我说怎么出了大问题了？其实就是赫鲁晓夫的《秘密报告》公布了，说赫鲁晓夫反斯大林，这是国际共产主义运动上一个很大的事情，所以我们就知道了。

采访者：当时在张家坡实习，王伯洪先生具体指导过吗？

耿引曾：指导，他就住在这儿，天天跟我们住一起。

采访者：您对他有什么印象？

耿引曾：我就觉得他是这样，他跟我说过，他说骨架剔得挺好，你把精力放在写报告的结论里。他就说这个，我只有这个印象。

采访者：张家坡的实习报告大家都要写么？

耿引曾：写了，都要写。

采访者：是不是只写自己分的那些墓葬？

耿引曾：对，对，我负责的是哪一个墓葬，我就写它。

采访者：王伯洪先生看您的那个结语了吗？

耿引曾：有的有的！在我的实习报告草稿上有他的批改字迹。

后来我们是7月10号就离开西安了，阎文儒先生带我们参观洛阳的龙门石窟，我们到洛阳，去郑州。我个人觉得学习的安排还是比较扎实的，第一我们经历的四年政治运动少，就是1955年的一个肃反。第二，我们上了这些老师的课，老师上课不管他讲的技巧怎么样，他们都是真正有水平、有学问的，就是这么一个情况。

这就是全部的实习工作。回北大后，系主任翦伯赞把我们参加考古发掘的人，邀请到他家去，请大家提有什么意见、什么反映、什么感觉。我当时提过一个建议，我说是这样的，刚一来的时候，念考古发掘报告不太懂，我觉得考古发掘不要集中在最后，而是应该穿插在中间，这个也有课程的问题。当我发掘以后，我就能看懂了什么是探铲等。你看那个时候的系主任还是狠抓教学科研的。也不是我一个人，好些人大家都在提建议。

采访者：您觉得第二次实习跟第一次实习的感觉上有什么不一样呢？

耿引曾：那当然不一样，一个是做墓葬，一个是做遗址。你作为一个考古学生来说，你必须要掌握这两个。现在可以看得出来，你要作为一个考古工作者，如果你不做田野工作是不行的，作为一个考古学生，本身你就必须要田野实习。

现在的半坡我不知道最近怎么样，我最近一次去是1980年秋。第二次实习我们就到了沣西的张家坡，就是挖西周的墓葬，到了丰镐以后还有一个事情，就是陕西省的地方工业部跟地方的文化部打架，为什么呢？地方文化部说丰镐这是古代的京城，是文物遗址，你不能动。地方工业部说我要在这儿盖砖瓦场，当时闹得很厉害。这个时候是陈毅副总理抓文教的，当时郑振铎是文化部长，所以当我们从半坡发掘回来，住在西安大雁塔，那时候刚刚盖起来西北科学院的房子，我们住在里边考古研究所里整理东西的时候，郑振铎有一天就带着陈毅来看我们的发掘成果。

陈毅为什么来呢？陈毅来是因为3月初他要到西藏自治区，经过西安，顺路要处理丰镐问题。刚好我们这个时候，还没有下到基地去张家坡发掘。所以我们就见到陈毅，陈毅还来看到我们，因为他也是过去北京的大学生。那时候大学生少，哪像现在的，一听说北大的在这里，就要看看我们。

这个时候我们不是在那儿整理发掘品、写实习报告嘛，我们班上的祝广祺来劲了，他不写报告，整天上街淘书去。这个时候西安有很多的旧书摊。他天天去淘，居然买了一个顾炎武的《日知录》，是原刻版的。这当然了不得了，这个事情就给石兴邦知道了，石兴邦把这个告诉了郑振铎。那个时候的部长就是和现在的太不一样。一天中午，大家还在睡觉的时候，郑振铎一马冲到高楼上，到了我们考古所就说让石兴邦带他去找祝广祺，要看这本书。他们男生的宿舍，脏得要死，刚好徐锡台他们几个住在一起，石兴邦就把门敲开了，祝广祺拿书来给他看。

你看一个文化部长，当他知道这么一件小事，祝广祺买到一本《日知录》，他就能亲自来看看这个东西。之后，祝广祺他就不写报告，他天天去街上，胡子拉碴的。有一天我们班上的魏树勋，又去看了一些古书，要买。那个时候还没有公私合营，最后书店的老板就说：不能给你，我告诉你，前两天可能是北京东安市场的一个书探子，他来过，已交了定金，我不能卖给你。魏树勋就问那个书探子姓什么，他说那个人姓祝，胡子拉碴的。他一听就知道是祝广祺。这里面反映一个问题，我们这一代的知识分子对古书旧书的兴趣是很大的。

采访者：这两次实习报告就等于是毕业论文？

耿引曾：那也不是，那是要综合四年的成绩。

采访者：这些课的成绩是怎么评定呢？怎么考试？是不是要口试？

耿引曾：这是苏联的方式，我们的考试全是口试，分数是五分制。口试是什么呢？你进去抽一个条子，上有考试题目，比如说让你讲明代的政治，你就准备20分钟，完了许大龄老师给你主考。他看你回答的理解的程度，就在你的分数册上给你几分，签个名就完了。我们全部是口试，学苏联的，后来才慢慢改的。

采访者：等于是考古专业不用写毕业论文了？

耿引曾：历史专业也没什么很明确的毕业论文。那个时候你毕业了，你的功课是怎么样的，就是你四年的成绩，毕业就完了。

那个时候西安生活条件很苦的。这一点我觉得在我们文科里面，樊锦诗这个人一定要去采访她，你想多困难，在敦煌谁能待得下？我去了以后，喝了一杯水第二天就拉肚子，没水，小毛驴去拉水的。她一直在坚持，1980年我去的时候，她的丈夫还是在武汉的，我说："你丈夫怎么不来呢？"她说没有办法，娃娃要学习，娃娃到这儿来怎么学习。我觉得在文科里这个人一定要说的，这个人是很不容易的。你看那么艰苦，那么苦的条件。还有一个是新疆的穆舜英，但这个人死了，这也是我们考古的。

采访者：您班的班长是谁？

耿引曾：班长是阳吉昌。

采访者：他是一个什么样的人？

耿引曾：阳吉昌原来是考古所的，大概"文革"以后还在。这个人是广西阳朔来的，后来不知道什么问题，被考古所弄走了。你们知道魏树勋吗？

采访者：知道。

耿引曾：他也很不好，是自杀的。阳吉昌也不知道是什么问题，也离开了考古所。但在上个世纪末的时候，在我们毕业40年的时候邀请他来，他还给了一个回信，后来就不知道了。

采访者：魏树勋先生他在学生时代是什么样的？

耿引曾：他学生时代有点不正常，女里女气的，我们在西安的时候就笑他，唐荣芳买块花布回来，他就披上花布装尼赫鲁的女儿。徐元邦戴一付黑眼镜，拿着相机对着他，我说徐元邦你像一个合众社的记者在采访。

采访者：那具体是在哪儿？

耿引曾：在西安，就是在张家坡发掘的时候。后来要把邹衡调回北大来，为什么我们的殷商考古是郭宝钧，下面就没有老师了？没有人呀，只有邹衡能讲，所以就把邹衡从兰州调过来。调邹衡过来的时候，兰州大学不放，就必须有一个人去讲考古学通论。这时适逢我班毕业，就让魏树勋去，等于一个换一个。魏树勋这个时候已经是候补党员了，但是去了以后，他在那儿不行，就回到考古所了。

采访者：您在班里面是团的干部。当时团的干部还有谁？

耿引曾：我是团组委，高明曾经当选过团宣委，王长文是书记，后来被打成右派。

采访者：有没有什么学习委员之类的？

耿引曾：那个时候没有学习委员，张森水好像没当过什么干部，比如在外边去实习、参观，他去给大家买车票，也是给大家服务的。

采访者：当时班里面除了这些干部，还有没有其他的班干部？

耿引曾：我们班上还有一个叫林乃燊的，在三年级就来插班，当时他是老干部，他是老北大搞学运的。他来班上后，领导了我班的肃反运动。班上的大事由他左右。林乃燊是一个离休老干部，现在还在，在暨南大学。

采访者：肃反运动我们的老师还有学生有受到冲击的吗？

耿引曾：那当然有了，王承祒就是那个时候跳楼自杀的。当时就让一个团员天天看着他，这个团员除了上课什么以外就盯着他，搞运动嘛！

采访者：考古这边有没有？

耿引曾：好像王承祒就是考古的。是搞古文字的。

采访者：当时班里面谁的学习比较认真？成绩比较好？

耿引曾：我们这个专业跟历史专业不一样，历史专业当时有几个，明确说他们是才子什么的。我们考古专业比较平平，你像历史专业有周良霄、朱龙华、马克垚，这些都是在学习上比较突出的。

采访者：您班的方酉生先生是一个什么样性格的人？

耿引曾：方酉生是武汉大学的，原来在考古所。方酉生诨名叫做老牛，他看到一个事情是那么回事，他就认定是那么回事，再也转不过来弯。

采访者：张森水先生他在学生时代是什么样的？

耿引曾：他外号叫张大炮，庆毕业40年，他负责照相，给我们拍了很多张，都没照上。过了三天，高明打电话来说："马克垚，不妙！张森水来电话说，血压都上升了，照相机是东安市场修的拿回来了，最后都没照上。"把我们气的！可想他的马虎作风。

采访者：夏振英先生他是一个什么样的人？

耿引曾：他是老老实实的人，但是就是因为在解放前他干过国民党的事，所以这就倒霉了，他没有参加半坡发掘，肃反以后把他留下来审查，他跟高东陆两个人。"文革"期间，可倒霉了，这些事黄景略他们都很清楚的，他是在华山管理处，后来华山管理处说他有历史问题，就不要他了。

采访者：开始的时候他在考古所，从考古所调到陕西省考古研究所，为什么在陕西省考古研究所待了两年又去了华山管理处呢？

耿引曾：就是因为他是有历史问题，给国民党干过事，当时都是这样的。

采访者：石兴邦先生那时候外调了吗？

耿引曾：好像没有。那时候是书记说了算，哪像现在听专家的。

采访者：高明先生写的《忆说"肃反"》，上面记载有三个人是肃反被看管的对象，除了高东陆先生、夏振英先生，还有谁？

耿引曾：那个是谁我就不知道了，没有吧，他可能记错了，得问高明。高明说："我真佩服这位女干部的本事，不愧是一位肃反高手，经她的运作，没有几天，居然从同学中揪出三名'反革命'。"说的是王翠。

采访者：高东陆先生在学生时代给大家的印象是怎么样的？

耿引曾：比如像你们一看就是像学生，一看我们就是学生，高东陆那个习惯，那个说话，那个情况，大家一看就知道他是社会青年。当然运动中那么对待他是不应该的，我的看法。他既然做一个学生你要好好地教导他，也不好好地教，就给人家一棍子打死。

采访者：高明先生呢？

耿引曾：高明是这样的，他一直就勤勤恳恳，从做学生到助教、讲师、教授，刻苦钻研古文字学，已是一代学人。

采访者：徐锡台先生他是什么样的人？

耿引曾：他极左，班上唯一的党员，他这个人长的是其貌不扬，又是苏北人，所以在班上没什么威信。到了考古所去也不行，最后就到西安去了。

采访者：徐元邦先生呢？

耿引曾：性格上有幽默火花，毕生精力从事《考古通讯》。学生时大家对他的印象，就是班上北京人有个圈子，里头有张伯伦，他是历史专业的，这个张伯伦后来"文革"期间被北京工学院的学生抄了他的家，就自杀了。

采访者：魏效祖先生呢？

耿引曾：他原来是上一班的，后来下来的。毕业以后就到考古所，你要知道，中国科学院考古所是中央国家机关，特别要求你的家庭出身、社会关系，后来把魏效祖弄到西北去了。以后，又不知道怎么弄的就回家种地了。听说黄景略当了文物局的局长后，把他调回了西安。

采访者：黄景略先生呢？他在学生时代就很活泼？

耿引曾：他不是活泼，人很好，非常的好，非常厚道的一个人。他入团是我发展的。他群众关系特别好，我们班上的关系很复杂。

采访者：王世民先生他在学生时代是什么样的性格？

耿引曾：王世民很细致，很扎实地做一些事。当然他出生在徐州的一个旧式的家庭，但是他的旧学不如祝广祺，祝广祺毕竟是纺织工人，自己刻苦学习出来的。很可惜，祝广祺在1997年就死了。王世民掌握的国内考古资料当是首屈一指。

我们班上还有一个事，就因为王世民，考古专业捅了一个大篓子，连我都挨批了。那时学校大饭厅吃饭是拿碗去吃饭，没有坐的凳子，都是站着吃，吃完了就走。到了星期六，广播就说，今天晚上星期六舞会，是历史系抬桌子，下一周就是生物系抬桌子。桌子抬在旁边，中间就开舞会什么的，大家就都挺来劲的。还有的时候，就说今天放电影，是某某系抬桌子。这一天学校放苏联电影《邓巴斯矿工》，考古专业的几个学生，没有去看电影，在宿舍摆灵堂。高东陆就装死人，死在床上，弄一些纸盖上。王世民写一个祭文，王玉笙是历史系的，当孝子，不知道还有谁在那儿哭。我不知道，我去看电影了。等电影完了，他们说在那儿摆灵堂了，在宿舍门口写的对联、祭文什么的，就是王世民他们干的。最后我一看到王世民写的祭文，说了一句，写的真不错，像。后来就有人给我汇报了。我说这个祭文写得还真不错，因为我们家是中医，见过这些。瞧！这事闹的。过不久在团会议上，胡启立气的，就大会批评，说历史系考古专业的新生，一年级的学生，电影《邓巴斯矿工》不看，装死人，写祭文。关秋岚他们就说，亏你还是团干部，你还说祭文还写得不错，那事闹的在当时很有影响。班上男生净弄些怪事情，三八妇女节请我们去看动物园。

采访者：看动物园那是怎么回事？

耿引曾：在19楼男生宿舍，就架子床搭起来，把床单吊起来，里面有吹笛子、拉二胡的，我们二年级、三年级、四年级的女生都去看。他们有一个人就站在凳子上，就拿一个镜子一照，说："你想看什么动物？""我想看王八"，给你一照！你说大学生怎么这样，一个是装死人，一个是弄动物园，这样的恶作剧，不是受中学教育的学生能闹出来的。你说是不是？

采访者：郑笑梅先生您接触得多吗？

耿引曾：郑笑梅，在政治上受到摧残，但是郑笑梅后来在业务上还是兢兢业业的。你想一个大学生，二年级就给抓走了，回来也不给人家明确的交代、说明。那时对我们来说，我们这些党团员对她都有忌讳、戒心，总觉得她不怎么样，而且作为她本来来讲，她能在那时生存下去，学习下去，这个很不简单。我觉得这个人就不错了。这个不是考古专业的事情，那是整个党的方针政策的事。我觉得郑笑梅这个人是可以的，她业务上是勤勤恳恳做事情的。记得在西安的时候，我长智齿，疼得很厉害，她很乐意帮助我去看病，非常细心地照顾我。

采访者：这个是发生在实习的时候吗？

耿引曾：对。她也就20岁上下，就给她这么一个摧残。是与不是，也不给人家一个交代，别人也不敢问，谁敢问？我们班还有一个男生，就想跟她谈恋爱，这就不得了，大家就都在阻止，这不对的。现在看起来是不对的，当时那是天经地义的，就说你怎么跟一个有政治问题的人谈恋爱？

采访者：跟您一个宿舍的唐荣芳先生她是一个什么样的人？

耿引曾：死了。她是四川的一个小学教务员，考到北大来，也挺好的。她来的时候已经结婚了，后来她老公考上北京铁道学院。她毕业以后分到历史博物馆。大概是1959年，反右以后跟她丈夫调到西南去了，我不知道她干些什么事，也就不干本行了。张森水在改革开放以后去看过她，她的女儿是学外贸的。她大概是在上世纪80年代就去世了。

采访者：王克林先生呢？

耿引曾：王克林不错的，他在山西。他也是从考古所调到山西去的。你们是学生，不了解那个年代。有一次王克林在《考古学报》上发了一篇文章，周一良先生说，王克林原来学习不怎么样，现在能在《考古学报》上发表文章真不错。考古专业的教授，比历史的还是要严格，这些也有好处，严师出高徒。

采访者：您班毕业的时候分配情况怎么样？

耿引曾：是这样，实习回来以后，不是就毕业分配了吗？毕业分配了以后，就留下了谁呢？留下了祝广祺、高明，还有一个就是张忠培。张忠培是让他当副博士研究生，祝广祺和高明两个人是当助教。我们班唯一的一个党员徐锡台，是苏北泰州、淮安那一带的人，说话土了吧唧的，完全是一个土八路的作风。他很多的举措我不太赞成，完全那种土里吧唧的那样就不行。他知道班上每个人的政治背景。

考古专业毕业的时候有19个人，分配如下：3人留校；11人去中国科学院考古研究所；1人去中国科学院古脊椎动物与古人类研究所；1人去兰州大学；3人去文化部文物局。下面说说我和唐荣芳分配到文物局的情况。文化部系统单位的名额为三，黄景略愿意去文化部，还有两个人填志愿是去文化部的单位，就是夏振英和高东陆。这时文物局的局长是王冶秋。王冶秋原来是冯玉祥的秘书，但他是地下党，在孙连仲手下。我曾经听过他讲他的经历，他怎么样当地下党，怎么从国民党那逃脱的，那是我们博物馆共青团员的活动请他来讲的。

那个时候，文物局需要考古指导员。因为全国第一次大规模的五年建设计划开始了，大规模建设是盖房子、盖工厂，所以全国各地很多出土文物，文化部的任务就重了。文物

北京清河镇朱房村汉代城址，叶小燕、耿引曾在观察夯土。

局它掌握着全国各个地方的文物系统、文化单位，所以它就需要有三名考古调研员。这个时候北大历史系管分配的人，也是一个工农干部，刚刚调来的，她脑子乱七八糟的，也不懂什么，没考虑，就把夏振英、高东陆和黄景略分到文物局去了。你要知道到文物局就是现在的公务员了，那是国家单位。文物局一看火了，说高东陆和夏振英不能要，他们有历史问题的。文化部最后说，还是要政治上比较可靠的，就换了我和唐荣芳，那个时候我一直做团的干部，9月3日系秘书跟我们谈分配去向，但一直到9月13日博物馆才来人接我俩去报到。为何要等10天呢？原来，我和唐荣芳是分配到考古所的。由于文物局退回夏振英、高东陆二人，历史系只好与考古所商量，将夏振英、高东陆换回耿引曾、唐荣芳。

但我们俩的档案到了文物局，文物局却不要。文物局说来两个女的，过两天一结婚，一生孩子，好多事都办不了。这个时候文物局也不好再退了，也不好再跟北大打交道了，所以就把我们两个派到北京历史博物馆，说北京历史博物馆要成立考古部。13日，博物馆有一个人叫王玉兰，弄了两个三轮车，就把我们俩接去了。当时黄景略在文物局已经报到了。但是挺奇怪的是，我们并不是住在博物馆的东堂子胡同的宿舍，把我们弄到哪儿去呢？弄到了史树青家里，就说你们两个先住着，现在馆里的宿舍还没腾出来。我当时一看我就火了，我特火。那把我们安排在史树青家里，我就说，这样，让唐荣芳住吧，我不住。当时我的父亲已经由扬州调入中医研究院工作，我家就在广安门的中医研究院，所以我就没住史树青家，回家住了。当时我很不满意，对我的分配我非常的不满意。我说怎么回事，为什么我的工作是这样？

当时可以自由地报考副博士研究生，回家住以后，我就决心考研究生了。我报了裴文中的，他要招一个副博士研究生。当时张森水也报了。那个时候国家允许，你既然报考副博士研究生，你的工资还是照拿，还可以不上班，在家复习。我就在家里待了大概是一个月吧，一直到考试。我记得考试在十一月。

但是我跟张森水两个都没有考上，知道吃亏在哪儿呢？后来还是石兴邦老师告诉我的，裴文中说我们两个的成绩都差不多，但是我们俩吃亏在政治考试上头。任何人他不能逃脱他所处的时代，比如这个时代是清代的，我是清代的统治下的或者是什么样，那我一定逃脱不了清代的时代背景。在北大的时候，我们四年的政治课，第一年的政治课是新民主主义论，这门课程不是许世华一个人讲的，是四个人讲，还有岳麟章、季国平、刘珺珺。给我们讲课的许世华后来打成右派，在"文化大革命"中跳河自杀了，岳麟章也是打成右派了。二年级学的是马列主义基础，郑亚英、赵宝煦讲的。第三年上的是政治经济学，赵靖讲的。第四年的课是历史唯物论和辩证唯物论，这个是必修的政治课，但是我们四年级去田野发掘，所以我们没有学辩证唯物主义、历史唯物主义，我跟张森水两个在政治课上都考得不好，就因为这个课没念过。"裴文中说了，你俩都差不多，所以裴文中都没有要"，当时石兴邦就说。没考取没关系，张森水本来就分到那儿去的，我却只能回到博物馆。

但是我回到博物馆，你也知道，我在学校里是团的干部，我一直是班上的班干部，而且学习也不是说很差劲的。我是很不满意，所以很不安心在那个地方工作。后来经过1957年反右，那当时是很可怕的，一旦定你是右派，要牵扯到你的家，上上下下，方方面面的。这其中具体的就不讲了。到1960年，彭真市长说北京要成为水晶板、玻璃砖，就是透明的，一般有历史问题的人绝对要离开北京，在这样一个情况之下，考古所有一些同学就被调离北京。我呢？经过1957年的反右斗争，1958年下放劳动一年，1959年初调回，参加中国历史博物馆的建馆工作。从培训解说员、整理文物，到定位搞三国两晋南北朝历史时期的陈列展览等业务，我一干就是22年，还算学以致用。1978年9月，我调入中国社会科学院和北京大学的南亚研究所。从此，由文物转入文献和教学，又干了20年，1998年秋退休。

（此为对耿引曾先生采访的部分内容）

采访时间：2011年12月29日上午，2012年1月18日上午、1月20日上午
采访地点：北京耿引曾先生寓所
采访者：余雯晶、常怀颖
采访大纲撰写：余雯晶
整理者：余雯晶、常怀颖

记忆 —

张忠培

2012年2月22日张忠培先生接受采访

简 介

张忠培,男,教授。1934年10月出生于湖南长沙。1952年考入北京大学历史系考古专业。1957年至1961年留校跟随苏秉琦、林耀华先生攻读副博士研究生。1961年初入吉林大学历史系任教,是吉林大学考古专业的主要创办人。历任吉林大学考古专业副主任、主任,历史系副主任、主任,研究生院常务副院长,学术委员会副主任,学位评定委员会副主席和职称评定五人领导小组成员。1987年调入故宫博物院任院长。1991年后主要从事考古学研究与文物保护工作。现任中国考古学会理事长。

先后参与或直接主持了陕西华县及渭南、吉林市郊、白城地区、黑龙江饶河及虎林、内蒙古通辽、湖北江陵纪南城、河北蔚县、山西晋中、忻州等地区的考古调查、发掘工作以及内蒙古赤峰、河套地区的区域调查与研究工作。

主要论著:《中国北方考古文集》,《中国考古学:走近历史真实之道》,《中国考古学:走向与推进文明的历程》,《中国考古学:九十年代的思考》,《元君庙仰韶墓地》,《晋中考古》,《忻州游邀》,《华县泉护村》(合著),《中国通史·远古时代》(合著)等。

采访者：先生，您在读大学之前是在哪里读高中的？

张忠培：我是1950年春进高中的，在湖南省长沙市读高中。我在进高中之前在长沙市文艺中学念初中。这是一所私立学校，算是长沙市的一所中等水平中学。学校校长是曹典球先生，是他办的学校。曹先生是湖南大学教授，他是位很有资历的先生，据说还当过湖南省代省长，1949年以后他任过湖南省文史馆长。他的孩子差不多都是大学生，有的还留过洋。他为人很正派。1949年前那个时候因为内战，在国统区逐渐发展到要和平反迫害的反饥饿反内战社会运动。

采访者：长沙是8月份和平起义的吧？

张忠培：对，1949年的8月。当时我参加了这个运动，而且我是班上的一个领头人，组织了全班的游行。在这类事情上，校长实际上是比较支持的。我们反饥饿，反迫害，反内战，要求湖南的家长程潜出来主持和平。我们那个时候是住校的。一次我领着同班同学到城里参加游行之后，就在家住了一晚。

采访者：您家就在长沙市？

张忠培：对，我家在市里。游行完了以后我就住在家里了。第二天一起来，很多的商店都没有开门，到处都贴着标语。标语主要写的就是"朱毛不死，大战不止，国难不已"，"共产党改国旗，换国号"、"共产共妻"之类的标语。我们原来游行并没有想到，这样的游行还有什么危险，但这样一看，还有这样的危险。当时我通过这些标语，看到国民政府正在磨刀霍霍，但心里还是很平静的，虽然那个时候我才14岁多，也不太懂事，也不能说不懂事，因为政治上要比你们这些青年们要成熟。之所以成熟的早一点，就是因为我们这一代人经历太多。我是1934年生的，三年以后卢沟桥事变。

采访者：属狗的？

张忠培：对。抗日战争爆发，到1938年蒋介石为了焦土抗战，火烧长沙，我们家里就被烧了。那时候我很年轻，但是我也有记忆。抗战期间，长沙经过四次沦陷。每次沦陷，我们就要躲到乡下去，就在长沙县。

采访者：先生，您家解放初划成分时，算什么成分？

张忠培：我们家里是这样的，如果算成分那就算工商业兼地主。我们家里有好几个店铺，有药房，还做颜料生意，乡下还有8石田。

采访者：颜料是染布的颜料还是画画的？

张忠培：都有。还做一些装修房屋用的东西。

采访者：无论是抗战还是内战，尤其是西药，这是很紧俏的，当时从哪儿进货呢？

张忠培：那我就搞不清楚了，我年轻的时候，记得家里为了进货，要派人去广州，甚至派人常驻广州，也派人去过武汉。

采访者：您在家里是老几？

张忠培：我在家里呀？男丁我是老大，上面有个姐姐。我的父亲是长子，我是长孙。我家里的家业是我祖父搞起来的，我祖父排行第九，他叫张福星，有过堂号称张福堂，人们叫他张九爹（即爷）。他是一个农家子弟，很贫困，在农村待不下去了，他就到城市来当大师傅。

采访者：做饭？

张忠培：对。我的祖父一直到他发了财，很有钱了，家里的菜还是他自己炒。他发财了，就回乡买了土地，有八石田，城里有几个铺面，有的时候还到长沙以外的城市开一些店面。当时地位就不一样了，待遇也不一样了。我祖父是一个好人，我的记忆里，任何人求他办事，他都提供帮助。到了解放后，我就知道所有和他交往的人没有不欠他钱的。我亲眼看到的有两个例子。一个例子就是长沙市当时有挑担子、提篮子做买卖的人，一般都是卖菜卖肉的，我祖父早上起来，坐在门口买菜，会和这些挑担的生意人聊聊天，这样就认识了不少人，其中就有一个卖肉的。有一次他跟我祖父说，他想进一批货，就是进一批猪，可是有一个困难，没有钱，能不能借点钱给他。我祖父问他要借多少？他说150块大洋。他这么一说，祖父就答应借给他150块大洋。我父亲、我叔叔都反对，但他还是借了。还有一个就是卖皮蛋的，经常给我们送皮蛋，有一次也谈起要借钱，他就借给他二、三十块大洋。

我祖父这个人自己生活一直很节省，但经常帮助别人。结果解放后搞三反五反，清查资本家，他就被人家提过去了。提过去了以后，我听到的是让他写过一个检讨，按过一个手指头印。他回来以后就默默不乐，很少开口说话了。他没有受过这个委屈，感到丢了大面子，是奇耻大辱。后来我上大学期间，他就因为这个问题一直待在家里，闷闷不乐地离开了人世。

当时我们也受了一些进步思想的影响，社会上已经在提倡划清界限，在理智上，我觉得他是剥削者，可是在情感上，我总觉得他为人善良，是个好人。

他对我当然是很爱护的，实际上是祖父把我带大的。在我的记忆里面，我从小就是同我祖父、祖母睡在一个床上，而不是跟我父母睡。我没有上小学之前，他教我《三字经》，要是我背不下来，我就被他敲脑顶壳，就是用手指结敲头顶。这时，我也才知道他很严厉。

当时家里还是很惯我的，当时一天我能吃五顿饭，我早上、中午、晚上吃三顿饭，早上和中午之间还有茶点，喝喝茶，吃吃点心。晚上还吃点夜宵，一般是吃面。我有的时候要吃汤包，我祖父就会打发人去茶馆买给我。我小时候的脾气不好，有次给我买了两三蒸笼汤包，我叔叔就吃了两个，我就不行了，又哭又闹，我祖父便狠狠地训了我叔叔。当然还有其他的事情了，例如说我那个鼻屎吧，给我弄干净了，我就闹，不让弄，家里人就从地上捡起来，家里人再给你塞回去。哈哈，家里是顶惯我的。我上学的时候，总要给我带点点心，有一个同学跟我一起走，我会分一半给他吃，三个人跟我一起走，就分成四份，大家一起尝一尝。我从小就这样的，对人很平等的。

我没有上学之前，长沙因为经过焦土抗战，很多房屋都没有复建起来，到处都是火烧坪，一片瓦砾。那个时候我家住在坡子街。因为父辈常要带我上茶馆吃早茶，所以我也去过不少的茶馆，对茶馆很熟悉。有一天早上发生了一件事，那时我还只有四五岁。这天早上起来，我买了个葱油饼吃，就在街上一个人走来走去地玩。遇到有一个女人，她说她是人家的保姆，当时不叫保姆，她说"我是人家的请的人，我家主人要我去买包子，我不知道在哪里买，你能帮我不？"我就给她指指路，她说还是你带我去的好，我看她挺善良的，我就带她去了一个茶楼，她说这个茶楼不太好，我又带她去另一个茶馆，她又说不好，我就再带她去一个地方。带来带去就带到火烧坪了，我到现在还记得，火烧坪有口井在那，有一个人还在那打井水。这个女的就跟我说，"你身上的毛衣式样挺好的，借给我做个样子好给主人家的孙子织件毛衣"。我就想，这可能是上当了，她是个骗子。同时，看到她面带难色，是个善良的样子，也感到她说的可能是实话。她就一边说一边脱我的衣服。衣服被她脱了下来，她就走了。我感觉我受骗了，一个人找到家，这个时候太阳已经高升了，被人骗了一件毛衣，我不好意思进屋，就摸着墙，从门口伸头往屋里看一下，我家里人正急得团团转，一看我露脸了，就说"哎呀！在福回来了！"

采访者：您那个"在"是存在的在？

张忠培：这个我搞不清楚。小时候我被叫"培伢子"或者"在伢子"，具体用哪个字我不清楚。我回来了以后，就有点担心，觉得上当受骗了丢了一件毛衣，家里人会训我的。但是家里人见到了我，都乐了起来，都没有说丢了毛衣的事，都说人回来了就好。

我小时候心很善良，认为周围的小朋友都是善良的。除了上面说的吃的方面外，我的玩具很多都跟小朋友一起玩。有时候，还把我的玩具让给朋友玩，我在旁边看着他们玩。

我的童年是从灾难中过来的，长沙四次沦陷，我们就四次逃难，四次逃到乡下。我记忆中，最长的一次是最后一次，是1944年，有一年的时间，我们都在乡下农村的家。我农村的家在林子冲。这里盖着一栋砖瓦房，住着三户人家，我家住在中间，右侧是我叔祖父家，左侧住着我家的佃户，佃户家姓杨。这三户住户的屋顶相连，各有大门出入，佃户的房顶是用稻草盖的。冲外五里有一个小镇，叫田心桥。这个地方有一个日本兵的炮楼，就是一个据点。他们经常会出来打搂，抢东西、劫掠。他们一来，我们就得往外逃。我那个时候9岁了，我的堂弟4岁，有一次逃跑的时候还从山坡上滚了下来，但是我不怕，也不哭，站起来跟着大人又跑。有的时候晚上还不能回去，要在山林里面住，还短时期在我姑父家住过。国难家仇，就过了一段这样的生活。为了度过这样的日子，祖父带着我种了菜园子，上山拾柴火，也养了十来头猪，我就在祖父带领下，穿着草鞋劳动起来了。我家被日本人洗劫过一次。当时我家里在堂屋里头砌了一道夹墙，把一些货物藏在里面。有一次被日本人找到了，把夹墙里的货物抢劫一空，我的堂婶被强奸了，佃户杨六爹被拐去，一直没有回来。抗战期间，家里几次破产，又几次在我祖父的辛劳下逐渐恢复，走向兴旺，但是伤了元气，到解放后，经土地改革，工商业改造和私房改革，家里就成了无产者。

采访者：您的小学是在长沙市读的还是在别的地方读的？

张忠培：我大约读过很多小学。我在长沙市至少读过四个小学，我发蒙的小学是孔道小学，之后是丽泽小学，豫章小学，还有一个叫城西二校，后来又回到豫章。

采访者：里头有日伪的小学吗？

张忠培：没有，我没有在日伪小学读过。日据时期很短，最长的一次只有一年左右。

采访者：也就是说，日本人在豫湘桂战役之后，并没有一直留在长沙？

张忠培：他进来以后就被打走了。他们人那么少，怎么可能占得了中国那么多地方？

采访者：进来就被打走了？

张忠培：对，只有最后一次待的时间长一些，他们来了，我们就逃到农村住了。我在农村里面至少住过一年，上过两个小学，一个是彭家祠堂，一个是张家祠堂，我在小学的时候我至少上过六个小学。

采访者：您家在长沙县算是大族？

张忠培：不算大族。我祖父是贫农出身。张家有很多人，我祖父那一代大部分是种地或者是作手艺的，没有一个是书香人家。我家是张家这一支里最有钱的，在乡下，周围十里八里之内，我家也是最富裕的。

采访者：那当时乡间的管理或者是维系，是靠保甲制度还是靠宗族的民间自治来维系的。

张忠培：乡下没有这个保甲，顶多有个保，但是和人们并没有多少的联系。

采访者：那还是宗族的维系？

张忠培：就我们家来说，乡下的宗族维系也不密切，张家有一个祠堂，祠堂办一座小学，有宗族的公田。从林子冲往上面走几里地，方向我搞不清楚了，就到张家祠堂了，往下面走就到彭家祠堂了，再往下走，就到邹家大屋了，是我姑父的家。我祖父对同一祠堂的各个张家，都有一些资助，对同乡的一些贫困人家，也有一些资助。

我只上了五年半的小学，读了六所学校。在城里上不了多久，日本人来了，就跑到乡下，日本人撤退了，我们再搬进城来，又在城市里念小学，哪能安宁呀！日本飞机来轰炸，鸣放警报，你们可能不太了解，一放警报，到处都是"呜呜呜呜呜呜"的，人们就纷纷地躲进防空洞了。我躲惯了，就不怕了，有时外边在放警报，我还在街上玩耍，家人很着急，可他们在防空洞里也没有办法。我看到街上空旷无人，寂静无声，只有隆隆的炸弹声响彻上空时，我才躲进靠近的防空洞，此时，家人见到我所产生的抱怨、惊喜的复杂表情，至今难以忘怀，仍活生生展现在我眼前。一次，等警报解除之后，我站在坡子街口，看见黄兴路上从北而南的担架一具一具地经过，我一边看一边数，数到最后，多达六百多具。这是令人凄惨、悲壮、愤慨的数字！当长沙最后一次沦陷不久，我住的乡下就出现抗日游击队，后来国民党又派来了忠义军，忠义军全是美式装备，身着中式黑色衣服。抗日的战火在燃烧，我家的店员去长沙街头杀死日军的消息，也传到我耳中，激愤抗日之声，在我幼小的胸中回响。

我的童年是在日本铁蹄之下，也是在抗日烈火中渡过来的，"冒着敌人的炮火，前进"，这样的歌词，总在我脑中盘旋。这段民族危亡的经历使我体验到：家、个人与国、民族命运相连，有国才有家，"国家兴亡，匹夫有责"，这些情感，这些道理，在我幼小的心灵中，朦胧地升起。当日本无条件投降的消息传来，我站在欢迎的人群中，看着忠义军接管长沙的队伍从乡下进驻市内之时，我兴奋，我喜悦，我骄傲，我感到中国人站起来了。经过八年抗战，中国成为世界的四强，成为联合国创始会员国，成为联合国安理会的常任理事国，中国从外国侵略下翻身了。中国人扬眉吐气了，作为一头雄狮开始屹立在亚洲的东方了。这令自鸦片战争以来的中国人感受到了做中国人的骄傲！光复之后，迎来了蒋介石的60华诞。还在读初小的我，在学校的安排之下，积极参加了庆祝蒋介石60岁生日的募捐活动。可是不到一年之后，这位抗日战争领袖的伟人形象，由于他坚持内战，坚持独裁，任腐败横行，贪污猖獗，开始在我心目中渐渐地倒下来了。

1947年我小学毕业了。我实际上念了五年半的小学，初小四年级我只念了一期，跳级到了高小。这个时候比较稳定了，在长沙城里念了两个高小，一个是豫章小学，一个是城西二小。豫章小学当时管我们班级的熊飞老师，后来我才知道他是一位地下党员。解放后他就当了城南区的区长。当时每个星期一，有一个升旗仪式，就由他出来讲话，同时，他在给我们上课的时候，常常讲讲当时的时局，国民党政府贪污腐败，小学教师生活如何贫苦，美帝经济与文化侵略，民族经济难以生存。他说他可以通过一个短期的训练班当上县长，但他感到官场黑暗，不愿去做这个官。那时他只有二十几岁，结婚有两个孩子。我深受他的影响，认为他是位高大的人，我很敬仰他。他也很喜欢我，认为我有正义感，能想点事。在我的一篇作文中，他批着："只要不自暴自弃，将来是一定有办法的。"这句批语，在很长时期内成了我追求成长的座右铭。他要求我们读些课外书，读过《木偶奇遇记》后，看到小说主人公匹诺曹小时候吃东西嘴很刁，后来连果核都要吃了，这个印象很深，我觉得我应该自律，不能靠家庭，不能享受家庭给予的优裕的生活，要自觉地经历苦难磨炼自己。

再加上有这样一件事，我和一个仗自己家庭势的小孩子吵架，要是打架我是能斗过他的，但是我叔叔却把我拉回来了，训斥我有理也不能和他吵，因为他家里有政治势力。怎么不能讲理哩?! 我对这个印象很深，一边哭一边叫，突然觉得当商人没有地位，我从此下定决心绝不能当商人。这两件事情，大概促进我要自己吃苦，一定要好好地读书，求上进。因此我就去读了公立的城西二校，能少交学费，教学质量可能还好一点。

城西二校离我家很远的，比到豫章小学远多了，不能正常地吃早饭，只能买点早点吃，就得去上学。中午也不能回家吃午饭，买点简单的东西吃，比起在豫章小学读书，是艰苦多了。虽然家里并不在乎这个钱，但是我自己考虑应该这样，应该自己找点苦吃。

我平常学习都是中游的，到了城西二校刚开始也还是中等生。教语文的一位老师，喜欢一个班上的学生,讲课时,总让他作示范,往往要他在课堂中背课文,他背完之后,就问同学们他背的怎样?他心里是希望同学们都赞扬这位同学。但是有一次我就指出了这位同学的错误,说他背错了一个字,将"在哪里"背成了"在那里"。谁知道这位老师把我一顿好训,当时的原话记不清了,大意是,你算个什么,自不量力还挑他的毛病。我看着老师这样,不慌不忙地辩解说,这两个词的意思是不一样的,但这位老师愤怒起来,说这位学生没有错,是我故意挑毛病。这事对我刺激很大,促使我下定决心好好念书。我一努力成绩就上去了,期中考试便得了个第四名,全校演讲比赛,我还得了个第一名。在这个过程中,那位被老师看好的同学的成绩,愈来愈下落,同时,这位语文老师还在班上宣布说,这位学生是由他的哥哥代考进入城西二校的,原来他在另一学校,也是读五年二期,代考进来还是读五年二期,所以前几篇课文能背下来,他懒,不肯努力,后几篇课文就背不出来了。这位语文老师,虽还算实事求是,但这样的处置,过于粗暴,这位同学便在班上消沉下来。我看在眼里,对这位同学产生了同情心。城西二校没有像熊飞那样的老师,思想不活跃,空气沉闷,难交到称心的朋友,在这里读了一学期,便转回到豫章小学。

采访者:您什么时候上初中的?

1954年52级同学在八达岭长城上。前排右三张忠培,右四叶小燕,右五耿引曾。

张忠培：上初中的时候是1948年春天，家里对我上中学一事，很不关心，是不管我上不上中学的。因为你不去上学，在家里也可以有事可做的，帮家里看看店面，走走从商这条路。家里也不限制你，念书也可以的，不念也行。那个时候只要有一个小学文凭就不错了。前面说过，我鄙视从商，就想走读书这条路。小学毕业那一年，我自己去报考中学，因为我前面有一个表哥，是从农村出来的，家里是一个绅士地主，他在长沙城里考上了一个中学，大约是走后门进去的，也不适应那个环境，感到城里花花的，贪玩，不好好念书，就留了一级，给家里增加了负担。

读小学六年级的时候，我又受了一点刺激。我姑妈说我，不如她的儿子，就是前面讲的那位表哥，说我没有内秀，结巴却好讲话是外五行，我受了这个刺激，决心自己去考学，光是洗报考用的证件照片就洗了一厚摞。当时我考了八个中学，后来大约考上了四五所，最后我选择了文艺中学。因为当时的中学都是自己招生的，不统一招生。

采访者：当时读中学要交多少学费？

张忠培：新生有建校费，还有住宿费、伙食费，还要交学费。大约我第一学期是60块大洋。

采访者：这么贵！那个时候就有建校费了？

张忠培：对。但是第二学期就不交建校费了，只交住宿费、吃饭费，还有学费，大约有四十多块大洋。当时吃饭在学校，吃公共食堂。我有一个叔叔，是在家主事的，进了中学后，他对我说，你如果不留级，上学上的好就给你一部自行车，你还可以到美国去留学。我就觉得我以前没有好好地念书，所以我就要好好地念。我小学喜欢打篮球，也好打乒乓球，也很淘气，这个时候我就想我不能淘气了，也不能调皮了，也不能跟人家打仗了，也不打球玩了。

我念小学的时候，我是住的那个街的小孩头，我可以管几条街，那几个街的小孩子都听我的话，我是孩子头。散学以后，就去听书，像是《七侠五义》《小五义》《七剑十三侠》《施公案》《包公案》《济公活佛》《隋唐演义》，等等，我都听过。听书的地方一般就在火宫殿，我们家就在火宫殿的对面。小学就是这么读过来的。

到了中学，我就想好好念书，一心一意读书。中学主要是读好三门课——数学、英语、国文，现在叫语文，早上起来就背英文、国文，晚上就做数学习题。我循规蹈矩老老实实的，那个时候就想做一个好学生。但是有一次有件事情把我卷进去了。当时我们班同学在打篮球，我站在旁边看篮球，不想去打。因为打篮球就会影响我的学习。有一个叫黄河清的同班同学，接球的时候一下子没有抓住，球落到场外了，我把这个球拨给他了。这不是一个很普通的事情吗？但是人家笑他，他面子挨不住了，就拿我出气，欺负我，喊我叫"矮鬼"。他个子很高，比我高出一头，他就以这个球在我头上拨来拨去，我就往后退。他就向前走，不停地拿球在我头顶晃，并以言语不断地挑衅，忍无可忍，我就把在我头顶上晃动的这个球拨了出去，同学就更笑话他了。我怕惹事，就回到教室，坐下来，静下心来做起数学习题了。他从操场回来以后，站在教室后面叉着腰，骂道"你这个矮鬼，你有本事就过来,看老子怎么教训你!"骂了多少遍,我都没有理他,他还在骂,学生就起哄。教室斜对门就是训导处,打架犯规,抓了怎么办呀?被训导老师抓了要受处分的,开除学籍怎么办!我还想念书啊!但是一想,我被欺侮成这个样子,不打这一仗,以后还得受欺侮,想到这里,感到这仗非打不可了,决定速战速决打这一仗。于是,我就把钢笔盖好帽,再放好,我一句话也不说,不慌不忙地往后走,站到他对面,两眼直视对方,摆着一副应仗的姿势。没想到,对方看到我一站,就动起手来,勾着胳膊,握着拳头,上下舞动起来。看了一会,他仍不打出直拳来,看着他不会打架的那个样子,我便决定豁出去了,挨他两拳。我一下子冲过去,抱住他的腰,一别腿,一下子就把他掀翻按到地下了,我拍拍他的脑袋,对他小声说:"不要打了,你不是我的个,以后不要欺侮人!"然后我就回到自己的座位上,仍做起作业来。他却站在教室后面,哇啦哇啦地哭了起来,哭了一阵,看到同学都没有理他,便悄悄地坐到自己的座位上。他原来很张狂的,但从此以后就在班上抬不起头了。此后,班上的同学都说我不得了,说我如何如何的能打,不轻易出手,出手就不得了。那个时候,中学有股风气,是欺负新生,称新生为"new boy",不是被敲敲脑顶,就是摸摸脸,甚至会有几个高年级的学生抓着一个一年级新生的四肢,摇啊摇,再丢在地下。

采访者:那个时候中学女生多吗?

张忠培:男女分校,没有女生。有一次高年级的学生欺负我们班的同学,约定打仗。我们同学就把我找过去了,说他们老欺负人。我就跟着同学走到那个约定的地方,高年级同学也有十几个人,先到了那个地方,双方站定了,高年级一位同学,看到我站在同学中间,便悄悄地对他们的一个同学说了几句话,这个同学便说了一声:"不打了,撤!"这仗没打成。看来我在学校有点名声了,班里的同学都还尊重我。从此,班上再没有发生黄河清那样欺侮人的事情,同学们都平平静静地读起书来。

我再给你们讲个故事,那时二年级一期发生的事情。教我们美术课的是位女老师,她的打扮有点西式。这个女教师长得很漂亮,头发是披肩的,但是脸上有一个黑疤。我们那个时候有点封建,有一些学生年龄比较大,上课时,她看到学生画的不怎么样,就用屁股把同学一挤,往里一坐,帮同学改画。有一些学生看不惯她这个动作。她留头发是披肩的,显得很摩登。她给人家改画的时候,后面的学生就玩她的头发。这些事情我都不参与,我老老实实的念书。但对她上课时,大肆宣扬西方艺术,宣扬西方怎么怎么文明,怎么怎么的好则有些反感。因为那时对美国有些反感,接受了一些影响,认为美国是帝国主义,对我国实行文化渗透,经济侵略,我从不上教堂,也不去青年会,更不会领美国救济品,从未到青年会喝过一次牛奶。

有一次上课之前,一位学生就在黑板上面画了美术课老师的面相,突出了她脸上的那块黑疤。另外一位同学就在旁边写着,"《疤疤传》,疤疤不知何许人也。脸庞有疤疤一个,故以为名",是仿照《五柳先生传》写的。老师来上课了,一看就生气了,这个老师的表现,我现在看也确实是不错。她说谁把黑板擦掉。没人擦,有一个学生就说,你看一看今天谁值日，轮到谁就叫那个学生擦，这也是挑衅了。实际上，每个星期开头，训导处会有一个值日表贴在教室里，但有些学生为了避免值日，就把刚刚贴出来的值日表撕掉。老师一看没有了值日表，更生气了，说"谁上来把黑板擦干净？"于是画画的那个学生就跑上去擦，有些同学见他上去擦，便嘘了起来。但是他个子矮，画像擦不到，只擦了《疤疤传》。而画像是他站在椅子上画的。一些同学就哈哈笑开了。老师就更火了。这些事我都没有参与，认为很无聊，太没有什么品位了。老师愤怒地说："我从来没教过你们这样的学生！"这个时候，我同桌林怀斌站起来了。他是我小学同学，我们两家住的又很近，还拜把过兄弟，有这么一个关系。他站起来，老师要走了，他就"噢，噢，噢"，就是赶鸡赶鸭的声音。我赶紧按住他，一看这事坏了，他不应该这么干。我赶紧站起来，语气平和地说："老师，你别走，课还没上。有什么事在这里解决。"老师再回头看了一下，再说了一遍："我从来没教过你们这样的学生！"便冲出了教室。到了下午，我们在操场打球，有个校工叫做"雷老官子"，这是长沙话，来到操场，叫我们两个人到训导室去一趟，说训导主任曹老师找我们。

这个曹老师是校长的五儿子，我们平时背地里称他"曹五宝"，是管初中的老师。我们就知道没有好事，凶多吉少。参与闹事的同学纷纷地围了过来，求我不要说出他们来。我对他们说："放心吧！"便向训导处走去！

我们两人走到训导室门口，往里看去，曹老师不在，便站在训导室门口的左侧，等候曹老师。不久曹老师从训导室右侧楼梯走了下来，当他跨进训导处门口之时，我们便跟在他身后，走进训导处，走在前面的曹老师，刚一转身，我们俩马上向他行礼，刚一躬腰，曹老师就抽了我们两人的嘴巴。啪啪，我们两个都挨揍了。我立刻做出反应："你怎么打人！你不讲清楚事情，又不问清楚事情，就打人！你不讲理，这对吗?！"曹老师立即制止了我，质问道："为什么打你们，你们在美术课堂上干了什么？不知道吗？"林怀斌沉不住气了，他正要开口，我掐了他一下，让他别说话。曹老师看到了，他说："你干什么，你怎么不让他说话？"我立刻回答："我是要他先让我说，老师要冲出教室，不上课了，我请老师留下来，这有什么错吗？课堂上我们俩做了什么？老师在这里，你可以请她讲明白。"我知道美术老师爱面子，不会将课堂上发生的事完全讲出来的。美术老师没有出来说话，坐在一边的老师们还在那里聊天，曹老师被我这么一说，没有立即反应，等了一会，我又对着教公民课的老师说："你上周给我们上公民课的时候，说学校不能体罚学生，现在曹老师打我们，还不说清缘由，就打我们，这对吗？"这时曹老师突然呵斥道："给我站到那里去！"同时，用手指向要我们站到的那个地方，我抬头一看，是置立墙角的一面镜子。我说"这是罚站，是体罚！为什么要罚我们站哩！"我一边这么说着，一边也示意林怀斌朝立镜子的方向走去，面对镜子，站在那里。这时上课铃响了，老师们离开了训导处。训导处只留下了曹老师、林怀斌和我三个人，显得静谧。站了一会，我又说话了："曹老师，我们要上课啊！缺了课，是补不了的。"他说："你们要写检讨，承认错误！"我回答说："我没有什么错误，怎么认错？"双方如此僵持了一会，他便让我们上课去了。

平时，曹老师从不露笑容，一副严肃的样子，显得威严，学生们都很畏惧他。通过这次我和他的交锋，我感到他缺乏心计，比较鲁莽，办法不多。我同林怀斌走到教室，隔着窗户，往里一看，同学们哪里是在上课哩！老师虽在讲堂上讲，不少同学却在下面做着各种小动作。当同学通过窗口看到我和林怀斌时，课堂的秩序更乱了。不久，下课铃声响了起来，老师走出教室后，同学们纷纷地迅速走出了教室，围着我俩，轮着问道："你们说出了我来吗？"等同学稍微平静下来，我便对他们说："我们挨打了，被罚站了，被逼问了，但我们谁也没有说出谁。"听了这话，同学们都高兴地笑起来。突然有个同学问道："以后怎么办？"我回答说："这要大伙一条心，晚上得开个会。"听了这话，同学们纷纷称是，就从我们的身边散开了。

上晚自习的时候，我从课桌的凳子上站了起来，说道："同学们，我们是不是要开个会啊？"很多同学纷纷附和我的建议。我说："要开会，就得选举出主席。"发言的同学都说："你就来主席吧！"我听了这话，一边离开桌凳，一边走向讲台，一边问道："我来当主席，大家都赞成吗？"同学们高声地回答"赞成！"我就登上讲台说："现在要商议的议题，就是美术课堂上的事情。"然后，我讲了和林怀斌同学被叫到训导处所发生的事情的过程，总之是没有说出一个同学，并且追究曹老师，为什么不问个青红皂白就体罚我俩，就打人！说现在要讨论的是下一步怎么办？因为卷入这件事的同学很多，议论起来七嘴八舌，相当热闹，可说是群情激奋。我听了同学们的意见后，便说："我们都是同学，不能出卖同学，要团结起来，先要搞清楚的是，美术课老师为什么不上课，冲出教室？曹老师为什么不问青红皂白，就体罚我俩，就打人？还不准我们上课？这太不讲理！我们要把这个理，请曹老师讲清楚！"我这么一说，同学们更火了。接着我又提出动议：我们要到训导处请愿去！我的这个动议，得到了同学们的广泛赞成，有的同学喊道："走！到训导处去！"同学们纷纷地站了起来，向教室外走去，我和同学走近训导处时，发现有些同学迟疑了，放慢了脚步，不敢往前走了。我便说："快走！到训导处去！"到了训导处，不见曹老师，一位值班的老师问我们有什么事，同学们七嘴八舌地说，我们要找曹老师。这位老师说："曹老师不在，你们告诉我吧！我会转告他的。"我就把我们要曹老师说清楚的问题告诉了他。他说，"你们回教室去吧，明天，我会转告给他的。"同学们在训导处闹了一通，退出了训导处。我记不清楚了，是当天晚上呢，还是过了一、二天的晚上，我还集合了到校长家里当面向曹典球校长请愿，提出了两点要求：一是曹老师要道歉；二是要上美术课。曹典球校长是位慈祥的老人，沉静地听取了我们的意见后，说："我知道了！回去吧！我会处理好这事的。"我们就从曹校长家里走了出来。

这事闹了好几周，一直僵持着没有结果，期间发生两件事：一是高三的几个篮球队员晚上常到食堂去打游击（就是去吃饭，吃好的），用现在的话来说，是违反学校纪律，多吃多占，高一的学生联合其他高中的学生将高三的毕业班学生围困在寝室里，要求学校开除或者退学；二是当时吃饭八个人一桌，菜是不错的，有四个菜，班上几个同桌吃饭的同学，因为抢菜吃，学校决定将这桌同学分开，插入到其他桌中去。我对他们说"抢菜总不好吧？"他们说："我们以后决不抢菜了！"我找了学校有关方面，反映了他们的意见：一是不将他们分开，让他们改好；二是一定要分开，也得切实保证他们不受欺侮，能正常地吃好饭。有关方面采纳了我的第二点意见，经过学校这一整顿，食堂吃饭的秩序变好了。通过几件事之后，同学们可能看到我有智慧，有组织能力，能担当，又很仗义，便信任我了。这就是二年级一学期的事情了。

所以在反饥饿，反迫害，要和平，反压迫，反内战的运动里面，只要我一站出来，同学们就跟着我上街游行了，我也就很自然地成为学生领袖。

采访者：国民党方面有没有在中学当中发展组织？

张忠培：我不知道，我到解放后才知道有三青团。那个时候，我投入学生运动，就是对现实不满，觉得国民党腐败，光复以后，国民政府的接收官员，搞"五子登科"，苛捐杂税，美国商品充塞市场，中国市场经济萧条，民族经济衰败，生活中到处是美国的救济品，美国大兵开着吉普车横冲直撞，我们称之为"市虎"。当时美国人通过救济的方式对中国进行渗透，给你发美国饼干，给你美国布，或者去青年会喝牛奶不花钱，这类事情我都不会参与，觉得一个中国人应该有中国人的尊严。同时，我也受到了中共地下党员的影响。

前面说过熊飞老师，文艺中学教历史课的老师，也是一位中共地下党员。刚才说我领着同学冲出校门，领着同学到市里游行，第二天早上到学校时，看到满街标语，感到游行很危险。回到学校的那天，正好是历史课老师给我们讲历史课，这堂课他没有讲历史，却讲起来昨天游行的事情。他说昨天游行时，白崇禧已经准备下毒手，被湖南省主席制止了。又说白崇禧退到长沙后，就把湖南人陈明仁的部队纳入他指挥，并把这个部队置于前方，等等。后来，他又在课堂讲国民党特务怎么暗杀学生领袖，学生准备抬着棺材搞十万人大游行，全市罢课，又怎么不搞了，说什么国民党准备搞破坏，要破坏工厂、学校，所以现在更应该护厂、护校。在当时的形式，我开始看起报纸来，关心起内战，关心起形势来。因此，思想起了变化，从闹事转到了学生运动，从关心同学、班级这类事，转到关心国家大事，投入到学生运动中去了。

但是，美术课那件事，我们还和学校僵持着。有个同学对我说，如果我们全班退学，政府教育当局就会处罚学校，学校受不了这个，就会让步。我把他的话当真了，于是通过班会做出全班退学的决定，并以这个决定同校方进行交涉。校方对我们说，只要你们家长开具这个意见，学校便可立即办理退学手续。同学们纷纷激奋起来，表示要向家里争取，开具要求退学的意见书。

这个幼稚的想法没有实现。同学们真的要退学的时候，纷纷退缩了，消沉下来了，低头了。校方便拿这个事情来奚落我们。为了不让班上同学服这个气，低下头来，我就回到家里，找了庚叔（就是家里主事的那位叔叔），说明情况，请他到学校，给我办理了退学。他同意我这个请求，便找到学校，说了校方一顿，便给我办理了退学手续。这实际上是变相地将我开除出了学校。我之"退学"，自动地给学校除了一个祸根，减少了学校的麻烦，遏阻了班级闹事和班级的学生运动。我采取退学为同学鼓气的愿望是否实现了，因退学之后我就和班级再没有联系了，所以，就不得而知。但愿是如此吧！可是，我感受到做人的尊严，同时，我通过学生运动，得到了洗礼，自由、民主、平等这类思想，深深地扎在我心中！

（此为对张忠培先生采访的部分内容）

采访时间：2011年12月29日，2012年2月22日至3月20日
采访地点：北京张忠培先生寓所
采访者：常怀颖、李盈
采访大纲撰写：常怀颖
整理者：常怀颖

记忆——

王克林

2012年1月6日王克林先生接受采访

简 介

　　王克林，男，1935年4月生于四川省邛崃县，1956年毕业于北京大学历史系考古专业。中共党员，历任山西省考古研究所所长、山西省考古研究所研究员、吉林大学考古学专业兼职教授、中国考古学会理事。现任山西省考古研究所名誉所长、山西省考古学会理事长、山西省文物局专家组成员、中共山西省委宣传部"山西省华夏文明研究中心"顾问、山西省社会科学院历史研究所古代文明研究中心顾问、《文物世界》杂志顾问，享受国务院特殊津贴。从事中国新石器时代、夏文化、晋文化考古学研究。

　　专著有《〈山海经〉与仰韶文化》、《华夏文化谱集》、《山西新石器时代文化》、《华夏文明与"中国"之名探源》、《古代中国与东亚》（合著）、《北齐库狄廻洛墓》。曾在国内外发表《略论夏文化的探源及其有关问题》、《骑马民族文化渊源初探——兼论与日本古坟时代文化的关系》、《煤的发现、利用与人类文明进程——山西是我国最早发现煤的地区》等论文六十余篇，其中多篇论文为《新华文摘》等杂志转载。多次获山西省人民政府颁发的科技成果奖。

采访者：我们对您的采访主要包括三部分内容，第一块是1952年入学以后，您在北大的学习和生活；第二块是从北大毕业以后您的工作经历；最后一块，就是希望您能给北大考古文博学院提提建议，谈谈您对北大考古的教学、如何培养学生的期望。那么，您当时报考北大的就是报的考古专业吗？

王克林：是，报的就是北大历史系考古专业。北大考古专业成立是1952年，当时我是四川成都唯一考入北大考古的学生。这里还有一件趣事，当时报川大一个管教育的主任来介绍北大考古专业的情况，说这是一个新创建的专业，由郭沫若等人提出创立的。我是从私塾启蒙读书的，4岁就开始念《三字经》《百家姓》《大学》《中庸》《左传》，古文有一点基础。同时，我家里面又很注意培养孩子。所以，一听对考古专业的介绍，就很感兴趣，觉得又要学地质学，又要学古生物、学历史，学的东西很多，知识多学一点好，所以我第一志愿就是北大考古。当时我们四川考到北京一共考了七个人，我是其中之一，也是年龄最小的一个。

采访者：当时您是多大年纪？

王克林：应该是满了16周岁，快到17岁了，是考上北大年纪最小的一个。那一年川西行署教育厅决定，学生高中两年半就可以提前毕业参加高考，因为当时学生很少。我就是高中没有毕业就考大学，同时还记得当时的考题，有一道是成渝铁路的起点和终点，就是成都到重庆这个铁路的名称，从哪到哪。还有一个题目是"最可爱的人"，我写的内容是志愿军抗美援朝的事。川西行署决定为提高生员的学习成绩，高中毕业也好，没有毕业也好，通通集中学习，在成都成立了川西高中学生升学学习班（团），大概是这个名称。大概学习了4、5个月再考，考完以后我就被录取了。

采访者：这个学习班是学校组织的吗？

王克林：是川西行署教育厅组织的，成立了学习班（团），所以我们吃了"偏饭"，感觉新中国对青年学子非常重视，吃喝拉撒睡什么都管，还有牛奶喝，生活都很好。考完试以后，北大、清华、燕京三校合并，我们没有得到通知，所以我们考完就不要回家，直接到北京去上学。考试是9月底，记得10月1号国庆我们还在四川成都参加庆祝大会，还游行。我们升学团排在大学的前面走，是很优待的。1952年10月7、8号我们就离开了成都，直接到北京去念书。

我们走的是成渝铁路线，我是第一次坐火车，很开心的。一路唱着歌，歌名叫《西南青年》。到重庆住了一天，第二天早晨在朝天门码头上船，坐的是10号轮船，据介绍船是国民党炮舰改的，很高级的。到北京各大学的学生大概有三十多个，上北大的，只有另一个比我大四、五岁的上物理系的同学。到武汉后，第二天就坐京广路火车，于1952年10

月13号早晨到达北京，在前门车站下车。

由于院系调整，北大、清华、燕大三校合并，我们没有得到通知，北大在修建宿舍，没有地方住，迎接我们的人说宿舍还没有修好，你们暂时就住沙滩（老北大）。大概是十斋，在胡同里。学校组织我们去看毛主席的工作室，还有李大钊的展览，待了好几天，在沙滩住了大概有十几天。开始生活不习惯，早晨吃的是油条，馒头，我们四川人都吃惯米饭了，吃馒头都不习惯，就挑米饭吃，当时心里面还老嘀咕，这样吃下去还成？以后就慢慢习惯适应了。1952年底我们到了北大以后，也没有宿舍，就住在二体体育馆看台上（原燕大女生体育馆），里面铺着草席子，学校也很照顾，生怕得病，又给垫了一层。

这就是我考北大的过程和初到北大的一些情况。

采访者：那个时候是不是教学都学苏联那一套？

王克林：对，是苏联那一套，学分制，优良中劣。严文明他们那一班是五年制，我们是四年制。

采访者：您在北大学习是住在哪个宿舍？当时跟谁一个房间？

王克林：刚到燕大住在二体，后来住到35斋，在南校门挨着马路了。我们快毕业的时候又搬到大饭厅的东边。4个人一个房间。当时和张森水、徐元邦一个房间，其他的不记得了。他们还看我小，怕我摔下来让我住在下铺。

采访者：能介绍一下当时的上课情况吗？是跟历史系一起上课的还是分开上的？

王克林：有跟历史系一起上的课，比如张政烺讲的中国史，袁绍义是助教，上完课下来，有时候我老提问，跟着他问问题。教唐宋史的是邓广铭，邓广铭先生对我很熟悉，在成都开会时他曾提到我学习，说我是他的"一字师"，其实他念错的那个字是我故乡的县名，很多人读错，不过说明一个问题，知识是无穷无尽的，"活到老，学到老"而已。

当时北大考古专业师资的情况嘛，讲旧石器课的是裴文中、贾兰坡，分别讲世界旧石器（主要是欧洲部分）和中国旧石器。考古学通论是夏鼐讲，安志敏还带过新石器的课。郭宝钧讲殷周考古，苏秉琦讲秦汉考古，宿白和阎文儒讲美术史，我是美术史代表。林耀华先生讲人类学，向达讲西域考古，上课的地点是过去的文史楼东北角考古专业的库房，听说那就是以前马衡他们搞资料的地方，里面还有一些铜币。古文字是唐兰教。我第一次见到郭沫若是在北大老礼堂，就是办公楼的那个礼堂，他讲了古文"农"字的起源和字义。第一次听他讲课，很多外系的同学也去听去了，因为都没有见过郭老。

当时宿白是教研室的副主任，主任是苏秉琦。俞伟超、李仰松他们这一级当时还叫"考古专门化"，到我们这级就是"考古专业"了。我跟李仰松、俞伟超的关系挺好，他们都比我大，而且我也很活泼，他们老把我看做小老弟，我老是向他们问问题。

采访者：这些老师们上课的情况您还有什么印象吗？

王克林：我记得裴文中先生讲课有一个特点，讲课海阔天空的，他是外国留学回来的。有一次，讲到欧洲旧石器的考古情况，他还讲猛犸象冰冻以后尸体保存下来了，完全没有坏，人们还吃过猛犸象的肉，给我印象很深。他讲课很有特点，不拘一格，而且有很多的笑话，爱讲他自己的经历。

夏鼐先生是温州人，讲课有口音，听他的课很费劲，但我对先生的印象很深。夏先生说过一句话至今还印刻在我脑子里，那是1956年的上半年，我们在西安实习以后，住在西安"仁爱巷"。在陕西科学院，他召集我们学生开了一个座谈会，他说科学是什么？"提出问题也算科学，提出问题解决不了也算科学。"因为提问题本身就是一个科学，你不一定解决，也许几代人都解决不了，当你把这个问题提出来以后，就有一定意义，人们也就得继续走下去。所以，这一生我做学问跟他的教导是分不开的。我在北大毕业后又分配到中科院考古所，在他领导下工作。后来调到山西，每次去看他，他老向我讲考古调查的重要性，问你们调查的怎么样，调查要腿勤呀。同时也经常问我们田野工作学习情况怎么样。我在回忆录里面曾提到，夏先生对我从事考古学研究有很大的启示，例如我在写《水井的发明与意义》等有关论文中，讲到史前世界各古老文明的水利灌溉时，曾请教过夏先生古埃及的灌溉，受益匪浅。

采访者：我们再回忆一下其他的老师吧，贾兰坡老师呢？

王克林：贾兰坡老师给我留下印象，因为他过去是跟裴先生是一个搭档，后来裴先生出去以后，他就主持了周口店北京猿人遗址的发掘。旧石器的发展情况大多还是归功于裴老。贾兰坡上课一共有三本书，《中国猿人》，《山顶洞人》，还有《河套人》，当时旧石器没有什么书，这三本书是经典。裴先生上课只有一本书，书名大概是《中国史前遗址》，当时我们中国考古专业的图书非常缺乏。这就是我们专业的基本读物，就是贾裴二老这几本史前考古书籍，在我印象中其他的就没有什么书了。所以我们每晚自习都到文史楼去占座位的时候，就要借这几本书。

裴老很开朗，讲课很随便，贾兰坡先生比较谨慎一点。贾兰坡还自学了英文，他对考古学有很深的造诣，给我的印象是很勤奋，我们关系也挺不错的。因为当时考古学生很少，寥寥无几，大家彼此很熟悉，唐兰先生我们也都很熟，因为就这几个学生，走动也很自然的。贾兰坡先生也很注意调查，老跟我说，你们将来的报告不一定写的完美，因为国家在建设，东西在破坏，我们现在收集一些资料也很必要，怎么办呢？就是多调查。后来我当所长去看他时，他也多次提到说你能不能组织一帮人，把本省的调查资料收集起来，就是一本很好的史前考古学报。我觉得他说的很有道理，哪怕几个陶片，几个石器，也是资料，考古工作离不开资料调查。同时他还要我多想问题，写出好的著述。

宿白先生当时年轻一点，讲课开阔一些。阎文儒先生讲的旧的东西多一点，总的来讲我们专业的老师还是比较勤奋。

采访者：当时林耀华先生上人类学的课，您能回忆下林先生吗？

王克林：林先生我有印象，他写过一本彝族调查的书，我读过，后来我写过一篇关于人祭起源的论文，就参考过他的著述。半坡遗址发现的大房子下面有人头骨，我认为它的人祭的起源跟人殉是两回事。林耀华先生讲课，讲民族学比较多的是佤族和彝族。我记得他讲过藏族一妻多夫的婚姻状况，就是兄弟几个可以娶一个妻子，有一条鞭，如果鞭子挂在谁房门口，就说明谁在家，其他人不能进去。另外，他讲西南的民族比较多，讲两广的侗族比较少。

采访者：苏秉琦先生呢？

王克林：苏秉琦先生是我们考古专业教研室的第一位主任，他人很聪明，但是不善于诱导同学。他讲秦汉考古，但这段考古资料太少，没给我特别深刻的印象。我在侯马工作的时候，苏先生常来侯马工作站指导田野发掘工作，并要我辅导北大两届考古专业同学的生产实习，这样我们接触机会就多了。

这里我还要讲的是胡厚宣先生，先生虽然没教过我们，但他在古文字方面曾经鼓励我把古文字学拾起来，后来我写"侯马盟书"的考释，就发挥了作用。

采访者：当时有没有博物馆方面的课？

王克林：有。是佟柱臣、韩寿萱上课，韩寿萱是中国最早学习博物馆学的，他讲的是博物学的起源。

采访者：您刚才说的这些课当时都有教材吗？

王克林：没有教材，都是讲义，就是油印的那种。都是写了几篇提纲，老师在上面讲，学生在下面记。讲义跟笔记都不在了，前几年我还有几本北大的。我记得我在北大上课时，那个凳子很矮，桌子还歪着，侧着身子写这个姿势，后来我写字歪着跟这个有关系。当时北大的课堂都是这样。我上课常准备两三支钢笔，一面听讲一面记，脑子两用，记前句的时候就注意听他后一句，"打字机"一样。

采访者：当时您最喜欢哪门课呀？

王克林：我喜欢的是史前的旧石器和新石器时代考古，原来打算去古脊椎所搞旧石器考古，裴先生也想我去他们所。可是，我们十来个同学都被中国科学院要去了。后来我的同窗好友又是儿女亲家的张森水告诉我，裴先生还问王克林怎么没有来呢。他就说被考古所要去了。看来人生也有不如意事，都是一个美好的回忆。

至于我的考古生涯，即田野考古，可以说从学生时代就开始了，值得一提的有两件事。第一件是裴老曾讲过的一句话，他说考古要"腿勤、手勤、脑勤"，连墙壁上老乡打的土墙，我们搞考古都要仔细观测和调查，所以我一贯重视考古调查。当时学校里面正在盖房子，有很多工地，都堆满沙子和石子什么的，有时候我就在沙堆里面刨，我还捡到两件新石器，就拿给裴先生看，裴先生说这个是新石器没有错，一共捡到三个，有两个还是玛瑙。有时我还专门到万寿山、颐和园捡石英石和调查。这就是我考古生涯田野工作的一个开始，在今年我还提倡作为考古工作者一定要"三勤"的原因。

另一件就是在中关村发掘瓮棺葬。我在中关村教师宿舍前发现了一座墓葬，有几个陶器，很碎的。后来李仰松要我去发掘，因为他那一年刚毕业，又知道我很感兴趣，教给我如何发掘，如拉皮尺、测量、画图等，就这样清理了两座墓葬。以后北京市建委还询问过这一件事，因为这是中关村的历史。发掘简报我在《文物参考资料》发表了，很简短的，大概是二、三百字，就介绍了情况。因此可以说我的田野考古工作就是从这时候，这样开始的。

采访者：当时在学校吃饭是在哪个食堂？

王克林：在大饭厅。我是生活干事，管吃饭生活方面的事。当时学校为了保证学生的学习，保证每个学生每天四两肉。主食有馒头，有米饭，还有面条。面条是一个大桶，有女同学是大辫子，辫子都掉到饭桶里面去了。还有锅巴，我们上晚自习有时候拿着吃。马寅初校长当时很关心学生，四两肉，一个月是十块钱伙食费，四川的更好，我们高中同班同学说你们比不上我们，我们有牛奶，还有很多好东西，还有小吃。我们当时很有福气。看病叫医生有医务室，就在未名湖的旁边。东门有一个邮局，可以取钱，家里面寄钱来就到东门去取。第二体育馆是女生的，现在历史系的教室过去是留学生的宿舍。

采访者：徐苹芳、俞伟超先生跟您是上下届的同学，您当时跟他们接触多吗？

王克林：初到北大，人生地不熟，全靠这些老同学关照了，除徐、俞二位外，还有赵芝荃、李仰松，他们都把我当小弟弟看待，因此都比较熟。走得最勤的是俞伟超，1956年我们在河南陕县刘家渠上村岭考古工地就共事了。以后在我所长任期内，常请他来讲学和指导工作，如朔县汉墓工地的发掘等。老兄最大的特点和生活情趣就是爱聊天，他曾对我说特别喜欢跟研究生聊天，一个晚上一个晚上的不睡觉。烟瘾也很厉害，晚上还喝啤酒，还要熬夜，熬夜以后他还要写东西。他1988年出版的《中国古代公社组织的考察》一书，就是在晚上聊天后加班写出来的。他生活非常不规律，我劝过他多次。

采访者：您跟同班同学里谁关系比较好？

王克林：我跟张忠培、黄景略比较好。我和张、黄二人不仅同班，后者还是我的领导，侯马晋国遗址共同主持发掘多年。尔后我们三人又共同在山西太谷白燕主持发掘，因此吉大实习同学都称我们"三兄弟"，其亲密程度可见一斑了。还有我的同乡唐荣芳，老大姐经常教给我如何洗衣服。魏树勋在安阳的时候是我们的队长，是一个极左的人，反资产阶级权威都是他干的，主持田野考古工作不领生活补助就是他出主意的，这个人去世了。还有叶小燕，她比我大两岁，过去都把我当小老弟看，我这个人也比较活跃，比较爱帮忙的人，让我干什么，我也快跑给他们办。

采访者：您第一次参加学校的生产实习在半坡是吗？当时情况能介绍一下吗？

王克林：是的，我们的生产实习是在半坡，那是1955年的下半年，这次是正儿八经的考古生涯开始了，叫生产实习。由李仰松带队，我们全班大概有19个人，两个人一个探方。我跟阳吉昌一个探方，郑笑梅和徐锡台，耿引曾跟魏效祖，张森水是跟唐荣芳是一个探方，其他就记不得了。

石兴邦在为我的书《〈山海经〉与仰韶文化》一书所写序言中，还特别提到了这一段生产实习的历史，因为我们这一班是考古学的开拓者。这次实习还有一个值得回忆的地方，就是通过实践认识学习考古学如何反映古代社会。考古跟历史科学不一样，一个从实物资料反映历史，一个从文字记载方面反映历史。我们通过生产实习对这个问题有了一个深刻的认识。

值得一提起的是我们在学校上课时，发生过这么一件事，张忠培提出关于阎文儒在上美术史时将共产主义与佛教的西方极乐世界相比的问题，说这样将社会主义与西天的极乐世界联系是错误的，当时批判了阎文儒先生一通。后来教务主任表扬我们这一班学生，说马克思主义怎么和极乐世界相比较？但却说明了一个问题，当时我们教学的理论水平是低下的，就是说考古学本身这个学科的宗旨是什么，理论基础是什么，认识还不够到位。

另外，在半坡实习的时候，我们班做过一次田野考古发掘实物现场展览。记得是由张忠培、黄景略和我几个人组织，大家轮流当讲解员。一面发掘，一面在半坡遗址的下面摆摊子，把发掘的遗物什么的摆出来，有陶器、石器，还有鱼钩。因为考古本身在当时广大群众眼里都不太了解，人家不理解考古是什么。我们这次展览效果挺好的，宣传考古学，讲几千年前史前原始人生产生活状况。这次现场展览是我们将考古走向社会的开始或开创，很有意义。石兴邦先生非常关心这一件事，以极大热情说这一展览"开创了考古学走向群众的开端"。又说这一班的学生对考古很热爱，很有激情。后来由于半坡发掘很有成绩，受到中国科学院奖励，我也得到了奖品。这种工地宣传工作，我在考古研究所工作时，也作过多次，就是摆地摊，去宣传。例如1958年我在山西永济东庄村发掘新石器时代遗址时，我们同样在外面摆摊，摆一些陶器。当时有人说这是干什么的？卖膏药的？我说不是卖膏药的，我们是考古宣传，从而很多农民知道考古原来是这样的。

采访者：这次是第一次的正式考古发掘吧？当时什么感觉？

王克林：感觉很新鲜，很开心，第一次看到了红烧土。但产生了疑问，这个房子是火烧毁的吗？还是夏商周三代时期的所谓"墅周"式的房子？这是我考古研究发出第一个疑问，给我印象很深。第一次实习一切都感到新鲜，可以做的工作很细。每天画图，一个图要花费两天时间。

采访者：指导老师都有谁呢？

王克林：北大是李仰松带队，辅导老师有金学山和石兴邦两位，主要是石兴邦指导。石兴邦很厚道，是一位温文尔雅的学者，基础知识也很扎实。据说他是夏先生在浙江大学的研究生，他教我如何记录发掘，了解地层情况和遗迹，还有遗物的表述，我们就接受这么一套考古发掘规程。因此，石兴邦先生也是我们田野考古学的启蒙老师。

采访者：1956年的上半年您又去张家坡实习了？

王克林：对，沣西西周遗址，领队是王伯洪。那一次是发掘比较成功，我挖到一个房子，为什么确定这是一个房子呢？因为有一条路土，因此现象扩大，找到门道，往下就是居住面。同时，发掘工作也比较细致。

采访者：您能回忆一下王伯洪先生吗？

王克林：王伯洪这个人比较邋遢，不修边幅。他是一个老同志了，终生没有结婚，是考古所的助理研究员，而且是一个老党员，当时我们对老党员都很尊重。1960年他到山东曲阜劳动锻炼，我跟他还在一个中队。我和他都生病浮肿，全身没劲，组织上安排我和他到曲阜城关公社整理机关档案。他比我大十多岁，算是忘年交吧。后来我调到山西工作，他还到侯马来看我，这个人很讲情义，我也很尊重他。

采访者：刘观民先生呢？

王克林：在学校我和观民是上下届的同学，我刚到学校，记得就是他接待的，给我介绍历史系情况。在中科院考古所我们是同事，在沣西考古工地，他也指导我们的发掘技术。这个人脾气暴躁，爱训人，我们关系还是不错的。在考古所工作多年，我很尊重他的考古指导水平和田野发掘技术，特别是对夏家店遗址的发掘，做出了很大成绩，可算得是燕山南北夏家店文化的开拓者之一。我还到他那里参观过，主要是想实地认识一下燕山南北史前文化面貌，以及那里出现中国史前文化的卜骨情况。

采访者：当时毕业的时候要做论文吧？

王克林：当时就是交实习的报告，我大概交的是沣西遗址发掘报告，指导老师是王伯洪。

采访者：还有哪些参观学习您能回忆一下？

王克林：一次去的是云冈，是在1955年，由宿白带队到大同，主要是参观云冈石窟，并对一些小石窟做资料收集整理工作。我负责一个小石窟的绘图、照相和佛像石龛的记录。还到云冈西北面高辛镇调查新石器遗址，捡了几件细石器。当时老百姓还把家里保存的瓶、罐等拿出来卖。

第二次参观是在1956年的春夏之交，阎文儒先生带着我们去看龙门石窟，要求我们测绘和画图。

1955年52级同学在大同云冈石窟实习。

总的讲，培养一个学生，培养他的兴趣很重要，兴趣是他的老师。但开拓性的话语对他们一生是很重要的，我的学生时代和我的成长是和我提到的诸位老师和学长的教诲分不开的。

采访者：您能介绍一下1956年毕业到科学院考古所工作的情况吗？

王克林：在科学院考古所，我工作没有几年，从1956年到1961年待了五年的时间。给我印象很深的是对考古学这一新兴学科的认识，考古学是多学科结合，是包罗古代很多学科内容的学科。

我从事考古工作的第一站是在河南陕县庙底沟，单位名称是中华人民共和国文化部与中国科学院联合考古队，任务是配合基建，对象为黄河三门峡水库工程。参加这个项目主要是对发掘遗址的性质或内涵进行判定，确定是仰韶文化遗址。

1955年52级部分同学在大同九龙壁合影。左起：魏效祖，郑笑梅，王克林，阳吉昌。

这次庙底沟遗址发掘的最大收获，就是发现了仰韶过渡到龙山文化的庙底沟二期文化。庙底沟文化遗存包含有一批墓葬，墓葬形制均为长方形竖穴，只有人骨架，大多数无随葬品，仅有一座墓出土有一个陶杯。庙底沟遗址的考古意义，就内涵看，它确实是1926年李济在山西夏县西阴村仰韶文化向南的拓展，不是什么新的发现，只不过我们当时限于资料，没有深入研究罢了。

采访者：哪一年发掘河南陕县上村岭墓葬？

王克林：是1957年，上村岭的发掘。发掘了一个太子墓，原来对墓葬的年代判定，认为是属于春秋早期的，后来听说根据郭沫若的意见，认为是西周晚期的。这里面值得一提的是，我们第一次把车马坑完整地揭露出来了。我1955年去拜访夏先生，我见他的时候他还提这个事。他说当初你们发掘是很有成绩的。

在发掘方法上，我将现代民俗学和民族学的资料运用上，做了考古调查，把农村里面的车子作个比较，看车子有多宽，车辕有多长，车的结构如何，有了一定认识。然后逐步清理各个部位，互相联系，摸清了车的形制。这一发掘方法，很多同学说你挖的很棒，值得借鉴。林寿晋跟我说："你立了个大功！"后来安阳殷墟发掘车马坑，他都安排我主持，如孝民屯那座完整的车马坑（还有一个殉人），就是我清理的。

挖虢国墓遗址的重大收获是确定了它的年代和定位，在发掘期间，科学院历史所还去了一个参观团，张政烺也在团里，对我的介绍很感兴趣。期间，我国文物界的前辈，上海文管会主任徐森玉也到现场参观过，对我这个考古战线的新兵（当时我才二十来岁）给予表扬和鼓励，这也是一个美好的回忆，本来还有照片留念，但现在找不着了。

采访者：您能介绍一下1958年芮城东庄村的发掘吗？

王克林：我在科学院考古所的又一段工作，是1958年上半年参加考古所山西队对山西芮城东庄村的发掘。东庄村位于黄河边上，当时这个遗址都冲的差不多了，遗址跟半坡不一样，实际上是半坡类型往东边发展过程的一个点。这个遗址的文化遗存是半坡向庙底沟过渡或融合的典型遗址，我认为这一遗存符合徐旭生先生古史研究中提出的黄帝和炎帝两支向东发展的过程，即半坡类型后来向东南方向发展的一个重要地点，是半坡类型向东发展的一个证据，这也是这次田野考古最大的收获。

到了1958年5、6月份，我带领一些同事，主要是张手明，从东王庄西向风陵渡，沿黄河做了考古调查，发现了东王、西王村两个仰韶文化晚期的遗址，弥补了仰韶晚期遗址的不足，可惜这个遗址已被黄河冲完了。但我们调查试掘的这批实物资料，因为灰坑堆积很好，陶片都是平底的，为以后山西队对在西王村遗址的发掘做了铺垫，填补了晋西南仰韶庙底沟文化的序列。

1958年下半年就是"整风运动"，刘兆勋是副所长，他是山西人，我正好在西王村发掘，就被调回洛阳整风，此外，长江队、湖北队都被调回去整风、整顿。我们去晚了就挨批了，说这是组织原则，批评了带队的胡谦盈和陈作良，整风运动完了以后我就被分配到殷墟发掘。

中科院考古所殷墟发掘队的发掘任务是小屯村西边遗址，目的是想了解殷墟宫殿区西南遗址的分布情况，结果发现一个大灰坑，一直由南向北延伸。钻探结果可能与洹河相接，估计其遗址是起着殷墟宫殿区的外围防御设施。这一发现对殷墟考古是有重要意义的，后来的发掘如何，我就不知道了。殷墟发掘时，我们住在王峪口，到工地要经过花园庄，当时是"大跃进"的时代，我们办"红专大学"要求知识分子和科研人员又红又专，我还是校长，其职责是给全队人员讲课。晚上自习，每个人一盏煤油灯。在那个时候考古工地生活很单调，没有收音机，苦到什么程度呢？我们还不领补助费，说领田野补助费是什么"资产阶级法权"。冬天收工了，我们还要下放劳动锻炼，去小屯村帮农民淘粪、种庄稼、收棉花。

在安阳队的考古发掘工作期间，值得一提的是1959年我主持安阳后岗、龙山、殷墟遗址的发掘。这个遗址就是当年梁思永发掘的仰韶→龙山→殷墟"三叠层"遗址。遗址是焦炭厂改建而发掘，工地条件很差，可谓就在焦炭中间，四面都是火，每天鼻子都是黑的。每天我们都带饭去，生活很艰苦，早晨一个馍和一点咸菜。下雨天没有雨衣，就是一个草帽，工作周围是烟熏火燎的。所以，当时同志就编了一个顺口溜，说"考古考古，光棍好苦"。同时，我还带一位湖南大学实习老师早出晚归，还好挺有兴趣，坚持下来了，可是我却落下了肺痨的毛病。而这段工作有意义的是，为我对史前、仰韶、龙山和夏商考古等文化认识奠定了深厚的基础。

1960年我从安阳回所,正月结婚,二月我们夫妻俩同科学院考古所、历史所、哲学所一大批职工,不管是高级的,中级的,初级科研人员,大约近二百人,响应党的号召,去山东曲阜劳动锻炼。为什么要去曲阜呢?据说是曲阜有古遗址,当时是想考古所劳动锻炼跟地方劳动结合,我们可以一边进行考古实践,一边耕种。后来可没有这样实施,直接落户农村。在下放劳动锻炼期间,有严格生活记录,实行"三不"纪律,即不准买点心什么的,不准下馆子,不准吃农民的东西。这些纪律我是严格执行,例如同老乡上集卖葱或者什么的,他们进馆子喝酒,我们也不进去,拉我我也不去,因为我得遵守纪律。有的人没有遵守纪律就挨了批。后来我得了严重的疝气和浮肿,住进了公社医院,同历史所的李学勤同志同住一间病房,成为好病友,想起来也是很有乐趣的。

采访者:您是什么时候调到山西工作的?

王克林:1961年初。在北京中央机关的干部,包括科研单位,在党中央"调整巩固充实提高"政策下有所调整。其实考古所办公室主任告诉我,准备调你去山西考古所工作,不去也行,仍在科学院考古所工作。但为了响应党的号召,我立刻表态过去。我为什么要去呢?是为了想研究黄河文化。我也在山西工作过,1958年我曾在那里发掘过仰韶文化遗址。此外,还有一个深层次的理念,因为在读初中时对黄河很向往,那是中华民族的文化摇篮,现在从事考古工作了,是一个机会,后来我的所有著述也都体现了我这个初衷。所以我就毫不犹豫地来了山西。

1961年5月我就到了山西,国内"大跃进"的年代,文物工作也要跟上。在侯马为配合基建工作,在位于厂区的晋国遗址进行大规模发掘,这是国家文物局主持的,参加发掘人员是由文化部调集来的全国各个省市的考古力量,计有广东、江西、上海、山东、河北等的考古队工作人员。我来山西后,就参加了这个工作。当时的工作情况,据介绍黄景略是副队长,张颔是队长,负责人是国家文物局的王书庄副局长。不久发掘工作告一段落,黄景略就调回返京了,时黄景略主要负责田野发掘方面的工作。尔后的发掘,队里决定工作的发掘规程以及登记、田野技术由我管理。这次发掘规模不亚于1960、1961两年。发掘对象是厂房编号22号、21号地点的铸铜遗址、货币遗址和祭祀坑等。其后,省里决定我任副队长,对27号石圭作坊、秦村盟誓遗址和配合侯马的基础建设考古等,均由我主持,并作为工作站的业务负责人。我对晋国遗址的配合考古工作主要就是这些。

采访者:侯马上马墓地的发掘您参加了吗?

王克林:我主持的。开头是我搞的。

采访者:当时是什么样的情况呢?

王克林:上马墓地的发掘目的和任务是为了搞清楚晋国遗址的年代、布局,与侯马牛村古城几座大城址、墓地的关系等有关问题。当时为什么选择我呢?苏秉琦先生说,老队长黄景略和侯马工作站畅文斋等人一致推荐克林掌印,因为他挖过虢国墓,非他不可,他有经验。所以就让我去了。当时站里考古技术有限,仅有我一个人带上一个绘图工就开工了。

对上马墓地的发掘，我是做好了充分的思想准备的，多次观察墓地的地形、地貌，即旧有观念所谓考古"望气"，并拟定了周密的发掘方法。首先，在详细了解墓葬的数量、形制和分布后，发掘位于中心的一座大墓，其他墓葬以这座墓为中心，并随地形向一侧排列成"一字形"，逐一进行发掘。这样兼顾了墓葬的年代，由中心向外埋葬的次序，早的当然在中心，同时也便于人少好操作。其中 13 号大墓对上马墓地在断代上进行对比，及古城组的年代问题判定，起了重大作用。

我对上马墓地发掘的第二个体会，就是墓葬发掘也是有一定风险的。为了省工，我由断崖暴露的第 11 号墓开始发掘，没有注意到未清理掉的流沙，差一点将我盖在里面。所以从此以后，我特别强调安全，都是教训得来的经验。

采访者：后来"文革"期间工作就等于停顿了？您当时受冲击了吗？

王克林：嗯，工作就停顿了。我受冲击还好，说是"资产阶级学术权威"，没有挨斗。但是我们学校毕业的两三个学弟，由于家庭原因和个人经历受到冲击和批判，整个侯马的田野工作停止了。整天开会搞运动。然后，大约是在 1969 年或者 1970 年，我参加侯马秦村一带战国末的"回"字形殉人墓葬发掘。

采访者：请您谈谈 1973 年对北齐库狄回洛墓的发掘吧。

王克林：1973 年，山西寿阳县东垴村农民为了修渠什么的，发现了一座由封土堆、斜坡墓道、单室砖墓组成的北齐大墓，后来由出土墓志得知，墓葬主人为北齐寿阳王库狄回洛。这是一座砖室墓，并带有仿木结构，随葬品有鎏金铜瓶、唾壶等十多件精致小巧玲珑的铜器，以及玉器、黄釉陶瓷器、大量陶俑等，但是唯独没有骑马俑出现。由出土器物来看，虽然比不上后来在太原南部发现的娄睿墓那样精彩，但它却有很大考古学和历史学研究的价值，墓葬中成批鎏金铜器，特别是其中的卵形铜瓶，形制特征正与日本群马县高崎市日本古坟时代墓葬出土的铜鎏金瓶完全一致。日本这类古坟时代的铜器，是从中国北部五六世纪传到日本的，从而也就解开了中世纪"东北亚丝绸之路"这段历史，说明当时山西大同为丝绸之路"终点站"，由此向西可达中亚，向东可到当时海东诸国，包括朝鲜、日本等地。这件铜器虽小，但却清晰地揭示了这段史书上少有记载的当时两地人民的交往历史，其学术和历史价值不言而喻。

另外，谈一下魏晋南北朝文化和日本古坟文化交流的情况。由于库狄回洛墓出土的这件鎏金铜瓶，推动了古今中日两国间文化交流史和两国同行的学术交流美好佳话，因此，后来于 1989 年和 1990 年间，我两次应邀去日本进行文化交流。1989 年是参加观音山古坟时代国际学术讨论会，我以库狄回洛墓葬为题材，与日本古坟时代文化相结合，做了学术演讲，收到了良好效果。1990 年的一次是应日本高崎市长邀请，去该市进行"中国北朝文化展"交流，并做了两场学术演讲，对该市人民产生了很大影响，从而使山西考古第一次走出国门，迈向世界，为山西考古增添了光彩。因此，当时中共山西省宣传部《宣传消息》刊物，以《铜瓶铁胄赴东瀛》为题，予以表彰，在文物界也得到好评。

采访者：后来1975年还是1976年，刘绪老师不就到山西来了吗？他后来还当过副队长，您对他有什么印象？

王克林：他是一个忠实朴素的党员，是上世纪70年代山西省文工会考古队的副队长，是我们的领导。当时指导员是我们北大毕业我曾辅导过的祁慧芬同志，他们都把我当老学长看待，工作配合得很好。这段时期我主要的工作是参加了由中国社会科学院考古所、中国历史博物馆和山西文管会考古队联合组织的"东下冯考古队"，对夏县东下冯（夏）文化类型遗址进行发掘。其间中断过，是1976年山西文工会派我去省委主办的山西交城农场"五七干校"学习，主要是劳动，干农活什么的。一年后回机关，仍参加夏县东下冯遗址的发掘，并在解县关帝庙对东下冯资料进行整理，编写发掘报告，一直到1979年。这六七年的夏文化考古工作，收获是很大的，它奠定了我对夏文化考古的研究，我的老习惯是发哪段考古，就要看那一段的历史文化资料。几年下来，基本上理顺了历史与考古相关资料，拟就和发表了《从龙山文化的建筑探索夏文化》和《中国古代文明与龙山文化》等与夏墟和文化起源相关的论文，建立了夏族与文化源于晋的理论，这就是我这一时期考古工作的收获。

采访者：中间还有一段，就是80年代张忠培先生带着吉大的人到山西做发掘？

王克林：这是我考古生涯中很有意义、还很精彩的一段回忆。大约1979年底，我到吉林大学开会，张忠培是教研室主任，我们就谈了山西的考古，当时他还没有打算在山西开展工作，后来听他说在天津看到过去一个简报，说到像山西万荣有一件陶鬲，形制像北方系统的，引起了他的兴趣。后来他跟我联系，说他跟黄景略说了，我们要在山西开展工作，安排吉大主办"在职人员考古训练班"和吉大学生实习。在此事之前，汾阳文化局何局长带来新石器时代的几件器物，让我鉴定，其中一件带把石刀引起我的注意，其性质与陶寺文化类型相似。这一时期，我所副所长彭城同志管理全所的日常工作，他对考古事业很热心，跟我谈了几次话，希望把山西考古工作展开，望我组织人员去调查。我答应了他的要求，想到吕梁晋中和忻州及其以北地方还未展开正儿八经的工作，于是提出先在吕梁地区开展工作。因此，我就组织罗新等六七人，展开了对汾阳、文水等地新石器和夏商遗址调查，发现汾阳峪道河是一个很丰富的遗址。是年，吉大历史系考古专业教研室主任张忠培同志正式提出在山西为培训班和学生实习基地，这就展开了对山西考古工作有意义的工作。工作开始后，我们先选择发掘地点，先后在晋中、吕梁和忻州等地踩点，最终选址定在晋中太谷白燕遗址。因为该遗址遗存丰富，从仰韶到龙山，及夏商周文化都有，同时驻地和交通都很方便，从而展开了白燕遗址的发掘。工作历时五年许，其间先后组织了对汾阳以西的西文水、中阳、离石、柳林等地有计划、有目的的大规模田野调查，并试掘了多个地点。又重点发掘了汾阳杏花村仰韶、龙山等文化遗址。其发掘报告已问世，可见《晋中考古》。1985年前后，我们又组织了游邀遗址的大规模田野考古工作。上述多项考古调查、试掘、发掘的开展，极大地丰富了山西考古的内容，有效地填补了晋南以霍太山以西考古文化的空白。在山西考古工作是很值得欣慰的事情，也是我从几处遗址中工作、学习的收获，其收获即是萌发了"晋文化考古"的课题，从而写了《晋国探源》等一系列与晋文化考古有关的研究文章。

随着时间的推移，1985年以后那几年，同窗张忠培调任故宫博物院院长，黄景略升任国家文物局副局长，吉大特聘我为该校兼职教授，其时我也被任命为山西省考古所所长。同时，管理白燕工地的负责人许伟同志生病，离开了工地，所以吉大在游邀的发掘和白燕的资料整理，大都是由我安排的。总之，这几年在国家文物局领导下，与吉大合作，开展了上述考古工作，也丰富了考古资料和研究成果。对山西来讲，丰富了其文化内涵，填补文化空白，是很有意义的。

采访者：请您谈谈您任山西考古所所长期间的工作情况。

王克林：从1984年起，回眸过去我在山西的二、三十年工作，如果说我在考古所做了几件事的话，第一个是在组织建设方面，建立了旧石器时代研究室、新石器时代研究室、商周考古研究室、秦汉及以后历史时期考古研究室四个研究室（后来改称组）。

第二是指明工作任务，要求带着课题做工作。比如旧石器时代组织成员，除从事本组业务发掘外，还要配合基本建设发掘。其他几个组也如此。

第三，建立课题研究方向。比如说，我们晋西北是殷周时期戎狄民族青铜器文化的所在地区，这个课题组就研究北方青铜器文化，这个题目当时是马升负责，因为他是汾阳人。还有宋建中，是长治人，就搞晋东南地区的考古。这样安排，他们就有了研究方向和奋斗目标了。

第四，在主持山西考古工作及研究的指导思想上，我曾设想跨地区性的大课题研究。比如，1985年第一次晋文化考古研究讨论会，就提出与相邻省份河北、河南共同研究。在培养人才上，各大学来山西实习都欢迎，因为山西考古很多地方是空白的，大兵团作战有好处。

第五，积极组织一个有一定业务水平的考古队伍，大家知道方针已定，人是主要的，所以我积极地想方设法地要考古专业毕业生。比如田建文当时已分配到山西师大，我到临汾找他们系主任要了回来。还有分配到山大的李壮伟，我也要回来了。所以，那几年我就狠抓队伍，人员已经有七八十个人了。

第六，为考古研究提供资料，如储藏库房等。上世纪80年代中期，我们所在侯马买了一所海军的资料库房子。自买下之日起，就将所内田野发掘的资料放在那里，后来白燕的资料也放在那里了。听说社科院考古所也仿照我的样子买了间房子。因为我的指导思想要使我们工作有所发展，没有后勤不成，没有房子不成，要与时俱进嘛。条件具备，有了一个人员比较多的考古专业队伍，后勤有了一定的保障，我们所就有一定的能力保障田野工作。其时的工作，可用八个字来形容，即"四面开花，全面出击"。

田野考古工作大致就做了这几个方面：

一是我们所与大学合作的实习工地，在我任职期间，有北大的曲沃、翼城西周遗址发掘工地。其次是与吉大合作的，在忻州的游邀新石器时代遗址发掘工地。再次是与山西大学合作五台山阳白龙山文化遗址发掘工地。最后是与中国历史博物馆合作的垣曲商代城址发掘工地。

二是我们所配合基本建设的小浪底考古调查工作，及省内各公路的基本建设工程的调查，共有五、六处。

三是配合榆次猫儿岭基本建设的考古工作。

四是主动发掘旧石器时代的蒲县细石器遗址、塔水河遗址、丁村遗址、襄汾崮堆山等。

五是新石器考古方面，主要的工作有翼城北橄、洪洞侯村、曲沃东许、翼城南石、大同小马庄村，以及晋东南小神遗址等十几处遗址。

六是商周考古方面，主要的工作有灵石旌介墓的发掘和太原东王村东周赵卿墓的发掘。

七是秦汉时期的考古，主要有对夏县汉墓的发掘、柳村汉画像石墓的发掘，以及右玉善字堡汉墓的发掘。

八是大同南郊北魏地区和云冈窟前遗址的发掘。

总之，田野工作每年都有十几处。

采访者：您在科学院考古所和地方所工作这么多年，回过头来能对北大考古提一点希望和建议吗？

王克林：我对北大、我的母校感情很深，跟高明、李伯谦、邹衡等人的关系都很好的。过去北大来山西实习都是我接待，在人际关系上我们彼此很融洽。为了达到培养人才这个目的，也应当这样做。

过去北大也很尊重我，总的感觉我们北大的学生，出来以后工作能力都很强，在学术上都还有一定的建树。

我对北大的教育方面提不出什么意见，可谓"不在其位"，不切实际的话就不说了。但我对考古学的目的、任务是有想法的，就是说在考古学理论上，在我看来是应当加强的。特别是如何以哲学理论引导考古学研究，否则我们会跌入为考古而考古的地步，"失去见证的历史会变得虚无缥缈，见物不见人的文化是失落的文明"。

两天来你们对我的采访，给了我一个难得的机会，回顾了我60年来的考古认识。在田野工作方面，概况地说，除旧石器时代我没有亲自参加外，每个时段的考古我都有所接触，并且对那个时段的历史都有一定研究，所以我的考古生涯是丰富的。人到后半生自然感慨良多，身体又不好，体弱多病。常言说，"诗以言志"。在这里，我就用我最近写的一首诗的两句，"疾病缠身终不悔，人生考古两相依"来结束我们的谈话吧！

　　　　采访时间：2012年1月6日、1月7日
　　　　采访地点：山西省考古研究所
　　　　采访者：金连玉、王子奇
　　　　采访大纲撰写：金连玉、常怀颖
　　　　整理者：金连玉

记忆——

王世民

2011 年 12 月 28 日王世民先生接受采访

简 介

王世民，男，研究员。1935年7月出生于江苏徐州。1952年考入北京大学历史系考古专业。1956年9月毕业后进入中国科学院考古研究所工作，历任研究实习员、助理研究员、副研究员、研究员，参加过汉长安城的发掘。1957年至1958年和1961年至1966年在所学术秘书室工作，1958年起负责考古所的资料工作，1978年8月起任图书资料室主任。1995年8月退休。1959年起先后参加了集体项目《新中国的考古收获》《中国历史地图集》《新中国的考古发现和研究》《中国大百科全书·考古学》《中国青铜器全集》的编撰，1979年起负责领导《殷周金文集成》的编辑工作。1995至今先后编辑、负责整理出版了《夏鼐文集》与《夏鼐日记》。

主要论著有《商周铜器与考古学史论集》，《新中国的考古发现和研究》东周部分、《中国大百科全书·考古卷》中国考古学史部分、《西周青铜器分期断代研究》(合著)，《殷周金文集成》(合著)等。

采访者：先生，1952年考北大之前您在哪儿？

王世民：我在家乡徐州。我是1951年高中毕业的，但高中毕业当年没有能够报考大学。

采访者：为什么？

王世民：徐州原本属于江苏省，由于解放战争向南推进较快，解放初期暂时划归山东省管辖。1951年我高中毕业时徐州没有设置高考考场，所以许多同学到南京去报考，我因为一个姐姐在上海，就到上海去报考。当时同班同学大多报考理工科，我也没有考虑报文科，准备报水利、土木工程这类与经济建设密切相关的专业。到达上海后，前往设立在震旦大学的考场报名，本来在徐州体检没有问题的，报名处要求一律重作X光透视检查，结果发现肺部有问题，就是患肺结核。所以当年没有报上名，只好在家里休养一年。

1952年徐州已经重新划回到江苏省，徐州有了考场，我就在徐州报考。第一志愿报的是北京大学历史系，第二、三志愿是复旦大学和山东大学的历史系。我的家庭情况是这样的，父亲是徐州著名的中学数学教师，所以我中学的时候数学成绩一直比较好。同时，我父亲又有深厚的旧学根底，他是清末的秀才，如果在世的话今年已经130岁了。家里有很多藏书，我从初中开始便是父亲的图书管理员，承担平时取阅、整理及暑期晾晒的任务，因而积累一些书皮的知识，经史子集的常用书，罗振玉、王国维、梁启超的著作，小学类有关《说文》和音韵学的许多著作，那时都曾见过。家庭的影响之外，还有中学老师和其他方面的影响。高中时期的一位历史老师，毕业于中央大学，他是金毓黻的学生，平易近人，我们有几个同学常在课余去他的宿舍，听他讲述一些历史掌故。1952年春天徐州北郊的茅村车站附近发现一座东汉的画像石墓，我即陪同这位历史老师步行两个多小时前往参观，曾路过后来发掘西汉楚王墓的北洞山一带地方。此后不久，我父亲被任命为徐州市文管会的副主任，是驻会的实际负责人（主任一职由市文教局负责同志兼任）。这样一些因素，使我冷静地考虑以后，决定报考历史系。

1952年暑假，我在徐州考完大学以后，又去上海玩。当时上海图书馆刚刚成立，在人民广场原跑马总会大楼。我到上图的阅览室去借书看，记得曾借到南京博物院编著的《南京附近考古报告》，就是湖熟镇的发掘报告，虽然完全看不懂，却是自己翻阅的第一本考古报告。整个暑假在上海到处乱跑，曾几次去山阴路大陆新村，瞻仰鲁迅故居，去过四川北路参观暂设上海剧专楼上简陋的上海市博物馆，看到胡厚宣寄存的甲骨文和丁福保旧藏古代钱币。还常去福州路的一些书店，在商务印书馆、中华书局、三联书店等合并联营的中国图书发行公司，买到新出版的范文澜《中国通史简编》精装本，胡厚宣著《五十年甲骨文发现的总结》《古代研究的史料问题》等书。

我们那年因为院系调整后建新校舍的关系，入学很晚，11月24号才到校报到。

采访者：您是从徐州动身的？

王世民：从徐州动身的。

采访者：当时学校是统一接？

王世民：北大派卡车统一到前门车站接我们。我第一次一个人出这么远的门。正好有位中学下一班的同学，1952年录取北大化学系，便结伴而行，路上还在天津玩了两天。走出火车站，一眼看到巍峨的前门和箭楼，非常的兴奋。

采访者：那时候城墙还没拆吧？

王世民：城墙没有拆，城门到"文革"才拆的。然后经过天安门，经过新华门。新华门的门洞比较低，低下头才能看到门里的影壁上挂着一块"中央人民政府"的牌子。后来又经过西四牌楼、西直门，穿过海淀街里，到达西校门时更加兴奋。那时毛主席题写的匾额挂在门的里层，后来才挪到外层。记得在校门迎接的有先期到校的四川同学，王克林帮我把行李拿进去。同车到达的还有叶小燕。

采访者：四川同学没接到报到通知就来了。

王世民：对，没接到报到通知就先来了。

采访者：他怎么知道他考上了呢？

王世民：1952年全国高等院校共计录取6万名新生，《光明日报》上公布了全部名单。随后各个院校再分别寄发录取和报到的通知。四川同学没有接到暂缓报到的通知之前就早早地来了。所以在西校门接我们的，就有我们同班的四川同学。

采访者：那个时候是到西校门进学校？

王世民：对，到西校门。那个时候正在建宿舍，男同学暂时住在第一、第二两个体育馆。我们历史系男生住第二体育馆的东、西两个看台，下面场地住的是化学系男生。记得我们班的徐锡台，有一夜打呼噜特别响，把大家都吵醒了，有人嚷叫"这是哪儿的响声，把它堵上"。女同学都住在文史楼三楼的阅览室，用阅览桌当床。那时新宿舍是分批营建，我们入学时已建成的第1—15号二层的小楼，由高年级同学住进。大概到1月份，新生迁入刚建成的第16—21号三层宿舍楼，一般每个房间住4个人。我们班女生住16楼一层，男生住19楼二层。我住在224房间。同住的还有高东陆和张森水，空下的铺位曾安排住进一位朝鲜留学生，便于他学习汉语。

采访者：我先岔开一下，您一直在徐州是吧？

王世民：对。

采访者：淮海战役的时候您也是在城里头？

王世民：我们家在市中心，城里并没有战事。徐州是12月1号解放的，11月30号早晨天不亮，国民党的军队就开始撤出。

采访者：城门就开了？

王世民：徐州的城墙，早在抗战以前就拆掉了，没有城门。11月30号早晨，徐州的主要的干道上汽车不断，国民党军往西南方向逃窜，大概10点钟以后徐州成了一座空城，许多地方被抢劫一空，夜间解放军才进城。12月1号早上出门，距离我们家不远的一家钟表行失火,看到一两位解放军战士在那儿处理余烬。

采访者:解放后,您父亲一直也没有因为政治问题受冲击吧?

王世民:没有,没有。他在当地是相当有名望的,解放前是江苏省临时参议会的参议员,解放后历次运动都没有事情。

采访者:他属于统战对象了?

王世民:对。他从1949年开始,就是徐州市各界人民代表会议的特邀代表,曾当选为徐州市协商委员会委员,相当于市政协常委。后来又是徐州市人民代表大会代表,直到1957年去世。

采访者:家里您是比较小的一个吧?

王世民:我是比较小的。我们家前后三个母亲,有9个兄弟姐妹,我下面还有一个弟弟。

采访者:您小学、中学都是在徐州读的?

王世民:对。

采访者:您读中学的时候加入过三青团之类的吗?

王世民:年龄小,够不上。徐州解放的时候我才13岁,读高中一年级。我念书比较早,7周岁进小学,读四年级。

采访者:直接读四年级?

王世民:对,直接读四年级。在此之前买了课本,在家里由姐姐教我念。记得《国语》第一课课文是"天亮了",第二课课文是"弟弟妹妹快起来上学校"。

采访者:那您跳了三级?

王世民:因为入学时年纪小,有些课本又在家里念过,上课不好好听讲,时常做小动作,所以考试的成绩并不算好。我父亲对于一般同学感到困难的数学,总是让我在开学以前先预习一遍,他的原意是使我更好地学习其他课程,实际没有达到这样的目的。我在1951年高中毕业时是16岁,晚一年考进北大仍是班里最年轻的。我和王克林同年,他的月份比我稍大一点。

采访者:班里大一点的就是高明先生了?

王世民:高明和夏振英比我们大很多,入学时早已结婚。跟我们一起毕业年纪最大的,是后来在广州暨南大学的林乃燊。他是北大地下党的负责人,因为患严重的肺结核,休养了很多年,最后跟我们一道毕业。

采访者:当时进校之后是到二年级分的专业吧?

王世民:到底是一年级还是二年级分专业,我记不清楚了。刚才说过,我记得入学前就填过表,但是那个表进校后不算了,所以重新再分。

我们进校以后,到开始上课以前,历史系召集我们新生开过一次会。一天晚上,是在俄文楼还是在外文楼一层开会,记不清了。印象最深的有好几位先生参加会,翦伯赞先生亲自给我们讲话,强调研究历史要运用马列主义原理。再记得向达先生勉励大家选学考古专业,他说旧中国考古人员很少,算来算去不过一打人,也就是12个人。我不知道他这 12 个人是怎么算的,当年具有中级职称以上的考古人员确实只有十来个人。这时,我因为阅读过刚才说的胡厚宣先生的两本小册子,知道李济、梁思永、董作宾等考古学家;在上海的书店,看到过向达先生翻译的《斯坦因西域考古记》;还曾看过夏鼐先生在《历史教学》上刚发表的文章《三年来我国考古学方面的成就》。但翦老讲话中介绍苏秉琦任考古教研室主任,我还没有听说过苏先生的大名,不知道怎么写,就在会后去问系办公室秘书李克珍同志。她以为我要找苏先生,就指向教室后排,我便走向苏先生,他在我的笔记本签了名。

采访者:那时候就流行签名了?

王世民:那个学期入学晚,开课更晚。我记得开始上课是 12 月 9 号,第一门课大概是张政烺先生的中国史(一)。夏鼐先生的考古学通论,是 1953 年 1 月 5 号开始讲的。

采访者:我在《夏鼐日记》里看到,他当时觉得到北大来上课,一来就要来一天,太浪费时间。

王世民:是的。夏先生开始讲课的时候是半天,后来改成上午讲考古学通论,下午讲田野考古方法。这样他就要在北大呆一天,中午又没有办法休息,太费时间了。那时候考古所没有专车,他都是乘坐公交车过来。有一次正值春游的人很多,在西直门挤不上车,就迟到了。那个时候夏先生也就是 40 岁出头。

采访者:这么说你们的专业课是在一年级有了?

王世民:对!一年级上期就有了。当时,夏先生的考古学通论,是历史系的全系必修课,不单是考古专业的,并且高年级同学也一起来听,文史楼 108 阶梯教室坐得满满的。我记得比我们高的 50 级的林寿晋是他们班的课代表。徐苹芳所写怀念夏鼐的文章里,曾讲到夏先生讲课听不清楚。这是因为他身体不好,胃溃疡很厉害,讲话的声音很低,又是难懂的温州官话,坐得稍后一点就听不清楚。还有他写黑板时,一手拿粉笔,一手拿板擦,字迹很轻,转身就擦掉了。所以同学们难于记笔记。

采访者:记不下来?

王世民:对!从第二次上课开始,教研室特地安排刘慧达同志坐在前排,让她好好地记笔记,整理后送请夏先生审阅,再油印成讲义发给大家。《北京大学考古学系五十周年》这本书中,只提到铅印的考古学通论讲义,没有提到油印本,是不是系里的资料室没有保存这个本子?

采访者:没有见到过。

王世民:我保存了一本,去年(采访者按:指 2010 年)考古所建所 60 周年的时候我拿到所里,摆在所史陈列室。等我拿回来,贡献给北大。至于铅印的本子,那是单庆麟所作笔记,经过夏先生的审阅。但那些并不都是夏先生讲的,旧石器部分是裴文中先生讲的。这个讲义,后来由赵朝洪进一步整理,发表在北大的《考古学研究》第 1 期,就是黑皮的那本。

采访者:原来这样,先有油印的,后有铅印的。油印本是刘慧达整理的。单庆麟是哪一级的？

王世民：单庆麟资历很老，他说自己和张政烺先生是同班同学。我想大约他原是老东北大学的，"九一八"后到北大来寄读。解放后在吉林大学的前身东北人民大学当讲师。东北人民大学准备设立考古专业，就派他来北大进修，跟我们一起上课，一起去西安半坡参加田野考古实习。那段时间，他听夏先生第二次讲考古学通论，就记下了那个笔记。

采访者：当年从上学以前的情况来说，可能你们班同学就是您知道什么是考古？

王世民：我也不知道什么是考古。我因为家庭的关系，对线装书有一点接触，看到过画像石墓，接触过碑帖拓本，但是不知道考古是怎么回事。我父亲的藏书有七八个书柜，除经史子集常用书外，特别有他最感兴趣的佛学、碑帖和小学方面书籍。

采访者：小学的。

王世民：对！小学的书。孙诒让的《名原》，罗振玉的《殷商贞卜文字考》，《国学月报》王国维纪念专号，商承祚的《殷墟文字类编》，还有一种《古籀汇编》，都在家里见过，知道一点点皮毛。再就是小时候玩铜钱，记得有半两、五铢、货泉，还有开元通宝和一些宋钱，自己用线缝在硬纸上，再查《辞源》写出说明，然后挂在自己房间，感到美滋滋的。

采访者：以前还是做过类似的这些活。

王世民：对！

采访者：同班可能其他人没有这方面经历？

王世民：耿引曾有这方面经历，她父亲耿鉴庭先生曾任扬州市文管会的主任秘书。

采访者：耿引曾先生也是有家学的。

王世民：她父亲是扬州的名医，后来调到中医研究院，曾在西苑医院应诊，专长是耳鼻喉科。

采访者：是这样啊！1952年郑笑梅先生到你们班上了吗？

王世民：郑笑梅原本比我们高一班。1953年春天学校出布告说，有几个同学因参加托派活动被公安部门带走，其中就有郑笑梅。她去学习班几个月后放回来，就被蹲到我们班。

采访者：是这样来你们班的。

王世民：对！由上面一班蹲到我们班的有两个同学，还有一位魏效祖，他比较懒散，一向持"三分主义"，但求考试勉强通过，因为考试不及格，蹲到我们班。

采访者：他是甘谷人还是哪里人？

王世民：对，甘肃省甘谷县人。

采访者：是不是现在在甘谷？

王世民：不知道，好多年联系不上了。他家在甘谷的农村，60年代初从我们所调到陕西省考古所，三年困难时期因家里缺乏劳动力，由陕西省考古所退职回去务农。70年代石兴邦先生把他找回来，先在咸阳的一处发掘工地，后到西安市文管处，很长时间是临时性的探工或技工名义，工资较低，处境相当不好。

采访者：那就是说，魏效祖和郑笑梅都是从上一班降下来的。

王世民：对！我们年级也有种种原因降下去的。例如贾洲杰，原本是录取到我们班，后来因病没有入学，降了一级。

采访者：他是降下去的一个。

王世民：对！

采访者：您从徐州刚到北京的时候，觉得怎样？生活习惯吗？

王世民：那倒没有什么不习惯，只是第一次离开父母、离开亲人这么长时间，有点想家。

采访者：您第一天来北大的时候，觉得北大的校园怎么样？

王世民：慕名已久，感到美极了！我有个远房哥哥在北大地质系，报考北大以前曾向他打听情况。

采访者：那还是北大在红楼的时候。

王世民：对啊！我写信问他北大历史系的情况，他的中学同学阎孝慈恰好在历史系51级（后来分到考古专业），所以很快回信告诉我，历史系有哪些教授，等等，并且说院系调整后，北大将迁至国内大学风景最美的燕园，而地质系将另行成立地质学院，他自己就没有机会过去了。正是这个时候，我在中国旅行社办的《旅行杂志》上，又看过一篇专门介绍燕园的文章。一旦到达这里，仍是喜出望外，高兴得不得了。

采访者：但是住宿条件比较差？

王世民：是啊！那个时候学校发给新生每人一份北大概览，是铅印小本，介绍学校的基本情况，有各个系的系主任和行政管理负责人的名单，还有全校的地图，等等。新生刚进北大，眼花缭乱，又正在搞基建，不看地图很容易迷路。那时，宿舍区和文史楼这边是两个院子，围起两道高墙，要出一个门、再进一个门，两道围墙之间是从成府去海淀的通路。晚上路过那里，两个门口经常有些小摊，5分钱就能买一包花生米，或者一个"心里美"萝卜。大约1954年在大饭厅（即现在百年讲堂位置）东面修了一条坡道，两道围墙上架起一座木桥。再后来拆掉围墙，将两个院子连成一片。

采访者：原来这样。你们来的时候已经是冬天了，住在体育馆冷吗？

王世民：冷倒不冷，暖气还好。历史系同学睡在二体东西看台的水泥地上，学校发给每人两个很厚的草垫子，再垫上自己的褥子。感到不方便的是起夜的时候，要跑到外面去，好像在二体外面搭了一个临时的厕所。

采访者：同班其他的南方同学习惯吗？比如说黄景略先生他们。

王世民：那倒没有听到。有一件事印象很深的，徐锡台来自苏北盐城地区的阜宁县，那是革命老区，抗战期间新四军在他们家乡活动，他见过曹荻秋、黄克诚等高级干部，有的领导同志就住在他们家。所以入学时，他是我们班唯一的党员，是老党员。

采访者：徐锡台是唯一的党员。

王世民：对，徐锡台是唯一的党员。记得11月底入学时，他上身穿一件小棉袄，下面一条单裤子。一天晚上，几个同学一起去文史楼女生宿舍串门，有一位毕业后留在北大附中教书的女同学，名叫关秋岚（她是"文革"后期出名的《一个小学生的日记》作者黄帅的班主任），突然发现徐锡台只穿一条单裤，惊讶地说："你怎么只穿一条单裤子？"随即拿出一条绒裤给他，开始徐锡台不好意思拿，但毕竟已是将近数九的寒天，最后还是拿了。第二天看到徐锡台穿上这条绒裤，后来领到助学金，自己才买一条棉裤。

采访者：当时大家都是用助学金，还是有的人领，有的人没有领？

王世民：那个时候，全体同学都有助学金，每月12块钱的伙食费全部由国家包下来。

采访者：国家包下来的？

王世民：对！国家全包，自己既不要交学费，也不用交饭费。直到1956年春毕业前两三个月，名义上每月12块钱的伙食费不包了，本人可以申请补助，实际上大约百分之七八十都得到补助。除了12块钱的伙食费之外，还可以申请生活补助，就是零用钱，每个月最多4块钱。有的不给4块钱，只给两块钱。给两块钱，买个牙膏、肥皂也够了。特别困难的同学，才发给4块钱。这要由小组讨论，通过。有一个同学在小组会上耍赖，说自己下身连衬裤都没有，不顾女同学在场，故意作出解衣的姿态，大家赶紧说算了算了，哈哈哈！

采访者：当年读书的时候，大家的经济条件不一样的，您算是好点的还是中等的？

王世民：中等偏上的。

采访者：谁条件最差的，是不是徐锡台是最差的？

王世民：对！有没有比他更差的，就不好说了。有的同学比较优越，家里每个月有钱寄来。比如历史专业有一位蔡夏，是复旦大学历史系教授蔡尚思的儿子，他已去世多年；还有徐书城，是书画鉴定专家徐邦达的儿子，不过他1953年暑假就退学了。考古专业同学，耿引曾、阳吉昌的条件都还算可以。那个时候，我的家里每个月固定寄给10块钱。

采访者：那您的日子也不错？

王世民：不错。

采访者：每个月12块钱的伙食，还有10块钱的零用钱。

王世民：对！我喜欢买书，订阅《文物参考资料》和《考古通讯》，买书钱不够的时候，还悄悄地向在外地的姐姐、哥哥要点。钱都让我买书了。

采访者：大家刚来的时候，语言通吗？

王世民：只记得徐锡台的话很难懂，盐城地区的方言很浓。

采访者：黄景略的话能听懂吗？

王世民：黄景略的话都还可以。

采访者：福建话也能听得懂？

王世民：他说的是普通话。

采访者：当时这些同学里大部分都不太知道考古是什么，对么？

王世民：对，基本上都不太知道。

采访者：开始读书之后，成绩怎么样？

王世民：一年级上期开学晚，好像没有考试。一年级下期，也就是1953年暑假前的期末开始口试，实行五分制，同学们没有经验，老师们也没经验，所以那次考试的情况不理想。我们在1953年春夏之交，经历过一次选拔留苏的事，记得历史系一年级开始选了四个人去体检，发现两个人患肺结核，我是其中之一，随即转往"肺健会"。后来又陆续选其他几个同学去体检，最后选定曾参加志愿军在战俘营工作的团支部书记杨汉池。赴苏以后他并没有学历史专业，而是学习美学，1959年回国后一直在文学研究所工作，去年去世了。

那个时候，北大有一处患肺结核同学的疗养宿舍，就是才斋、德斋和第一食堂连成一片的三座楼，人数最多时有两百多人，党团和学生会组织都是单独的，命名为"肺病同学促健会"，简称"肺健会"。有一年元旦还是春节，设在教室楼的猜灯谜活动，有一条谜面"名不符实"，谜底是"肺健会"，出灯谜的人只知道我们那边的简称，不知道全称，肺病同学极为反感。我再次发现肺结核以后，便搬到肺健会去住，两年多的时间除上课外，不再参加班里平时的各项活动，直到四年级去西安实习才回到班里。

采访者：您当时是班干部吗？

王世民：我一年级就是班干部，是宣传通讯干事，好像也是团支部委员。二、三年级在肺健会，是历史系疗养同学中的干部。

采访者：是班里的干事，还不是委员。

王世民：那时班委会都叫干事，班里的总干事是历史专业的顾文璧。他毕业后原留校做邓广铭先生的助教，因两地分居调到江苏，曾任无锡市文化局副局长、市政协副秘书长。历史系的总干事（即系学生会主席）是杨建芳。

采访者：考古班还有谁当干部？

王世民：一年级时班干部多为后来分到历史专业的同学。记得耿引曾是班里的团支部委员。考古和历史专业完全分开以后，不记得曾否建立单独的班委会，只记得原考古专业小组长成为考古班班长，都是阳吉昌。他毕业后先在考古所，60年代初调回家乡桂林，曾发掘甑皮岩遗址，前几年去世了。

采访者：考古班的班干部还有谁？

王世民：最后一年在西安实习的时候，徐锡台是团支部书记，我和耿引曾是团支部委员。这时有了考古班的班委会，我又是学习委员，对外活动常由我出面联系。

采访者：张忠培是不是当过生活委员？

王世民：对，他是生活委员。黄景略是军体委员（也许叫文体委员）。我们去西安实习的时候，生活委员张忠培很辛苦，平时协助考古所的同志办好伙食，因为我们的人多么。出发和返回的时候，他负责买火车票，学校只准买几个卧铺，要安排大家轮流休息。中途去洛阳、郑州参观，还要打前站，先去租好旅馆。到达一个地方，十几个同学乘三轮车出行，在狭窄的街道上浩浩荡荡。

采访者：您在学校的时候，平时上课之外是在图书馆还是在宿舍自习？

王世民：两种情况都有。

采访者：哪种多点？

王世民：还是在自己宿舍多一点。

采访者：当时宿舍晚上政治学习或者文体活动多吗？

王世民：不是太多。一、二年级的时候，学校实行所谓"八一五〇"制。那是一种形式主义的东西。要求每天学习八小时，锻炼身体一个小时，一个星期的全部学习时间是50个小时。人人填表，几点到几点干什么，还要小组长收齐上交。这不是既骗人又骗自己吗？刚才说到学习成绩，一年级期末或二年级上期开始实行口试，抽题如果正赶上自己没有准备到的，那就会考砸了。那次口试，特别是第一门课，有的公认学习不错的同学只得4分，大家一下子就慌了，所以第一次口试得5分不多，有些同学得了3分或者不及格。平时课堂讨论，学习较好的同学大都愿意争先发言，先发言可以全面地讲事前准备的材料，后发言就只能进行补充。

采访者：第一个学期都开了哪些课？

王世民：第一个学期有中国上古史、中国革命史（当年叫新民主主义论）、俄文、考古学通论，还有林耀华先生的原始社会史与民族志。

采访者：那应该是到第二学期了吧？我们查到一下课表，第一个学期有中国史（一）、世界史（一）、中国历史文选。

王世民：对。中国史（一）就是中国上古史，由张政烺先生讲。世界史（一）就是古代世界史，由胡钟达先生讲。中国历史文选，由余逊先生讲。你看到过我们的《北京大学1952级毕业50周年纪念册》没有？

采访者：我们上回在叶小燕先生家见到这个书了。

王世民：你明天去见耿引曾时问一下，她那儿可能还有存书。

采访者：好的。

王世民：这里面有几张照片我提供的。2006年我们放大了两张照片，一张是历史专业与翦老，在他家门口的合影，一张是考古专业与阎文儒先生，在洛阳龙门石窟奉先寺的合影，分别送给历史系和考古系。

采访者：这张照片交到谁手里了？

王世民：都装了镜框，应该在考古系的办公室。

采访者：行，回去我们通知人找找。

王世民：大约有两本《考古》这么大（按：王世民先生比划了一个8开大小的范围）。

采访者：好的。张政烺先生上课有什么特点？

王世民：张先生上课是冬天，他穿个棉大衣，经常话到嘴边说不上来就敲脑袋。再就是找不到黑板擦时，就用棉大衣的袖子擦。那个时候讲课搞得很死，一定要按照教育部规定的教学大纲讲，主要是古史分期要按照郭沫若的意见（春秋战国之交划分），讲稿必须上课之前在教研室讨论通过。大约1954年秋或1955年春，班里同学组织科研小组，记不得谁先发起，开始只是对中国古代史感兴趣的少数同学，开会的时候大家都去参加，实际上搞不成什么活动，只开过一次成立的会就没有下文了，张先生和助教王承祖都来参加。会上，有同学提议请张先生讲讲自己对古史分期的意见，张先生尴尬地表示为难，他说："我要在这里讲了，那让我以后怎么上讲堂?！"我们才知道，张先生上课的讲稿，原来是要经过教研室讨论通过。当时中国史教研室主任是周一良先生。大家都知道张先生学问大，说他是"考古大家"，但他讲课的效果不是很好。

邓广铭先生讲中国史（三），即隋唐五代史和辽宋夏金史，胡钟达讲世界史（一），即古代世界史，后来杨人楩、张芝联两位先生分别讲近代和现代世界史（考古班没有上齐思和先生的世界中古史），都是条理分明，口齿清楚，效果比较好。邵循正先生讲中国近代史，则效果欠佳，他身体不好，说话声音低低的，但及时发的讲义很好，并且附有内容丰富的参考资料。一年级的中国历史文选，好多同学不感兴趣，余逊先生的古文修养特别好，他都是边背诵边讲解，同学的反映不太好。一年级下期余先生讲中国史（二），开始上课前有的同学担心和历史文选一样效果不好，一堂课下来大家服了，因为余先生对秦汉史熟得不得了。余先生血压高，给我们讲课的时候很累，那年暑假刚刚50岁就突发脑血栓，此后一直卧病在床，再也没有重登讲台，很可惜。那时，余先生住在第一体育馆北朗润园独门独院的平房。前此从偶然的闲谈中得知，他是我父亲早年在北京正志中学教数学时的学生，彼此感到分外的亲切，1953年暑假我父亲来京时余先生还曾特地探望，所以我常在下午到他的病榻前坐坐。

采访者：当时历史文选拿什么本子来讲？

王世民：都是余逊先生自己选的文章，油印发给大家。指定课外阅读吕叔湘的《文言虚字》，特别让图书馆多买好多本，放在文史楼的阅览室里供大家借阅。那个时候，有些同学感到阅读文言文有困难，他曾给予特别关照。记得他让高明课外阅读《通鉴纪事本末》，高明总是牺牲午睡认真阅读，因而提高阅读能力很快。

采访者：为什么刻意让高明去读呢？

王世民：不是刻意让高明去读，是高明要求在课外多读点东西。余先生就介绍他读《通鉴纪事本末》，一来《资治通鉴》的文字不太难懂，二来纪事本末的故事性强，容易引起兴趣。

采访者：是这样。胡钟达先生讲的世界史（一）什么风格呀？

王世民：他讲课有板有眼的，笔记也比较好记。

采访者：张先生的笔记比较难记吗？

王世民：张先生的笔记不算好记，但是很快就发了讲义。张先生的讲义，乃至全部中国史的讲义，直到近代史，我一直完整地保存着。几个月前，中华书局副总编辑顾青同志为编辑出版张政烺先生文集的事到我家来，他对这套中国史讲义很感兴趣，将那一大摞都带回去了。

采访者：到第二个学期，夏鼐和林耀华就来讲课了？

王世民：对。

采访者：林耀华讲课怎么样？

王世民：比较好，他也发讲义。

采访者：他当时让大家看什么参考书？

王世民：我记不得看什么书了，好像有苏联尼科尔斯基《原始社会史》的中译本，林先生自己的《从猿到人之研究》。

采访者：夏先生讲课指定什么参考书？

王世民：记不清楚，好像主要有日本滨田耕作《考古学通论》的中译本。夏先生讲课和发讲义的情况，刚才已经说了。那个时候，他上午讲考古学通论，下午讲田野考古方法，并亲自带大家实习。

采访者：夏先生亲自带你们实习？

王世民：对，他亲自带我们在未名湖北岸，学习用照准仪进行简单的平面测量。记得有一次我向他提问，一道坐在湖边的草地上听他解答。后来又在镜春园原燕京大学史前陈列室，实习简易的修复技术。记得夏先生手把手教我们，怎样将漆皮胶在热水中搓成漆棍，怎样在气炉子上烤热陶片进行粘接。还记得他曾携带一件辉县发掘出土的战国铁斧，讲解用电解法进行铁器去锈。说到这里，我想扯远一点，讲讲夏先生与北大的密切关系。据《夏鼐日记》记载：1941年2月21日，夏先生刚从埃及回到祖国没有几天，就在昆明应罗常培先生的邀请，到北大文科研究所讲演"考古学的方法论"，并与郑天挺、向达等先生晤谈。1946年12月20日晚，胡适与夏鼐的一次闲谈，曾讲到北大拟设考古系和博物馆。解放初期，夏先生还在温州没有出来工作的时候，1949年7月16日即收到北大校务委员会主席汤用彤先生突然发来的电报，内称："敬聘兄为北大教授，乞惠允为感。"8月9日，汤用彤、向达二位先生又委托阎文儒先生，给夏先生写来一封很长的信，力促夏先生接受北大的聘请，说"兄之应聘北大为天经地义"，又说"如兄能前来，即为北方考古界之重镇"，因而"望速命驾"。信中还提及工资待遇、来京路费等具体事务。1950年中国科学院成立后，周恩来总理任命郑振铎为考古研究所所长，梁思永、夏鼐为副所长，当年秋季亲自率队进行辉县发掘。从1951年2月开始，夏先生就来北大历史系讲授考古学通论。据说夏先生第一次来沙滩红楼北大历史系时，还有一段趣闻。夏先生本想找系主任郑天挺先生，恰巧郑先生外出，在那里值守的胡钟达先生，因不认识这位衣着简朴的大专家，曾经有所怠慢。郑天挺先生于8月13日特地找夏先生，商谈北大历史系设立考古专业的事情。

采访者：这么说早在考古专业成立以前，夏先生就是北大历史系的考古学教授？

王世民：对！记得十年以前（2002年），为庆祝北大考古系成立50周年和宿白先生80华诞，曾经在赛克勒博物馆开过一次大会，宿白先生在会上讲到考古系的创建历史，特别强调说到一点，他说："谈到北大考古系的创建，大家都不能忘记夏鼐先生。苏秉琦先生长期担任考古教研室主任，这是一回事。夏鼐先生在考古专业创办时期的特殊作用，

52级部分同学在未名湖畔。前排左起：王世民，徐元邦，黄景略。后排为夏振英。

又是一回事。那个时候，连应用的各种仪器，都是夏先生亲自领着我们去东安市场购买的。应该怎样办考古专业？设置那些课程？大家都不清楚，心里完全没有底，而夏先生是在国外专门学考古的，是科班出身，所以大家认真听取夏先生的意见。"这些情况，在夏先生的日记里都有记载。

采访者：教新民主主义论的是许世华，这位先生是历史系的还是政教处之类的？

王世民：他是革命史教研室的，这门课有两位老师，一位许世华，还有一位女同志。许世华讲得比较多，他讲话幽默、风趣，好像1957年被错划为右派。

采访者：从二年级开始，就有专业课了吧？

王世民：二年级就有了两门专业课，一门中国考古学史，一门史前考古学。这是我的中国考古学史课堂笔记本。

采访者：中国考古学史是几个人合开的么？

王世民：是张政烺先生和几位先生合开的，张先生讲金石学部分，讲得最多。因为讲了好多人名和书名，同学们感到接受起来吃力，要求尽快发给讲义，宋元明部分先发下来，宋代以前部分很晚才发下来，清代和近代部分则始终没有发讲义。十几年前中华书局编辑出版《张政烺文史论集》，我把有讲义的几章整理后提供出来。今年为迎接张先生诞辰一百周年，我又应中华书局的要求，根据自己的课堂笔记，将未发讲义部分整理出来。尽管我的笔记还比较详细，同实际讲授情况毕竟有较大的差距，只能看到一个大概，聊胜于无吧！

采访者："近五十年来外国人在中国所作的考古工作"这一部分谁讲的？

王世民：西方探险家在中国西北地区的活动，是向达先生讲的。日本学者在东北和华北的活动，是宿白先生讲的。后面近代以来的田野考古，新中国成立后的考古工作，我记不大清楚，好像主要是苏秉琦先生讲的。这些都没有讲义，只发过一部分讲课提纲和参考资料。当时的辅导课，由孙贯文先生负责，他过问的主要是金石学部分。

采访者：讲义和参考资料是配起来用的吗？

王世民：对！我把它们装订在一起了，你们都拿回去吧！

采访者：史前考古学是怎样讲的？

王世民：史前考古学包括裴文中讲先生讲的旧石器时代序论，贾兰坡先生讲的中国旧石器时代，安志敏先生讲的中国新石器时代。旧石器时代，由吕遵谔担任助教。新石器时代，大约是李仰松担任助教。

采访者：那个时候他都已经毕业了吗？

王世民：毕业了。裴、贾两位先生讲课的时候，有山西的王健来听课。

采访者：就是后来担任过山西省考古所所长的王健吗？

王世民：对。张政烺先生讲中国史（一）期间，也就是把前面原始社会讲完以后，大概是1月份，他带领我们去北京历史博物馆，参观原始社会陈列。记得那天特别冷，大家乘坐学校的卡车去的，当时历史博物馆的展室在端门和午门之间的东西朝房，展室完全没有取暖设施，博物馆的陈鹏程、耿宗仁两位同志身穿皮大衣，一直陪在张先生左右。贾先生讲完中国旧石器时代，曾带领我们去周口店参观，也是乘坐学校的卡车去的，向达、杨人楩两位先生一道前往。在周口店的展室巧遇中宣部的黎澍、许立群同志，他们得知向、杨二先生在那里参观，特地过来晤谈。

采访者：当时的历史博物馆就在午门前面的朝房里头？

王世民：对，那时候的历史博物馆在天安门里面，端门前后到午门两边的朝房，办公室、展室和单身宿舍都在那里。开始几年，午门前面的阙左门、阙右门和端门，晚上到一定时间就全部关闭，每逢"五一"、"十一"，馆里的职工都要转移到其他地方。这对于北京无家可回的单身小青年，就很不方便。直到1958年那三座门才不再关闭，允许自由出入。

采访者：那个时候十大建筑还没开始建？

王世民：还没开始建，那都是1959年新中国成立十周年大庆时建成的。

采访者：您有那个时候天安门的照片吗？

王世民：没有。

采访者：到北京来也没合影过？

王世民：没有。最早是在考古技术课中进行照相的实习，每个同学只许照几片，有的照片已收入我们年级毕业50周年的纪念册。

采访者：您入学以后没有回家吗？

王世民：我第一年寒假没回家，到第二年寒假的时候才回家的。

采访者：差不多一年零两三个月才回了一趟家？

王世民：对。外地远处的同学，寒暑假都回家的是少数。

采访者：您平时和家里的书信多吗？

王世民：书信还比较多，主要是与父亲通信，他常写信给我，但信都不长，往往只有几行字。有时也与上海的姐姐和沈阳的哥哥通信。1953年暑假，我趁在肺健会住同屋的历史专业同学回天津度假，请父亲来到阔别20多年的北京重游，由于自己不会办事，没有提前联系妥当，临时去校卫队登记被告知，学生宿舍原则上不准留宿，只能稍作通融，无奈之下进城去老乡家投宿数日。事后余逊先生得知，责备我怎么不早点告诉他，本可以在健斋他的休息室多住几天（当时他的家在城内，尚未搬到朗润园）。

采访者：您父亲是专门来看你您的？

王世民：对，专门来看我，同时到文化部文物局去，请名人为徐州的景点题字。我曾陪父亲去中央文史馆（当时馆址在北海静心斋），询问若干文化名人的住址，随即闯到南长街柳亚子先生家里，说明来意后我告诉他，徐州的著名景点有云龙山上的放鹤亭，即苏东坡名作《放鹤亭记》所记，柳亚子随即信手书写一幅诗意甚浓的斗方"江山无恙鹤归来"。我父亲又自己闯到东四附近叶恭绰先生家里，去过两次都没能见到他本人，但第二次去时拿到他题写的匾额"汉画像石"。这两幅墨宝都收藏在徐州市博物馆。他还到文化部文物局去见郑振铎局长。

采访者：您陪着去了？

王世民：对！

采访者：那几天没有上课吗？

王世民：是7月下旬，正在暑假期间。那个时候文物局在北海南门右侧的团城，跟传达室说一声就进去了。郑振铎先生的办公室，在承光殿东面北房的里间。记得郑先生问起要徐州文管会寄送茅村汉墓画像石的事，说国外又有来信要，父亲答以不久即可拓好寄来。这是我第一次晋见崇敬的郑先生，感到他平易近人，又非常忙，一会儿接几个电话。后来郑先生让王振铎处长陪我们说话，1952年2月茅村发现汉墓时王先生曾前往徐州调查。还由张珩处长带我们进承光殿，参观闻名已久的玉佛。

采访者：暑假的时候，同学一般待在学校都干什么？

王世民：干什么的都有，看小说和杂书，随便玩玩。

采访者：您在高中的时候学外语是什么语种？

王世民：我在中学的时候没有学好外语。解放前在一所普通私立学校读初中，外语的教学质量不算好。解放后进一所天主教会学校读高中，由美国神父教英文，教材是毛主席《论人民民主专政》的英文本，教学水平相当高，自己的差距太大，没有办法跟上班。再加上当时学校的党团组织与教会之间斗争激烈，自己受"左"的思想影响，更不愿意跟美国神父好好学习英文。后来，学校应"进步"同学的要求请到俄文老师，改学俄语半年，刚认识字母不久就毕业了，俄语学了半年又丢了。所以我在中学的时候，也就是初中学过一点英文，实际情况和没有学过差不多。

采访者：等于说到了大学才开始重新学外语的？

王世民：到了大学，我也没学成外语。那时大家都学习俄文，我发现肺结核后，在肺健会处于半休养状态，需要减少学习课程，最方便的是减掉俄文。所以我进大学后又没有学习外语。不知为什么，我对发声的事情都不感兴趣。

采访者：对唱歌也不感兴趣？

王世民：不感兴趣。童年时还行，变声以后嗓音糟糕，就不感兴趣了。早些年对于自己没有学好外语，尚不感觉太大的问题，因为主要使用中文文献，偶尔查阅外文文献，不过是为寻找某些青铜器的图像。最近十来年整理夏鼐先生的日记就吃尽苦头，日记中包含大量英文的人名、地名和专有名词，需要逐一查明录入并括注译文，除自己努力查对工具书、参考资料和网站外，主要依靠各方面朋友的大力帮助。

采访者：当时大家普遍学的都是俄语是吧？

王世民：对，学习俄语。极少数同学原本具有较好的英语基础，例如历史专业的杨汉池、朱龙华、马克垚等。入学以后，大家都加劲学习俄语。

采访者：是不是下边年级的杨锡璋外语好一点？

王世民：嗯。他除学习俄文外，后来英文和法文的书都能阅读。

采访者：讲旧石器的时候，您觉得贾兰坡先生他讲的怎么样？

王世民：我觉得讲的都不错。同学们对贾先生、安先生讲课都还比较满意，主要是条理清楚，课堂上容易记笔记。印象中，讲课效果特别不好的是向达先生，他的声音很低，湖南口音，口齿又不清楚。许多鼎鼎大名的教授讲课效果不好，据说许德珩讲课说上一两句，转身哗啦啦写一大片黑板，顾颉刚讲课也不吸引人。再是许多同学反应，苏先生讲课听不明白。

采访者：为什么？

王世民：主要是苏先生讲着讲着就离题了，徐苹芳悼念苏先生的文章，杨泓悼念安先生的文章都讲到这一点。杨泓说："上课时只需记老苏公最开始讲的几句话，以后可以合上笔记本听他随意发挥了。"我觉得苏先生讲秦汉考古的时候（苏先生在考古专业一直开秦汉考古，从来没有开过新石器时代考古，他在考古所也一直是第三研究室的主任），相对地说还算好一点。如果是会议上的讲话，东一个比方、西一个比方，不知道会东拉西扯到什么地方，使人难于理解他的中心思想。如果是专题讲座，往往原定两个小时，一个半小时后才进入正题，必须另加许多时间。

采访者：安志敏先生讲课怎么样？

王世民：安先生讲课很卖力气，总是满头大汗，内容有条有理，笔记也比较好记。他最早将中国新石器文化进行分区，也对仰韶文化和龙山文化的分期与年代有所探讨。那时的讲稿，曾以《中国新石器时代的物质文化》为题，在《文物参考资料》1956年第8期发表。这是关于中国新石器文化最早的全面概述，功不可没。我这里现存的课堂笔记，除刚才提到的中国考古学史以外，还有中国历史考古学的笔记（旧石器时代和中国新石器时代的笔记，可能是由北大毕业后被地方的同志借去，现在找不到了）。中国历史考古学，是郭宝钧、苏秉琦和宿白三位先生前后讲授的。

采访者：这可能是我们采访过程中收集到的最早的一份课堂笔记。从年级来说，是现在能够看到的最早的一份笔记。

王世民：还有中国美术史的笔记。

采访者：这是谁讲的？

王世民：中国美术史这门课，名义上是郑振铎先生主讲的。据说，我们上面年级开这门课时，郑先生亲自讲过绪论。到我们班，虽然郑先生没有来过，但课程表上仍保留他的名字，文史楼阅览室张贴的各门功课指定参考书目录上也是这样。给我们这个班讲中国美术史的，是阎文儒、宿白、徐邦达、陈万里四位先生，分别讲"古代雕塑"、"古代建筑"、"古代绘画"和"古代陶瓷"。"古代建筑"名义上还是梁思成的课，宿先生算是代讲。

采访者：就等于把四个专题课分开来讲。那这个课就应该是三年级了，五、六学期上的了？

王世民：对。是到三年级。这三份笔记我都可以贡献给你们。

采访者：好的，非常感谢您。

王世民：里面还夹了几张照片。

1955年52级同学在半坡实习发掘场景。

采访者：这都是同班的老同学。

王世民：这张照片是在半坡实习的时候。

采访者：这张怎么这么清楚？

王世民：是从考古所的档案中找出《西安半坡》原图版扫描的。这是郑笑梅，这是徐锡台，他们俩共同挖一个探方。这是张忠培，这是单庆麟，他们俩共同挖一个探方。这是李仰松，他带我们去半坡实习，正在那儿画图。这是我，这大概是叶小燕，我和叶小燕共同挖一个探方。

采访者：站着画图的是谁？

王世民：是张森水。这张照片是1989年5月在长沙开考古学会第五次年会的时候，参加会的我们52级同学和几个老师的合影。

采访者：前排左起宿白、安志敏、苏秉琦、张政烺、石兴邦。

王世民：对。后排左起我、高东陆、王克林、黄景略、郑笑梅、张忠培、徐元邦、徐锡台。我们班是历届毕业同学中当选为考古学理事最多的，共计有七个人。

采访者：照片后面有名字吗？

王世民：没有，得另外写。

采访者：一会儿您给我们写写吧。中间的高东陆先生我们没有见过，这次采访是第一次见到。

1989年长沙考古学会年会合影。前排左起：宿白，安志敏，苏秉琦，张政烺，石兴邦。后排左起：王世民，高东陆，王克林，黄景略，郑笑梅，张忠培，徐元邦，徐锡台。

王世民：好！那咱接着说。

采访者：好，接着说。您刚刚谈到安志敏讲课挺卖力气，当时仰韶文化还没分期，他怎么讲这一段呢？

王世民：他讲课的内容，基本上就是《文物参考资料》发的那篇文章。后来进一步补充，收进《考古学基础》一书。

采访者：当时的材料很少是吧？

王世民：对！当时的材料很少。给我们讲课的时候，半坡、庙底沟都还没有发掘，更谈不到其他许多遗址。

采访者：郭宝钧先生讲课怎么样？

王世民：郭先生讲课，还有后来宿白先生讲课，都比较好。历史时期的材料丰富，不像石器时代那么枯燥，大家很感兴趣。这些课都有助教的，我记得不很准确，中国历史考古学和中国美术史，好像都是吴荣曾担任助教，当时他刚毕业，留在考古教研室。

采访者：1954年吴先生已经毕业了吗？

王世民：对！吴先生是1954年毕业的。1955年暑假，中国史教研室对古代史颇有见解的青年教师王承祒（吴先生的同班同学），因"肃反"问题跳楼自杀，吴先生便被调过去继续担任张政烺先生的助教。中国历史考古学这门课当中，郭宝钧先生的殷周考古，苏秉琦先生的秦汉考古，都没有发讲义，只发讲课提纲，我都没有保存下来。记得秦汉考古还发过参考资料，有一些铜镜断代的晒蓝典型拓片，好像都是吴先生选印的。

采访者：晒蓝铜镜拓片都是吴荣曾先生做的？

王世民：我记得是这样。我对郭先生讲课的印象很深，讲课时郭先生30年代发掘的浚县辛村西周墓葬、山彪镇和琉璃阁的东周墓葬都没有正式发表（60年代初，他编撰的《浚县辛村》《山彪镇与琉璃阁》二书，才由科学出版社出版），听起来感到比较新鲜。记得郭先生讲课时曾生动地幻想说："将来如果有这么一天，发掘古代墓葬以后，用一种药水噗噗那么一喷，就能看到原来的形状，连古人穿什么样的衣服都能看到，那该多好。"

采访者：他的幻想真有意思。

王世民：对，他的美好幻想。阎文儒先生讲课，有时故意来点幽默，比如说"和尚是无产阶级"，和尚没有家，没有成家，还不是无产阶级吗？有的同学不满，就提出意见，说怎么能把和尚说成是无产阶级呢？阎先生讲课显得语言陈旧一点，不像宿先生讲课。阎先生讲石窟寺，讲到佛像的衣褶，怎么样折年代早，怎么样折年代晚，就不容易听明白。

采访者：当时上课敢问吗？

王世民：上课的时候没有人问。

采访者：敢不敢上课的时候举手，请老师"把这一段讲清楚点"？

王世民：没有，没有。

采访者：下课请教吗？

王世民：下课当然可以请教。各门专业课，主要是二年级和三年级上的。中国古文字学，上面一班是张政烺先生讲的，我们班换成唐兰先生讲。唐先生是张先生的老师，他的名气更大，我们当然很高兴。唐先生的名著《中国文字学》，我在听他课以前已经读过。开始唐先生来北大上课，后来连同中国美术史中的"绘画"和"陶瓷"，每个星期乘校车去故宫上一天课，中午就在故宫的食堂吃饭。课堂在坤宁宫后面邻近御花园的西北隅小房子，好像名叫"静憩轩"，就是原钟表陈列室那一带地方。上课的时候，唐先生手拿紫砂茶壶，一边讲一边喝。印象最深的是，他爱讲郭老这儿错了，那儿错了，只有他在古文字考释方面是最高明的。唐先生先讲甲骨文，后讲金文，发的讲义都是常见字的不同字形，讲完单字，再选讲若干重要的甲骨片和金文拓片。徐邦达的"古代绘画"和陈万里的"古代陶瓷"，都是直接在故宫上课，便于出示典型标本，特别是观看古画。

采访者：那个时候大家听这些，能够记得住或者理解得了吗？

王世民：回忆起来，要打很大的折扣，理解多少就难说了。给我们上课的，都是顶尖的名家。

采访者：突然上手是不是太难了？

王世民：对，接受的十分有限。所以，不少同学反映上课听不懂，笔记不好记。我对中国考古学史很感兴趣，一直对这种学术史方面的著作感兴趣，可以知道很多学者人名和书名，到有所需要的时候就很有用。有一件事印象很深，1957年我正在所里的学术秘书室工作时，一天收到安志敏先生寄回的汇报，得知陕县后川2040号东周墓发掘出土一件错金铜戈，铭文是"子孔择厥吉金铸其元用"（见于叶小燕编撰的《陕县东周秦汉墓》）。我很高兴地拿去向陈梦家先生请教，他说你查一下《春秋世族谱》，看这"子孔"是否见于文献记载？《春秋世族谱》这书，我小时候在家里见过，书名并不生疏，很快就在所里的图书室找到。平时多积累一些书皮知识，尽管许多书没有认真读过，有的只是粗略翻阅，需用时的感受就会有所不同。

采访者：你们那个时候还有什么课？

王世民：还有一门《博物馆通论》，讲课的老师很多。每位讲三两次。记得有北京历史博物馆的副馆长韩寿萱，及傅振伦、佟柱臣等，文物局的王振铎、于坚，还有中央美术学院展览工作室的杨伯达，等等。我有一个想法，对于给自己讲过课的老师，无论讲课时间的多少，都不应该忘记。中国的传统道德，有一条"尊师重道"，需要大家牢记。我在日后找这些老师联系工作时，常常提到他是自己的老师，什么时候听过他讲的课，一下子就拉近距离。教过自己的老师，到什么时候都是老师，持尊敬态度总没有错，无论什么时候和什么情况下都不应该傲视自己的老师。

采访者：佟柱臣先生给你们讲课时是什么身份？

王世民：他讲博物馆通论中的陈列设计专题，当时他是北京历史博物馆的陈列部副主任。

采访者：他以前做过考古工作，也做过博物馆吗？

王世民：佟先生最近刚去世。伪满时期，他在赤峰一带做中学教员，曾在赤峰、凌源一带调查史前遗址、战国和汉代城址，并与伪满的"国立博物馆"（辽宁省博物馆的前身）有一定的联系，好像被委派为该馆的"嘱托"（或"临时嘱托"），就是馆外通讯员或联络员的意思。若干日本考古学者在赤峰等地进行调查发掘时，佟先生和李文信曾应邀参加。东北光复后，"伪满国立博物馆"被接收为"国立沈阳博物院筹备委员会"，佟先生正式到沈阳博物院工作，并且护送该院古物来到北平。解放后，佟先生转到北京历史博物馆工作，曾于1950年参加裴文中率领的东北考古团，进行吉林西团山等项调查发掘；后任陈列部和考古部的副主任，精心进行通史陈列中原始社会部分的设计和布展。1959年中国历史博物馆建成后，对于历史上这样那样情况的人员一律调离，有几位先生被调到中华书局，佟先生则被调到文化部为轮训干部成立的文化学院。过了没有多久，佟先生又被调到考古所来。

采访者：刚调到文化学院，怎么又离开了？

王世民：赶上三年困难时期，文化学院办了一年多，1961年就下马了。文物局与考古所接洽，夏鼐和尹达两位所长就将佟先生调到考古所来。

采访者：我看他的几个集子里提到这一段的时候，都是一笔带过去，不提跟日本人做过哪些工作。

王世民：这方面情况，见于早期的考古文献。

采访者：先生，当时考古专业为什么要讲博物馆通论这门课，后面一些年级就不讲这个课了。

王世民：可能教研室考虑博物馆是同学毕业后的出路之一吧。这门课由李仰松当助教的。每位授课老师，讲一两次或两三次，基本上都是来北大上课。只记得一次例外，大家乘校车去展览馆附近的北京建筑工程学院，请该校院长（忘记姓名）讲灯光设计。他是留美的，给我们放映好些美国橱窗的彩色照片，放映前还嘱咐大家要批判地对待。

采访者：当时所有上这些课，是谁去联系授课老师的呀？

王世民：博物馆通论应该是李仰松去联系的。

采访者：像请徐邦达、陈万里他们来讲课，那是谁去联系的呢？

王世民：那我就不知道了，宿白先生应该最清楚。

采访者：像社管局的这边，是不是由谢辰生他们也出面联系一下？

王世民：我想不会的。那时候谢辰生还比较年轻，北大有事尽可以直接找郑振铎局长，不必通过秘书联系。请人来北大讲课，更不必通过文物局。

采访者：当时文物局的秘书都有谁呀？

王世民：当年文物局正是人才济济的时候，那个时候裴文中、王振铎、张珩是处长，罗福颐、傅忠谟等人是业务秘书，都是鼎鼎大名的专家。

采访者：您刚才提到测绘课，测绘课是谁上的？

王世民：我们二年级或三年级有一门考古技术。其中考古测绘课由徐智铭讲，他是中研院史语所的老人，给我们上课以后不久就离开考古所了。文物修复本应由白万玉讲，不知道他因出差不在北京还是怎样，改由钟少林讲。考古绘图由郭义孚讲。照相由赵铨讲。

采访者：等于说考古技术类的课程，都是用考古所的班底来讲的？

王世民：对！都是考古所的班底。后来年级的测量，大概是地质地理系的毛先生讲的。照相和绘图，分别由赵思训和刘慧达讲。

采访者：钟少林是从哪儿到考古所的？

王世民：大约是1951年应聘到考古所工作。他年青时是专门学过京剧的票友，曾在所里春节晚会披挂上阵，扮演《盗御马》中的窦尔敦，唱工和做工都不错。如果不是当初来考古所，很可能下海成为专业演员。记得他开讲时自称是白万玉的学生，代白老讲课。他长期主要在田野从事发掘，所里的考古工地遇有重要问题，常派他前往协助工作。晚年参与"小屯南地甲骨"的整理工作，所作甲骨摹本极好。

采访者：那个时候白万玉有多大岁数？

王世民：大约不到60岁。白万玉先生资历很老，早年跟随安特生在河南、甘肃等地采集史前时期的标本，后又参加中瑞西北科学考察团的工作。过去办考古训练班的时候，就一项保留节目，请白老讲自己的考古经历，名叫"考古杂谈"，好多人听过，可惜没能将谈话记录保存下来。定陵发掘期间，白万玉是考古所派去常驻的业务骨干，在发掘技术方面发挥了重要作用，60年代初期由考古所退休，退休以后仍在定陵工作相当一段时间。

采访者：白荣金和白万玉有关系吗？

王世民：没有什么关系。

采访者：但两人干的活差不多。

王世民：对。

采访者：白荣金是什么时候到考古所的？

王世民：白荣金是考古所1956年暑期招收的高中毕业生，来所后即参加三门峡水库的考古发掘。那时白万玉正在定陵紧张工作，白荣金没有跟白万玉学过考古技术。

采访者：胡秉华他们那一拨的？

王世民：胡秉华是1955年来考古所的，比白荣金还要早一点。考古所从1954年到1956年招收了几批高中和初中的毕业生，其中1956年招收的人数最多。

采访者：那个时候您也是刚刚毕业。

王世民：对，我刚刚毕业。我到考古所的时候，比他们大拨人还晚几天，大约晚不到一个月吧！

采访者：白荣金的田野发掘和室内修复技术，都是跟谁学的？

王世民：他1956至1958年在三门峡，先后参加庙底沟、上村岭、后川等地点的发掘，考古队队长是安志敏先生，后两处则由林寿晋具体负责。后来在所里的技术室，长期与王振江、王㐨在一起，刻苦钻研修复技术。王振江是白万玉的徒弟，发掘和修复都有丰富的经验。王㐨来所前，曾在志愿军的文工团从事舞美工作，又师从沈从文先生进行古代丝织和服饰的研究。白荣金和他们二位，对马王堆汉墓的发掘清理，满城汉墓等玉衣的复原，都作出过重要的贡献。最近一些年来，白荣金进行古代甲胄的复原研究，尤有显著的成绩。

采访者：考古所集体编写的《考古工作手册》，就包含他们几位在考古技术方面的丰富工作经验。

王世民：对！对！白荣金在1956年同时来所的人员中，年龄偏大一些，文化基础比较好，记得他说幼年还念过两年私塾。同时参加工作，学历不同，刻苦程度不同，发展起来有很大的差异。四届考古训练班毕业的学员，有原本大学毕业或肄业的，也有高中或初中毕业的，甚至有小学毕业的，彼此差别太大了。比如安金槐是河南大学毕业，蒋若是曾在齐鲁大学师从吴金鼎先生。蒋若是在徐州读高中的时候，也是我父亲的学生。

采访者：他也是您父亲的学生？

王世民：对。我父亲教他三角、大代数和解析几何。

采访者：蒋若是也是徐州人。

王世民：过去的徐州府管辖八个县：丰县，沛县，萧县，砀山，邳县，睢宁，铜山，宿迁。蒋若是的家乡是萧县，解放后萧县虽已划归安徽，传统上仍认为自己是徐州人。我小的时候，父亲看好的那些学生总要到家里来拜年，蒋若是又是比我哥哥低一班的同学，所以早就认识他了。还有辽宁博物馆的徐秉琨，我们既是亲戚又是同学，我父亲是他的启蒙老师。

采访者：您不说，我们真不知道，原来这些人早年都跟您家有亲密的关系。徐秉琨先生他是哪年离开徐州的？

王世民：他大约是1951年高中毕业前后去东北，他大姐是在沈阳工作的一位老革命，由于错过报名时间未能报考大学，适逢东北博物馆（辽宁省博物馆前身）招考工作人员，后来又奉派参加第一届考古训练班学习。

采访者：蒋先生是哪年走的？

王世民：关于蒋先生的生平，我在1994年他去世以后写过一篇小传，见于1995年的《中国考古学年鉴》。

采访者：还有这样的事，这我们都不知道。

王世民：老一点的人都知道我们之间的关系。

采访者：您到实习之前，三年的专业课学习成绩怎么样？

王世民：成绩还不错。

采访者：您读本科的时候，学校讲座什么的多吗？

王世民：学术讲座不多，除1954年世界和平理事会举行屈原、哥白尼等四大文化名人的纪念活动时，北大在大饭厅举办过关于屈原的报告会外，不记得有过其他学术讲座。但是政治讲座很多，几乎每个星期六下午都请一位部长或副部长来校作时事报告。建国初期，马寅初校长是中央人民政府委员，他的面子大，能够请得动大人物。比如说，1954年解决印度支那问题的日内瓦会议以后，请中国政府代表团重要成员师哲作报告；1955

年亚非会议开完后，请陈毅副总理作报告；1957年十月革命40周年，北大、清华、科学院三家共同请周总理作报告，主会场在北大的大饭厅，清华和科学院通过电话线听转播。

采访者：那个时候就有电话会议了。

王世民：对，通过电话线听的。听报告时，马校长因为耳朵背，经常坐到报告人右侧的讲桌头上，往往不断与报告人对话起来。

采访者：但是有人写文章说实际上他那时没什么实权，有点被架空了？

王世民：我们上学的时候，主持日常工作的是副校长江隆基，但马校长仍然备受尊敬，重大活动都亲自参加。记得他经常来北大，在办公楼一带不时看到他和大家一道做广播体操。当时的教务长是周培源，副教务长中有侯仁之。刚入学的同学特别喜欢听侯先生讲话，他当时是全国青联的委员，讲话充满活力。记得侯先生对新生讲话时，曾经说过"北京建都800周年等着你们"，"今年全国教育经费共计400万，北大独得100万"。1953年春游颐和园时，他还亲自在知春亭前通过播音器给大家讲解。这些都给大家留下深刻的印象。

采访者：当时除了去故宫、去历博看过展览，去过周口店参观猿人洞遗址，还曾去哪儿参观？

王世民：上完中国美术史这门课的时候，曾组织同学去了山西大同，参观著名的云冈石窟，还有上下华严寺等古代建筑。

采访者：谁带你们去的？

王世民：当时我正在肺健会半休，没能参加这次参观。

采访者：1954年的时候，比您低一班的同学学制改成了五年制，当时您班想改吗？

王世民：那当然想啰！当时我们还没毕业，知道他们将改成五年制，大家都很眼馋，纷纷向教研室反映自己的愿望，但是没有办法。

采访者：当时觉得是多读一年好还是早工作一年好？

王世民：还是多读一年好。

采访者：您当时哪门课学的最好？

王世民：我最感兴趣的是商周考古、中国古文字学和中国考古学史。

采访者：听说你们班同学为老师讲课问题，联名给马寅初校长写信。这是怎么一回事？

王世民：联名写信这件事，我不很清楚，不知道酝酿的过程，也没有签名。当时我住在肺健会，平时除上课外，很少到班里同学的宿舍去。记得1955年初的寒假期间，我在一天上午偶然过去，遇到两三个同学（记不得有谁）与助教吴荣曾一起议论，说要给马校长写信，反映考古课程中的问题，主要是内容乱、听不懂、不好记笔记等，征求我的意见，我没有说什么，但表示不准备参加签名。这时从报刊上获知，文化思想界已经开展对胡适思想的批判，我之所以没有在那封信（也没看过原信）上签名，一是自视较高，认为这并非简单的讲课问题，实际是整个考古学界的学术思想问题，写信解决不了什么，至于"听不懂"等则是由于同学自己的专业思想尚未巩固；二是不赞成往马校长那里写信，感到这种方式有请愿的味道。联名信转到考古教研室后，苏秉琦先生曾问我为什么没有签名？我就这样回答。过了一段时间，翦伯赞先生在文史楼亲自主持座谈会听取意见，张仲纯副教务长代表校方出席，考古教研室各位先生都来参加。记得我在会上抢先第一个发言，调子也比较高，超出考古教学谈资产阶级学术思想问题。张仲纯副教务长对我的发言表示欣赏，当众要考古教研室找一位老师帮着我把发言整理出来，寄给《光明日报》的副刊《史学》。教研室让吴荣曾先生帮助我写稿，搞了一两个月，将稿寄给《光明日报》的《史学》，负责该副刊的邓广铭、胡钟达两位先生曾找我谈话，认为稿子需要好好修改而退回。后来看到《考古通讯》发表了徐锡台的读者来信《对解放后数期考古学报的几点意见》，又获知张忠培投寄的一篇批判李济的文章，发排后被尹达同志扣下，文章不发，稿费照付。我们发言和写文章的时候，不仅没有参加甚至没有见识过考古发掘，对考古研究尚未真正入门，理论修养、业务修养和政策水平都很差，往往将《苏联大百科全书》的"考古学"条奉为经典，回想起来幼稚可笑，实在不好意思津津乐道，更不值得夸耀。

从那次座谈会上获知，重点授课老师是翦伯赞先生亲自出面去请的，倘若不问青红皂白，乱说一通，岂不是给领导添麻烦。

采访者：采访你们班其他同学时，有几位先生提到您和一位同学在一年级时"装死人"的事，当时你们怎么想起玩这个游戏呢？

王世民：那是多年来我不大愿意提起的恶作剧，简单地说一下吧！我们在学校的时候，每个星期六都放映电影，除夏天在东操场外，其他时间都在大饭厅，同学、教职员工及家属免费观看。1953年春季一次放映苏联影片《顿巴斯矿工》，少数同学对这部片子不感兴趣，没有去看。其中有一位家在天津的历史专业同学王玉笙，他毕业后先做邓广铭先生的研究生，又做武汉大学唐长孺先生的助手，后在云南大学和云南民族学院任教。王玉笙有一定的家学，闲谈中不知怎样谈到旧日的婚丧礼俗，包括礼帖的固定格式。我因为解放前在家里经常见到这种帖子，便互相补充回忆"讣闻"的格式，开头是"不孝男某某罪孽深重不自殒灭祸延显考（妣）某某府君（太夫人）恸于某年某月某日寿终正（内）寝"云云，最后是"戚世友谊哀此讣闻"。又谈起彼此所知旧日丧礼的一些仪节，等等。说着说着竟用毛笔在墙报用纸上写出一篇"讣闻"。这时正好高东陆从外面回来，随即躺下睡觉，于是想开个玩笑，另有同学用报纸画成"陀罗尼经被"，盖在被当作死者的高东陆身上，张森水看完电影返回，被当作"孝子"莫名其妙地推进屋里。理所当然地闹了起来，将那些东西撕碎，并有班里同学及同楼层外系同学过来围观。这场恶作剧的影响是不好的，特别是我身为班干部更不应该，但当时同学之间的气氛相当和谐，并没有日后那种动辄上纲上线的情形，既没有开会批判，也没有个别批评，只记得顾文璧在黑板报上发过一篇讨论性的短稿，提出为什么对《顿巴斯矿工》不感兴趣？过了一些时候，团委书记胡启立同志作报告提到这件事，也没有对当事人严加批评，而是要求班级团干部考虑，为什么自己搞的活动不吸引群众？以致有人会搞出这样的恶作剧。

采访者：可是年轻人闹腾挺正常的，我们也经常闹腾。

王世民：《夏鼐日记》中生动地记载，他在 1931 年 9 月入学清华大学时，验体力后遭受 Toss 恶作剧的情形。

采访者：当时您班上谁的字写得好啊？

王世民：班上同学写字，还是周良霄写得好。一年级还没有分专业，全年级一个班会，周良霄是学习干事，我是宣传通讯干事，曾一道办过墙报，所以知道他的字写得很好。我们班毕业 50 周年的纪念册中，几个插页都是他题写的。

采访者：祝广祺的字怎么样呢？

王世民：他的字不算功力太好的，也还可以。

采访者：他是不是文史底子好一些？

王世民：祝广祺是我们考古班文史底子最好的一位。记得有一次他和东北人大的单庆麟先生一道出行，单先生顺口背诵一句不算常见的唐诗，他随即接续背诵，令单先生感到惊异。祝广祺年纪很小就在一家规模不大的纺织厂当童工，进大学前已经有 12 年工龄。他在工余很爱买书、读书，所以知识面比大家都广。他夫人大概是原先在纺织厂时的同事。

采访者：听说很漂亮？

王世民：清秀，精明，利利落落。

采访者：他后来是不是跟他夫人分手了？

王世民：没有，始终没有分手，但他后来那种邋遢、懒散的劲头，夫人一定不会喜欢。他本来是留校的，参加过《中国考古学》《北京文物志》等项编写工作，1960 年或稍迟调到中国历史博物馆。我爱人也在中国历史博物馆工作，又同为南方人，考虑到他单身在北京，曾不时请他到家里吃一次南方菜。再过一些时候，为解决夫妻两地分居问题，把他调到上海博物馆，在马承源先生的领导下工作。"文革"期间，被派往设立在玉佛寺的图书清理小组，与上海图书馆的老馆长、著名版本目录学家顾廷龙先生一道工作，有机会广泛接触他最感兴趣的各类书籍。"文革"以后，咱们 1954 级的袁俊卿等老同学，创办复旦大学分校（现上海大学）的考古博物馆专业，祝广祺应邀调过去任教。他根据张政烺先生的讲义照本宣科，讲授中国考古学史，大概主要讲金石学部分。有一次我去上海出差，曾要我帮他讲一下中国现代考古学的发展。据说，大约 80 年代末他退休时，上海大学本来继续返聘，但他一天都不肯留，生活也就更加懒散。

采访者：祝先生有什么著述没有？

王世民：他文史基础好，知识面很广，对当前考古学上问题常有自己的看法，就是因为过于懒散，直到十多年前去世，好像从来没有发表过文章。这是很令人惋惜的。

采访者：他患鼻咽癌是吧？

王世民：祝广祺烟瘾很大，发现鼻咽癌大约是在 70 年代，我在 80 年代初同他重新会面时，身体已经恢复得不错，只是鼻头因放疗而明显变色，遇到不常见面的朋友问候身体怎么样，他总是幽默地说"快翘辫子了！"但是，他仍满不在乎地抽烟，并且抽的是雪茄，夫人不让抽，就躲到外面去抽。他调到上海博物馆，馆里分给的宿舍在繁华商业街淮海中路的渔阳里，那是一处革命遗址的所在地，住的是一大间约有20平方米的房子，老同学来访常拉到邻近的一家电影院门厅说话，便于他尽情抽烟。记得那时的他完全不修边幅，可以身穿破衣烂衫在闹市徜徉，回想在校期间他并非如此，种种潦倒的表现，包括退休一天不留，或许都是由于患病以后心情欠佳的缘故。

采访者：阳吉昌先生是什么时候从考古所走的？

王世民：阳吉昌是60年代初走的。他上大学的时候就结婚了，夫人一直在家乡桂林，所以他每年寒暑假都回去，家里的经济条件应该比较好。毕业分配到考古所以后，仍然两地分居。他先在三门峡参加黄河水库的庙底沟、三里桥、七里铺等遗址的发掘，继而去湖北参加丹江水库区一些遗址的调查发掘。后来为解决两地分居问题调回桂林。他在桂林，曾参与发掘甑皮岩遗址，是不是担任过博物馆的领导职务？我就说不准了。

采访者：他去世是到什么时候？

王世民：我记不清了，大概是90年代。他回桂林以后，早些年只有张森水出差广西时与他会面，80年代他曾来北京一次，考古班的部分同学一道招待过他。

采访者：下面我们主要说说实习的事。实习之前有没有什么动员之类的事？

王世民：总该开会通知一些事情，但不记得郑重其事作什么动员。

采访者：知道自己要去实习吗？

王世民：那当然知道。

采访者：要去什么地方知道吗？

王世民：我们上面两三届同学都是去洛阳实习，我也很想去洛阳实习，因为与蒋若是先生熟悉。后来得知改去西安也很高兴，因为对西安的名胜古迹向往已久。当时是李仰松先生带我们去的，大约1955年9月中旬到达西安。我没有和同班同学一道出发，提前绕道回徐州省亲。记得为便于早晨上火车，特地头天傍晚进城，在徐元邦家借住一宿，我还帮他将一把胡琴带往西安。到西安以后暂住建国路仁爱巷科学院西北分院，等候在石兴邦先生指导下去半坡遗址。这个仁爱巷，邻近张学良公馆，当时并不知道，近年去西安时前往参观，曾想重访西北分院故地，历经半个多世纪，周围环境早已大变，找不到丝毫旧迹。那年的9月中下旬，西安连天阴雨，无法开工，石先生就带领我们到处参观，西安城内的钟楼、鼓楼、碑林，城外的大雁塔、小雁塔、阿房宫，以及秦始皇陵和华清池，都是那段时间第一次游览的。国庆节游行时，石先生又安排我们在新城广场以东的马路边看热闹。暂住西北分院期间，还有一件值得记述的故事：当年正在上演的老舍剧作《西望长安》，曾讽刺前此不久轰动一时的诈骗大案，一个名叫"李万铭"的骗子，几次骗取老同志"梁得柱"的信任，最后被识破而抓获。屡屡受骗的梁得柱同志，就是西北分院的办公室主任，我们不时在机关食堂见到他。国庆以后天气晴朗，同学们转移到半坡，分散住在堡子村的老乡家里。其实遗址紧邻堡子村，距离半坡村稍远，大约石先生感到"半坡"二字较为典雅，所以命名为"半坡遗址"。

采访者：石先生对实习同学的要求怎么样？

王世民：石先生对我们要求是很严格的。发掘的时候，两个同学共同挖一个探方，我是和叶小燕在一个探方。跟我们一块的还有，所里第一次参加发掘工作的黄石林，安阳来的老技工屈汝忠。再是张忠培和东北人大单庆麟一个探方，徐锡台和郑笑梅一个探方，其他探方就记不清楚了。发掘的时候，要认真绘图、照相，写好记录；对出土的标本，都要注意测量坐标，当天交到队里统一保管。开始大家对逐一量坐标不甚理解，怀疑是否过于繁琐，事后回想对于初学还是从严些好。耿引曾还为采集标本哭过一场。

采访者：这是怎么回事？

王世民：耿引曾发掘的探方出土一堆螺丝壳，她按照石先生的精神将其全部采集。在那个年代，考古工作者多不注意采集自然标本，半坡发掘中第一次采集土样，以供孢子花粉分析，从动物考古角度考虑理应全部采集那些螺丝壳。不料实习后期由所里来到半坡的胡谦盈，却不以为然，竟喝令耿引曾将大部分螺丝壳倒掉，她当然感到委屈而哭鼻子。

采访者：您和叶小燕那个探方，发掘出一座比较完整的方形房子，是吧！

王世民：那是我们实习期间发现的最完整一座半地下式方房子（F3），现仍在半坡博物馆的大厅原状保存。石先生要求我们，绘图、照相以后，再用石膏做成模型。后来所里派白万玉专程来西安，将这模型连同彩陶鱼纹盆等器物，装箱运回北京，在故宫保和殿的"五省出土文物展览"中展出。

采访者：发掘期间怎样休息？

王世民：发掘队都是每隔两个星期休息一天，届时我们可以进城，或者去附近的国棉二厂（或三厂）洗澡。半坡遗址距离汉文帝霸陵不算太远，有的同学曾利用休息日前往考察。

采访者：北大这边是李仰松带你们去半坡吗？

王世民：对。

采访者：没有其他老师跟着。

王世民：没有其他老师。他也不是始终跟着，大概去了一个来月，安排停当就先回来了。

采访者：当时这种实习没有专职的辅导老师吗？

王世民：全部辅导都由考古所的同志来承担。

采访者：您觉得这种模式好吗？

王世民：我觉得这种模式还是不错的，但我们班是那个时期由考古所负责辅导的最后一班。当然学校老师带领有好处，彼此熟悉，便于沟通，否则便要由学生干部直接与接收单位打交道，而学生干部毕竟缺乏社会经验，不了解许多事理，难免会发生抵牾。

采访者：在半坡实习还有什么值得回忆的事情？

王世民：有几件事情值得回忆。第一件是在那个季度发掘行将结束时，我们建议石先生在发掘工地举办一次展览。记得展览在11月中旬办了三天，遗址周围拉绳子维护，现场有尚未回填的方形和圆形房子、墓葬及灰坑，又在装运标本的木箱上陈列几十件完整器物，墙上张贴革命导师语录及简要说明，由同学们承担讲解工作，发掘工人负责维持秩序。展览轰动一时，取得了很好的社会效果，陕西省和西安市的多位领导前往参观，各界群众接踵而来、不绝于途,并有附近农民将收存多时的尖底瓶当场捐赠发掘队。发掘结束后遗址即已回填,贺龙、陈毅、胡耀邦等中央首长到达西安,闻讯曾先后前往半坡参观,只好再为他们重新打开重要遗迹。那时中央首长去各地视察,不像现在这样戒备森严,许多同学曾见到贺、陈两位副总理。团中央第一书记胡耀邦应我们的要求,更特地接见全班同学。这些影响,直接导致在半坡建立中国第一个遗址博物馆。

采访者:另外的事情呢?

王世民:发掘半坡的时候,主要一位炊事员是所里发掘队长期雇用的王凤祥师傅,他厨艺很高,早年曾在安阳袁家花园和史语所发掘团掌勺,解放后考古所的辉县等项发掘期间也将他请来,但另一位王师傅的厨艺就很差。一次在半坡工地的饭厅搞发掘队的联欢活动,大家出什么节目基本上不记得了,只记得黄石林的猴拳打得很好;再记得徐锡台和我曾比赛吃临潼特产火红小柿子,张口就能吃一个甜软柿子,至于谁吃 11 个、谁吃 10 个就记不清了。收工以后,搬到刚建成的考古所西安研究室大楼,大家都一齐住在三层,大概是元旦聚餐,厨艺高的王凤祥师傅已经回家,只有厨艺差的那位王师傅还在,于是便让他打下手,由高明来掌勺,做了两三桌丰盛的晚餐。在窗外大雪纷飞情况下的那次欢聚,令人至今难忘。

采访者:高明先生很会做?

王世民:他很会做菜。前些年,有一次我去他中关村的宿舍,因久未见面,他客气地邀我一定要去宿舍区外面的馆子用餐,但出门前还要为夫人炒好一道菜。

采访者:去半坡实习那次是用探方挖,还是用探沟挖?

王世民:开探方挖。

采访者:大面积揭的?

王世民:大面积揭的。

采访者:就是探方连成一大片。

王世民:对。

采访者:那是不是中国第一次连成片的大面积揭露?

王世民:应该是。在那以前,殷墟发掘的时候还是探沟式的。早年的殷墟发掘,似乎并未对一处遗址进行全面揭露,只有对具体遗迹作局部的整体揭露,比如常见的殷墟那座宫殿基址。石先生主持半坡发掘的时候,案头放着苏联女考古学家帕谢克发掘特黎波里遗址的报告,好多地方模仿特黎波里发掘的经验,比如制作有 10 厘米方格的 1 米木框,以便进行小面积遗迹绘图。那时的报道曾强调,半坡发掘是学习苏联先进经验,第一次进行全面揭露。

采访者:石先生的田野技术怎么样?

王世民:田野技术比较高,在所里面应该是他们那个年龄段数得着的。

采访者:当时考古所有"五虎上将"一说,这"五虎上将"看起来谁的田野工作是最好的?

王世民：应该说各有千秋，侧重有所不同。石兴邦和安志敏是搞新石器的。王仲殊搞汉代考古，特别是开辟了汉长安城的勘察发掘。陈公柔的先秦文献和甲骨金文功底好，曾在洛阳为探寻王城遗址坚持田野数年。王伯洪在沣西的田野发掘中主要依靠钟少林。

采访者：听说钟少林的田野技术是很过硬的？

王世民：所里的许多重要发掘，都在关键时刻派他去把关。比如1983年发现偃师商城的时候，正值考古学会第四次年会将在郑州召开，由于年代尚未完全落实而严格保密，尽管相距那么近，所外人员全然没有闻知。当时夏先生就是派钟少林专程前往确认的。

采访者：夏先生自己去偃师商城了吗？

王世民：夏先生是1984年发掘4号宫殿和1985年发掘5号宫殿以后去过两次，1985年第二次去偃师商城之后不到十天便与世长辞了。

采访者：派钟少林去鉴定是吧？

王世民：对。夏先生是很相信他的田野技术。

采访者：当时是去钻探还是怎样？

王世民：钻探和小规模试掘。偃师商城和二里头同处洛河故道以北，东西相距6公里，考古所二里头队赵芝荃（51级）等在此附近钻探时未能发现，1983年春季洛阳汉魏故城段鹏琦（58级）等配合基建工程钻探发现。这是由于他们从事的田野工作，有软遗址和硬遗址的差别，彼此经验不同的缘故。因为关系重大，所以夏先生派钟少林去鉴别一下。

采访者：偃师商城发现以后，为什么所里要保密呢？

王世民：夏先生在世的时候，所里对学术上把关是很谨慎的，因为一项考古发现的确认需要一个过程，决不允许仓促报道。那时候不要说所里的发掘，新华社经常将关于考古方面的电讯，送到所里来审核。倘若情况没有完全搞清楚，就嚷嚷出去，搞得沸沸扬扬，一旦错误很难收回。这种考古发现事例，不是一件两件。自己打自己的嘴巴，教训是深刻的。

采访者：当时正好是二里头西亳和郑亳正吵地热闹的时候，突然发现偃师商城这么一处遗址，所里面的反应强烈吗？

王世民：夏先生对这类问题一直持慎重的态度，但是偃师商城发现以后他迅速予以充分肯定。记得关于偃师商城的最早一份内部汇报和新闻报道，是所里责成我根据队里的材料执笔撰写，经夏先生审定后发出，即肯定这座城址"很可能是商汤所都西亳"。1985年3月在北大办公楼礼堂举行考古学会第五次年会开幕式时，夏先生所作题为《考古工作者需要有献身精神》的讲话中提到偃师商城，中国社会科学院院长马洪插话问是不是汤都西亳？夏先生当众肯定地回答"很可能是"。

采访者：夏先生倾向于偃师商城是西亳。其实这个里面有一个人很关键，就是赵芝荃。他原本是二里头为西亳说的倡导者，又要自己改变成偃师商城是西亳，自己否定自己，这是很难受的事情。当时为什么所里要调他去做偃师商城的工作呢？

王世民：我想为探讨夏商文化的关系，派他去是很合适的。所里关于偃师商城的第一个新闻报道，讲到这项重大考古发现的意义，最后就说"将极大地促进夏文化问题的进一步解决"。赵芝荃毕竟对二里头遗址最为熟悉，由他主持偃师商城的发掘，便于两相比较分析，应是最佳人选。

采访者：当时有没有其他的备用人选？就是改派其他的人，因为他二里头很大一摊？

王世民：这我就不清楚了。我觉得他很愿意主持偃师商城的发掘。最妙的是1983年度的年终汇报，段鹏琦先讲钻探发现和试掘，赵芝荃再讲那年的发掘，两个人都讲偃师商城。

采访者：当年没有PPT这个东西，那怎么讲，就干讲吗？

王世民：把地图和遗迹图用图钉摁在黑板上，传阅一些照片或者放幻灯，再是把典型器物标本搬到会场去。

采访者：以前讲有时间限制吗？

王世民：没有限制。那时候的年终汇报往往要搞上十多天，每天上午开大会，夏先生亲自参加，随时插话提问，最后再由他从学术上进行总结。这是考古所多年来的盛事，最重要的学术活动。夏先生听汇报时插话，往往从学科发展的高度，高屋建瓴地提出意想不到的问题，要求长期在某一地区工作的考古队，不能攻其一点不计其余，而应该全面考虑该地区方方面面的问题。我印象很深的是60年代一次年终，安阳队汇报完殷墟发掘的情况，夏先生对此未置一词，却突然说："安阳是相州窑的所在地，你们去调查过没有？"山西队汇报完在晋南发掘新石器遗址的情况，夏先生突然说解州的盐池在古代非常重要，你们考查过没有？两个考古队的队长都被问得张口结舌，从来没有想过夏先生提出的问题。夏先生一贯强调的是思路广泛和课题意识，不要专注某一时期而忽视其他时期。

采访者：听您刚才介绍在半坡实习的情况，其实半坡的发掘和记录工作是很细的，为什么最后报告出来，比如说陶器怎么就回不了单位呢？

王世民：半坡发掘期间采取的工作方法是很好的，石兴邦先生曾发表一篇很长的文章介绍经验（《考古通讯》1956年第5期）。室内整理和编写报告中的问题，则与队里的变动太多有关系。一项发掘在完成报告之前，主要业务骨干不应该有太多的变动。我们在半坡实习的时候，那里有杨建芳、金学山、刘观民，再早还有张云鹏、吴汝祚、俞伟超，又有胡谦盈、张彦煌等一度参加。编写报告的时候，这些人早已先后去往其他地方。编写报告拖延较长的时间，再加上标本经过屡次搬迁造成的损失，因而对基本资料的交代存在问题。

采访者：你们进行室内整理的实习是怎么一种情况？

王世民：室内整理实习，是在考古所西安研究室一层东头大屋子（后来用作图书室）进行的。记得用铺板搭成两排工作台，每人一摊整理陶片，一面整理，一面互相说点什么，也有逗笑的，总归彼此十分愉快，颇不寂寞。魏树勋最能出洋相，他是唐山一带人，经常唱点评剧一类段子。1956年夏实习即将全部结束时，大家住在西北分院，他曾站在椅子上，身披女同学新买回的花布，装扮印度尼赫鲁女儿英迪拉·甘地夫人下飞机，逗得大家捧腹大笑。

采访者：你们班在半坡实习发掘和整理是1955年下半年，1957年结束发掘，半坡的报告到1963年才出版。这中间有些什么情况？

王世民：编写《西安半坡》这本报告的时候，正值1958年的"大跃进"和向苏联学习，那时苏联学者柯斯文的《原始文化史纲》中译本出版不久，有一股风要在报告中进行原始社会生活情景的复原，最后将报告搞成那种样子。因为我不搞新石器一段，报告出版以后并没有读过，只记得报告完稿交到所里，因有不同意见被压下一段时间，曾让林寿晋代为审稿。林寿晋根据自己的阅读笔记，写过一本《半坡遗址综述》，后由香港中文大学出版。

采访者：当时陶器的编号，是不是按照一个灰坑、一个灰坑编的？

王世民：记得原本是按出土单位编的，后来为什么重新编号？我们没有问过石先生。想来不外乎由于屡遭搬迁，有些器物失去了原编号，这在"大跃进"的年代是常有的现象。

采访者：这个报告很难用，看不出单位组合来。听说当时石先生因为半坡的发掘，在所里面还有一点小争议？

王世民：我不清楚具体情况，应该是安志敏先生有不同看法。当年我曾听参加庙底沟遗址发掘的外单位同志讲，他们去半坡参观后议论说："咱们这里如果能像半坡那样就好了"，安先生当即回复"如果像半坡那样就糟了"，我一直不懂这话是什么意思。

采访者：是不是他们之间有一点矛盾？

王世民：他们之间直到后来，仍让人感到互有一定的芥蒂。你的研究生答辩，我就出点难题。

采访者：石先生的研究生不多吧？

王世民：反正研究生答辩时有过事。石先生的特点为人宽厚，缺点是大咧一点，有不够细致的地方。安先生要求严格，常挑别人的毛病。

采访者：是不是安先生也想去挖半坡遗址？

王世民：这我就不知道了。

采访者：当时在半坡工地上，具体辅导您那个探方的是谁？

王世民：我记得是刘观民。

采访者：辅导你们的几个人都有什么特点呢？

王世民：刘观民的田野技术很强，灰坑找边可以不用小铲，手拿小镐头轻刨就脱帮了。杨建芳在我们到后没有几天就离开，去北大读研究生了。俞伟超是做完三门峡漕运遗迹后，1957年初才脱离考古所的。北大那次招收研究生的办法，是本校毕业生免试入学。

采访者：金学山怎么样？

王世民：金学山与石先生之间似乎有点矛盾，记得离开时曾向进修的单庆麟唠叨，单先生还劝他一阵。这位老兄相当噜苏，《考古》刚复刊时在编辑部工作一段时间，几个月处理不完一篇并不复杂的发掘简报，向作者反复质询的信远远超过原稿的字数，以致作者误会为编辑部负责人安志敏故意刁难。

采访者：俞伟超怎么样呢？

王世民：这段时间没有与俞伟超交流过。他和刘观民，都是我进北大不久就认识的高班同学。后来有一段时间，与俞伟超接触较多。俞伟超根底好、知识面广，他大概一直不会骑自行车，听说哪里有什么考古线索，立即步行赶过去看。

采访者：您到考古所以后，不久就从事秘书工作，那时俞伟超和杨建芳先后都回北大了，对于他们俩的离去所里有什么意见呢？

王世民：我是1957年3月到学术秘书室工作的，他们两位在这以前就去北大了。再说从事秘书工作，上班时间需要成天坚守岗位，又不适于在群众中瞎聊、议论是非，所以好多事情我不知道。

采访者：俞先生走，夏先生有没有不太高兴？

王世民：我是很多年以后听人说起的。夏先生器重俞伟超，很不愿意他走。据说他准备离开北大时，曾找夏先生探询能否回考古所？夏先生曾考虑一阵。

采访者：他离开北大的时候已经50岁了？

王世民：我觉得，从俞伟超各方面的特点和他个人发展来说，还是到历史博物馆更好。

采访者：以前虽然是在课堂学习一些东西，真正去发掘工地，第一次到半坡实习以后，您觉得从直观感觉来说，田野工作难吗？

王世民：参加田野考古实习，不管在半坡也好，还是在沣西也好，回想起来实际上有点懵里懵懂，并没有真正沉下心来。我们到达半坡工地时，已经看过第一次发掘的简报，大体知道遗址的包含情况，又看到晾在那里的几座房子，可以说心中多少有点底。我和叶小燕发掘的那个探方，北面紧挨着2号方房子，往下挖果然发现一座相似的3号方房子，自然引起极大的兴趣。

采访者：您和叶先生挖的F3，是很有名的房子。

王世民：沣西的情形完全不同，那是一处新开的工地，不知道挖下去会碰到什么现象。记得挖到一定深度后铲平，看到一块一块土色发黑，队里的先生们并没有立即判断是墓葬。我负责的探方在那次开掘面的东北角，邻近是陕西文管会试掘大坑，也曾察觉一片土色发黑，请钟少林先生看过，他没有告诉我是墓葬，直到露出陶鬲才猛醒过来，再看探方壁上也有清楚痕迹。现在回想起来，对于初学考古的人来说，参加短时间的实习，难于应对复杂的现象。

采访者：是不是没有上过清晰的田野考古课程有关系？

王世民：室内讲授的课程与实际操作还是有相当的距离。我体会，本科毕业以后没有三五年的功夫，没有三五年实际操作的认真锻炼，便不能独当一面，便不能对考古真正入门。我毕业以后，由于种种原因，长期没有参加田野工作，也就未能成为合格的考古学家。

采访者：是不是像53级这样，在邯郸的训练模式会好一点。

王世民：我不知道你说的邯郸训练模式，与在考古所的工地实习有什么不同？后来不是又曾安排在考古所的工地实习吗？

采访者：为什么挖完半坡又要去张家坡呢？

王世民：我体会是为了让我们接触面广一点。

采访者：过年的时候都是在西安过的吗？

王世民：我是在西安过的。家里条件特别好的，或者条件一般、家庭观念很重的，都回去了。没有回家的大概有一半多点，像张森水、黄景略、方酉生、耿引曾、叶小燕，我们都没有回去。

采访者：你们没有回家的同学，寒假都干点什么？

王世民：基本上是在西安研究室耗着，研究室没有图书馆，自己带的书也有限。无非是逛新华书店和旧书摊，再就是看电影。钟楼东边的新华书店，文史类书的售货员认识我们，经常主动出示新到的书。旧书摊主也比较熟，买旧书比较多的是魏树勋和祝广祺。有一次我买到十几张有关数学的敦煌写本照片，好像只要两块钱，拿回来给单庆麟先生看，他发现每张都有"Pelliot"字样，立刻指出这是伯希和弄去的东西；回校后又给宿先生看，他推测应是长期在陇海铁路局任职的数学史专家李俨旧藏，动员我贡献给了北大图书馆。那时候西安的东西非常便宜，一毛钱便能在解放路市场吃上一大碗馄饨，上面盖满鸡丝。我和张森水爱看电影，将西安的电影院跑了个遍，印象深的电影有《天仙配》《春节大联欢》等。不过从西安研究室到市内是一条土路，沿途很厚的一层黄土，公交车极少，往返很不方便。

采访者：当时西安还没有柏油路吗？

王世民：没有柏油路，城墙里面的干道是水泥路，城墙外面全是土路。

采访者：你们淘到好书没有？

王世民：不好说有珍贵的版本，有用的书还是不少。记得回校以后，吴荣曾先生曾看过他们几个人淘的书。

采访者：好像郑振铎还来看过你们一次？

王世民：这时郑振铎先生已升任文化部副部长，他是偕同继任文物局局长的王冶秋来西安视察工作。当他们来到西安研究室时，同学们便跑过去晋见。记得我们曾尾随去大雁塔，当他们在大雁塔塔台巡视时，陕西省文管会的一位负责同志颇为自得地向郑先生汇报，试用水泥填补损毁的砖块，郑先生当即表示"不要这样"，那位同志便倖倖地唯唯称是。随后又在大雁塔的塔门口前合影留念，这张照片仅见于文物出版社近年出版的王冶秋传记，合影中照进了我们好几个同学，好像有耿引曾、祝广祺，记不准确了。

采访者：刚去西安实习的时候，是不是夏振英和高东陆两个人没有去？

王世民：他们两个人是到张家坡以后，天气已经热起来的时候才去的。经过肃反当中的审查，宣布他们没有事了，才下去参加实习的。他们到那里也就是一个来月，实习就结束了。

采访者：当时肃反之前，系里面是怎么样处理他们俩的？

王世民：那时我在肺健会，只记得在办公楼礼堂开过批判高东陆的大会，后来怎么不让他们跟我们一道去西安，我就不知道了。肃反中的一天，突然李志义来找我（当时我不认得李志义，后来想想是他），要我同他一道去现在三联书店那个地方，参加科学院哲学所批判李泽厚的会议。

采访者：为什么拉您去呢？

王世民：因为李泽厚由北大毕业前也在肺健会，属我们那个团支部管辖。李泽厚要好的同学有历史系的王承祒，而我与他们二人都有一定的交往。

采访者：您有王承祒的照片吗？

王世民：没有。

采访者：我们现在都不知道他长什么样子？估计谁会有呢？

王世民：他个子高高的，很魁梧，留着大背头。

采访者：他是哪里人？

王世民：他家原是河北定县的大户，祖父刻印过著名的《畿辅丛书》，后来破落了。据说由于肃反的关系，他的家人遭受相当严重的连累。前些年听说，老同学曾为他的平反而奔走，不知道结果如何？落实下来，他究竟有没有问题？什么问题？我都不知道。1955年暑期，他的一本论文集，已由上海人民出版社出版，因北大发去通知停售销毁。

采访者：他的论文集已经由上海人民出版社出版？

王世民：这本书，上海的书店已经发行，听说胡厚宣先生手头有一本，最近我还请胡先生的儿子找一下，很想复印一本留作纪念。

采访者：王承祒当时有多大岁数？

王世民：他是1954年毕业的，年纪大一些，也一定不会超过30岁。

采访者：就是不到30岁他就可以出一本论文集？

王世民：对。

采访者：他很能写吗？

王世民：他非常用功，也很能写。毕业以前就在《文史哲》发表很有分量的文章《中国社会史试论》，好像是持西周封建论。后来又陆续发表文章。再加上几篇未刊稿，合起来编成一本书。

采访者：他学问很不错？

王世民：他的学问很不错，记得1956年暑假，我在旁听故宫铜器鉴定会上，第一次见到于省吾先生，于老曾向我打听王承祒，说自己想培养他。王承祒为钻研甲骨、金文花费很大的精力，经常看到他在大图书馆（现校档案馆那儿）阅读《殷墟文字甲编》和《乙编》，因为被列为善本书，只允许在出纳台里面看。偶尔听他说："这两天眼睛受不了，得休息休息。"那时单身教职工在第二食堂用餐，他从文史楼过来吃饭，曾不时到我的宿舍（才斋）小坐。由于他的影响，使我对古文字进一步感兴趣，在他的指导下借阅郭沫若的《卜辞通纂》，又借来胡厚宣的《宁沪新获甲骨集》。胡先生的书是字迹清楚的摹本，便于对照释文识字，我就用半透明的片页纸将这部书从头到底描摹一遍。我对青铜器发生兴趣，他将中国史教研室的容庚《商周彝器通考》借给我很长时间，而到图书馆去借，限期很严。我是在1954年王承祒毕业前不久前与他相识的，到1955年暑假"肃反"，交往也就是一年多的时间，得到他很大的帮助。

采访者：当时王承祒已经留系了是吧？

王世民：对。他毕业后留在中国史教研室，做张政烺先生的助教，兼管教研室的常用参考书。他跳楼是在1955年暑假后开学期间，"肃反"到了后期，已经比较宽松了，李仰松负责看管他，想不到一天凌晨突然出事。

采访者：为什么李仰松负责看管他？

王世民：隔离审查，要有人看着，防止出事。到食堂吃饭也是紧跟着，一路走。王承祒这人相当自负，面子又特别重。记得他毕业后开始拿工资，买了新衣服，不好意思穿，仍然穿打补丁的破裤子，只把新衬衫穿上，你说脾气怪不怪？

采访者：现在回头看这些运动，您怎么看？

王世民：过去的那些运动，对于普通群众仿佛一场梦，实际上感到莫名其妙。作为党团员，出于"党指向那里就奔向那里"而积极参加，一般群众也就跟着跑。同学知道什么？什么也不知道，都是从上面点下名来。

采访者：您恨这些运动吗？

王世民：说不上。因为我自己也好，家庭和近亲也好，没有直接受到过伤害，也就是没有切身的感受。虽然曾因与某些人交往而一时稍有压力，也属于外围又外围，并没有因此受到过什么处分。

采访者：现在追忆起来，您身边的那些老同学，谁也没有什么造成危害的现行问题啊？

王世民：在那个年代，某人历史有这样那样的历史问题，党团员和积极分子就得同他保持一定的距离。如果你和他接触多了，组织上就会提醒你，怎么和他关系那么密切？简直是岂有此理。

采访者：我们这个年代的年轻人可能很难理解这些，就是这种所谓的"原罪"为什么要去追究呢？有的人可能就是在学术上冒尖冒得快了一点，为什么就要去打他呢？

王世民：回过头来看，一直到1957年"反右"挨整的人，许多都是业务上冒尖的。

采访者：您觉得这是一种嫉妒吗？

王世民：（长时间的沉默）肯定有这方面的因素，所谓"木秀于林，风必摧之"。这次运动打了这几个人，那次运动又打那几个人。

采访者：打来打去，天下就没有好人了，都成为坏人。这样折腾对于学术也好，还是整个学科也好，破坏性是不是太大了？

王世民：可不是。

采访者：还是回过头说实习。去张家坡改变成王伯洪领导，当时他是沣西队的队长吗？

王世民：他是沣西队的队长。那一年因为所里面搞"肃反"的关系，开工很晚。

采访者：当时挖张家坡的时候，大家知道去挖西周遗址吗？

王世民：知道。陕西省文管会刚在张家坡进行试掘，实习开工时恰好在《文物参考资料》发表简报（1956年第3期），明确断定是一处西周遗址，并且公布出土西周有字甲骨的照片。

采访者：王伯洪先生的田野怎么样？

王世民：那时候我们同学对他都不了解，他生平基本上没有发表过东西。队里的业务力量很强，大体有赵学谦、胡谦盈、刘观民、周永珍、钟少林、王振江等，但记不得怎样分工辅导我们。王伯洪相当懒散，经常是晚饭后不久就躺到床上，队里其他人陪他聊天，与同学们的个别接触倒不太多。

采访者：到所里面之后您跟王伯洪先生共事就比较多了是吗？

王世民：到所里以后，和王伯洪，还有王仲殊一起比较多。

采访者：王伯洪先生究竟是什么样的人呢？

王世民：他是1946年参加地下党的老党员，解放前由辅仁大学毕业后到中研院史语所的北平图书史料整理处工作，是考古所建所时的元老，相当长时间是考古所业务人员中唯一的党员。建所前来到我们那个院子的业务人员，还有马得志。原属北平研究院的徐旭生、黄文弼、苏秉琦，在其他地方办公。

采访者：所以王伯洪是管事的是吗？

王世民：他一直参与所里的领导工作，是主要的学术秘书。

采访者：当时张长寿先生和周永珍结婚了吗？

王世民：结婚了。张先生1952年由燕京大学历史系毕业，先在清华大学附中教书，1956年暑期调到考古所的。

采访者：那就是说他是半路出家，至少田野考古这一块是半路出家？

王世民：对。他文字能力比较强，所以《沣西发掘报告》由他最后统稿。报告定稿的时候，王伯洪正好在曲阜下放劳动，张长寿把稿子送去等着，王伯洪脱产一个来月，写了一篇很好的概述。这篇概述，曾先在《考古》上发表。

采访者：后来挖的长由墓，你们在张家坡发掘的时候，那个墓挖了吗？

王世民：长由墓是1954年冬季由陕西省文物清理队发掘，不是考古所挖的。

采访者：你们在张家坡的时候，生活安排怎么样？

王世民：那段时间的生活安排特别好。因为正好赶上科学院调整田野补助费，原先多少我不知道，调整后每人每天8毛7分钱，一个月将近30块钱，不小的一个数目。不必自己另外掏钱，完全可以吃得非常好。国家发给同学的伙食费每月才12块钱，所以需要特地申请，北大也就批准另行支付。那时的物价非常便宜，特别是在农村，附近农民源源不断地送来活鸡、鸡蛋和各种蔬菜。队里炊事员的厨艺高，做活又很麻利，有村里的一个小哑巴帮忙拉风箱，顿顿都是酒席水平，可以吃到炸油条、押面、拔丝山药等。这位师傅，远远看见我们收工往回走，他才正式动手，我们洗涮完毕，饭菜也就上桌了。那时优裕的生活状况，令人至今难忘。

采访者：你们两次实习期间有分期的概念吗？

王世民：在半坡实习的时候，好像没有这个概念。

采访者：没有想过一个遗址可能有早有晚？

王世民：我不记得石先生明确地讲过。

采访者：张家坡呢？

王世民：我自己没有这方面的概念。室内整理的时候，张忠培对几座西周墓葬进行排队。

采访者：他为什么想起来排队呢？

王世民：正好那几座墓都是他负责的探方里面，怎么想到排队只有他自己知道。

采访者：就是说同学们没有这个意识，王伯洪对你们提出要求了吗？

王世民：回想起来，我感到实习不过是掌握具体的操作技术，并没有提出更高的要求。关于写实习报告，也只要求将自己发掘的部分写出来，不必管整个遗址的情况。

采访者：实习报告交给学校了吗？

王世民：交给学校了。是不是抄写两份，给考古所留下一份？我记不清楚了。记得半坡实习结束时，正好看过几篇苏联学者关于原始社会史的论著，包括《史学译丛》发表的石先生译"考思文"（其他学者译作"柯斯文"）的原始社会分期问题文章，错误地以为根据那么一点发掘资料就能复原原始社会历史，努力介绍半坡发掘的全面情况。我还不自量力地模仿《城子崖》的样式，用八开的稿纸进行抄写，设计带有"中国田野考古报告集"字样的封面，还用篆字书写"半坡"两个大字。事后得知，我和耿引曾的实习报告曾送到学校展览，苏先生还夸奖连封面都设计出来了。

采访者：那个时候，大家对中原地区仰韶与龙山发展关系的看法是怎样的？

王世民：那个时候，一般仍认为仰韶与龙山文化，是东西二元的。现在大家都知道庙底沟发掘，解决了仰韶与龙山的发展关系，而忽视在此以前通过洛阳孙旗屯的发掘，蒋若是先生已经提出这个问题。我们结束实习后去洛阳参观，蒋若是先生给我们作了两个半天的报告，一次讲孙旗屯遗址和中州路两周墓葬的发掘，一次专讲洛阳烧沟汉墓的分期，随手默画好多典型器物的草图。我听讲的笔记，现仍保存。由于孙旗屯的发掘简报比较简单（见《文物参考资料》1955年第5期），虽然将其发现当成"受龙山文化的影响"的"仰韶晚期"遗存，又没有发表器物图，对于探讨仰韶文化与龙山文化的关系，仍然功不可没。我在蒋先生去世后所写小传，曾特地指出这一点。

采访者：今天还有一点时间，您能不能简单地说一下毕业以后的情况？以后有机会再详细说。

王世民：我参加工作以后，身体仍然不好，只在汉长安城做过一个季度的考古发掘，1957年春起在学术秘书室工作，中间两次一度中断，直到1966年"文革"开始。后来虽然不在那个工作岗位，仍不时抓差从事秘书性工作，比如参与起草远景规划和执笔撰写回顾性文章,承担社科基金学科评审组和考古学会秘书处的工作。我又长期负责所里的图书资料工作。有一段时间,夏鼐先生准备让我到发掘队去,他是考虑我缺乏田野工作的经历,不利于日后评定高级业务职称。但是,由于一些室内工作任务缠身,始终没能重新参加发掘,这是我在业务上的最大缺憾。从事这些工作的好处是接触面广,特别是有较多机会与夏鼐先生,以及其他老一辈专家近距离接触,因而对中国考古学的历史和现状感兴趣。

采访者:由于您对中国考古学的历史和现状感兴趣,所以让您参与这方面的许多编写任务是吗?

王世民:我先是参与集体编写《新中国考古收获》《新中国的考古发现和研究》这两部综述性论著;继而协助夏先生负责《中国大百科全书·考古学》"概论"部分,特别是对其中的考古学史方面花费较大精力,除将绝大部分条目加工、重写外,还撰写了"中国考古学简史"长条和《中国考古学年表》;后来又长期主持《中国考古学年鉴》的编辑工作。

采访者:您在考古所和北大讲授中国考古学史,与您这方面的经历有直接关系。另外您还负责《殷周金文集成》等项工作是吧?

王世民:对啊!《殷周金文集成》原是1963年启动的编纂项目,当时所里确定业务上由陈梦家主持,日常工作由王伯洪和我负责组织,"文革"前陈公柔和咱们55级的陈慧和作了一些资料准备。"文革"后恢复工作,在夏鼐先生的关怀和指导下,仍由我负责组织,除原参与其事的陈公柔外,考古专业校友有57级的张亚初、58级的曹淑琴,另外还有中文系58级的刘雨等人参加,经过十多年的齐心努力,于1984到1994年出版全书18巨册,获得国家优秀图书奖等多种奖项,后又于2007出版修订增补本8册。另外,还曾参与《中国历史地图集》《中国青铜器全集》《中国音乐文物大系》的编撰工作。

采访者:您由考古所退休已有十多年来了,这段时间的情况怎样?

王世民:这十多年来,除与张长寿、陈公柔二位先生一道,承担"夏商周断代工程"中"西周青铜器分期断代研究"这个项目,又编辑自己的《商周铜器与考古学史论集》以外,将全部精力投入到整理编辑夏鼐先生的著作,于2000年出版《夏鼐文集》三卷150万字,2011年出版《夏鼐日记》十卷440万字。《夏鼐日记》是与夏先生的四位子女共同进行的,前后历时十年。

采访者:您做了这么多具体事情。谢谢您接待我们访谈。

(此为对王世民先生采访的部分内容)

采访时间:2011年12月28日、2012年3月6日
采访地点:北京王世民先生寓所
采访者:常怀颖、余雯晶
采访大纲撰写:常怀颖
整理者:常怀颖

记忆——附录

北大考古 49 至 52 级同学名录

(按姓名笔划为序)

北京大学第一届博物馆专修科（1949—1951年）

于文岐、王去非、刘广伟、刘茂如、许维枢、纪秋辉、李雅珍、张文彬（张彬）、张苓华、岳凤霞、周宜容、赵迅、敖平、葛志如、甄溯南、薛福塘

1949级（1953届）（1952年入考古专业）

王琦、王菊芳、吕遵谔、金学山、赵其昌

1950级（1954届）（1952年入考古专业）

刘观民、李仰松、杨建芳、吴荣曾、陈慧、林寿晋、郑振香、俞伟超、徐连成、黄展岳

1951级

马子庄、王杰、苏天钧、李家瀚、张鸣环、赵芝荃、洪晴玉、秦淑清、徐苹芳、徐保善、阎孝慈

1952级(1956届)

王世民、王克林、方酉生、叶小燕、阳吉昌、张忠培、张森水、郑笑梅、祝广祺、耿引曾、夏振英、徐元邦、徐锡台、高东陆、高明、唐荣芳、黄景略、魏树勋、魏效祖